名명物물紀기畧략

한글 생활사 자료총서

名物紀畧
명물기략

박재연 · 구사회 · 이재홍 校註

中韓翻譯文獻研究所
學古房

머리말

≪名物紀畧≫은 黃泌秀(1842-1914)가 각종 사물의 명칭을 고증하여 1870년에 펴낸 책으로, 이름이 있는 각종 사물에 대해서 한자로 표제어를 쓰고 그 아래에 그 한자어의 우리말 뜻을 밝힌 한자와 한글 어휘집의 하나이다. 물론 모든 한자어에 대해서 한글로 뜻을 밝혀놓은 것은 아니다. 예컨대 권1 〈官司部〉 같은 경우는 歷代官制, 新羅官制, 高句麗官制, 百濟官制, 高麗官制, 本朝(朝鮮)官制를 10여 쪽에 걸쳐 장황하게 나열해 놓고 있지만 한자어의 한글 풀이는 단 7항목 밖에 없다.

≪名物紀畧≫의 내용은 전체 4권, 총 37부류로 나뉘어 있다. 권별 부류는 아래와 같다.

권1: 天道部 時令部 地理部 帝屬部 君道部 臣職部 官司部 親屬部 人品部 附稱號 性情部
권2: 形貌部 附誕育疾病死亡葬埋 人事部 文學部 道術部 典禮部 百戲部
권3: 居處部 宮室部 器用部 舟車部 附韉轡 貨寶部 布帛部 服飾部 百穀部 飮食部 蔬菜部
권4: 花卉部 草卉部 果品部 樹木部 飛禽部 走獸部 鱗介類 蟲豸部

본서의 기술은 보통 먼저 큰 표제어를 제시하고 바로 밑에 그 표제어의 한글 발음을 달고 한문으로 짧게 설명하는 식인데, 필요에 따라서 큰 표제어와 관련된 작은 표제어를 설정하고 그 아래에 같은 방식으로 한글 이름을 적는 식으로 되어 있다. 예컨대,

形狀형샹, 擧全體而言. 形容형용·形體형톄·形局형국·容貌용모·貌樣모양. 貌骨모골, 俗轉몰골. 貌襲모습·神守신슈. 體大톄대. 體小톄쇼, 俗轉톄슈. 體貌톄모·體格톄격·體樣톄양·肌骨긔골·骨.格골격·外樣외양·外貌외모·外面외면·氣像거상·氣骨긔골·風神풍신·全身젼신·全體젼톄·肉身륙신·軀穀구각·仙風道骨션풍도골·玉骨옥골·姿態ᄌᆞ틔·態度틔도. [名物紀畧卷之二〈形貌部 1a〉]

이렇게 제시된 큰 표제어의 수는 중복되는 것을 포함하여 총 3,800여 개이며 부속 어휘까지 합치면 수만 개는 될 것이다. 표제어 밑에 한글 이름을 달고는 있지만 실상 따지고 보면 이는 순 우리말 표현이 아니라 단순히 한자의 발음을 적어놓은 것에 불과함을 알 수 있다. 그래서 등장한 것이 바로 이 책의 기술방식의 특징이라고 할 수 있는 '俗轉', '俗言', '俗訓', '轉云'과 같은 표현방법이다. 이러한 방법을 이용하여 한자어를 순우리말로 풀이하고 있는데 몇 가지 예를 제시하면 이러하다.

窨음, *俗轉*움, 地室. 〈宮室部 3:2b〉

烓烄규역, 竈也, *俗轉*부억. 〈宮室部 3:3b〉

煥환, 粲明. *俗言*훤ᄒᆞ다. 昤曨령롱·景日光·晷日影·晛日氣. 〈天道部 1:3a〉

門斗문두, *俗訓*지도리. 〈宮室部 3:3b〉

竈臺죠듸, *俗訓*부두막, 一曰鍋臺. 〈宮室部 3:3b〉

楪子졉ᄌᆞ, *轉云*졉시. 〈器用部 3:5a〉

지금까지 각종 연구 결과에 따르면 현재 物名 관련 우리말 어휘집의 수효는 2,30종을 헤아린다. 이 어휘집들은 모두 하나같이 옛 우리말의 보고이며 각기 국어학 자료로서의 가치를 충분히 지니고 있다.

이번에 펴내는 본서는 일본 천리대 소장본 ≪名物紀畧≫(전체 4권)을 대상으로 하여 입력, 교주한 것이다. 입력이 안 되는 僻字에 대해서는 [黑+亢] [非$市]와 같이 낱글자를 좌우로 합치거나 세로로 합친 방법을 이용하여 그 글자의 모양을 짐작할 수 있도록 하였고, 그것도 여의치 않은 경우에는 □로 처리하였다. 뒤에는 천리대 소장본 원문을 영인 첨부하여 대조해 볼 수 있도록 하였다.

이 ≪名物紀畧≫에 등장하는 우리말은 장차 발행될 〈우리말고어대사전〉을 편찬하는데 활용되었다. 권2,3을 초벌 입력해준 전 중한번역문헌연구소 조은주 연구원에게 감사의 말을 전한다.

2015년 5월 4일

박재연 구사회 이재홍

목 차

[名物紀略卷之一]

【1:3a】
<天道部>

天천, 一曰太乙, 又曰大一. 蓋太大相通, 而俗言以大爲夏하, 而轉云한, 以一爲乙을, 故曰한올者. 語其大之第一也. «說郛»曰: 東人呼天曰漢捺. 今之諺譯者必曰하놀, 不知한올之爲正. 妄或非笑可謂井坐觀天矣. 混沌혼돈 天地未分. 穹窿궁륭, 天形. 俗言人之大度, 亦曰穹窿. 皇天황텬·靑冥쳥명·蒼穹창궁·上淸샹쳥·淸霄쳥쇼·太空태공·太虛대허·碧空벽공·白玉京빅옥경, 蓋天專言則道. 分言則形體曰天. 主宰曰宰, 功用曰鬼神, 妙用曰神, 性情曰乾. 乾者, 健也. 天道텬도·天理텬리.
蒼天, 春天. 言色.
昊天, 夏天. 言氣.
旻天, 秋天. 言情.
上天, 冬天. 言位以上隨時異名.
皞天, 東南方.
赤天, 南方.
朱天, 西南方.
成天, 西方.
幽天, 西北方.
玄天, 北方.
變天, 東北方.
鈞天, 中央是爲. 赤霄·碧霄·【1:3b】靑霄·降霄·幹霄·紫霄·練霄·縉霄. 以上道家九霄.
玉宇옥우, 秋天·碧落.
黔雷금뇌, 天上造化神名. 黔贏.
銀河, 俗言銀河水을하슈. 天河·明河·星河·絳河·天潢·天漠·雲漢·金漢·銀漢·銀潢·地紀·銀灣.
斜漢, 將曉而斜. 傾河.
繩河, 王者有道則其直如繩.
烏鵲橋오쟉교, 俗言七月七日織女직녀渡河會于牽牛견우. 烏鵲塡河爲橋.
日일, 一曰羅耀. 俗言놀. 又曰有十二時而亥爲終, 以成一日, 故又謂之亥히. 而孫穆云: 高麗方言以日爲漢者, 取音無義. 而音亦轉繙譯之誤, 多類此. 又曰太陽而俗以光爲斐비, 變爲빗. 且以陽之有光轉빗爲볏. 耀靈·朱明·東君·火明·陽烏. 一曰金烏. 又曰踆烏日中三足烏. 燭龍·銅鉦·金輪·烏輪·日車.
羲和, 日御·羲鞭.
三光, 並月星.
七耀, 并月五星.
煥환, 粲明. 俗言훤ᄒᆞ다. 昤曨령롱·景日光·晷日影·晛日氣.
明朗명랑, 俗以白日連呼爲ᄇᆞᆰ다.
冥명, 俗【1:4a】言菸邑어읍, 轉云어둡, 菸邑, 本葉無色而借用於日無色. 沉沉침침. [黑+亢]黚항검, 轉云캉검.
杲杲고고, 日出貌. 曈曨.
曚曨몽롱, 日未明. 又曰昒昕물흔, 俗從昕傍斤以雲密不明謂之물근물근. 熹微희미, 迷也.
照耀죠요, 俗言斐萃비최다.

日蝕일식.
影영, 俗言近陰子. 轉云그림ᄌ.
[餘詳時令部]

月, 俗謂之對日而連呼ᄃᆞᆯ, 又曰太陰. 俗言距日거ᄂᆞᆯ, 言陰閉日也. 氷輪・圓魄・金波・氷鏡・蟾免. 羿妻姮娥竊藥奔月爲蟾諸兎. 又月精. 銀盤・金盆・夜光・白玉盤.
望舒망셔, 月御・纖阿.
蛾眉아미, 新月. 玉玦・銀鉤・兎爪・破環・磨鎌.
朓, 丘晦而月見西方.
側慝칙특, 朔而月見東方. 朒뉵.
朏비, 月未盛明. 又承小月, 月生三日.
魄, 月始生魄. 又承大月. 月生二日. 朣朧月欲明. 朎朧・朦朧, 月將入.
月蝕월식
[餘詳時令部]

星셩, 俗言斐日별, 言借日光而斐. 玉繩. 淸異錄云, 高麗謂星爲金而今無此言. 連貝. 貫珠【1:4b】・白楡.
辰, 日月合宿.
宿, 星舍.
躔, 星所行.
次, 星之躔舍. 天有十二次, 地有十二辰.
角, 木蛟.
亢, 金龍.
氐, 土貉.
房, 日兎.
心, 月狐.
尾, 火虎.
箕, 水豹. 右[東方七宿]
斗, 木獬.
牛, 金牛.
女, 土蝠.
虛, 日鼠.
危, 月鷰.
室, 火豬.
壁, 水㺄. 又[北方七宿]
奎, 木狼.
婁, 金狗.
胃, 土雉.
昴, 俗言좀상이 日鷄.
畢, 月烏.
觜, 火猴.
參, 水猿. 右[西方七宿]
井, 木犴.
鬼, 金羊.
柳, 土獐.
星, 日馬.
張, 月鹿.
翼, 火蛇.
軫, 水蚓. 右[南方七宿]
天樞, 名執陽.
璇, 名叶詣.
璣, 名視金.
權, 名拒理.
衡, 名防作.
開陽, 名開寶.
瑤光, 名招搖. 右北斗七宿. 自一至四爲魁, 自五至七爲杓.
歲星, 東方木.

熒惑, 南方火.

太白, 西方金.

辰星, 北方水.

鎭星, 中央土. 右五星. 一曰五緯.

紫微垣, 並太微垣天市垣爲三垣.

南極老人星, 在弧南見則主壽昌.

三台, 魁下六星每台各二.

牽牛, 一名河鼓. 織女・周伯・含譽・格澤. 右吉星.

彗星, 一名箒星. 孛星・長星・飛星絶跡而去. 奔星・流星老跡相連. 自下復上爲奔橫飛【1:5a】而過爲流. 右凶星.

嘒, 衆星貌. 晢晢.

風풍, 俗言發陰볼암, 謂其發於陰厓. 和風・惠風・飈風・闟風・餘風・緖風・奔風・扶風. 右風不已.

旋窩風, 俗言回護裡風회리볼암. 凡物之圓者統謂之回護裡, 故栗之圓者亦謂之回護裡회리.

羊角風, 俗言咔風왜풍. 咔氣不平暢也. 故人之麤悖者亦曰咔骨왜골.

條風, 艮音匏, 立春.

明庶風, 震音竹, 春分.

淸明風, 巽音木, 立夏.

景風, 离音絲, 夏至.

涼風, 坤音土, 立秋.

閶闔風, 兌音金, 秋分.

不周風, 乾音石, 立冬.

廣莫風, 坎音革, 冬至. 右八風. 廣闊受八風處俗謂之팔풍바지.

鮮風, 東風. 一曰淸風. 谷風・滔風.

薰風, 南風・凱風.

泰風, 西風.

飂風, 西北風.

凉風, 北風. 朔風・厲風.

石尤風, 逆風.

毋風, 四面風常以六七月發有暈如虹.

花信風, 自春至夏几有二十四番.

融風, 東北風. 信風, 七八月上信, 三月鳥信, 五月麥信.

浚風, 正月驚蟄時.

黃雀風, 六月東南風.

颸風, 白露時. 凶風.

鯉魚風, 九月風.

頹, 焚輪,【1:5b】從上而下.

猋, 扶搖, 從下而上.

庉, 風與火.

飄, 廻風.

暴, 日出而風.

曀, 陰而風.

霾, 風而雨土.

[風+率風+率]솔솔, 風聲.

颴颴선선, 風轉.

飀飀슈류, 俗轉슈울, 風淒淸貌.

少女, 風神. 巽二, 封十八姨.

飛廉비염, 風伯.

箕星, 긔셩, 風師.

雨우, 俗言霏微비. 霡霂믹목, 細雨. 驟雨취우, 俗言踈落瀉소낙이. 過路雨・涷雨・駛雨・零雨, 徐雨. 雨足俗言비빌[발]・雨脚.

濛鬆雨, 俗言凝湝응기, 蓋湝者, 風雨不止也. 又衆流貌. 故凡屬雨與水, 俗言皆謂之湝.

瓢倒雨박으로 븟돗 오는 비, 傾盆雨븟드시 오는 비.

霖, 三日以上雨. 俗言長霉쟝리. 衣服爲雨所汗, 亦謂之霉氣므긔. 霪雨・苦雨・愁雨・滯雨.

雨泡, 雨鈴.

迎梅, 三月.

送梅, 五月.

黃橫, 四五月間.

濯枝, 六月.

豆花, 八月.

液雨, 十月.

澍, 時雨, 甘澍.

霾, 俗言土雨흙비

太宗雨티죵우 我太宗壬寅夏四月大旱, 上時方不豫憫雨日甚五月十日昇遐. 而雨每年此日必雨, 號曰太宗雨. 涿涿탁탁 流下滴聲.

啓, 雨而晝晴.

霽, 一曰晴. 俗【1:6a】言湝霼긔히. 霼, 音히, 雨止貌.

霤류, 俗言落水낙슈, 卽簷霤.

宋[非$市], 雨師우사・屛翳・玄[宀$貝]・赤松子.

旱한, 俗言減水가물. 熯氣한긔. 亢旱.

魃, 旱神.

霜상, 俗言雪[艹$泥]셜이. 肅霜・霜華・疊銀・結玉.

[雨$執], 早霜.

㫬霜, 俗言水霜무셜이.

嚴霜, 俗言敦霜된셜이. 雪上加霜셜상가샹

青女, 霜神.

雪셜, 俗言漏銀눈, 言其如銀色也. «說郛»云: "高麗人以雪下謂之嫩耻. 而凡下皆曰耻." 蓋嫩則音之訛也. 以除去爲掑移치이者, 方言而下爲耻云者, 尤不近義耳. 玉馬・金羊・六出花・三白.

鵝毛雪, 俗言松耳雪송이눈, 蓋松耳上拳, 故凡團結者皆曰松耳. 至如, 花之蓓蕾曰꼿송이, 海松子房曰쟛송이.

霰산, 俗言米兒只雪쌀아기눈.

霄𠆲, 濕雪. 俗言津凍湝雨진독긔비. 蓋俗以潤而不燥者, 總謂之津. 轉云진눈긔비.

霏, 雪霽.

滕六, 雪神.

【1:6b】雹포, 俗言雨薄우박. 謂其雨爲陰薄. 而說郛云: 霍者轉音失義.

氷雹, 俗言物泥물이, 蓋物物粉貌. 米粉白而性粘, 故俗以白米屑爲飥떡者, 亦曰白物泥飥흰물이떡, 又曰白雪餌기.

三出, 雪陰之專氣, 故六出而成花雹, 陽之專[气$匕], 故三出而成實. 總屬北方之[气$匕].

露로, 俗言[艹$泥]雪이슬. 天酒・神漿.

霧무, 俗言亂湝안긔. 地發天不應曰霧, 天發地不應曰雺. 濃霧안긔즈욱ᄒ다. 黃霧大霧.

霧淞, 寒[气$匕]結水如珠, 見晛乃消. 鬖鬆花・樹稼.

花霜, 俗言霰膏霿산고의.

雲운, 俗言窟陰굴음. 從山穴出故也. 彩雲, 五色雲. [雨$商]鄉雲・火傘旱雲・浮雲・[雨$胃]寸・衣狗・絮[巾+肙].

豊隆, 雲師.

霞하, 俗言嫩雲노을. 紅綃・綠綺・朱輝.

虹蜺홍예, 雄曰虹, 雌曰蜺. 一作霓. 俗言水地氣무디기. 螮蝀・天弓.

【1:7a】 雷뢰, 俗言雨畾우뢰, 從破字. 又曰天動텬동.

香, 雷神. 謝仙.

霹靂벽역, 俗言別惡별악. 以其分別惡慝. 又曰天罰텬벌.

雷震, 俗訓별악치다. 雷霆.

電뎐, 俗言翻開번긔.. 打閃・赤電・列缺, 電貌. 靈畢, 電光.

休徵휴징, 俗言祥瑞샹셔. 和氣所致. 吉祥길샹・吉兆길죠・徵兆징죠・兆朕죠짐・慶事경ᄉᆞ. 神奇신긔ᄒᆞ다・神通신통ᄒᆞ다.

灾異지이, 俗言灾殃지앙. 國有失道, 天出灾害. 變怪변괴・灾變지변・天灾텬지・天變텬변・時變시변・人妖物怪인요물괴・星變셩변・旱灾한지・虫灾츙지・水灾슈지・風灾풍지・雹灾박지・火灾화지・山崩川竭산봉천갈・妖怪요괴・妖蘖요얼・無妄之灾무망지지・殃禍앙화・灾禍지화・禍根화근. 怪異괴이ᄒᆞ다・奇怪기괴ᄒᆞ다・乖常괴샹ᄒᆞ다・異常이샹ᄒᆞ다

【1:8a】

<時令部>

歲, 夏曰歲, 取歲星一周也. 俗以歲星生於亥, 故曰亥히 或曰古人一年四時改火, 瓊州人謂一年曰一火. 而西鄕人音徽, 東鄕人音喜, 或爲化, 今之所謂히者, 似是火之轉音, 姑兩存之然. 字從步戌歲之自亥至戌而周天似爲近之.

祀, 商曰祀. 取四時一終.

年, 周曰年. 取禾一熟.

載, 唐虞曰載. 取物終更始.

五運, 甲己化土, 乙庚化金, 丙辛化水, 丁壬化木, 戊癸化火.

四時, 春夏秋冬.

八節, 四立二分二至.

二十四氣, 立春雨水屬正月. 驚蟄春分屬二月. 淸明穀雨屬三月. 立夏小滿屬四月. 芒種夏至屬五月. 小暑大暑屬六月. 立秋處暑屬七月. 白露秋分屬八月. 寒露霜降屬九月. 立冬小雪屬十月. 大雪冬至屬十一月. 小寒大寒屬十二月.

七十二候, 五日爲一候, 三候爲一氣.

三百六旬六日, 五行各旺七十二日有奇. 陽曆以冬至後十日, 或十一日爲歲首. 一三五七八十十二月並三十一日. 四六九十一月並三十日. 二月二十八日. 而遇閏則爲二十九日. 平年則每年爲三【1:8b】百六十五日, 閏年則爲三百六十六日.

十干, 甲閼逢在月爲畢, 乙旃蒙在月爲橘, 丙柔兆在月爲修, 丁强圉在月爲圉, 戊著雍在月爲厲, 己屠維在月爲則, 庚上章在月爲窒, 辛重光在月爲塞, 壬玄[黑+戈]在月爲終, 癸昭陽在月爲極.

十二支, 子困敦, 丑赤奮若, 寅攝提格, 卯單閼, 辰執徐, 巳大荒落, 午敦牂, 未協洽, 申涒灘, 酉作噩, 戌閹茂, 亥大淵獻. 日本人以巳爲米.

十紀, 自開闢至獲麟凡三百二十七萬六千

歲分爲十紀. 一曰九頭, 二曰五龍, 三曰攝提, 四曰合落, 五曰連通, 六曰叙命, 七曰循蜚, 八曰因提, 九曰禪通, 十曰疏仡. 自天皇攝提格至唐堯元年甲辰四萬五千六百年. 自唐堯元年甲辰至明崇禎十六年癸未四千年. 自淸世祖順治元年甲申至今皇光緖二十一年乙未二百五十二年. 自檀君元年戊辰至高麗恭讓王三年辛未三千七百二十四年. 自本朝太祖元年壬辛[申]至今上三十二年乙未五百四年.

大前年, 再昨年. 俗訓글억긔 · 往年.

去年거년, 俗言上年샹년 · 前年, 轉云져년 · 昨年작년.

過年과년, 俗訓디난희.

頭年, 初年. 俗訓첫희.

今年금년, 俗言【1:9a】五月올. 蓋五月一陰始生之月, 故統稱. 當年凡物之先成者, 亦曰올 · 本年본년 · 當年당년.

新年신년, 俗言賽亥싀희 蓋賽者報祭之名. 賽祭, 祭物必以新成者爲之, 故以新爲賽.

來年릭년. 明年명년 · 下年하년 · 開年기년 · 後年후년.

比年, 猶言頻年.

一紀일긔, 十二年.

荏苒임염, 歲月展轉.

大有年, 豊年.

殺年살년, 凶年흉년. 一曰饑荒年. 又曰大無年.

月, 釋名見天部. 地皇氏以三十日爲一月.

三微, 十一月. 周天正十二月, 殷地正正月, 夏人正. 微者言微而未著.

三忌, 正月五月九月不行刑, 亦謂之斷屠月.

朔, 月死而蘇生.

死魄, 朔日.

旁死魄, 二日.

哉生明, 三日. 又曰成魄. 一曰朏비.

成光, 八日.

上弦, 初七八日. 月形一旁曲, 一旁直.

望, 十五日. 日月遙相望. 俗言半陰보름.

哉生魄, 十六日. 又曰旣望.

旣生魂, 十七日.

念, 二十日. 唐明皇以貴妃死日念之, 因謂之念日.

下弦, 二十二三日.

小晦, 二十九日.

晦, 月死爲灰. 俗言極陰금음.

小盡, 月小二十九日.

大盡, 月大三十日.

潮【1:9b】減죠감, 俗訓죠금. 初五十三二十五日.

浼미 水進. 俗以月之十日爲一浼흔미, 十一日爲二浼두미, 至十九日爲十浼열미. 一曰潤, 又曰濫.

前月젼돌.

此月이돌.

來月닉월. 開月 · 出月.

月建, 甲己年丙寅頭, 乙庚年戊寅頭, 丙辛年庚寅頭, 丁壬寅頭, 戊癸年甲寅頭.

閏月윤돌. 積分 · 歸餘 · 二終 · 非常月.

日, 釋名見天道部.

半夜, 子. 밤중.

鷄鳴, 丑. 돍울기.

平〔旦〕평됴. 寅. 俗言晞如히여흘쎡.
日出, 卯. 히돗기. 言日到也.
食時, 辰. 밥쎡
禺中, 巳.
日中, 午. 俗言白晝. 又曰大羅失未耀대낫, 又한낫日.
晡時, 申. 俗言點心졈심.
日入, 酉. 俗言抵沒저물다. 又曰抵若져녁, 言抵若木.
黃昏, 戌.
人定, 亥.
晨明, 俗言開東동트기. 又曰曙闢새벽·曉頭첫새벽·破漏파루후. 日出暘谷浴於咸池.
朏明, 黎明. 登於扶桑爰始將行.
〔旦〕明, 俗言日昕일흔쎡. 日至曲阿. 俗言阿站아참. 以其至曲阿之站.
蚕食, 臨於曾泉.
晏【1:10a】食, 次於桑野.
禺中, 臻於衡陽.
正中, 對於昆吾. 又曰亭午. 又旁午.
小還, 靡於鳥次. 又曰晚晌. 又午後.
晡, 至於悲谷.
大還, 至於女紀. 又曰旰.
高舂, 經於隅泉. 又曰傍晚.
下舂, 頓於連石. 又曰薄暮.
懸車, 爰止羲和.
黃昏, 薄於虞淵. 俗言亥昳暌히덜규. 暌, 轉音고. 又曰地黔싸검이.
定昏, 淪於蒙谷.
陰[雨$沈]음침, 日不明.
剛日, 甲丙戊庚壬.
柔日, 乙丁己辛癸.
舍, 一宿.
信, 二宿.
次, 過信宿.
信信, 四宿.
挾日, 十日.
浹辰, 十二日.
上旬, 十日以內. 又曰上澣.
中旬, 二十日以內. 又曰中澣.
下旬, 三十日以內. 又曰下澣.
大前日큰그져쎄, 言大其前也.
前日그져쎄.
昨日, 俗言於前期어져쎄. 說郛謂之於載者, 甚無義.
當日, 今日. 俗言오늘者, 亦本於稱올之義. 詳今年註. 是日俗言이늘.
翌日, 來日릭일. 詰朝, 卽詰朝之訛. 明朝之謂也.
竟日, 俗言終日죵일. 鎭日.
後日, 俗言侔來모릭. 侔, 倍也. 言倍來日也. 再明日之謂. 而說郛謂以母魯者非是.
外後日글픠
幾日몃놀
【1:10b】多日, 俗訓여려놀.
時, 俗言代쎡 更代之意.
昔時, 俗訓ᄶᅦᆺ적. 先時.
曩者, 向日.
日者, 近日. 比時.
移時이시, 俗言이슥ᄒᆞ다, 少頃也. 半晌.
片時, 俗言동안, 謂其同時之內.
現今, 當場당쟝, 又曰卽今즉금.
來終릭죵, 俗轉라중. 將來쟝릭. 後時, 俗

訓후졔.
暫時, 暫間잠싼.
此際이졔
趂時진시, 猶言卽時. 趂作진쟉, 猶言早爲.
時刻시각, 猶言卽刻.
瞥眼間별안간, 一瞥之間. 瞬息間순식간, 一息間. 霎時間삽시간, 片時間. 須臾슈유, 少頃. 猝然졸연. 猝地졸디.
時頭, 甲己夜甲子頭, 乙庚夜丙子頭, 丙辛夜戊子頭, 丁壬夜庚子頭, 戊癸夜壬子頭.
夜, 俗言放陰밤.
整夜왼밤
竟夜밤새도록
一昔, 一夜.
立刻, 卽刻즉각.
發夕발셔, 初夜卽行言已往.
春츈, 俗言發轉云봄, 言發春也. 甲乙其日・木其德・青春・芳春・陽春・三春・九春・少陽・靑陽.
【1:11a】春景츈경. 媚景・淑景・韶景.
春節츈졀. 嘉時・芳時・嘉辰・芳辰・華節・韶節・淑節.
春帝츈졔. 青帝・東君・木帝・太皥.
正月졍월. 月建寅・月次娵訾・日躔虛・律太簇・卦泰・陬月・元月・孟陬・孟春・上春・首春・發春・獻春・獻歲・肇歲・芳歲・華歲・獻發・新年・新元・新正.
三元, 歲時月之元.
四始, 歲時月日之始.
天臘텬랍, 初一日. 元正・正朝.
人日인일, 七日屬人, 故又曰靈辰. 一日鷄, 二日狗, 三日豬, 四日羊, 五日牛, 六日馬, 七日人, 八日穀.
炤智王免琴匣之禍, 國人念烏鼠龍猪之功, 以正月上子上午上辰上亥, 設祭祈禳忌百事不動作, 謂之愼日.
上辛, 高麗每年孟春上辛祀圜邱祈穀.
上亥, 束草燒園曰燻猳喙.
上元샹원, 十五日・元宵.
藥食약식, 俗訓약밥. 新羅炤智王時, 正月十五日有烏含書之異, 故國人以是日作糯飯飼烏. 遺俗. 互愼日註.
踏橋답교, 自高麗朝上元夜, 士女騈闐, 達夜不止.
耗磨日,【1:11b】正月十六日.
拜年, 歲拜셰비.
月令월녕, 峭寒・春寒.
二月이월. 月建卯. 月次降婁. 日躔營室. 呂夾鍾・卦大壯・如月・令月・桃月・如陽・仲春.
天正節텬졍, 初一日.
花朝, 十二日. 一曰十五日. 又曰花期.
長春節, 十六日.
社, 春分前後近戊.
月令월녕, 春和.
和暢화창ᄒᆞ다
三月삼월. 月建辰. 月次大梁. 日躔婁・律姑洗・卦夬・窉月・嘉月・蚕月・暮春・季春・竹秋.
上巳샹ᄉᆞ, 初三日. 踏青節.
粄반, 屑米餠. 三日取鼠耳葉汁和蜜爲.
小寒食, 寒食前一日.

寒食한식, 冬至後一百五日, 故又曰百五節. 龍忌.
二十八日, 蒼頡生.
餞春節, 晦日.
月令월녕. 和煦·花辰·花雨·春喧.
溫和온화ᄒᆞ다, 日氣微溫.
夏하. 俗言旅南여남. 太陽旅南任養萬物於時爲夏. 丙丁其日. 火其德·朱明·長嬴·恢台·丙丁.
【1:12a】熱열, 俗言大燠더위. 又曰大鬱더울. 炎天·炎風·溽暑·潦炎·潦熱·旱炎·旱熱·火雲·伏熱·庚炎. 霧熱무덥다. 熰熱·焦熱.
苦熱고열. 煦煆구아熱. 焄焄훈훈, 火烟上氣. 薰蒸훈증, 大熱. 熇熇학학, 俗확확, 熱氣盛貌. 昫熰후구, 俗轉후끈후끈ᄒᆞ다, 熱甚. 𦑣𦑣탑탑, 俗轉텁텁, 熰熱. 蟲蟲, 熱氣. 暍더위막히다
四月ᄉᆞ월. 月建巳·月次實沈·日躔昴·呂仲呂·卦乾·余月·陰月·維夏·肇夏·首夏·孟夏·初夏·槐夏·梅天·梅月·梅雨·麥秋·麥天·麥候.
鷺月, 四月. 李奎報云: 中土則道鷺春而我邦以孟夏爲鷺月. 以地性殊異也.
浴佛日, 八月. 高麗恭愍王時, 崔怡勸王, 始於禁中, 設火山觀之, 謂之曰觀燈.
蒸豆증두, 故事自元朝日聚大豆, 至四月八日煮水浴佛.
五月오월. 月建午·月次鶉首·日躔參·律蕤賓·卦姤·皐月·端陽·仲夏·榴夏·蒲月·蜩月.
小重午, 四日.
端午단오, 初五日. 重五·天中節·地臘·競渡·鬪【1:12b】草.
十三日, 關公生. 竹醉日.
六月륙월. 月建未·月次鶉火·日躔東井·呂林鍾·卦遯·且月·流月·螢月·長夏·季夏.
天貺節, 六日.
流頭우[유]두, 十五日. 新羅旧俗以是日浴東流水爲禊飮, 謂之流頭宴.
三伏삼복. 金氣伏藏也. 夏至後第三庚爲初伏, 四庚爲中伏, 立秋後第一庚爲末伏, 立秋値庚其日爲末大. 三庚.
秋, 寺俗言稼訖가을. 語其成實, 故四月亦曰麥秋. 庚辛其日·金基德·白藏·素商·淸秋·廩秋·三秋·九秋.
扇凜션름, 俗轉션을, 寒也.
颸然시연, 爽也.
秋帝츄졔. 白帝·少皥.
秋神, 蓐收.
七月칠월. 月建申·月次鶉尾·日躔張·律夷則·卦否·相月·初秋·孟秋·瓜月·蟬月·桐月·蘭月.
洗車雨, 初六日雨.
七夕칠셕, 初七日. 道德臘·結夏·綺節·乞巧【1:13a】針·烏鵲橋·濂淚雨.
中元중원, 十五日. 又曰百種. 俗轉빅동 僧尼道俗皆營盂蘭盆供, 謂之地官校. 藉太情老君同元始天尊會集福世界.
月令월녕, 新凉. 俗言扇陰션을, 老炎. 颴颴션션, 風轉.
八月팔월. 月建酉·月次壽星·日躔角·呂南呂·卦觀·壯月·巧月·淸秋·素

秋·仲秋·桂月·雁月.

中秋節즁츄졀, 十五日. 俗言嘉俳, 轉云가위. 新羅儒理王自七月既望各各部內女子于大部之庭績麻, 至八月十五日攷功多少, 負者置酒而謝, 勝者百戲皆作, 謂之嘉俳會.

二十一日, 孔夫子誕辰.

月令월령, 秋凉.

九月구월. 月建戌·月次大火·日躔房·律無射·卦剝·玄月·抄秋·菊秋·季秋.

重九즁구, 初九日重陽. 插茱節.

小重陽, 重九後一日.

十五日, 朱夫子誕辰.

月令월녕. 霜寒·霜令.

【1:13b】冬동, 俗言癸月계올. 壬癸其日·水其德·玄英·玄冬·三冬.

冬帝동졔. 黑帝·顓頊.

冬神동신.玄冥.

寒한, 俗言秋意츄의. 又曰叉차·雪天·雪風·雪寒.

刺叉치차, 俗訓쓸알히게 차다. 陰令.

氷빙, 俗言凝陰얼을. 腹堅비어다.

簷氷쳠빙, 俗言直水곳얼음. 氷筋·氷錐.

縷水실어름. 俗실, 轉呼살.

澌시, 俗言雪解셩에, 流凌.

十月십월, 俗言시월, 又曰上月상돌. 以秦歲首故也. 月建亥·月次折木·日躔房·呂應鍾·卦坤·陽月·良月·靄月·暢月·上冬·小春·初冬·孟冬.

民歲臘, 十二日.

下元, 十五日. 水帝谷神暘谷神水府靈同下人間校定生人罪福.

十一月십일월, 俗言冬至月동지돌. 月建子·月次星紀·日躔箕·律黃鍾·卦復·皐月·至月·復月·仲冬.

小至, 冬至前一日.

至日지일. 長至·亞歲.

豆粥두죽, 共工【1:14a】氏不才子以至日死爲癘鬼畏赤豆, 故作粥[ネ+禳]之.

初四日, 孟夫子生辰.

月令월녕, 至寒·至沍.

十二月십이월. 俗言歲訖月셧돌. 月建丑·月次玄枵·日躔南斗·呂大呂·卦臨·除月·臘月·餘月·嚴月·一終·季月·隆冬.

臘平랍평, 一曰人臘. 又曰王候臘·冬至後第三未必在十二月, 故或二未四未.

初歲초셰. 小歲·獻歲臘之明日.

臘八납팔, 初八日.

守歲슈셰, 晦夜·焚松柴謂之糿盆. 歲除·除夕·除夜.

月令월녕, 短景·促陰·急景·臘沍·窮沍.

【1:15a】

<地理部>

地디, 俗言大泥따. 大地·區寓·寰宇·輿地·方儀·八寓·涯角읙[이]각 相距路左. 遠路·近處. 咫尺지쳑, 近地.

九地, 一沙泥, 二澤免, 三征崔, 四下田, 五中田, 六上田, 七下山, 八中山, 九上山.

四極, 東泰遠, 西邠國, 南漢鉛, 北祝栗.

俗言東域동녁, 南域남녁, 西域셧녁, 北域

북녁.

八埏, 東沙海, 東南浣澤, 南丹澤, 西南水澤, 西泉澤, 西北海澤, 北塞澤, 東北通澤.

八紘, 東北荒土, 東桑野, 東南衆安, 南反戶, 西南炎土, 西沃野, 西北沙所, 北委羽.

八荒.

八極, 東北方土山蒼門, 東東極山開明門, 東南波海山陽門, 南南極山署門, 西南編駒山白門, 西西極山閶闔門, 西北不周山□[1]都門, 北北極山寒門.

九州, 冀・兗・青・松・揚・荊・豫・梁・雍. 亦曰九有. 又曰九垠.

五岳, 東泰山, 西華山, 南衡山, 北恒山, 中嵩山.

四瀆, 江・河・淮・濟.

十三省, 山西省[古冀州], 山東省[靑兗地], 河南省[古洛陽], 陝西省[古長安], 浙江省[古揚州], 江西省[荊揚地], 湖廣省[荊豫梁等地], 四川省[梁揚地], 福建省[古閩越], 廣東省[古南越], 廣西省[百越地], 雲南【1:15b】省[古梁州], 貴州省[西南夷].

東國二十五縣, 朝鮮[箕子封地]・[言+井]邦・浿水・含資・黏蟬・城・增地・帶方・駟望・海溟・列口・長岑・屯有・昭明[南部都尉治]・鏤方・提奚・渾彌・呑列・東暆・不而[東部都尉治]・蠶台・華麗・邪頭昧[三字]・前莫・夫租.

新羅六部, 梁部・沙部・牟梁・漢抵・本彼・習比.

四瀆, 新羅以東土只河・南黃山河・西熊川河爲四瀆. 洪武四年改以南熊津・伽倻津・中漢江・西德津・平壤江・江鴨綠・北豆滿江爲四瀆.

高麗十道, 關內道[今京圻・黃海]・中原道[今忠淸左道]・河南道[今公洪等地]・江南道[今全羅上道]・嶺南道[今尙州・安東等地]・嶺東道[今慶州・金海等地]・山南道[今晋州・咸陽等地]・海陽道[今全羅下道]・朔方道[今北道]・沮西道[今平安道].

本朝八道, 太祖朝分麗朝五道爲八道. 京幾[畿]忠淸道[古百濟]・全羅道慶尙道[古新羅]・江原道黃海道平安道[古句麗]・咸鏡道[南北道卽今南北沃沮]. 上乙未分爲二十三府. 仁川[本京圻]・忠州・洪州・公州[本忠淸道]・原全州・羅州・濟州[本全羅道]・晋州・東萊・大邱・安東[本慶尙道]・江陵・春川[本江原道]・開城[本京圻]・海州[本黃海道]・平壤・義州・江界[本平安道]・咸興・甲山・鏡城[本咸鏡道].

四岳, 洪武四年以南智異山・中三角山・西松岳山・北鼻白山爲四岳.

成, 十里. 一曰同.

舍, 三十里.

字內, 二十五里.

【1:16a】封, 百里.

陸地륙디, 平地. 俗以事之堅固者謂之. 似陸地륙디굿다.

坦坦大路탄탄대로, 寬平之路.

平坦평탄ᄒᆞ다

險路험ᄒᆞᆫ길

墿역, 軌道也. 俗上道曰웃녁, 下道曰아랏녁.

空閒之地공한지디. 又曰不食之地. 一作

1) □: '凵'字內有'米'字.

空虛之地.

后土후토. 地神. 祇・富媼.

土, 俗言黑泥흙. 濁者亦曰黑泥흐리, 取重濁沉凝而爲土之意.

三壤, 上中下.

五土, 山林・川澤・丘陵・墳衍・原濕.

塊, 俗言團泥덩이.

淤泥, 俗言潜土긔흙.

泥濘이영, 淖也. 漬지다, 雨後行路潤濕.

黏土, 俗言津土잔흙. 又曰埴地치디, 而치轉차, 凡物之黏者皆曰차디다.

堇堇근근, 土之黏者. 俗끈끈.

墡션, 俗言白土빅토.

垶셩, 俗言朱土쥬토.

堇근, 俗言黃土황토.

堉土척토, 薄土.

潟鹵셕로, 鹹土. 可煮塩. 起耕者曰垡. 俗轉뻘.

原원, 廣平之地. 夷庚.

隰습, 下濕. 俗言津垡진펄, 又以濕爲瀦地젓다. 沮洳.

衍沃, 平美地.

䃑䃑반반이ᄒᆞ다, 除地爲場.

墝埆요각, 土不平.

墩埭돈딕, 地有平堆.

羵羊, 土怪.

封, 土精.

夷羊이양, 土神.

塺【1:16b】塺마진, 俗轉먼지, 塵也.

亞細亞洲諸國. 細一作西. 에시아.

淸國쳥국. 中州・皇州・神州・中原・中華・華夏・大國대국・中國중국・燕京・北京・人國[天竺所稱]・震旦[西域人所稱]・支那차이나[外國人所稱]

朝鮮됴션. 三韓・高麗코려・左海・鰈域・靑邱・汕水.

日本, 周平王四十八年始祖狄野, 姓阿每氏. 始置州縣. 有天皇有國王. 天皇不與國政, 國王總治國事. 王姓源氏, 本倭왜國. 唐時改今名. 和州・大版짜판・橫濱.

暹羅식암

波斯퍼식아

印度인듸아

亞喇伯아라쎄아

歐羅巴洲諸國유롭

俄羅斯. 俄一作峨. 又曰露國우러시아

墺地耳오스트리아

日耳曼쪄리늬

丁抹덴막

瑞典쉬덴

那威노웨

普魯士보루시아

英吉利잉글런드

荷蘭홀린드

瑞西스위쓰런드 一曰瑞士.

法蘭西【1:17a】, 法一作佛. 쭈린스

葡萄牙포츄갈

西班牙시페인

伊太利, 一作以大里. 이탈리

希臘그리스

蒙底尼만트늬그로

比利時뷜지엄

塞爾維써비아

羅馬尼으롬

伯布里벌가리아
土耳其, 其一作古. 터키
亞非利加洲諸國. 亞一作阿, 아쯔리카
埃及이집트
三給波爾상기빠
巴巴利빠빠리
幾內亞키내아
尼給里西亞넨그로랜드
阿比西尼亞아비시늬아
疴聯珠自由邦오런쥐으리퍼불릭
利比里亞라이뻬리아
摩洛哥모라코
北亞米利加洲諸國노우스아베[메]리카·
一作阿墨아베[메]리카
海地헤틔
三土民各쏘미늬온카나다
美利堅合衆國. 美一作米. 유나이테드 스테잇스
墨士哥. 墨士, 一作麥西먹시코
関都拉斯혼두라스
瓜他馬拉과터말라
【1:17b】三薩瓦多쌘살비도아
尼加拉加니카라과
古修都理加고스트리카
南亞米利加洲諸島싸우스아메리카 一作
阿西亞尼亞오시아늬카
古倫比골롬비가
委內西拉베비쉬일나
巴西쁘레실
加拿他카나다
玻拉垂바라퀘이
亞然丁合衆國아젠뒨
智利칠늬
玻理非쏠리비아
秘魯베루
厄瓜多엑궤도아
東曰波里尼西亞포릐늬시아, 卽三大都會.
西曰馬來西亞마레시아
南曰澳大利亞어스츄렐늬아
布哇, 大洋洲一國.
藩國번국 侯邦·侯服·絶域.
外夷. 東曰夷, 西曰戎, 南曰蠻, 北曰狄.
隨處畜牧者曰行. 國附庸者曰影國. 俗言凡良哈오랑캐.
山戎. 唐虞以上亦曰薰鬻.
淳維, 夏.
鬼方, 殷.
玁狁, 周.
匈【1:18a】奴, 秦漢.
突厥, 唐.
契丹, 宋.
古西域고셔역. 處丹·連雲·窮髮·蹋胸·交趾·厭光·長[髟+攴]·眞[冃+葛]·占城.
國都, 俗言都邑. 又曰羅內나라 新羅稱羅, 內猶言國內.
京師, 新羅始祖國號曰徐伐. 俗以京謂之. 徐伐, 俗轉셔울. 又曰西菀. 京華·都城·漢陽·神京·闉闍·陸海·京洛周都洛, 後世人稱. 長安, 漢都. 長安, 亦因稱有今之稱셔울.
西京, 平壤.
松都, 松都.
沁都, 江華.

東京, 慶州.

固麻. «北史»云: "百濟都城曰居拔. 亦曰固麻." 今不可放熊津. 俗稱固麻者, 疑本於此.

城郭. 漢陽城石築, 周九千九百七十五步, 高四十尺二寸. 有八門. 東曰興仁之門, 俗云동대문; 南曰崇禮門, 俗云남대문; 西曰敦義門, 俗云싀문; 北曰肅靖門, 俗云북창문; 東北曰惠化門, 俗云동쇼문; 東南曰남쇼문, 今廢. 光熙門, 俗云시구문, 卽水口門; 西南曰昭義門, 셔쇼문; 西北曰彰義門, 俗云ᄌᆞ문. 斗城, 漢元帝所築. 狀南北斗, 故云. 裁지, 築墻長版. 古者築城以版, 故因謂之裁.

堞, 城上垣. 又曰睥睨.

【1:18b】雉堞. 秦孝公時, 雉止堞, 因名之. 又曰雉飛一丈. 故曰百雉.

陴, 女墻. 卑小乇之于城. 若女子之于丈夫.

譙樓, 又曰麗譙. 俗言門樓문루.

譙門, 城門. 俗言虹霓홍예, 以其形之似虹霓.

櫓, 樓無覆屋.

隍, 城下有水池. 俗言垓字히ᄌᆞ.

陔子히ᄌᆞ 城下池.

堡, 隍之小. 又曰障. 又曰疊.

壁, 軍屯處.

郛, 外城. 又曰郭.

城圈, 俗言城周回. 셩씨위.

坑塹깅참, 遶城水. 失身曰入於坑塹.

健牟羅. 南史云: 新羅人號城曰健牟羅. 而今無此語.

京畿경긔. 畿甸・畿服・近畿

天下텬하. 海內・輿圖. 一曰版圖. 國內・匝域・環土・疆場・境界경계. 本此境彼界之謂. 而俗以謂有分開.

州郡, 又曰縣邑. 羅史, 甄萱攻新羅進襲高鬱, 猝入國都弑王辱妃云故. 俗以外邑謂之. 高鬱고울.

擔魯. 南史云百濟謂邑曰擔魯. 今無此語.

邊塞, 俗言邊方변방・紫塞長城土色皆紫, 故以紫名塞. 三垂卽三邊. 邊徼・邊鄙・關隘.

要害, 在我爲要, 在彼爲害.

幅【1:19a】[巾+員]. 直方曰幅, 周圍曰隕.

道路도로, 一達. 岐旁, 二達. 劇旁, 三達. 衢, 四達. 康, 五達. 莊, 六達. 劇驂, 七達. 崇期, 八達. 逵, 九達.

郊, 郭外.

隊, 郊外.

鄕曲향곡. 坊曲・鄕里

村落촌락. 部落・衖衕・陌・阡陌・洞巷.

街里가리, 俗轉리. 街是四通道, 如九里街구리지. 夜調街야쥬기, 是也. 峴是嶺上平, 故俗謂高街고기, 如紅峴불근고기, 泥峴진고기, 是也. 而以구리기爲銅峴, 야쥬기爲夜峴則非.

同里, 俗言동네.

故鄕고향, 本土. 又曰桑梓.

屛門병문, 洞口.

固, 處也. 王莽末有呂母, 俗謂之. 곳代以處字之訛.

站참, 驛也. 俗訓爲止處.

遐鄕하햐[향], 又曰遐方.

所, 高麗時未堪爲縣者稱所. 今濟州尙有十所.
世界셰계, 人世也. 世上셰상·人間인간·塵寰·塵世진셰.
風俗풍쇽. 成風셩풍ᄒᆞ다·入鄕循俗입향순쇽·世態셰틔·物態물틔.
園囿, 俗云東山동산, 蓋以東方物所生, 故云.
上林苑, 又曰內苑. 卽闕內後苑.
園, 植果.
【1:19b】圃, 植菜.
田뎐, 俗言畈판, 轉云田疇也. 一歲曰菑, 二歲曰新, 三歲曰畬.
水田, 俗合水田爲一字, 似沓, 音답, 又曰農堰논, 二字合音也.
田庄뎐졍, 田舍也.
塍壟등롱, 俗轉드렁, 田中畦埒.
市井시졍, 市也. 因井爲市, 所以貯貨行貨. 俗轉져ᄌᆡ. 本邃皇始, 新羅炤智王始置. 廛뎐, 市邸. 假家, 俗轉가계, 小市.
舖, 賈肆. 華言푸리.
集, 外方各處之市. 一曰場.
賈區가구, 軍市.
山, 俗言牡泥. 뫼.
谷, 虛牝·山間水道. 俗云골.
阧岸, 俗言두덩.
岸卓, 俗言언턱, 卓, 峭卓也. 門限亦曰문턱. 輿地誌直云言德, 則無義矣. 以重大文字而不攷, 其本旨直取其音之訛, 遂令文物至今蒙昧, 豈非士夫粗率之咎歟.
三神山, 瀛洲蓬萊方丈. 舊傳, 瀛洲爲漢挐山, 一曰頭無. 蓬萊爲金剛山, 一曰皆骨. 方丈爲智異山. 三山皆在東國云.
碕岸, 曲岸.
襄岸, 高岸.
層巖[山$截]壁층암절벽 峻急處.
冢, 山頂·亦曰巓曰椒.
岡, 山脊.
嵩, 大而高.
岑, 小而【1:20a】高.
嶠, 銳而高.
扈, 卑而大.
巋, 小而衆.
巘, 上大下小.
岵, 山有草木.
峐, 山無草木.
岨, 石戴土.
崔嵬, 土戴石.
朝陽, 山東.
夕陽, 山西.
麓, 山足.
岫, 山穴.
崖, 山邊.
巖, 俗言盤嵬. 俗轉반외, 崖之高.
窟굴, 山巖有孔. 又曰土室.
峯봉, 俗言封蕚봉아리. 蓋花之未發者曰封蕚. 而山峯如初發芙蓉, 故曰封蕚. 又曰附麗부리. 嘴星附麗于參星如鳥之喙, 故喙謂之附麗. 而凡物之高出如鳥喙者, 亦曰附麗. 而雅言直云不伊者無攷.
岊, 陬隅高.
峛崺, 山卑長貌.
坂, 山坡.
陟, 山三襲.

坯, 山再成.

陘, 山中絶.

翠微, 未及山上.

嶧, 山屬.

巒, 山狹而高.

墮, 巒山.

阜부, 土山. 阿曲阜, 一曰嶇阜. 邱陵, 大阜. 部婁, 小阜.

山神산신. 梟陽・天愚・兪兒・鮑姑.

石셕, 俗言突, 凡돌, 一曰土精. 地骨・山體・怪石괴셕. 盤石반셕, 平大石.

沙모릭, 言石之水解也. 모是몰之轉, 릭是힉之轉.

沙衍, 水中石・沙場.

【1:20b】海힉, 俗言派大바다. 玄海・瀛海・碧海・巨壑・大壑・朝夕池・溟海. 東, 滄溟; 南, 南溟; 西, 西洋; 北, 北溟.

阿明, 東海神廣淵王.

祝融, 一曰�, 南海神廣利王.

巨乘, 西海神廣德王.

禺强, 北海神光澤王.

朝鮮四海, 新羅宣德王始修祀典. 東海曰阿等邊, 南海曰兄邊, 西海曰未陵邊, 北海曰非禮山.

尾閭, 衆水所歸, 亦曰歸虛.

潮汐, 朝曰潮, 夕曰汐.

瀰미다, 水滿也.

港口항구, 一曰浜, 安船溝.

埠頭부두, 船泊處.

立[氵+春]닙숑, 水深立表.

波濤파도, 水涌流浪.

滉瀁황양, 深廣無涯.

陰火, 海中塩氣所生遇陰晦如燃, 有月卽不復見.

海神바다귀신. 陽侯・海若

河, 隨下通流四瀆之一.

靈河, 黃河.

河神하신. 巨靈・河伯

江강, 小水入海以通貢路.

洲, 水中可居.

渚, 小洲.

沚, 小渚.

江干강간, 水邊, 俗물가. 雅言作勿可者, 非俗以邊訓干而音가轉云也. 一曰垂・涯・畔・磧・濱.

滸, 岸上地.

澳, 曲崖. 又【1:21a】曰隈.

湄, 水草交.

溢, 水邊土, 人所止.

汭, 水曲.

陽, 水北.

陰, 水南.

島, 俗言苫셤.

綠水록슈, 鴨綠江.

薩水살슈, 淸川江.

浿水픽슈, 大同江.

瀦水져슈, 禮成江.

帶水딕슈, 臨津江.

冽水렬슈, 卽漢江.

泗沘水ᄉᄌ슈, 白馬江.

瀉水샤슈, 陽正江.

滎水영슈, 榮山江.

潺水잔슈, 豆治江.

灆水남슈, 菁川江.

潢水황슈, 洛東江.

滿水만슈, 豆滿江.

地灘, 俗言陂路벼로, 一作別吾. 無義. 新羅方言石路水崖曰遷. 水之洲曰檗壤빙양.

洳矾여올, 俗言여을. 漸濕曰洳, 沙石隨流曰矾. 謂灘也.

洳灘여탄, 俗言여터. 水流沙上淺水也. 俗以淺者統謂之洳灘.

瀺灂, 石出水出沒貌.

瀨, 石上水, 一曰湍. 灘, 卽려을.

流砂, 急水.

派, 水別流.

波, 風吹水涌. 又曰浪. 俗訓水次물결. 凡屬理者皆曰決. 木理曰나무결; 人性曰셩결; 氣息曰숨결.

淪, 小風拂水波紋如輪.

瀾, 平波.

徑, 直波.

漣, 風行水成文.

漪, 水波如錦文.

瀹, 大水有小口別通. 俗言湝기.

津, 渡水處. 俗訓拿櫓나로.

泝洄, 逆流而上.

泝【1:21b】流, 順流而下. 又曰沿流.

亂, 絶流而渡.

泳, 潛行水中.

涉, 水行. 又繇膝以上.

厲, 以衣涉水.

揭, 繇膝以下.

砯려 以衣履石渡水.

川천 水流通. 俗言渿닉, 又曰開川기천, 湝作川.

溪, 水注川. 俗轉始渿시닉.

谷, 水注溪.

湝溝港기구랑, 又湝溝川기굴창, 又津溝港진구렁.

濙, 水出山石間.

濒, 水帶沙往來貌.

潺潺잔잔, 小水貌.

滲漓, 水滲入地. 轉云슴의다.

瀡, 滑也. 俗訓쉬다.

梁, 石絶水. 俗言石橋돌다리.

澤턱 衆水所鍾. 俗訓못 謂모든 물 뫼다.

衍澤, 廣澤.

皐澤, 曲澤.

陂澤, 障澤.

浮, 山上有水.

潭, 深水. 俗言沼소.

壑, 水通谷. 俗言窟籠구렁. 雅言之屈亢者, 欠攷.

藪, 無水有草木. 俗訓슈펑이.

塘, 築土過水. 俗言垙보, 又曰堤·防·墳.

池, 穿地通水.

泉, 正直上出曰上檻시함. 見爾雅.

下泉, 從上溜下.

濆泉, 湧出.

氿泉, 側出.

肥泉, 同出異歸.

瀵泉, 異出同歸.

湯泉, 亦曰溫井온졍.

溫泉온쳔신. 女丁·壬夫.

瀑布【1:23a】폭포, 一曰水簾. 又曰立泉.

龍湫, 懸瀑.

觱沸, 泉出貌.
龍抓了, 俗言沙汰사태.
沫, 一曰漚泡구포, 俗訓거품, 又曰涪.
井, 黃帝始鑿. 俗言凹茂乙우물. 孫穆方言謂之烏沒者, 取音無義. 其不可準多此類.
井華水졍화슈, 新汲水. 俗轉졍안슈. 冲冲츙츙ᄒᆞ다, 深也.
源, 水本. 俗言根源근원.
逆水, 急流.
隈㴞, 水盤渦處.
濫觴, 小流可泛觴.
淀, 如淵而淺.
水溝, 슈구, 俗轉시궁.
水汊슈채, 一曰隨涂, 卽水道. 俗訓물돌.
陰溝음구, 俗轉은구.
涂莨도랑, 溝渠也.
泡泡포포, 俗轉풍풍, 水濆涌聲.
濆, 峽水湍激石忽發.
潀潀종종, 小水聲.
涔涔잠잠, 牛馬蹄跡中水貌.
浤浤광광, 俗轉광광, 迅流水聲.
澧澧풍풍, 水聲.
潢왕, 停水臭.
堰언, 壅水爲埭.
垘복, 俗轉보, 畜水漑田.
腦, 洍狀而漇者.
㵐샤, 泄水門.
水驛슈역, 高麗忠烈王時, 元帝見遼東水程, 圖欲置水驛. 陪臣鄭可臣曰: "高麗山川澤藪居十之七, 耕織之勞, 僅支口體, 况其人不習海道. 臣之管見, 恐有未便." 帝然而【1:23b】罷之.
水神슈신. 靈胥・無支析・天吳・馮夷

<帝屬部>

【1:24a】太上皇태상황. 太上, 極尊之稱. 天子之父, 故號曰皇. 秦始皇追尊莊襄王, 漢高祖尊太公.
國太公국태공, 今上尊私親. 古稱大院君대원군.
天子텬ᄌᆞ, 父天母地, 故曰天子. 一人
皇帝황뎨, 庖犧氏, 神農氏稱皇, 堯舜稱帝, 夏殷周稱王, 秦稱皇帝, 漢因之不改.
大君主대군쥬
大統領대통영, 外國君號間或有之.
人君인군, 新羅儒理王以齒理多爲王, 故稱王曰尼斯今. 盖俗以齒理謂之닛금 故也.
人主인쥬, 文獻通攷云百濟人號王爲於羅瑕. 又曰鞬. 言支夏疑嫣嫣下之誤. 國君・國王・侯王・親王・秦漢以下凡諸侯皆稱王. 天子伯叔兄弟分封于外者, 亦曰王.
皇上황샹, 至尊之稱. 聖上.
陛下폐하, 天子必有近臣. 執兵立於陛側, 以戒不虞. 群臣與天子言不敢指斥, 故呼. 在陛下者而告之, 因卑達尊之意.
殿下뎐하, 次於陛下之稱.
邸下뎌하,【1:24b】次於殿下之稱.
麻立干마립간, 麻立干, 方言, 橛也. 新羅訥祗王時, 君臣聚會立橛爲君位因號. 其君曰麻立干. 至炤智王皆用此號.
居西干거셔간, 辰韓人稱王曰居西干. 其

時尊稱也.
上監媽媽샹감마마
㾛日德마일덕, 外國尊君之辭. 與中國陛下相似.
先帝션뎨, 先王. 先廟・前王
今皇금황, 今上・主上・當宁
太皇太后태황태후, 帝之祖母.
太后태후, 帝之母. 東朝
皇后황후, 帝之妃. 夏殷以前皆稱曰王后. 自秦以後稱皇后.
王后황후, 又曰王姤. 中壼・中殿・坤殿・內殿.
六宮륙궁, 前一謂之大寢, 後五謂之小寢. 后一宮・三夫人一宮・九嬪一宮・二十七世婦一宮・八十一御妻一宮・凡一百二十人.
宮嬪궁빈, 尙宮샹궁・內人서인・姮娥항아
皇太子황태ᄌᆞ, 自漢高始, 以太子曰皇太子. 明制諸王以下不得稱皇.
王太子왕태ᄌᆞ, 侯王太子・王世子・元良・儲君・貳極・春邸・春宮・离筵・瑤山・少海.
王子【1:25a】왕ᄌᆞ
親王친왕, 宗室諸王.
大君대군
君군, 新羅以宗室謂之眞骨. 又曰貴骨귀골.
太子妃태ᄌᆞ비・書堂.
世子嬪셰ᄌᆞ빈
大長公主대쟝공쥬, 帝之姑也. 漢制, 天子以列侯尙公主, 諸王以國人承翁主, 尙承皆卑下之名. 公主別立舍第, 令列侯就第奉事曰尙. 諸王女則令國人來承事曰承. 天子尊令諸侯同姓者代主婚, 故曰公主. 諸王卑自主之, 故曰翁主.
長公主쟝공쥬, 帝之姉妹.
公主공쥬, 帝之女.
翁主옹쥬, 王之女. 本朝以後宮所生謂之翁主. 禁臠
宗室종실, 國族・璿派・天潢
戚畹천[쳑]완, 外戚・國戚・戚里
國舅국구, 后之父. 府院君
駙馬부마, 漢武初置駙馬都尉, 掌御馬矣. 至魏何晏以主婿拜駙馬都尉. 晋杜預亦以主婿爲之矣. 後代凡尙公主者, 皆從魏晋之制. 儀賓

【1:26a】
<君道部>

宮闕궁궐, 俗稱大闕대궐・大內대닋・宮禁궁금・紫禁・禁闥・紫籞・楓宸・九重・丹墀・內裡・月臺.
中宮즁궁, 內殿.
東朝동됴, 皇太后宮.
東宮동궁, 太子宮. 青宮・鶴禁.
罘罳부시, 卽簷網.
寶座보좌, 御榻. 龍床룡상.
宮掖궁익, 掖庭익뎡[뎡]・宮闈궁위・椒房.
宗廟종묘, 天子七廟, 諸侯五廟. 列聖位服左佋右穆.
社稷샤직, 社, 五土之神, 句龍爲后土; 稷,

百穀之長, 柱爲稷. 自夏以上杞之棄亦爲稷. 自商以來祀之. 高麗成宗以正月上幸行祈穀祭

圜邱원구, 祭天壇.

泰社태사, 宗社.

登極등극, 卽位也. 踐祚·立極·握符·系統·御極.

紀元긔원, 俗言大年號. 轉云다난호. 古者, 人君卽位欲其體元, 故以一年謂之元年. 至漢文帝始改後元, 至景帝有中元後元. 至武帝累改年【1:26b】號, 後世因之. 一王改紀皆有年號. 檀君元年戊辰, 唐堯二十五年, 本朝開國前三千七百三十四年. 箕子元年己卯, 周武王元年, 本朝開國前二千五百十三年. 新羅始祖元年甲子, 漢宣帝五鳳元年, 本朝開國前一千四百四十八年, 西曆前五十七年. 高句麗東明王元年甲申, 漢元帝建昭二年, 新羅始祖二十一年, 本朝開國前一千四百二十八年, 西曆前三十七年. 百濟溫祚元年癸卯, 漢宣帝鴻嘉三年, 新羅始祖四十年, 高句麗琉璃王元年, 本朝開國前一千四百九年, 西曆前十八年. 後百濟甄萱元年壬子, 唐昭宗景福元年, 新羅眞聖主五年, 本朝開國前五百年, 西曆八百九十二年. 高麗太祖元年戊寅, 後梁均王貞明四年, 新羅景明王元年, 後百濟甄萱二十七年, 本朝開國前四百七十四年, 西曆九百十八年. 本朝太祖元年壬申, 明太祖洪武二十五年, 西曆一千三百九十二年. 大君主陛下元年甲子, 開國後四百七十三年, 淸穆宗同治三年, 西曆一千八百六十四年.

在位직위, 享國久近.

承統승통, 承襲.

正統뎡통, 一統之君.

變正統변뎡통, 如漢之昭烈.

閏位윤위, 如秦【1:27a】始皇.

傳位젼위, 禪位·簒位·內禪·受禪슈션

創業창업, 龍興.

守成슈셩, 繼述.

中興즁흥, 興復·恢復·克復

太平태평, 昇平·昌籙·泰運·神曆·曆數·聖世·明時·昭代

潛邸줌셔[져], 龍潛舊宅.

草昧眞人쵸미진인

龍顔룡안. 天顔·御容

睟容슈용, 御眞.

玉音옥음, 天語.

誕辰탄신, 聖誕·誕降. 唐明皇以八月五日生, 始以是日爲千秋節. 高麗成宗以千春節爲千秋節. 德宗以仁壽節爲應天節. 毅宗以河淸節受群臣朝賀. 天申節·天寧節·仁平節·成平節·統稱聖壽萬歲. 高麗睿宗以太子生日爲永貞節, 令宮僚及朝官上賀箋.

嘉禮가례, 國婚. 舟梁.

動駕동가, 俗稱擧動거동·陵行능[능]힝幸行.

法駕법가, 大駕대가·鑾和·黃屋·輿衛·鹵薄·車駕·皇后車曰金根車.

離宮이궁, 行在所. 別宮·駐點所·時御所.

移御【1:27b】이어

還宮환궁

還御환어
播遷파쳔. 播越・避亂.
遷都쳔도
復位복위
崩붕, 天子死如山自上墜下. 大行대힝・賓天.
薨훙, 公侯卒. 言奄然而亡也.
昇遐승하, 猶言殂落.
謚號시호, 死後加號.
上尊號샹존호, 徽號. 追上尊號츄샹존호
追尊加上尊號가샹[샹]존호.
國恤국휼. 國喪
山陵산릉, 自文帝作山陵, 因山爲之. 後世以國陵謂之因山인산・陵寢, 仙寢.
政治뎡치, 俗言斷事理. 轉云다ᄉᆞ리다. 政令뎡령.
敎化교화, 德敎.
德澤덕턱
號令호령, 發號施令.
詔勅죠칙. 綸音・勅旨・敎諭・頒敎.
勅令칙령. 誕告・紫泥・黃麻.
令甲령갑, 令篇甲乙之謂.
申飭신칙
頒布반포. 行會.
宸章신장, 俗言御製어졔・天章・絲言・誥綍・聖翰
章草장쵸, 俗言御筆어필・漢章帝善草, 故曰章草.
宸襟신금, 【1:28a】 帝眷・天寵・宸渥・帝恩・神眷
邦慶방경
陳賀진하, 稱慶.
大赦대샤, 國有大慶, 盡宥罪人.
誹謗木비방목, 宮墻及橋梁頭四柱是也.
如今紅馬木홍마목・午柱
申聞鼓신문고, 置宮門樓上, 使有寃者擊之得以上聞.
綽楔작셜, 俗言旌門졍문・旌閭・褒揚.
賞賜샹ᄉᆞ, 頒給.
九錫구셕, 輿馬・衣服・樂器・朱戶・納陛・虎賁・弓矢・鈇鉞・秬鬯.
亂離란리, 民擾민요・土匪토비・梗化경화
罪人죄인. 正犯뎡범・巨魁거괴・干連간련. 罪過죄과, 故犯曰罪, 誤犯曰過.
鞫問국문. 窮治罪人. 查實・淸問
治罪치죄. 笞치, 擊也. 俗訓치다, 又打哩싸리다. 反接반졉, 俗訓뒤졔침ᄒᆞ다. 枷脰가두, 俗爲囚, 訓盖囚者, 例枷其脰也. 項鎖, 足鎖ᄒᆞᆼ쇄, 족쇄ᄒᆞ다. 刑罰형벌ᄒᆞ다・陵遲능지ᄒᆞ다. 伐貳, 轉云베이다. 誅棄쥬기다・罪죄쥬다・贖속ᄒᆞ다. 黥경, 古之 【1:28b】 墨刑以別盜賊者, 故令治. 盜牢刑亦曰경치다. 胥靡셔미, 古者罪人之名, 而如今徵役者, 兩兩連綴之意.
形具형구. 枷가, 械項者, 俗轉칼. 桎질, 足械大桁. 俗言着梏, 轉云착고. 梏곡, 在手, 一曰在脰. 桊공, 在手.
征伐졍벌, 伐不服. 出師・出戰・合戰・接戰・和親・受降・瞭望・斥候・塘報.
交隣교린. 講好

【1:29a】
<臣職部>

臣下신하, 事人之稱. 任於公曰臣, 任於家曰僕.

宰相지샹, 重臣. 大臣·名公鉅卿. 國之元老.

士大夫ᄉᆞ대부, 堂上堂下官之稱. 貴族子弟之白徒而亦云者冒稱也.

兩班양반, 東西二班卽高麗所謂文班武班是也. 至武宗避諱改稱虎班. 今尙沿其名. 貴族子弟統稱兩班, 猶中國之稱男子曰官人.

文任문임, 主文.

將帥쟝슈, 將臣.

勳臣훈신, 有功之臣.

戚臣쳑신, 外戚之臣.

宗班죵반, 璿派子孫.

世臣셰신, 世祿之臣.

淸白吏쳥빅리, 廉潔奉公之人.

草莽臣쵸망신, 在野之臣.

草土臣쵸토신, 居憂臣.

陪臣비신, 列國大夫入天子國, 自稱曰陪臣.

外臣외신, 外國之臣.

家臣가신, 大夫之臣, 如今傔從.

淵源연원, 俗言來歷리력. 家數·門閥·根柢·地處.

公卿世家공경세가. 簪纓世足잠영세족·縉紳大家진시[신]대가·三韓甲族삼한갑족·韓骨兩班한골양반·望族망족.

殘【1:29b】蔭冷武잔음링무, 一曰殘班.

南行남힝, 承蔭入仕者, 未小科則曰白骨南行빅골남힝.

科目出身과목츌신, 登科入仕者.

隱逸은일, 有學問德行爲朝廷徵辟者. 俗稱山林산림.

朝官죠관, 百官.

同官동관, 同僚.

官人관인, 總稱居官者.

官長관쟝

筮仕셔ᄉᆞ, 初仕·入仕

陞擢승탁, 進資.

遷轉쳔젼, 移差.

陞差승차, 進職.

蒙點몽졈, 自上落點.

落仕락사, 罷職罷免.

削職샥직, 削奪.

推考츄고, 本百官有差失臺官, 必以書牘問備之謂, 而有名無實者久矣. 今則並其名而廢之.

越俸월봉, 百官有過則不給月俸.

交遞교쳬, 交代.

瓜滿과만, 古者居官者及瓜而遞故云.

祿牌록픽, 轉云록비. 自前入仕者受祿以帖, 自甲午定以月銀無頒祿之規.

復職복직, 再仕.

叙陞셔승, 久勤陞梯.

殿最뎐최, 上功曰最, 下功曰殿. 卽褒貶포폄.

自辟ᄌᆞ벽, 自擧下官.

擬望의망, 古之入仕者必有銓官比三望而自上落点.

勅任칙임, 甲午以後授官以勅者, 如前除授.

奏任【1:30a】쥬임, 如前啓下.

判任판임, 卽自辟.
窠闕과궐, 見職有闕.
正職뎡즉, 蔭武.
雜織잡직, 雜技入仕.
內職니직
外任외임, 外除.
藩任번임, 道伯.
閫任곤임, 將任・登壇
實職실직, 行職.
軍職군직, 付職.
要任요임, 樞機之臣.
淸宦청환, 翰閣之臣.
兼職겸직, 以此職兼他任.
例兼례겸, 有他寺例兼.
職銜직함, 職名.
出仕츌ᄉᆞ, 一曰行公ᄒᆡᆼ공.
肅謝, 謝恩肅拜샤은슉비, 如今受勅.
入直, 直番次也. 번드다, 一曰持被. 豹直.
赴任부임, 一曰到任도임, 賀人赴任曰美赴.
科擧과거, 自麗朝雙冀始. 有庭試・監試・別試・增廣・殿試等名. 至今甲午而廢.
大比대비, 俗言監試감시. 必於子午卯酉設行謂之. 式年初場入格曰進士, 終場入格曰生員. 而其私立咸稱進士진ᄉᆞ, 又曰小成. 以監試謂小科故也. 乃以白徒年老者謂之生員者, 豈以顧炎武所謂凡學人通謂之生員之義歟?
封彌봉미, 高麗文宗時, 因黃抗考試甚濫, 鄭惟産行糊名法謂之彌封.
照訖帖죠헐【1:30b】쳡, 赴監試者必使先講小學而給帖曰照訖者. 謂其具見始末訖了也.
大科대과, 文武科也. 入格曰及第급졔, 尙未付職曰先達션달.
狀元장원, 進士居首者必以狀達之天子, 故曰狀元. 而俗以凡事居首皆稱狀元, 已極不當. 而或作壯元者尤非.
白牌빅픿, 生進所受.
紅牌홍픿, 及第所受.
御賜花어샤화, 大科放榜日宣醞賜花.
放榜, 俗言唱榜챵방.
賓貢, 麗制. 貢士有三等. 京曰土貢, 州郡曰鄕貢, 外國曰賓貢. 崔孤雲以賓貢入唐登弟, 自後鄕試攷籍不詳. 他道人赴擧謂之. 擯攻者非.
恩門은문, 高麗時掌試官謂之學士. 其門生稱之曰恩門.
老爺노야
大人대인
閤下합하
閣下각하
執事집ᄉᆞ
下執事하집ᄉᆞ
大監대감
令監영감
進賜, 俗稱나리, 以上並隨階尊稱.
使道ᄉᆞ도, 幕下稱其主將.
案前안젼, 吏民稱其官長.
城主셩쥬, 邑子稱其本倅.
衙門아문, 軍行有牙後人, 因以所治爲衙.
貳衙이아, 鈴下邑.
棠軒당헌, 觀察使出治之所. 一曰宣

【1:31a】化堂션화당.
東軒동헌, 守宰出治之所. 一曰政閣. 鈴軒・黃堂・內堂曰內衙닉아.
客舍긱샤, 外邑奉殿牌之所.
鄕校향교, 外邑學宮.
勳業훈업, 一曰功業공업・事業ᄉ업・功勞공노・王功曰勳, 國功曰功, 民功曰庸, 事功曰勞, 治功曰力.
顯達현달, 爲考官. 功名공명・榮華영화・發達발달.
廟庭配享묘졍비향, 同德之臣配食廟庭.
不祧之典부조지뎐, 有勳業則國許不遷, 使之世祀曰不遷之位.
諡號시호, 臣有勳勞則賜諡.
贈職증직, 追贈也.
定配뎡빅, 俗言歸鄕귀향 高麗律名. 如今放歸田里而徒流竄置. 通稱歸鄕者因口習而不知察焉. 又曰竄配찬빅
安置안치, 加棘曰圍籬.
投畀투비, 畿沿定配.
量移양이, 未減.
匪所비쇼, 配所.
棘人극인, 罪人.
恩譴은견, 譴亦稱恩敬. 君也.
居停主人거졍쥬인, 配所主人.
【1:31b】吏胥리셔, 小吏. 一曰衙前아젼・書吏셔리・書員셔원. 營吏영리, 卽監營下吏. 鄕吏향리, 卽邑吏. 庫直고직・大廳直대청직・守廳書吏슈청셔리.
員役원역, 各司下隷. 使令ᄉ령, 使令之尊者曰五上오샹, 又曰別陪별빅・跟隨흔슈・驅從구죵 一曰色驅식구・傔類稱之曰嗇長식쟝・使喚軍ᄉ환군, 助幫軍죠방군, 皆仰役官司者.
房任방임, 外邑吏每年換房曰播房파방, 各有所掌曰色吏식리.
宮屬궁속, 各宮員役. 稤宮슉궁・馬直마직.
邸吏, 各邑京主人.
小人, 下人自謙之辭.
內人닉인, 宮女. 一曰尙宮샹궁・姮娥ᄒᆞᆼ아・各氏각시.
內侍닉시, 一曰中涓. 主潔淸宮禁者. 宦寺・火者・睾子고ᄌᆞ・空袴子공고ᄌᆞ.
司謁ᄉ알
司鑰ᄉ약
別監별감, 皆掖隷.
貢人공인, 防納外邑貢物之人.
其人기인, 新麗時每歲以外州吏子弟爲質於京. 且備顧問其鄕事. 今則主納炬柴炭.
進上진샹, 進御物品.
進排진빅, 各司以其職監獻.
上納샹납, 各以其物納上.
貢物【1:32a】공물, 貢人所獻之物.
上下俗訓차하, 自上劃下.
驅債, 俗訓驅價구가, 官人每月月俸. 外邑曰廩貺.
祿俸녹봉, 每月料米.
朔下삭하, 官隷每朔雇錢.
行下힝하, 題給下人.
田稅젼셰, 土賦.
大同대동, 戶役統謂之求實구실 以無濫捧之意.
官紙錠관지뎡, 自官納用物價.

支待지디, 俗言役只격기.

支供지공

下職하직, 赴外任者辭朝之稱. 俗以辭去統稱下職.

現身현신, 官隷見長官之稱. 俗以下見上統稱現身. 又曰有無유무드리다.

待令디령, 以下待上之令. 又曰等待등디.

分付분부, 申飭.

【1:33a】

<官司部>

歷代官制: 伏羲以龍紀官, 神農以火, 軒轅以雲, 少昊以鳥, 顓頊以來紀於近爲民師唐虞. 稽古建官, 惟賢夏商官倍, 亦克用. 又至周而增爲三百六十屬. 周王畿官員二千六百四十二侯, 國官六萬一千三十二. 西漢自丞相至佐史十三萬二百八十, 東漢七千五百六十七. 晋官員六千八百二十六. 隋官員一萬二千六十七. 唐官員內二千六百一十, 外一萬六千二百八十五. 宋景德時, 萬餘員, 皇祐二萬三千三百餘員, 天禧四千三百, 熙寧一萬一千六百九十. 宗室八百七十.

新羅官制: 二省曰執事省, 內省. 三部曰兵部·倉部·禮部. 十府, 調府·乘司正府·例作府·船府·領客府·位和府·佐理府·侍衛府·工匠府. 五署, 賞賜署·大道署·音聲署·典祀署·典邑署. 又有伊伐湌·伊尺湌等官.

高句麗官制: 三輔曰太輔·左輔·右輔. 大主簿, 主簿, 大使者, 使者, 沛者, 評者, 皂衣, 大凡, 小凡. 五部曰: 內部·東部·西部·南部·北部. 州縣六十僚佐曹事分掌制治.

百濟官制: 有右輔左將及六佐平, 曰內臣佐平·【1:33b】內頭佐平·朝廷佐平·兵官佐平·衛士佐平. 十部曰: 司軍部·司徒部·司空部·司寇部·點部·客部·外舍部·綢部·日官部·市部. 又有五部, 曰上部·前部·中部·下部·下部. 文督, 武督, 長史等官.

高麗官制: 三公曰: 太師·太傅·太保. 二軍曰: 鷹揚軍·龍虎軍. 六衛曰: 左右衛·神虎衛·典威衛·金吾衛·千牛衛·監門衛. 五部曰: 吏部·禮部·戶部·刑部·兵部. 十道觀察使曰: 開城府關內道·中原道·河南道·江南道·嶺南道·嶺東道·山南道·海陽道·朔方道·浿西道. 十二州節度使: 揚州左神策軍·廣州奉國軍·忠州昌化軍·清州全節軍·公州安節軍·晋州定海軍·尙州歸德軍·全州順義軍·羅州鎭海軍·昇州充海軍·海州右神策軍·黃州天德軍. 忠烈王時, 罷三公及中書門下省爲僉議府侍中, 曰中贊侍郎, 曰贊成樞密, 曰密直合. 吏部爲典理司, 戶部爲版圖, 刑部爲典法, 兵部爲軍簿, 尙書爲判書, 司憲爲監察司, 御史大夫爲提憲, 藝文春秋兩館合爲文翰署.

本朝官制: 三公曰: 領議政·左議政·右議政. 及贊成·參贊. 六卿曰: 吏戶禮兵刑工判書·參判·參議. 又有五營, 四學, 五部, 五都, 九道, 三百六十餘州. 官見下.

宗親府, 王室諸君之所.

議政府, 總百【1:34a】官平庶政理陰陽經邦國幷用文官.

忠勳府, 諸功名之所. 雲臺.
儀賓府, 尙公翁主之府.
敦寧府, 王親外戚之府.
中樞府, 文蔭武堂上散班.
都摠府, 治五衛軍務.
義禁府, 金吾·王府·掌奉敎推鞫之事.
漢城府, 京兆·掌京都口戶詞訟事.
司憲府, 霜臺·栢府·掌論執時政糾察百官.
吏曹, 天官·掌文選勳封考課之政.
戶曹, 地部·度支·掌戶口貢賦田糧食貨之政.
禮曹, 春曹·掌禮樂祭祀宴享朝聘學校科擧之政事.
兵曹, 騎省·掌武選軍務儀衛.
刑曹, 秋曹·掌法律議讞詞訟之政.
工曹, 水部·掌山澤工匠營繕陶冶之政.
奎章閣, □文院·內閣掌奉列朝御製御筆及重大文字.
承政院, 銀臺·喉院掌出納王命.
侍講院, 春坊·侍講經史.
講書院, 侍講·王世孫.
司諫院, 薇垣掌諫諍論駁.
承文院, 槐院·掌事大交隣文書.
通禮院, 鴻臚·掌禮儀.
尙瑞院, 掌璽寶符牌節鉞.
尙衣院, 尙方·掌供御衣襨財貨等事.
司饔院, 廚院.【1:34b】掌供御膳闕內供饋等事.
內醫院, 內局·藥房·掌和御藥.
掌樂院, 梨園·俗轉직관·敎閱聲律.
司譯院, 舌院·譯諸方言語.
訓練院, 武士試才所.
弘文舘, 玉署·瀛舘·掌內府經籍治文翰.
藝文舘, 翰苑·掌製撰辭命文官.
春秋舘, 掌祠時政.
成均舘, 俗轉셩민관·國子監·太學·掌儒學敎誨之任.
校書舘, 秘書省·芸閣掌印頒經籍香柷印篆之任.
備邊司, 廟堂·籌司.
翊衛司, 桂坊·陪衛東宮.
衛從司, 倍衛王世孫.
典設司, 供帳幕.
濬川司, 兼掌舟橋司.
奉常寺, 太常·掌祭祀議謚.
宗簿寺, 璿源錄廳·掌璿源譜牒.
司導寺, 掌御廩米穀.
司僕寺, 太僕·掌輿馬廐牧.
軍器寺, 俗轉군구셔·武庫·造軍物.
內資寺, 掌內供米麪酒醬油密蔬果內宴織造等事.
內贍寺, 各殿各宮供上.
禮賓寺, 俗轉南別宮남별궁·掌賓客宴享.
宗廟署, 宿衛寢廟.
社稷署, 灑掃壇壝.
典牲署, 養犧牲.
掌苑署, 閬苑·掌苑囿花果.
【1:35a】司圃署, 掌園囿蔬果.
惠民署, 掌醫藥救活民庶.
活人署, 東西救活都城病人.
造紙署, 造表箋咨文紙.
圖畫署, 掌繪畫事.
平市署, 勾檢市廛平斗斛.

典獄署, 掌獄囚.
瓦署, 俗轉왜세 造瓦甎.
耆老所, 耆英所.
整理所, 校字.
鑄字所, 監印所.
衛將所, 義興·龍驤·虎賁·忠佐·忠武, 謂之五衛.
觀象監, 雲觀·掌天文地理曆數占筭測候刻漏.
典醫監, 醫藥及供內用賜與.
司宰監, 掌魚物塩燒木炬火.
濟用監, 進獻布物緞屬及人參賜與.
軍資監, 軍需儲積.
繕工監, 掌土木營繕.
訓練都監, 訓局.
五營, 壯勇營[本營]·龍虎營·禁衛營·御營廳·摠戎廳.
宣惠廳, 俗傳션쳥.
粮餉廳, 戶曹所屬.
捕盜廳, 左右.
巡廳, 左右.
廣興倉, 太倉. 掌百官祿.
養賢庫, 供饋儒生.
長興庫, 掌席子·油芚紙.
義盈庫, 供油蜜·黃燭·素物·胡椒.
氷庫, 東西. 藏氷
四學, 東學·南學·西學·中學.
東部, 統十二坊, 曰: 崇信·蓮花·瑞雲·德成·崇敎·燕喜·觀德·泉達·興盛·彰【1:35b】善·達德·仁昌.
南部, 統十一坊, 曰: 廣通·好賢·明禮·太平·薰陶·誠明·樂善·貞心·明哲·誠善·禮成.
西部, 統八坊, 曰: 仁達·積善·餘慶·皇華·養生·神化·盤松·盤石.
北部, 統十坊, 曰: 廣化·陽德·嘉會·安國·觀光·鎭長·明通·俊秀·順化·義通.
中部, 統八坊, 曰: 澄淸·瑞麟·壽進·堅平·寬□·慶幸·貞善·長通. 以上各司並於大君主陛下甲午草罷. 讀書堂俗轉독ᄉᆞ당. 湖堂·掌隷院·典涓司·典艦司·保民司·禁大司·昭格司·司醞署·司畜署·歸厚署·豊儲倉·宗學廳·守禦廳·北學·文昭殿·延恩殿. 以上各司廢已久.
宗廟, 在東部蓮花坊. 仍舊.
杜稷, 在西部仁達坊, 仍舊.
宮內府, 在用成門內. 前內務府. 大臣·協辦各一, 參書官·參理官各二. 又有院長·司長·主事等官.
內閣, 在崇陽門內. 前修政殿. 總理大臣一, 總書局長各一, 參書官二, 秘書官一, 主事十八.
中樞院, 在光化門東. 前吏曹. 議長·副議長各一, 議官五十, 參書官二, 主事四.
內部, 在光化門東. 前議政府. 大臣·協辦各一, 局長五, 參書官八, 視察【1:36a】官四, 主事四十, 技師二, 技手四.
外部, 在北部陽德坊. 前交涉衙門. 大臣·協辦各一, 局長二, 參書官三, 繙譯官二, 繙譯官補三, 主事十二.
軍部, 在光化門西. 前兵曹. 大臣·協辦各一, 局長五, 主事二十六. 又有監督軍司等官.

法部, 在光化門西. 前刑曹. 大臣・協辦各一, 局長四, 參書官七, 主事二十八. 又有漢城裁判所・高等裁判所・特別法院判事檢事等官.

度支部, 在光化門東. 前戶曹. 大臣・協辦各一, 局長五, 參書官三, 財務官十四, 主事六十四. 又有管稅局長・署長等官.

學部, 在光化門東. 前禮曹. 大臣・協辦各一, 局長二, 參書官三, 主事十一, 觀象所長・技師各一, 技手・書記各二. 又有學校長・教官・副教官等官.

農商工部, 在光化門西. 前司憲府. 大臣・協辦各一, 局長五, 參書官四, 技師七, 主事十八, 技手十二.

警務廳, 在光化門東. 前京兆府. 警務使一. 又有警務官・主事・總巡等官.

漢城府, 前京畿監營. 觀察使・參書官各一, 主事十五. 郡守十一: 漢城・楊州・廣州・積城・抱川・永平・加平・漣川・高陽・坡州・交河.

仁川府, 觀察使・參書官各一, 主事十五. 警務官・警務官補各一, 總巡三. 郡守十二: 【1:36b】仁川・金浦・富平・陽川・始興・安山・果川・水原・南陽・江華・喬桐・通津.

忠州府, 觀察使・參書官各一, 主事十四, 警務官・警務官補各一, 總巡三. 郡守二十: 忠州・陰城・延豊・槐山・堤川・淸風・永春・丹陽・鎭川・淸安・驪州・龍仁・竹山・陰竹・利川・陽智・原州・旌善・平昌・寧越.

洪州府, 觀察使・參書官各一, 主事十三, 警務官・警務官補各一, 總巡三. 郡守二十二: 洪州・結城・德山・韓山・舒川・庇仁・藍浦・保寧・林川・鴻山・瑞山・海美・唐津・沔川・泰安・大興・靑陽・禮山・新昌・溫陽・牙山・定山.

公州府, 觀察使・參書官各一, 主事十五, 警務官・警務官補各一, 總巡三. 郡守二十七: 公州・燕岐・恩津・連山・石城・夫餘・魯城・沃川・文義・懷德・鎭岑・平澤・報恩・懷仁・永同・靑山・黃澗・淸州・全義・木川・天安・稷山・安城・振威・陽城・珎山・錦山.

全州府, 觀察使・參書官各一, 主事十五, 警務官・警務官補各一, 總巡三. 郡守二十: 全州・礪山・高山・臨陂・咸悅・沃溝・龍安・益山・扶安・萬頃・金堤・古阜・金溝・興德・井邑・泰仁・長城・高敞・茂長・靈光.

南原府, 觀察使・參書官各一, 主事十三, 警務官・警務官補各一, 總巡三. 郡守十五: 南原・求禮・雲峯・谷城・順天・光陽・任實・長水・鎭安・潭陽・淳昌・玉果・【1:37a】昌平・龍潭・茂朱.

羅州府, 觀察使・參書官各一, 主事十四, 警務官・警務官補各一, 總巡三. 郡守十六: 羅州・海南・珍島・康津・長興・興陽・寶城・靈巖・務安・咸平・綾州・和順・同福・光州・南平・樂安.

濟州府, 觀察使・參書官各一, 主事十三, 警務官・警務官補各一, 總巡三. 郡守三: 濟州・大靜・旌義.

晋州府, 觀察使・參書官各一, 主事十四,警務官・警務官補各一, 總巡三. 郡守二十一: 晋州・固城・鎭海・泗川・昆陽・南海・丹城・山淸・河東・居昌・安義・咸陽・陜川・草溪・三嘉・宜寧・柒原・咸安・昌原・熊川・金海.

東萊府, 觀察使・參書官各一, 主事十五, 警務官・警務官補各一, 總巡三. 郡守十一: 東萊・梁山・機張・蔚山・彦陽・慶州・延日・長鬐・興陽・巨濟.

大邱府, 觀察使・參書官各一, 主事十五, 警務官・警務官補各一, 總巡三. 郡守二十三: 大邱・慶山・柒谷・仁同・星州・知禮・高靈・善山・開寧・金山・義城・義興・軍威・比安・密陽・淸道・永川・慈仁・新寧・河陽・昌寧・靈山・玄風.

安東府, 觀察使・參書官各一, 主事十五, 警務官・警務官補各一, 總巡三. 郡守十七: 安東・靑松・眞寶・英陽・盈德・寧海・淸河・榮川・禮安・奉化・順興・豊基・咸昌・龍宮・醴泉・尙州・聞慶.

江陵府, 【1:37b】觀察使・參書官各一, 主事十三, 警務官・警務官補各一, 總巡三. 郡守九: 江陵・蔚珍・平海・三陟・高城・杆城・通川・歙谷・襄陽.

春川府, 觀察使・參書官各一, 主事十三, 警務官・警務官補各一, 總巡三. 郡守十三:春川・楊口・洪川・麟蹄・横城・鐵原・平康・金化・狼川・淮陽・金城・楊根・砥平.

開城府, 觀察使・參書官各一, 主事十四, 警務官・警務官補各一, 總巡三. 郡守十三: 開成・豊德・朔寧・麻田・長湍・伊川・安峽・兎山・平山・金川・遂安・谷山・新溪.

海州府, 觀察使・參書官各一, 主事十五, 警務官・警務官補各一, 總巡三. 郡守十六: 海州・延安・白川・瓮津・康翎・長淵・松禾・豊川・安岳・長連・殷栗・載寧・信川・文化・瑞興・鳳山.

平壤府, 觀察使・參書官各一, 主事十五, 警務官・警務官補各一, 總巡三. 郡守二十七: 平壤・安州・肅川・順安・龍岡・永柔・甑山・咸從・三和・慈山・江西・德川・寧遠・熙川・孟山・寧邊・雲山・順川・价川・殷山・成川・陽德・三登・江東・祥原・中和・黃州.

義州府, 觀察使・參書官各一, 主事十五, 警務官・警務官補各一, 總巡三. 郡守十三: 義州・昌城・碧潼・朔州・龍川・鐵山・宣川・郭山・定州・嘉山・博川・泰川・龜城.

江界府, 觀察使・參書官各一, 主事十四, 【1:38a】警務官・警務官補各一, 總巡三. 郡守六: 江界・厚昌・慈城・楚山・渭原・長津.

咸興府, 觀察使・參書官各一, 主事十五, 警務官・警務官補各一, 總巡三. 郡守十一: 咸興・定平・永興・高原・文川・德源・安邊・端川・利原・北靑・洪原.

甲山府, 觀察使・參書官各一, 主事十三, 警務官・警務官補各一, 總巡三. 郡守二: 甲山・三水.

鏡城府, 觀察使・參書官各一, 主事十五, 警務官・警務官補・總巡各一. 郡守十:

鏡城・富寧・吉州・明川・慶源・慶興・穩城・鍾城・會寧・茂山. 以上部府今上朝改定.

【1:39a】

<親屬部>

祖上죠샹, 統稱先祖.

始祖시됴, 一曰鼻祖.

祖父, 俗言同姓大父동샹할아바니 蓋姓轉云샹 夏轉云할 阿爸呢轉云아바니也. 己祖父曰王父. 死曰祖考. 稱人之祖父曰王大人. 大老爺・死曰尊王考. 先王考. 父之父曰祖, 祖之父曰曾祖, 曾祖之父曰高祖, 高祖之父曰五大祖. 五代以上皆以代稱.

祖母, 俗言同姓大母동샹할머니. 蓋동샹할머니, 阿媽妮之轉音也. 己祖母曰王母. 大母・死曰祖妣. 稱人之祖母曰王大夫人. 尊祖母・死曰尊祖妣.

孫, 손ᄌᆞ, 子之子. 己孫曰鄙孫. 世孫・蜜房・稱人之孫曰令仍. 賢仍・貴孫・雲仍・令抱.

曾孫증,손 孫之子.

玄孫현손, 曾孫之子.

來孫릭손, 玄孫之子. 卽五代孫. 又曰耳孫.

昆孫곤손, 來孫之子. 卽六代孫.

仍孫잉손, 昆孫之子. 卽七代孫.

雲孫운손, 仍孫之子. 卽八世孫.

重侍下, 祖父母間生存者.

從祖父母죵죠할아바니. 죵죠할머니, 祖之兄弟. 祖之從兄弟曰再從祖. 祖【1:39b】之再從兄弟曰三從祖.

從孫죵손, 兄弟之孫. 再從三從亦如上稱. 曾玄亦以代數.

父, 俗言阿爸的[一曰呢]아바지[一曰니]. 薰越賦謂之阿必者, 音之訛. 己父曰家嚴. 家君・嚴親・父親・大人・死曰先考. 先人・先君子・入廟曰禰. 稱人之父曰春府. 春堂・大庭・尊公・尊君・尊大爺・死曰先大人. 先府君・眞臘人呼父曰巴[馬+缶].

母, 俗言阿嬭어미, 又曰阿媽呢어마니. 董越賦謂之額彌亦是誤音無義. 己之母曰慈親. 慈堂・死曰先妣. 先母・稱人之母曰慈闈. 大夫人・萱闈・萱堂・死曰先夫人. 南楚謂母曰媓. 西家子曰社. 蜀人曰姐. 齊人曰嬭. 吳人曰媒. 眞臘人曰米. 方言不同. 皆自母而變, 然我東之言大率多類齊語.

子, 俗言兒等아들, 己子曰家兒. 家豚・迷兒・豚兒・長子曰家督. 次子曰支子. 最少字字曰磨來망릭, 蓋磨, 磨勘之謂; 來, 將來之謂. 言更無將來也. 以磨爲망, 音之轉也. 磨石亦曰망, 稱人之子曰令胤. 玉胤・允或・賢郞・允兒・允君・允友・允兄・庭玉・勝於父曰跨竈. 俗以子孫之養謂之累뉘【1:40a】본다

養子양ᄌᆞ, 以族姪爲子者. 過房・螟蛉・螟兒・他姓曰收養子. 俗言슈영아들, 後婦率來子曰義父子, 俗言의붓아들.

女, 俗言ᄯᆞᆯ. 又曰阿嬌[俗作只]아기, 己女曰女息. 河囝・天屬・弱息・賤息. 出嫁從夫姓稱某室아모집. 婿之繼室, 俗言菴女움ᄯᆞᆯ. 蓋草木之肄生者, 俗謂之菴而稱움,

音之轉也. 以他女繼己女者, 若草木之有菴, 故借言之. 稱人之女曰令愛. 令嬌·說郛云東人稱女子曰漢吟妻. 亦曰漢吟. 而以今考之, 全無音義. 又曰東人呼其子曰阿加者, 必是阿嬌之誤. 華人所記方言大類如此, 其不可信也. 審矣.

婦, 子之妻. 俗言嬺嫩呢며눌니, 又曰賽阿嬌싀아기. 賽字義見上新年註. 又曰媳. 成禮前率來者, 俗華言豚養媳婦.

具慶下, 父母俱存.

嚴侍下, 有父無母者. 喪中自稱孤子.

慈侍下, 無父有母者. 喪中自稱曰哀子.

永感下, 父母俱亡者. 喪中自稱曰孤哀子.

諸父母, 俗言同姓三寸동상삼촌. 己叔以序稱伯父·世父·仲父·叔父·季父. 稱人之叔曰阮丈완장. 伯父妻曰伯母. 蟠娘·諸父妻曰伯叔母, 仲叔母.

【1:40b】從父母, 俗言同姓五寸. 己叔曰堂叔당슉·堂叔之妻曰堂叔母. 稱人叔曰令堂叔. 四寸曰從兄弟, 從祖孫. 五寸曰堂叔侄. 六寸曰再從兄弟, 再從祖孫. 七寸曰再從叔侄. 八寸曰三從兄弟, 三從祖孫. 九寸以外兄弟叔侄祖孫皆以族稱.

三父, 同居繼父. 俗言義父의붓아비. 先同居後不同居繼父. 元不同居繼父.

八母, 嫡母젹모, 妾子謂父正妻. 繼母계모, 父之後妻. 養母, 收養己者수양어미. 慈母, 庶子無母而父命他妾慈己者. 嫁母, 卽親母而因父死再嫁者. 出母, 卽親母而被父棄者. 庶母, 父妾之有子者. 乳母, 乳哺己者.

大姊姊, 嫡母.

姊姊, 妾子生母.

保母, 安其寢處者.

少母, 妾母.

侄, 俗言足下족하. 己侄曰猶子. 從子·迷侄·姪兒·稱人之侄曰賢咸. 令咸·令侄·阿咸

兄, 俗言兄主형임, 又曰嫣妮언니. 己兄曰舍伯. 舍仲·家兄·稱人之兄曰令伯氏. 令仲氏·白眉丈

弟, 俗言阿友아우, 又曰阿兒아ᄋᆡ. 己弟曰卯君. 稱人之弟曰令季氏.

姊妹, 女兄曰姊, 女弟曰妹. 俗言嫩娟누위, 又曰嫩姨눈이, 嫩兒눈아,【1:41a】猶言少女也. 又曰嫛. 出嫁曰某姓卽室아모셔방되. 稱人之妹曰令妹氏.

娚, 女之男兄弟. 俗言五月阿爸올아비. 五月字義見上今年註. 阿爸則男子之通稱. 阿嬭女子之通稱. 俗以男子謂之阿爸迺兒아비네아희, 女子謂之阿嬭迺兒어미네아희, 以娚謂올아비, 猶云新卽也. 雅言謂之凡兒卑者, 無義. 娚之妻, 俗言娚箕올키者, 謂娚之箕箒也. 又曰娚宅올아바덕, 謂娚之室人而以室人而以室謂宅者, 俗之尊稱也.

舅姑, 夫之父母. 俗言時父母시부모. 女子以夫家爲家, 故適人曰嫁, 謂嫁曰歸. 婚貴及時, 故年長. 未嫁曰過年處子과연쳐ᄌᆞ. 其成婚曰去時家시집가다. 此詳家語而雅言以媤字當之, 無義. 舅, 生曰妐. 君舅·尊舅·死曰先舅. 姑, 生曰嫜. 君姑·尊姑·死曰先姑.

夫, 俗言持阿爸지아비, 言夫婦相扶持也.

又曰書房셔방. 不敢斥言而指所居書齋. 斜廊・夫子・君子・所天・卿卿・良人・郞君・漢子・夫婿・藁砧

妻, 俗言持阿孋지아미, 又曰裔內아나. 己妻曰室人. 內子・室妻・荊妻・拙荊・細君・室家・荊布・老妻・病妻・稱人之妻曰賢閤. 內相・室內・貴眷・寶覃・寶眷【1:41b】・令正・正娘子・竝稱夫婦曰配匹비필・兩主양쥐・再娶曰續絃속현.

妾쳡, 己妾曰賤率쳔솔・家直가직이・小家・稱人之妾曰副室. 別室・別房・側室・小室・小娘子・如夫人・令翠・下人尊之曰媽孋마마

嫂, 兄之妻曰兄嫂형슈・丘嫂・長嫂・巨嫂・俗以弟妻亦曰弟嫂, 則非也. 嫂有叟字, 意故不當弟妻. 此古人之稱爲弟婦也.

姒, 女稱夫之兄妻, 俗言孟同婿맛동세.

娣, 女稱夫之弟妻. 俗言手下同婿손아레동세.

妯娌, 兄弟妻相謂, 一曰築娌.

叔, 俗言阿姐氏아저씨. 女稱夫之兄弟阿姐爸呢아져버니.

小姑, 夫之姊妹. 俗言時妹시누의.

姑母고모, 父之姊妹.

王姑母왕고모, 祖父之姊妹. 又曰大姑母.

從姑母죵고모, 父之從姊妹.

外祖父母외죠부모, 母之父母. 外祖母曰嫽嫽. 又曰姼.

外孫외손, 女之子. 己之外孫曰杵孫. 獅孫・離孫・稱人之外孫曰宅相. 令外孫

內舅, 母兄弟之夫妻. 於己爲外三寸叔외삼촌아져씨, 內舅之妻曰妗. 內舅自稱曰表叔. 稱人之內舅曰渭城丈.

甥侄싱질, 姊妹之子.

彌甥【1:42a】미싱, 遠甥.

從孫甥, 姊妹之孫.

姨母이모, 母之姊妹. 說郛曰高麗人以母之兄爲訓鬱弟爲次. 鬱云而今無此語.

姨侄, 妻姊妹之子.

外姑舅, 妻之父母. 於己爲丈人쟝인, 丈母쟝모・岳丈・聘君・聘丈・聘父皆丈人之稱. 泰水・聘母, 並丈母之稱. 丈人自稱曰婦翁. 妻三寸曰列岳. 稱人之外舅曰氷淸. 靑城

婚, 妻父.

姻, 婿父.

查頓샤돈, 姻親相謂. 又曰親查. 聯姻・聯班・莁葛

女婿, 女之夫. 俗言似韋ᄉᆞ위. 蓋以唐韋皐見辱于其翁張延賞, 後韋爲四川持節代張後人榮而慕之. 己婿曰嬌婿. 坦腹郞・半子・請倩・舘甥・佳婿・快婿・稱人之婿曰令婿. 東床佳客・令坦・玉郞・玉潤・媼婿曰阿奢. 女婿自稱曰外甥.

丘婿, 亡女婿. 俗言誼絶婿의졀흔 ᄉᆞ위.

贅婿, 夫從婦家. 俗言더림ᄉᆞ위.

出, 姊妹之夫. 姊妹之子亦曰出甥.

離孫이손, 出之子.

[禾+厶], 夫之姊妹之夫. 俗言阿姐아졔.

姨, 妻之姊妹.

嬸, 叔母.

妹夫미부, 妹兄曰姊婿.

妻娚쳐남, 妻之男兄弟. 妻娚之妻曰妻娚宅쳐남의덕・妻娚自稱曰婦弟. 姻弟.

姨從이죵, 同外家兄弟.

內外【1:42b】兄弟, 一曰中表兄弟. 兩姨之子爲爲外兄弟. 姑舅之子爲內兄弟. 舅子稱姑子, 爲外兄弟. 又曰表從. 姑子稱舅子, 爲內兄弟. 又曰內從. 外四寸.

親庭친뎡, 女子稱私親. 又曰本家.

師傅, 俗言蛇升스승. 漢楊震之爲師, 鸛啣三蛇鱣飛入講堂. 蓋蛇鱣者, 鄕大夫服也. 數三者法三台也. 先生自此而升, 故云. 山長산쟝. 以韓愈倡學諸生仰如山斗也. 先生선싱・師父・函丈・丈席・西席・鱣席・絳帳・蒙學師曰學究학구.

門生문싱, 又曰弟子뎨즈. 言如弟如子也. 門徒・徒弟・學徒・學生・學子.

朋友, 俗言親舊친구, 又曰輔仁벗・石交.

尊丈존쟝, 年長者. 父友曰父執부집・祖友曰王尊丈왕존쟝.

侍生시싱, 年少者. 後生

老兄노형, 十年以上友.

少弟쇼뎨, 十年以下友.

儕輩제비, 平交. 同們동무・們類무리・爾汝之交너나들구・通家之誼통가지의・忘年交망년교・地醜德齊디츄덕뎨ᄒᆞ다.

賓, 俗言遜손, 因書遜于荒野之意. 上賓・尊客・客子・賓鴻・野華.

主人쥬인, 以客而稱家主.

上典샹뎐, 奴婢尊主之稱.【1:43a】・男上典隨官爵加抹樓下主마님・女上典稱夫人抹樓下主부인마누라님・婢夫稱其妻之上典曰가시샹뎐 取荊妻之意.

奴婢, 俗言種죵. 蓋種國賣其子女爲人奴婢, 故云. 下人하인・男曰奴. 俗言別監별감. 蓋借用宮隸之名. 臧・女曰婢. 俗言姮娥한님, 亦借宮女之名. 獲・童男曰僮. 俗言守聽슈청, 又曰床奴샹노・小奚・童女曰媄. 丫鬟・官奴曰幇子방ᄌᆞ. 官婢曰茶母차모, 又曰水業婢슈겁이. 統稱曰私賤. 力・僕役・己之奴曰迷奴. 蒼頭・僕夫・長鬐・廬兒・皀隷・足・伻・女曰女努. 赤脚・婢子・女使・平民爲奴之妻曰奴妻노쳐, 爲婢之夫曰婢夫비부. 新婦自本家率來婢曰助尊卑조젼비. 稱人之奴曰貴星. 貴皀・貴奚・貴伻・奴之奴曰重儓.

庄客쟝긱 幹家事者. 俗言次人차인.

傔從, 俗言廳直청직.

五倫오륜, 父子君臣夫婦兄弟朋友. 一曰五典. 五教・五常・五品・綱常・倫紀・彛倫・倫常・人倫・親屬

三綱삼강, 君爲臣綱, 父爲子綱, 夫爲婦綱.

九族, 自高祖至玄孫. 又曰父族【1:43b】四母族三妻族二.

三族, 父子孫. 又曰父族, 母族, 妻族.

六親, 父母兄弟妻子. 又父子從父昆弟從祖昆弟曾祖昆弟族昆弟.

宗族, 同姓之親. 俗言一家일가・宗黨・族親.

姻戚, 異姓之親. 俗言結緣결예・外戚.

親戚친쳑 對言則親爲同姓, 戚爲異姓. 合言則戚. 亦族親也.

桑梓, 父子.

掌珠, 人子.

箕裘, 承襲.

肯搆, 繼述.

幹蠱, 盖父愆.
定省, 侍奉.
倚門, 望子.
苗裔, 後孫.
天顯, 兄弟之親.
塤篪, 兄弟之樂.
鶺鴒, 兄弟之誼.
棠棣, 兄弟之情.
雁行, 兄弟之序.
玉昆金友, 兄弟之美.
房中內賓, 姊妹.
阿戎, 從弟.
玉樹, 侄.
糟糠조강・箕箒, 象君, 並妻.
琴瑟, 夫婦之樂.
朱陳, 查家間. 秦晋
葭莩之親가부지친, 至薄之親.
膠漆교칠・金蘭, 並朋友之情.
傾盖경기・ 車笠・盍簪, 並朋友之誼.
知己지긔・忘年・舊雨・舊要, 並朋友之際.
管鮑, 管仲・鮑叔.
范張, 范式・張邵. 並朋友之親.

【1:44a】

<人品部>

人, 天地之性最靈者, 俗言四攬ᄉᆞ람. 言總攬四方也. 左傳曰: 人有十等, 王臣公, 公臣大夫, 大夫臣士, 士臣皂, 皂臣輿, 輿臣隷, 隷臣僚, 僚臣僕, 僕臣臺. 裸蟲三百六十人爲長.

一人일인, 天子至高無上.
二人이인, 父母.
聖人셩인, 大而化之無所不通. 五聖, 孔子・顔子・曾子・子思・孟子. 百世師
君子군ᄌᆞ, 有以德言者, 有以位言者, 皆君國子民之謂.
賢人현인, 有善行者.
英雄영웅, 草木之精秀者爲英, 鳥之將群者爲雄, 出衆之謂. 英俊영쥰 智出萬人爲英, 千人爲俊.
豪傑호걸, 智過百人爲豪, 千人爲傑. 撥皮豪狹之稱. 魁傑괴걸ᄒᆞ다・磊落뢰낙ᄒᆞ다・倜儻텩당ᄒᆞ다・卓犖탁락ᄒᆞ다
孝子효ᄌᆞ, 善事父母. 孝道효도・孝誠효셩・色養・菽水供
忠臣츙신, 盡節事君. 忠誠츙셩・一心不貳.
義士의ᄉᆞ, 俗言올은션비 謂其凡然獨立之先輩也. 義乃裁制事宜之名. 人物之以義爲名, 其別最多詳容齋隨筆.
仁人인인, 仁者義之本順之體, 人所以靈於萬【1:44b】物者, 仁也. 俗言語遲어지 蓋以論語曰仁者其言認. 又曰剛毅木訥近仁認訥皆是語遲之謂也. 仁慈인ᄌᆞᄒᆞ다 節士절ᄉᆞ 不以存亡易心. 節槩・節義・志調
烈女열녀, 不更二夫. 猛烈・貞烈뎡열・貞節뎡셜[절]
俠客협킥, 以權力俠輔人. 任俠相與信同是非. 節侯以節爲侯.
壯士장ᄉᆞ, 彊壯之士. 一曰力士력ᄉᆞ・力俗訓氣任힘・氣韻긔운・氣岸긔안・健壯건장・固勢굿세다・夯壯士항장ᄉᆞ・元力

원력 세다 · 元氣원긔 · 梟勇효용ᄒᆞ다

大人대인, 知大體人지대톄ᄒᆞᆫ다 · 負重望 · 物望물망 · 正大뎡대ᄒᆞ다 · 尊重존즁ᄒᆞ다 · 端正단졍ᄒᆞ다 · 嚴肅엄슉ᄒᆞ다 · 光明광명ᄒᆞ다 · 陽明양명ᄒᆞ다 · 眞實진실ᄒᆞ다 · 默重묵즁ᄒᆞ다 · 鎭重진즁ᄒᆞ다 · 忠厚츙후ᄒᆞ다 · 淳厚순후ᄒᆞ다 · 仁厚인후ᄒᆞ다 · 不少졈잔타

小人쇼인 不誠實者, 宵人쇼인 · 壬人 · 妖惡요악ᄒᆞ다 · 巧黠교힐ᄒᆞ다 · 姦惡간악ᄒᆞ다 · 陰譎음휼ᄒᆞ다 · 姦狡간교ᄒᆞ다 · 陰沈음침ᄒᆞ다 · 奸慝간특ᄒᆞ다 · 詐慝사특ᄒᆞ다 · 巧詐교사ᄒᆞ다 · 詭譎괴휼ᄒᆞ다 · 訞妄요망ᄒᆞ다 · 陰害음【1:45a】ᄒᆡᄒᆞᆫ다 · 殘忍잔인ᄒᆞ다 · 碌碌록록ᄒᆞ다

將師쟝슈 · 大將대쟝 · 先鋒션봉 · 主將쥬쟝

軍士군ᄉᆞ · 兵丁병뎡 · 兵隊병ᄃᆡ

文章문쟝, 多文成章人. 贍富셤부ᄒᆞ다 · 博覽박람ᄒᆞ다 · 有識유식ᄒᆞ다 · 有工夫공부잇다 · 附[不學人]不學無識불학무식 · 蠢蠢쥰쥰ᄒᆞ다 · 貿貿무무ᄒᆞ다 · 孤陋고루ᄒᆞ다

名筆명필, 善書者. 以書入仕者曰寫字官샤ᄌᆞ관

名畵명화, 善畵者. 以畵入仕者曰畵員화원 · 施木采者曰畵匠화쟝 轉云환쟝이

術客슐긱, 方技之人. 醫員의원 治病者. 治大人曰大方대방 治小兒曰小兒醫쇼아의 針治者曰針醫침의 又曰針匠침쟝이 治瘇者曰瘇醫죵의 · 相子샹ᄌᆞ 觀相匠관샹쟝이 · 卜者복ᄌᆞ 又曰占匠졈쟝이 · 地官디관 又曰風水풍슈 又曰地士디ᄉᆞ 又曰國風국풍 一曰相地官샹디관 · 日官일관 選擇吉日者.

異端이단, 非聖人道而別爲一端, 其類甚多, 各有其部.

富者부ᄌᆞ, 多財産有基業者. 俗言庄者쟝ᄌᆞ 有田庄之謂. 又曰㝵民가며다 㝵矣, 富人之謂. 饒富요부ᄒᆞ다 · 豊足풍족ᄒᆞ다 · 有餘유여ᄒᆞ다 · 著實챡실ᄒᆞ다 · 錢糧젼량【1:45b】華音쳔량 · 足足죡죡ᄒᆞ다 · 犖犖락락 轉云넉넉 寬足也.

貧人 俗言艱難가난ᄒᆞ다 又曰艱窶간구ᄒᆞ다 又曰苟且구ᄎᆞᄒᆞ다 皆無財之狀. 赤貧젹빈ᄒᆞ다 · 赤立之勢젹립디셰 · 困窮곤궁ᄒᆞ다 · 窮궁ᄒᆞ다 · 瑟瑟슬슬 俗轉쓸쓸ᄒᆞ다 蕭條쇼됴ᄒᆞ다 皆貧家之狀. 潑喇발ᄌᆞ거리다 本魚之以沫相濡, 借用於人之堇堇得生.

貴人귀인 位高者貴귀ᄒᆞ다 · 達官달관 · 顯達현달ᄒᆞ다 · 尊貴존귀ᄒᆞ다 · 尊重존즁ᄒᆞ다 · 望重망즁ᄒᆞ다 · 好地處디쳬됴타

賤人쳔인 下賤之人쳔ᄒᆞ · 賤執事쳔집ᄉᆞ 身任不潔之事. 賤丈夫쳔쟝부 無志槩人. 公賤공쳔 官奴. 私賤ᄉᆞ쳔 私奴. 使喚軍ᄉᆞ환군 使役人. 時種軍시죵군 一時爲奴人. 漢子, 俗言擄吟놈 以當者字之訓也. 卽物之謂. 又曰常漢샹놈 · 田傖, 庸賤人. 狂隊광대 卽猖狂之隊. 一曰倡優. 又曰俳優. 又曰才人ᄌᆡ인 又曰花郞화랑이 鷄林舊俗擇男子美風姿者, 飾以珠翠, 名曰花郞. 以俳優之亦飾珠翠而借名焉. 妓生기싱 一曰妓女. 又曰女樂. 巫黨무당 事無

形以降神者, 自巫咸始. 女曰巫, 男曰覡. 又曰業中업즁 又曰撲崇박슈 言除疾病. 【1:46a】樂工아공 一曰伶人. 又曰樂生악싱 新羅方言曰尺자이・邪黨사당 女之下於妓生者. 乞士, 華音거ᄉᆞ, 卽邪黨之夫. 馬夫마부 厮徒牽馬시도견마 俗訓경마든다 馬驅徒말구죵・担軍단군 肩擔者. 募軍모군 赴役者. 雇傭고용, 一曰朔軍삭군, 給雇所得者, 朔之爲言, 計朔給雇之謂, 而俗以雇價雖非一朔總謂朔삭. 扛擡軍강대군, 卽喪轝軍상여군, 喪轝, 一作喪兜샹도, 又曰体夫본부. 楊水尺양슈쳑, 如今屠牛漢, 一曰白丁빅졍, 俗轉빅장, 又曰宰人지인, 俗轉쟝인. 丹軍단군, 轉云샹군, 捕盜之賤人. 小兒曰恪正각졍, 轉云짝걍이, 恪正, 古之善譏察捕校, 借而爲名. 商賈샹고, 行賣曰商, 坐賣曰賈. 俗統謂之藏肆쟝ᄉᆞ, 言藏之市肆. 富商大賈부샹대고. 牟利輩모리비, 取利人. 末民말민, 商民. 市井兒穉시뎡아치, 猶言市井子孫. 駔[馬+會]져쾌, 會合市人者牙[馬+會]아쾌, 牙是互字之訛. 以其主互市事. 中都外즁도외, 訓云즁도위, 凡商賈皆有都所, 而不參都所者曰都外. 又不叅都外而隨買隨賣者曰中都外. 居間軍건[거]간군, 一曰周覽쥬람, 轉云쥬룸. 取登壟左右望之意. 閱入軍열닙군, 引人售物【1:46b】者. 貝物居間曰博物君子박물군ᄌᆞ・雜物商曰行貨藏肆힝화장ᄉᆞ 轉云황우쟝ᄉᆞ・粉脂女商曰方物藏肆방물쟝ᄉᆞ・行商接主曰客主긱쥬・障餘人買賣而自取其利曰都辜도고.

匠色쟝식, 匠人쟝인, 工匠공쟝, 總稱百物之工. 木手목슈, 爲宮室者. 俗稱指麾지휘, 轉云지위, 一曰大木, 又曰梓人지인. 爲器皿者曰小木匠쇼목쟝이. 機成圓器者曰搊理匠갈리쟝이. 鼓鐵者曰冶匠야쟝이, 又曰大匠대쟝. 鐫刻書本者曰刻手각슈쟝, 轉云직슈쟝이. 雕鏤器用者曰雕刻匠됴긱쟝이. 印書者曰印出匠인츌쟝이. 塗壁者曰泥匠미쟝, 泥, 華音미, 一曰㟶人. 治石者曰石手셕슈. 蓋瓦匠기와쟝이. 草家匠초가쟝이. 塗褙匠도비쟝이. 笠匠입쟝, 俗訓갓쟝이, 笠之云갓 見服飾部. 網巾匠망건쟝이. 鞋匠혜쟝, 轉云갓바치, 蓋갓슨皮之謂, 밧치는 工之謂也. 工能發精緻, 故凡工必曰這發緻져발치, 俗轉계밧. 匠人之首曰偏首편슈, 俗作片手.

農夫농부, 一曰佃人젼인. 耕人之田納稅其主. 麗俗謂之州干, 如今作人쟉인之稱. 舍音俗轉마름, 看檢作人者. 打作官타쟉【1:47a】관, 鄕稱徐知셔지. 我東本無貰田之法, 壬辰倭亂時, 倭人勒占人田而取其半佃人, 因謂之徐知. 蓋以倭爲徐市之後而爲其次知云.

漁父어부, 佃魚者.

獵者렵ᄌᆞ, 捕獸者. 一曰山匠산샹이, 山養軍산양쑨, 砲手포슈.

無賴輩무뢰비, 游食之民유식지민. 雜技軍잡기쑨. 外道軍외도쑨쑨, 又曰外入匠외닙쌍이, 乾達牌건달픽.

盜賊도적, 俗言賊漢젹한, 轉云도둑놈. 劫人財物者. 强盜강도. 付亂黨부란당, 大賊. 明火賊명화젹, 放火劫掠者. 竊盜졀도. 竊發졀발, 小盜. 土匪토비, 本土之盜.

匪類비류, 亂黨. 賊魁적괴, 盜賊之渠首. 窩窟와굴, 賊窟. 窩主와쥬, 俗言接主人. 轉訓졉쥬인. 買贓미장이, 私買賊物者.

窮措大궁조대, 窮而妄想大事者. 破落戶파락호·才行輩, 俗轉징공이 登才行薦者類多廉介貧寒, 故云. 飄泊포박ᄒᆞ다·流離류리ᄒᆞᆫ다·落魄낙탁ᄒᆞ다·衰殘쇠잔ᄒᆞ다·寒微한미ᄒᆞ다·殘弊잔폐ᄒᆞ다·凋殘됴잔ᄒᆞ다·搰搰골골ᄒᆞ다 用力多而見功少. 八字崎嶇팔ᄌᆞ긔구ᄒᆞ다 八字, 四柱也. 崎嶇, 山路不平也. 言四柱不吉也. 阨塞익싀ᄒᆞ다 難處【1:47b】也. 蹇連건련ᄒᆞ다 猶言蹇屯. 沈滯침체ᄒᆞ다·嗷嗷오오ᄒᆞ다·康日用, 麗朝學士, 家甚貧. 王欲富之, 下令都城, 一日所入財物盡付之. 適此日滔雨如繩, 人物不通, 有一人持鷄卵數顆來, 亦皆有骨, 故後人因呼無福者曰康日用.

百姓빅셩, 小民쇼민 平民평민 齊民졔민 閑良한량·良民량민·愚氓우밍.

老人노인, 俗言泐筋呢늘근이 泐石因其脈理而解散也. 人之老也. 其筋亦因脈理而解散也. 亭亭뎡뎡, 老健也. 矍鑠확샥, 輕健貌. 顥顥호호, 白首人. 皤皤老人파파노인. 惛耄혼모ᄒᆞ다. 老妄노망ᄒᆞ다. 惛妄혼망ᄒᆞ다. 妄營망영나다. 齯예, 老人齒落更生. 齒牙, 上下齒之名. 問老人齒之堅固, 俗云치하. 春秋츈추·年歲년세, 並問老人之年.

少年쇼년, 俗言之們졀문이. 靑春쳥춘·血氣方强혈긔방강·壯丁쟝뎡·儇子환ᄌᆞ 輕薄少年. 乜惑마혹ᄒᆞ다·年富力彊년부력강

兒嫛아이, 兒, 始生. 兒孩아희 稚子. [牙+子]婭아아 吳人赤子之稱. 成童八歲以上. 總角총각 男女未冠笄者, 結髮爲髻, 男曰角女曰覊. 敎寧, 俗轉도령 蓋以兒入[ ]闕者, 惟國家敎寧, 故渾稱凡兒. 秀才變稱竪子【1:48a】슈ᄌᆞ·峛崺, 山卑長貌. 法言曰觀東岳知衆山之峛崺, 猶言兒視也. 俗以幼謂之어리다·英敏영민 兒之了了. 夙成슉셩 早慧. 聰明총명ᄒᆞ다·昭明쇼명ᄒᆞ다·爛獵란렵ᄒᆞ다·獵獵렵렵ᄒᆞ다·敏捷민쳡ᄒᆞ다·伶俐영리ᄒᆞ다·聰慧총혜ᄒᆞ다 平平변변ᄒᆞ다 辨治也. 能儺능난ᄒᆞ다·醞籍온ᄌᆞᄒᆞ다·奇異긔이ᄒᆞ다·稀罕희한ᄒᆞ다·奇特긔특ᄒᆞ다·英特영특ᄒᆞ다 以上兒之可尙. 愚鈍우둔, 俗言眉連미련, 蓋眉間不廣者類, 多不智. 一作未鍊, 猶言未經事也. [宂+辱]侗용동ᄒᆞ다·[宂+辱]劣용열ᄒᆞ다·魯鈍노둔ᄒᆞ다·愚蠢우쥰ᄒᆞ다·蒙騃몽이ᄒᆞ다·闒茸탑용ᄒᆞ다·跳踉도량ᄒᆞ다·獰惡영악ᄒᆞ다·作亂작란ᄒᆞᆫ다·嘿尿믁히, 小兒多詐而儈. 以上兒之不美. 孱弱잔약ᄒᆞ다·軟弱련약ᄒᆞ다·孅弱셤약ᄒᆞ다·懦弱나약ᄒᆞ다·孱劣잔열ᄒᆞ다·氣短긔단ᄒᆞ다·順숀ᄒᆞ다 惛殘혼잔ᄒᆞ다 以上兒之不健. 充實츙실ᄒᆞ다·健實건실ᄒᆞ다·壯大장대ᄒᆞ다·長成쟝셩ᄒᆞ다·當婚당혼ᄒᆞ다·過年과년ᄒᆞ다·成就셩취ᄒᆞ다 一曰成婚. 髫齔초츤 男八歲女七歲毁齒.

男, 俗言似奈解ᄉᆞ나히. 新麗奈解. 王甚英明, 故後人慕之, 男欲似奈解, 故云. 大丈

夫대장부　男【1:48b】子남ᄌᆞ · 當婚曰郎材랑ᄌᆡ

女, 俗言其室그집, 轉云계집. 蓋女以出嫁爲室, 故云. 其室猶言某人之室, 且以家爲集, 詳宮室部. 人曰各氏각씨 蓋女名不出門, 以氏爲名, 故云. 女人俗合言년 賤對之也. 假似奈解가ᄉᆞ나ᄒᆡ 元時貢女故生女者, 諱之假稱男子, 此爲假似奈解. 又曰假奈解갓나ᄒᆡ 蓋因言之促也. 未嫁曰處女쳐녀 又曰處子쳐ᄌᆞ 閨秀규슈 閨養규양 · ᄉᆡᆨ시 新阿只氏之謂. 十六歲曰破瓜年.

媒妁, 俗言中媒중ᄆᆡ. 合二姓以成婚者. 女媧佐太昊始爲神媒. 月姥. 蹇修. 保山. 媒婆ᄆᆡ파.

水姆슈모. 自元公主下嫁, 善於宮[木+羨]餙婦女者始爲水姆.

老嫗노구, 凡女之老者皆稱. 母如漂母是也. 阿母어무, 夏母할무, 夏媽할마, 阿負.

鰥, 俗言鰥父, 轉訓홀아비. 本老而無妻, 今統稱無妻者. 又曰鰥居환거.

寡, 俗言寡婦과부 轉訓홀어미 本老而無夫, 今統稱無夫者. 簫史쇼ᄉᆞ 本秦穆公時人, 與弄玉爲夫婦者. 而借用於寡婦. 今俗又易以召字尤無義.　自稱曰未亡人미망인 · 少而無夫曰靑孀청상　早寡曰同牢宴寡婦,　訓云동ᄂᆡ안과부 · 統稱寡居과거 · 嫠婦리부

孤고,　幼而無【1:49a】父.　自稱曰孤子. 父母俱沒曰孤哀子.

獨독, 老而無子. 自鰥以下謂之四窮ᄉᆞ궁. 惸경, 無兄弟.

病身병신, 人痾인아, 具男女二形者. 倚의, 軆不具者. 僬僥쵸요, 長三尺. 侏儒쥬유. 難長난쟝이, 又曰矲[矢+亞]파아, 矲雉파치, 矲[矢+皆]파ᄒᆡ, 矮왜. 曲者쏩쟝이, 籧篨거졔, 外曲者戚施쳑이, 內曲者籧篨. 本竹器名. 借用. 瞽고, 無目者. 俗言誦經소경, 一曰杖任쟝임, 任杖而行. 判事판ᄉᆞ, 例帶雲監判事, 故云. 又曰判祟파슈, 謂其能決邪祟. 奉事봉ᄉᆞ, 亦以兼職而言. 擿埴젹식, 瞽者以杖擿地而後行. 睺후, 半盲, 俗轉반판슈. 靑盲觀청밍관이, 有瞳無見. 眇묘　少一目. 俗訓외구눈이 一曰瞎할. 聾롱, 有耳無聞. 俗訓귀먹어리. 瘖啞암아, 口不能言. 一曰吧吧哩, 華音바바리, 俗轉벙어리. 齞齒언치, 俗轉언청이, 唇不掩齒. 妬齒투치, 俗轉덧니. 病臂, 俗音空背八곰비팔이. 駢拇枝指빙모지지, 俗言六手륙숀이. 跛躄피벽, 俗言跮踱〻절독발이, 一足行. 拖[足+戾]〻트레발이, 足戾. 睾子고ᄌᆞ, 去勢人. 一曰內官ᄂᆡ관, 內侍ᄂᆡ시, 閹宦엄한.

年齒, 俗言나, 羅曜日也. 經日之謂. 又曰살. 年矢之謂. 又以南八月生【1:49b】齒, 女七月生齒. 齒生而軆備能食, 故食多者爲長. 俗謂語倫어른 食少者謂幼. 俗謂峛嵬어리다. 見上兒孥. 十年曰幼. 二十曰弱. 三十曰壯. 四十曰强. 五十曰艾. 六十曰耆. 七十曰老. 八十九十曰耄. 百年曰期.

<附稱號>

姓名셩명. 姓, 同也; 名, 獨也. 故諱名不

諱姓. 一號일호 俗轉일홈 名也. 別號별호 別爲一號, 門弟子尊師之號. 字ᄌᆞ 冠而字之所以表德. 生曰名, 死曰諱. 觸諱촉휘. 觸犯人之所諱. 號牌호픠 自我太祖朝立法以民不便罷之至. 英廟朝更有是議而上曰今若復之恐民怨咎.
羅나 我也. 因新羅人自稱曰羅. 後人以羅爲我之稱.
濟제, 彼也. 新羅人稱百濟人曰濟. 而後人因爲稱彼之號. 又有以我爲濟제가者, 此則因百濟人自稱而云.
伊便이편, 稱彼之謂. 伊域이역・任子임ᄌᆞ 本信其父兄而用子弟者. 俗稱他人. 當身당신 以上皆斯須敬語. 當者담ᄌᆞ・厥者궐ᄌᆞ・這渠져거・【1:50a】 迺내 俗너 汝也. 殘餘쟌여 俗ᄌᆞ네 本辰韓人目樂浪人爲殘餘者, 賤小之也. 俗以稱卑幼. 漢한 俗訓撈吟놈 一曰者. 詳上賤人註.
囂阿안아, 呼卑幼聲.
邑子, 同邑人.
崽子시ᄌᆞ, 未出仕人. 自高侮人之辭.
書房서방, 本書室之名, 而俗呼丈夫必曰書房. 以士待之也.
阿某아모, 泛稱他人.
誰某슈모, 指多人必曰誰某. 誰某쥬모슈모.
某某모모, 汎言事物.
冒稱모칭, 猶言假托.
領袖영슈, 偏長.
監督감독, 視察官.
渠帥거슈, 一曰頭目. 又魁首.
領位영위, 成群人座目上座. 此外又有首席슈셕 行首힝슈 五上오샹 次知차지 上下公言상하공언 次知차지 色掌식쟝等名.

【1:51a】
<性情部>

性, 俗言性稟셩픔. 賦命自然. 一曰降衷. 又曰性靈・天符・血性・眞性・恒性. 性行셩힝, 兼行而言. 性情셩졍. 性識셩식, 兼情而言. 性理셩리, 兼理而言. 性善셩션, 本然之性; 性惡셩악부리다, 氣質之性有善有惡. 情졍, 性之動心之用. 六鑿卽六情륙졍. 喜怒哀樂愛惡. 七情칠졍, 喜怒哀懼愛惡欲. 醫書作喜怒憂思悲驚恐. 眞情진졍. 實情실졍. 情理졍리. 情誼졍의. 情境졍경. 至情지졍, 骨肉之親. 人情인졍. 多情다졍ᄒᆞ다, 情熟졍슉ᄒᆞ다, 情近졍근ᄒᆞ다, 回曲회곡ᄒᆞ다, 曲盡곡진ᄒᆞ다, 款曲관곡ᄒᆞ다, 繾綣견권ᄒᆞ다, 覶縷나루ᄒᆞᆫ다, 委曲위곡ᄒᆞ다, 慇懃은근ᄒᆞ다, 親近친근ᄒᆞ다, 親狎친압ᄒᆞ다. 狎狎압압, 俗以字旁甲謂之갑갑, 近也. 親熟친슉ᄒᆞ다, 便同一室변동일실. 以上皆有情念也. 冷對랭대ᄒᆞ다, 恝視괄시ᄒᆞ다, 恝對괄ᄃᆡᄒᆞ다, 逆情역졍니다, 邁邁ᄆᆡᄆᆡᄒᆞᆫ다, 落落락락ᄒᆞ다, 驅迫구박ᄒᆞ다, 迫逐박축ᄒᆞᆫ다, 薄對박ᄃᆡᄒᆞᆫ다, 서[止+且][止+吾]셔어ᄒᆞ【1:51b】다, 生踈싱쇼ᄒᆞ다, 頓淡無心돈담무심ᄒᆞ다, 冷落링락ᄒᆞ다, 全不顧見젼불고견ᄒᆞᆫ다, 薄情박졍ᄒᆞ다. [辶+勿]물, 遠也, 俗訓멀다. 以上皆無情.
命명, 人所禀受於天者. 順理則壽考, 逆理

則夭折. 俗言牧審목숨. 牧, 養也; 審, 繼也. 莊子曰影之守人也, 審物之守物也. 審蓋言定而不移也. 息之在人定而不移, 故以審訓息. 俗以生年月日時八字팔ᄌᆞ, 亦謂之命數명슈. 命道명도. 天命텬명, 倖而得生. 非命비명, 意外橫死.

心심, 俗言萬函만함, 轉云마암, 謂其包函萬慮也. 靈通령통, 意趣의츄, 意向의향, 懷抱회포, 心法심법, 心事심ᄉᆞ, 心腸심쟝, 眞心진심, 實心실심, 忠心츙심, 誠心셩심, 良心량심, 善心션심, 一心일심, 專心젼심, 直心직심, 疑心의심. 心慮심려ᄒᆞ다. 心意심의, 心情심졍, 心術심술, 心界심계. 根心근심ᄒᆞ다, 憂也. 不良之心불량ᄒᆞᆫ마암. 賊心젹심, 俗訓도젹마암. 多心다심ᄒᆞ다. 小心쇼심, 俗轉쇼심ᄒᆞ다. 心地심디, 心通심통, 心神심신, 血心혈심, 無心中무심즁, 有心유심. 落心락심ᄒᆞ다. 放心방심ᄒᆞ다. 安心안심ᄒᆞ【1:52a】다. 回心회심ᄒᆞ다. 慾心욕심. 逆心역심ᄂᆞᆫ다. 背心비심먹다. 愁心수심. 苦心고심으로ᄒᆞᆫ다. 心亂심란ᄒᆞ다. 失心실심ᄒᆞ다. 寒心한심ᄒᆞ다. 褊心편심. 平心叙氣평심셔긔ᄒᆞ다. 心㤼심겁나다. 同心合力동심합력ᄒᆞ다. 心力심력잇다. 公心공심잇다. 私心ᄉᆞ심. 人心인심됴타. 生心싱심쿠.

仁義인의. 詳人品部.

禮法례법, 又曰禮道례도. 五禮莫重於祭, 故從示從豊. 豊, 祭器也. 禮說례셜, 禮貌례모, 備禮비례, 大禮小禮대례쇼례, 防閑방한, 廉防렴방, 紀綱긔강. 抗禮ᄒᆞᆼ례ᄒᆞ다. 平等禮, 餘詳典禮部.

知覺지각, 俗言瑟琴슬금, 又轉云슬긔. 蓋疎通者皆曰瑟琴. 人則曰슬겁다. 大孔小衲曰숭겁다. 輕力鋸截者曰슬근슬근. 味之淡者曰승겁다等說語累變而意皆本於琴瑟. 智慧지혜 · 說괴轉云쐬잇다 謀也 · 意思의ᄉᆞ · 念頭념두 俗轉엄두 · 韻致운치 · 所見소견 · 意見의견 · 意匠의쟝 · 局量국량 · 力量력량 · 才幹ᄌᆡ간 · 才局ᄌᆡ국 · 幹能간능 · 知識지식 · 度量도량 · 能爛능란 · 手段슈단 · 老宿노슉ᄒᆞ다 · 老鍊노련ᄒᆞ다 · 鍛鍊【1:52b】단련ᄒᆞ다 · 條理됴리잇다 · 經界경계붉다 · 經倫경윤만다 · 涇渭경위잇다 涇渭二水名, 淸濁不同. 分開분긔잇다 · 假量가량잇다 以上有知之謂. 哲쳘업다 哲, 知也. 楊子方言, 齊宋之間, 謂之哲나다 · 孼恁얼엄업다 俗以似而非. 眞者皆曰孼. 料量요량업다 · 分辨분변업다 · 曉解효히 못ᄒᆞᆫ다 · 決斷결단업다. 廉隅염우, 訓云염의업다. 愚惡우악ᄒᆞ다. 以上皆言無知. 模糊모호ᄒᆞ다, 不分明. 變通변통업다.

信誼신의, 守命共時. 俗言彌缶밋부 蓋取易言有, 孚盈缶之義. 信實신실 · 精篤뎡독 · 誠實셩실ᄒᆞ다 · 眞實진실ᄒᆞ다 · 誠款셩관잇다 · 信便신편 · 新任신임ᄒᆞᆫ다.

親睦친목 親於九族, 俗言和睦화목 · 敦睦돈목 · 姻연 親於外戚 · 友愛우ᄋᆡ 一曰任 · 親近친근ᄒᆞ다 · 情熟졍슉ᄒᆞ다 · 情近졍근ᄒᆞ다 · 情親졍친ᄒᆞ다.

恭敬공경, 主一無適不解於位. 恭遜공손 · 恭順공순 · 安詳안샹ᄒᆞ다 · 小心. 俗轉죠심ᄒᆞ다 · 雍容옹용ᄒᆞ다.

寬厚관후, 御衆不猛. 偉如위여ᄒᆞ다. 綽綽쟉쟉ᄒᆞ다. 犖犖락락, 俗轉럭럭ᄒᆞ다, 寬大也. 包容포용ᄒᆞᆫ다. 容恕용셔【1:53a】ᄒᆞᆫ다. 醞籍온ᄌᆞᄒᆞ다. 包含포함ᄒᆞᆫ다. 敦厚돈후ᄒᆞ다. 脫俗탈쇽ᄒᆞ다. 正大경ᄃᆡᄒᆞ다. 儼然엄연ᄒᆞ다. 度量도량잇다. 磊落뢰락ᄒᆞ다. 魁偉괴위ᄒᆞ다. 溫陽孟古佛온양ᄆᆡᆼ고불, 孟思誠以相職覲省溫陽, 騎牛而不入官舍. 守令欲其來侯者不知其爲孟相而呵辟之. 乃曰我是溫陽孟古佛. 守令驚惶走出, 至有墮印于淵者, 故至今傳爲美談.

謹愼근신, 俗言三加삼가. 三思之謂. 小心轉云됴심ᄒᆞ다. 恪勤각근ᄒᆞ다, 一作慤. 誠謹셩근잇다. 純直슌직ᄒᆞ다. 純謹슌근ᄒᆞ다. 純實슌실ᄒᆞ다. 難重난즁ᄒᆞ다. 安詳안상ᄒᆞ다. 仔詳ᄌᆞ샹ᄒᆞ다. 審愼심신ᄒᆞ다.

戒懼계구, 驚惶畏怕之意. 憮慴무셥다. 窒塞질식ᄒᆞ다, 愓而氣不通. 悚懼숑구ᄒᆞ다. 惶悚황숑ᄒᆞ다. 愓겁ᄂᆞᆫ다. 忐忑셤쓱ᄒᆞ다, 心虛也. 局縮국츅, 惧不伸貌. 退縮퇴츅, 不敢直前. 警動경동ᄒᆞ다. 警戒경계ᄒᆞ다. 懲戒증계ᄒᆞᆫ다.

勤勞근로, 勞力不休. 孜孜ᄌᆞᄌᆞ, 俗轉지지ᄒᆞ다. 孜哩ᄌᆞ이, 俗지이다. 汲汲급급, 不休貌. 潛著즘착ᄒᆞᆫ다. 勤苦근고ᄒᆞ다. 轂亂격란ᄒᆞ다. 汩沒골몰ᄒᆞ다. 奔走不暇【1:53b】분쥬불가ᄒᆞᆫ다. 勤仕근ᄉᆞ잇다. 發動발동ᄒᆞ다. 搖動요동ᄒᆞ다. 勦苦슈고ᄒᆞ다.

廉介렴기, 廉而有介. 廉耻렴치잇다. 淸廉청렴ᄒᆞ다. 廉潔렴결ᄒᆞ다. 廉隅렴우, 俗訓렴의업다. 節介졀기잇다. 介潔기결ᄒᆞ다. 拙直졸직ᄒᆞ다. 淸白쳥빅ᄒᆞ다. 貪婪탐람, 愛財曰貪, 愛食曰婪. 婪一作惏. 又作惏. 貪墨탐묵. 貪黷탐독. 貪贓탐장. 欿頏랑항, 貪貌. 乾沒간몰, 得利爲乾, 失利爲沒. 又無潤澤而取他人. 慾心욕심잇다. 呲[呰+欠]츄ᄌᆞ, 無廉. 歆羨흠션ᄒᆞᆫ다. 忺高低허고져 ᄒᆞᆫ다. 覬覦기유, 欲得. 溆溆유유, 欲利貌. 悚, 퇴니다, 肆欲爲.

謙讓겸양, 有而不自滿. 謙遜겸손. 謙退겸퇴. 謙恭겸공. 巽順손순. 殘拙잔졸. 辭讓ᄉᆞ양ᄒᆞ다. 謙辭겸ᄉᆞ, 自謙之辭. 又謙而辭之.

剛狠강한, 暴戾也. 木僵목강, 僵, 一作彊, 不和柔貌. 豪狠호한ᄒᆞ다. 聒聒ᄒᆞ다, 難告貌. 輈張쥬쟝ᄒᆞ다, 猶言强梁. 固執고잡세다. 狂悖광픽ᄒᆞ다. 頑悖완픽ᄒᆞ다. 頑惡완악ᄒᆞ다. 怪愎괴퍅ᄒᆞ다. 險傷험샹ᄒᆞ다. 獰惡영악ᄒᆞ다. 麤率츄솔ᄒᆞ다. 愚惡우악ᄒᆞ다. 愚直우직ᄒᆞ다. 磊【1:54a】磊뢰뢰ᄒᆞ다. 酷毒혹독ᄒᆞ다. 肆嚚惡ᄉᆞ납다. 撞돌, 당돌ᄒᆞ다. 俙희다, 自以爲直.

勇敢용감, 俗言果斷과단잇다. 固勢고세, 俗轉굿세다. 勇猛용밍ᄒᆞ다. 梟勇효용ᄒᆞ다. 斷斷단단ᄒᆞ다, 固也. 決斷性결단셩잇다. 固執고집ᄒᆞ다.

柔懦유나, 軟弱也. 懦弱나약ᄒᆞ다. 孱弱잔약ᄒᆞ다. 惛妄혼망ᄒᆞ다. 氣短긔단ᄒᆞ다. 順슌ᄒᆞ다. 惛殘혼잔ᄒᆞ다. 孱劣잔열옵다. 庸拙용졸ᄒᆞ다. 純直슉[슌]직ᄒᆞ다. 歇后헐후ᄒᆞ다.

羞耻슈치, 慙愧也. 負愧부괴, 俗訓븟구럽다. 憮慚무참ᄒᆞ다. 懡㦬마라ᄒᆞ다. 赧然난

연ᄒᆞ다. 猖披창피ᄒᆞ다. 歉然겸연쩍다, 心有不足. 憮然무연ᄒᆞ다, 失意貌. 無顔무안ᄒᆞ다. 雪耻셜치ᄒᆞ다, 洗滌其羞辱. 冒沒廉耻모몰렴치, 猶言不顧廉耻불고렴치.

悔悟회오, 自訟其非. 悔改회기ᄒᆞ다. 懊憹오노ᄒᆞ다. 懊懊노오, 俗轉뉘웃다. 懺悔참회, 佛家悔過之名.

驕傲교오, 恃己凌物. 倨慢건[거]만ᄒᆞ다. 驕慢교만ᄒᆞ다. 漫忽만홀ᄒᆞ다. 偃蹇언건ᄒᆞ다. 跳踉도랑ᄒᆞ다. 放恣방ᄌᆞᄒᆞ다. 可憎가증ᄒᆞ다. 麤悖츄픠ᄒᆞ다. 無忌憚무긔탄ᄒᆞ다. 放蕩【1:54b】방탕ᄒᆞ다. 倨傲거오ᄒᆞ다.

褊急편급, 褊性. 褊心편심. 褊狹편혐[협]ᄒᆞ다. 懆懆죠죠ᄒᆞ다. 劻勷광양ᄒᆞ다. 躁急죠급ᄒᆞ다. 沒風몰풍슬렵다, 沒風釆也.

簡率간솔, 樂易也. 坦率탄솔ᄒᆞ다. 跌宕질탕ᄒᆞ다. 放蕩방탕ᄒᆞ다. 放逸방일ᄒᆞ다. 簡約간약ᄒᆞ다. 迂闊오활ᄒᆞ다. 麤率츄솔ᄒᆞ다. 不落套불락투, 不受人籠絡. 磊落뢰락ᄒᆞ다. 泛然범연ᄒᆞ다. 眞率진솔. 天然텬연ᄒᆞ다. 蘛苴야져, 泥不熟. 俗以放誕者, 謂之야졋지안타.

輕薄경박, 不重. 輕率경솔ᄒᆞ다. 輕躁경죠ᄒᆞ다. 輕窕경됴, 放肆也. 妖妄요망ᄒᆞ다. 輕忽경홀ᄒᆞ다. 輕妄경망ᄒᆞ다. 媮薄투박ᄒᆞ다. 葭莩如가부엽다, 輕也. 輕訬경초ᄒᆞ다. 野薄약박ᄒᆞ다. 草率쵸솔ᄒᆞ다. 忽畧홀약ᄒᆞ다. 浮薄부박ᄒᆞ다. 凉薄량박, 俗轉랼팍ᄒᆞ다.

迂怪오괴, 闊于事情而行. 又詭異. 迂闊오활ᄒᆞ다·[亡+皿]浪밍랑ᄒᆞ다, [亡+皿]一作孟. 不精要也. 虛浪허랑ᄒᆞ다. 虛無허무ᄒᆞ다. 怪異괴이ᄒᆞ다. 乖常괴상ᄒᆞ다. 怪妄괴망ᄒᆞ다. 悖戾픠려ᄒᆞ다. □[2]□열결, 本胸次不坦夷而俗以不循理, 轉云억결. 險詖험피ᄒᆞ【1:55a】다, 人不正. 虛妄허망ᄒᆞ다. 怪愎괴퍅ᄒᆞ다. 駭怪히괴ᄒᆞ다.

正大뎡대, 循事理. 䁌䁌션션, 陰陽和平人. 光明광명ᄒᆞ다. 整齊졍졔ᄒᆞ다. 端正단졍ᄒᆞ다. 端雅단아ᄒᆞ다. 厚德후덕ᄒᆞ다. 敦厚돈후ᄒᆞ다. 寬厚관후ᄒᆞ다. 粹然슈연ᄒᆞ다. 淳謹순근ᄒᆞ다. 淳厚순후ᄒᆞ다. 拙直졸직ᄒᆞ다. 淳朴순박ᄒᆞ다. 嚴肅엄슉ᄒᆞ다. 正正方方뎡뎡방방ᄒᆞ다. 持大體지대톄ᄒᆞ다. 侔稜모능잇다.

凶惡흉악, 不循理. 撒惡산악, 俗訓산압다. 媢嫉모질다. 獰惡영악ᄒᆞ다. 窮凶궁흉ᄒᆞ다. 頑惡완악ᄒᆞ다. 酷毒혹독ᄒᆞ다. 頑悖완픠ᄒᆞ다. 憸詖험피ᄒᆞ다. 背恩忘德비은망덕ᄒᆞ다. 不近人情블근인졍. 殘忍쟌인ᄒᆞ다. 雜잡되다. 麤悖츄픠ᄒᆞ다. 駁雜박잡ᄒᆞ다. 狂悖광픠ᄒᆞ다. 妖惡요악ᄒᆞ다. 奸惡간악ᄒᆞ다. 陰凶음흉ᄒᆞ다.

奸詐간ᄉᆞ, 不實. 陰譎음휼ᄒᆞ다. 奸惡간악ᄒᆞ다. 妖惡요악ᄒᆞ다. 奸巧간교ᄒᆞ다. 陰憸음험ᄒᆞ다. 陰沈음침ᄒᆞ다. 欺人取物긔인취물ᄒᆞᆫ다. 變詐변ᄉᆞ만타. 詐力사력. 覇픠쓰다, 計用權道. 反覆小人반복쇼인. 無足取信【1:55b】무족취신, 俗訓취신치 못ᄒᆞ다.

思慮ᄉᆞ력[려], 繹理也. 想覺상각, 俗轉싱각. 意思의ᄉᆞ. 思慕ᄉᆞ모. 念慮념려. 記念

2) □: 字上爲'匡', 下爲'大'.

긔염ᄒᆞᆫ다. 顧念고념ᄒᆞᆫ다. 軫念진념ᄒᆞᆫ다. 欽欽흠흠, 思望. 耿耿경경, 心不能忘.

愚蠢우쥰, 無知也. 俗言眉連민련. 蓋兩眉相連者類多不智也. 又曰未鍊. 猶言未經事也. 又曰疙얼, 轉云얼이셕다, 癡也. 闒茸탑용, 駑頓貌. 氙氙혜혜, 癡而喜. 乜惑먀혹ᄒᆞ다. 模糊모호ᄒᆞ다, 不了了. 窄付착부다, 量淺. 衣架飯囊의가반랑, 謂無用而但衣食. 餘詳人品兒孾.

聰明춍명, 耳目便利也. 餘詳人品兒孾. 度量도량, 容物之量. 力量력양. 局量국양. 才局지국. 幹局간국. 手段수당. 風裁풍지. 幹辦간판. 才幹지간. 才調지됴. 才能지능. 老宿노슉통ᄒᆞ다. 老鍊노련ᄒᆞ다. 鍛鍊단련ᄒᆞ다. 疎通소통ᄒᆞ다. 通透통투ᄒᆞ다. 透徹투쳘ᄒᆞ다. 透得투득ᄒᆞ다.

節操졀됴, 所守志行. 志操지죠. 風操풍죠. 雅操아죠 · 志概지기.

喜희, 俗言故歡길이, 轉云깃거ᄒᆞ다. 彫兒죠아ᄒᆞᆫ다, 哭以彫飾爲好, 故云. 悚, 퇴닉다, 肆欲爲. 氙氙혜혜, 癡而喜【1:56a】也.

怒노, 憤氣奮出, 不可歇. 俗言盛셩닉다, 本以奭爲怒, 避漢元帝諱, 改以盛字. 忿憤분분, 恨也. 怒謑노하ᄒᆞ다. 孛慬볼근, 怒變色. 艴慬불근, 暴怒. 欸이, 暴見事之不然, 必出聲曰欸. 憤毒분독, 俗訓독닉이다. 排忿 도분, 俗訓분도두다. 悻悻힝힝, 狠怒貌. 奮衣, 쌀의치다. 霍霍확확, 疾貌. 俗홱홱ᄒᆞ다.

憂愁우슈, 俗言慬心근심, 悲慮也. 心亂심란ᄒᆞ다. 失心실심ᄒᆞ다. 凄凉쳐량ᄒᆞ다. 悲慘비참ᄒᆞ다. 瑟怌슬부, 轉云슬푸, 悲也. 忽忽홀홀, 心不樂. 岑岑잠잠, 意痺悶. 愍惘민망, 憐之也. 慅慅조조ᄒᆞ다, 憂心貌. 拂鬱ᄒᆞ다, 志不伸. 壘塊뢰괴, 胸中不平. 塞塞식식, 不安貌. 鯢甈얼을, 一作杌隉. 又杌捏. 皆不安貌. 殟[歹+內]올눌, 心亂. 不虞之患불우지환, 意外之患.

諂佞쳠영, 俗言阿諂아쳠, 又曰阿黨아당. 諂諛쳠유, 面從曰諛, 佞言曰諂.

欺罔긔망, 俗言庾匿슈익, 轉云속닌다. 虛浪허랑ᄒᆞ다. 不信불신ᄒᆞ다. 欺人取物긔인취물ᄒᆞ다.

隱忍은인, 俗言瞥참, 憂而不動. 俗訓忍. 抑制억졔ᄒᆞ다.

多心다심ᄒᆞ다, 俗言疑心의심만타. 疑惑의혹ᄒᆞ다. 【1:56b】猶豫유예ᄒᆞ다, 猶豫, 二獸名, 性多疑. 凡人臨事遲疑借以爲喻. 趑趄ᄌᆞ져ᄒᆞ다, 本欲進不進, 借爲遲疑之名. 狐疑호의ᄒᆞ다, 以狐多疑, 故喻人多疑. 心鬆相鬆싱숭상숭, 鬆華音숭, 言事無一定.

嫉妬질투, 俗言妬忌투긔, 又猜忌시긔. 眢瞞무유, 俗轉미여, 嫉妬人. 媢嫉모질, 害賢也. 齮齕긔흘, 不相容. 誣陷무함ᄒᆞ다. 謀害모히ᄒᆞᆫ다

細碎세쇠, 俗言佌ᄌᆞ다. 煩碎번쇄ᄒᆞ다. 精細졍셰ᄒᆞ다. 瑣瑣쇄쇄ᄒᆞ다. 邕拙옹졸ᄒᆞ다, 邕塞也, 不知變通之謂. 多心다심ᄒᆞ다. 精緊졍긴ᄒᆞ다.

怠惰틔타, 俗言懈懶ᄀᆡ란다, 不勤也. 懶惰란타ᄒᆞ다. 怠慢틔만ᄒᆞ다.

淫亂음란, 男女無別. 上淫曰蒸, 下淫曰

報. 男女不以禮交曰淫. 蒸報曰相避샹피. 媟慢셜만. 奸淫간음. 强奸강간, 勒奸. 和奸화간, 相和而奸. 刁奸됴간, 猶和奸. 辟陽벽양, 間夫因辟陽侯而名. 龍陽룡량, 嬖人因龍陽君而名. 戀童련둥, 男色. 面車면거, 兩男相愛. 嫪毒노의, 秦人以淫坐誅, 故世罵淫者曰嫪毒.

無行檢무힝검, 不循道理. 無賴무뢰, 無愧耻者. 咄歎돌츌, 無愧. 嗽[呰+欠]츄즈, 無廉. 㒟偰멸【1:57a】셜, 作事不方正. 罔測망측ᄒᆞ다, 無[忄+叚]量. [亡+皿]浪밍랑, 不精要也. [亡+皿]一作孟. 失業실업다. 不良부량ᄒᆞ다. 背恩忘德비은망덕. 賊反荷杖젹반하쟝ᄒᆞ다. 墨屎미치다, 詐貌, 俗訓狂也. 何樓하루, 宋初京師何家樓下所賣多虛僞, 故以人之虛僞俗轉하롱하롱. 虛無허무ᄒᆞ다. 虛浪허랑ᄒᆞ다. 虛妄허망ᄒᆞ다. 作媒쟉미ᄒᆞ다, 醜惡之名. 悖類픽류. 亂類란류. 沒經界몰경계. 頑皮완피. 拒事理거ᄉᆞ리다, 拒逆也. 不怕天不畏地불픽텬불외디.

[名物紀畧卷之二]

【2:1a】

<形貌部>

形狀형샹, 擧全體而言. 形容형용 · 形體형톄 · 形局형국 · 容貌용모 · 貌樣모양. 貌骨모골, 俗轉몰골. 貌襲모습 · 神守신슈. 體大톄대, 體小톄쇼, 俗轉톄슈. 體貌톄모 · 體格톄격 · 體樣톄양 · 肌骨긔골 · 骨格골격 · 外樣외양 · 外貌외모 · 外面외면 · 氣像거샹 · 氣骨거골 · 風神풍신 · 全身젼신 · 全體젼톄 · 肉身륙신 · 軀穀구각 · 仙風道骨션풍도골 · 玉骨옥골 · 姿態ᄌᆞ틔 · 態度틔도.

身體신톄, 俗言摸驗몸, 謂有實狀也. 四肢ᄉᆞ지, 又日四末ᄉᆞ말, 兩手兩足. 九竅구교, 血陽竅七在頭露見, 陰竅二在下不見.

頭顱두로, 首骨, 一曰大髖대골, 又曰高獨고독, 俗轉ᄭᅩᆨ두, 言高而獨也. 頂心뎡심, 俗訓뎡슈리, 卽百會穴, 俗轉빅호, 又曰뎡빅이, 顖門신문, 卽百會前氣息之口, 俗訓숫구멍. 蓋숫又숨之轉. 額角익각, 一曰顙상, 俗言[髟$里]鬢이마, 卽顱下左右. 又稱日月角, 太陽穴태양혈, 卽眉鬢之際. 大頭顱대두로, 子蜕혈예, 延首貌. 垂頔슈침, 垂頭貌, 俗轉스침쿠흔 【2:1b】 다

腦後노후, 卽反髖後, 世俗訓ᄭᅩᆨ뒤, 盖以髖골, 轉云ᄭᅩᆨ故也. 髮際발졔, 卽項與頭髮交接處.

頸項경항, 頭莖, 俗言牧목, 養也. 在前曰頸, 在後曰項. 頷頦卽頤下, 頷在上頦在下, 皆喉骨上. 咽喉인후, 俗訓목구먹, 在頦下, 喉在前通氣, □在後嚥物, 統稱曰食氣嗓.

面部, 俗訓ᄂᆞᆾ, 又曰얼골, 卽尺宅. 生面싱면 · 初面초면, 並新交. 舊面구면 · 面分면분 · 面目면목 · 顏面안면 · 顏情안졍 · 顏私안ᄉᆞ, 並舊交. 面面면면, 周視. 臉검, 俗訓ᄲᅡᆷ, 槵�, 卽顴骨, 俗訓광대ᄲᅧ. 輔보, 上頷, 俗訓불. 朶頤, 俗訓턱.

耳이, 腎之候, 俗言瞿구, 轉云귀. 韓詩外傳云: “生於兩旁曰瞿.” 耳輪이륜, 俗訓귓박회; 聃담, 無輪郭; 耳垂이슈, 俗訓귀방울, 睡也, 聸也; 耳竅이교, 俗訓귓구멍, 膳也; 耵聹뎡영, 耳中垢; 耳矢이시, 俗轉귓에지; 瞩우, 張耳有所聞, 俗訓기우리다. 聰춍, 耳明; 联규聾롱, 皆耳不聽. 聤뎡, 耳出惡水; 聕聕초초, 耳鳴; 肱肱굉굉, 耳中聲.

目목, 俗言樓銀눈. 盖眉爲玉樓, 目爲銀海也. 合眉目而言肝之使主視. 眼目안목. 瞳子동ᄌᆞ, 眸子모ᄌᆞ; 眼睛안졍, 目珠, 俗訓눈망울; 眼胞안포, 俗訓 【2:2a】 눈두에; 眼眶안광, 俗訓눈언졀이; 目眦목ᄌᆞ, 俗訓눈츄리. 明명, 目明; 眯미, 物入目中; 眩泯현민, 目不安; 盱우, 張目; 目擊목격, 目見也; 眵치眡두, 眼脂兒안지아, 皆目汁凝, 俗訓눈곱.

口구, 俗言利吸, 轉云립. 盖凡物有口者利吸故云. 玉池옥지, 華池화지. 丹朱단쥬, 口神. 人中인즁, 唇上鼻下. 涎연, 一作涙, 俗言添쳠, 轉云침. 長滿不缺而生故云. 天

井水텬뎡슈, 漦시, 沫말, 靈液영익, 金漿금장, 神水신슈, 皆口津. 潄슈, 以水盪口. 嘾吻담문다, 含深. 颬하, 張口吐氣. 脣순, 口耑, 俗訓입시울. 吻, 口邊입ㄱ어귀.

舌셜, 華音셔. 喝俫, 華音허채, 卽셔ㅊ다. 舐디, 俗訓할다, 以舌取物. 甜담, 吐舌貌. 齒치, 俗言蜺예, 轉音이, 盖小兒變蒸蜺齒如花易苗故也. 女子七月齒生, 七歲齒齔, 三七腎氣平而齷牙生, 七七腎氣衰齒槁髮素. 男子八月齒生, 八歲齒齠, 三八腎氣平而齷牙生, 五八腎氣衰齒槁髮墮. 牙아在兩旁齒치當中. 牙齽아금이, 壯齒; 虎牙호아, 俗訓송곳이, 以其銳似錐; 齱齵츄우, 齒落更生; 齽금, 鉤齒內曲, 俗轉옥이; 重牙즁아, 齖齒, 俗訓덧이; 牙床아샹, 牙根아근, 齦也, 俗【2:2b】訓이몸; 齒垽, 俗轉잇젹; 養齒양치, 刷齒. «說郛»作養支, 非; 齶峰악봉, 羅千나쳔, 並齒神; 齼초, 傷酸.

鼻비, 俗言高ㅈ, 以鼻爲人中山故也, 一曰頞, 肺之使. 鼻梁비량, 俗訓곳ᄆ루; 鼻準비쥰, 俗訓곳긋; 鼻柱비쥬, 俗訓곳대; 鼻竅비교, 俗訓곳구멍; □고, 鼻壅也, 俗訓코골다; 擤흥, 手捻鼻膿聲; [甲+欠][甲+欠]갑갑, 鼻息.

眉미, 俗言樓銀攝눈셥, 目上毛也. 元命包曰: 天有攝提, 人有兩眉, 爲人. 表候陽立于二, 故眉長二寸註曰攝提. 二星頗曲如人眉, 攝之爲言, 益本於此. 而«說郛»曰: 東人而眉爲嫩涉, 此甚無義. [目+夾]협, 目傍毛, 一作睫. [毛+合][毛+及]합삽, 眼睫長貌. 寸田촌젼, 印堂인당, 眉叢미총, 皆兩眉間양미간, 一曰揚眉間. 目下曰淸쳥, 目上曰名명. 揃젼, 一作鬋, 拔眉髮, 俗轉진는다. 搣멸, 拔眉髮, 俗轉밀다. 蛾眉아미, 婦人眉.

髮발, 俗言髻落타락, 首上毛. 又體餘氣터러귀, 毛也. [市+毛]毴픠니多毛貌; [生+毛][麗+毛]싱슈, 毛磔起貌也; [髟$登]髿등닉, 毛亂貌; 鬛鬖남숨, 亂髮, 俗謂短髮曰남숨남숨ᄒ다; 髢髮체발, 卽髻髳, 俗訓다예; 髢髻, 머리언즌 것; 加髢쏜머리, 一曰雲鬟, 又烏雲; 髧鬔담봉, 俗訓다방머리, 髮垂貌. 種【2:3a】種종종, 髮短, 俗編兒髮曰종종이; [髟$兜][髟$軟]두슈, 俗訓뒤숭숭, 髮亂貌; 顐禿혼독, 俗訓홀닥, 頭禿無髮; 皤皤파파, 老人髮白, 一曰萃髮, 又算髮산발, 卽班白, 俗轉셰이다; 頭上一點白曰射雉사치, 古人有射雉而遇蛇見困, 一日髮白故云, 或曰潘岳作射雉賦而髮白者誤. 腈젹, 頭髮爲脂膏黏者, 俗訓젓다; 扻치, 治髮, 俗剃髮, 亦曰扻치다, 又收髮而上, 亦曰扻去치거다; 編髮편발, 俗訓머리 짯타; 上頭상두, 俗轉상투, 本女子笄男子借用. «漢書»云: 馬韓人以髮縈後成科曰上頭, 頭華音트ㅜ. 髲피, 假髮髻; 簇족, 溱也, 俗以婦人髻曰쪽지다, 一曰紒.

鬚髥슈염, 在頤曰鬚, 在頰曰髥, 口上曰髭, 俗訓나롯, 年長而放也. 蓋髮屬心稟火而生, 故上眉屬肝稟木而生, 故橫鬚屬腎稟水而生, 故下且男子腎氣外行, 故有鬚女子宦人無鬚而眉髮則不異也. 罘罳부시, 多鬚, 又小髮, 俗訓부시시ᄒ다. 鬈彨권

이, 鬐鬢好貌, 俗訓구레나룻; 변䫲, 無髮; 鬢, 俗訓살젹, 言肉際毛也; 髗간, 鬢禿.
肩胛견갑, 俗言臆蓋억기, 卽背上兩膊間. 眉胛下臂上節曰胎膊흠박.
臂비, 自肘至腕, 俗言八팔, 狀臂張也. [月+曲]脥곡츄, 俗轉궁치, 【2:3b】 卽臂膝間屈伸處. 腕원, 手節, 俗訓손ᄆᆞ듸, 又손목; 臑유, 肱骨, 自肩至肘ᄑᆞᆯᄆᆞ듸.
手슈, 所以持物者, 俗言須運손, 謂其事業所須而運也. 掌쟝, 手足心, 俗言[黹+扁]當바당, 本履底之名而俗以平鋪者皆曰바당·掌心쟝심·手心슈심. 手背슈비, 俗訓손등; 指지, 手足耑, 俗言柯落가락, 非. 正體而別爲一肢者, 皆曰柯落. 第一指曰母指엄지·巨指거지·巨擘거벽, 二指曰食指, 三指曰轉指장가낙, 四指曰無名指무명지, 五指曰小指. 握악, 掌握手握, 俗言籌掩쥬엄, 籌法二百七十一枚爲一握故云. 手指肚, 卽指耑肉厚處; 指甲縫, 卽爪觳耑與肉會處. 爪조, 手足甲, 俗言退, 轉云톱, 蓋爪爲節退故也.
腋�икs액지, 臂脅間, 俗訓겨ᄃᆞ랑이. 身傍腋下之謂. 髃骬갈우, 缺盆橫骨, 故俗以橫者垂稱갈우, 一曰血盆骨, 在肩內乳上凹脂處. 髃骭갈릭, 俗訓가리, 脅骨. 牛脅, 俗言曷非갈비.
胸膛흉당, 胸在上, 膛在下, 一曰膺, 又曰臆, 俗訓가삼. 牛胸曰陽頭, 俗言陽地庣里양디머리, 卽坌骨. 胸臆흉억, 一曰臆胠억겁이.
脊쳑, 背心, 俗轉등ᄲᅧ리, 卽手足所不及處. 背비, 卽神堂穴所在, 俗轉등.
乳유, 乳乃陰 【2:4a】 血所化, 生于脾胃攝于衝任, 未受孕則下爲月水, 旣受孕則留而養, 胎已產則赤變爲白, 上爲乳汁. 管子地水篇曰: 人水曰咀, 俗轉졋·妳汁·仙人酒·生人血·白硃砂. 妳膀, 俗轉졋가숨.
心坎심감, 胸膛下腹上, 俗稱命岔명치, 岔本音차, 三分路也.
肚腹두복, 腸胃之屬而褁盛安排者, 俗言排비. 胦협, 下腹; 肋륵, 卽가리ᄲᅨ; 脅협, 肋下無骨處, 俗稱즌구례.
腰요, 身中, 俗言虛裡허리. 腰眼요안, 腹左右凹陷處. 骻과, 腰骨.
臍졔, 當心腎之中, 子生所繫, 俗訓비ᄭᅩᆸ, 謂腹之蔕也. □曰[囟+比]신, 從囟取氣通. 脖胦.
膁겸, 肋後胯前, 虛肉, 俗言虛溝窩허구례.
肛門항문, 大腹耑, 一曰後陰. 尻구, 俗轉궁동이, 又曰穀門, 轉云ᄯᅩᆼ문이. 脽츄, 俗訓응츄; 糞門분문, 俗言尾안[穴$亡]밋구망, 蓋在後者謂尾, 故尾當底訓.
臀둔, 俗言北肌볼기, 北轉爲볼, 肌,華音기. 股鴟고단.
胯과, 腿上脅下, 俗訓쟈긔아미, 當環跳骨환도ᄲᅨ上. 外胯외과, 卽궁둥이; 內胯서과, 卽두다리ᄉᆞ이.
腿퇴, 膝上, 俗言胂腨신다리.
膝슬, 脛骨, 可屈伸者, 俗訓무릅. 腿脛股後肉股爲大腿腓爲小腿. 膕국, 曲脚中, 俗 【2:4b】 訓몸속다리; 脛경, 膝下骨, 俗言腨哩단리, 轉云달이, 腨脚肚也; 胂, 一曰

脣, 俗言腸腨肢쟝단지, 脚肚也; 腓버, 俗言魚腹어복, 以其狀如魚腹; 接膝蓋졉슬개, 俗訓쟝긔뼤; 攬筋람근, 俗訓종아리; 膁肕겸인, 膝下足腕上, 俗訓발목우; 脚腕각완, 踝下, 俗稱발목.

足족, 所以行者, 俗言ᄯᅠ발, 狀兩足張有所撥除也. 鷄林類事以潑爲高麗, 謂足之方言, 蓋其取音無義耳. 胲히, 足大指, 一曰敏; 跗부, 足背, 又曰脚面; 蹠쳑, 脚掌, 一曰脚心, 俗訓발바당; 趾지, 足指, 俗訓발가락; 跟근, 足踵, 俗訓발뒤궁치; 踝과, 足兩側高骨, 俗言桃骨복쇼아뼈; 趾肚指耑肉厚處; 趾甲縫, 卽爪甲耑交肉處; �발, 股上小毛; 繭견, 俗言浮瘻부루터, 一曰趼. 俗以人足曰ᄯᅠ, 獸足曰足, 而易之則以謂非, 殊可怪也.

前陰젼음, 男子外腎, 俗言坐歲之ᄌᆞ지, 又燥癸, 又玉莖옥경. [髟$巳]髢, 華音기바. 屎구·屌초. 卵曰付卵불알; 囊낭, 卵根子, 俗訓불줄기; 卵毛, 俗訓불거웃; 赤子陰曰□[3]최, 一作峻. 婦人陰戶, 俗言步藏之보지, 又濕씹, 又屄[尸$徐]비쥬, 又□구.

三脘삼완, 上脘在臍上, 五寸; 中脘在臍上, 四寸; 下脘在臍下, 二寸.

【2:5a】五臟오쟝, 肝心脾肺腎.

肝간, 木藏, 主血. 左三葉右四葉. 一曰淸冷宮·靑童肝神. 乙庚合, 故生沈而熟浮

心심, 俗言靈通령통, 詳性情部. 火藏, 主神. 七竅三毛·中池·絳宮·丹元心神.

脾비, 俗言磨化, 轉云만화, 謂其在胃下助胃磨化水穀. 一曰沙肝. 土藏, 主魂. 受五穀散五藏, 扁似馬蹄. 一曰中黃宮. 常在脾神. 在牛曰百葉, 俗言千葉쳔렵; 在鳥曰膍胵비치, 俗訓멀더기.

肺폐, 俗言覆下부하, 以其懸於五臟之上以覆下, 故一曰華蓋, 似人肩六葉兩耳, 中有主十四孔. 金藏, 主魄. 一曰玉堂宮. 丙辛合, 故生浮而熱沈.

腎신, 時珍本草曰: 豇豆結莢, 兩兩竝垂, 有習坎之義, 豆子微曲, 象人腎形, 所謂豆爲腎穀者此也. 俗因謂獸腎曰콩팟, 水藏, 主志. 有兩枚, 左屬水而右屬火, 男以左爲主, 女以右爲主. 一曰牧官.

六腑륙부, 膽胃大小腸膀胱三焦.

膽담, 俗訓쓸ㄱ, 以膽病者口苦而吩吩然數唾. 形如懸瓠, 附肝之短葉無入, 竅名紫極宮.

胃위, 一曰肚두, 紆曲屈伸, 長二尺六寸, 爲水穀所歸, 故曰市曰太【2:5b】倉. 獸胃曰膷양, 俗作䑋.

小腸쇼쟝, 俗訓챵ᄌᆞ, 蓋云腸子而. 腸, 華音챵故耳. 心腑. 長三丈一尺, 廣二寸半, 積十六曲, 當臍左.

大腸대쟝, 一曰廻腸, 又曰廣腸. 肺腑. 長二丈一尺, 廣八寸, 積十六曲, 當臍右.

膀胱방광, 一曰尿脬, 俗訓오좀통. 腎腑. 有上口無下口, 當小腸內.

三焦삼초, 上焦如霧在胸中肓膜之上, 中焦如漚在肓膜之下胃之上, 下焦如瀆在臍之下, 通爲一氣, 衛身, 無形而有用

氣, 俗氣韻기운, 醫家所謂元氣원긔, 相火샹화, 仙家所謂元陽원양, 眞火진화. 天非

3) □: 字上爲'尸', 下爲'夋'.

此火不能生物, 人非此火不能有生. 一曰衛. [缶+欠][缶+欠]요요, 氣出貌; 歊歊효효, 氣上出; 呼吸호흡, 氣息出入.

血혈, 俗言泌, 轉云피, 蓋水穀入于中焦, 泌別薰蒸, 上注于肺, 流溢于中, 布散于外以奉生身. 一曰營.

汗한, 俗言奪陰똠, 蓋汗出于心, 而在內爲血, 在外爲汗, 故奪汗者, 無血. 血是陰也, 故曰奪陰. 又曰津液진익; 濜汗, 俗訓진똠, 氣液也. 泚즈. 瀡瀡수슈, 俗轉술술, 皆汗出貌. 瀺셤, 手足汗.

淚뤼, 俗訓눈물, 肝液悲則從目而出. 潸然·泫然·漣洏·龍鍾皆涕流貌.

溺□4)뇨슈, 一作尿溲, 華音냐ㅗ수, 轉云【2:6a】오좀. 小水·小末쇼마·小便쇼변·小避쇼피·輪廻酒·還元湯. 溲숴, 敎小兒放尿聲; 末如말업다, 放尿意.

屎, 一作矢□5)시, 俗轉찌, 糞也. 大便대변·惡악·人糞인분. 通통, 轉云쫑, 見醫書鴨屎註. 撒, 華音사, 俗轉싸다. 糟비, 屁下失氣. 放[穴$氣]방긔, 俗訓방귀.

精水졍슈, 營氣之粹, 男子二八精滿, 一升六合, 充之可得三升, 喪之不及一升, 而促其天年, 故謂精爲寶.

月水월슈, 女子月事, 一月一行, 故俗訓몸쁴, 謂其一身之有時. 月信월신·月經월경·天癸텬계·紅鉛홍연.

皮피, 俗言表가죡, 謂肌之表也. 甲胝, 轉云껍질. 皮膚. 獸皮生曰皮, 理之曰革, 柔之曰韋. 皺皮, 華音즹피, 轉云죱피다. 骿胝, 皮厚.

肉육, 五臟已具而後生肉, 五肉已具而後發爲九竅. 禽獸之肉曰膏肌고기, 기, 華音.

筋근, 肉中之力絡, 俗訓힘줄.

脉믹, 血理邪行身體者.

骨골, 俗言肦벽, 轉云뼈, 指節也. 肉之核. 骨髓골슈, 骨中脂.

髑髏촉루, 死人頂骨, 俗言骸骨히골. 天靈蓋텬령긔·仙人蓋션인긔.

魄빅, 俗言落넉, 魄是附形之神, 人死則降.

【2:6b】

沐浴목욕, 俗轉메육, 濯髮曰沐, 洗身曰浴. 洗漱세슈, 頮面; 梳洗소세, 梳頭洗面; 澉감, 洗滌沐浴之名, 俗轉감다. 洗澡, 華音시좌, 俗轉씨셔. 澹담, 洗滌手足; □6)년, 沐浴餘潘水.

治容야용, 俗言丹粧단장, 又曰成赤셩젹. 娉婷, 美好貌, 俗訓빙뎡거리다. 阿娜嫆아나답, 俗轉아람답다, 美也. 玄的, 女人以丹塗面, 俗轉곤지.

眠睡면슈, 俗言潛죰, 靜無聲寐也. 僂化, 俗轉누. 臥化也, 其精神變化也. 坐寐睡也, 俗訓조을음, 卽坐於陰也. 陰氣盛則目瞑. 瞌睡欲睡眠, 俗轉게슴츠러. □□7)반반, 張目不成眠. 寢宿침슈, 俗問尊者之寢. □남, 不解衣而寐.

夢몽, 寐中所見事形, 俗言媾陰꿈, 言口鼻

---

4) □: 字左爲'氵', 右上爲'宀', 中爲'火', 下爲'又'.

5) □: 字上爲'艹', 下外爲'囗', 內爲'米'.

6) □: 字左爲'冫', 右上爲'而', 下爲'大'.

7) □□: 字上爲'卜', 中爲'目, '下爲'攵'.

耳目之魂魄與陰爲媾而成夢. 讛語셤어, 寐而言; 覺각, 轉云ᄢᅵ다; 夢寐間몽미간, 忽然之事; 夢兆몽죠, 夢中眹兆; 夢壓몽암, 俗轉가위눌이다.

言語언어, 自言曰言, 應荅曰語, 俗言發宣발션, 轉云말섬. 言者所以宣發彼此之意. 言辯언변 · 【2:7a】 口辯구변. 談話담화, 酬酌; 成說셩셜, 出諸口.

諠譁훤화, 衆多聲.

諵阿엄아, 俗轉음을거리다, 語不決.

㗊㗊망망, 俗轉벙벙, 問而不肯答.

絮叨서도, 俗言中語裡중얼거리다.

吟吃음흘, 語吃不分明, 俗轉음을거리다.

誻[言+窒]답질, 語無倫脊, 俗轉답치기말.

吨吨둔둔, 氣衝語不分明.

誏誏투투, 不能言.

誏語투어, 不能言, 俗轉투얼거리다.

詥[言+余]도도, 言不了.

呫囁텹셥, 耳語, 俗訓귀에말.

�란뢰, 語不解.

詾詾흉흉, 衆言.

誒誒희희, 語聲.

籍籍ᄌᆞᄌᆞ, 語聲.

刺刺ᄌᆞᄌᆞ, 多言貌, 俗轉지지린다.

謁謂알위다, 白事也.

古話고화, 俗訓이야기.

客說긱셜, 無用之言. 客談긱담.

謊說황셜, 無實之言.

橫說竪說횡셜슈셜, 胡辭亂說.

雜談잡담, 不當理之言.

謙辭겸ᄉᆞ, 有而不居之辭.

措辭조ᄉᆞ, 論理.

咿嚘啞이우아, 辭未定, 俗言우이.

啞[口+迷]아미, 隱語, 俗言瘦辭格枝슈ᄉᆞ격기, 轉云슈지격기.

哩이, 語餘聲.

昵語일어, 俗訓謂也.

喝語갈어, 轉云갈아ᄃᆡ 갈아샤ᄃᆡ, 俗爲曰字之訓也. 而샤【2:7b】ᄃᆡ卽ᄒᆞ샤ᄃᆡ之謂, 敬尊之語讀.

傳喝젼갈, 一曰口傳信.

回復회복, 回報회보.

詿토, 小兒言不正, 無可準信.

哾嘔에구, 小兒語也.

險詖험피, 姦言.

喋喋利口쳡쳡리구, 喋一作捷, 口給.

虛誕허탄, 口銳者多誕而少實.

數多슈다ᄒᆞ다, 瑣言.

喞喞즉즉, 多言.

嘈囋조잘, 語聲, 俗以細語多言謂之조잘ᄃᆡ다.

亹亹미미, 不倦之意.

張皇쟝황, 言語濶大.

挓挱타샤, 開語.

誒이, 可惡之辭.

方言방언, 俗言四土俚ᄉᆞ토리. 謂其四方土話. 俚諺.

訛言와언, 俗言假眞言가짓말 · 誤傳오젼 · 虛所聞헛소문 · 無根之言무근지언 · 訛傳와젼.

毁言회언, 俗言毁謗회방. 誹謗비방, 譏刺也. 瑕疵하ᄌᆞ, 斥人欠節. 訿訿ᄌᆞᄌᆞ, 毁言.

言約언약, 期約也. 約束약쇽ᄒᆞ다. 盟誓밍셔, 轉云밍세, 質約相信. 結約결약ᄒᆞ다,

言定언정ᄒᆞ다, 斷斷相約단단상약ᄒᆞ다, 斷定단정ᄒᆞ다, 牢約뢰약ᄒᆞ다, 許諾허낙ᄒᆞ다.

評論평론, 品題之. 議論의론ᄒᆞ다, 討論토론ᄒᆞ다, 言論언론ᄒᆞ다, 談論담론ᄒᆞ다, 辯論변론ᄒᆞ다, 商確샹【2:8a】확ᄒᆞ다, 酬酌슈작ᄒᆞ다, 詰難힐난ᄒᆞ다, 論難론난ᄒᆞ다, 論列是非론열시비ᄒᆞ다, 論駁론박ᄒᆞ다, 辨白변ᄇᆡᆨᄒᆞ다. 高談峻論고담쥰론.

聲音셩음, 俗言率意숄의. 情發爲聲, 聲成爲音, 故云. 聲敎셩교, 卽風敎풍교, 因土地風俗而立敎. 聲聞셩문, 名譽; 響應향응, 氣類相感.

諣외, 呼人聲.

嘷喊고함, 大聲.

[言+戹]ᄋᆡ, 不平聲.

咄돌, 驚怪聲.

嘶시, 大聲而嗄, 俗轉쉬다.

消息쇼식, 消長, 又音信.

諎ᄌᆞ, 俗傳짜ᄒᆞ다, 大聲.

譻譻잉잉, 聲也.

諻諻황황, 大聲, 俗轉왱왱.

橐橐탁탁, 挿椓聲, 又柝聲.

鑭탑, 物墮聲, 轉탁.

砉확, 皮骨相離聲.

膊膊박박, 礫聲.

邪許야허, 俗轉쟈허, 用力擧引重聲.

輿謣여우, 俗轉이어, 擧重勸力歌前者呼後者應.

笑쇼, 喜而解顔啓齒, 俗言우셔, 易曰一握爲笑. [衎$心][衎$心]大笑간간ᄃᆡ쇼, 拍掌大笑박쟝ᄃᆡ쇼. 絶倒졀도, 大笑貌.

欯欯길길, 喜笑聲, 俗轉찔찔.

嚇嚇하하, 笑聲, 一云【2:8b】欱欱.

欪欪희희, 戱笑貌.

胡盧호로, 大笑.

呵呵가가, 大笑聲.

歑欨혜후, 笑也.

[昆+欠][責+欠]ᄋᆡᆨ석, 笑語.

誒誒혜혜, 喜笑不止.

哂신, 微笑.

喔咿악이, 强笑. 嚅唲유아.

囅然쳔연, 大笑貌. 嫣然언연.

咥咥희희, 笑聲, 同欪. 欪欪질질, 戱笑貌.

莞爾완이, 微笑貌.

嘯쇼, 蹙口出聲, 一曰吹氣, 俗言슈발름, 氣息之風.

歌가, 俗言勞來노릐. 人勞則歌而宣菀. 齊歌曰謳, 吳歌曰歈, 楚歌曰艶, 秦樂曰升歌登歌, 徒歌曰謠, 對文如此, 散則歌爲[糸+息]名.

哭泣곡읍, 俗言憂鬱우울. 哀極則哭故云. 大聲曰哭, 細聲有涕曰泣.

放聲大哭방셩ᄃᆡ곡.

號咷, 大哭, 俗轉호도갑슬레 운다.

嗟哴, 啼極無聲, 차량이 운다.

偯偯ᄋᆡᄋᆡ, 哭餘聲.

咉咉앙앙, 兒悲咽聲.

哴哴량량, 兒啼不止.

泫然현연, 流涕貌.

洵涕슌톄, 無聲出涕.

坐좌, 行之對, 俗言安坐안져, 以別於號坐.

踞坐거좌, 俗言踞安坐, 轉云걸안져.

屈膝坐【2:9a】굴슬좌, 俗轉꿀안져. 號坐・危坐.

蹲坐쥰좌, 蹲屈而坐, 俗轉쥰굴여안져. 事之中止亦曰蹲坐.

跏趺가부, 平坐. 久留亦曰가부ᄌᆞ리치다.

支坐지좌, 俗轉지ᄃᆡ안져, 一曰[足+屯]者坐.

歪坐위좌, 俗訓기오로안다.

[尤+勺]掉포도, 筋骨弱擧足不隨. 俗轉퍼더ᄇᆞ리다.

跬䂓, 一擧足.

步보, 倍跬二擧足距㥩, 轉云거름. 古者以步推測遠近故曰相距之㥩. 蓋六尺쳑爲步, 三百六十步爲一里, 推歷家曰推步.

行ᄒᆡᆼ, 人之步趨, 左步曰彳, 右步曰亍쵹, 左右俱擧曰行ᄒᆡᆼ, 俗言[走+覃]趌담길.

盤桓반환, 難進貌. 躑躅쳑쵹, 躊躇쥬져, 趑趄ᄌᆞ져, 欲進不進, 欲行不行. 彷徨방황, 徘回貌. 逡巡쥰슌, 槃停반졍, 行不進, 轉云바자니다.

蹀躞졉셥, 俗轉뎝셕뎝셕, 放足而行.

竮竛竮竛비령비령, 行不正, 一曰竮[立+夾]비렵비렵.

趨蹌츄챵, 捷步疾行.

[走+從][走+從]죵죵, 急行.

征伀정죵, 行遽.

踠踷와약, 俗轉와략, 小兒始行踏地用力.

蚑, 蟲行貌, 俗訓긔다, 小兒匍匐如蟲之蠕動.

兒騎竹아긔쥭, 小兒騎竹作行貌.

進退진퇴, 進是向前, 俗言挐去나가, 退是却後, 俗言【2:9b】沕後蹌물후창去거, 退後也, 俗揭걸, 以字旁曷轉音갈.

來ᄅᆡ, 直前也, 俗言兀올, 易曰突如其來, 突元之意也.

往來왕ᄂᆡ, 來往, 盤費亦曰往來.

出入츌입, 俗訓나드리.

從馳죵치, 俗轉좃치다, 追及也.

尾逮미톄, 俗轉미치다, 從后及之也.

走쥬, 速行, 俗言[足+荅][走+劦][走+矢]답흡질, 轉云다름딜치다, 走貌也.

跳踰됴요, 俗轉뛰여, 跳也.

踊躍용약, 跳也. 不離其所曰踊, 去其所曰躍.

跭[足+雙]강쌍, 俗訓쌍창, 竪立而跳.

立립, 森然各住其所, 俗言成셩, 轉云셔, 蓋以樹立而有也.

臥와, 見上眠睡.

拜ᄇᆡ, 眠順也. 俗言折腰, 轉云躬也. 周禮九拜稽首頭至地也, 頓首頭叩地也, 空手頭至手. 所謂拜手吉拜, 拜而后稽顙匈拜顙類后拜也. 奇拜, 一拜也; 褒拜, 答拜再拜也. 肅拜, 直身肅容而微下手如今婦人拜.

膜拜막ᄇᆡ, 長跪拜.

[足+族]跔족구, 俗轉쪽구리다, 足不伸.

局縮국츅, 軆不伸局促, 俗轉국슝거리다.

佝僂旅구우여, 俗轉쑵으려, 曲躬貌.

佝俯구부, 俗轉구푸리다, 不伸. 又구【2:10a】부숩ᄒᆞ다.

起긔, 平擧軆也. 俗言立립, 華音리다. 起居긔거, 動作也.

動동, 俗言運坐起움지긴다. 搖動요동.

行動ᄒᆡᆼ동, 猶言動作.

發動발동, 猶言撓亂.

欻欻훨훨, 動貌.

䬌䬓부시, 本鳥之張羽聲, 借用於人之發動曰부시대다.

湯湯탕탕, 失據而倒貌.

靜졍, 俗言窯寥고요, 閑寂. 安靖안졍・清淨쳥뎡・不煩不撓불번불요・寂寞젹막.

從容죵용, 俗轉죠용.

休逸휴일, 俗訓슈인다, 休息也. 歇脚헐각.

逃亡도망, 逃避也. 隱身은신ᄒᆞ다. 庾隱수은, 俗轉숨는다; 庾匿수닉, 轉云숭긴다, 藏之也, 轉云숙닌다, 竊財也. 又曰隱匿은닉ᄒᆞ다, 轉云속닌다, 欺也.

闌入란입, 無符驗妄入.

突入돌입, 直入.

羼산, 相出爭前.

止지, 停也. 俗言基址긔지, 轉云그치다, 不妄動也.

視시, 注目, 俗言睛보, 視貌. 諦視톄시, 審視也; 覽람, 周視; 瞻쳠, 仰視; 瞰감, 俯視; 眷권, 顧視; 睞릭, 旁視; 眄면, 斜視; 覘졈, 窺視; 瞪징, 直視.

希覬희긔, 轉云희기ᄒᆞ다, 希望也.

蔑然【2:10b】멸연, 轉云멀건이, 勞目無精狀人勞則然.

眲할, 邪視, 俗訓할겨보다. 眿말, 惡視, 俗訓말금이보다.

閿閿문문, 低視也.

瞠[目+荒]당황, 直視.

蔑視멸시ᄒᆞ다, 以小視也.

下視하시ᄒᆞ다, 以賤視之.

恝視괄시, 無愁視也, 俗當無情之貌.

眲眲열열, 輕視.

睌睌만만, 無畏視. 又睌眣睌眣만딜만딜.

瞭望요망, 遠視.

聽텽, 耳有聞. 俗言得他듯다, 以其耳得之爲聲.

嘆息탄식, 憤恚, 轉深而因發太息.

喟위, 太息聲.

歔欷허희, 悲泣氣咽而抽息.

長吁短歎쟝우단탄, 寒心之息.

問문는다, 質疑也.

答답, 俗言對答더답, 應彼之言.

□[8]예, 相言應聲.

咺환, 不欲應而强答.

[上$口][下+口]웅앙, 應喚語話.

[口+亐오], 應聲.

阿아, 慢應.

杰出걸츌, 俗言出衆츌즁ᄒᆞ다. 桀桀걸걸ᄒᆞ다, 不草草貌. 魁傑괴걸ᄒᆞ다, 英特영특ᄒᆞ다, 【2:11a】好男子호남ᄌᆞ, 好風神호풍신. 自樹立ᄌᆞ슈립, 自手成家. 崛起굴긔ᄒᆞ다. 撥皮발픠, 豪俠之稱.

麤率츄솔. 麤츄ᄒᆞ다, 雜잡되다, 陋麤루츄ᄒᆞ다, 繁雜번잡ᄒᆞ다, 險험ᄒᆞ다, 險常험샹슷다. 貌侵모침ᄒᆞ다, 貌不揚. 不落套불락투, 不受人籠絡. 匈相흉상, 蓬頭突鬢봉두돌빈, 麤拳大踢츄권대쳑, 不精부졍ᄒᆞ다.

肥비, 肉胖, 俗訓살지다. 肥胖비반ᄒᆞ다, 肥鈍비둔ᄒᆞ다, 豊厚풍후ᄒᆞ다, 充實츙실ᄒᆞ다.

瘦슈, 俗言敗羸픠리ᄒᆞ다. 瘦瘠슈쳑ᄒᆞ다,

8) □: 字上爲'磬(除石)', 下爲'言'.

瘠骨척골되다. 憔悴쵸취, 俗以字旁卒, 轉云쵸졸, 憂瘦貌. 羸瘘, 轉云여위다.
壯大쟝대, 俗言健壯건쟝ᄒᆞ다. 碩大셕대ᄒᆞ다, 富大부대ᄒᆞ다, 軒軒丈夫헌헌쟝부, 軒出헌츌ᄒᆞ다, 軒擧헌거롭다, 健實건실ᄒᆞ다, 充實츙실ᄒᆞ다, 豊厚풍후ᄒᆞ다.
孱弱잔약, 孅弱也, 俗轉첨약. 弱骨약골, 氣短긔단ᄒᆞ다. 葭凉, 俗轉가량푸다, 言如葭莩之凉薄. 僬侳쵸쇼ᄒᆞ다, 少貌.
威儀위의, 有威而可畏曰威, 有儀而可衆曰儀. 風神풍신 · 風采풍치 · 體貌톄모 · 容儀용의 · 威風위풍 · 儼然엄연 · 嚴肅엄슉 · 【2:11b】整齊정졔 · 嚴威엄위 · 濟濟蹌蹌졔졔챵챵.
蹤跡죵적, 足跡, 一作踪迹. 人迹인적 · 形迹형적 · 痕迹흔적 · 張本쟝본 · 根本근본 · 種類죵류 · 來歷릭력.
職業직업, 恒業. 職分직분 · 職責직칙 · 事業ᄉᆞ업.

<附 誕育 疾病 死亡 葬埋>

腜미, 俗轉븨다, 婦始孕.
瑞셔다, 婦孕子. 見王奔傳.
胎틔, 孕而未生. 俗以胞衣亦曰胎.
[亠$厶]돌, 臨産兒, 轉身向下, 凡物之轉亦皆曰[亠$厶].
解産힉산, 分娩也. 又曰解身몸푸다.
度도, 俗轉돌, 初度期年也. 凡稱期年亦曰度돌히.
晬쉬, 子生一歲, 又周時, 俗以生日싱일謂之晬辰쉬신.
生辰싱진, 晬. 辰, 音신, 生辰, 言진俗習可異.
赤子젹ᄌᆞ, 始生子.
孻의, 老人所生幼子.
孿산, 雙産子, 一曰僆子련ᄌᆞ.
八朔, 八, 華音바, 生於八朔者類多不慧, 故曰바샥이.
憂患우환, 俗疾病之稱. 己病曰采薪之憂, 親病曰親患친환親癠친졔, 人之親病曰湯節탕【2:12a】졀湯候탕후, 妻病曰荊憂형우, 人之妻病曰閤患합환 · 內患닉환, 子病曰惟憂유우, 姪病曰十起之憂십긔지우. 眼眚曰阿睹之憂아도지우 · 眼疾안질, 腹痛曰河魚之疾하어지질, 傷足曰下堂之憂하당지우.
證候증후, 病狀. 證勢증셰, 證情증졍.
痾아, 病也, 俗轉알는다.
阿譽아포, 痛也, 俗轉아파.
燠休오휴, 痛念聲.
呻吟신음, 痛聲, 俗以小病能動作者曰신음신음 알는다.
頭痛두통, 有偏正疼.
髮際발졔, 生腫, 俗轉발지.
眩氣현긔, 風疾潰亂. 虛前허젼허젼ᄒᆞ다.
竮竛, 行不正, 비령비령ᄒᆞ다.
眼疾안질. 瞖膜예믹, 胬肉노륙, 胬熱노열, 熹迷희미ᄒᆞ다.
皻사, 鼻上皰, 俗訓쥬부쇠, 爲酒所浮.
衄血뉵혈, 鼻出血.
瘜식, 鼻肬也, 一曰鼻痔.
脣腫슌죵, 脣上生瘡.
痔痛치통, 牙齦腫痛.

齒衄치륙, 牙縫出血.
耳聾이롱, 耳不聽.
耳鳴이명, 耳有聲.
咽喉인후, 俗以咽痛俚言咽喉.
瘰癧라력, 俗言連珠瘡련쥬챵, 筋結病.
胸腹痛흉복통, 俗言가숨알이.
昆[顮비빈다, 中瘮也. 痄丑腹中急痛.
腰痛【2:12b】요통, 一曰腎괴, 卒然痛.
乳巖유암, 乳腫.
癮疹은진, 一曰疿子, 汗出見濕乃生, 俗訓 쌈씌.
風丹풍단, 丹毒.
疥癘개려, 搔瘡病俗訓가렵다.
痲木마목, 一曰不仁불인.
手顫슈젼, 手掉也, 俗訓손썬다.
肩臂痛견비통, 臂病.
脚氣각긔, 脚痛.
鶴膝風학슬풍, 膝痛.
水尰슈즁, 脚腫, 俗訓슈즁다리.
瘃착, 手足凍裂, 俗轉터지다.
疝氣산긔, 男子三陰病, 一曰疝症.
淋疾일[임]질, 小便難病.
遺精유졍, 夢泄.
脫陰탈음, 婦人陰脫.
帶下디하, 婦人漏血.
痔疾치질, 後陰病.
腸風쟝풍, 下血.
脫肛탈항, 肛門突出.
泄瀉셜사, 水穀不化.
痢疾리질, 瀉疾, 因濕熱積滯, 暑毒虛滑而發. 滑脫활탈, 自利; 後重후즁, 便難.
中風즁풍, 風病.
口眼喎斜구안와샤, 戾急不正.
痿痺위비, 風寒濕三氣病筋弛不收.
癱瘓란환, 筋脉拘急.
痓질, 風病, 有五證脊强之總名.
癜뎐, 俗訓어루러이, 風班有紫白二種.
傷寒샹한, 俗言運氣운긔, 又染病, 轉云옘병.
暍알, 傷署.
肥濕비습ㅎ다, 肥者例多濕.
燥조ㅎ다, 乾燥也.
【2:13a】
火氣화긔, 陰虛火動음허화동, 潮熱됴열.
外感외감, 俗言感氣감긔.
內傷닉샹, 俗言滯症체증. 痃癖현벽, 積痞彈急. 痞結비결, 氣隔而不痛者爲痞, 痛者結胸.
虛勞허노, 氣不足.
霍亂곽란, 濕熱寒氣七情內傷六氣外感所致, 或轉筋腹痛, 或煩悶脹滿, 或中惡吐逆, 各證不一.
關格관격, 上不通曰關, 下不通曰格.
輪症륜증, 天行急霍, 一曰怪疾괴질, 外國人謂之虎列剌호렬ᄌ.
吐토하다, 歐出, 俗言嘔逆, 華音겨이다.
歐歈구오, 吐聲. 哯현, 俗轉겐다, 不嘔而吐, 又小兒吐乳. 喀喀긱긱, 兩手據地而嘔之不出. □□[9]외외, 食而吐也, 俗轉왹왹.
翻胃번위, 食下咽不受, 一作翻痏.
咳嗽히슈, 華音커슝, 俗轉키춤, 痰病氣逆. 痄효, 欠嗽不已, 坐寢有音者.

9) □: 字左爲'飠', 右上爲'左'中爲'日'下爲'皿'.

喘氣쳔긔, 疾息・喘懣쳔만.
呵欠하흠, 氣乏張口, 轉云하픠옴.
打嚏, 鼻塞噴嚏, 轉云ᄌᆡ톄기ᄒᆞ다.
打嗝타격, 氣逆作聲. 打, 華音다, 轉云ᄯᅡᆯ격질.
打嗄, 華音다애, 轉云트렴ᄒᆞ다.
浮腫부죵, 俗俚言浮븟다, 又浮氣부긔.
脹滿챵만, 腹滿. 單腹鼓脹단복고챵. 膨脝퓡퓡, 脹貌.
消【2:13b】渴, 消, 一作痟, 쇼갈, 有上中下三.
黃疸황단, 疸, 俗音달, 黃病有五種.
瘧疾학질, 寒熱病. 間一日曰瘧, 二日曰痎, 多日曰痁, 老瘧曰瘖.
寒戰한젼, 俗言顫젼, 轉云썬다. [右+頁][右+頁]우우, 俗轉울울, 顫貌.
發熱발열, 俗訓열긔나다. 煩懣번만ᄒᆞ다, 煩燥번됴ᄒᆞ다.
邪祟샤슈, 中惡. 悿□10)쳠퇸, 心惑也, 俗以□11)字之似繼字因音계. 凡遇心惑謂有鬼祟令巫除去謂之쳠계벗기다.
上氣샹긔, 氣逆上衝.
怔忡졍츙, 心中躁動不安.
健忘건망, 作事善忘.
癲癎젼간, 俗言癎疾간질, 又志亂지란, 轉云지랄.
吐血토혈, 從口血出. 咯血락혈, 咳中出血.
失音실음, 俗言嘶시, 轉云쉬다.
自汗ᄌᆞ한, 俗言津汗진ᄯᆞᆷ. 盜汗도한, 睡中汗出.
痰飮담음, 津液不幸則壅而爲痰, 蓄胃爲飮, 或吐或嘔.
蛔회, 人腹中長蟲.
蟯요, 腹中短蟲, 俗言寸白蟲촌빅츙.
癰疽옹져, 陽滯於陰曰癰, 陰滯於陽曰疽. 俗言腫起종긔. 氣壅大瘇之總名.
膿根농근, 俗俚言根근박이다.
內腫닉죵, 五臟之癰.
膏膿고농, 膿汁, 俗轉고롬.
破腫파죵ᄒᆞ다, 潰癰.
瘡창, 外傷成瘡. 大風【2:14a】瘡대풍챵, 一曰癩나, 肌肉爛病, 俗訓문동이. 楊梅瘡양미창, 皮剝病, 俗言疳담, 又曰唐瘡당창.
疥瘡개창, 乾曰疥, 濕曰癬. 一曰, 俗訓徙옴, 徙處自廣之謂.
疙얼, 頭上瘡.
疔뎡, 毒瘡.
痄샤, 瘡不合.
疤파, 瘡痕, 一曰瘢.
疣瘤우유, 二病似同實異, 與肉生曰疣病, 而漸生曰瘤, 俗言胡疣호우, 轉云혹. 胡, 鳥獸, 頷下垂肉取, 垂肉之義, 一曰[孛+頁]子, 其小者曰鼠瘻, 俗訓쥐젓.
黶子압ᄌᆞ, 黑子, 俗言似痲疣샤마괴. 黃子, 俗訓무샤마괴.
雀瘢쟉반, 俗訓죽은ᄭᅦ.
落傷락샹, 墮落而傷샹ᄒᆞ다. 傷處샹쳐, 俗轉샹착나다. 摺肞뎝질이다, 骨差也. 瘀血어혈지다, 積血也. 牽挐견녀, 一曰牽引견인, 俗轉결인다, 牽痛也.

10) □: 字左爲'忄', 右爲'斷(除斤)'.
11) □: 字與註12)同.

浮瘻부루, 俗以跰曰부릇다, 瘡曰부룸.
浮皰부포다皮生氣如泡.
瘛瘲계죵, 小兒驚風, 一曰驚氣경긔. 有急驚급경慢驚만경之別.
疳疾감질, 小兒食甘生病.
痘疹두진, 小兒胎毒生瘡, 俗言疫疾역질・媽媽마마・發熱발열三朝. 出痘, 一曰見苗싹뵈다, 曰發班발반三朝. 氣脹긔챵, 俗訓붓다三朝. 貫膿관농, 俗訓농드다三朝. 收靨슈암三朝. 落痂락가【2:14b】, 一曰落胝, 轉云딱지. 送神송신, 俗言拜送빈송, 又曰餞送젼송. 黑陷흑함.
痲疹마진, 俗言紅疫홍역.
水痘슈두, 俗訓ᄌᆞ근마마.
解顱히노, 頭維開解.
龜胸구흉, 胸骨高起.
龜背구비, 背突如龜.
痼疾고질, 久固之病.
殗殜업엽, 病未甚而半臥半起.
譫語섬어, 病中言.
委頓위돈, 病甚, 又曰危重위즁.
澌盡시진, 水索凡物之無力.
胗脉진믹ᄒᆞ다, 察脉也.
藥治약치, 用藥.
湯劑탕졔, 湯藥. 刀圭도규, 方寸匕之一. 貼쳡, 一腹之劑. 壯쟝, 艾灸一灼.
救療구료, 調治也.
通氣통긔, 使氣有通.
和解화히, 發散外邪.
補보ᄒᆞ다, 助氣也.
瀉샤ᄒᆞ다, 泄氣也.
平復평복, 俗言挐去나거, 進之謂也. 凡物之差勝皆謂之進, 轉云낫다. 瘥채, 病差也, 俗言채낫다・快差쾌차ᄒᆞ다・快쾌ᄒᆞ다. 間간・痊젼・減감.
調理됴리, 調病也, 俗轉됴려ᄒᆞ다・調燮됴셥ᄒᆞ다.
蘇復소복, 病差而復常. 蘇醒소셩.
喪事상ᄉᆞ, 俗言初喪쵸상・喪故상고・初終쵸죵・喪變상변・喪家상가・喪中상즁. 好喪【2:15a】호상, 有器具者; 窮喪궁상, 無器具.
大故대고, 父母喪. 當故당고・在喪직상・丁憂졍우・遭艱됴간.
易簀역착, 師喪.
城崩之痛셩붕지통, 喪夫.
叩盆之痛고분지통, 妻喪. 腹悲之痛복비지통・喪室상실・喪耦상우・喪配상비.
孔懷之痛공회지통, 兄弟喪. 鴒原之痛・割半之痛.
掩袂之慟엄메지통, 姊妹之喪.
慘慽참쳑, 手下喪, 一曰慘境.
變喪변상, 逆理之喪.
西河之痛셔하지통, 子喪. 喪明之痛.
祝予之嘆츅여지탄, 弟子之喪.
喪主상쥬, 主喪之子, 俗言喪制상졔・喪人상인. 自稱曰罪人, 父喪曰孤子, 母喪曰哀子. 悔悔미미, 居喪之容.
護喪호상, 干事人. 襲斂者曰斂匠염쟝이, 又曰埋葬軍민쟝군.
行者哭婢힝ᄌᆞ곡비, 男曰行者, 女曰哭婢, 所以代哭者.
崩붕, 天子之喪.
薨훙, 公侯之喪.

卒졸, 大夫之死. 卒逝졸셔・捐館연관.

終죵, 君子及老人之死.

不祿불록, 士死.

死ᄉᆞ, 俗言走氣, 轉云죽어. 度人及小人之盡也. 凡氣散通謂之死. 【2:15b】 別世별셰・棄世기셰・下世하셰・殞命운명.

物故물고, 賤者之死.

殰차, 末及生而胎死.

殙혼, 未立名而死.

凶흉, 未亂而死, 一曰傷於人而死.

短단, 未冠而死, 一曰傷於禽獸而死. 又兄弟之喪.

折졀, 未婚而死, 一曰傷於草木而死. 又父喪子.

殤샹, 未成人而死. 十六至十九爲長殤, 十二至十五爲中殤, 八歲至十一爲下殤, 七歲以下爲無服殤, 生未三月不爲殤.

殀요, 短折. 夭促요쵹, 早死也. 短命단명, 夭札요찰.

殭屍강시, 死不撿.

自處ᄌᆞ쳐, 自殺也. 一曰自決ᄌᆞ결, 又曰自裁ᄌᆞ지.

自盡ᄌᆞ진, 無氣力而死.

[石+岳]硌악락, 卒死.

[死+欠]ᄌᆞ, 死而復生, 一曰殅싱.

諱휘, 死者之名.

遺言유언, 臨死而言.

[欲$死][不$死]몰란, 俗轉몰라, 臨死迷亂不知之貌.

永訣영결, 生死之別.

西洋셔양, 俗轉시양, 麗俗好佛謂, 人死魂去西洋, 令巫導之, 謂之시양갈으다 ᄒᆞ니無據甚矣.

屬纊속광, 人之將絶, 以新綿置口鼻上以爲侯.

屍體시톄, 俗言送葬, 又曰屍身시신・身體신 【2:16a】 톄.

皐復고복, 俗言招魂쵸혼.

襲습, 沐浴之也.

壽衣슈의, 預備送死之衣.

斂렴, 以衣斂尸. 死之明日而小斂, 三日而大斂, 入棺.

靈座령좌, 俗言几筵궤연.

魂帛혼빅, 用白綃, 或苧布爲之. 襲而置靈座設魂帛.

銘旌명졍, 以絳帛爲之, 楷書官封倚於靈座之右, 發引時用而前導.

神主신쥬, 用栗木爲之, 葬前造成, 葬後題主. 趺부, 用以彔主身; 韜도, 考紫妣緋用以庇主; 藉ᄌᆞ, 用以藉櫝內; 櫝독, 用以納主; 龕室감실, 藏主之室, 俗言祠堂欌ᄉᆞ당장.

影幀영졍, 俗言畵像簇子화상족ᄌᆞ.

柩구, 有尸棺.

棺관, 所以藏尸.

槨곽, 外棺. 棺槨始于黃帝.

櫬친, 空棺.

桰화, 棺頭.

槥혜, 小棺.

素錦褚쇼금져, 俗轉쇼금졍, 用以覆尸.

黃腸황장, 俗言板材판직, 以木黃心爲棺槨者.

柳笥유ᄉᆞ, 俗言席, 轉云셕, 所以藏兒尸.

輴欑춘찬, 盛柩車, 似屋形而四面塗泥, 故

曰畢塗泥.
發引발인, 俗言行喪힝상.
延燔연번, 轉云연반, 火具.
方相氏, 俗轉방샹시, 四品以【2:16b】上用四目, 方相氏以下用兩目魌頭.
腰轝요여, 卽靈車.
功布공포, 俗轉곤포, 用以拂去柩塵者.
輓詞만ᄉᆞ, 俗言輓章만쟝, 親戚知舊作詞哀之者, 卽古之薤露歌類.
雲□翣운불삽, 俗以□字似亞字, 轉云운아샵, 亞翣大夫用之, 雲翣大夫士通用.
大轝대여, 卽喪轝샹여之大者, 大夫以上用之, 有小方狀, 俗轉쇼방샨以載柩者.
小轝쇼여, 俗言喪兜샹도, 上下通用, 但無小方狀. 喪轝샹여・靈輀영이.
葬事쟝ᄉᆞ, 俗言永葬영쟝・完葬완쟝・永窆영폄. 權窆曰權厝권조. 中窆중폄・中葬중쟝・草殯초빈. 暍葬갈쟝, 一作渴葬, 葬不待時也. 殯빈, 俗言初殯초빈, 卽不葬而掩, 一曰攢찬. 殔이, 假葬於道. 緬禮면례, 改葬. 合窆합폄, 合葬.
會葬회쟝, 助葬執紼也.
返虞반우, 葬後奉神主歸家.
因山인산, 俗言國葬국쟝, 漢文帝作壽陵因山爲之, 故後世以國陵謂之因山.
山陵산능, 帝王【2:17a】之冢. 陵寢능침.
墓묘, 俗言無埯무엄, 轉云무덤, 冢地. 山所산소・墳山분산. 堬・塿・埒・垠・塋・壟皆冢之別名. 省墓曰省楸.
窀穸둔셕, 墓穴幽堂. 壙中광중・宅兆턱조・黃泉황쳔.
薛門션문, 墓門, 一曰松門.
碑비, 古者豊碑遺制以記平日行跡竪之墓側. 丹단, 碑陰.
誌銘지명, 書其生卒履歷以之納壙者.
告訃고부, 俗言通計통부, 告喪凶聞.
吊喪됴샹, 傷終. 吊生曰唁언.
吊狀됴샹, 以書替吊.
慰狀위쟝, 以書慰服人.
賻儀부의, 以財助喪.
成服셩복, 俗言居喪, 轉云거셩. 天子七日, 諸侯五日, 大夫以下四日, 而各以其服受服. 一曰斬衰참최, 三年二日齊衰직최, 三年杖朞쟝긔; 不杖朞부쟝긔, 五月오월, 三月삼월, 三曰大功대공; 九月功以女功布升而言四曰小功소공; 五月五曰緦麻시마, 三月緦十五升布服之窮也. 服制詳於禮說幷不盡錄.
闋服결복, 終喪除服.

【2:18a】
<人事部>

名譽명예, 令聞. 聲名셩명. 可勒가륵, 轉云갸륵ᄒᆞ다, 可又以華音커, 復云커록ᄒᆞ다. 所聞播多소문이파다ᄒᆞ다. 膾炙회쟈, 膾與炙人所同嗜, 故借爲聲聞籍籍. 有名유명ᄒᆞ다・表著표져ᄒᆞ다・顯著현져ᄒᆞ다. 表表표표ᄒᆞ다, 偉也. 出衆츌즁ᄒᆞ다. 掀動一世헌동일셰. 不憂之譽불우지예, 聲聞過情.
勸奬권쟝, 勸勉也. 勸권ᄒᆞ다. 推許츄허, 轉云츄어쥬다.
敎導교도, 以善先人, 俗言竭我致갈아치.

孔子曰: 我叩其面端而竭焉. 蓋敎者竭己知而諭人使從也. 又曰引導인도, 提醒之謂也. 開喩기유ᄒᆞ다 · 曉喩효유ᄒᆞ다 · 指導지도ᄒᆞ다 · 警戒경계ᄒᆞ다 · 敎訓교훈ᄒᆞ다. 譬喩비유, 以此喩彼. 曉解효ᄒᆡ식히다 · 警動動경동ᄒᆞ다 · 懲戒증계ᄒᆞ다.

自任ᄌᆞ임, 以爲己任, 俗言磨他맛다. 擔當담당ᄒᆞ다 · 自當ᄌᆞ당ᄒᆞ다 · 獨斷독단ᄒᆞ다 · 主管쥬관ᄒᆞ다 · 專當젼당ᄒᆞ다 · 主張쥬쟝ᄒᆞ다. 【2:18b】 薦擧쳔거, 拔揚也. 汲引급인ᄒᆞ다 · 褒奬포쟝ᄒᆞ다 · 抽츄다 · 稱讚층찬ᄒᆞ다 · 紹介쇼기ᄒᆞ다 · 夸奬과장ᄒᆞ다.

干囑간촉, 干求之囑也. 請청ᄒᆞ다 · 請托청탁ᄒᆞ다. 賄賂회뢰, 與人以財陰求其助, 一曰問問문문ᄒᆞ다. 又饍物션물ᄒᆞ다 · 干謁간알ᄒᆞ다.

依托의탁, 猶往依也. 一曰投托, 俗轉두탁. 付托부탁, 任人以事. 依支의지, 倚也. 假貸가ᄃᆡ, 借物於人更還其主, 俗言求他, 轉云ᄭᅮ다. 稱貸층ᄃᆡ, 推移於人. 取貸취ᄃᆡ ᄒᆞ다 · 丐乞기걸ᄒᆞ다 · 求請구청ᄒᆞ다 · 貧者小人빈ᄌᆞ쇼인.

賙恤쥬휼, 俗言賙急쥬급ᄒᆞ다. 賑恤진휼ᄒᆞ다, 開倉以濟貧民. 賙, 쥬다, 給也. 救濟구제ᄒᆞ다 · 救急구급ᄒᆞ다 · 救援구완ᄒᆞ다.

儲跱져치, 積儲也. 儲蓄져축ᄒᆞ다. 秖[亻+致]져치, 會物也. 豫備예비, 先時爲備. 留置유치ᄒᆞ다, 任置임치ᄒᆞ다.

分排분비, 俗言儸攎나노다. 排備비비ᄒᆞ다.

變改변기, 改易也. 變通변통ᄒᆞ다, 變動변동ᄒᆞ다.

機會긔회, 猶言際會제화[회]. 階梯계졔.

接物졉물, 與人相接, 俗言接對ᄒᆞ다. 相關상관ᄒᆞ다 · 締結톄결ᄒᆞ다 · 相從 【2:19a】 샹죵ᄒᆞ다 · 迎接영졉ᄒᆞ다 · 聯信련신ᄒᆞ다 · 慇懃은근ᄒᆞ다.

朋黨봉당, 作黨也. 屯聚둔취ᄒᆞ다 · 威力成黨위력셩당ᄒᆞ다 · 愛黨이당ᄒᆞ다.

倩人쳔인, 假借使人. 更僕경복, 累次送人. 代身대신, 代己爲之. 專人젼인ᄒᆞ다, 人便인편, 指麾지휘ᄒᆞ다.

等候등후, 俗言企待기ᄃᆡ리다. 等待등ᄃᆡᄒᆞ다 · 待令ᄃᆡ령ᄒᆞ다.

相對샹ᄃᆡ, 面對也. 當面당면ᄒᆞ다 · 對面ᄃᆡ면ᄒᆞ다. 邂逅相逢ᄒᆡ후샹봉ᄒᆞ다, 不期而會也.

離別리별, 相離也. 作別쟉별ᄒᆞ다 · 餞送젼송ᄒᆞ다 · 餞別젼별ᄒᆞ다.

離間리간, 使之有間也. 反間반간ᄒᆞ다. 間, 轉云갈부치다.

不相合불샹합. 鉏鋙, 一作齟齬, 本鋸齒之名, 以不相當. 俗於不合曰셔어ᄒᆞ다. 矛盾모슌, 楚人譽其盾曰物莫能陷, 又譽其矛曰無物不陷. 或曰以子之矛陷子之盾, 何如? 其人不能應.

詬詈후이, 俗言諮叱, 轉云ᄭᅮ짓다, 呵責也. 辱욕ᄒᆞ다 · 責望칙망ᄒᆞ다. 恐喝공갈ᄒᆞ다, 虛喝也. 魏盈魏盈위영위영, 轉云쒸영쒸영, 呵叱也. [大$回][大$回]쎤쎤, 南人罵北人. 傱송ᄒᆞ놈, 罵也, 形小醜惡.

誣陷무함, 以無爲有. 讚 【2:19b】 愬참소

ᄒᆞ다・構虛捏誣구허날무ᄒᆞ다・毁謗회방ᄒᆞ다.

陰害음히, 以術陷人. 謀害모히ᄒᆞ다・作戲작희ᄒᆞ다・沮戲져희ᄒᆞ다・謀陷모함ᄒᆞ다.

寃讐원슈, 怨敵. 仇讐구슈・業寃업원・敵手젹슈.

怨望원망, 恚恨也. 潑惡발악ᄒᆞ다・稱寃칭원ᄒᆞᆫ다.

報怨보원, 覆報讐복보슈ᄒᆞ다・雪冤셜원ᄒᆞ다.

侮人모인, 蔑視也, 俗訓업시보다. 嘲□[12], 됴노다, 以言相侮. 嘲弄됴롱ᄒᆞ다・嘲笑됴쇼ᄒᆞ다・非笑俗訓비웃다. 匈瑕謫흉하젹ᄒᆞ다, 發人欠節. 眠娗면뎡, 轉云빈뎡거리다, 以言相嗤弄. 冷笑닝쇼ᄒᆞ다・凌蔑능멸ᄒᆞ다・下視하시ᄒᆞ다・恝視괄시ᄒᆞ다・無顔무안뵈다・亡身망신쥬다.

戲弄희롱, 言笑戲謔也. 詼諧회히ᄒᆞ다・譏弄긔롱ᄒᆞ다.

爭鬪징투, 俗言歹鬪다투다, 又曰肆詬싸후다. 拒詰거힐ᄒᆞ다, 抵敵也; 格禦격어, 俗轉겨른다, 相拒也; 是非시비ᄒᆞ다; 口舌구셜ᄒᆞ다, 爲人是非; 圭角규각나다, 不相合; 言詰언힐ᄒᆞ다, 言語相爭; 笞, 치다; 打哩, 轉云싸리다; 頭髮扶曳두발부예・衣冠裂破의관열파・潑惡발악ᄒᆞ다・毆打【2:20a】구타ᄒᆞ다.

訟事송ᄉᆞ, 爭曲直于官. 俗言呈狀졍장ᄒᆞ다・發狀발쟝ᄒᆞ다・詞訟ᄉᆞ송ᄒᆞ다・告官고관ᄒᆞ다. 元告원고, 狀者; 隻쳑, 被告人; 正犯정범, 罪人; 干連간련, 干涉人; 捷건다, 相訐告; 呼愬호소, 告訴也; 誣訴무쇼ᄒᆞ다; 誣告무고ᄒᆞ다, 並變亂是非以告; 曖昧ᄋᆡ미, 爲人誣陷; 寃痛원통ᄒᆞ다・對質ᄃᆡ질ᄒᆞ다・對辨ᄃᆡ변ᄒᆞ다・對訟ᄃᆡ송ᄒᆞ다・頭質두질ᄒᆞ다・査實사실ᄒᆞ다・核實ᄒᆡᆨ실ᄒᆞ다; 發明발명ᄒᆞ다, 明其所以然; 公決공결ᄒᆞ다・誤決오결ᄒᆞ다・處決쳐결ᄒᆞ다・判斷판단ᄒᆞ다・決斷결단ᄒᆞ다・審理심리ᄒᆞ다・歸正귀졍ᄒᆞ다・退訟퇴송ᄒᆞ다・得訟득송ᄒᆞ다・雪冤셜원ᄒᆞ다・雪耻셜치ᄒᆞ다・妥貼타쳡ᄒᆞ다; 已毅이의, 本賭碁而勝, 俗以凡所勝人, 皆轉云이의다; 提뎨, 棊死結局之名, 俗以見員折人, 皆轉云뎨다.

看證간증, 證其明徵, 俗言證人증인・保證보증. 證驗증험ᄒᆞ다・訂據증거ᄒᆞ다・依據의거잇다・保보셔다. 保人보인・證人증인・證參증참. 看守간슈ᄒᆞ다・守直슈직ᄒᆞ다・顯然현연ᄒᆞ다・顯著현져ᄒᆞ다・表著포【2:20b】젹[져]ᄒᆞ다・保守보슈ᄒᆞ다・參涉참셤ᄒᆞ다・看守간슈ᄒᆞ다・文蹟昭然문젹이소연ᄒᆞ다・表迹포[표]젹잇다. 丁寧졍영ᄒᆞ다, 猶言分明. 鑿鑿符合착착부합ᄒᆞ다.

綜核종ᄒᆡᆨ, 覈實也. 點攷졈고, 轉云젼구ᄒᆞ다, 打點於上以攷其數. 試驗시험ᄒᆞ다・取才취지ᄒᆞ다・發覺발각ᄒᆞ다・的實젹실ᄒᆞ다・歷歷력력ᄒᆞ다・査實사실ᄒᆞ다.

譏察긔찰, 何察也. 譏詗긔형ᄒᆞ다・廉問염문ᄒᆞ다・訪問방문ᄒᆞ다・偵探졍탐ᄒᆞ다・采探ᄎᆡ탐ᄒᆞ다・撥姦摘伏발간젹복ᄒᆞ

12) □: 字左爲'言', 右爲'腦(除月)'.

다.

自服ᄌᆞ복ᄒᆞ다. 自現ᄌᆞ현ᄒᆞ다, 自首也. 降服항복ᄒᆞ다・巫服무복ᄒᆞ다・遲晩俈音, 俗云지만다짐.

過誤과오, 誤犯也. 過失과실・錯誤착오・差錯차착・失手실슈・无妄之過무망지과.

推諉츄위, 托言, 俗言避計피계, 轉云핑계, 謀避之計也. 稱託칭탁ᄒᆞ다. 所以然쇼이연・然故연고・緣由연유・曲折곡졀・委折위졀・事端ᄉᆞ단・事壯ᄉᆞ장・事實ᄉᆞ실・黑白흑ᄇᆡᆨ.

隱密은밀. 秘密비밀ᄒᆞ다・隱諱은휘ᄒᆞ다. 廋隱수은, 轉云숨는다; 廋匿슈익, 轉云숨긴다. 慇懃은근이ᄒᆞ다・【2:21a】從容조용이ᄒᆞ다・忌諱긔휘ᄒᆞ다・坎隱감안이ᄒᆞ다.

遺失유실, 俗言逸일타, 失也. 以台謂失. 楊子方言之訛也. 遺落유락ᄒᆞ다・闖失셔실ᄒᆞ다. 撥哩발리다, 潑, 本棄水也, 而俗以潑通謂之棄. 拌棄, 棄也, 而俗作拚棄泚, 誤也.

誘引유인, 俗言詭誘괴유, 轉云꾀이다. 開誘기유ᄒᆞ다・勸誘권유ᄒᆞ다・引導인도ᄒᆞ다. 搯引, 俗訓써어니다. 리□이, 引也. 侄仡질헐, 引之不前. 誂trench, 相呼誘. 諷動풍동. 攛掇誘人爲惡.

眩亂현란, 目視動搖也. 緖亂착란ᄒᆞ다・撓亂요란ᄒᆞ다・憒亂권란ᄒᆞ다・騷動쇼동ᄒᆞ다・騷擾쇼요ᄒᆞ다・搶攘창양ᄒᆞ다. 憚悇염여, 禍福未定而懷憂也. 疑惑의혹ᄒᆞ다・訝惑아혹ᄒᆞ다.

哀矜ᄋᆡ긍, 憫憐也. 愛惜ᄋᆡ셕ᄒᆞ다. 不祥불상, 俗訓爲憐. 慰恤위휼ᄒᆞ다・存恤존휼ᄒᆞ다・可憐가련ᄒᆞ다・惻隱측은ᄒᆞ다・慘酷참혹ᄒᆞ다・唉怛ᄋᆡ돌다・安綏안유ᄒᆞ다・慰勞위로ᄒᆞ다・可矜가긍ᄒᆞ다.

致謝치샤, 上手稱謝. 感謝감샤ᄒᆞ다・感祝감츅ᄒᆞ다. 感激감격ᄒᆞ다, 俗轉感之激之爲감지덕지. 謝禮샤례ᄒᆞ다・致賀치하ᄒᆞ다・告冒고【2:21b】모, 冒, 華音맏, 致謝語. 白骨難忘ᄇᆡᆨ골란망.

恩德은덕, 俗言恩惠은혜, 又曰德澤덕턱. 蒙惠몽혜ᄒᆞ다・德分덕분ᄒᆞ오. 斗護두호, 轉云도아쥬다. 上德상덕・施恩시은ᄒᆞ다・難忘之恩란망지은・德談덕담ᄒᆞ다・德色덕ᄉᆡᆨᄒᆞ다.

吉慶길경, 喜事也. 慶事경ᄉᆞ・榮華영화・榮光영광・福祿복록・福祚복죠・稱慶칭경ᄒᆞ다.

奢侈샤치, 華麗踰節也. 繁華번화ᄒᆞ다・華靡화미ᄒᆞ다・燦爛찬란ᄒᆞ다・豪華호화롭다.

僭濫참람, 過分也. 猥濫외람ᄒᆞ다・僭叨不法참도불법・犯濫범람ᄒᆞ다・過濫과람ᄒᆞ다.

儉約검약, 俗言儉素검소, 節用也. 儉朴검박ᄒᆞ다・節儉졀검ᄒᆞ다・撙節존졀ᄒᆞ다.

吝嗇인식, 有餘不肯用. 鄙吝비린ᄒᆞ다. 愛計ᄋᆡ계, 計, 華音기, 轉云ᄋᆡ끼다. 約約약약히 ᄒᆞ다. 佝[亻+務]구무, 鄙吝. 約發약발이ᄒᆞ다.

遲緩지완, 不追也. 遲滯지톄ᄒᆞ다・遷延쳔연ᄒᆞ다・延拖연타ᄒᆞ다・遷就쳔취ᄒᆞ다.

遷遷천천ᄒᆞ다, 徐也; 瑟瑟슬슬, 猶徐徐也. 歇后헐후ᄒᆞ다・逗留두류ᄒᆞ다・愆期건긔ᄒᆞ다. 差差차차ᄒᆞ다, 有序也.

忙急【2:22a】망급, 俗言急斁급피ᄒᆞ다. 悤悤, 一作匆匆, 춍춍ᄒᆞ다. 倥傯공총ᄒᆞ다・悤汒춍망ᄒᆞ다・汩沒골몰ᄒᆞ다・紛拏분나ᄒᆞ다. 紛沓, 一作紛遝분답ᄒᆞ다. 促迫촉박ᄒᆞ다・蒼皇창황ᄒᆞ다. 劻勷광양ᄒᆞ다, 急迫貌. 急遽급거ᄒᆞ다・猝然間졸연간・造次間조차간. 汲汲급급, 不休息貌. 孜促ᄌᆞ촉, 轉云지촉, 摧也. 奔走不暇분쥬불가ᄒᆞ다・眼鼻莫開안비막기ᄒᆞ다・汩汩無暇골골무가ᄒᆞ다.

武斷무단, 以威主斷, 俗言土豪토호. 豪悍호한ᄒᆞ다・億勒억늑ᄒᆞ다・億奪억탈ᄒᆞ다・威愶위협ᄒᆞ다・侵漁침어ᄒᆞ다・億持억지세다・威力위력세다・威風懍懍위풍이럼럼ᄒᆞ다・權力권력잇다・風力풍력잇다・侵虐침학ᄒᆞ다. 洸洸광광ᄒᆞ다, 武貌. 刼迫겁박ᄒᆞ다・侵鹵침노ᄒᆞ다・侵責침칙ᄒᆞ다.

閒隙한극, 俗言閑暇한가ᄒᆞ다. 闖틈잇다・闋訖결흘. 乘隙승극ᄒᆞ다, 俗訓틈타다. 從容종용ᄒᆞ다・閒歇한헐ᄒᆞ다・無事무ᄉᆞᄒᆞ다.

等閒등한, 不要緊, 俗言汗漫한만ᄒᆞ다, 渺茫貌. 尋常심샹ᄒᆞ다・容易용이ᄒᆞ다・偶然우연ᄒᆞ다・自然ᄌᆞ연ᄒᆞ다・捱過ᄋᆡ과ᄒᆞ다・【2:22b】如反掌여방쟝ᄒᆞ다.

勞苦노고, 俗言愁苦ᄒᆞ다, 又苦勞고놉다, 用力而勤也. 困곤ᄒᆞ다・惱困노곤ᄒᆞ다. 苶然날연ᄒᆞ다, 疲困貌. 轂亂격란ᄒᆞ다, 勤苦用力. 佻佻됴됴, 不耐勞苦貌.

營爲영위, 俗言經營경영ᄒᆞ다. 經綸경윤ᄒᆞ다・商量상량ᄒᆞ다・億度억탁ᄒᆞ다・料量료량ᄒᆞ다・稱量층량ᄒᆞ다・周旋쥬션ᄒᆞ다・計較계교ᄒᆞ다・妄度망탁ᄒᆞ니. 孼恁얼임ᄒᆞ다, 意其如此也. 俗以似而非眞者皆稱孼. 牽連견련ᄒᆞ다・同事동ᄉᆞᄒᆞ다・例事예ᄉᆞ・籠絡롱락ᄒᆞ다・操縱조종ᄒᆞ다・揔察춍찰ᄒᆞ다・分辨분변ᄒᆞ다・磨鍊마련ᄒᆞ다. 磨當마당, 轉云맛당. 適當뎍당ᄒᆞ다. 磨可마가, 轉云맛갓다. 磨勘마감ᄒᆞ다・合當합당ᄒᆞ다・穩當온당ᄒᆞ다. 砰隱평은, 轉云펑ᄒᆞ다. 漸漸졈졈ᄒᆞ다・差差차차ᄒᆞ다・種種종종ᄒᆞ다・爽快상쾌ᄒᆞ다・快快쾌쾌ᄒᆞ다・竣事쥰ᄉᆞᄒᆞ다. 達달, 華音다, 皆也.

不如意불여의. 觖望결망, 不滿所望. [習+欠]歁납감, 不滿意. 踂[足+齒]악착ᄒᆞ다・沓沓답답ᄒᆞ다. 讋讋셥셥ᄒᆞ다, 失氣而言. 鋃鐺낭당ᄒᆞ다, 爲物牽連. 寃恫원통ᄒᆞ다. 沓棰답【2:23a】치, 不循理也, 俗轉답치기. 鞅鞅앙앙, 不足意. 魔마, 作戲鬼名, 俗以事不成曰마드다.

事爲ᄉᆞ위, 動作運爲. 摩之마지, 轉云만지다, 摩挲也. 捘쥰, 轉云쥬이다, 握也. 挌긱, 俗轉ᄶᅡᆨ쥐다, 手把著. 挹under읍거, 轉云웅ᄭᅴ다, 兩手把也. 掀摘흰젹, 以手高擧. 擤擧후거, 轉云후ᄂᆞ다, 手擧也. 抽[扌+秀]츄수로다, 以手平物. 揎션, 鉤袂出臂. 拮据길거, 手口並作. 按, 안ᄶᅡ抱也. 撮촬, 三指取也. [汎$木]과, 轉云ᄶᅪᆨ, 手把物. [折$木]뎨, 轉云ᄶᅯᆫ다, 以手急持人. 振졍,

以手觸物. 敁挆뎜타, 以手稱物. [尉$手]와, 以手布物. 捍[扌+産]한산, 以手擇物. 抹撥말살, 掃滅也. 抖擻두수, 索物, 俗轉위수루다. [扌+斡]간, 以手伸物. 捫之문지르다, 持也. 任임, 戴負之總名. 俗言戴曰임, 負曰짐. 馬駄者, 取音於占졈, 而占爲卜, 故因謂之卜. 盖以訛傳訛也. 搋건, 以身肩物. 桀걸, 擔也, 걸메다. 擔담, 肩任. 負부, 背任蹬발다, 以足蹋物. 杈, 차다, 以足加物. 抽, 츄다, 引出也. 奬人. 又負兒曰高抽고츄다, 衣服曰抽擧츄거다. 抽楗츄건다, 以肩擧物. 抖抒두져, 【2:23b】 俗轉뒤지다, 搜也. 揮抒휘져, 俗轉휘젓다, 揮散也. [镸+殳]之단지, 俗轉던지다, 投也. 抽理츄리다, 擇其善指衆中. 又簡理간리, 俗轉가리다, 擇也. 坎傺감체, 俗轉감츄, 藏也. 撔理곤리, 俗轉굴리다, 轉之也. 絞교, 俗轉꼬다, 索綯也. 事不如意者曰絞理꼬리다. 執, 집다, 拾也. 扱, 잡다, 收取也. 纀업, 俗轉얼다, 以繩繫縛. 列結렬결, 俗轉력거, 以繩次物而陳之. 繹理역리, 意之也, 俗言그러이역리다. 又抽絲曰繹理, 轉云익이다. 揔理굴리다, 推也. [卑+刂]비, 俗轉베이다, 割也. 紉인는다, 續也. 破[自$廾+瓦]파게, 俗轉싸긔다, 破裂也. 剖劈之부리지, 俗轉부러지다, 折也. 擖갈, 俗轉갉다, 刮也. 斫開쟉기, 俗轉쨕긔다, 斫也. 剝박, 俗轉벗기다, 如剝栗曰밤벗기다. 削理샥리다, 離也. 刻去각거, 俗轉싹거, 剝也. 擺, 패다, 兩手擊也. 析薪及亂打並謂之擺. 嗑, 華音커, 轉云씌, 破開果核씌다. 掀掉헌도, 俗轉흔드다, 搖也. 掊碎부쇄, 俗轉부수다, 擊破也. 揮揉휘유다, 揉也. 抐按눌안, 俗轉눌은다, 按物水中. 批拖비타, 俗轉비틀다, 拶戾也. 骫骳위피, 屈曲也, 俗以骫旁九, 因音구, 轉云구피다. 揲理나리다, 連題却覆, 俗轉느【2:24a】 리다. [扌+搴]건는다, 搴衣也. 攀致반치, 俗轉밧치다, 貢獻也. 搲挐와나, 俗轉와락, 牽挽也. 閣, 華音거다, 掛也. 縮搐슉슉, 俗轉쑥쑥뽑는다, 抽取物聲. [月+麥][月+麥]타타, 俗轉탁탁, 黏物聲. 攫확, 俗轉확ᄒᆞ고덤븨다, 撲取物. 筑축, 拾也, 俗轉줍다. 搶去창거, 俗轉차가다. 封裹봉과ᄒᆞ다, 封物也. 緘封감봉, 俗轉함봉, 封而不開. 打地타디, 打, 華音다지다, 打地使固, 又曰打固달고질ᄒᆞ다. 制졔, 俗轉짓다, 作爲也. 撩理료리, 俗轉롤리다, 挑弄也. 列열다, 開也. 濶作활작, 大開也. 附致부치다, 寄也. [阝+尻]埼구긔다, 本曲岸之名, 俗以屈之使曲當之. 拂불다, 俗當吹訓. 彈탄, 鼓爪也, 俗訓타다. 罷파ᄒᆞ다, 休息也. 看守간수ᄒᆞ다 · 守直슈직ᄒᆞ다. 看檢간검ᄒᆞ다, 並俗訓직희다. 拘忌구긔ᄒᆞ다 · 禁忌금긔ᄒᆞ다. 忌諱긔휘ᄒᆞ다, 並俗訓꺼리다. 斷定단뎡ᄒᆞ다 · 決定결졍ᄒᆞ다 · 決斷결단ᄒᆞ다. 磨勘마감ᄒᆞ다, 了勘요감ᄒᆞ다. 酌定쟉뎡ᄒᆞ다, 並俗訓마치다. 仍便잉편ᄒᆞ다, 取便취편ᄒᆞ다, 並占便也. 斗護두호ᄒᆞ다 · 斗頓두돈ᄒᆞ다 · 右待우듸ᄒᆞ다. 右尊우존, 俗轉위츈ᄒᆞ다. 護衛호위ᄒᆞ다 【2:24b】 · 擁衛옹위ᄒᆞ다 · 冒侍모시다. 御車어거ᄒᆞ다, 御本爲車之御, 故侍御, 通謂之御車. 發泄

발셜ᄒᆞ다 · 漏泄누셜ᄒᆞ다 · 衝動츙동ᄒᆞ다 · 發動발동ᄒᆞ다 · 運動운동ᄒᆞ다 · 搖動요동ᄒᆞ다 · 順從순종ᄒᆞ다 · 背馳비치ᄒᆞ다 · 拒逆거역ᄒᆞ다 · 支撐지팅ᄒᆞ다. 拒事理거ᄉᆞ리다, 逆也. 撥檄발산ᄒᆞ다 · 抹殺말살ᄒᆞ다. 營繕령션으로ᄒᆞᆫ다, 赴國役者不盡其力, 故俗爲有名無實之稱. 耗損모손ᄒᆞ다 · 極盡극진ᄒᆞ다 · 窮盡궁진ᄒᆞ다 · 防塞방식ᄒᆞ다 · 防遮방차ᄒᆞ다 · 防限방한ᄒᆞ다 · 團束단속ᄒᆞ다 · 約束약속ᄒᆞ다 · 檢束검속ᄒᆞ다. 束濕속습ᄒᆞ다, 束下之謂. 柴原시원ᄒᆞ다, 高句麗東川王性寬仁, 及薨, 國人懷德, 莫不哀傷. 及葬, 自死殉者多. 嗣王以爲非禮禁之, 至墓自死者亦多. 國人伐柴以覆其屍, 遂名其地曰柴原. 俗以事之從歡者曰柴原. 順理순리ᄒᆞ다. 鳩聚구취ᄒᆞ다, 一作丘聚. 捘過의과ᄒᆞ다, 俗訓견듸다.

事目ᄉᆞ목, 凡事條目. 條件됴건 · 條條됴됴 · 事例ᄉᆞ례 · 前例젼례 · 次例차례 · 次第차뎨 · 等級등급 · 階梯계졔 · 品數픔슈 · 條理됴리 · 涇渭경위 · 經界 【2:25a】 경계 · 事勢ᄉᆞ셰 · 事情ᄉᆞ졍 · 理勢리셰 · 理致리치 · 根本근본 · 張本쟝본 · 來歷릭력 · 種類종류 · 物件물건.

都大體도대톄 · 大綱領대강영 · 大頭腦대두뇌 · 大槩대ᄀᆡ · 大略대약 · 大體대톄 · 大綱대강 · 如干여간 · 若干약간. 穩通온통, 俗轉왼통. 疏通소통, 達底而通, 俗轉쇠통, 擧全體而言. 純全슌젼히 · 穩全온젼히 · 專一젼일히 · 邁尤ᄆᆡ우 · 大段대단히 · 畧畧약약히 · 層等층등나다 · 餘韻여운 · 主着쥬착 · 着落착락 · 曲折곡졀 · 歷歷력력ᄒᆞ다. 井井경경, 俗訓뚤엿뚤엿ᄒᆞ다. 隱暎은영ᄒᆞ다 · 穩當온당ᄒᆞ다 · 當然당연ᄒᆞ다 · 切當졀당ᄒᆞ다 · 彬彬빈빈ᄒᆞ다. 粹然슈연, 俗轉숄연ᄒᆞ다. 天然텬연ᄒᆞ다 · 順坦순탄ᄒᆞ다. 平平평평ᄒᆞ다.

那奔나분, 說郛謂高之名而無義. 及欣급흔, 說郛謂深而無義. 頎긔, 俗轉기다, 長也. [亻+叜]젹다, 小也. 仳ᄌᆞ다, 小貌. 促촉, 或轉云쪽, 如小負機曰쪽지게, 或轉云족, 如钃曰小執擧족쥭ᄀᆡ, 或轉云조, 如么 【2:25b】 麼曰조금, 或轉云좀, 如昴爲小星曰좀셩이, 皆小也. 稀少희쇼ᄒᆞ다 · 稀罕희한ᄒᆞ다 · 稀貴희귀ᄒᆞ다 · 零星령셩ᄒᆞ다 · 絶種졀종되다. 矬져, 俗轉져르다, 短也. 么麽요마, 小也. 偳仳단ᄌᆞ, 俗訓단족슬럽다, 極小也. 稠狹됴협, 俗轉둡다, 密也. 密則不能相容, 故俗訓爲窄也. 姦紇간흘다, 奸卽姦細之姦, 紇, 絲下也, 俗訓細. 欠험되다, 不足也. 闕궐ᄒᆞ다, 縮也. 考滿고만, 考成也, 言成己滿, 無以復加之謂. 考分고분, 俗轉고뿐, 言止此也. 偌多야다ᄒᆞ다, 事多難堪. 犖락, 俗轉럽다, 廣也. 巨거, 俗轉커, 大也. 夏하, 大也, 或轉爲한, 或轉爲할. 滿만타, 盈溢也, 俗以爲多訓. 十上십샹, 本金品之第一, 俗以事之好品謂之십샹. 詵詵션션, 衆多貌. 足足족족ᄒᆞ다, 豊盛豊盛풍셩풍셩ᄒᆞ다, 瀰滿미만ᄒᆞ다, 頗頤파이, 並多也. 峻쥰ᄒᆞ다, 太高也. 浩汗호한ᄒᆞ다, 浩繁호번ᄒᆞ다, 並用有餘. 濫람다, 溢也, 俗以爲餘訓. 假得가득ᄒᆞ다, 書曰不自滿假. 俗以爲滿訓. 有유,

華音우, 俗轉잇다. 過과ᄒᆞ다, 有餘也. 褒拜포빈, 拜也, 俗以事之連疊謂之포빅이. 參참, 麗朝御貢令人參晋而後入用, 故以眞爲참. 眞【2:26a】的진적ᄒᆞ다. 眞率진솔, 不事雕飾. 雕됴타, 物之雕刻者爲好, 故俗訓爲好. 的實적실ᄒᆞ다・丁寧뎡영ᄒᆞ다・分明분명ᄒᆞ다. 假的가디, 俗轉거딋것, 僞也. 造조것, 造成而非眞者. 孼얼, 凡物之似而非眞者. 防僞방위ᄒᆞ다, 多人會議及文書之表跡者. 精정ᄒᆞ다・麤추ᄒᆞ다. 腈腈적적, 俗轉쎳쎳ᄒᆞ다, 積爲脂黏者. 墮落阺타락뎌俗轉써려뎌, 阺山旁堆欲墮落者. 紆屈緺屈우굴츄굴, 俗轉우굴쮸굴ᄒᆞ다. 滲漓숨리, 俗轉슴의다. 凝結응결, 俗轉엉개다. 平平평평ᄒᆞ다・忸忸츅츅ᄒᆞ다・貴귀ᄒᆞ다・至賤지쳔ᄒᆞ다. 㴾敲은고, 㴾滓也. 以字旁岳, 俗音악, 鼓棄物也. 菜餘曰蒔㴾鼓시라귀, 掃滓曰쓸어귀. 麩粞부셔, 麥皮曰麩, 米碎曰粞. 凡物之碎餘曰부스럭이.

設辭셜사, 非眞有此事而設爲之辭. 假令가령, 又轉云가량, 又假使가ᄉᆞ. 萬若만약・萬一만일・大抵대뎌・大體대톄・應當응당・必然필연・或時혹시. 함[氵+邯]湖감호, 俗轉암아, 或如此. 嘎啞우아, 俗轉우읫, 辭未定. 僥요만치, 又요것, 大小不同, 彼此誑惑. 焉知언지, 俗轉엇지, 何也. 固殆구틔,【2:26b】敢也.

近似근ᄉᆞ, 相似也. 不甚相遠불심상원・於之間어지간・於相半어상반・依然彷彿의연방불ᄒᆞ다・天然텬연ᄒᆞ다. 依俙의희ᄒᆞ다, 近似而不分明. 肩注견쥬다, 比校也. 假他가타다, 如也. 比擬비의, 轉빅이다. 譬喩비유ᄒᆞ다.

頓然돈연히・空然공연히・空中공중ᄒᆞ다・突然돌연히・無端무단히.

平安평안ᄒᆞ다・便편ᄒᆞ다・扶持부지ᄒᆞ다・支撑지텡ᄒᆞ다.

危殆위타ᄒᆞ다・險험ᄒᆞ다・不安불안ᄒᆞ다.

精潔정결ᄒᆞ다・塏塽기샹ᄒᆞ다・雅淡아담ᄒᆞ다・淨정ᄒᆞ다.

麤雜추잡ᄒᆞ다・麤率추솔ᄒᆞ다・陋麤루추ᄒᆞ다・鄙陋비루ᄒᆞ다. 等涴등원, 俗轉덜위, 泥塵著物陋也. 傝[亻+天$韭]탑셥, 俗轉탑셕이, 不潔之物.

【2:27a】

賣買매ᄆᆡ, 出曰買, 入曰買. 販판, 賤買貴賣, 俗轉파다. 發賣발매ᄒᆞ다・行賣힝매ᄒᆞ다・放賣ᄒᆞ다. 都辜도고ᄒᆞ다, 障餘人賣買而自取其利. 賒샤, 本貰買之名, 俗直以買當之샤다. 抑買억매ᄒᆞ다. 抑奪억탈ᄒᆞ다, 力而奪之, 一曰圍奪. 價가, 俗轉갑, 數物售直, 一曰金금. 決價결가ᄒᆞ다・定價뎡가ᄒᆞ다. [扌+音+戈]치, 一作値, □物使相當俗言갑셔치. 典當뎐당, 出物質錢. 貰셰, 俗給雇借用. 取利취리, 子母生殖. 邊利변리, 息錢. 口文구문, 牙錢.

市廛詳地理部, 商賈詳人品部.

農事농ᄉᆞ, 闢土植穀. 墾간, 耕也, 俗轉갈다. 據犂거려, 以梱平田. 苗種묘죵, 苗草初生移種苗, 俗轉모죵ᄒᆞ다. 蒔시, 更種也, 俗言시무다. 捊挑부도, 培也, 俗轉븟도도다. 役糧역량, 治田之糧. 農糧농양, 耕種之糧. 打作타쟉, 秋收也. 並作병쟉ᄒᆞ

다, 與畓主分半. 賭地도디ᄒᆞ다, 貰田輸租.

田畓詳地理部, 農夫詳人品部, 農咒詳哭用部.

織纖직셤, 俗轉길삼, 纖卽一蚕所吐, 一曰忽홀, 轉云올, 未成絲以織故曰織纖. 紎자, 俗轉짜다, 績【2:27b】所緝.

繁縷紩바누질, 以針刺袠而爲繁縷, 故云繁縷袠, 縫也. 紉針닌침, 俗訓바눌꿰다. 紸縷굴누, 卽縫之麤者. 緻치. 紹繫여약. 刺[糸+庢]ᄌᆞ치.

裩襠繁縷紩곤당바누질, 表裡合縫.

銶슐, 長針導縫, 俗言水針, 轉云스침질ᄒᆞ다. 草縫.

緘緻감치다, 縫補蔽衣, 一曰緝. 對縫ᄃᆡ봉, 俗轉솔기붓치다.

[糸+屈]紎궐ᄎᆞ, 俗轉골싸다, 布帛旣擣而半褶.

紉닌는다, 續也.

袺결, 俗言執袛집임, 轉云질으다.

繑邊교변, 俗訓단졉다.

衲緋납비, 俗轉누비, 誤翻爲縷飛. 細衲曰分行, 俗訓잔누비. 寸行, 俗訓드믄누비.

繡紸, 五采刺文, 俗轉슈놋타.

製졔, 俗轉짓다, 製造也.

絔絮부셰, 絔治蔽絮也, 俗轉솜피다.

樹綿花슈면화, 俗轉솜두다. 鋪涼花포양화.

漂白표뵉, 水中擊絮也. 俗轉포뵉ᄒᆞ다.

洗踏셰답, 洗衣也, 用手用足, 一曰壓澳마젼.

涑슈, 以手澣衣, 一曰湔.

澣한, 以足澣衣.

潑[氵+委]발서, 漚絲也, 俗轉셜닉.

洴澼병벽, 漂絮聲.

【2:28a】

練연, 煮□熟之也.

繹理역리, 練絲也. 俗轉익이다.

濆飮분음, 溺水也, 俗轉뭄다, 一作噴.

鍛搗단도, 俗轉다듬다, 搗衣也. 御近堂어근당, 砧聲.

洗셰, 華音시, 俗轉씨다, 洗滌也.

抆拭문식, 俗轉문지르다, 抆飾器用車服.

瀎去말거, 拭滅也, 俗轉말거케 ᄒᆞ다.

濮摡之손ㄱ지, 滌也, 俗以洗器曰셜거지.

麪미, 屑瓦滌器也, 俗訓가루마다.

糊役호역, 俗言付物부물, 轉云풀, 煮米麪爲粥以黏物者. 糨강, 生糊也, 俗言物泥물이.

塗褙도븨, 以紙糊壁.

褙貼븨졉, 糊紙相疊. 褙起.

治木치목ᄒᆞ다.

彌미다, 木有斧跡, 摩之使平.

鰾貼포텹, 俗訓부레로 부치다.

空樞알구, 轉云우븨다, 剜也.

鏟了산요, 斫也, 俗訓싹다.

抑鋺어위, 以捩鋸齒.

鉞鉞슐슐, 鋸聲.

伐벌, 俗轉베이다, 斷也.

柎부ᄒᆞ다, 以小木附大木.

榪마, 以木片關定哭物, 俗轉메다. 箍以篦束物.【2:28b】又以繩繫物曰榪, 轉云미다.

攰敺굴률, 不滑利, 俗轉욹리다.

[笘+刂]첨, 剡物使薄, 俗轉첨이다.

摶恁단임, 望繩取正.

磨光마광, 磨器光澤曰鎣형.

鋈옥, 銷金灌沃, 俗言鑞染랍염, 又曰入砂납샤.

彫理조이, 彫琢文餙, 俗訓좌이다.

淬쉬, 燒釰入水, 俗訓당그다. 同焠.

㶕강ᄒ계ᄒ다, 燒刀淬之, 一曰熞견.

錔탑, 以金冒物, 俗以凡所覆盖皆曰錔덥다.

粧飾장식, 以餙器.

鉆검, 凡器兩頭拘定, 俗訓검얼.

筭數산슈, 算籌슈也. 黃帝時隷首作用, 竹経十分長六寸, 二百七十一枚而成, 六觚爲一握, 其術有九, 一曰方田二曰栗米三曰差分四曰少廣五曰商功六曰均輸七曰盈朒八曰方程九曰句服. 數, 俗言始一시일, 轉云셰이다, 以其自一而始也, 訛轉細音셰음. 乘除승졔, 合數曰乘, 减數曰除. 絫루十□. 銖슈, 十絫, 一曰十二分. 錙치, 六銖, 一曰八銖. 圭규, 六十四麥. 兩량, 二十四銖, 又曰倍端. 捷【2:29a】쳡, 兩半. 擧거, 倍捷. 鋝렬鍰환, 並六兩. 簁ᄉ, 五倍. 箴즘, 一羽. 審심, 十羽. 搏박, 百羽. 摶젼, 十摶. 程졍, 十[髟$大], 一曰度量總名. 分분, 十程, 一曰十粟, 又曰十二秒. 寸촌, 十分, 俗以寸爲錙치. 咫, 八寸. 尺쳑, 十寸, 俗以尺爲杍ᄌ. 墨목, 五尺. 尋심, 八尺. 丈쟝, 十尺, 俗以丈爲頎긔, 俗云길. 常상, 倍尋. 八팔, 俗轉발, 八伸臂之形, 當字書度탁字之義而冒云把則無義矣. ㇏뼘, 拇指與食指引長曰執擧㇏지쎄뼘, 與長指引長曰長㇏장뼘, 當字書[舛$手]걸字之義, 而華人謂之一虎口. 端단, 倍丈, 一曰丈八尺. 把파, 一握, 一曰溢. 拱, 兩手持, 一曰掬. 撮촬, 四圭三指取. 秉병, 一把, 一曰十籔. 束속, 十把. 負부, 十束. 結결, 百負. 龠약, 容千二百黍, 官文代以夕셕, 轉云ᄉ. 合합, 俗轉홉, 十龠. 升승, 十合, 官文代以刀도, 轉云되. 斗두, 十升, 俗訓말. 斛곡, 十斗, 華音후, 轉云휘, 一曰石, 俗言苫셤. 筥게, 四秉. 稯종, 十筥. 秅자, 十稯. 區구, 四斗. 釜부, 四區. 庾유, 二釜半. 籔슈, 一作□·[竹$宿], 十六斗. 儋담, 二石. 鍾종, 六斛四斗. 眇묘, 十茫. 塵진, 十眇. 微미, 一作沙, 十塵. 忽홀, 一蚕所吐. 鐵섬十微. 糸멱, 五忽. 【2:29b】 絲ᄉ, 十忽. 纚셥, 五絲. 毫호, 十絲, 一曰升, 又曰綸. 緎역, 倍升, 一曰綹. 釐리, 十毫. 紀긔, 倍緎. 疋필, 倍兩. 斤근, 十六兩, 卽三百八十四銖, 以應三百八十四爻. 衡형, 十斤. 稱층, 十五斤. 勻균, 三十斤. [木+壬$包]포, 四十斤. 石셕, 一斛, 重一百二十斤. 一일, 作壹. 二이, 作貳. 三삼, 作參. 四ᄉ, 作肆. 五오, 作伍. 六륙, 作陸. 七칠, 作柒. 八팔, 作捌. 九구, 作玖. 十십, 作什. 百빅, 十十, 作佰. 千텬, 十百, 作仟. 萬만, 十千. 億억, 小數十萬, 大數萬萬, 本無定名. 兆됴, 十億. 經경, 一作京, 十兆. 秭ᄌ, 小數十京, 大數億億. 垓히, 十秭, 一說十京. 壤양, 垓, 一作穰. 溝구, 十壤. 澗간, 十溝. 正졍, 十澗. 載지, 十澗, 載者地不能載也.

會計회계, 日計曰成, 月記曰要, 歲計曰會計.

下記하긔, 用下之記.

文書문셔, 俗言置簿치부, 又手記슈긔·文券문권·賬記장긔·傳掌記젼장긔·謄錄등녹·手標슈표·標紙표지. 券권, 本以木牘剖之屈曲如犬牙爲約, 卽俗云於音어음.

收合슈합, 一曰收拾슈습, 較其出入.

【2:30a】

時在시지, 又曰餘在여지·零條령됴·剩條잉됴·餘文여문·加下가하.

較計교계, 較多少. 滿만타, 溢也, 俗訓多. 濫람다, 盈溢也, 俗訓餘. [亻+叒]젹다, 少也, 不足부죡ᄒᆞ다. 折半졀반, 分半也. 相半샹반. 嬴縮영축, 嬴, 有餘也; 縮, 不足也. 零落영락, 本草木黃落之名, 俗乃借用於事無差措차착曰역락업다. 內減닉감ᄒᆞ다, 計除也. 計邊계변ᄒᆞ다, 計其月息. 計朔계삭ᄒᆞ다.

備報비보, 俗言合갑다, 合苔也. 當捧之物당봉지물·難捧난봉. 賠償비샹, 借償. 合捧갑봉, 合前而捧也, 갑졀밧다. 拮据길거ᄒᆞ다.

愆期건긔, 過限也. 愆納건랍ᄒᆞ다·違期위긔ᄒᆞ다·退限퇴한·寬限관한ᄒᆞ다. 納白납빅, 俗轉잡박ᄒᆞ다.

換錢환젼, 以標交換. 退換퇴환·移劃이획·來移릭이ᄒᆞ다·預下예하ᄒᆞ다.

督促독촉, 俗言孜促지촉. 催促최촉ᄒᆞ다·督捧독봉ᄒᆞ다.

蕩減탕갑[감], 蕩滌不受. 濶狹활협ᄒᆞ다·排納비납ᄒᆞ다.

勘簿감부, 俗言磨勘마감. 了勘요감ᄒᆞ다·畢捧필봉ᄒᆞ다·沒數몰슈ᄒᆞ다·劃下획하ᄒᆞ다. 上下, 俗轉차하ᄒᆞ다. 淸賬청장ᄒᆞ다·妥帖타【2:30b】쳡ᄒᆞ다·歸屬귀속ᄒᆞ다.

【2:31a】

<文學部>

經史子集경ᄉᆞᄌᆞ집, 經, 聖人之書; 史, 歷代實記; 子, 諸子百家; 集, 文章家.

三經삼경, 周易, 一曰義經; 書經, 一曰尙書; 詩經, 一曰葩詩, 又曰毛詩.

四書ᄉᆞ셔, 大學·中庸·論語, 一曰魯論·孟子, 一曰鄒書.

五經오경, 三經·禮記, 一曰戴經·春秋, 一曰麟經.

六經륙경, 五經加周禮.

七書칠셔, 三經四書. 孫子孫武著, 吳子吳起著, 六韜太公著, 三畧黃石公著, 司馬法司馬穰子著, 尉繚子梁惠王時人李衛公李靖著, 右武經七書.

九經구경, 六經加儀禮·孝經·論語.

十三經십삼경, 九經加爾雅·孟子·左傳公羊傳·穀梁傳.

二十一史이십일ᄉᆞ, 史記司馬遷著, 漢書班固著, 後漢書范曄著, 三國志陳壽著, 晉書王隱著, 宋書沈約著, 南齊書蕭子顯著, 梁書·陳書並姚思廉著, 魏書魏收著, 北齊書李百藥著, 周書令狐德棻著, 隋書魏徵著, 南史·北史並李延壽著, 新唐書歐

陽修宋祈著, 五代史歐陽修著, 宋史・遼史・金史並脫脫著, 元史宋濂著. 加明史・舊唐書則爲二十三史.

十四流십ᄉ【2:31b】류, 儒家・農家・法家・名家・墨家・縱横家・雜家・道家・小說家・兵法家・天文家・曆數家・五行家・醫家.

八大家팔대가, 韓愈, 字退之, 號昌黎; 柳宗元, 字子厚, 號柳州, 以上唐. 歐陽修, 字永叔, 號六一居士; 蘇洵, 字明允, 號老泉人, 稱老蘇; 蘇軾, 字子瞻, 號東坡, 洵子, 人稱長蘇; 蘇轍, 字子由, 號穎濱, 軾弟, 人稱少蘇; 曾鞏, 字子固, 號南豊; 王介甫, 字安石, 號臨川, 以上宋. 後加唐葉適李翺謂之十大家. 右文章家.

三大家삼대가, 李白・杜甫・韓愈. 右詩家.

古文고문, 俗言行文힝문, 又訓쥴글, 又曰作者文쟉자문.

詔書죠셔, 秦漢以下天子獨稱命令之事.

制書졔셔, 天子之言制度之命.

露布로포, 戰勝紀功而露板不封布諸視聽.

檄書격셔, 所以激下以迎其士之書. 戰陳欲其速傳加羽其上羽檄.

科文과문, 有六體, 曰詩賦表策義疑, 必又有論一體, 一曰功令文공녕문.

序셔, 一作敍, 舒陳本書之旨.

記긔, 紀錄其事也.

跋발, 足後也, 書文後故曰跋.

箴잠, 所以攻疾之文.

銘명, 或以稱述功美, 或以自驚爲辭.

頌송, 美盛德之文.

詩시, 俗訓귀글, 緣情而發言以叶聲律.

賦부, 鋪陳其事, 亦古詩【2:32a】之流.

表표, 下言於上文, 用四六. 儷文.

策칙, 明理之言.

唐音당음, 唐詩.

古風고풍, 本之李白五十九首, 而俗以蒙稚習句未叶韻者五言曰小古風, 七言曰大古風.

風月풍월, 俗以詩詞當之, 謂其吟風美月也. 絶句졀귀, 本中國四句詩, 俗謂二句, 蓋中國詩律七言以七字爲句, 五言以五字爲句, 而俗則以一聯爲一句, 則云隻짝故也. 四律ᄉ률, 四韻八句詩也. 排律비률及長篇쟝편不計句數.

文籍문젹, 一曰載籍, 古記也.

訓詁훈고, 注解.

註疏, 解說使明其義.

文集문집, 搜揖一人之文.

文簿문부, 俗言官文書관문셔. 謄錄등록・節目졀목.

族譜족보, 一姓之合譜. 譜牒보쳡. 各姓合譜曰萬姓譜만셩보, 一家之譜曰家乘가승.

讖緯참위, 俗言秘記비긔, 前知之書.

秘訣비결, 要法神術.

章程쟝졍, 法律.

上疏샹소, 條陳告君.

簡牘간독, 俗言片紙편지, 書信也. 簡牒・書牘・慶削・良書・芳訊・寶札・瓊言・瑤緘・蘭訊, 皆稱人書簡・書札・魚鴈.

赫蹏혁뎨, 小紙, 俗以爲小札. 往復왕복, 書辭往來셔ᄉ왕릐.

上書샹셔,【2:32b】上尊敬書.

告目고목, 下隷上官長書.

題目제목, 凡冊始面所書冊名.

貼文체문, 官文跡. 貼紙・票紙. 憑票빙표, 所以相考於異國者.

榜방, 選官次第, 又告示文고시문.

牌子비ᄌᆞ, 本軍令傳書, 而俗以尊者下書于賤者當之, 又謂之牌旨비지, 旨字尤非, 度人可當.

文章문장, 文而成章, 蓋靑與赤爲文, 赤與白爲章, 能文者斐然如紋之謂. 文翰문한, 以羽翰爲筆而書.

漢文한문, 中國文字, 俗言眞書진셔.

木書목셔, 新羅憲康王十二年, 北鎭奏狄人所置木書十五字, 寶露國與黑水國人共向新羅通和.

諺文언문, 本訓民正音훈민졍음. 我世宗使成三問質于明朝, 學士黃鑽親製字母二十三字, 又有九字配合成文, 以窮天下之變, 此盖反切반졀之法, 而今俗不用下九字, 故音有所闕, 反切亦曰반졀, 又謂之國文국문.

梵書범셔, 佛書, 卽天竺國字.

英書영셔, 凡二十六字母, 卽西洋諸國字.

以呂波이려파, 凡四十七音, 卽日本肥人書.

押字압ᄌᆞ, 俗言手訣.

句讀구두, 凡書成文語絶處.

吏讀이두, 官文以俚解句, 新羅薛聰製.

【2:33a】

句絶구졀, 點於字旁爲絶者.

讀두, 俗轉토, 以方言續文義者, 一作吐, 非.

語助字어죠ᄌᆞ, 如之於而等字.

文理문리, 又曰文瀾曰文脉曰文義曰文勢.

學학, 俗言徘優비우다, 學者, 傚也. 徘優善效人爲, 故俗以徘優爲學立名.

敎교, 俗言竭我致갈아치, 詳人事部.

工夫공부, 女工積界如女工.

工程공졍잇다, 猶言功效.

余那여나, 俗轉일거, 讀書也. 新羅時書生讀書於余那山, 擢第聯婚世族後, 掌試官設宴, 婚家因以余那爲讀之名.

熟讀슉독, 溫書.

誦송, 俗言外移외이다, 背誦也.

吟諷음풍, 俗轉을푸다, 永言也.

肄技이기, 俗轉닉히다, 習也.

抽츄, 俗以連誦曰츄다.

窮究궁구, 理會文理.

日課일과, 遂日爲課.

著作져쟉, 俗訓글짓다, 以製轉云짓也. 製述제술・著述져술・編輯편집・纂輯찬집・編次편차・類聚류취・記述긔술・謄出등츌・謄書등셔・抄出쵸출. 飜譯번역, 一作繙繹. 記錄긔록.

款識관지, 刻記也. 陰字曰款, 陽字曰識.

奚囊히랑, 李賀令奚負囊收詩.

穿鑿쳔착, 强解附會.

【2:33b】

攤書나셔, 開列書冊.

塗抹도말, 文草點者亂曰塗, 長曰抹. 塗乙도을・點攛졈찬.

校書교셔, 俗考準고쥰, 校誤. 讎書슈셔, 如讎家之相斥. 校讎교슈・校訂교졍・證訂증졍・査對샤듸・刊誤간오.

評書평셔, 論文可否.

批點비졈, 批評加點.

貫珠관쥬, 文義通暢處累累加圈如貫珠也.

强韻강운, 詩之韻險難賦者.

韻致운치, 風致.

宬셩, 藏書室.

書房셔방, 書室, 俗訓글방. 凡稱丈夫必曰書房者, 以士待之也.

帙질, 同類之書.

卷권, 卷束冊一套.

籤쳠, 書幖・牙籤・竹籤用以卜者, 俗謂之抽籤츄쳠.

鉛槧연참, 所以記事之具楊確懷鉛提槧以著方言.

格庋격지, 凡書架內格子.

丌긔, 俗言冊床칙상, 所以尊書者.

書契셔계, 伏羲始造, 謂刻木書字, 古未有文字, 結繩以記事.

字法ᄌᆞ법, 史皇氏兄弟三人, 一造竺國字, 一造天宮字, 季爲蒼頡造華字.

書法셔법, 俗訓글시쓰다, 以寫字爲掃. 李白詩曰: 須臾掃書數千張. 書有六曰: 象形・會意・轉注・處事・假借・諧聲. 筆法필법. 永字八畫영ᄌᆞ팔획. 丶曰點졈, 一【2:34a】曰橫畫, 俗言褰涂去, 轉云건너거이. 褰, 褰裳涉水之義; 涂川之方言, 一橫如渡水之橋, 故云. 丨曰竪畫, 俗言來臨去, 轉云릭리거이. 來臨, 下臨之義, 自上引下之謂, 𠄌曰句挑, 俗言刺天, 轉云치쳐, 向上之謂. ㄱ曰折筆, 俗轉졈이. ノ曰徹별, 又曰橫挑, 俗言斜馳, 轉云비치기. ㇏曰波恁捺파임니다.

字體ᄌᆞ체, 有五曰: 一古文, 二大篆, 三小篆, 四八分, 五隷書.

篆젼, 有八體: 一曰大篆, 二曰小篆, 三曰篆書, 施於刻符傳, 四曰摹印, 施於印璽, 五曰蟲書, 施於幡信, 六曰署書, 門題所用, 七曰殳書, 銘于戈戟, 八曰隷書. 龍書룡셔, 包羲作. 穗書슈셔, 炎帝作. 鳥迹篆됴젹젼, 黃帝史蒼頡作. 蝌斗篆과두젼, 顓頊作. 倒薤도히, 殷時務光作. 大篆디젼, 周宣王史籒作. 小篆소젼, 秦李斯作. 鳥蟲篆됴츙젼, 漢楊雄作. 飛白書비빅셔, 蔡邕作. 玉筯篆옥져젼, 唐李陽冰作. 柳葉篆류엽젼, 衛瓘作. 垂露篆슈로젼, 曺善作. 垂鍼篆슈침젼, 曺喜作. 纓絡篆영락젼, 劉德昇觀星宿作.

隷書예셔, 秦以篆字難成, 令隷人程邈佐書, 漢因行之, 卽篆之捷也.

八分팔분, 酌乎篆隷之間取八分.

楷字히ᄌᆞ, 王次仲作.

行書【2:34b】힝셔, 卽草書. 一曰章草장쵸, 自漢章帝始故云.

晉體진톄, 晉人書法.

唐體당체, 萃人場屋體, 華人謂之宋字.

匾額편익, 俗言懸板현판. 額字.

摹모ᄒᆞ다, 倣寫也.

冊板칙판, 刊書于板. 秦已上書竹簡, 漢後縑帛傳寫, 五代馮道始鋟梓. 活字板, 俗言鑄字板쥬ᄌᆞ판, 一曰撥字발ᄌᆞ.

烏絲闌오ᄉᆞ란, 卽印札紙.

印出인츌, 俗訓박아내다.

編次편차, 俗言簡理가리다.

刀練도련치다, 以刀剪整. 冊後曰北북.

裝潢장황, 染紙裝冊. 冊衣칙의, 以付紙加冊.

摹榻모탑, 以紙墨磨摸古碑.

褙起비긔, 俗言褙貼비졉, 糊紙使厚.

粧帖장쳡, 糊紙爲冊.

玉池옥지, 裝璜家以卷縫褾處爲玉池, 又引首後以縷黏者曰贉, 唐人謂之玉池.

書冊셔칙, 統稱書籍.

法貼법쳡, 俗言體法쳬법, 筆貼也. 書貼셔쳡.

簇子죡ᄌᆞ, 以書畵褙起加軸. 周聯쥬련.

紙지, 俗言從意죵의, 言依書長短隨意截之. 古者以縑帛, 漢蔡倫用楮皮及敝布魚網作紙. 紙地【2:35a】·楮君·雲孫·王版·剡藤·桃花·金粟.

絲闌紙ᄉᆞ란지, 印札紙

赫蹏혁졔, 片紙.

華箋화젼, 俗言詩箋紙시젼지.

簡紙간지, 折幅爲簡者.

周紙쥬지, 聯紙以卷者.

油紙유지, 加油而膩, 俗訓져른죵의. 油芚유둔.

筆필, 俗言不律合言븟, 述事而書者. 古者不論竹木, 但能染墨, 秦蒙恬以枯木爲管, 鹿毛爲柱, 羊皮爲被, 所謂蒼毫筆. 毛錐모츄, 管城子. 中書君·彩毫·彤管.

筆頭匣븟두겁, 筆家·筆帽.

筆架필가, 所以偃筆者. 筆山.

筆筒필통, 所以竪筆者.

硯연, 俗言筆濡石, 轉云별우돌, 所以磨墨濡筆者. 子路始置. 馬肝·陶泓·石虛中. 說郛云: 皮盧, 傳音之誤.

淬妃, 硯神.

硯滴연젹, 所以盛水供墨汁者. 一曰水滴슈젹.

墨묵, 俗言煤黑合言먹, 所以磨硯爲黑者. 刑奚作·印香子·松花墨·玄墨·陳玄·玄玉·蛾綠·隃糜.

墨床묵상, 所以安墨者. 墨架.

書鎭셔진, 俗轉셔증, 以玉石爲之, 臨書鎭紙使不飛揚.

【2:35b】

繪畵회화, 以五色掛物象也. 俗言近陰, 轉云그림. 蓋俗以影謂之近陰子而畵亦寫影故云. 渲刷션쇄, 畵家擦以水墨再三而淋之之謂. 丹靑·三昧.

寫眞사진, 俗言畵像화상. 傳神.

榻影탑영, 外國人有照鏡榻影之法.

畵帖화쳡, 以畵作貼者. 畵軸·畵譜·畵意·名畵.

采色치식, 五色文章. 西南夷哀牢知染采文綉.

朱紅쥬홍.

黃丹황단.

壯丹장단, 訛傳獐丹.

石澗朱셕간쥬.

磻朱번쥬.

朱土쥬토.

片臙脂편연지.

眞粉진분. 鉛粉.

丁粉뎡분. 土粉.

佛頭靑불두쳥. 二靑이쳥.

三靑삼쳥.

靑花쳥화.

荷葉靑화엽쳥.
銅綠동록. 銅繡.
磊碌뢰록, 施之木采.
石綠셕록.
藤黃등황, 訛傳銅黃, 轉云도황.
石碓黃셕웅황.
石雌黃셕즈황.
泥金이금. 土金. 金箔.
百草霜빅쵸샹, 卽釜底墨.

【2:36a】
<道術部>

仙道션도, 俗言神仙工夫신션공부, 又曰丹學단학.
仙風道骨션풍도골, 美風姿.
觀心관심, 閉氣內觀.
運氣운긔, 吐故納新.
攝生셥싱, 俗言養生證양싱증, 導引法.
道士도ᄉ, 一曰羽客.
道觀도관, 道士所居.
象敎샹교, 俗言佛道불도. 天竺國爭飯王子, 釋迦佛生於周昭王時, 以形象敎人, 至漢明帝時始入中國, 高句麗小獸林王時東來.
佛, 俗言輔處, 轉云敷處부쳐. 蓋金身主壁者爲佛, 坐於左右者爲彌勤, 輔處則誤矣.
僧승, 俗言衆중, 佛弟子. 本僧伽耶三合音取一字爲僧, 而俗以女尼爲僧승, 男僧爲衆중者, 蓋如男僧曰優婆塞, 女僧曰優婆夷以別男女也. 苧菇・山人・和尙. 沙門解無爲法門. 桑門・空門. 沙彌샤미, 兒僧, 俗言上齋샹지. 白足빅족・行者힝ᄌ. 大師대ᄉ, 俗人尊僧之稱. 法師. 內應軍, 轉云닝군, 一曰來往軍. 蓋先是不許僧徒入都城, 故必以俗人通路, 【2:36b】故有內應來往之名.
菩薩보살, 華言覺有情也, 俗以尼姑當之.
般若반야, 梵語智慧.
三寶삼보, 謂道寶・經寶・師寶. 俗以寺中知事僧謂之삼보.
寺ᄉ, 漢時攝摩騰自西域白馬駝經來, 初止鴻臚寺, 遂取寺名創立白馬寺, 因以浮屠所居, 皆曰寺. 俗謂之刹찰, 轉音졀, 官賜額曰寺, 私造曰招提. 蘭若・伽藍・精舍・梵宮・寶地・紺園・化域・淨土・上方・方丈・鷲峯・祇園.
菴子암ᄌ, 草舍, 僧居之小者.
佛殿불뎐, 俗言法堂법당.
佛堂불당, 俗以精處, 亦曰佛堂.
窣堵坡솔도파, 塔也, 一曰浮圖, 或七級九級至十二級.
袈裟가샤, 僧衣, 兩袖曰褊衫. 方袍・衲衣・忍辱鎧.
鉢盂발우, 僧食器, 俗訓바리디.
念珠염쥬, 以無患子모감쥬爲之, 僧所以念經籌其數百八.
竹篦쥭비, 所以節念經.
木鐸목탁, 所以節念佛.
衣鉢의발, 佛家相傳□授者, 後人借用於凡所相傳.
法鼓법고, 僧徒擂鼓之名, 轉云법구.
松絡송낙, 僧徒所編以覆首者, 以松絡爲之.

曲葛곡갈, 僧徒所着, 一褶之巾自西山休靜始着此巾.
箬笠약입, 俗言屈笠, 訓爲【2:37a】굴갓.
合掌합장, 僧拜. 和南.
法席법셕, 僧徒設法曰法席, 法席時人, 故俗以紛挐謂之法席.
水陸슈륙, 佛家大齋, 伊時僧俗多會, 故俗以人多喧譁, 轉云슈륙.
念佛염불, 僧徒呼南無阿彌陀佛나무아미타불及觀世音菩薩관세음보살, 謂之念佛.
八陽經팔양경, 僧徒念之而多不識其義, 故俗以無義口誦, 轉云바랑경.
參禪춤션, 佛家修道.
懺悔참회, 佛家悔過之名.
勸善文권션문, 示人求施文.
施主시쥬, 布施人.
涅槃렬반, 僧死. 圓寂.
荼毘다비, 俗言火葬화장, 僧死而焚之也.
舍利샤리, 釋迦旣死, 弟子阿難等焚其身有骨子如五色珠, 光瑩堅固, 固造塔以藏之.
西學셔학, 西方之敎大者三: 佛敎불교, 漢時入中國; 回敎회교, 卽景敎경교, 唐時入中國; 又有天主敎텬쥬교, 明時入中國. «舊約全書»西國最古之書在中國夏商之間有拜火拜日及拜蛇獸之習, 商太戊時猶太人摩西闢之而專拜上帝, 有十誡, 是爲猶太敎유틔교. 漢哀帝建平三年耶穌生於猶太, 別立【2:37b】旨敎, 是爲«新約全書», 盛行於羅馬, 至晋宋間羅馬國分而敎亦分, 東曰希臘敎희랍교, 西曰羅馬敎나마교, 卽天主敎. 至唐時羅馬亡, 其地悉屬意大利羅馬, 都城爲敎王所有, 至明正德時日耳曼人路得別定敎規, 至淸同治時, 意大利王取羅馬建都, 敎王僅擁虛名.
克力斯頓敎극력사돈교, 耶穌所立敎, 統名後分爲二, 曰希臘敎희랍교, 額力敎익력교, 羅馬舊敎曰加特力敎가특력교, 亦曰公敎공교, 卽今所云天主敎텬쥬교.
波羅士特敎파라亽특교, 路得所立敎, 亦曰修敎슈교, 卽今耶穌敎예슈교.
馬利亞마리아, 耶穌之母, 天主敎設像耶穌敎則不然.
十字架십즈가, 耶穌釘死之架, 天主敎竪之, 堂中佩之身上而耶穌敎不然.
禮拜레비, 華曆房虛昴星日, 二敎皆聚徒堂中行□拜天主, 謂之主日쥬일, 又曰安息日안식일.
祈禱긔도, 每日三時跪拜祈禱, 二敎並同.
洗禮세례, 入其學者以水加頂, 謂之洗罪, 二敎皆然.
傳道젼도, 盖佛敎自中國求之, 回敎但行其族類而天主耶穌二敎强聒人以必從, 謂之傳道.
神父신부, 天主敎傳敎士不嫁娶.
牧師목亽, 【2:38a】耶穌敎傳敎師不嫌嫁娶.
審判심편, 耶穌復生死人之魂, 分別罪福之名.
末日말일, 謂上帝所造世界必有末日, 信耶穌者升天堂, 不信耶穌者墮地獄.
耶華華야화화, 二敎稱上帝之號.
基督洋言그리쓰도, 尊耶穌之稱, 又曰救世主구세쥬.

雜術잡슐, 統稱方技.

術客슐킥, 方技人.

天文텬문, 推測天象・推步・象緯.

地術디슐, 相地而定陰陽. 宅・風水・堪輿.

觀相관상, 相人骨格, 預言禍福.

談命담명, 評論八字. 術數.

醫術의슐, 用藥治病. 軒岐術.

卜筮복셔, 龜曰卜, 蓍曰筮.

占졈, 相候決卜.

环珓부교, 用兩蚌殼, 或竹根爲之, 以占吉凶, 如今擲錢.

歀佘, 卜問吉凶也.

貾쇼, 齎□問卜, 俗以究問曰歀쓔쇼겨문는다.

問卦理卲, 轉云뭇구리슈□賣卜聲.

抽籤츄쳠, 所以爲卜.

妖術요슐, 幻術. 左道.

遁甲둔갑, 推六甲藏身法.

鬼神귀신, 陰陽二氣之良能. «說郛»云: 高麗人鬼爲幾沁, 其訛傳甚矣.

神靈신령, 鬼神之有【2:38b】靈.

靈驗령험, 俗轉령검ᄒᆞ다, 靈之有迹也.

靈령ᄒᆞ다, 以術前知之稱.

城隍堂셩황당, 轉云셔낭당, 叢祠也.

城主셩쥬, 俗於廳上祀神曰城主者, 蓋以祭一城神之意.

墟主허쥬, 又訓云터쥬, 俗於下廳祀神曰墟主, 祭一墟之神.

張禪쟝션, 字子郭, 一名壤子竈神.

點婙졈뎨, 圊神, 一名髾계, 著赤衣如美女, 俗云厠夫人칙분[부]인.

帝釋졔셕, 佛家所云三神.

殭梁강량, 食鬼神.

鬱壘神荼울누신도, 兄弟二神在度索山閱百鬼.

天剛卯텬강묘, 以金玉及桃木刻而爲之, 所以逐精魅, 一名射魃, 又曰欬改, 正月卯日作之. 長三寸廣一寸四分, 旁穿孔以綵絲用繫臂, 寫刻文曰正月剛卯, 旣央靈殳四方赤青白黃四色是當帝, 令祝融以敎夔龍庶疫剛癉莫我敢當.

馬步마보, 災害馬神.

泆陽질양, 神名, 豹顔馬尾.

倀鬼챵귀, 虎嚙人人魂之隷虎者.

俏儺쵸란이, 小鬼刻爲形以逐鬼.

山魅산마, 山鬼人之不恒者, 多爲山魅所惑산믜들이다.

魑魅이믜, 山林異氣爲人害者.

魍魎망량, 木石怪狀如三歲小兒赤黑色赤目長耳美髮.

魈【2:39a】쇼, 山精, 形如小兒獨足向後, 夜喜犯人, 俗謂之獨脚독갑이, 又曰夜叉, 呼其名不能犯.

祭俑졔용, 卽芻靈而加祭字以別於從葬.

[立+彔][立+彔]녹녹, 鬼見.

燐발, 鬼火, 一曰[炎$舛]인, 一作燐.

詛祝져쥬, 俗言謗詛방져, 請神加殃.

聻젼, 陰府鬼名, 可以消瘖癘, 俗于門上書貼.

[竹$齕][竹$齒+其][竹$齒+促][竹$齒+促], 所以壓妖邪出道藏經, 音未詳.

作俑쟉용, 倡爲不善.

【2:40a】

<典禮部>

五禮오례, 吉凶軍賓嘉.
四禮ᄉᆞ례, 冠婚喪祭.
禮儀례의, 禮貌·禮法.
冠禮관례, 加冠於首.
三加삼가, 始冠者加以三次.
婚禮혼례, 合二姓之禮. 大禮·成禮.
嫁가, 俗言時集시집가다, 時字義見舅姑註, 集字義見宮室註.
娶취, 俗言杖家쟝가가다, 古者三十曰壯而有室, 故男子成娶曰壯家.
上頭샹투, 詳髮註.
簇쪽지다, 詳髮註.
涓吉연길, 俗言擇日.
婚書紙혼셔지, 結婚書.
納采납치, 古以儷皮, 今以兩緞.
奠鴈뎐안, 以鴈爲贄.
醮禮초례, 冠娶祭名.
同牢宴동뢰연, 俗轉동니안, 夫婦交拜宴.
親迎친영, 婿迎婚.
紙幣지폐, 俗言幣帛폐빅, 新婦贄見舅姑.
新房신방, 婚家迎婿止宿處. 陳壽志謂之婿屋者, 此也.
杠강, 妻婦聘嫁齎媵奴僕枕牀.
解見禮히현례, 俗訓풀보기, 婚禮後三日, 婿往婦家, 婦來婿家.
于歸우귀, 俗言新婦禮신부례, 女歸夫家.
喪禮상례, 初終之禮.
葬禮장례, 葬埋之禮, 一曰襄禮【2:40b】양례. 餘詳形貌部.
緬禮면례, 改葬之禮. 緬奉.
祭禮뎨례, 以人事鬼之禮.
礿禘嘗蒸약톄상증, 四時祭名.
五祀오ᄉᆞ, 春戶·夏竈·秋門·冬行·中央中霤.
禜영, 除去匈災之祭. 有水旱疫癘則禜之山川, 有雪霜風雨之不時禜之日月星辰.
柴시, 燒柴祭天神.
旅여, 祭山川.
禡마, 祭先世創軍法者.
封禪봉션, 築土曰封, 祭曰禪.
祈禱긔도, 俗言告祀고ᄉᆞ, 告事求福.
釋采셕치, 二八月上丁祀先聖. 釋奠.
餟享철향, 連祭也.
祖조, 祭道神.
修誓戒슈셔계, 將祭而齊百官.
奠젼, 始死祭名.
上食샹식, 朝夕食時上食如生時.
致祭치졔, 親戚知舊哀死之祭.
三虞(삼)우, 虞者, 安也. 葬日行初虞초우, 遇柔日行再虞직우, 遇剛日而行三虞삼우.
卒哭졸곡, 死之三月而遇剛日之祭, 自此而止哀至之哭, 故曰卒哭.
祔부, 卒哭明日以亡者合食于祖.
小祥소상, 喪中初忌之祭. 朞之喪十一月而練, 十三月而祥, 十五月而禫, 當朞年而不計閏.
大祥대상, 喪中再朞祭.
禫담, 祥後間一月祭.
吉祭길제, 禫之踰月而祭禫, 若在中月則【2:41a】卽於是月行之.
忌祭긔졔, 亡日祭.

時祭시제, 四時仲朔祭.

墓祭묘제, 歲一祭.

薦新쳔신, 以時食而無牲之祭.

祭儀제의. 參神참신, 主人以下序再拜. 焚香분향, 主人自焚, 少退再拜. 降神강신, 主人灌酒, 茅上再拜. 進饌진찬. 初獻쵸헌, 以酒三祭, 茅上而進之, 啓飯正匕獻炙讀祝, 畢哭再拜. 亞獻아헌, 如初獻無讀祝. 終獻죵헌, 如亞獻. 侑食유식, 俗云添酌扱七再拜. 闔門합문, 少頃. 啓門계문, 進茶, 俗代以水, 謂之井華水, 轉云뎡안슈. 少頃合飯蓋下匕筯告利成. 辭神ᄉᆞ신, 再拜而納主故處.

朔望參, 俗因爲祭名, 朔亦曰朔望쵸하로삭망, 望亦曰朔望보롬삭망.

破散, 後唐莊宗以寒食祭謂之破散, 故祭破俗言파ᄉᆞ

【2:42a】

<百戲部>

雜技잡기, 百戲統稱.

投壺투호, 古之雅戲, 宋司馬溫公釐正格例.

圍碁위긔, 俗言博奕, 轉云바독, 堯造敎丹朱. 手談.

博박, 俗言將戲, 轉云쟝긔, 周武造, 或曰信陵君造. 象戲・棋牌・局戲.

雙陸쌍륙, 轉云샹륙. 槃中彼此各有六梁故云雙六. 始於西竺, 流於曹魏, 至溫公新定格局. 棊槊긔삭, 棊爲子, 槊爲局.

牙牌아ᄑᆡ, 俗言骨牌골ᄑᆡ. 宋宣和二年設, 高宗時詔頒天下, 共三十二扇.

蹴鞠츅국, 一音쳑, 鞠, 一作毬, 轉云져구, 又轉云져기. 本以革爲圓囊, 實以毛髮, 蹴蹋爲戲曰蹴鞠. 又有以木爲毬騎而以杖擊之, 謂之打毬, 則此如今之펑이, 不似져기, 其必借名也歟. 劉向曰黃帝作. 躧, 華音채, 俗訓ᄌᆡ기차다.

樗蒲져포, 俗言骰子兒투ᄌᆞ아, 轉云쥬ᄉᆞ외. 老子入胡作. 博塞박ᄉᆡ・瓊㚇경측・采戲ᄎᆡ희.

滾毬곤구, 俗轉공긔, 蹴鞠之類. 所以翻動爲戲. 今洋人擊毬亦曰공. 踢毬. 要指兒연지아.

柶ᄉᆞ, 以四木爲之, 投擲如雙陸之采, 故借名曰陸采, 轉云윳.

鬮牋규젼【2:42b】, 俗言骰牋투젼, 本中國品第人物之戲, 元時譯官張炫倣造而少變. 馬□마녁. 紙牌지ᄑᆡ.

鼇棚오봉, 結綵棚以象山, 故俗訓산듸. 始於周時. 儺禮나례, 木偶戲, 又曰傀儡외뇌, 又曰郭禿곽독, 俗轉곡독각시. 以其象郭姓病禿者. 起於漢高時, 如今所云萬石衆만셕즁, 俗訓망셕즁. 蓋萬石僧入山修道, 後爲妖女所惑, 盡棄前行, 故調戲家倣爲其象.

迷藏미장, 俗訓숨박질.

險竿험간, 戴竿舞. 如今所云솟대. 緣橦技. 倒掛도괘, 俗轉발둥거리. 格五격오, 轉云우물곤우. 鞦韆츄텬, 北方山戎之戲, 寒食懸長繩於高木, 士女立其上推引爲戲, 俗以繩爲緪긍, 轉云근희. 高句麗以端午日爲之. 遊仙戲・施駒.

角觝각지, 俗言技能, 轉云씨름. 始於漢武, 角力抵技藝・脚觝・鷲濯.

幕摳막구, 轉云먹국, 以手藏物探取, 蓋亦藏鉤쟝구, 俗轉고노무지, 遺意. 猜枚시믜, 轉云먹국.

手捭笞슈벽치다, 兩手擊戲.

紙鳶지연, 梁武帝在臺城以紙鳶繫詔求外援, 候景射之, 化鳶入雲中. 或曰韓信欲穿未央官, 地道以鳶繩推測步數. 風禽・風箏.

風環兒, 俗訓도로니.

陞【2:43a】政圖, 俗轉승경도. 以采更投局上, 數多少爲進身職官之差.

攬勝圖람승도, 文人雅戲.

詩牌시픠, 集子成句之戲.

[名物紀畧卷之三]

【3:1a】

<居處部>

居處거쳐, 所在處. 居址・居住.

處地쳐디, 所處之地. 定處・居接處・外處・他處・地境.

隣比린비, 近隣五家爲比, 五比爲隣.

閭里여리, 閭里門也. 同里謂之閭里.

閭閻여염, 里中門, 俗以民家謂之여염집.

蘧廬거려, 草屋, 傳舍也.

村落촌락, 人所聚居.

籬落리락, 俗言圍他籬, 轉云울타리, 以籬相連遮落之. 虎落. 笆子, 華音바즈. 縛落, 俗訓울씌미다.

思次亽차, 市亭.

行次힝차, 所止處.

元居人원거인, 久居也.

投托, 投, 華音두, 두탁依居人家.

橋교, 水梁也. 俗言達泥달이. 蓋以板置泥上通行路者曰矗而橋亦通路, 故並云達泥. 棧잔, 小橋; 圯이, 橋也; 彴쟉, 獨木橋, 一曰榷; 徛긔, 聚石渡水, 俗訓증검달이, 矼跳過橋.

蹲鴟쥰치, 橋柱下横木入沙中者.

連梗련경, 屋相連.

搬移반이, 俗言移徙이亽, 徙宅也.

連墻接【3:1b】屋련쟝졉옥, 比隣.

櫛比즐비, 言人家如梳齒之比連也.

宏壯굉장, 壯麗也.

通昶통창, 廣濶無礙.

皇堂황당, 堂之無壁者俗轉횡댕ᄒᆞ다.

【3:2a】

<宮室部>

宮궁, 屋見垣上, 黃帝作以避寒氣, 古者貴賤所居皆稱宮, 至祭始定爲至尊之居.

殿뎐, 高大堂, 天子所居.

室실, 城郭之宅. 夫以婦爲室.

家가, 一門之內. 婦謂夫曰家.

宅틱, 居處也, 俗尊人居曰딕.

廳청, 聽事之處, 俗言大廳대청. 公廳공청, 公廨; 賓廳빈청, 大臣聽事之所; 官廳관청, 邑宰庖廚 .

堂당, 正寢, 向陽之宇.

臺딕, 積土爲之, 四方而高者.

榭샤, 臺上有木.

樓루, 重屋, 俗言多樂다락. 謂其登臨之樂也. 朴楚亭云多落者有音無義.

亭뎡, 本停集行旅之所, 借爲游觀之名曰亭子뎡즈.

衙아, 古者軍行有衙, 尊者所在, 後人因以所治爲衙.

斜廊샤랑, 堂側之横廡, 俗以外舍當之.

月廊월랑, 俗轉위랑, 堂下周屋.

行廊힝랑, 行閣.

公廨공히, 官舍.

書院셔원, 儒者所居.

精舍졍샤, 本佛宇之名, 而儒家道家後皆倣焉, 取其精潔之意.

軒헌, 俗言抹樓마루, 廣窓短擔之室, 俗以

棧板所舖當之.
舍舘ᄉᆞ관, 行旅止宿□.
客舍긱ᄉᆞ, 候舘.
旅閣여각, 【3:2b】 行旅貿易處.
店졈, 俗言炭幕, 訓爲숫막, 本置貨鬻物處, 俗以多人興利處, 並謂之店, 如金銀店・甕器店・木器店, 是也.
倉창, 藏穀之處.
庫고, 貯物之所.
虛間허간, 轉云헛간, 屋無壁, 一曰廠.
廁間두간, 圂厠. 通水干통슈간.
牖유, 穿壁向明, 以木爲交窓.
窓창, 在戶以助明者. 二扇曰雙窓썅창, 推開曰推窓퇴창, 又訓밀창, 訛云刀伊窓. 擧開, 訓曰들창. 以其推閉, 又訓미다지.
門문, 兩扉而人所出入者, 外門曰大門대문, 內門曰中門즁문.
扉비, 門扇也. 有金扉綺扉而但訓柴扉者, 誤也. 且俗以柴扉, 謂之沙立作ᄉᆞ립작, 卽笆籬門之訛也.
房방, 室在旁, 俗以溫堗當之曰屈堗, 轉云구돌, 猶言曲堗也.
戶호, 俗言支開지게, 一扉而在室者. 民居曰編戶.
壁벽, 禦風寒者, 俗訓垣以風壁바름벽.
墻垣장원, 以土蔽外, 俗言墈감, 轉云담, 土突起也.
檻함, 俗言闌干란간, 軒囪下爲櫺.
欄子란ᄌᆞ, 俗言假家가가.
窨음, 俗轉움, 地室.
高樓巨閣고루거각, 大家.
瓦家와가.
草家쵸가.
斗屋두옥, 小屋.
埰치, 家一區.
間간, 家四柱.
集집, 本商賈貨物輻輳處, 古 【3:3a】 謂之務, 後謂之集, 俗以凡人所居家當之.
宗樑죵양, 俗言宎霤밍류, 轉云마류, 大樑也.
棟桴동부, 俗轉들보, 屋脊也.
棁졀, 樑上短柱, 俗訓발리바참, 言其狀如鉢盂也. 又曰童子柱동ᄌᆞ기동. 排山柱・芝栭・侏儒柱.
檁림, 屋上儹木, 俗言棟동, 轉云도리, 一曰托檁탁림, 華音토린, 訛云徒里.
枅계, 柱上橫木丞棟者. 楮탑・欂박.
枓栱두공, 華音두궁, 訛云大栱대공. 柱上方木・栭이・[次$呆]ᄌᆞ・櫨로.
柮枂돌월, 柱頭木.
榱桷梠쇠각러, 俗轉셕가례, 椽也.
棟촉, 短椽也. 俗言短梠단례.
附椽부연, 一曰梠. 簷椽.
欒영, 屋梠兩起者, 俗言垂梠, 轉云츄례. 翹椽.
樀뎍, 檐交櫋上.
梍비, 木在椽端連檐者, 俗言平交帶평교딕. 櫋면.
槾만, 俗轉막이ᄒᆞ다, 綿連榱頭使平.
髆風박풍, 一作薄縫, 俗作髆拱방궁, 誤翻朴宮.
檐쳠, 俗言檐兒쳠아, 屋四垂.
望板망판, 俗言散笮산ᄌᆞ, 在瓦下棼上.
仰壁앙벽, 一曰仰土앙토.

柱㪨, 俗言支棟, 轉云기동, 楹也. 所以承棟者.

礎㪨, 俗言柱礎㪨㪨, 柱下石, 一曰磉샹 · 礩질.

礓石강셕, 小石所以支礎.

山柁산타, 【3:3b】 俗言中房즁방.

橜橛얼궐, 轉云얼골, 門旁木.

楔柱셜쥬, 門旁竪柱.

閫곤, 俗言門持枋문지방, 門限也. 閾열 · 橉린.

門斗문두, 俗訓지도리.

房闥방달, 門內.

扊扅셤이, 戶牡, 俗訓빗쟝, 謂其橫關之杖也. 門챤, 一作[木+扁$哀] · 楗건.

戺ᄉᆞ, 門持樞者, 俗訓궁멍둔태, 本名落時락시, 而今俗以釣鉤謂락시.

榫卯죤란, 刻木入竅, 俗言丈夫장부, 一曰筍子.

仰板앙판, 俗言板子華音반즈. 天欌텬쟝 · 頂隔.

壁欌벽장, 因壁爲欌.

遮陽차양, 設架補檐而却陽.

凉室량실, 納凉之室.

綽邊框쟉변광, 門限也, 俗言遠山원산, 以其狀如遠山.

月臺월ᄃᆡ, 層階也.

乘石승셕, 俗言路頭石노두셕, 一曰碥변, 所以登車履石.

浮階부계, 架板爲高, 俗轉비계.

梯졔, 木階, 俗訓샤다리, 謂其斜立如橋.

複道복도, 上下有道.

院落원락, 庭也, 俗訓뜰.

煁烄규역, 竈也, 俗轉부억.

竈嗓쥬샹, 俗訓부�府기, 言火之踰也.

竈門조문, 俗言火口, 轉云아궁지.

竈臺죠ᄃᆡ, 俗訓부두막, 一曰鍋臺.

山墻산쟝, 俗言火防화방.

炕洞, 華音캉둥, 訛轉窟禿굴독. 【3:4a】 烟洞연통.

暗樓암루, 俗言懸板현반, 板, 華音반.

槅扇격션, 俗言障子쟝지.

板壁판벽, 俗言板墻판쟝.

牌杈子픠차즈, 俗言遮面.

材木ᄌᆡ목.

樓柱루쥬, 大木謂可爲樓之柱也. 又曰宮材궁ᄌᆡ, 謂可爲宮之材. 又曰大不動대부둥, 言大而不可動也.

撑子木텅즈목, 斜支木.

踔䠞작심, 長枝.

叉竪차슈, 轉云쟉슈, 兩枝木.

椳木외목, 本門樞而俗以當壁中木.

窓箭창젼, 俗訓창살, 一曰欞.

筧현, 俗言桶, 轉云홈, 以竹通水. 窟皮굴피.

柹폐, 削木札, 俗訓나무지져귀.

楔子셜즈, 俗訓쐐아기.

鐵物쳘물, 以鐵爲物.

鉋釘포뎡, 俗訓함박쇠.

釕鉟오됴, 俗訓걸쇠.

鐍결, 俗轉걸다, 箱篋前鎖處扃.

[金+屈]戌굴슐, 俗言排目비목. 鸛嘴.

挺鉤뎡구, 俗訓들쇠.

鍋국, 俗訓거멀못.

鉤搭구탑, 俗訓감잡이.

合葉합엽, 俗言輕捷경쳡, 以其便於他樞.
□[13]持樞돌지우, 俗轉돌져우, 所以制動者.
絲膝ᄉᆞ슬, 所以屈曲連環者.
鐶환, 圜郭有孔可貫系者, 俗言栲栳고리, 蓋【3:4b】栲栳屈竹爲之取其形曲也.
瓦와, 言地蓑디쇠, 夏時昆吾作燔土蓋屋, 以代茅蓑之謂.
瓶졉, 以瓦相掩, 轉云덥다. 蓋瓦ᄀᆡ와.
[同+瓦]瓦동와, 夫瓦, 俗訓수기와.
瓪판, 牝瓦, 俗訓암기와. 仰瓦・女瓦.
瓦溝와구, 俗訓기와골, 以石灰封閉瓦口, 曰瓦口土와구토.
磚전, 烏青作, 俗言甓石벽돌, 土墼. 瓴甋영젹・甎.
窐요, 陶師燒瓦.
窯요, 燒瓦竈.
鴟尾치미, 天上魚象也. 設殿宇上以却火災.
龍具용구, 本牛衣編麻爲之, 俗以蓋屋脊者亦曰龍具.
鏝灰만회, 俗轉면회ᄒᆞ다.
叉灰차회, 俗轉사회, 今蛤灰所以塗墻壁.
桴捄부구, 築墻者聚盛畚投諸版中, 俗轉붓구.
登登등등, 築墻相應聲.
打地, 打, 華音다, 다디다, 一曰打固달구.
役事역ᄉᆞ, 興工.
修理슈리, 重修也. 修葺슈집.
落成宴락셩연, 落宮室始成祭名.
閻笘염졈, 開戶, 俗轉여다.

13) □: 字上爲'ㅗ', 下爲'ㅿ'.

璩거다, 環屬所以封閉.
閜砢아가, 欹傾貌, 俗아거러지다.
[囟$比+攴][甫+攴]비포, 屋欲壞, 俗비두룸ᄒᆞ다.

【3:5a】
<器用部>

器皿긔명, 盤盂之屬, 俗言其能, 轉云그릇, 謂其各隨其能也. 又曰什物집물, 謂其常用之物其數非一也. 又曰世間셰간, 謂其世間所需也.
[止$口口]긔, 轉云궤다, 盛物於器.
昆吾곤오, 圜器.
盖ᄀᆡ, 俗言頭盖, 轉云ᄯᅮᄀᆡ, 所以覆器者.
鐌샹, 俗訓ᄭᅩᆨ지, 盖俗以最上曰高大起, 而轉云ᄭᅩᆨ대기, 故凡在上曰ᄭᅩᆨ, 如頭曰ᄭᅩᆨ두, 器鈕之爲ᄭᅩᆨ지, 是也.
食器식기, 俗言盤床반샹, 飮食之器.
周鉢듀발, 飯器.
椀완, 俗言沙鉢사발, 小盂也.
湯器탕긔, 俗以羹爲湯.
鐘子죵ᄌᆞ, 酒卮也. 俗以小器如酒杯者當之.
甫兒보아, 俗言沉菜甫김치보, 小器也. 甌子.
楪子졉ᄌᆞ, 轉云졉시.
錚盤징반, 以銅爲盤, 其形如錚, 錚鉦也.
榼합, 貯水器, 一作盒. 饌盒찬합・酒榼쥬합.
瓶병, 長頸小口器. 壺.
銚됴, 俗言酒煎子쥬젼ᄌᆞ.

盞잔, 酒杯. 斝·樽·觴.

沙鑼사나, 轉云소라, 築銅爲之, 形如盆, 軍旅以爲樂, 亦爲盥器, 俗云밥소【3:5b】라, 一作[金+蚤][金+牢]소노, 銅器也.

匕시, 俗言留犁合音숟, 一作匙, 取飯具. 匕柄曰楤숟총.

箸져, 一作筯, 以枝拾物者. 挾提·快子.

桃豆, 長枋可以持物于器中者.

茶鑵차관, 煎茶器.

檈盤션반, 俗訓두리반. 小者曰小盤쇼반, 承食盤.

卓子, 卓, 華音죠, 俗言卓子床조즈상, 高足床也. 八仙卓子팔션조즈, 多人會食之盤, 一作交子床.

釜鼎器부뎡긔, 釜黃帝作, 化生成熟器. 有足曰錡긔, 無足曰釜부. 鼎뎡, 熟食器, 俗言小鍋合音솟, 以別於大鍋.

鬵심, 大釜, 上大下小, 俗言鑑鍋감와, 鑑甕也. 言如甕之鍋訛翻가마.

鑊확, 鼎, 大而無足, 俗訓두멍.

鑼鍋라과, 華音로고, 鏊子卽煮煎鈌俗訓지짐쑤에.

荷葉鍋하엽과, 華音허여고, 俗以發散者謂之허여지者, 本此蓋形如荷葉. 南飛남비.

鍑복, 形如二甌俯仰合, 甌邊稍著, 上有小口, 口上載鬲以熟物, 俗訓고오리. 蓋俗以猛火而煎曰膏熬고오, 則고오리云者言其爲膏熬器也. 稍著, 俗轉쏙자리.

錠뎡, 置熟物器中環以通氣之管中置蒸飪之具, 下致水火之齊.【3:5-1a】俗言湯鍋子탕고즈·神仙罏신션로·熱口子열구즈.

杓쟉, 所以抒[木+邑]者, 俗轉쟈, 一曰㪺杓구쟈, 轉云국쟈. 泄杓셜쟉, 俗轉셕쟈, 所以撈油蜜果者, 一曰漏杓.

㪺[木+戲]구희, 俗轉구기, 本以蠡爲[木+戲]而㪺物者, 俗以銅鐵爲之.

笊籬죠리, 撈飯器, 一作笊□, 或作照漏釣來者, 非.

榪杓마쟉, 俗言注箕, 轉云쥬걱. [木+簽]·飯臿·[竹$捎].

俎조, 載牲器, 俗以小者曰刀榪도마, 所以切肉者, 一曰切板; 大者曰按板, 華音안반, 所以按搓粉餠者.

榔頭랑두, 打餠具, 俗訓메, 謂其高荷而打.

瓢표, 本蔓生結實剖而爲器者, 後世以木爲之, 亦仍其名. 小者曰瓢子표즈, 可爲飮器; 大者曰匏포, 一作瓟, 瓟又有박音, 故俗以匏爲박者本此. 而新羅史云方音以瓢爲朴, 朴字遂沿爲瓢, 訓無義甚矣. 齒瓢, 俗訓니남박, 謂其齒生瓟니난박也. 小瓢曰促瓟, 轉云쪽박, 促, 小也; 大瓢曰함지박, 大的之謂以大爲夏之轉音也.

磨兒마아, 旋轉碎物者, 公輸班作, 俗轉매, 又云망. 碾子, 華音년즈.

磨盤, 安磨之盤, 俗轉매판.

杵臼져구, 舂具, 俗轉절구, 本伏羲作, 一曰黃帝臣雍文作, 後世借身踐碓而利十倍.

碓窩【3:5-1b】딕와, 俗以碓字之似確字, 因音확, 謂之방아확. 水碓壅上流設水車轉輪與碓身交激使自舂. 轓車. 碚답, 設臼以脚踏舂.

杵져, 俗言杵臼栱절구공이, 擣光槌·□

졔.

梴쳔, 碓機.

[箕+欠]箕피긔, 揚米去粳具, 華音귀. 藩籬번라.

篩ᄉᆡ, 竹器. 有孔下物去麤取細必更遞其物, 故曰遞체, 又篩之曰치다. 簁簏通. 挑抗米도도미細篩·羅兒·孽羅米얼라미, 俗以似而非, 眞者曰孽, 卽麤篩之謂.

[竹$屈]굴, 俗言刷솰, 轉云솔, 以荔根作刮去器垢者. 鍋刷와솰, 俗訓솟솔. 帽刷모솰, 以猪毛爲之, 有柄曰刷子, 華音솨즈, 轉云사ᄌᆞ; 無柄曰掃省소싱.

箒츄, 篲也. 俗言茀비, 以茀草可爲箒也.

桶퉁, 受水與穀者. 整木桶鑿木爲之, 形方. 片木桶篾箍或鐵箍而形圓箍, 俗言榪마, 轉云메다.

無齒把무치파, 俗言曲彌來곡미릐, 轉云고미릐, 彌平之也, 引物使平. 朳팔.

柴把子시파ᄌᆞ, 所以刮柴者, 俗言揭箕갈키, 키, 華音也. 搜朳수팔, 俗訓그다.

刀도, 所以割者, 黃帝作. 俗言開割칼. 佩刀曰창칼佩之轉訓, 又曰粧刀쟝도; 食刀, 俗訓시칼; 環刀환도, 有隔手者, 其形似環; 資弩ᄌᆞ뢰, 柄也, 俗轉【3:6a】쟈로. 信排刀受柄處, 俗轉슴베. 菖蒲釰챵포검, 兩刃刀. 刺兒랄ᄋᆡ, 刃也, 俗訓칼랄.

寶釰보검, 鐔釰口·□釰□14)·鞘釰室·韜釰衣·巨闕·太阿·龍泉·葱·闕·秋泉·干將·莫邪·雲鍔·孟勞.

斫刀쟉도, 剉草器. □살, 華音자. 礩질, □床, 俗訓쟉도받탕.

夾刀협도, 所以剉藥者.

酒榨쥬ᄌᆞ, 壓酒具.

栝텸, 炊竈木, 俗訓부지ᄃᆡ. 撥火□棍, 棍作栝. 火杖·火杴.

文房문방, 俗以房中之器統稱文房. 四友見文學部.

冊架칙가, 俗訓칙거리.

冊匣칙갑, 藏書櫃, 小於櫃者.

冊床칙상, 典書丌.

文匣문갑, 藏文書者.

木器목긔. 木物목물.

欌장, 俗字不載韻書. 俗以二三層櫃, 謂之欌. 貯書曰冊欌칙장, 藏衣曰衣欌의쟝, 藏飮食者饌欌찬쟝. 枕邊小欌, 訓曰머리장, 以其近頭也.

櫃궤, 藏器之大者.

櫝독, 凡緘藏物.

千眼廚쳔안쥬, 俗訓각기소릐, 言各格小裡也. 抽替츄체, 俗言舌盒셜합, 櫃之橫抽者.

函함, 櫃之下覆者, 俗以用之納幣.

鎖鑰쇠약, 俗訓좀걸쇠. 朱栢廬家訓有關鎖, 門戶必親自點檢之文. 俗以【3:6b】關鎖謂之點撿而轉云좀게, 故以鑰爲點撿之金也. 鑰匙, 俗訓열쇠, 開金之謂. 鎖穿, 俗訓청, 卽쳔之轉音也.

時計시계, 時表, 盖古漏水之變制也. 自鳴鐘ᄌᆞ명종, 及時自鳴者; 問時鍾문시종, 按之則報時而鳴.

鏡경, 舜臣尹壽作. 本鑄銅爲之, 形圓而明, 故俗言掛月, 轉云거울. 施肩吾詩有龍盤初掛月之句, 後世易之以玻璃有石鏡셕

14) □: 字上爲'自', 中爲'罒', 下爲'犬'.

경之名. 小曰面鏡면경, 大曰軆鏡체경. 銅鏡・菱花・火齊.

眼鏡안경, 一名靉靆, 出自西洋. 明時中國人始學造焉. 與限平等者, 俗訓맛보기. 老人鏡, 俗訓돗보기. 玻璃造成者, 因華音보리, 誤翻甫里.

火爐화로, 蓄火器. 火牀・香爐향로・博山・寶鴨. 風爐풍로, 迎風自爇者.

烟臺연ᄃᆡ, 一曰烟盃, 所以吸烟具, 俗訓담베ᄃᆡ. 蓋以烟茶一名淡巴菰故也. 水烟筒슈연통, 置水吸烟者.

夫遂부슈, 如今火鏡화경, 以艾承影於日者, 俗以鐵叩石得火者曰부시, 謂之火鐵之訓者非是.

滓板ᄌᆡ판, 俗以灰爲滓, 盖謂承灰之板也.

夜壺야호, 俗言溺缸요강, 外國人晝不設外, 故曰夜壺. 楲위.

唾沫盒子타말합ᄌᆞ, 俗言唾具타구.

燈【3:7a】檠등경, 焚膏具. 光明斗광명두. 燈籠등농, 行燈以紗爲衣者, 一曰紗籠샤농. 石燈盞셕등잔, 有紅白二種.

燭臺촉ᄃᆡ, 轉云쵸ᄃᆡ, 燃燭具有衣者. 燭串之쵸ᄭᅩ지, 所以持燭具, 外國人以燈爲藍包無義. 心炷심쥬, 俗轉심지, 火燼所著者. 玉蟲. 燈花등화, 火燼結花者. 紅羅炷臺, 轉云라죠ᄃᆡ. 臥龍燭臺와룡쵸ᄃᆡ, 並用之婚夕.

蠟燭랍촉, 俗言黃燭황쵸, 以其色黃也. 又訓밀초, 蠟爲蜜滓, 故以蠟直云蜜밀.

肉燭육촉, 牛脂燭也.

羊脂燭양지쵸, 産外國.

油유, 穀液皆可燃燈, 俗言脂飮지름. 石油셕유, 出石炭.

簾렴, 俗言箔박, 一作薄, 轉云발. 笛・篴. 門簾子문렴ᄌᆞ.

帷幕유막, 幔之在旁曰帷, 在上曰幕, 小幕曰帟, 上下四旁周悉曰幄, 俗言帳幕쟝막. 空中仰帳曰遮日차일.

屛風병풍, 八疊十疊相連以障風者. 二疊相連曰曲屛곡병, 小屛曰枕屛침병.

楎椸휘이, 俗轉홰, 懸衣具. 直曰楎, 橫曰椸.

衣桁의힝, 俗訓옷거리. 衣架.

床상, 所以安身者. 俗言平牀평상・交椅교의・藤床・繩床・胡床. 梯橙졔등, 俗言橙床등상, 所以挑足者.

塌탑, 床【3:7b】之長狹而卑者.

簟席뎜셕, 竹席, 俗言簑籍袵, 轉云삿ᄌᆞ리. 又曰棹도, 轉云돗, 俗以席爲棹帆故云. 席次셕차, 席間. 茵席인셕, 藁薦. 蒲團포단, 俗轉포닥이. 藤輪. 坐褥, 俗言方席방셕.

席子셕ᄌᆞ, 俗言籍袵, 轉云ᄌᆞ리. 鱗紋・龍鬚・桃笙・薤簟. 方席방셕, 坐席.

地衣디의, 俗言行步席힝보셕.

滿花席만화셕, 草性柔, 雖折屈不損, 華人甚珍之. 龍鬚席. 登每, 俗轉등믜.

隱囊은랑, 俗言按席안셕. 案息안식, 又曰按式안식, 人所凭者. 几궤.

杖장, 所以扶持而行者, 俗言持欞지픠, 轉云지핑이. 枴杖・柱杖・扶老・笻.

扇션, 女媧始以草結爲之. 箑삽, 周武王始作, 扇之別名. 今摺扇初出倭. 俗以其簡易天下同尙. 俗言拂材불지, 華音부채, 轉云

부채, 拂吹也. 以扇爲吹具, 故也. 便面편면.
扇墜션츄, 以貝物或名香爲之.
傘산, 禦雨蔽日, 可以卷舒者. 雨傘우산·日傘일산·陽傘양산. «說郛»云: 東人方言謂傘爲聚笠者, 今無此語.
書机셔괄, 俗言考備고비.
鍮器, 鍮, 本音투, 因字旁俞俗轉유긔. 鍮卽銅與爐甘石相半煉成者, 故俗言爐器, 轉云놋그릇.
【3:8a】
大匜대이, 俗匜字從也. 因音야, 洗手器也. «說郛»東人以盂爲大耶云者, 取音無義.
甕器옹긔, 俗以統稱陶器. 又曰墍器슬긔, 轉訓질그릇. 墍, 燒土也. 又曰烏埴오지. 埴, 華音지; 烏, 黑也. 言以黑土燔造也.
陶器도긔, 俗以甕當之, 轉云독. □·[岡+瓦].
栝落비락, 轉云버럭이.
軍持군지, 轉云분지, 俗謂汲水器曰長軍쟝군.
甑증, 有底曰甗, 無底曰甑, 黃帝作. 俗言水漏, 轉云시루. 鐂우. 甑算兒증비아, 所以蔽甑底者, 俗言麪민, 轉云밋, 訓爲시루밋. 甑簾兒증렴아.
湯罐탕관, 炊器.
缸兒瓿항아리, 小罌.
盤缸반항, 轉云밧항이.
瓿이, 俗言中陶瓿즁도리, 言中甕也.
盆분, 俗訓동의, 又種花草者曰盆분.
缿筩항통, 如瓶長項小孔, 受書器.

撲滿박만, 盛錢器, 言滿則撲之也. 俗言吧吧哩, 轉云벙어리, 言如人之啞也.
磁器ᄌᆞ긔, 俗言砂器샤긔.
磁盌ᄌᆞ완, 俗言盆子, 轉云문쥬.
竹器쥭긔, 以竹爲者.
簏록, 男以藏書, 女以盛粉脂, 俗言筐子광쥬리.
栲栳고로, 俗轉고리, 誤翻爲栲栳. 一作[竹$考]�, 方者曰方栲栳바고니. 小者曰小【3:8b】栲栳속고리, 圓者曰團栲栳동고리, 一曰簞.
彳亍簹힝당, 竹莒直文而鹿者, 俗言行擔힝담.
箱子샹ᄌᆞ, 小筐.
[竹$屯]器둔긔, 受米穀器, 俗訓둥굼이.
籠롱, 杻櫃, 俗訓채롱. 盖杻之俗名쏠리伐之爲器材直云材, 而華音채, 故凡杻器皆云채그릇·鳥籠됴롱, 以杻爲之. 形如二層瓶塗以茵蔯置生鳥於下層, 掛之樹上以誘鳥入而不出, 故俗以匏之, 二層葫蘆曰됴롱박, 小兒刻木爲佩者亦曰됴롱. 凡物之大小格子者, 皆曰됴롱, 故人事之不全者, 又曰島籠福됴롱복.
篘추, 俗言湧水용슈, 簏酒兵. 籰쌍·[竹$夆]강.
竹藍쥭남, 落種具, 俗訓다락기, 盖竹訓대而轉云다, 落器락긔, 轉云락기.
簍籔구슈, 以盆盛物載于首則以簍籔薦之, 形如環, 盖今所謂頭安, 轉云쏘아리.
竹夫人쥭부인, 凉寢竹器·青奴.
杻盤츄반, 轉云채반.
梳洗具소세구.

櫛질, 理髮具, 梳篦總名, 俗言篦비, 轉云빗. 疎曰梳, 細曰篦, 一作枇, 俗以梳曰孽巨篦얼거빗, 篦曰眞梳, 訓云참빗. 鬢師.

鑷셥, 攝物援髮具, 俗言促執擧, 轉云족집게. 象揥상【3:9a】체以象骨爲之, 搔首亦以摘髮者.

網巾망건, 以馬尾結網爲巾者, 明初道士之服. 太祖命頒天下, 無貴賤皆裹. 偏諸편져, 一曰縧織, 絲爲條, 俗以網巾□□謂之偏諸편즈.

風簪풍잠, 所以繫網巾禦風整冠者.

圈子권즈, 俗言貫子관즈, 有金玉骨角以別貴賤而貫條以整網巾者.

步搖보요, 釵也. 女人首飾有金銀寶玉角木之別, 而俗言比余비여, 比余本櫛髮具而借名焉. 鈿·簪·笄.

耳環이환, 俗訓귀에고리. 耳珠·璫.

指環지환, 俗言柯落持가락지, 柯落指之謂也. 條脫·戒指兒·扮指.

鏡臺경딕, 鏡奩所以藏粧奩者. 諸具曰成赤所入셩젹소입.

耳匙이시, 所以取耳垢者, 俗言耳乞介, 訓云귀우비개, 乞, 華音와而轉云우비.

楊枝양지, 漱口刷以楊木爲之故也. «說郛»云養支, 誤□支. □, 轉云養齒.

胰壺이호, 俗言飛陋箇비누통, 胰一作膩, 以之去垢者.

牙叉兒아차아, 刺齒具, 俗訓니쑤시게.

孝椿子호춘즈, 搔背具, 俗訓등글기.

祭器졔긔, 祭神之器.

交椅교의, 奉安神主之椅.

祭床졔상, 進饌之床.

座面紙좌면【3:9b】지, 俗轉자면지, 用以鋪卓上者.

香床향상, 上香之床.

簠簋보게, 盛黍稷器, 內方外圓曰簠, 內圓外方曰簋.

籩豆변두, 竹曰籩, 木曰豆.

匙楪시졉, 承匙箸器.

餠托병탁, 俗轉편틀, 承餠器.

炙托젹탁, 俗轉젹틀, 進炙器.

果器과긔, 祭以果品爲上, 故祭器多以果器稱之..

香爐향노, 上香爐.

香盒향합, 貯香器.

茅沙器모사긔, 一曰降神器.

欹器의긔, 周公廟器, 滿則覆, 中則正, 虛則欹.

農器농긔.

簑笠사립, 俗訓삿갓, 莎, 一曰夫, 須, 一曰臺, 所以爲簑笠, 故亦曰臺笠, 所以禦署禦雨者. 斗篷두봉.

簑衣사의, 雨衣, 周身者俗訓누역, 覆背者俗訓도롱이, 蔽膝者俗訓이슬치. 襏[木+爽].

犁이, 耕具, 本后稷之孫叔均作, 魏皇甫隆改作樓犁, 故曰甫鍤보삽, 轉云보습.

鏵子화즈, 俗言別별, 轉云볏, 刬地以分別者.

耒뢰, 手耕曲木, 上曰耒, 下曰庇, 俗訓짜뷔.

耙파, 如犁橫濶多齒以破塊者, 俗言嚙兒, 轉云셜레. 欋, 四齒杷.

鐵鍬쳘츄, 臿類. 弁韓因伽倻山一曰伽倻

國, 又曰加羅【3:10a】國, 因伽倻加羅之聲相通, 且以弁爲加羅, 而鍬末屬, 柄形亦似弁, 故鍬亦俗言加羅가라, 訛翻爲加來.
鍤삽, 揷地起土者.
鍋耳과이, 俗轉광이, 大鋤也. 钁頭. 尖钁쳠궐, 俗訓곳광이, 訛翻廣耳.
鐵杷子쳘파즈, 俗訓쇼시랑.
耮로, 摩田器, 俗言翻地번디, 旣耕以板耮覆者. 所訖羅소헐라, 以縱橫摩平田土者, 一名木斫.
曳介, 轉云쓩긔, 所以覆種者編多枝木爲之.
鋤钁셔확, 俗言護苗, 轉云호믜, 所以去穢助苗者.
桔槔길고, 井上轆轤汲水漑田者. 戽櫨호로, 戽字下從斗, 俗因謂두뢰, 本船中渫水器而今當人家抒水具. 㪷・水斗・木角・梠.
纏徽젼휘, 井索, 兩服繩曰徽, 三服繩曰纏. 綆경・繅繘소율.
銍질, 穫禾短鎌.
鎌刀겸도, 刈草鉤, 俗訓낫.
簿栅박칙, 轉云발채, 簿簾也. 編木如簾架機負物者.
□15)連枷돌련가, 轉云돌이기, 打穀具. 柍앙.
攝殳셥슈, 打穀架, 俗訓기상, 又曰逮架, 因以穀穗俗稱攝殳셥슈.
番번, 俗言徙土筥ᄉ토거, 轉云삼티기. 耜ᄉ・土簣・糞斗.
藁梩누리, 徙土轝, 俗言擧車, 轉訓들 것. 擔輿.
曬薦쇄천, 晒穀席, 俗言網席, 轉【3:10b】명셕.
魚梁어량, 俗言漁箭, 訓爲어살, 列竹海澨以取魚者. 簰子・簇. 大曰滬호, 小曰留류. 簖・笱・扈瀆.
扈호, 捕魚具, 其洞可入不可出, 俗言洞簸통반, 轉云통발. 篧.
網罟망고, 俗言[罒$巨]罽그울, 轉云금울, 結繩以漁者. 網, 俗言別理별리, 目, 俗言罟고, 轉云코.
扮罾반증, 轉云반두미, 撈魚網.
椿존, 以柴木壅水取魚者. 筌.
釣鉤됴구, 俗言落時락시, 落時本門之達, 牡檖以樞牢固者, 卽俗云더졉쇠, 以其曲如漁鉤, 俗以漁鉤, 亦云落時. 恭簳弓공뎐궁. 浮子부즈, 釣絲所繫荻梗. 釣瓢子.
鐖긔, 漁鉤逆鱗, 俗言落時比剌락시비랄, 俗轉비울. 鉤子倒鬚.
笭箵령셩, 漁具, 小籠.
簎작, 以杈刺泥取魚.
紡車방거, 收絲具, 俗言文轤문로, 轉云물레. 麗朝文益漸入元得木綿種以來. 又作收絲具, 故俗加其姓謂之文轤, 而有轉云文來문릐者. 㧓와. 小者曰紡具文轤방구물레. 棱원, 絡絲具, 俗言[竹$袁]轤【3:11a】원로, 轉云얼레. 籰확, 一作籰, 卽篗絲繅車.
壓車압거, 去核具, 俗訓씨야, 壓, 華音야.
砣落타락, 俗訓탈디, 所以糾繩者.
杼柚져축, 織具, 杼受經者, 俗訓排緯비위, 轉云붓의, 一曰筬, 又曰㬺. 柚축, 受

---

15) □: 字上爲'亠', 下爲'厶'.

緯者, 俗言筟부, 轉云북, 一曰梭. 經俗訓씨, 緯俗訓놀, 筬筐셩광, 俗訓밋의집.

杓진, 凡織先以糊刷梳經使不亂出, 俗訓사촘질.

杓杖진쟝, 俗訓사촘대.

綜線죵션, 俗言杓兒, 而杓華音인, 轉云잉아. 綿繒子잉아대.

滕梭승사, 卽杼柚也. 布帛精鹿以滕梭別之, 故謂之승새.

定桿뎡한, 維著絲於莩車也, 俗訓가락. 鐵筵·紡絲銓.

榎부, 機持繒者.

十字車십ᄌ거, 凡織先排經絲者, 俗言旋棒訓爲돌겻□.

杍ᄌ, 木匠曲尺곡쳑, 俗訓쇱ᄌ.

簑심, 工人漬筆, 俗訓먹굴.

墨線묵션, 俗訓먹줄.

錛子분ᄌ, 俗言斫器, 轉云자괴, 斤也. □.

鏟산, 俗言柯銶, 轉云각구, 獨頭斧.

斧子부ᄌ, 俗言獨斤, 轉云독긔.

推鉋퇴포, 華音퉈반, 轉云더픠, 斤有高下之跡, 彌而平者. 彌미, 俗言미다.

邊鍚번탕, 【3:11b】 平木者先磨其邊使之直者.

開鍚기탕, 鑿開木道以受盖板者.

鋸兒거아, 鐵葉爲齟齬, 一左一右, 片解木石者, 俗言吐吸톱, 言往來切木也. 大鋸, 俗言巨鋸, 轉云글거.

鑿子착ᄌ, 俗訓쯜, 所以鑿木者.

鍯춍, 大鑿.

鏨참, 小鑿.

活鑽활찬, 俗訓활비븨, 用以穿物者. 牢鑽·鐵鑽.

錐子츄ᄌ, 穿物銳器, 俗訓송곳.

[木+纂]찬, 木錐.

巴鍋파국, 轉云바곳, 訛翻朴串.

鐵鎚텰츄, 轉云마치. 釘鐵蹄. 老鸛鎚, 俗訓쟝도리.

鏟罐노관, 煎膠器, 俗言陶罐, 轉訓부에도관이.

鋸末거말, 俗訓톱밥.

鉋花포화, 俗訓대픠밥.

柿폐, 削木札, 俗訓나무지져귀.

杇鏝오만, 俗訓흙손. 塗泥具. 泥鏝·鐵鏝.

泥托이탁, 俗訓흙갓기, 承泥具.

釘뎡, 俗轉증, 治石具. 琢.

千斤子쳔근ᄌ, 俗言地弩디레, 所以連動大石者.

火罐子화관ᄌ, 俗言陶罐도관이, 用而鎔金者. 坩鍋.

鐵鉗텰겸, 俗言執擧집게, 所以持治器□鎔者. 鋏·箝·鑷.

鐵銼子텰최ᄌ, 俗訓줄. 鑢子.

鍚탕, 俗言銲한, 所以摩平金木者.

【3:12a】

股動고동, 機之動者.

背挾子비협ᄌ, 俗言支機지게, 負物機.

模板子모판ᄌ, 如俗茶食板다식판, 飥板썩판.

盔子회ᄌ, 俗言骨골, 統稱物中有範.

楥훤, 履範, 俗訓신골, 一作楦.

[韋+葡]비, 韋囊可以吹火, 俗言噓風扇, 轉云허풍손이. 排.

檃栝은괄, 正邪曲器. 檃以楺曲, 括以正方, 俗訓도지게. 比・檠栣.

剪板젼판, 所板備刀練도련者, 華音作젼반者.

檈션, 俗言搊理機가리틀, 以繩轉軠爲器者.

剞劂긔궐, 俗言刻刀긱도.

礵石슉셕, 俗訓슛돌, 鏽玉工所用之黑礪石亦以磨刀刻工, 轉云렴셕. 粗曰礪, 細曰砥.

針침, 俗言縏縷, 轉云바눌, 以針刺袠而爲縏縷, 故仍以針謂之縏縷, 以別於砭人鍼, 故紩衣者曰縫鍼.

鈹鍼픠침, 大鍼可以紩席, 故俗訓돗바눌.

針札침찰, 簇針具, 俗訓반눌계데.

頂鍼뎡침, 俗言骨帽골모, 以骨冒指而拒針者.

尺쳑, 俗言杍ᄌᆞ, 所以度長短.

烙鐵난텰, 俗言紉斗, 轉云인도, 【3:12b】紉展也. 烙鐵, 展衣也.

火斗화두, 俗言煅熨耳, 轉云달울이, 持火展繒者. 熨斗・運斗・鉧鈷.

剪刀젼도, 俗言鉸, 華音쟢, 轉云가외, 縫人裁刀.

搒搥방츄, 擣衣杵.

拗棒요방, 俗言横擣介, 轉云홍두기. 赶麵棍, 俗訓떡홍두기.

砑石아셕, 俗言棒搥石방츄돌. 鍛擣石, 轉云다도미돌.

皮鍬子피츄ᄌᆞ, 俗言鏊刀, 轉云무듸, 剗去皮裡薄肉者, 其刃如鏊脣而且鈍故, 俗以鈍刀通謂之鏊刀. 靼달, 俗以柔皮謂之달으다.

輪圖륜도, 俗言指南鐵지남텰. 羅經나경, 俗言紙輪圖지륜도.

毷子무ᄌᆞ, 用調采色者, 俗以毷旁莫字, 因音막ᄌᆞ. 擂搥.

器品긔픔. 瓠落확락, 俗轉횅ᄒᆞ다, 淺而大也; 凉薄량박, 俗轉랄팍ᄒᆞ다, 至薄也; 浮부, 俗轉푸ᄒᆞ다, 虛鬆허송, 俗轉허순ᄒᆞ다, 輭연ᄒᆞ다, 不堅也; 質朴질박, 俗轉질팍ᄒᆞ다, 質鈍질둔ᄒᆞ다. 鈍朴둔박, 俗轉둔팍ᄒᆞ다, 粗實也; 敦厚돈후, 俗轉돗홈ᄒᆞ다, 敦篤돈독, 俗轉두둑ᄒᆞ다, 固구, 俗轉굿다, 堅實也; 葭莩如가부여, 葭莩至輕薄, 故俗爲經訓; 輕捷경쳡, 不鈍也; 精경ᄒᆞ다, 精潔경결ᄒᆞ다, 介潔也; 絶【3:13a】品졀픔, 希罕희한ᄒᆞ다, 希貴희귀ᄒᆞ다, 皆好也; 雕됴타, 凡物以雕爲好, 故好曰雕; 苦惡고악, 俗轉고약ᄒᆞ다, 陋麤루츄ᄒᆞ다, 不好也; 同矩동구다, 四方上下同矩者圓也; 侔모지다, 平桴也, 俗以方爲侔; 橢圓타원, 狹長而圓; 盤盤, 華音편편, 平夷也; 鐇得번득, 俗轉번뜻ᄒᆞ다, 本韋之平方而借用於凡物平方; 堇堇근근, 俗轉끈끈ᄒᆞ다, 相黏也; 堇氣근긔, 俗轉끈긔, 有黏意; 炪炪축축ᄒᆞ다, 半乾也; 成셩ᄒᆞ다, 成器也; 開裂기렬, 俗轉씨려지다, 裂破也; 磢창, 以瓦石洗物去垢甚而開孔者, 俗轉창나다; 璺문, 器破未難也. 俗訓금가다, 一曰庪픠; 歷甀력렵, 瓦損破聲; 磖磼납섭, 破物聲.

樂器악긔, 俗言風流풍류.

金鐘금종, 俗訓쇠북, 炎帝臣伯陵作, 一曰

倕作, 金樂, 大曰鏞, 中曰劇, 小曰棧. 懸鍾者橫曰筍, 從曰簴.

鎖喇, 華音소라, 軍樂.

瑣吶쇄납, 一曰號笛호적, 軍樂.

哱囉볼라, 軍樂, 吹要衆兵起身執器站立.

喇叭, 轉云라볼, 軍中吹器.

鉦정, 俗轉증, 所以止軍者以金爲之.

鈴鐺영당, 以金爲圜, 形半裂, 錮銅珠於內以鳴之爲警備, 故俗言防菀방울.

錞于【3:13b】순우, 形如鍾, 有舌疑, 今鐃鈴요영・舌鼓.

磬경, 石樂, 有特磬編磬, 倨句爲之. 編磬服廣三寸長尺三寸半十六枚, 同一筍簴. 亦有以金爲之, 故俗訓경쇠. 形非倨句, 小鈸亦云風磬者, 非.

方響방향, 以玉石爲之. 太和九年宮人沈阿翹進白玉方響.

琴금, 神農氏削桐爲琴, 絲爲絃, 本五絃, 文武增二絃. 又曰伏羲作, 俗言黔隱扣검은고, 蔡邕用吳人焦桐爲之, 其尾尙焦, 故曰玄琴. 又曰焦尾・絲桐・遞鍾・綠綺・流徽. 徽者表節貝玉之名, 而誤訓爲絃者, 非矣. 又俗云卦괘者, 古無其名, 則疑徽變制.

奚琴히금, 本奚胡樂, 唐時始傳中國, 或謂嵇康造者, 訛.

伽倻琴가야금, 俗轉가약고, 駕洛國吹希王製, 吹希卽首露王六代孫. 或謂崔致遠造者, 非.

洋琴양금, 出自洋人以鐵絲爲絃.

瑟슬, 庖羲作, 五十絃, 黃帝分爲二十五絃, 卽琴類, 而或訓爲琵琶則誤甚.

琵琶비파, 本胡中馬上樂, 興於秦末. 長三尺五寸而四絃推手前曰琵, 引手却曰琶, 又自下逆鼓曰琵, 自上順鼓曰琶. 一作枇杷・錦柋・龍脣・忽雷.

箏징, 秦人父子爭柋中分之因名焉, 一曰蒙恬所作, 本十二絃, 後加一絃. 唐有【3:14a】軋箏以片竹潤其端而軋之.

箜篌공후, 漢師延作, 二十五絃. 坎侯・擘・贛侯.

筑축, 似箏而十三絃以竹擊之, 故曰筑.

笛적, 黃帝臣伶倫作, 周時已有之. 或曰漢時李延平作, 又曰丘仲作, 張騫入西或傳其法皆非也. 俗轉져, 七孔籥. 羌笛起有羌人.

笙산, 大籥, 似笛, 三孔而短.

觱篥필률, 俗轉피리, 蕃樂, 以竹爲管, 以蘆爲首, 狀類胡笳, 一作悲篥.

胡笳호가, 伯陽作, 似觱篥而無孔, 又卷蘆葉吹之, 俗言胡笛호적者, 非.

角각, 本出羌胡以驚中國馬, 一曰黃帝與蚩尤戰, 吹角以禦而角聲悲切, 則俗言太平簫대평슈者非是. 又以金爲䶵者曰號角호각.

洞簫통쇼, 俗轉통쇼, 大簫曰簫, 小簫曰笛, 無底曰洞簫, 帝舜作. 參差.

篪지, 蘇成公作尺四寸八孔而一孔上出橫吹者.

梆방, 截竹留兩頭旁穿小孔擊之有聲邦邦然, 俗訓죽장구.

笙簧싱황, 女媧作, 以匏爲之, 列十三管. 大笙曰[竹$巢], 十九簧; 小笙曰和, 十三簧. 簧笙管中金薄鍱.

竽우, 三十六簧.

壎훈, 燒土爲之, 銳上平底, 形似稱錘, 八音之土樂. 一作塤; 嘂고, 大塤, 音大如呌呼聲.

缶부, 土器, 秦人鼓之以節樂, 今俗四月八日 【3:14b】 設盆水汎匏其上叩之, 名曰擊缶, 而俗訓杖鼓장고者, 非.

革鼓혁고, 俗言桴擊合音북, 伊耆氏作, 瓦爲椌, 革爲面, 以擊爲羣音之長, 大曰[土$鼓], 小曰鼗, 一作鞉, 如鼓而持柄搖之, 旁耳還自擊鼗之, 大曰麻, 小曰料. 又曰小鼓쇼고; 鼓椌, 俗訓북태; 宮宮, 轉云쿵쿵, 闛闛탕탕, 皆鼓音; [鼓$空][鼓$空], 轉云쿵쿵, 鼓聲震地; 鼕鼕동동, 鼓聲; 鼛잡, 打鼓邊聲.

腰鼓요고, 俗言杖鼓장고.

鼙비, 軍樂, 帝嚳作.

柷敔축어, 形如伏虎, 背上有二十七鉏鋙, 以木長尺櫟之, 柷以起樂, 敔以止樂.

音律음률, 統稱風樂풍악.

闋결, 樂一終, 一曰成셩.

軍器군긔, 兵器統名.

兵仗器병쟝긔, 戎器.

五兵오병, 戈·殳·戟·酋矛·夷矛.

弓궁, 俗言活활, 黃帝臣揮作, 一曰少皡子般作, 一曰倕作. 以六材和之曰幹角筋膠絲漆. 角弓·繁弱·龍淵·烏號·拒黍·弧호木弓·櫜고弓衣·韜·弢·韔. 彄弩, 端絃所居, 俗言彄子고즈. 彀率구률, 彎弓浪也, 俗以凡有規模, 通謂之彀率.

弩노, 俗言簫弩쇼노. 弓末曰簫, 中央曰弣, 簫弣之間曰□[16]. 弩 【3:15a】 有柄臂, 故曰簫弩·連弩·眷.

矢시, 俗言殺살, «周禮»八矢有枉矢·絜矢·殺矢·鍭矢·恒矢·痺矢之名, 而殺矢傳毒藥, 鍭最重中之必殺, 故取意於殺. 黃帝臣夷則作, 一曰牟夷作. 箭筈견괄, 箭受弦處, 俗訓오닉. 弦현, 弓絲, 俗訓시위; 骲頭, 俗訓고오리. 羽箭·白羽·金僕姑·星鍭. 鏃족, 矢金, 俗轉촉. 繳矢격시, 以繩繫矢而射也, 俗訓즈살, 즈卽繩之謂也. 矰弋. 筒箇동기, 盛矢器. 箭靫·交韔·魚腹·箭筒·毉·永·箙.

決결, 俗言角指각지, 轉云깍지, 挾矢時着右手巨指以持弦者. 韘子셥즈, 俗言扮指반지.

拾습, 射韝也. 著於左臂以遂弦, 俗訓팔지. 遂수, 以韋爲之, 其非射時則謂之拾. 拾, 斂也.

帿후, 射帿也. 俗言射布샤포, 轉云쇼포. 又合射帿云솔. 棲革於中曰貫革관혁. 射哹曰塴붕. 的젹.

槍창, 俗作鎗非是. 本剡木傷盜者, 俗以戈戟之屬, 統謂之槍창. 矛모, 釣兵, 長二丈; 槊삭, 矛長, 丈八; 戈과, 如戟而橫安刃, 但頭不向上, 用以鉤害人者; 戟극, 有枝兵, 雙枝三鋒爲戟, 單枝爲戈. 殳수, 長一丈二尺, 無刃有所撞, 俗訓홍몽동이, 外加紅采故云. 酋矛츄모, 二丈; 夷矛이모, 三尋; 棨계, 戟之有 【3:15b】 衣者; 鋼叉강차, 三枝槍.

干간, 俗言彭排방비, 轉云방픠. 言在旁排禦敵攻, 一作防牌. 盾.

---

16) □: 字左爲'弓', 右爲'淵(除氵)'.

礮포, 機石, 本范蠡兵法飛石, 重十二斤機發, 行二百步, 名將軍砲장군포. 後世易以藥鐵, 謂之放砲방포, 一曰號砲.

銃춍, 本訓穿也, 而俗假借爲鳥銃之銃, 音총.

大碗口대완구, 轉云대안고, 西洋砲.

鐵丸텰한, 所以裝銃射人者. 鉛子・彈丸.

火藥화약, 所以裝銃起火者. 裝藥.

火箭화젼, 俗言勝起箭승긔젼, 用以爲號者. 火燎箭.

鹿角鐵록각텰, 俗言拒馬槍거마창.

鐵蒺藜텰질려, 俗訓말음쇠.

號旗호긔, 標旗. 旗脚, 俗訓긔발. 旌旄之屬, 非一, 而俗言統謂之旗.

纛독, 俗轉둑, 皂纛, 軍中大旗, 以犛牛尾爲之如斗.

兜鍪도무, 俗言頭盔, 華音투긔, 首鎧.

甲兒갑아, 俗訓갑옷. 明甲・鐵甲・鐵衣・鎧甲統謂之甲胄갑쥬, 少康子輿作, 古用皮秦漢以來用鐵.

鐎刁, 俗言刁斗됴두, 軍中晝炊夜擊之器.

軍幕군막, 帷在上曰幕, 軍旅無常居以幕爲府, 曰幕府막부. 卡잡, 地方設兵立塘, 謂之守卡.

象毦상모, 結毛爲之, 雖以雜毛爲之, 染色以象毛, 故【3:16a】曰象餙, 兜鍪上及於犬馬者.

軍樂군악, 見上樂器.

刀釖도검, 見上器用.

【3:17a】

<舟車部>

舟죠, 黃帝作, 一曰伯益作. 刳木以行水者, 俗言[舟+非]븨. [舟+非], 船後也, 而統稱焉. 水靸鞋・畵鷁・青翰・刀小舟・丸日本人舟名.

大同船대동션, 漕運大船.

挽艇, 轉云먼뎡이, 小船.

賃船임션, 俗言朔船삭션, 以財雇船.

輪船륜선, 宋時楊太作.

火輪船화륜선, 洋人作, 汽曰汽船긔션, 汽激水運輪之名.

軍艦군함, 禦敵船.

艨艟몽동, 衝敵船狹而長, 俗以木椎亦曰艨艟몽동, 取狹長之義.

艄船소션, 兵卒偵探者, 一曰金翅, 言迅疾也. 又船尾曰艄, 俗訓고물.

艡[舟+突], 俗당돌이, 漁舟.

舳축, 船後持舵處, 俗訓고물.

艫노, 船頭刺櫂處, 俗訓이물.

錨모, 以鐵索貫錨投水中, 使船不動搖者, 一曰碇뎡, 俗訓닷. 木碇, 以木爲之.

綃소, 帆維也. 以長木爲之, 所以掛帆.

舷현, 船邊, 俗訓비젼.

櫓노, 一作艣, 進船竿也. 俗言梢刬, 而梢華音샾, 轉云상아대, 誤翻沙牙大. 長大曰櫂櫓, 短小曰槳, 統謂橈篙.

桅위, 舟上帆竿, 俗訓돗대. 蓋俗誤以棹當桅也. 且以席爲帆, 故席亦曰【3:17b】돗.

帆범, 隨風張幔, 俗訓돗.

篷봉, 船帳織竹夾箬以覆舟, 俗言簟뎜, 轉云씀, 又曰笪달, 覆舟簟, 俗以葭爲之, 葭亦曰달. 栩子허즈, 俗訓씀집.

纜람, 維舟索, 俗訓비줄曰繂.
舵타, 張平作, 所以正船木設於船尾, 俗言䑨치, 轉云키, 一作柁.
艕제, 所以承艣者, 俗言艣艕노제, 轉云노돗.
橛궐, 繫舟杙, 俗訓말둑.
落瀯락제, 本船行誤入水低者, 今船中布薄隔水而載物, 謂之랄제.
艞板요판, 俗轉됴판, 舟伯岸置長板船首接岸以通往來者, 一作跳.
浮橋부교, 舟橋, 俗言船槍션창·桁힝·梁양.
桴부, 一作柎, 編木渡水, 俗訓뻬. 筏벌, 一作栰. 潢황·簰픽.
裝載장지, 俗訓비짐실다.
漕運조운, 水轉而運.
划匠화쟝, 進竿曰划, 水手而掌火, 故俗又謂火匠.
梢工, 梢, 華音샾, 轉云사공, 俗訛云沙工·篙師.
閣船, 閣, 華音거, 俗訓비거다, 着沙不行. 艐.
淦감, 水入船中.
淪륜, 水中曳船也.
潛氽잠믜, 俗轉자믜역, 躧치다, 泅也.
暗礁, 船行所礙, 俗訓풀. 暗光.
欸乃이릐, 櫓歌.

【3:18a】

車거, 輿輪總名. 黃帝見轉蓬而作, 引重致遠少昊時加牛奚仲加馬作人車, 夏桀作輿輦之始也. 大輅古用木至商而有金玉之制也. 輸物車曰轆轤수로, □車曰차.

輪륜, 車所以轉者, 輻在其中, 故俗言輻圍, 轉云박휘, 誤翻朴回. 輞망, 輪外周也, 俗訓박휘톄.
轂곡, 輪中貫軸以轉處, 俗訓굴통.
軝기, 轂之旁出者, 俗訓굴통굿.
釭공, 車轂中鐵, 俗訓굴통쇠.
軸축, 入轂持輪者, 俗訓굴때.
軹지, 軸端見于轂頭者, 俗訓굴때굿.
鐗간, 車軸鐵, 俗訓굴때쇠.
轅원, 車前橫木, 俗訓멍의치·輈.
轐복, 車行軸圜, 故加轐使平以安軫, 俗言伏免복토. 輹.
輨轄관할, 轂端鐵曰輨, 軸端鍵曰轄, 脂轄利轉, 凡有所管謂之管轄, 取此義.
軛익, 馬軛, 俗轉멍익, 轅端橫木所以駕馬者.
輗軏예얼, 轅端橫木, 大車曰輗, 小車曰軏, 俗訓멍에막이.
[車+客]익, 輓車當胸橫木以牽者, 俗訓쓰을치.
軾식, 車前橫木, 俗訓압턱나무.
軫진, 輿後橫木, 俗訓뒤턱나무.
楇와, 車中盛膏以塗輪者.
輠과, 車上盛膏器.
輦련, 人步挽車, 今之至尊所御乘輿.
藍輿남여, 小車. 筍輿·肩輿.

【3:18b】

軺軒초헌, 遠望車, 大夫所乘, 一曰流軒.
星軒셩헌, 嫁女之車.
魚軒어헌, 夫人之車.
轎교, 肩輿平如橋也. 至尊所御曰玉轎옥교, 駕馬曰假轎. 上大夫八人轎팔인교, 下

大夫四人轎ᄉᆞ인교. 士庶人帳轇轎쟝독교, 一曰有屋轎유옥교, 乘轎승교, 一曰兜子・步轎보교.

雙轎쌍교, 俗訓쌍가마, 一曰駄轎駕, 二馬者. 獨轎독교, 駕一馬者.

假馬가마, 如轎而差大四人肩任者.

靠背고븨, 俗訓교ᄌᆞ등테.

轎子, 轎, 華音갸, 俗轉갸ᄌᆞ, 一曰食輿.

雪馬셜마, 雪中獵者所乘, 俗轉셜믜, 一曰木楯.

<附鞻轡>

鞍子안ᄌᆞ, 俗言鞍粧안쟝, 馬鞁具.

鞍甲안갑, 鞍衣・鞍塔兒.

极馬급마, 俗轉길마, 爲木板跨馬背以負物者. 馱鞍.

馬鞅마앙, 鞅本在馬腹, 以負荷物則須鞅持之, 而俗以負荷物者, 轉云밍이.

鞍屜안뎨, 俗轉언티, 屜, 華音티, 馬被具. 韉. 汗屜한뎨, 轉云덤티, 而덤又答之轉訓. 【3:19a】 鞊韘.

口勒구늑, 俗轉굴네, 馬頭絡銜. 羈. 金匼匝馬絡頭. 當盧馬首飾.

銜함, 俗言嚼鐵작얼, 轉云지갈. 水環・閘口・鑣・排沫.

靮작, 羈之餘也. 下馬所執者. 俗言曲轡곡비, 卽短轡也. 轡비, 車上椌馬索也, 俗言長牽馬, 轉訓긴경마, 又曰坐牽좌견.

革靶혁파, 靶, 華音바, 轡首之革, 俗云혁바. 扯手・韁.

繁纓번영, 卽攀胸, 俗訓가슴거리. 靷.

牽鞚견강, 俗言珠絡쥬락.

鞅앙, 肚帶, 俗訓빗ᄃᆡ.

韂쳠, 俗言大[革+畓]다뇌. 大, 華音다, [革+畓], 優皮也. 所以垂鞍左右者. 障泥, 一作[革+章].

靽반, 馬鞧也, 俗轉밀치. 在前曰前纓, 在後曰坐纓. 又曰包糞, 皆使牛馬不得自縱者. 鞦・[革+紂].

鐙子등ᄌᆞ, 馬鞍兩旁足所踏者. 鐙[革+析]皮, 俗訓등ᄌᆞ쓴.

鞭편, 馬箠也, 俗言策竹칙쥭, 轉云치쥭.

鞍籠안롱, 馬被具. 籠, 一作籠. 國俗有品職, 人以之備馬, 故挾鞍籠前排兒, 因名鞍籠.

馬椿子마챵ᄌᆞ, 繫馬杙也, 俗言馬橛마특, 轉云말둑. 楬櫫갈져, 表識杙也.

【3:20a】

<貨寶部>

寶貨보화, 寶圭璋璧琮之類, 俗寶具, 轉云보븨. 貝, 因華音. 貨通利有無者, 俗言財物지물.

三寶삼보, 越之釰검, 江之珠쥬, 崑山之玉옥.

四寶ᄉᆞ보, 周之砥砨지흘, 宋之結綠결록, 梁之懸黎현여, 楚之和璞화박.

七策칠칙, 陰山之礝碈연민, 紫山之白金빅금, 朝鮮之文皮문피, 汝漢之黃金황금, 江陽之明珠명쥬, 泰山之曾青증청, 邊山之美玉미옥.

七寶칠보, 硨磲차거, 石次玉, 出天竺國,

一作[王+車]琚, 大貝也; 璊瑚만호, 赬玉, 卽珊瑚也; [王+虛]珀호박, 見下; 瑪瑙마노, 見下; 火齊화제, 珠名, 似雲母, 黃赤色; 良玉양옥, 見下; 眞珠진쥬, 見下.

貝패, 海介, 古人取其甲以爲貨, 而紫貝爲上, 故俗言紫介자기. 又曰[王+車]琚之轉音. [貝+爵]貝조패, 孕婦見之胎消.

玳瑁대모, 南海大龜背上有鱗, 大如扇, 將作器煮之, 其柔如皮.

珠쥬, 蚌之陰精, 又龍珠在頷, 蛇珠在口, 魚珠在眼, 鮫珠在皮, 鼈珠在足, 蛛珠在腹, 皆不及蚌珠. 其品有九, 一寸五分以上至寸八九分者爲大品, 有光彩, 一邊小平似覆釜者名璫珠. 次曰【3:20b】滑珠, 次曰磊阿珠, 次曰官珠, 次曰兩珠, 次曰稅珠, 次曰葱珠. 且崑崑珠類, 故俗謂之九崑구슬. 珍珠진쥬, 一作眞珠. 無孔珠무공쥬, 蠙珠. 夜光珠야광쥬, 蛇珠. 玫瑰미괴, 火齊珠.

五玉오옥, 桓圭환규, 公所執; 信圭신규, 侯所執; 躬圭궁규, 伯所執; 穀璧곡벽, 子所執; 蒲璧포벽, 男所執.

玉옥, 寶石, 俗言九崑구슬, 蒙珠之訓也. 盖玉玉有二字而玉爲珠玉之訓, 玉爲玉工之訓, 故稱玉爲九崑之類, 以別於玉工之玉, 不直云珠也, 覽者宜辨之. 燔玉번옥, 造玉.

瑪瑙마노, 寶石, 出北地南番西番, 非石非玉, 堅而且脆, 色如馬腦, 故云. 珂가, 潔白者.

琅玕랑간, 石似珠者, 琉璃之類. 石珠. 青珠有光者, 一曰放光石.

珊瑚산호, 生於海底石上, 居水中, 直而軟, 見風則曲而堅, 變紅色. 亦有黑色碧色, 而碧者亦良. 火樹.

琥珀호박, 出罽賓國, 千年茯苓所化, 拭熱能吸芥. 南蠻土人亦有燒治者. 色黃明瑩曰蠟珀, 俗言蜜蠟, 華音미라; 紅而且黃曰明珀; 淺黃多皺文曰水珀; 如石重色黃曰石珀; 黃赤二文曰花珀; 淺曰金珀, 俗轉금패, 珀, 華音패; 黑曰毉珀.

水晶슈경, 一作【3:21a】水精玻璃之類. 石英. 藥燒成者謂之硝子, 又曰海水精.

玻瓈픠려, 一作頗黎, 生頗黎國, 故因名焉. 其瑩如水, 其堅如玉, 華音보리, 誤翻甫里.

琉璃류리, 一作流離, 出大秦, 有赤白黑黃青綠縹紺十種, □□然□物, 今所□□銷治石汁以衆藥爲之, 始於元魏月氏人.

雲母운모, 俗言石鱗, 訓云돌비눌, 采之雲所出處.

青金石, 俗言青鋼石청강셕, 可作女飾.

花斑石화반셕, 可刻印文.

五金오금, 黃金曰金, 白金曰銀, 赤金曰銅, 青金曰鉛, 黑金曰鐵.

金금, 五金總名而黃爲長, 故俗以黃金爲金금. 一曰[湯$土]・黃芽・太眞・美曰鏐・餠金曰鈑・絶澤曰銑・瓜子金・葉子金・麩金. □□七青八黃九紫十赤. 生金出水沙中, 有毒, 與黃金全別. 砂金사금, 金之鎔化者; 泥金이금, 金屑施采者. 說文云: 朝鮮謂金曰鏔, 而此是自成物形之金, 非金總名也. 金鉑금박, 薄金也, 藥紙隔金屑錘之金, 已薄紙不損, 初如褐色, 久則色

似烏金. 鍍金도금, 飾物以金.

銀은, 白金. 鋈・朱提・阿【3:21b】路巴. 元寶원보, 馬蹄銀. 生銀曰老翁鬢得之甚難. 銀鉑은박, 薄銀也.

水銀슈은, 俗轉시운, 其狀如水如銀, 燒丹砂所得者. 汞・澒・靈液・[女+它]女.

銅동, 華音퉁, 銅與金同一根, 故字從同金. 赤銅, 一曰紅銅, 又曰赤金, 俗訓구리; 白銅, 轉云빅통; 青銅出南番; 烏銅오동, 合金煉成; 黃銅, 俗言斗錫, 轉云쥬셕, 斗錫不假鍊成塊之名, 而誤翻豆錫, 又曰白鑞, 又曰鈏, 又曰賀. 自然銅色青黃如銅不從礦鍊者, 俗言山骨산골. 石髓鉛.

鍮듀, 俗以金字從俞, 轉音루, 又本是自然銅之精, 而今以爐甘石煉成假鍮, 故俗言爐鍮, 轉云놋.

鉛연, 青金, 俗言鑞납.

錫鑞셕납, 皆俗言鍮鑞유납, 盖錫與鉛異類, 而蘇恭以錫爲鉛爲白鑞, 故俗以鉛爲鑞납者此也. 黑鉛, 俗言含錫함셕.

鐵텰, 梵書以金爲蘇伐羅, 故俗以鐵謂之蘇, 轉云쇠. 熟鐵, 俗言始鑐蘇시유쇠, 以生鐵再三銷拍可作鍱者. 生鐵, 俗言水鐵, 訓云무쇠, 是不破鑐者. 鋼鐵강텰, 一曰跳鐵, 有三種, 一生熟鐵夾煉成者, 一精鐵百鍊者, 一西南海山中生成, 如紫石英者是也.

錣텰, 杖末□鐵, 其細如針, 故俗訓銅絲, 曰錣텰.

錠子뎡ᄌᆞ, 金銀【3:22a】塊.

法琅, 華音바랑, 轉云파란, 銀之塗青者, 誤翻巴琅.

寶母, 魏人嘗得一美石, 後有胡人見之曰此寶母也. 每月望設壇海邊可以集珠寶.

礦광, 金玉未成器, 一作卯.

錢젼, 禹以歷山金鑄幣以救人, 此錢之始也. 周太公立九府, 泉法體圓含方周流, 四方有泉之衆, 故曰泉쳔. 後轉爲錢. 我東鑄錢始於高麗肅宗, 本 朝初嘗鑄朝鮮通寶, 旋罷之繼用銀子, 而至肅廟朝始行常平通寶, 錢以銅代銀, 故俗謂之銅銀合言돈. 貨泉・孔方兄・上淸童子・青蚨・子母錢・鵝服・阿睹. 英國金錢曰色. 佛倫銀錢大者曰西令, 小者曰便尼, 每西令抵便尼十二. 法國金錢曰拿波倫, 銀錢曰夫郎.

錢糧, 華音쳔량, 錢穀也.

倉赤창젹, 家產.

財力ᄌᆡ력, 財產.

財帛ᄌᆡ빅, 貨財.

緡민, 錢貫也.

[巾+匕]幓비세, 本裂帛不直錢者, 俗轉피치, 以當貫錢者.

調度죠도, 日用也.

盤費반비, 俗言路資로ᄌᆞ・川費・盤纏・資斧.

客費긱비, 客中之費, 又以冗費, 亦曰客費, 又曰虛費.

賣買매믹, 互市. 貿易무역, 交易財貨.

收斂슈렴, 收錢【3:22b】於衆.

出斂츌렴, 衆人出錢.

浩호, 用有餘也, 因云浩繫浩汗.

【3:23a】

<布帛部>

匹鬻필육, 古者上幣以珠玉, 中幣以黃金, 下幣以刀布, 以之行貨, 故布帛曰匹鬻, 盖布帛之廣二尺二寸爲幅, 長四丈爲匹. 鬻, 賣也, 養也, 謂其用匹而爲養也.

絺綌치겨, 葛之精者曰絺, 麤者曰綌. 葛布·白越·印花布.

痲布마포, 俗轉뵈. 夏布, 門布, 中國布; 北布, 吉布, 土産布.

苧布져포, 一作紵, 俗言毋枲모시. 緆屬, 細曰絟, 粗曰紵. 楊子方言曰: 高麗人謂紵曰毛, 苧布曰毛施. 背見者只取音之近似, 而失方言本旨. 大抵所方言多此類. 絁布·末絲布.

碁子布긔즈포, 俗言斑布반뵈.

毾㲪탑등, 天竺國毛布. 罽계, 後漢時西南國再駝作. 氍毹구유·[並+毛]毼병갈·𣯶毲션지·毦[賁+毛]두분. 氀毼루갈, 出烏桓; 氆氌보로, 出吐蕃.

稯布종포, 八十縷布.

棉布면포, 俗言木棉, 以華音무면, 轉云무명, 誤翻武名. 又以文益漸得木棉種以來織布, 謂之文管. 又以木綿之布直云木, 故棉布之肆, 亦曰白木廛빅목젼. 生曰生木, 漂白曰白木, 升數多者曰細木, 少者曰麤木. 木棉, 一名【3:23b】古貝, 或轉云吉貝, 緝其花爲布, 麤曰貝, 精曰氎.

三梭삼사, [糸+罽]布也, 俗言三升삼승.

洋大布양대포, 洋木類.

繒증, 帛之總名, 倭繒왜증.

紗사, 紡絲織之輕者爲紗, 縐者爲縠. 縐紗, 俗轉져사, 誤翻走紗. 甲紗갑샤·花縇紗화션사·大紗대사·吉祥紗길상사·如意紗여의사·桃李紗도리사.

羅라, 俗言綺, 轉云깁. 杭羅항라, 産杭州.

絹견, 其絲粔厚而踈. 屯絹, 俗轉둥견, 誤翻侈絹. 廣絹광견. 縑겸, 卽今之絹而其絲細緻, 數兼于布絹.

綃쵸, 生絲, 白繒曰生綃싱쵸, 亦有熟者曰熟綃슉쵸. 練綃련쵸·通綃통쵸·雙紋綃쌍문쵸.

綾능, 細澤有光, 其文望之氷凌. 大綾대능·小綾소능·中綾즁능·貢綾공능·聖綾셩능.

紬쥬, 大絲繒. 綿紬면쥬, 誤翻明紬. 吐紬토쥬·水紬슈쥬·鼎紬졍쥬·花絲紬화ᄉ쥬·改只紬가기쥬·禾花紬화화쥬·花方紬화방쥬·潞州紬로쥬쥬·貴州紬귀쥬쥬·紡絲紬방ᄉ쥬·合絲紬합ᄉ쥬·十緉紬십량쥬. 又有八緉六緉等名. 卽于紬즉우쥬·輕光紬경광쥬. 繭紬견쥬, 野繭絲織成者.

緞단, 紬緞之緞, 字本作段而後人加絲【3:24a】爲緞. 緞本履跟之帖也. 音하而以爲紬緞之緞, 則仍音단. 大緞대단·斐緞비단. 閃緞, 華音션단, 以上[糸+亢]稱緞屬, 故緞肆亦曰閃廛션젼, 而誤訓爲立廛者失義. 貢緞공단·冒緞모단·縇緞션단·禾緞화단·羽緞우단·庫緞고단·彭緞핑단·賞賜緞샹ᄉ단·雲紋緞운문단.

綾羅錦繡능라검슈, 綵緞統稱.

紋문, 錦繡之文, 有紋曰錦, 無紋曰帛. 縵만繒之無文也, 俗轉믠, 又素餐, 轉云민밥.

[巾+畫][巾+畫]획획, 裂帛聲.

纊광, 俗言綿, 轉云솜, 漬繭擘之, 精曰綿, 粗曰絮. 雪綿子셜면ᄌᆞ.

棉花면화, 出高昌國, 二三月下種, 至秋生黃花結實, 及熟其皮四裂, 中出如綿, 可以代纊, 故亦言細綿, 轉云솜. 以纊云풀솜而別之. 풀, 糊之謂也, 言其黏也. 去核거희.

縸모, 惡絮.

絲縷ᄉᆞ루, 俗言細纑, 轉云실. 絨絲용ᄉᆞ, 俗言繹理細纑, 轉云익닌실. 唐絲, 俗訓당실.

忽홀, 一蚕所吐, 俗以未成絲可織者, 謂忽, 轉云올.

紝임, 機絲, 俗訓실ᄒᆞᆫ임.

八濫팔람, 轉云바람, 俗以一丈【3:24b】爲八발, 以餘爲濫, 故絲之丈餘曰ᄒᆞᆫ바람.

紽타, 絲數, 俗訓실ᄒᆞᆫ테.

紇, 華音그, 轉音긋, 絲下也.

絲團子ᄉᆞ단ᄌᆞ, 俗言□理골리, 轉云ᄭᅮ리, 縷縈也.

蠶좀, 孕絲虫, 俗言螻蟻루의, 轉云루에, 初生如蟻故云. 三眠三起, 二十七日而老, 自卵出而爲蚥, 自蚥蛻而爲蠶, 蠶而繭, 繭而蛹, 蛹而蛾, 蛾而卵, 卵而復蚥. 沙샤, 蚕屎; 蛻예, 蚕皮; 繭, 俗言固緻, 고치, 又曰牽離蚕甕; 魄귀, 蚕蛹, 俗訓본덕이; 羅라, 蚕蛾; 蚥묘, 蚕初出; 連련, 蚕紙. 原蚕원좀. 再養者曰晩蚕, 曰魏蚕; 夏蚕曰熱蚕. □□□□□□□苑窳□蚕神.

繶엄, 繅絲以手振出緖. 陷도, 繅絲湯.

木棉목면, 見上棉布註.

苧麻져마, 絺屬, 剝其皮可績布, 苗高七八尺, 葉如楮, 餘見上苧布註.

茼麻항마, 一作항[++$項], 又作絺, 俗言於作外어져외, 葉如白桐葉, 團而有尖, 取皮作布及索. 白麻.

麻마, 俗言纖셤, 轉云삼, 皮可織布, 而細布왈纖, 故以纖爲麻之名. 綿麻·火麻·黃麻·漢麻. 雄者名枲麻·牡麻, 雌者名苴麻·苧麻.

葛갈, 一名絺綌, 草俗言絺綌, 轉云칡. 春生, 苗引蔓, 長一二丈, 紫色葉頗【3:25a】似楸. 青忽致쳥홀치, 蔓上白皮. 葛根搗爛入水揉出粉可作食. 鷄齊·鹿藿·黃斤.

物色물ᄉᆡᆨ, 物亦色也, 俗轉무ᄉᆡᆨ, 又顔料曰물감.

五色오ᄉᆡᆨ, 青黃赤白黑曰正色.

間色간ᄉᆡᆨ, 數色相雜者.

純色슌ᄉᆡᆨ, 一色.

青쳥, 東方色, 俗言豊意, 轉云푸르다. 盖青者草始生之色, 而俗以草爲豊乙, 故曰豊意. 深青曰鴉青아쳥, 鴉, 華音야. 天青텬쳥·半物반물.

黃황, 中央色, 爾雅曰黃花, 一名麴塵, 取其麴生黃衣也. 俗以麴謂之糗; 麴, 糗屑之謂也, 轉云누룩, 故黃色又轉曰누루다. 糗之, 轉云누, 見飮食部乾糗註. 鵝黃아황·緗샹, 皆淺黃色.

赤젹, 南方色, 俗言附乙氣블기, 附乙火之俗言也. 見火部. 絳강大赤·纁훈淺絳·朱쥬深纁·丹단赤色.

白ᄇᆡᆨ, 西方色, 俗言啓, 轉云희다, 言如永啓之色也.

黑흑, 北方色, 俗言黔검다, 黔亦黑也.
綠록, 靑黃色, 卽草綠초록. 明綠명록, 鸎哥綠잉가록, 豆綠두록, 並淺綠. 鴨頭綠압두록, 油綠유록, 並淺綠.
碧벽, 深靑色.
綪천, 淺碧色.
緂담, 靑黃色.
縹표, 靑白色.
紺緅감츄, 靑赤色.
駝色타식, 黃黑色.
[女+欶]豆色연두식, 淺【3:25b】綠深黃色.
紅홍, 赤白色, 小紅쇼홍・桃紅도홍・水紅슈홍・粉紅분홍, 皆淺紅. 大紅대홍, 大因華音다也, 而誤翻多紅. 肉紅륙홍・木紅목홍・茜紅쳔홍・眞紅진홍, 皆深紅.
緹뎨, 丹黃色.
紫ᄌᆞ, 靑赤色, 俗言紫的ᄌᆞ지. 的, 華音지, 誤翻紫芝.
甫羅보라, 嫩紫.
玄현, 俗言紺감다.
緇치, 赤黑色.
褐色갈, 毛布色.
沈香色침향, 黃黑色.
灰色회식, 白黑色.
玉色옥식, 淡靑色・葱白.
素소, 凡物無飾.
藍람, 染靑. 草有三種, 槐藍, 染靑; 小藍如蓼染綠, 俗言促, 轉云쪽, 促, 小也; 大藍如芥染碧, 俗言靛뎡, 又曰靑黛, 轉云청듸, 其實一類而皆可作澱則靛亦藍也. 月白월빅, 淺藍也. 月藍월람, 翠月취월, 深藍. 靛花, 俗轉청화, 藍質浮水面者.

紅藍花홍람화, 俗訓닛, 以其花采已復出有連續之意, 故云. 其花染紅, 故曰紅花・黃藍. 臙脂연지, 轉云영지, 花汁凝成者. [赤+巠][赤+支]・燕肢.
蘇方木쇼방목, 俗言丹木, 轉云다목, 出蘇方國, 其木可以染木紅.
茜根쳔근, 俗言蠱毒蒨, 轉云곡두션이, 以其主【3:26a】治蠱毒, 故云. 又以染茜紅. 蒨・茮蒐・茹藘・地血・染緋草・血見愁・風車草・四補草・西天王草・過山龍・牛蔓・四岳起陽草・鐵塔草.
紫草ᄌᆞ쵸, 轉云지치, 花紫根紫, 可以染紫, 故云. 紫丹・紫芙・茈莀・藐・地血・鴉含草.
槐花괴화, 俗言檟花회화, 花未開時狀如米粒, 炒過煎水入白礬빅반, 染黃甚鮮.
梔子치ᄌᆞ, 二三月生白花, 花皆六出甚芬香, 夏秋結實如訶子, 生靑熟黃, 可以染黃. 木丹・越桃・鮮支・花名薝蔔.
鬱金울금, 苗似薑黃, 花白質紅, 其根黃赤, 將染婦人衣, 黃色鮮明, 微有香氣. 馬[艹$逑].
礬石반셕, 初生也而采得燒碎, 其色名異白礬빅반, 用以調紅黃二色皁礬조반, 俗言黔金검금, 可以染黑且能烏鬚鬓. 涅石・羽涅・羽澤.
打染타렴, 俗訓물드리다. 打, 華音다, 而轉云드리다.
後染후렴, 加染也.
娟娟연연, 物色鮮明.
渝色투식, 色退也.
無色무식, 色不好也.

眞진ᄒᆞ다, 짓다, 色深之名.
嫩엿다, 열다, 色淺之名.

【3:27a】
<服飾部>

衣의, 俗言襖오, 轉云옷. 黃帝時胡曺作. 上服之通稱, 所以依形軀庇寒暑者. 上衣, 俗訓웃옷.
裳샹, 俗言[巾+欠]兒쳠아, 轉云치마, 連接□幅者下服之通稱. 帍裙호군, 俗訓도랑치마, 又曰힝쥬치마. 圍裙, 俗言揮巾휘건치마.
袞衣곤의, 繪龍山華蟲火宗彛五章. 天子之龍, 一升一降, 上公但有降龍, 龍首卷然, 故謂之袞龍袍곤룡포.
繡裳슈샹, 五色備謂之繡, 前三幅後四幅, 繡以藻粉米黼黻四章.
冕旒冠면류관, 黃帝作, 天子十二旒, 諸侯九旒, 上大夫七旒, 下大夫五旒, 旒以繩貫玉, 垂冕前後之名.
褘衣위의, 王后上服.
圭규, 瑞玉也, 上圈下方. 王執鎭圭, 公執桓圭, 侯執信圭, 伯執躬圭, 子執穀璧, 男執蒲璧, 是謂五瑞, 而俗訓爲笏者誤也.
笏홀, 所以備忽忘者. 天子以璆玉, 諸侯以象, 大夫以魚, 須文竹士以竹. 明制四品以【3:27b】上用象牙, 五品以下用木, 以粉飾之. 手版.
章服쟝복, 公服.
冠服관복.
冠帶관듸, 俗訓관듸.
團領단령.
氅衣챵의.
紗帽사모, 一曰烏紗.
惠文冠혜문관, 諫官所著, 一曰獬豸.
唐巾, 華音탕건, 誤翻宕巾.
犀帶셔듸, 俗訓셧띄, 蓋듸與듸國文相近, 因以帶訓띄也.
鶴頂金帶학졍금띄.
品帶픔듸.
角帶각띄.
胸背흉비, 文用鶴武用虎, 以五采刺紋而貼之胸背, 故因名焉. 又以雙鶴雙虎爲堂上之, 一曰補子.
木靴목화.
朝服됴복.
金冠금관.
珮玉픠옥.
後垂후슈.
蔽膝폐슬.
戎服융복, 從戎之服.
朱笠쥬립, 俗訓빗갓.
貝纓픠영.
玉鷺옥로.
虎鬚호슈.
笠飾립식.
帖裡텹리, 貼, 華音텨, 故轉云텰릭, 上衣下裳, 戎事衣服, 誤翻天翼텬릭, 又或云綴翼텰릭.
廣帶광듸, 一曰匾條.
胥紕셔비, 帶鉤也, 俗訓띄돈. 以其形如錢也. 又曰師卑, 又曰鮮卑, 小腰秀【3:28a】頸若束帶也, 又曰帶版子.

水靴子, 轉云슈여주.

軍服군복, 軍中之服.

毛笠모립, 俗訓벙거지者, 兵笠병갓之訛, 一曰戰笠전립.

頂子졍주, 華音딩, 誤翻徵子딩주.

雲月운월, 以色絛纏之毛笠之頂者, 一曰雲頂兒.

戰服젼복, 又曰掛子괘주. 掛, 華音과, 誤翻夬子쾌주, 一曰襘褕.

狹袖협슈, 如夬子而有袖者.

禮服례복, 禮貌之服.

緇布冠치포관, 其制小僅可撮其髻太古冠也. 緇撮.

幅巾복건, 一曰帢.

儒巾유건, 明朝士子冠, 或稱軟巾.

毉頭, 小帽也. 華音감트ㅜ, 誤翻甘吐, 一曰氈帽, 或作[匚+敢]頭者非.

弁번, 如今毉頭而或疑金冠猶可也. 至以僧徒所著, 一摺巾, 俗名曲葛곡갈當之者大誤矣. 且因弁韓之弁以尖幘, 俗稱鐵加羅쇠가라爲弁者, 不識弁制而但爲幘訓故也. 餘詳器用部鍬下.

幞頭복두, 畧似紗帽, 國朝新恩所着.

花冠화관.

簇頭里족두리, 並女冠.

深衣심의, 衣裳相連被體深邃, 故謂之深.

欄衫란삼, 制如團領而傍耳一葉, 本上士之服而爲國朝新恩所【3:28b】着.

道袍도포, 明時道士所製而後爲儒者上服.

直領직령.

[衤+答]護탑호.

袡衣염의, 婦人嫁時上服, 俗言大衣, 轉訓할옷.

帔피, 無袖背子之類. 霹帔.

圓衫원삼, 如俗唐衣而寬大, 長至膝, 但袖長袂圜.

衫子삼주, 俗言唐衣당의, 以承上衣者.

臉罩험조, 俗言面紗면사.

大帶대듸, 用於深衣.

絛帶됴듸, 次於大帶, 用於欄衫, 一名鈴帶영듸. 其制織絲爲之再圍腰, 其羸縮虛有二小鈴垂. 其餘於後兩末相合處一大鈴.

喪服상복, 俗言祭服졔복.

免布문포, 用以免髽者.

布巾포건, 用以承括髮者.

四脚巾ᄉᆞ각건, 用於奔喪者.

喪冠상관, 俗言屈巾, 古制其廣恰覆人首, 今太狹是以有巾之名.

孝巾효건, 俗言頭巾두건, 用以承冠者.

方笠방립, 編竹爲之, 今喪人所著. «文獻通攷»謂之蘇骨多者, 似是小栲栳솝고리之轉音, 而方笠似小栲栳, 故疑有是名.

平凉子평양주, 俗言蔽陽子, 轉云펴랑이, 一曰능[衤+能]襶. 敗天公, 俗訓헌피랑이.

斬衰참최, 五服之第一.

齊衰지최, 通用於大【3:29a】小功, 緦麻而特以員版辟領與衰別之.

中衣즁의, 俗言中單즁단.

首絰슈질, 用以加於冠上者.

腰絰요질, 用以甲束絞帶上者.

絞帶교듸, 用以束於腰絰下者.

燕服연복, 居常之服, 俗言平服평복.

小襖子소오주, 俗言諸于져우, 轉云젹우리, 一曰襦, 又曰腰褶, 誤翻赤古里.

冬襖동오, 俗轉綿襖, 俗訓솜져고리.
單衫단삼, 俗言的衫젹삼.
汗衫한삼, 俗訓짬밧기, 又以紬綴於紬口覆手者之名.
背子비즈, 長與裙齊對衿開旁.
半背반비, 制同背子而無袖.
掛子, 華音과즈, 訓긴져고리.
腰帶요듸, 俗訓허리씌, 一曰裹肚, 又曰褲帶.
厠牏측투, 俗言中衣중의, 小汗衫.
胯衣고의, 脛衣, 一作褲衣, 大者曰倒頓, 小者曰袨[衤+子].
柯半가반, «南史»曰新羅人以袴謂柯半而今無此語.
裋褐두갈, 童竪所著.
犢鼻褌독비혼, 袴無跨者, 俗訓쇠쇼잠방이.
窮袴궁고, 有前當者始漢昭帝.
裩襠袴곤당고, 俗轉고장바지, 婦人下衣.
襪子말즈, 足衣, 俗言補跣, 轉云버선, 一曰韈, 又曰鴉頭襪, 又曰衻.
行【3:29b】縢힝등, 俗言行纏힝젼, 一曰綦, 又曰縛袴, 又曰腿套.
腿帶퇴듸, 俗言腨袛단임.
褲帶子고듸즈, 俗言腰帶, 訓云허리씌. 且帶子例多組紃爲之, 凡於組紃通謂之帶子듸즈.
套手투슈, 俗作吐手토슈.
掌甲쟝갑, 手衣.
護膝호슬, 俗言膝甲슬갑.
護項호항, 繞項毛幘, 而因護字華音휘, 誤翻揮項.

額掩익엄, 俗轉익암. 又以額字, 華音이, 而復沿爲耳掩이엄. 以二其制然額掩環繞而掩額及耳. 耳掩頗爲高大而反不能掩耳, 一曰煥帽, 又曰披肩. 風遮풍치[차], 差小護項.
腦包뇌포, 俗言[孛+頁]係, 轉云볼기, 一曰㮫子.
周留幕쥬루막, 俗轉두루막이, 大褶至膝, 言牢絡在衣表, 一曰周遮衣.
小氅襖소창옷, 以承上衣者.
四楑衫ᄉᆞ규삼, 如今中赤幕, 俗轉중치막.
長襖子쟝오즈, 俗轉쟝옷, 袖狹長衣, 婦女蒙首以遮面者.
羅兀, 轉云너울, 以黑繒爲之, 宮女蒙首遮面者.
冠관, 俗以馬尾織成, 有方冠방관 · 蓮葉冠련엽관 · 程子冠졍즈관 · 網冠망관, 側注及接䍦.
笠립, 俗言盖意合言갓. «左傳»笠轂注曰: 兵車無盖, 尊人執笠, 依轂以禦寒暑人之戴笠, 其亦張盖【3:30a】之意, 故謂之盖意.
凉臺량듸, 織竹爲簷以造笠者, 俗轉량틔, 上有帽子, 俗訓듸우, 言居凉臺之上也.
草笠초립, 新郎所著, 與古云野夫黃冠황관小異.
絲帶ᄉᆞ듸, 俗訓실씌. 繐子, 俗訓수울, 繐因華音쉬之轉也.
鉤落帶구락듸, 俗言革帶혁듸.
履리, 餙足以爲禮, 故俗言餙轉云신. 黃帝臣於則草曰屝曰屜麻曰屨曰屩皮曰履曰屨.
屟셥, 履中著也.

靸급, 小兒履.
鞝鞋옹혜, 俗言雲鞋.
太師鞋태ᄉᆞ혜.
紂頭봉두, 俗轉분투, 頭掩上之屨.
草履초리, 俗言集舃집셕, 集藁之俗訓也. 言以藁爲履也. 舃本以木置履下, 不畏泥濕之名, 又曰不借.
繩鞋승혜, 麻屨也, 俗言免土履머토리.
木屐목극, 俗轉나무신.
仰角앙각, 屐上施履.
[木+尻]국, 本山行所乘而以鐵椎施之屐下, 故俗以木加之屐齒, 亦曰[木+尻], 轉云굽.
鞎하, 履後帖也.
[糸+扁]當반당, 轉云바당, 履底也. 俗以手掌曰須運[糸+扁]當손바당, 足掌曰〻[糸+扁]當발바당, 凡在下平舖者皆曰바당.
□장, 鞋底皮也, 俗轉창.
釘뎡, 履下尖鐵, 華音딩.
【3:30b】
寢具침구, 衾금, 被也. 俗言以覆이부, 轉云이불.
薦衣천의, 小被一曰[礻+黃]褡.
褥욕, 轉云요, 又曰籍裍, 轉云ᄌᆞ리.
枕침, 臥薦首者, 俗言平依介, 轉云벼ᄀᆡ, 有鴛鴦枕・角枕・木枕.
雜服잡복, 裘구, 皮衣, 俗訓갖옷. 毛衣・毛物.
錦衣금의, 俗言斐緞襖비단옷.
紬衣쥬의, 俗言明紬襖명쥬옷.
襌衣단의, 俗訓홋옷, 盖忽者空無著也. 俗以單爲忽, 轉云홋, 以獨爲忽直云홀.
褶衣겹의, 俗轉겹옷, 有表裡而無著者, 一曰袷・複衣.
綿衣면의, 俗訓솜옷, 漬繭擘之, 精曰綿, 粗曰絮, 纊曰細綿, 俗合言솜.
衲衣눌의, 俗訓누비옷.
新衣신의, 俗訓ᄉᆡ옷, 又曰眞솔[示+率]신솔옷.
弊衣폐의, 俗訓헌옷, 一曰褻, 破壞之餘也.
褻衣셜의, 私居服.
雨衣우의, 俗言油衫유삼.
油帽유모, 俗言笠帽, 訓云갓모. 雨籠・油罩.
帨巾셰건, 俗言手巾슈건.
襁褓강보, 小兒被, 俗言褓絡보락, 轉云포닥이. 裍. 襁織縷爲之, 廣八寸長丈二尺, 以約小兒於背者.
[亻+致]抵褔지져구, 會物曰[亻+致]抵, 小兒涎衣, 曰褔蓋, 承小兒不潔者也. 是以凡所會物皆曰[亻+致], 轉云짓, 火紙曰부
【3:31a】 시짓, 島馴曰짓드리다, 言馴而後自營其巢也.
袱복, 俗言包子, 轉云보ᄌᆞ, 所以裹物者.
金牋紙금젼지, 用以餙褓等者, 而俗作金錢者, 非.
囊橐랑탁, 有底曰囊曰帣, 無底曰橐, 並所以貯物, 故俗以貪有曰囊橐랑탁ᄒᆞ다. 小囊曰周槃, 轉云쥬먼이; 大曰褚類, 轉云ᄌᆞ루, 一曰口帒. 梢馬子曰巨囊, 轉云걸랑. 袷. 小橐曰纏帒젼ᄃᆡ, 一曰纏帶・搭包.
搭連탑련, 馬上衣衾之包也. 以華音다련誤翻爲大練.
衣樣의양, 衣制.

一襲일습, 上下衣皆具. 禪複具曰稱.
襋극, 俗轉깃, 交領也. 衱겁. 衿.
前褶젼습, 轉云압셥, 交衽.
[礻+乇]탁, 俗訓깃바대, 貼襯長衣.
輒쳡, 俗轉셥, 領耑.
衩落차락, 衽也, 俗轉ᄌ락.
褸누, 俗轉무, 衣傍.
襠당, 俗訓바지밋.
鞔티, 補也, 俗以他布補衣曰티넛타.
耑단, 衣緣.
繑邊교변, 俗訓단겹다. 滾邊.
袖袂슈메, 俗轉소ᄆᆡ. 袖口.
紟금, 俗言緪긍, 轉끈, 又曰扣縷구루, 轉云고롬, 衣系也. [礻+虛].
紐子뉴ᄌ, 俗言團樞단츄, 結而可解者.
袜搭말탑, 俗轉【3:31b】ᄆᆡ듭.
縐縷츄루, 俗轉쥬룸, 裙褶也.
執衽집임, 俗轉집엄. 집엄, 掎衣上衽. 袺결.
綻[糸+遲]탄지, 俗轉터지다, 縫解也.
紆屈縐屈우굴츄굴, 襞積褰縐也.
紆간, 摩展衣也.
摫큐, 裂帛爲衣.
直緖직셔, 布帛不裁開處, 俗轉식셔, 又訓고든셔.
解緖히셔, 裁開處, 俗訓푸셔.
粲粲衣服찬찬의복, 鮮明.
輝煌燦爛휘황찬란, 光明也.
敝袍破笠폐포파립.
懸鶉百結현순빅결, 衣敝如懸鶉. 襤褸람루・襴緆납탑.
俅俯구부, 載弁貌, 俗轉구부숩ᄒᆞ다.
祿[礻+速]록속, 衣聲.

【3:32a】
<百穀部>

百穀빅곡, 粱者黍稷總名, 稻者漑種總名, 菽者衆豆總名, 三穀各二十種, 蔬果之助穀者, 各二十種, 總之爲百穀.
九穀구곡, 黍稷秫稻麻大小豆大小麥也. 一說無林大麥而有粱苽, 又黍稷稻粱三豆二麥.
八穀팔곡, 黍稷稻粱麻菽麥烏麻.
六穀륙곡, 黍稷粱麥苽稌.
五穀오곡, 麻黍稷麥豆.
黍셔, 稷之黏者, 俗言赤粱, 華音치량, 轉云기장. 苗似粟而低小, 有毛結子不同粟, 穗叢聚攢簇黍稷之粒踈散成, 枝卽大黃米也. 赤曰□曰穈; 白曰芑; 黑曰秬; 一稃二米曰秠. 黍穄・薌合. 宿乙黑黍잘으리기장, 莖青甲灰色實白; 走非黍쥬비기장, 莖稍黑甲灰色實黃; 達乙伊黍달을이기장, 莖赤甲灰色實黃; 柒黍옷기장, 秫출기장, 莖青甲灰色實黑.
蜀黍쵹셔, 華音슈슈, 誤翻垂穗, 又因穛稆謂之唐米. 穗黑實圓而苗似蘆, 高丈餘, 故名高粱, 又曰荻粱・蘆穄・蘆粟・木稷. 其黏者曰蜀【3:32b】秫. 無應厓唐黍믕이슈슈, 旡芒, 熟則赤. 米唐黍빨슈슈, 旡芒, 熟則微白. 盲干唐黍밍간슈슈, 芒長, 熟則赤. 今人祭祀所以代稷者, 時珍本草已卞其誤矣
玉蜀黍옥슈슈, 玉以東音蜀黍以華音. 種

出西土, 苗葉俱似蜀黍而肥矮, 苗心別出一苞如椶, 魚形, 上出白鬚, 久則苞拆子出如椶子.

稷직, 五穀之長, 卽不黏之黍而所謂明粢者也. 因蘇頌云, 今人不甚珍, 惟祠事用之, 農家以備他. 穀不熟之語, 俗謂之稗패, 轉云피, 而稗不在五穀之列. 且«雅言覺非»卞之爲粟者, 亦誤也.

粱량, 穀之良者, 亦粟類也. 穗而毛長者爲粱, 有靑黃赤白之色, 俗以色之靑者曰靑粱, 米轉云쳥졍미. 薌萁.

粟속, 古以粟爲黍稷, 粱秫之總名矣. 後世以粱之細而毛短者, 專名爲粟, 俗言小米쇼미, 轉云조, 其類凡數十, 有靑紅赤黃白黑諸名. 或因姓氏地名, 或因形似時令, 隨義賦名, 故早則有趕麥黃百日糧之類, 中則有八月黃老軍頭之類, 晩則有鴈頭靑寒露粟之類. 三葉粟세닙조, 芒短莖赤實微黃; 瓜花粟외고지조, 芒短莖白實黃; 猪啼粟돗우리조, 芒長莖赤實微白; 都籠箕粟도롱고리조, 旡芒莖與實微白; 沙森犯勿羅【3:33a】粟사솜버므레조, 芒長穗長實稍靑; 臥餘項只粟와여목이조, 無芒莖白項長實黃; 茂件羅粟무프레조, 芒短莖靑穗長熟則灰色; 漸勿日伊粟져므시리조, 芒長莖靑熟則黃; 烏鼻銜粟싀코딜이조, 芒長莖微白實黃; 擎子馬赤粟경ᄌᆞ마치조, 無芒莖靑穗短實黃; 漸勿日伊粘粟져므시리ᄎᆞ조, 芒短莖赤熟則微白; 生動粘粟싱동출조, 芒短莖赤灰色・婁亦粘粟슈역ᄎᆞ조, 旡芒穗多岐莖靑熟則黃; 黑隱只粟거믄더기조芒短莖赤熟則黑; 開羅叱粟ᄀᆞ랏조, 芒長莖靑熟則黃. «說郛»云: 高麗人以粟爲田菩薩者, 誤也.

油麻유마, 卽胡麻也. 有黑白二種. 古者中國止有大麻, 張騫得之大宛, 故曰胡麻. 且野蘇들깨, 一名荏, 可壓油而品劣. 胡麻油更佳, 故俗言眞荏, 訓云ᄎᆞᆷ깨. 巨勝・方莖・狗蝨・脂麻. 油曰香油, 葉曰靑□, 莖曰麻藷. 黑者曰黑荏子흑임ᄌᆞ. [艹$稱].

白蘇빅소, 卽野蘇也, 俗訓들깨, 又曰水荏. 油曰法油. «雅言覺非»作薺薴者, 非.

大豆대두, 菽也. 時珍本草以豇豆爲豆之上品而又當腎穀, 故俗以豇豆當大豆總名, 而因字旁工공轉云콩. 又曰太태. 盖因公文當書【3:33b】大豆而漏豆字, 遂於大字下加一點以當大豆之名, 此因一時處變而便爲成名. 豇子豆, 卽俗轉광적이, 誤飜光將豆, 一曰長豆莞豆, 一曰跭䝑강쌍. 黑太검은콩, 甲赤實黑; 者乙外太잘외콩, 甲黃實黑; 臥叱多太왁대콩, 甲黑靑色實黑; 火太블공[콩], 甲微白實深赤; 黃太누은콩, 甲或微白或黃實微黃; 百升太온되콩, 甲與毛灰色實黃; 六月太유월콩, 甲白實白; 吾海波知太오희파디콩, 甲白實赤白; 鼠目太쥐눈이콩, 一曰穭豆, 卽黑豆中最小者; 豌豆원두, 百穀中最先登者, 故俗以治圃種豆曰원두者, 以此也. 又各躍豆戎菽回鶻豆, 靑班麻累, 色靑似綠豆而大, 其曰角子轉云싹지.

小豆쇼두, 荅也. 本草白豆一名飯豆, 謂其粥飯皆可拌食故也. 今以赤豆拌食亦曰飯豆, 轉云팟. 春小豆봄가리팟, 甲白實赤, 眼白; 根小豆근쇼두, 甲白實深赤, 眼白;

早小豆올퐅, 甲黑實赤, 眼微黑; 山達伊小豆산달이소두, 甲白實白, 眼亦白; 渚排夫蔡小豆져비부체퐅, 與山達伊同; 伊應同小豆잉동퐅, 甲白實半白半黑, 眼白, 莖微赤黑; 黑小豆흑소두, 甲白實黑, 眼白.

綠豆록두, 綠以色名, 俗作菉者【3:34a】非. 色鮮者爲官綠, 皮薄而粉多, 一曰明綠; 粒小而色深者爲油綠, 皮厚而粉小, 一曰暗綠; 早種曰摘綠可頻摘也; 晩種曰拔綠, 言一拔而已.

東背, 俗轉동뷔, 甲長微白, 每甲十實, 微白眼赤.

藊豆변두, 有黑白二種, 白者入藥. 沿籬豆・蛾眉豆・□豆. 黑曰鵲豆.

大麥대믹, 苗粒皆大於來, 故曰牟來모리, 轉云보리, 牟大也. 春種曰春麰봄보리, 莫知麥막지보리; 秋種曰秋麰가을보리, 眞麥참보리, 以上並芒長; 米麰발보리, 無芒無糠; 兩節麰양졀보리, 春秋□種.

小麥소믹, 只云麥, 而華音머, 轉云밀, 秋種冬長春秀夏實, 具四時中和之氣, 故爲五穀之貴. 來・迦師錯. 浮小麥부소믹, 卽水淘浮起者, 俗言泔浮起, 轉云쌈부기. 麥皮曰麩. 麥麪, 俗言眞末진말, 他米屑皆不及小麥麪, 故云.

蕎麥교믹, 莖弱而翹然, 實有三稜, 而磨麪如麥, 故俗訓모밀, 謂其有稜之麥也. 花蕎・荍麥・烏麥・木麥.

雀麥쟉믹, 苗與麥同, 但穗細長而疎, 一曰鈴鐺麥, 以鈴鐺有耳, 俗翻耳牟. 又以日華子瞿麥之說, 又翻瞿于里귀우리. 燕麥・蘥・杜姥華・牛星草・䨩大麥.

稻도, 有芒穀秔糯總名.【3:34b】俗言[禾+巴]稏파아, 轉云벼. 又曰嘉蔬・大米. 黏曰糯, 俗訓찰, 又曰秫; 不黏而早曰秈, 晩曰粳曰秔, 俗□. 早稻曰救荒狄所里구황되오리, 又曰氷折稻어름것기, 無芒色黃, 性太早耳甚聰; 自蔡ᄌᆞ치, 有芒, 穗初發色白熟則黃; 著光져광, 有短芒, 穗初發色微白. 熟則黃, 耳鈍; 鷄鳴稻ᄃᆞᆰ오려, 無芒, 色微黃, 耳聰; 柳稻버들오려, 有芒, 色微黃, 耳聰; 次早曰於伊仇智에우리, 有短芒, 穗初發色微白, 熟則芒黃赤, 甲深黃; 倭子왜ᄌᆞ, 芒甚短, 無穗, 初發色靑, 熟則芒, 甲微白; 黃金子황금ᄌᆞ, 芒長, 細穗初發色白, 熟則深黃; 靑狄所里두량되오리, 無芒, 色黃, 耳聰; 中實稻중실벼, 有芒, 色微黃, 耳聰; 柏達伊잣달이, 無芒, 色黃赤, 耳甚聰; 晩稻曰沙老里사로리, 芒長, 穗初發色赤, 熟微赤; 牛狄所里소되오리, 無芒, 穗初發色靑, 熟則白; 黑次老里검은사로리, 有短芒, 穗初發芒甲皆黑, 熟則甲微白; 高沙伊沙老里고새노리, 芒長, 穗初發色白, 熟則微黃; 所伊老里쇠노리, 芒長, 穗初發色白, 熟則芒甲微黃; 晩倭子만왜ᄌᆞ, 芒短, 穗初發色微白, 熟則芒黃甲白; 東謁老里동알노리, 芒短, 穗初發色靑, 熟則黃; 牛得山【3:35a】稻우득산도, 一名두이라, 芒長, 穗赤; 白黔夫只흰검부기, 芒長赤, 穗初發微白, 熟則眼微黑, 甲微白; 黑黔夫只검은부기, 芒長, 穗甲皆微黑; 東鼎良里동솟ᄀᆞ리, 芒長, 穗初發微白, 熟則甲白, 眼微赤; 靈山狄所里녕산되오리, 無芒, 穗初發色靑, 熟則眼微黑, 甲

微白; 高沙伊眼撿里고새눈검이, 芒長, 穗初發色白, 熟則黃, 莖節黑; 多多只다다기, 一名御飯米어반미, 芒長而稍曲, 穗白; 仇郎粘쇠노촐, 芒短, 穗初發色靑, 熟則黃; 多多只粘다다기촐, 與多多只同; 粘山稻졈산도, 無芒, 穗甲皆微白; 麰山稻보리산도, 無芒, 穗初發色靑, 熟則微白; 倭水里예슈슈리, 有芒, 色赤, 耳鈍; 狄所里되오리, 無芒, 色微赤, 耳聰; 密多里밀다리, 無芒, 色深赤, 耳聰; 大棗稻대조벼, 無芒, 色深赤, 耳鈍.

稗패, 似禾而實細, 有水旱二種, 俗轉피. 稗之不可爲稷, 卞之於上. 又有以稗當稗則尤極無義. 阿海沙里稗아힉ᄉ리피, 無芒, 熟則微白; 五十日稗쉬나리피, 上同; 長佐稗댱재피, 芒長, 熟則微白; 中早稗즁올피, 無芒, 熟則微白; 姜稗강피, 無芒, 熟則黑.

禾화, 凡穀之垂穗者而以嘉穀當之.

租【3:35b】조, 田賦也. 古者田賦出兵, 故曰軍實군실, 轉云구실, 故以後之使役官府者亦曰구실者, 此也. 羅朝徵租以稻以爲頒祿之用, 故連皮稻曰正租뎡조, 又曰羅祿, 轉云나락, 又以仕宦謂之벼실者, 亦以食入稅之稻也.

種稑종륙, 先種後熟曰種, 後種先熟曰稑.

稾稭고기, 稾, 禾莖; 稭, 稾穎. 俗以發穗向稔曰고기숙다. 去皮稭轉曰고깅이. [米+空]・稻稈.

攝殳셥슈, 本打穀具, 俗以穀穗亦曰셥슈.

田穉뎐치, 幼禾.

苗묘, 俗轉모, 凡種稻先苗之後移之, 故草木之移植者, 亦曰苗種모죵.

蓬蓬통통, 禾苗出.

桀桀걸걸, 秀貌.

油油유유, 禾黍光悅貌.

稝稝핑, 禾相成列.

實稔실염, 穀熟也, 俗言稔栗염룰, 轉云염울다. [禾+告]곡.

秋收츄슈, 穫稻也.

打作타작, 打穀也.

有年유년, 俗言豊年풍년, 五穀皆登.

匈荒흉황, 俗言匈年흉년, 又曰殺年살년, 歉年穀不登也. 歉, 四穀不升; 大侵대침, 五穀不登.

礱농, 磨穀, 俗言褐갈다.

[龍$瓦]용, 築土礲穀.

[算+攴]만, 小舂除穀芒.

□착, 米一斛舂爲九斗, 俗言舂精【3:36a】용졍.

去皮거피, 豆之去皮, 俗轉계피, 又去皮取實曰실ᄒ다, 如實栢子. 又舂米去糠曰實, 轉云쓸타.

去粰거부, [箕+欠]之也, 俗轉ᄭ부다.

[米+芻]츄, [箕+欠]而取精曰츄다.

[米+覈]혈, 糠不破.

糠미, 碎糠.

[禾+會]괴, 糠也, 俗轉겨.

米미, 禾粒總名, 稻曰大米대미, 粟曰小米소미, 俗言粲찬, 轉云ᄡᆞᆯ, 粟之精鑿者. 粳米・香秔・玉粒・雲子・長腰. 粱공, 精米; 粡동, 粗米, 又曰磨糙米, 轉云믜조미; □피, 碎米; 粉분, 米屑; 粠홍, 陳倉米; 糈셔, 祀神米; [米+卩]션, 米滓; 粃비, 不

成粟; 落庭米락뎡미, 倉庭入穀時所遺, 俗以凡物餘利[糸+衰]謂之落庭米. «說郛»曰: 高麗人以白米謂之漢菩薩者, 誤也.

淅셕, 汰米.

沙汰사틱, 淘米.

滍시, 漉米.

泔瀋감심, 米汁.

潃瀡슈슈, 米泔.

灝호, 豆汁, 所以沐髮. 釋氏豆灝浴身, 故俗於四月八日蒸豆以食者, 盖緣浴佛之意.

【3:37a】

<飮食部>

飮食음식, 飮咽水也. 北方以酥謂之馬思哥, 俗以凡所飮者, 轉云마시다. 食茹也, 俗言[飠+免]茹만여, 轉云먹어, [飠+免], 貪食也. 又咂嘴잡취, 轉云잡슈, 咂, 入口也. 不敢斥言大人之食, 但云以嘴入口之意. 又可足食之物, 通謂之엄식.

玉食옥식, 白粲, 俗訓흰쌀飯也. 進支御供曰水剌슈라. 剌, 刀也, 華音라.

飯반, 古時茹毛飮血, 燧人鑽火而人始裹肉而燔之曰炮. 及神農時, 人方食穀而加米于燒石之上以食, 至黃帝始以釜甑炊穀謂飯, 俗轉밥. 進於所敬曰進支진지; [食+光]飯광반, 盛餠; 飧손, 水和飯, 俗訓물말이; 餗렴, 正飯後小飯, 如茶點之類, 俗言點心졈심, 又曰中火즁화. [米+剌]飯괄반, 粗飯, 一作糲飯; 粈유, 雜飯; 胡飯호반, 燋飯也, 俗訓누른밥; 骨董飯골동반, 取飮食雜和飯, 俗言捊排飯부빔밥, 又曰谷董;

蒸饎飯증희반, 俗轉지어밥, 饎通酒食兩名, 所以釀酒飯.

秏호, 以禾旁毛字□□□□, 轉云뫼, 稻屬也. 伊尹曰: 飯之美者, 南海之□, 俗□祭飯曰秏□. 뫼粳□曰□米, 뫼쏠.

藥食약식, 俗訓약밥. 【3:37b】 糯飯和油蜜雜果爲之. 餘詳歲時部正月註.

饌찬, 具食也, 俗言飯饌·膳. 伊蒲塞, 桑門之饌.

羹깅, 肉之所作臛, 俗言菊국. 日華子云: 菊有兩種, 以甘苦別之. 甘菊名曰精, 其葉可作羹, 俗因以菊爲羹之一號. 湇읍, 羹汁, 或曰轉云국, 一作脝. 筋劑근졔, 轉云건지, 羹料也. 麥之麩與麪水中揉洗者, 亦名麪筋. 湯탕, 熟水. 絮쳐, 器中和羹, 俗轉치다. 打타, 調和塩醬, 俗訓타다.

糄픠, 硏米糝羹.

熱口子열구ᄌᆞ, 雜以多品烹之于錠者也. 見器皿部錠字註.

酒쥬, 肇自上皇成之帝女. 又曰杜康造儀狄作, 少康作秫酒, 俗言遂蘗술. «說郛»云: 東人以酒爲酥孛者, 誤也. 美酒俗言藥酒약쥬·聖人·竹葉·桑落·流震·烏程·屠蘇·蘭生·麴秀才·歡伯·黃流. 淸曰標, 又曰靑州從事. 淸而甛曰酏. 濁曰醠, 亦曰醓, 又曰魯水, 又曰茅柴, 又曰平原督郵, 俗言濁白탁빅이. 濁而微淸曰醆; 厚曰醇, 亦曰醹. 重釀曰酮, 三釀曰酎; 薄曰醨; 甛而一宿曰醴, 俗言甘酒감쥬; 美曰醑; 苦曰□; 紅曰醍; 綠曰醽; 白曰醝. 酶미, 酒本, 俗訓, 술밋一作梅. 【3:38a】 瀝역, 飮酒將盡餘滴; 母酒모쥬, 酒滓, 一曰

滓糠지강; 酒餘米, 俗轉지게미, 一曰糟.

燒酒쇼쥬, 古無其法, 自元時創其法, 用濃酒和糟入甑蒸, 令氣上用器承取滴露, 凡酸壞之酒皆可蒸燒. 火酒·紅友·阿剌吉酒·甘紅露.

麴櫱국얼, 酒母也. 以麥屑鬱之, 使生黃衣. 俗言糗麴, 轉云누룩, 麪麴之謂也, 俗以乾糗, 轉云갈누, 以當屑訓故也. 女麴녀국, 以完麥飯罨黃者, 一曰黃子, 又曰麲子; 黃蒸황증, 米麥粉和者, 一曰麥黃, 又曰黃衣.

殽核효히, 非穀而可食者, 俗言按酒안쥬.

餠병, 粉餈也, 俗轉편. 凡以麪爲食具皆曰餠, 又曰飥, 轉云떡.

餈ᄌᆞ, 炊米爛蒸擣之爲餠, 以豆糝之, 如今引截米인졀미.

餌이, 粉米蒸屑, 堅潔若玉珥者, 如今白餠, 俗訓흰떡.

印子餠인ᄌᆞ병, 俗訓살바근떡.

水糰슈단, 一作[食+耑], 粉屑爲餠, 小如槲子, 浸之蜜水而食, 本端午時食而吾東用之流頭, 盖槐葉冷淘之意. 粉團·白團·粉餌.

撒餻살고, 屑米甑蒸者, 俗訓시루떡.

餻고, 米屑蒸之以棗豆之味, 如今蒸餠증편.

飮교, 屑米麪和飴裹餡如彈丸, 湯中牢丸, 謂之粉角, 如今堅【3:38b】團경단, 俗加艾葉爲之, 名艾飮餌, 訓쑥구리.

餛飩혼돈, 飮餌別名, 屑米麪爲末, 空中裹餡類彈丸, 大小不一, 籠蒸啖之.

寒具한구, 環餠也. 環繞如蛇盤而油煎者, 如今煎餠젼병·揜頭·薄餠. 有以饊子粔籹餦餭, 並爲寒具者而非是, 故條辨在下.

花糕화고, 俗言花煎화젼.

青艾餠쳥ᄋᆡ병, 三月上巳採新艾作糕以食.

松餠, 轉云송편, 粉米裹餡而格松葉蒸成者. 葉餑.

松肌飥송긔떡, 松樹去粗皮取其白軟者和秔米擣之爲糕.

山僧餠산승병, 莎蒸.

角黍각셔, 糉也. 本以麪作餠爲大葉餡以肉屑菜餗卷葉裹之者, 而俗以煎餠裹餡者非矣. 其小如松葉餑子而有兩角者名曰造角, 轉云죠악, 盖俗以似而非, 眞者曰造, 又曰造䔯餠.

白雪餻빅셜기, 白米屑蒸成者.

鷄鳴糕기단과, 華人餠從華音.

餠[食+者]병져, 以菉豆粉煎成者. 餚餠슈병. 餲餠알병, 訛訓蝎餠, 訓云빈ᄃᆡ떡.

饅頭만두, 屑麪發酵有餡宜於三春, 盖諸葛亮南征時, 瀘俗殺人祭神, 亮以羊豕代取麪, 盖人頭祭之, 饅頭之名始此. 繭斜·包子·籠餠.

匾食편식, 華音시, 轉云편슈, 滾【3:39a】麪如薄紙, 切爲四方裹餡, 四合如饅頭者.

霜花餠상화병, 轉云상ᄋᆡ떡, 起酵爲者之饅頭之屬而無餡.

湯餠탕병, 濕麪也. 凡以麪煮, 皆曰湯餠, 則飥飥, 俗訓풀떡, 及條麪絲麪之俗言匊水국슈者, 皆可當之. 俗以元朝所食白餠之湯熟者訓曰국則非矣.

豆腐두부, 始於漢淮南王劉安, 磑豆濾滓

煎成入塩鹵凝結者. 菽乳. 以綠豆粉煮成者曰索식, 俗以纆亦索, 故因謂之纆묵, 纆附會之意也. 今人以豆腐謂之泡포, 以綠豆索, 黃者曰黃泡, 青者曰青泡, 而泡水之浮漚也. 無當於食其不可爲訓也明矣. 又以雜菜和者, 謂之蕩平菜탕평치, 盖我廟時將歆蕩平四色人, 故於物多加蕩平之名.

腐滓부지, 俗轉비지, 豆腐滓也.

粥쥭, 一曰糜미, 煮米爲粥, 使糜爛也. 厚曰饘젼. 屑米爲飮曰糇粥걸쥭, 薄曰酏이, 又曰稀粥, 又曰秣粥말쥭, 轉云말숙.

米飮미음, 一作糜飮, 煮米取精, 稀曰穀精水.

薏苡의이, 草珠也. 其粉甚黏, 可作飮, 故葛粉綠末蕎麥等作飮者並云의이.

酡酪타락, 牛乳·酥油·潼酪·乳醬.

茶차, 檟茗總名.

麩麪죠면, 俗言米食미식, 食華音시. 餱糧·糇糗.

【3:39b】

乾糗간후, 熬米麥. 使熟而又擣爲粉也. 俗以屑米麥者, 轉云갈누, 誤翻加婁.

麩麧耳부헐이, 轉云무걸이, 麩麥屑皮麧麥糖中不破者.

[麥+莫][麥+夜]막야, 麪皮, 俗轉미야.

油蜜果유밀과, 一曰造果죠과, 猶言假果, 以蜜麪爲果子之形, 或如棗栗梨柹者, 後嫌其圓, 轉不能累高, 改作方形而果名猶存.

油果子유과즈, 俗只稱果子而子華音즈, 因云과즐, 又曰藥果약과, 俗以蜜爲藥故也.

粔籹거녀, 蜜麪作餅, 油煎而亂者, 如今中朴桂중박기·扁條.

糤子산즈, 粻糧也. 稉稻並穀熬之則其米炘散, 故曰糤也. 有三種: 一曰扁糤, 俗言糤子산즈, 兩箇相合油煎而沃餳以糤爲衣者; 二曰蓼糤, 作餅如釵, 既煎而沃餳衣之以糤, 形如蓼花者, 俗訓요화씨; 三曰朴糤박산, 不別作餅純以糤子沃餳相着待, 其穀固煎作方狀者.

粉饘분견, 以烈酒和糯米粉搦搏作餅, 細切待亂用油浴煎, 即浮起圓大者, 俗言羌飣강정, 又曰乾正. 元陽饘.

印團인단, 俗言茶食다식, 或用栗黃芝麻松花作粉, 和蜜爲餅, 納于模□中, 印出花葉魚蝶之形, 取制於茶家龍團鳳團之茶餅, 故云茶【3:40a】食.

煎果전과, 果泥也. 煎之以蜜煮, 誤翻正果정과.

煎藥전약, 以桂薑胡椒丁香末入白淸阿膠棗肉搜勻候, 凝爲冬至時食.

醋초, 轉云초. 以倉米蒸飯[合$酉]黃, 別以倉米蒸飯和勻入水淹過密封暖處以成者. 酢·醯·苦酒·白醭醋生白衣.

醬쟝, 麥麪米豆皆罨黃加塩曝之成醬. 甘醬감장, 轉云간장; [務$酉]醬무쟝, 速成醬; 豆豉淸湆醬청급장, 俗轉청국장; 盤醬, 俗言頓醬된장, 又曰土醬토장; 燻造훈죠, 醬豉, 轉云며쥬. 古以醢亦謂之醬, 以其粱麴及塩漬以美酒, 制如作醬故也. 今止以塩無麴, 則不可渾, 謂之醬也.

醢히, 俗言菹져, 轉云젓, 生釀之遂使阻于寒溫之間, 不□爛也. 醯혜醓탐, 並醢之多

汁者.

食醯식혜, 以食爲[耳+酉]多汁之意.

沈菜침치, 醃菜, 俗轉김치.

塩염, 煮海爲鹹, 俗言鹺鹻소감, 轉云소금. «說郛»云: 東人以塩謂蘇甘者非. 甐水강슈, 塩澤, 俗轉간슈. 滷텰, 以甘水和鹹水爲塩器.

石鹼셕험, 以竈灰淋汁以去衣垢, 兼以和麪起酵. 灰鹼・花鹼.

蜜밀, 蜂所化甘如飴, 而生於土木及石窟中, 故俗【3:40b】言窟飴合言꿀. 崖蜜曰石淸셕쳥.

沙糖사탕, 糖, 華音탕, 沙小而甘美也. 糖, 飴也. 窨蔗爲糖者, 其甘倍飴.

飴이, 以米蘖煎秫爲之, 俗言軟糖合言엿. 湑曰飴, 又曰黑糖흑탕, 又曰造淸죠쳥. 稠曰餳, 濁曰餔, 謂之粻餭, 色紫, 類琥珀曰膠飴.

油유, 俗言旨飮, 轉云기름, 胡麻油, 俗言眞油, 訓云참기름. 香油. 野蘇油, 俗言法油, 俗訓들기름. 重油・蘇油.

麻枯餠마고병, 俗言荏麮, 訓云셔묵. 笮油滓・麻籸・油骨・油[米+乍].

膏麪고면, 俗轉고명, 以薑桂等屬爲粉, 以糝食物者, 而«雅言覺非»作糕銘以爲糕, 上繡作文字者, 甚鑿難信.

齏졔, 凡醢醬所和細切薑蒜之類, 俗言藥塩약염.

魚肉어육, 魚, 俗言鼓鬐고기, 又曰生鮮싱션. 魚肉, 俗言骨肌고기, 華音기.

膾회, 細切腥肉, 亦有魚膾. 打生・鮓.

串炙산젹, 以肉貫串而炙也. 炙, 又音자, 膾炙, 人所同嗜, 故凡所有名者, 亦言膾炙회자ᄒᆞ다. 雪夜覓.

炙膔구이, 炙, 灼也, 不是炙意, 而習俗沿訛以灸當炙. 藥與肉之炙者, 並曰灸, 俗訓굽다, 膔熟也. 灸膔, 炙熟之名.

脯肉포육, 俗轉폐육, 乾肉. 脩수, 脯加薑桂者, 俗言藥脯【3:41a】약포. 腒거, 乾雉; 魚鮓曰魚脯어포. 薧.

膰肉번육, 祭餘肉, 生曰脤, 熟曰膰.

煎油魚젼유어, 俗轉젼눠, 又曰肝南, 轉云간남, 謂其在肝燔之南. 羞胾.

膏飮고음, 臛肉, 濃羹.

佐飯좌반, 轉云자반, 塩魚.

溞溞소소, 淘米聲.

[扌+搴]抒건져, 挹米漉水也, 一曰撈.

糗糗만만, 飯澤.

饙분, 一蒸米, 俗訓뜰이다.

餾류, 飯氣蒸流也, 俗訓뜸드다.

[米+孛]불, 屑米也, 俗轉ㅂ다.

麮말, 屑米也, 俗轉마다.

[氵+壯]장, 賓米於甑, 一作奘, 俗訓찌다蒸也.

付泥부이, 糝之也, 俗轉쑤리다.

起酵긔효, 發麪也, 俗言浮匏부푸다. 起酒. 餢[食+俞]부투.

餡함, 凡米麪食物坎, 其中實以雜味, 俗訓소넛다, 盖言納其裡之意.

炐방, 完物遇火脹起也.

煨외ᄒᆞ다, 火中熟物. 爊오.

熇熬복오, 俗轉복으다, 火乾.

煺퇴, 一作[火+退], 以湯除毛, 俗轉튀ᄒᆞ다.

燖심, 火熟物, 又沉肉於湯, 俗轉삼다.
退爓퇴염, 再於湯中熟也.
炙구, 見上炙脜.
脜이, 熟也, 俗轉익다. 孫穆方言云: 高麗人謂熟水曰泥根沒者, 誤也. 不知轉云익【3:41b】及이근, 皆脜之語訓爾.
熄식다, 滅火也. 凡物火滅則寒, 故以冷爲熄, 而孫穆又以時根시근爲訓, 甚無義.
濃爛농란, 大熟也. 濃熟.
欽身흠신, 本微曲也, 而借用於烹飪大熟, 轉云흠씬.
潽出보츌, 俗轉삳어넘다.
泔감, 烹和魚肉.
檗벽, 飯中有腥米也. 俚俗誤作薛字首, 遂音셜, 謂之셜다, 是猶«歸田錄»所云京師賣□餡人, 轉□作酸, 轉餡作陷也.
煎젼, 有汁而乹之, 俗言燵脜단이, 轉云달이다.
熬오, 少汁則以火乹之, 俗言燥脜죠이, 轉云졸이다.
燵糦단치, 燵火熾也, 糦氣熟也, 轉云달치다.
瀹약, 納肉及菜湯中薄熟出之, 俗訓데치다. 炸菜.
生生싱싱, 不熟, 俗轉싱싱ᄒᆞ다.
杈濂차렴, 沉物水中使冷, 俗轉치호다.
蘸去잠거, 以物投水, 俗轉잠그다.
紬繹쥬역, 綴集也. 凡物兩手集合曰쥬역이짓다.
捫蒸문증, 俗轉찌우다.
菹茹져여, 見上醢註.
牒쳡, 切肉也, 俗轉졈니다.
滑滑활활, 調和五味, 俗訓활활셕다.
榨ᄌᆞ, 醑酒去糟, 又壓油, 俗轉ᄶᆞ다. 茜·泲.
據挐거녀, 本以把平田之名, 言酒之漏篩如土之漏杷也. 俗以漉酒, 轉云거러.
龍룡, 酒【3:42a】裡入水, 俗訓룡올이다.
料理요리, 外國治饌.
味미, 五味: 金辛·木酸·水醎·火苦·土甘. 梵書云: 麽醯마두, 俗轉맛.
臭취, 惡腐氣, 飣餘饕희회테, 俗轉내함시.
辛신, 俗言蔎첨, 轉云스, 又五味得辛委煞, 故曰煞살, 俗轉쓰다.
酸산, 齒傷酢曰[齒+胥]셔, 俗轉시다.
鹹함, 塩味, 俗言鹺차, 轉云짜다.
苦고, 炎上味, 俗言猛火밍화, 轉云밉다.
甘감, 甛也, 俗言嘾담, 轉云달다.
草氣초긔, 俗訓풋내나다.
腥셩, 生肉, 俗言非脜비이, 轉訓비리다.
羶膙젼조, 犬豕膏臭, 俗訓노린내나다.
焦, 黃味也.
澀삽, 俗言[石+臼$工]널, 礬石也, 味苦鹹, 故轉云썳다.
餲알, 食穢臭, 俗訓알이다. 胺알, 肉敗.
[食+臭]구, 食物爛臭구리다.
[食+廋]수, 飯傷濕熱, 俗轉쉬다.
爽상, 羹敗也, 俗訓상ᄒᆞ다.
澉醬감잠, 無味.
澉[食+蒦]감확, 味薄.
喋, 食辛口辛, 俗轉환ᄒᆞ다.
嗜기, 慾喜也, 俗言跂嗜시기, 轉云즐기, 謂跂能調和五味可甘嗜也.

偏嗜편기, 特好一物, 俗訓편기ᄒᆞ다.
飽丕, 本作[食+孚], 俗以字旁孚, 因謂之부, 以腹飽謂之ᄇᆡ부르다.
膯膯등등, 飽也, 俗轉든든【3:42b】ᄒᆞ다.
待接ᄃᆡ졉, 接賓設餅, 俗訓ᄃᆡ졉ᄒᆞ다.
飵食, 華쟌시, 相勸食, 俗轉쟈시오.
食量식량.
食品식픔.
食性식셩.
食念식염.
酒量쥬량. 酒戶.
酒亡쥬망.
酒鬼쥬귀.
酗酒후쥬. 酒情·使酒.
愛酒ᄋᆡ쥬, 對酒而好之.
嚼復嚼쟉부쟉, 飮酒相强.
機긔, 沐而飮酒.
軟飽연포, 飮酒而吃羹之謂, 俗以豆腐之串, 煎于鷄臛, 親友聚食, 名曰軟泡者, 非.
巡杯슌비, 繞偏行酒.
酬酢슈작, 主酌客曰酬, 客報主人曰酢, 俗以言語往來亦曰酬酢.
斟酌침작, 酌而得中, 俗以臆料而中亦曰斟酌, 轉云짐작ᄒᆞ다. 參酌참작, 量宜而酌, 俗以容恕亦曰침작.
殘杯잔비, 食餘也.
枵腹호복, 空腹也.
虛[食+垂]혀츄, 飢也.
稠餧쥬위, 飢甚, 俗轉쥬리다.
饑坎긔감, 飢者耽食, 俗轉게감스럽다.
顑頷함함, 飯不飽面黃.
飢渴自甚긔갈ᄌᆞ심, 不得飮食之甚.
餩飫샤어, 厭飫也, 俗轉시러ᄒᆞ다.
[食+山$口][食+山$口]맘맘, 哺兒聲, 俗轉마마.
㗲欿희구, 乞人見食貌.
歠[聚+支]쳘총, 食不速, 又不迎自來.
[舌+欠][舌+欠]골골, 飮聲, 俗轉홀홀.
【3:43a】
咂잡, 入口也, 俗訓쌔다.
餂쳠, 鉤取也, 俗訓할다.
犒軍호군, 犒饋軍士也, 分給多人, 俗訓호군ᄒᆞ다.
八珎味팔진미, 八物: 牛羊麋鹿麕豕狗狼. 又曰一淳熬, 二淳母, 三炮豚, 四炮牂, 牂卽牡羊, 五擣珍, 六漬肉, 七乾熬, 八肝膋. 又曰龍肝·鳳髓·免胎·鯉尾·鴞炙·狸脣·熊掌·禾酪·蟬卽·羊脂.
珍羞盛饌진슈셩찬, 美食也.
不時之需불시지슈, 俗稱意外飮食.
兼床겸상, 兩人對食.
大卓대탁, 盛饌也, 俗轉대턱, 又曰턱ᄒᆞ다.
火화, 鑽木所取, 春宜榆柳, 夏宜棗杏, 季夏宜桑柘, 秋宜柞楢, 冬宜槐檀, 故俗言附乙合言불, 盖乙爲木而火必附木而後熾.
烘홍, 火乾. 焙비·[耴$火]샵·[火+咢]악.
烙낙, 火鐵燒之.
煻煨당외, 熱灰.
燀단, 燠也, 俗訓단다.
爁熪염이, 火不絕.
爇셜, 燒也, 俗轉살으다.
焥암, 藏火使復燃.
[火+闇]엄, 火不明.

燒쇼, 野火.
熂히, 火焚山草.
熷조, 火餘木.
熾치, 火盛.
熆熆합합, 吹火.
煙氣【3:43b】연긔, 火氣臭聞者. 烞欝졸울, 烟貌.
[火+勿][火+勿]홀홀, 火氣盛貌.
煙㸷경ᄾ, 火焦臭.
猛烈밍열, 火盛貌.
灺灰사회, 火熄.
炘힝, 炬也, 俗轉홰. 煸.
燎로, 古無燭炬之別, 在地曰燎, 執之曰燭, 樹之門外曰火, 燭於內曰庭燎, 皆所以昭衆爲明.
灰회, 死火餘燼, 俗言滓지.
回祿회록, 火神·欝攸.
薪신, 大木, 俗言火木화목, 又曰長斫쟝작.
柴시, 小木合束者, 俗訓단나무.
榾柮골졸, 木頭也, 俗轉글루.
炭탄, 燒木餘也. 晋羊琇以洛下炭貴, 擣炭爲屑, 以物和之作獸形, 諸豪效之, 因名獸炭, 俗訓숫. 烏薪·白炭·烏銀. 羙치[차], 束炭. [竹$差]션, 炭籠. 石炭셕탄, 出西北地石, 可代薪.

【3:44a】

<蔬菜部>

菜蔬치소, 草之可食者, 俗言羅物라물, 謂其羅之食物. 蔌. 五菜: 葵甘·韭酸·藿鹹·薤苦·葱辛. 五葷: 小蒜·大蒜·韭·芸薹·胡荽. 道家云: 韭·薤·蒜·芸薹·胡荽. 佛家云: 大蒜·小蒜·興渠·慈葱·茖葱. 興渠, 卽阿魏. 五辛菜: 葱·蒜·韭·蓼·蒿艾.
葵규, 滑菜也, 俗言亞薁아욱, 因«詩»言六月食薁七月食葵而言. 古人采葵必待露解, 故曰露葵. 又秋種經冬至春作子者曰冬葵子·破樓菜.
韭구, 葷菜也, 俗言豊菜, 轉云부취. 盖以其本豊生, 故«禮記»曰豊本·草鍾乳·陽起草. 莖曰韭白, 根曰韭黃, 花曰韭菁. 懶人菜.
藿곽, 豆葉, 可作羹.
薤히, 韭類而根如小蒜, 一本數顆多白無實, 俗言塩交염교, 盖俗以齏謂之藥塩而薤所以備齏者故云. 葉如金燈草而差狹更光, 故古人言薤露者以其光滑難竚也. 藠子규ᄌ·莜子구ᄌ·火葱·菜芝·鴻薈.
葱총, 外直中空之菜也. 衣曰葱袍, 故俗言袍, 轉云파. 初生曰葱針, 葉曰葱靑, 莖曰葱白, 葉中涕曰葱苒. 芤·菜伯·和事草·鹿胎. 葱有二種: 凍葱, 經冬不【3:44b】死分莖栽蒔而無子, 俗訓쪽파; 漢葱, 冬卽葉枯, 食用入藥.
紫葱ᄌ총, 一曰胡葱·蒜葱·回回葱.
小蒜소션, 俗訓쪽지, 小子之謂也. 小曰促而轉쪽子轉지. 䔉·蒚·小葱·茆蒜.
野蒜야션, 生田野中, 似蒜而極細小多卵, 俗言多囊塊달랑괴.
大蒜대션, 張騫得之西域, 故曰葫. 味極辣, 故俗言猛辣, 轉云마랄. 苗如葱針, 根

大如芋，六七瓣，春食苗，夏初食薹，五月食根.

蕓薹운딕，　此菜易起薹採食其薹則分枝必多，　俗言平枝평지・寒菜・胡菜・薹菜芥・油菜.

菘숑，葉如蕪菁，綠色差淡，俗言白菜，轉云빅츄.

芥기，轉云갓，似菘而有毛，味辣，子黃. 芥子，轉云계즈.

蒿芥호기，似蒿之芥，俗訓쑥갓，盖俗以艾蒿總謂之蕭而蕭有蕭意，故轉云쑥.

白芥子빅기즈，自胡中來，故曰胡芥，葉如芥而子白.

蘿葍라복，一曰蕪菁，俗以根爲蕪무，葉爲菁청. 一曰武僕菜，故轉云무우. 蕪蕦무슈，卽蔓菁也. 而鄕人或有誤稱者. 劣蕪열무，卽蘿葍之細者. 蘆萉・雹突・萊菔・紫花菘・溫菘・土酥・破地錐. 此是俗所謂무而本草以蕪菁與諸葛菜爲蔓菁之名，以其一類而【3:45a】有相混歟.

蔓菁만청，俗言蓀蕪손무，轉云쉰무. 根細於蘿葍而葉以菘. 九英菘・諸葛菜・蕦・葑.

生薑싱강，俗轉식양，苗高二三尺，葉似箭竹葉而長，兩兩相對，苗青根黃.

胡荽호슈，俗轉고싀，莖柔葉細根多鬚. 香荽・胡菜・蒝荽.

芹근，生水中，葉似芎藭，莖有節，稜而中空，其氣芬芬. 而因列子言鄕豪嘗芹蜇口之語，俗言味辣미랄이. 苦蘄・水英・楚葵.

菫근，旱芹，葉似蕺菜，花紫色.

馬蘄마근，俗訓돌미랄이. 生水旁，與芹同類異種. 牛蘄・胡芹・野茴香.

菠薐파능，其莖柔脆，中空，其葉綠膩柔厚，直出一尖，旁出兩尖似鼓子花葉，其根大如吉更，色赤而味甘，俗言赤根菜而赤，華音치，轉云시근치. 菠菜・波斯草

菾菜첨치，葉似升麻苗，俗言莙薘，華音균다，轉云근대.

苦草고초，結子如錐，少青老紅，味甚辣. 番椒.

羊蹄菜양뎨치，葉如牛舌，入夏起薹開花結子，夏至卽枯，秋深卽生，俗訓소로쟝이. 蓄・禿菜・敗毒菜・牛舌菜・鬼目・東方宿・連蟲陸・水黃芹・羊蹄大黃・子名金蕎麥.

酸模산모，俗言僧莪승아，形以羊蹄葉而小黃，莖葉俱細，味酸【3:45b】可食，節間生子. 酸蕮・山羊蹄・山大黃・酸母・蓚・當葉.

馬蹄菜마뎨치，俗訓곰돌릐. 熊蔬.

狗脚踵菜구각죵치，俗訓곳다지.

蔞蒿루호，俗言水艾，訓云물쑥，艾之訓，見草部艾註. 葉似艾. 正月根芽生，莖正白，生食脆美. 蘩・田胡・白蒿・蘙.

冬蔬동소，俗訓동취.

薺졔，有大小數種. 小薺葉花莖扁，味甘. 護生草・子名蒫. 大薺似薺，葉有毛而細. 子名菥蓂. 葶藶與菥蓂同類而但菥蓂味甘花白，葶藶味苦花黃. 蘇頌曰：人多不能細分乃爾致誤. 俗因並稱乃爾，轉云낭이. 大蕺・馬辛・析目・榮目・馬駒.

蘩蔞변루，葉似荇菜，其莖作蔓，斷之有

絲, 中空, 似鷄腸, 俗訓鷄杖돌긔십가비. [艹$婁]縷・蔜・蘩縷・[艹+泌]草・鵝掌菜. 花名綠梅花.

苜蓿목슉, 張騫得之西域, 用飼牛馬, 嫩時人兼食之. 形似灰藋, 一枝三葉, 故古謂之鶴項而俗言鵝項, 訓云거싀목. 木栗・光風草・懷風.

莧현, 有六種. 赤莧, 一曰蕢, 一曰莫實; 白莧, 人莧. 又謂之胡莧, 或謂之細莧, 同是一種而白莧大, 人莧小; 紫莧, 莖葉通紫. 吳人用之染爪; 赤莧, 亦謂之花莧. 莖葉深赤; 馬齒莧, 其葉【3:46a】比並如馬齒. 大葉者爲豘耳, 莧小葉者爲鼠齒. 莧以其葉青梗赤花黃根白子黑, 謂之五行草, 亦曰五方草. 其性耐久難燥, 故曰長命草, 以其生卑濕汙陋之地, 故俗言卑陋, 轉云비름. 芒荇. 五色莧, 今稀有.

苦菜고치, 俗言苦荼, 轉訓고독바기, 又訓쇠귀느물. 與苦苣俗言細花, 轉云싀화者, 一物而有赤莖白莖二種. 其莖中空而脆折之有白汁如乳. 又俗訓젓나무, 開黃花, 花罷則收歛子, 上有白毛茸, 茸隨風飄楊落處卽生. 蚕蛾出時, 不可折食, 令蛾子青爛, 蚕婦亦忌食之. 苦[艹$賈]・游冬・褊苣・苞・荼老鸛菜・天香菜.

萵苣와거, 葉如苦苣而尖. 有白苣紫苣苦苣三種, 以色以味而皆可生食. 獨於白苣, 俗言生菜, 轉云상치者, 白苣稍美故云. 石苣. 俗又移冬葵之名有云破樓菜, 轉云부로. 萵菜・千金葉. 莛子, 卽萵苣薹也.

蕨궐, 芽生拳曲如小兒拳, 長則展開如鳳尾, 俗訓고사리, 盖月爾乃紫蕨一名, 而味苦而形似蕨, 故蕨則曰蕨似爾者, 是也. 誤翻高沙里. □.

薇미, 陳藏器以蕨爲夷齊所食. 又以薇爲夷齊所食則薇與蕨似是一物, 而本草各載焉. 且形性大異, 蕨則久食令人目昏消陽; 薇則蔓生【3:46b】而似翹搖. 又以薇爲大巢菜, 以翹搖爲小巢菜, 而薇又久食不飢云, 則其與蕨懸殊也明矣. 且俗以薇訓爲高飛고비, 而고비乃貫衆之苗也. 又謂之회초미, 與薇無關則以薇之爲夷齊所食而爲士者, 其可不詳辨之乎. 嘗見燕巖日記有言, 使臣行至夷齊廟, 例獻薇羹而其薇與今所云고비不同云. 今考本草所圖及時珍集解則薇之不可爲고비者, 若是顯著. 其疏翹搖曰蔓生細葉翹然有飄搖之狀, 而三月開小花, 紫白色, 結角子似豌豆而小. 東坡云菜之美者蜀鄕之巢, 故人巢元脩嗜之, 故謂之元脩菜. 放翁云蜀蔬有兩巢, 大巢生麥田中, 小巢生稻田中; 大巢, 薇之謂也; 小巢, 翹搖之謂也. 因此觀之, 薇必爲今田中俗訓즈귀而更竢博洽之士有所攷證. 垂水・野豌豆・大巢菜.

翹搖교요, 詳上. 搖車・翹車・野蚕豆・小巢菜.

貫衆苗관중묘, 俗訓회초미卽고비. 貫節・貫渠・百頭・濼・草鴟頭・黑狗脊・鳳尾草.

吉更길경, 葉如薺苨, 莖如筆管, 根結實小梗, 修治可搗爛, 故俗言搗爛, 轉云도랏. 白藥・梗草・利如・苻扈・房圖. 花名僧帽.

沙蔘사삼, 俗訓더덕, 根似薺苨, 苗作蔓,

折【3:47a】之有汁. 羊乳・文希・識美・志取.

薺苨졔니, 俗訓겨류기, 根莖似人蔘而葉小異. 香參・甛吉更・白麪根. 苗名隱忍.

當歸당귀, 俗言辛甘草신감초, 葉似芎藭, 根黃黑, 冬月窨中生芽, 供蔬菜美. 乾歸・山蘄・白蘄・文無.

蘘荷양하, 葉似甘蕉, 根如薑[月+己]□根莖□爲薤.

藜려, 卽灰藋, 俗訓명아주之紅心者. 莖葉稍大, 嫩時可食, 老則莖可爲杖. 俗言靑藜杖청려장. 萊・臙脂菜・鶴頂草.

芋우, 俗言土連토련, 莖高尺餘, 葉大如扇, 似荷葉而長, 當出苗者爲芋魁. 四邊附者爲芋子. 凡芋有十四種而又分水旱二種. 旱芋山地可種, 水芋水田蒔之, 葉皆相似, 但水芋味勝. 俗又言土卵토란. 而土卵本蔓生莖葉不同, 不可相混. 土芝・蹲鴟.

山藥산약, 俗訓마. 赤莖細蔓, 其根內白外黃. 薯蕷・土藷・山藷・山芋・五延・條脆・兒草.

甘藷감져, 根似芋赤者, 俗言赤藷, 轉云덕지, 亦有大如爪者, 曰南甘남감.

百合빅합, 根以衆瓣合成如大蒜, 味如山藷, 花白. 𦼮・强瞿・蒜腦藷・摩羅・重箱・中逢花・重邁・中庭. 一種花紅黃有黑班點, 細葉, 葉間有黑子者, 名山丹花. 【3:47b】跗未開花時乾而食之, 名紅花菜홍화치・紅百合・玉珠. 又有卷丹, 四月結子, 秋時開花爲異耳.

萱草훤초, 俗轉원츄리. 葉如蒲蒜柔弱, 四時靑翠. 本以廣中來. 又訓넘나물, 又花跗未開時乾而食之, 名黃花菜황화치・忘憂・療愁・丹棘・鹿葱・鹿釰・妓女・宜男.

紫蘇즈소, 俗轉ᄎᆞ조기. 背面皆紫者, 佳. 桂荏.

白蘇빅소, 俗訓들씨, 荏也, 又曰野蘇.

水蘇슈소, 俗言薄荷, 轉云방아, 卽本草龍腦薄荷, 其葉辛香, 可以煮鷄. 鷄蘇・香蘇・芥葅・苴.

滴露젹로, 三月下種, 九月採根. 葉如薄荷, 少狹而尖. 地蠶・土蛹・甘露子・地瓜兒・草石蠶.

竹筍죽슌, 竹芽也. 嫩時爲菜甚美. 筍, 俗作笋, 有失本意. 盖竹爲石母草而筍生旬有六日而齊母也. 竹萌・竹胎・竹子.

木頭菜목두치, 俗訓두릅.

茄子가즈, 轉云가지, 有黃白靑紫數種而黃可入藥. 白者, 甘脆不澁, 一名水茄슈가지, 生熟可食; 紫者, 蒂長味甘, 更勝靑者. 落蘇・崑崙瓜・草鼈甲.

匏포, 俗言瓟박. 蔓生結實如越瓜. 葫蘆. 葫蘆族, 俗訓박고지.

冬瓜, 俗轉동아, 蔓生如匏. 六七月開黃花實成則大【3:48a】者經尺, 皮上有毛, 初生靑綠, 霜後如塗粉. 白苽・水芝・地芝・枕頭苽.

南苽남과, 俗言胡瓟호박, 種出南番, 蔓生, 葉如蜀葵而大結. 苽正圓, 大如西苽, 其色或綠或黃. 倭苽.

黃苽황과, 苽有一音와, 故俗轉외. 蔓生, 葉如冬瓜, 結瓜. 嫩靑老黃. 本名胡瓜, 避石勤諱, 改爲黃苽, 又名王苽而與月令王

菰不同. 盖月令王瓜卽土瓜也, 俗訓쥐춤외.

絲菰ᄉ과, 俗訓슈쇠외, 嫩時去皮可烹可曝, 老則筋絡如織, 可滌釜器, 故曰洗鍋羅菰而俗以洗鍋羅謂之슈셔긔故也. 天絲瓜·天羅·布瓜·蠻瓜·魚鱗.

苦瓜고과, 俗言茘枝예지, 卽錦茘枝也. 葉如野葡萄而結果如鷄子. 皮上痱癗如癩, 熟則黃色自裂, 內有紅瓤, 味甘可食.

鹿角菜록각치, 生南海中石厓間, 大如鐵線, 分丫如鹿角, 疑今靑角쳥각·猴菜.

蘑菰蕈마고담, 俗言蔈菰포고, 誤翻蔈古, 埋桑楮諸木於土中, 澆以米泔待菰生采之. 肉蕈.

木耳목이, 俗言蔈繖, 轉云버섯. 生于朽木上, 無枝, 葉久而繖開也. 木檽·木菌·木㙡·樹鷄·木蛾.

蓴菜슌치, 本作莼葉. □一二寸有一缺而形如馬蹄, 水上采莖可淡, 三月至八月細【3:48b】如釵股, 名絲蓴. 九月至十月漸粗, 名瑰蓴. 茆·水葵·露葵·馬蹄草·錦帶.

海藻히조, 俗言昆布곤포, 生東海. 葉如綸組. 蕁·落首海蘿.

海帶히디, 俗言團似麻, 轉云다스마. 本草曰出高麗繩把團之如卷麻. 盖生東海水中石上, 似海藻而粗柔靭者.

海蘊히온, 一曰水蘊, 俗轉메육, 盖물온之轉訓也. 甘藿·紫菜.

海衣히의, 俗訓김.

甘苔감티, 一曰乾苔.

靑苔쳥티, 水垢也, 一曰重錢.

牛毛우모, 生海中, 如牛毛, 煮之如膠, 俗轉우무.

加士里가ᄉ리, 亦如牛毛者.

波衣파의, 水苔可食者, 俗轉파리.

豆芽菜두아치, 俗言叔舟菜슉쥬나물, 以申叔舟所嗜故云.

大豆芽대두아, 俗訓콩나물.

柴了시료, 俗訓쇠다.

煠菜잡치, 湯渫也, 俗訓데티다.

[名物紀畧卷之四]

【4:1a】
<花卉部>

花화, 俗以鮮謂之古雅고아. 花曰鮮衣. 故轉訓꽃. 洛陽人眞謂牡丹曰花.

蓓蕾비뢰, 始華也. 俗言封蕚봉아리, 又訓꽃송이, 言未發之狀, 如松耳也. 花朶.

蘂예, 花鬚也. 俗訓꽃술.

蕚악, 花跗也. 俗訓다판. 言帶瓣也. 花蔕.

英영, 花之無實者.

葩파, 花之含也.

披피, 開也. 俗訓花開曰꽃픠다. 綻탄, 俗訓터지다. 花謝則離於披, 故曰離披이피, 俗言離萎이위다.

牡丹, 一作牧丹목단, 又轉모란. 苗似羊桃, 花似芍藥, 有黃紫紅白數色, 亦有世人欲其詭異秋冬移接. 其狀百變. 丁茶山曰: 谷山有花, 牧丹藥, 牧丹花. 牧丹卽似芍藥者, 蔓生小草, 至秋發黃花, 細如薺花, 其根酷肖, 牧丹尤肥厚潔白. 故京城所用皆西路藥牧丹, 然則藥肆牧丹皆是贋者. 且攷本草則羊桃. 是詩所云萇楚. 而葉似桃, 莖弱過一尺, 引蔓于草上, 子細如棗核, 根似牡丹. 以是推之, 茶山所言藥牧丹似是羊桃而不敢質言. 鼠姑·鹿韭·百兩金·木芍藥·花王.

芍藥작약, 俗言函剝【4:1b】花함박꽃, 謂其花. 卽萎落函卽打剝則明年花潤, 故也. 春生紅芽作叢, 莖上三枝五葉, 似牡丹. 而狹長高一二尺. 夏初開花有紅白紫數種. 將離·梨食·餘客·鋋·白花曰金炸藥. 赤花曰木芍藥. 花相·解倉.

梅花미화, 樹葉皆畧似杏葉, 有長尖先衆木而花有千葉單葉紅白之色. 實可蜜煎充果. 烏梅白梅, 俱可入藥.

蠟梅랍미, 小樹叢枝尖葉蓋小花, 色似蜜蠟而香木, 味辛如薑. 俗言生薑樹싱양나무. 又曰黃梅황미·狗蠅梅·磬口梅·檀香梅·皮樹浸水磨墨有光.

迎春영츈, 叢生. 高者二三尺, 方莖葉, 厚葉如初生小椒葉, 無齒, 面青背淡, 節節生枝. 一枝三葉. 開小花, 狀如瑞香. 黃色不結實. 俗言假辣夷기랄이. 盖辛夷, 一名亦迎春而俱是. 花落葉生, 辛亦辣, 意故謂之假辣夷者, 此也. 而有或卽以辛夷當之誤矣.

辛夷신이, 樹大合抱. 高數仞, 葉似柹葉而狹長. 正二月開花, 似有毛小桃. 色白而帶紫. 花落無子. 夏抄復着, 花如小筆. 辛雉·候桃·房木·木筆·迎春·辣夷.

梔子치즈, 高七八尺. 葉似李而厚硬. 二三月生白花, 皆六出芬香. 實如訶子, 生青熟黃. 木丹·越桃·鮮皮【4:2a】·花各□蔔.

山茶산다, 樹高丈許, 枝幹交加, 葉頗似茶. 中濶頭尖. 面綠背淡. 深冬開紅花. 黃蕊亦有黃色粉紅. 單葉千葉等數種. 俗以冬華曰冬栢동빅, 春華曰春柏或稱翠栢叢柏岡柏. 寶珠茶·海榴茶·石榴茶·躑躅茶·官粉茶·串珠茶·一捻茶·千葉紅·千葉白·照處紅·子油可汁髮.

紫荊ᄌᆞ형, 木似黃荊, 春開, 紫花甚細, 共作朶生出, 無常處, 或生于木身之上, 或附根上枝下. 至秋子熟正紫, 圓如小珠. 紫珠・皮名肉紅・內消.

瑞香셔향, 枝幹婆娑, 柔條厚葉. 四時不凋. 冬春之交開花成簇. 有黃白紫三色. 一比丘晝寢盤石上, 夢中聞花香酷烈, 及覺求得之, 因名睡香. 四方聞之謂花中祥瑞, 遂名瑞香. 東國本無此花, 忠肅王尙公主東還時元帝所賜.

山礬산반, 樹之文者. 株高丈許. 其葉似巵子, 葉生不對. 節光澤堅强, 畧有齒凌. 冬不凋. 花白如雪, 六出. 黃蕊甚芬香. 採葉燒灰. 染紫不借礬藏書辟蠹. 芸香・椗花・柘花・瑞花・春桂・七里香.

木槿목근, 木如李. 其葉末尖而無齒, 其花小而艶. 或白或粉紅. 有單葉千葉. 朝開暮落. 俗言無窮무궁, 又曰無官. 一則以此花開落無窮【4:2b】一則以昔君王愛此花, 六宮無色, 故云. 椵・櫬・蕣・日及・朝開暮落花・藩籬草・花奴玉蒸.

月季월계, 薔薇類也. 靑莖長蔓硬刺. 葉小於薔薇而花深紅. 千葉厚瓣, 逐月開放. 俗有誤翻月桂者. 而月桂乃月中桂子自有. 本草各部豈可渾耶? 月月紅・勝春・瘦客・鬪雪紅.

四季ᄉᆞ계, 如月季而葉差小每辰戌丑未月播芳.

紫薇ᄌᆞ미, 樹身光潤. 高丈餘. 花瓣紫皺聚小爲大成. 朶如拳蠟. 跗茸萼赤. 莖葉對生, 六月始華. 接續可至九月. 俗言百日紅ᄇᆡᆨ일홍. 性不耐痒. 樹間又處. 以指爪搔之, 則枝葉皆動. 怕痒花・猴刺脫.

薔薇장미, 叢生似蔓, 莖硬多刺, 小葉尖薄. 其花百葉八出六出. 白黃紅紫數色. 香艶可人. 結子成簇. 生靑熟紅. 墻蘼・山棘・牛棘・牛勒・刺花・刺紅・野客・玉鷄苗・子名營實.

菊花국화, 俗言甘菊. 轉云강국. 菊有兩種. 莖紫氣香而味甘, 葉可作羹食者爲眞菊. 靑莖而大作蒿艾, 氣味苦不堪食者, 名苦薏, 非眞菊. 又以瞿麥爲大菊, 馬蘭爲紫菊, 烏喙苗爲鴛鴦菊, 旋覆花爲艾菊. 而各自成名非可强合, 惟黃花甘菊爲正. 節華・女節・女華・女莖・日精・更【4:3a】生. 傳延年・治蘠・金蕊・陰成・周盈.

野菊야국, 卽苦薏.

山菊산국, 似甘菊而瓣小.

唐菊당국, 卽孫兒菊有各色.

笑雪烏소셜오, 忠肅王尙公主時元帝所賜.

茉莉말리, 葉面微皺無刻缺. 初夏開小白花, 重瓣無蕊, 秋盡乃止. 本出波斯植之, 南海以本胡語無正字, 隨人會意, 或作沒利. 又作抹利, 末麗. 柰花・遠客.

海棠ᄒᆡ당, 本自海外來. 花開初則極紅如臙脂, 後則漸成纈暈. 此落則若宿粧淡粉, 惜有色無香. 東人所謂海棠有香, 故丁茶山云: 玫瑰之誤, 盖玫瑰花, 一名裴回花. 其木多刺, 類薔薇. 其花紫色, 香膩馥郁愈乾愈烈, 可作扇墜.

杜鵑두견, 樹高四五尺, 或丈許. 春生苗葉, 淺綠色. 枝小而花繁. 一枝數萼, 如羊躑躅而蒂似石榴. 有紅有紫. 五出或千葉. 小兒食之, 味酸無毒. 以其亦名山躑躅. 而

與羊躑躅性味大不同焉. 故俗以眞杜轉云진달네 別之耳. 山石榴. 又稱暎山紅而別有暎山紅, 不可渾也.

羊躑躅양텩쵹, 轉云텰쥭. 樹高三四尺, 開似凌霄花. 正黃色羊食則死, 古人所稱與今躑躅有異, 盖今所云倭躑躅왜철쥭. 瓣甚大, 色類石榴, 重跗疊萼. 黃躑【4:3b】躅・黃杜鵑・羊不食草・鬧羊花・驚羊花・老虎花・玉枝.

荷花하화, 芙蕖也. 苗高五六尺, 葉圓青, 大如扇. 花紅亦有白粉紅者. 子黑如羊矢. 其莖茄・其葉蕸・其本蔤・其華菡萏・其根藕. 亦曰蓮. 石蓮子・水芝・澤芝・蕸・菂・菂中薏・草芙蓉.

木芙蓉목부용, 其幹叢生如荊. 高者丈許, 其葉大如桐, 有五尖及七尖者. 冬凋夏茂, 秋半始着花. 類牡丹芍藥. 有紅白黃千葉者. 最耐寒.・地芙蓉・木蓮・華木・桃木・拒霜.

旱蓮한련, 一種草花蔓生. 葉如荷錢. 花朱黃色. 與鱧腸草及連翹, 名同而實重.

水仙花슈션화, 薤葉葱根. 其花金盞銀臺, 亦有千葉者.

玉簪花옥줌화, 苗生成叢. 高尺許. 柔軽如白菘. 其葉大如掌, 圓而有尖. 葉上紋, 如青白色. 六七月抽莖, 莖上有細葉, 中出花朶十數枝. 長二三寸, 本小末大, 未開時正如玉搔頭, 開時微綻, 四出中吐. 黃蕊頗香. 白鶴仙.

鳳仙花봉션화, 俗轉봉숭화. 二月下子易生苗. 高二三尺, 莖有紅白二色. 葉長而尖, 似桃柳而有鋸齒. 椏間開花紅白紫碧黃或雜色, 亦自變易. 自夏至秋開謝, 相續結實如櫻桃而微長, 生青【4:4a】熟黃. 小桃紅・夾竹・海蒳・染指甲草・菊婢・金鳳花・好女兒花・羽客・旱珍珠・急性子.

青葙子청샹즈, 苗高尺餘. 葉闊似柳而軟莖似蒿. 青紅色花, 上紅下白, 子黑光而扁, 俗訓만도라미. 草蒿・萋蒿・崑崙草・野鷄冠・鷄冠莧・子名草決明・桃朱術黃花者・鴈來紅안릭홍 莖葉穗子並同鷄冠, 而其葉九月鮮紅, 望之如花, 故又曰老少年. 鷄冠花계관화 莖葉與青葙相似, 其花□如雄鷄冠, 卽蘇于由所云玉樹後庭花.

金錢花금젼화, 葉似水蘇. 黃花如菊. 金沸草・滴滴金・盜庚・夏菊・戴椹・旋覆花.

麗春花리츈화, 卽鶯粟殼, 俗言楊貴妃양귀비. 叢生柔榦, 多葉有刺. 花有紅白, 四葉千葉之別. 抽薹結青苞. 花開則苞脫, 大如仰盞罌. 在花中鬚蘂裏之花, 開三日卽謝. 罌在莖頭. 尖囊子・御米・象穀.

合歡합환, 木似梧桐, 枝甚柔弱, 葉似皁角, 極細而繁密, 互相交結. 每一風來輒自相解了. 不相牢綴. 其葉至暮卽合. 其花上半白下半肉紅散垂如絲. 合昏・夜合・青裳・萌葛・烏賴樹.

款冬花관동화, 葉似葵而大叢生花出, 根下不顧氷雪. 先春【4:4b】而生. 款凍・氐冬・鑽凍・菟奚・橐吾・虎鬚.

蜀葵花촉규화, 春初種子, 冬月宿根亦生. 葉似葵菜, 花如木槿. 有深紅淺紅, 紫黑白色, 單葉千葉之異.・吳葵・戎葵・莪.

蒺藜질리, 轉云찔에. 綠葉細蔓, 綿布沙

上. 七月開花, 黃紫色. 子有三角刺人. 茨・旁通・屈人・止行・休羽・升推.
刺桐ᄌᆞ동, 卽海桐. 葉如梧桐, 其花付幹而生, 側敷如掌, 形若金鳳, 枝幹有刺, 花色深紅.
瞿麥구뫽, 俗言石竹花셕쥭화. 葉似地膚而尖小. 又似初小竹葉而細窄. 其莖纖細有節. 高尺餘. 稍間開花. 有細白粉紅紫赤斑爛數色. 蘧麥・巨句麥・大菊・南天竺草・洛陽花.
剪春羅, 轉云젼츈화. 苗高尺餘. 柔莖綠葉, 葉對生苞莖. 入夏開花, 深紅色. 大如錢, 四圍如剪, 結穗如石竹花. 剪紅羅.
金盞花금잔화, 葉似初生萵苣而厚, 狹抱莖而生. 莖頭開花如指頭, 金黃色狀如盞. 子結實在萼內宛如尺蠖. 俗誤稱金盞花. 杏葉草・長春花.
白米花뵉미화, 卽馬蓼. 俗言蘢古, 轉云역귀. 蓼類甚多有靑蓼水蓼馬蓼紫蓼赤蓼木蓼數種而皆一類. 馬蓼一曰大蓼馬是物大【4:5a】之名. 又曰墨記草. 葒草・鴻[艹$鵠]・遊龍・石龍・天蓼・紅花曰紅米花.
淩霄花능쇼화, 初生蔓纔數尺得木而上卽高數丈. 年久者藤大, 一枝數葉尖長有齒深靑色. 自夏至秋開花, 一枝十餘朶, 大如牽牛. 赭黃色有細點. 秋深更赤.・陵苕・陵時・女葳・茇華・武威・紫葳・瞿陵・鬼目.
一切果花, 別有果部不錄.

【4:6a】
<草卉部>

草쵸, 百卉總名. 俗言豊乙풍을, 轉云풀乙草也. 茂盛者曰豊, 故韭豊本蒲曰豊, 草亦曰豊乙. 地毛・棲苴水中浮草.
萌動밍동, 草芽始生也.
葉엽, 草木之衣. 俗言離披리피. 轉云립. 林衣・吳人直謂桑曰葉.
莖경, 草木幹也. 俗言株格. 轉云쥴거리, 草曰莖, 竹曰箇, 木曰枝.
荄히, 草根也. 俗言茇引. 轉云ᄲᅮ리.
薹ᄃᆡ, 草心. 生莖. 俗訓ᄃᆡ오르다 葱之抽薹曰葼죵.
叢총, 灌木也. 俗言苞起포긔 草叢曰林薄. 稹樸진복. 物叢生也. 茂盛貌. 轉云짐ᄲᅦᆨᄒᆞ다.
苗묘, 凡種稻者, 先苗後移, 故草之植者, 亦曰苗種묘죵 轉云모죵 又曰蒔苗시묘 轉云시무다
蔓만, 蔓延也. 俗言藤葛등갈, 轉云덩굴. 俗以事之糾結曰葛藤갈등나다.
芭蕉파쵸, 兩三莖成一簇重皮相裏. 葉如扇中心抽幹作花. 紅如火炬曰紅蕉. 白如蠟色曰水蕉. 色如芙蓉聒美可蜜藏曰甘蕉. 又有羊角蕉牛乳蕉. 天苴・芭苴・苞苴.
菖蒲챵포, 凡【4:6b】種生於地澤. 葉肥根高二三尺者, 泥菖蒲白菖也. □生於溪澗, 葉瘦者, 水菖蒲, 溪蓀也. 生於水石之間, 葉有釰, 脊瘦根密節. 高尺餘者, 石菖蒲也. 人家□砂栽之一年, 至春剪洗, 愈剪愈細. 高四五寸, 葉如□柄粗者, 亦石菖蒲也. 又有根長二三分, 葉長寸許者, 錢蒲也. 昌陽・堯韭・水釰草.

蘭草란쵸, 與蕙及澤蘭一類異種也. 俱生水旁下濕處, 宿根生苗成叢, 紫莖素枝赤節綠葉. 其葉似菊葉, 對節生有細齒, 但以莖圓節長而葉光有岐者, 爲蘭草.・莖微方節短而葉有毛者爲澤蘭.・麻葉方莖赤華黑實者爲蕙, 皆香草而能辟不祥, 故爲古人所貴. 蕳・水香・香水蘭・女蘭・香草・燕尾香・大澤蘭・蘭澤草・煎澤草・省頭草・都梁香・孩兒菊・千金草・時珍曰近世所謂蘭花非古之蘭草也. 葉如麥門冬而濶且靭長及一二尺. 四時常青花黃綠色. 中間瓣上有細紫點者春蘭. 色深秋芳者爲秋蘭. 而又與今世所稱有異蘭之受誣久矣, 不可强解.

蕙草혜초, 生下濕地. 葉如麻, 兩兩相對. 莖方, 常以七月中旬開花. 至香, 黃山谷不識蘭蕙, 强以蘭花分別. 以一幹一花爲蘭, 一幹數花爲蕙. 以古人而尙【4:7a】名迷實者亦多有之, 况乎下此而自以爲知者, 亦足爲不知量也. 葉曰蕙・根曰薰・零陵香・香草・燕草・黃零草.

澤蘭턱란, 見上. 水香・都梁香・虎蘭・虎蒲・龍棗・孩兒菊・風藥・根曰地笋.

馬蘭마란, 馬大也. 其葉似蘭而大, 其花似菊, 赤莖白根. 紫菊.

蘭花란화, 葉如茅而嫩無枝莖, 但花香馥郁, 故得蘭之名. 根名土續斷. 卽今世所云蘭草.

蘼蕪미무, 川芎苗也. 葉似蛇床而香. 薇蕪・蘄茝・江蘺.

艾익, 初春布地生苗, 莖類蒿. 葉面青背白, 分爲五尖, 椏有茸而柔厚. 凡艾類甚多. 春時各有種名. 至秋老則曰蕭曰蕭曰蒿曰荻. 象秋氣蕭藾而高之意也. 俗統謂肅숙, 轉云쑥. 氷臺・醫草・黃草・艾蒿.

千年艾쳔년익, 根如蓬蒿, 葉長寸餘, 無尖. 椏秋開黃花, 小結實如青珠.

茵蔯蒿인진호, 蒿類而經冬不死, 故俗言四節蒿. 轉云ᄉ철쑥. 因塵.

青蒿청호, 葉似茵蔯而面背皆青. 與蒿有異, 故俗言齊□蒿, 轉云졔비쑥. 嫩時醋淹爲葅, 自然香. 草蒿・□潰・□・□蒿・香蒿.

益母草익모초, 莖方如麻, 黃葉如艾而背青. 一梗三葉, 有尖歧節, 節生【4:7b】穗抱莖. 益明・貞蔚・蓷・野天麻・猪林・大杴・鬱臭草・苦低草・土質汗・茺蔚・花白曰鏨菜.

茅모, 春生茅布地如針, 謂之茅針. 其根牽連如□, 故俗訓쒸 帶之轉訓也. 白茅短小, 開白花□穗結細實. 其根甚長如筋而有節. 俗言絲茅, 轉云싀. 可以苫盖藥名茅根. 茹根・蘭根・地筋・菅茅生山上, 似白茅而長, 入秋抽莖, 開花成穗結實, 尖黑粘衣刺人. 俗訓싀품, 言絲茅之發花也. 黃茅似菅茅而莖上開葉莖下有白粉, 根頭有黃毛. 香茅葉有三脊, 其氣香芬. 菁茅・璚茅・芭茅叢生, 葉大如蒲, 甚快利傷人. 俗言惡絲. 轉云억싀. 惹・芒・杜榮・芭芒.

菅간, 似茅而滑無毛, 根下有白粉者. 柔靭可爲索, 속訓희영.

荑뎨, 茅始生. 속訓쎄올기, 言苗凡起也.

茨ᄌ, 俗言柴假莎. 俗訓납가싀.

香蒲향포, 生水際, 似莞而褊有脊而柔. 二

三月采嫩根可[火+棄]食. 古人亦有蒲葅, 八九月收葉以爲席亦可作扇. 俗訓柔爲□達, 故以蒲之柔, 亦曰부들, 菖蒲爲臭蒲, 故以甘蒲謂之香蒲. 醮石・花上黃分曰蒲黃.

石龍芻셕용추, 生濕地, 莖如綖. 夏月莖端蓋小穗花結細寶, 並無枝葉. 人多栽蒔以織席. 一【4:8a】曰西王母簪. 又曰懸莞. 故俗言王莞. 轉云왕골. 龍鬚・龍修・龍華・龍珠・草續斷・縉雲草・方賓.

龍常草룡상쵸, 生河水旁, 狀如龍, 芻可爲席. 五月采繫角黍之心, 故呼爲粽心草종심쵸, 轉云골.

莎사, 俗轉새, 苗葉如薤, 可以爲笠及雨衣, 亦作簑. 香附子・草附子・水香稜・水巴戟・水莎・侯莎・莎結・夫須・續根草・地藾根・雀頭香・地毛・根曰香附子.

莎草사초, 小茅也. 俗訓잔듸.

箬약, 根與莖, 皆似小竹節. 籜如葉, 皆似蘆荻. 而葉之面青背淡, 柔而韌. 新舊相代. 四時常青. 葉可作笠. 俗言新柔籉신유대・篛・蘱葉.

蘆로 莖葉似竹而葉抱莖. 無枝花白作穗. 俗言葭가, 轉云갈. 蘆有數種. 其長丈許. 中空皮薄, 色白者, 葭也蘆也葦也. 短小於葦, 而中空皮厚, 色青蒼者菼담, 俗轉딸?也. 薍也荻也蕉也. 其最短小而中實者, 蒹也篇也. 皆以初生已成得名. 花曰蓬蕽, 笋曰蘿.

萍평, 有二種. 葉經四五寸, 如小荷葉而黃色結實. 如小角黍者, 萍蓬草也. 楚王所得萍實, 乃萍之實. 水粟・水栗子. 池澤中一葉經宿卽生數葉, 葉下有微鬚者, 卽浮萍. 俗訓지구리밥. 其面青背【4:8b】紫者可入藥.

蘋빈, 葉浮水面, 根連水底. 其莖細於蓴莕. 四葉相合, 中坼十字如田字狀. 芣菜・四葉菜・田字草.

莕힝, 生水中. 葉圓在莖端, 似蓴而稍尖長. 隨水深淺花有黃白二色. 一作荇. 梟葵・水葵・水鏡草・鬐子菜・金蓮子接余・鑾・屛風.

蔆릉, 葉浮水上. 一莖一葉, 兩兩相差如蝶翅. 嫩時爲菜. 俗訓룽이, 卽屈到所嗜之芰也. 五六月開小白花. 花落實生, 漸向水中, 乃熟有三角四角或兩角無角, 彎卷如弓, 故曰蔆角. 又俗言彎蔆. 轉云마름. 芰實・水果・沙角.

芡감, 苗生水中. 葉大如荷皺而刺. 花子若拳, 形如鷄頭. 故俗轉거싀련밤. 實若石榴. 鷄頭・鴈喙・鴈頭・鴻頭・鷄雍・卯蔆・蔿子・水流黃.

葽요, 俗言阿羅漢草, 轉訓아가풀. 狗尾草・光明草・莠・毛草모쵸, 俗訓기음의털.

稂莠랑유, 草似稷而無實, 俗訓기음.

莓笞미티. 苔衣之類有五. 在水曰陟釐, 俗言釐衣, 轉云잇기. 在石曰石濡, 在瓦曰屋遊, 在墻曰垣衣, 在地曰地衣. 其蒙翠而長數寸者亦有五. 在石曰烏韭, 在屋曰瓦松, 在墻曰土馬騣, 在山曰卷柏, 在水曰藫.

烟草연쵸, 俗稱【4:9a】淡巴菰담바고, 轉云담베, 一作淡婆姑. 出自南蠻, 故曰南草남쵸. 又産三登曰西草셔쵸. 産廣州曰靈

通, 産原州曰原草. 烟總稱烟茶・香茶.
龍葵룽규. 葉圓花白, 子若牛李. 子生青熟黑, 俗訓가마종이, 卽老鴉眼睛草之轉訓也. 苦葵・苦菜・天茄子・水茄・天泡草・老鴉酸漿草.
酸漿산장. 苗如龍葵, 開小白花, 作角如撮口, 袋中有子如珠. 生青熟紅. 俗言紅姑娘, 轉云꼬아리. 醋漿・苦蔵・苦耽・燈籠草・皮弁草・天泡草・王母珠・洛神珠. 小者曰苦蘵.
八根草, 俗訓바랑이.

【4:10a】
<果品部>

果蓏과과. 木實曰果, 草實曰蓏. 俗言果實과실, 又曰實果실과. 一說有核曰果, 無核曰蓏.
鼻비. 花脫處在蓏曰環.
勷양, 蓏肉也.
蔕체, 草木綴實也. 俗言高蔕, 轉云꼭지. 西京賦註果鼻曰蔕. 俗以鼻爲高故云高蔕・臍蔕也. 臍亦曰腹鼻비꼽. 蓏蔕曰疐.
核힉, 果中實, 俗言氏씨. 卽種子종즈之意. 盖取人種曰姓氏也.
仁인, 核中有生氣者.
殼子각즈, 物皮也. 俗轉깍지. 又曰甲的, 轉云껍질. 梂구, 盛實之房, 又曰斗두. 桴衣부의, 栗之內皮, 俗轉붐의.
嗑합, 華音커, 被開果子, 俗轉기다.
剝박, 去果皮, 俗轉벡기다.
摘뎍, 取果樹上, 俗言打타, 轉云따다.
沉침, 醃果水中曰沉침담으다.
漤남, 塩漬果也.
[禾+荒]황, 果蓏不熟也.
五果오과, 李主小豆, 杏主大麥, 桃主小麥, 栗主稻, 棗主禾. 占書云□知五穀之收否, 但看五果盛衰.
李리. 綠葉白花, 樹能耐久, 其種近百, 其子有青綠紫朱黃赤. 縹綺胭脂, 青皮紫灰之殊, 大者曰虎剌賓 【4:10b】 호랄빈, 故俗轉외얏. 嘉慶子・居陵迦・紫者紫桃.
杏힝. 葉圓而有尖, 花紅亦有千葉者, 其子有殼種. 沙杏, 甘而有沙者, 俗言沙果, 轉云살고, 誤翻薩果. 梅杏, 黃而帶酢. 柰杏, 青而帶黃. 金杏, 大如梨, 黃如橘, 俗言丹杏, 轉云단홍. 䑛梅.
桃도. 其花有紅紫白, 千葉二色, 其子有紅桃・緋桃・碧桃・緗桃・白桃・烏桃・金桃・銀桃・胭脂桃・綿桃・油桃・御桃・方桃・匾桃・偏核桃・六月桃・冬桃・霜桃. 俗言伏祟果, 轉云복쇼와. 以五木之精能伏邪祟也. 仙木. 毛桃, 俗訓털복쇼와. 無毛桃, 俗言僧桃승도.. 匾桃, 俗訓감복쇼와, 又曰金桃. 秅桃, 桃之冬熟者.
栗률. 木高二三丈, 葉類櫟, 四月開花, 青黃色, 長條似胡桃. 花實有房彙, 大者若拳中子三四, 小者若桃李中子一二. 將熟則罅拆子出, 俗言房果, 轉云밤. 篤迦生曰生栗싱률, 乾曰黃栗황률, 熟曰熟栗슉률. 大者曰板栗, 中心扁子曰栗楔, 稍小曰山栗. 圓而末尖曰錐栗, 俗言回護裡회호리.・栗三顆一毬, 居中者曰栗楔률셜. 圓小如橡子曰莘栗. 小如指頂曰茅栗, 卽爾雅栭栗.

栗房, 俗訓밤송이, 言似松耳頭也. 蝟殼. 栗皮曰殼子, 轉云깍지. 內皮【4:11a】曰桴衣붐의.

棗조. 四月生小葉尖觥光澤, 五月開小花, 白色微靑. 大曰棗, 小曰棘, 故俗言大棗, 轉云대쵸. 有狗牙鷄心牛頭羊角猴細腰赤心三星駢白箄名. 乾棗・美棗・良棗. 樲卽酸棗, 似棗木而實酢酸棗而小. 遵羊矢棗實小葉黑. 櫅卽白棗, 子白乃熟.

梨리. 樹高二三丈, 葉尖光膩, 有細齒, 花白如雪. 六出上巳無風則結實, 必佳. 俗以百果宗. 轉訓비. 梨品甚多. 棠梨及桑樹上接過者, 結早而佳, 有靑黃紅紫四色. 乳梨, 卽雪梨; 鵝梨, 卽綿梨; 消梨, 卽香水梨; 禦兒梨, 卽玉乳梨, 一作語兒. 以上皆好品. 靑皮梨・早殼梨・半斤梨・沙糜梨, 皆粗澁. 快果・玉乳・蜜父.

山梨산리, 俗訓문비. 摘之使濃後食. 抄梨・鹿梨・鼠梨・陽檖・赤羅・檖.

棠梨당리, 俗訓아가비, 卽野梨也. 澀者杜, 甘者棠也.

木瓜목과, 俗轉모과. 狀如柰. 春末開花, 深紅, 實大如瓜. 黃似着粉. 楙. 酢澀而多渣曰木桃. 樝子・和圓子.

榠樝명사. 酷類木瓜而但木瓜蒂間別有重蒂, 如乳榠樝則無也. 枾初生堅如石者百十, 以一樝置其中則紅熟如泥, 人謂烘枾. 蠻樝. 木李. 似樝子【4:11b】而小曰榲桲.

山樝산사. 葉有五尖椏, 間有刺. 花白, 實赤如小林檎, 俗言查朹瓜, 轉訓아가위. 赤瓜子・鼠樝・猴樝・茅樝・朹子・□梅・羊梂・棠梂子・山裏紅.

柰내, 與林檎一類二種. 樹實皆似林檎. 佛書所謂頻婆果, 華言相思也. 味雖平淡夜置枕邊微有香氣, 俗言思果ᄉᆞ과者, 此也. 有白赤靑三色, 白爲素柰, 赤爲丹柰, 亦曰朱柰, 靑爲綠柰. 白檎.

林檎림금, 俗轉능금. 樹似柰, 開粉紅花, 子赤如柰而差圓小. 來禽・文林郎果・輕翠.

枾시, 俗作柹, 非. 樹大葉而光澤, 開小花, 黃白色, 成生靑熟紅. 有七絶, 一多壽, 二多陰, 三無鳥巢, 四無虫蠹, 五霜葉可玩, 六嘉實, 七落葉肥滑可以臨書, 故俗言嘉陰, 轉云감. 著盖枾蔕下別有一重. 牛心枾, 狀如牛心. 蒸餠枾, 狀如蒸餠. 朱枾小而深紅. 塔枾大于諸枾. 盤枾大如楪. 溫水養去澀味者曰沉枾침시. 濃熟者曰水枾슈시, 又曰臙枾연시. 哭中自紅者曰烘枾. 日乾者曰白枾, 卽俗言串枾, 生霜者곶감시셜는 것. 盖乾枾者貫之於折木十枚爲一串, 百枚爲一貼. 束之甚簡, 故俗以物之簡要者如枾貼감졉ᄉᆞ다. 又以霜爲枾雪, 故凡【4:12a】物之生白衣者, 總謂之枾雪시셜. 火乾者烏枾. 不作串而散乾者曰蹲枾쥰시.

椑枾픽시, 乃枾之小而卑者. 至熟則黃赤, 雖熟亦靑黑色, 俗訓괴욤. 浸汁可以染罾扇及諸物. 漆枾・綠枾・靑椑・烏椑・花椑・赤棠椑・椑椑. 有以羊棗當之者, 誤也. 羊棗, 乃是棗類, 豈可渾歟? 別有君遷子, 與椑枾相似.

安石榴안셕류. 本生西域安石國. 枝柯附榦, 自地便生作叢, 種極易息. 花有黃赤二

種, 實有甘酢二種. 直榦上竦枝如張盖曰柱石榴, 數株叢生枝榦錯落者曰藪石榴. 若榴・丹若金罌・珠房.

橘귤. 樹高丈許, 枝多生棘, 其葉頭尖, 綠色光面. 大寸餘, 長二寸許. 開小白花, 甚香. 結實, 至冬黃熟, 小瓣而味微酢. 其皮薄而紅, 味辛而苦. 黃橘扁小多香; 朱橘小而色赤如火; 綠橘紺碧可愛; 乳橘狀似乳柑, 皮堅瓤多; 塌橘狀大而扁外綠心紅, 瓣巨多液; 包橘外薄內盈; 綿橘微小極軟美; 沙橘細小甘美; 油橘皮似油餙中堅外黑; 早黃橘, 秋年已丹; 凍橘八月開花, 冬結春采; 穿心橘實大皮光而心虛; 荔枝橘膚理皺, 蜜如荔者. 踰淮則變爲枳.

柚子유즈. 樹葉皆似橙, 其【4:12b】實有大小二種, 而其瓣味酢, 其皮最厚而黃, 味甘不甚辛. 盖柑屬而早黃難留. 櫾・□・壺柑・臭橙・朱欒.

柑子감즈. 大于橘. 其瓣味甘, 其皮稍厚而黃, 味辛而甘. 乳柑, 其味似乳酪, 是爲眞柑. 他柑皆爲假也. 其木婆娑, 其葉纖長, 其花香韻, 其實圓. 沙柑・靑柑, 軆性相類. 又有朱柑・黃柑・石柑. 木奴.

橙등. 樹似橘而葉大于橘而香, 實似柚而香, 乃橘屬之大者. 皮厚而皺, 晩熟耐久. 金毬・鵠殼.

枸櫞구연, 俗言佛手불수, 柑橘之屬. 其葉大, 其實大如盞, 狀如人手, 味辛酸. 香櫞.

金橘금귤. 樹似橘不甚高大. 五月開白花結實, 秋冬黃熟. 大者經寸, 小者如指頭. 皮堅肌理細瑩. 生則深綠, 熟乃黃如金, 其味酸甘而芳香. 金柑・盧橘・夏橘・山橘・給客橙. 洞庭橘, 小如彈丸.

枇杷비파. 樹高丈餘, 枝長, 葉大如驢耳. 背有黃毛, 形似琵琶, 四時不凋. 盛冬開白花, 至三四月成實作梂. 生大如彈丸, 熟則如黃杏, 微有毛皮, 肉甚薄, 核大如茅栗. 無核者曰焦子.

楊梅양미. 樹如荔, 枝葉陰靑, 冬月不凋, 二月開花. 實如楮實, 生靑熟紅, 肉在核上, 無皮殼, 味似梅. 杌子. 白者曰聖僧.

櫻桃잉도. 【4:13a】樹不甚高, 葉圓有尖, 及細齒開花, 結實如瓔珠. 生靑熟紅. 先百果成, 故薦于宗廟. 鸎桃・含桃・荊桃. 大而甘者曰崖蜜, 黃明者曰蠟櫻, 小而紅者曰櫻珠, 白者曰白櫻桃. 又有一種嬰桃, 實大如麥多毛. 朱桃・麥桃・英頭・李桃. 一種山桃, 子黑如龍葵, 先櫻桃熟. 俗訓벗. 鳥櫻桃.

銀杏은힝. 樹高二三丈, 葉薄縱理. □如鴨掌, 面綠背淡. 花開成簇, 靑白二色更開, 隨卽落, 故人罕見之. 一枝結子百十枚, 如楝子, 經霜乃熟爛. 去肉取核爲果, 其核兩頭尖, 三稜爲雄, 二稜爲雌, 須雌雄同種. 其樹相望乃實. 或雌. 臨水照影, 亦可或鑿一孔納雄. 本一塊泥之, 亦結. 白果・鴨脚子・黃杏.

胡桃호도. 樹高丈許, 葉長四五寸, 微似大靑, 兩兩相對, 頗作惡氣. 開花如栗花, 穗蒼黃色, 結果如靑桃, 熟時漚爛皮, 肉取核爲果. 羌桃・核桃・揷羅師. 楸子츄즈, 木與梓本同末異而早脫, 故字從秋, 其子似胡桃而皮黑且堅, 末尖. 俗言價柰가내. 山核桃.

榛子진ᄌᆞ. 樹低小如荊叢, 開花如櫟花, 成條下垂, 長二三寸, 葉如櫻桃. 多皺文而細齒. 其實作苞, 三五相粘, 一苞一實, 下壯上銳. 生靑熟褐. 其殼厚而堅, 其【4:13b】仁白而圓, 大如杏仁, 俗訓가얌. [立$禾]. 又有一種胡榛子, 名阿月渾子, 又稱無名子.

櫧子져ᄌᆞ. 木大者高二三長, 葉長大如栗, 稍尖而厚堅, 光澤, 鋸齒稍利, 俗訓가락나무. 盖以櫟爲眞木櫧爲假櫟之轉訓也. 開白花成穗如栗花. 結實大如槲子, 外有小苞, 霜後苞裂子墜. 子圓褐而有尖, 內仁如杏, 俗訓도토리. 有甛苦二種, 甛櫧子粒小木文細白, 苦櫧子粗大木文粗赤.

鉤栗구륄, 轉俗굴밤, 卽甛櫧子. 巢鉤子.

橡實상실, 轉訓상슈리, 卽櫟木子也. 木高二三丈, 葉如栗. 開黃花, 結實如櫧子. 槲櫟皆有斗而以櫟爲勝, 故俗稱眞木, 訓云춤나무. 木堅而不堪充材, 可爲薪炭. 橡斗・皂斗・櫟梂・柞子茅・栩・又有一種, 不結實者曰棫□, 翻爲櫃者, 而櫃是楸類也.

槲實곡실. 木高丈餘, 與櫟相類. 葉大於櫟, 故俗訓떡갈나무. 盖떡, 廣之轉訓갈, 假櫟之轉訓也. 亦有斗, 但小不中用. 槲樕・樸樕・大葉櫟・櫟橿子. 又有一種, 叢生小者曰枹부. 槲若卽槲葉. 荔枝례지. 木高二三丈, 自經尺至于合抱, 類桂木. 冬靑之屬. 綠葉四時榮茂. 其花靑白, 若冠之蕤, 其子喜雙, 狀如初生松毬. 殼有皺紋如【4:14a】羅初靑漸紅, 肉白如肪玉, 味甘多汁. 離枝・丹荔.

龍眼용안. 樹似荔枝, 葉若林檎, 花白, 子如檳榔. 有鱗甲, 大如雀卵. 龍目・圓眼・益智・亞荔枝・荔枝奴・驪珠・燕卵・蜜脾・鮫淚・川彈子.

龍荔용례, 如小荔枝而肉味如龍眼, 木之身葉亦似二果.

橄欖감람. 樹似木槵子樹而高, 端直大, 數圍, 實長寸許. 先生者向下, 後生者漸高. 味酢蜜漬極甛. 靑果・忠果・諫果.

榧子비ᄌᆞ. 樹大連抱高數仞. 其葉似杉, 其子如栢, 有牝牡, 牡者華而牝者實. 其理似松[月+幾], 細軟. 開黃花, 子大如橄欖, 殼色紫楬而脆. 其中有一重黑粗衣. 其仁黃白, 嚼久漸美. 柀子・赤果・玉榧・玉山果.

海松子ᄒᆡ송ᄌᆞ, 俗直云子, 轉云잣, 猶洛人以牡丹直云花, 吳人直謂桑曰葉. 盖海松子本東國所産, 故也. 樹同松, 惟五葉一叢者, 梂內結子. 大如巴豆而有三稜, 一頭尖爾. 新羅松子・五鬣子・果松・油松.

檳榔빈랑. 樹大如桃榔而高五七丈, 正直無枝, 皮似靑桐, 節似桂, 枝葉生木顚, 大如楯頭. 又似芭蕉葉. 其實作房, 從葉中出旁, 有刺若針重疊. 其下一房, 數百實如鷄子狀, 皆有皮殼. 其實肉滿殼中, 色白. 有四功, 【4:14b】醒能使之醉, 醉能使之醒, 饑能使之飽, 飽能使之饑. 檳門・仁檳・洗瘴丹. 又有一種, 大腹子與檳榔相似, 莖葉根幹小異而今人不分別. 大腹檳榔・豬檳榔.

波羅蜜파나밀. 樹高五六丈, 類冬靑而黑潤倍之. 葉極光澤, 不花而實出於枝間, 多

者十數枚, 少者五六枚. 大如冬瓜, 外有厚皮裹之若栗毬. 上有軟刺, 熟時顆重五六斤, 殼內肉層疊如橘囊. 味至甛美, 香氣滿室, 果中之大者也. 曩伽結·婆那婆·阿薩蜱.

無花果무화과. 樹如枇杷, 枝葉茂盛, 有子如蓖麻, 無花而實, 狀如木饅頭. 其內虛軟, 采以塩漬, 壓實令扁, 日乾充果, 甘美如柹. 映日果·優曇鉢·阿異.

枳椇기구. 樹經尺, 木名白石. 葉如桑柘葉, 其子作房, 似珊瑚, 在其端. 味甘美如飴, 能敗酒味. 以其木爲柱, 屋中之酒皆薄.

甛瓜쳠과. 延蔓生葉, 大數寸, 開黃花, 結實, 其類最繁. 有團有長有尖有扁. 大或經尺, 小或一捻. 其稜或有或無, 其色或青或綠, 或黃斑糝斑, 或白路或黃路. 其瓤或白或紅, 其子或黃或赤或白或黑, 而其味不出乎甘香. 故俗以蓏中最眞, 訓云眞瓜참외. 甘瓜·果瓜.

西瓜셔과. 蔓生, 花葉皆如甛瓜, 而實大如斗而【4:15a】圓如匏. 色如青玉. 其瓤或白或紅, 紅者尤勝. 其子或黃或紅或黑或白, 白者味劣. 其味有甘有淡有酸, 酸爲下而皆水多, 故俗言水匏슈박. 寒瓜.

葡萄포도. 苗作藤蔓而極長, 花極細而黃白色, 其實有紫有白青三色. 有圓如珠, 長似馬乳, 有無核者. 蒲桃·草龍珠. 白者曰水晶葡萄. 黑者, 名紫葡萄.

蘡薁영욱, 卽薁也. 俗訓멀우者, 뫼욱之轉訓也. 蔓生, 苗葉與葡萄相似而小, 其實又小而圓, 色不甚紫. 燕薁·嬰舌·山葡萄·野葡萄·藤名木龍·臭李子.

獼猴桃미후도. 藤着樹生, 葉圓有毛. 其實淡綠色, 生極酸, 熟甘, 俗言多羅다라, 轉云다래. 盖華語以一朶多顆, 皆云多羅. 如葡萄及蘡薁, 皆連呼多羅, 而東俗但於獼猴桃謂之多羅. 獼猴梨·藤梨·陽梨·木子·軟棗.

懸鉤子현구ᄌᆞ. 懸俗訓돌, 故訓云돌구者, 又轉爲쌀기, 卽樹莓也. 莖上有刺, 其實如覆盆子, 采之擎蒂而中實. 沿鉤子·葥·山莓·木莓·樹莓.

覆盆子복분ᄌᆞ, 俗訓멍덕쌀기. 盖멍덕, 繁行之訓也. 以其藤蔓繁行也. 莖有倒刺, 一枝五葉, 面背皆青. 開白花, 結實如覆盆, 采之蒂脫而中虛, 與懸鉤有異耳. 茥·缺盆·【4:15b】西國草·畢楞伽·大麥莓·揷田藨·烏藨子. 蔓曰蓬虆. 一種蛇莓, 俗訓비암의 쌀기, 不可食. 蛇藨·地莓·蠶莓.

林下夫人림하부인, 卽忍冬實也. 其藤附樹延蔓, 莖微紫, 對節生葉, 葉似薜荔, 其花長瓣, 垂鬚, 一蒂兩花, 一大一小. 初開者色白, 經二三日色變黃, 新舊相參, 黃白相暎, 故曰金銀花. 其實如瓜, 熟則自開, 肉紅, 俗言孽應, 轉云어름. 盖言如末應而孽者也.

末應말응. 產濟州. 實如木瓜, 皮丹赤, 剖如林下夫人而子差大, 味盡濃.

杜棣두졔. 蔓生. 其實似五味子, 食之甘酸, 俗言杜乙粥들쥭. 大東韻玉云, 本草所載沙棠木如棠, 黃花赤實. 其味如李而無核. 疑今白頭山들쥭.

【4:16a】

<樹木部>

樹, 植之總名.

木목, 俗言拉戊, 轉云나무. 戊, 土也. 盖取木克土之義也.

株格쥬격, 俗轉쥴거리. 樹高長枝.

株硬쥬경, 莖也. 轉云쥴기.

榦枝간지, 轉云가지. 旁生曰枝, 本根曰榦. 又曰柯枝.

牁牂가쟝이, 一作[可+戈]戕, 枝也.

根근, 見草部.

根菀근울, 俗轉글우, 根柢也. 管子曰, 地者萬物之根菀.

根柢근져, 華葉之根曰蒂, 木之根曰柢.

葉엽, 見草部.

右株우쥬, 俗轉우쥭, 木之上體.

根株근쥬. 在土曰根, 在土上曰株, 木之全體也.

莿ᄌᆞ, 俗言柯矢가시, 草木之針也.

槎櫱사얼, 轉云싹. 斬而復生也. 櫱一作[木+卉].

菴암, 俗轉움 ᄂᆞ다, 櫱也.

芽ㅁ아구, 草木子甲拆也. 俗訓아귀 트다.

筍슌, 竹芽也. 草木芽亦曰. 筍, 一作笋.

杪초, 木細枝, 俗轉후츄리.

杌禿올독, 俗轉옷독. 木無枝特立.

窒질, 草木折芽也. 俗訓질으다.

椑櫯피셔, 木下枝.

離樓리루, 衆木交加.

樣□나아, 木盛貌.

欋子, 木根盤錯貌.

暴爍폭삭, 木枝葉稀疎.

零落영락, 草木萎黃.

柛【4:16b】신, 自斃木.

㮏내, 木立死.

棍젼, 縛束薪也. 俗訓젼 치다.

接졉, 以他枝接此木.

柏빅. 萬木皆向陽而柏獨西指. 盖陰木而有貞德者, 故字從白. 其樹聳直, 其皮薄, 其葉扁而側生其肌膩, 其花細瑣, 其實成叢, 狀如小鈴. 霜後四裂, 中有數子, 如麥粒, 芬香可愛. 菊·側柏·汁柏. 俗誤以果松通謂之柏者無義. 已有丁茶山所辨.

圓栢원빅. 柏葉松身, 其葉尖硬三針, 古所謂檜而一曰栝. 丁茶山辨之爲老松로송, 必是檜松之轉音也. 一曰蔓松. 紫檀, 卽白檀一種而俗以蔓松當之者誤.

松송, 俗訓소나무. 樹磥砢修聳多節. 其皮粗厚, 有鱗形, 有二針, 結實, 狀如猪心, 疊成鱗砌, 秋老則子長鱗裂. 十八公樹.

松脂송지, 俗言松津송진. 千年化爲琥珀. 松膏·松脂·松膠·松香·瀝青. 俗以凡木之脂, 疑必曰某樹松津. 如杏脂曰살구나무송진, 海松脂曰잣나무송진者, 凡脂以松脂爲上, 故也.

松花송화, 松黃.

杉삼. 樹榦端直, 大抵如松, 冬不凋, 但葉硬微扁, 附枝而生若刺針, 結實如楓實. 作柱埋之不腐. 丁茶山辨之爲젼나무者, 是矣. 盖杉一作煔. 又音졈, 故俗轉爲젼나무者, 非. 古不分而【4:17a】必因中間傳訛而謂之檜也. 沙木·檠木.

桂계. 時珍曰: "牡桂, 葉長如枇杷, 葉堅硬有毛皮及鋸齒. 其花白色, 其皮多脂. 菌桂, 葉如柿葉而尖狹, 光淨有三縱文而無鋸齒. 其花有黃有白, 其皮薄而卷." 丁茶山曰: "桂於中國惟江南有之, 吾東之所無而詩人所用, 皆非實事. 又以月季四季爲桂者, 亦冒稱也. 金渼陰引放翁詩曰: '小山桂枝今所無, 一生到處問樵夫. 細思不獨人間貴, 月中何曾有兩株.' 又曰: '丹葩綠葉鬱團團, 消得姮娥種廣寒. 行盡天涯八十年, 至今未遇一枝看.' 題曰楚辭. 所謂桂數見於唐人詩句及圖畵間, 今不復見矣." 使今所謂桂者, 果是眞品則以放翁之老於江南者, 豈有八十年未遇之理? 然則眞桂似已絶種而藥材之桂, 乃近似而冒名者, 以數說放之桂固罕有而種則甚多, 有難分明而指之爲桂. 餘見木蘭註. 梫. 菌桂, 卽筒桂, 曰小桂; 牡桂, 卽官桂.

木蘭목란. 樹高數仞, 葉似菌桂, 葉有三道縱文. 其辛香不及桂, 而皮如板桂有縱橫文. 蘇頌曰: "外皮爲木蘭, 肉爲桂心." 時珍曰: "木蘭枝葉俱踈, 其花內白外紫, 亦有四季開者, 狀如蓮花, 香□艶膩, 皆同獨房蕊, 有異者乃眞木蘭. 蘇頌所言是, 牡桂非. 木蘭以【4:17b】是觀之, 今所謂桂者, 眞必木蘭之冒稱桂者乎?" 杜蘭 · 林蘭 · 木蓮 · 黃心.

沉香침향. 枝葉並似〔椿〕, 經冬不凋. 夏生花, 白而圓, 秋結實, 似檳榔. 交趾人斷其積年老木根沉水, 經年皮榦俱朽爛, 木心與枝節不壞堅黑. 沉水者, 卽沉香也. 半浮半沉與水面平者爲鷄舌香, 細枝緊實未爛者爲靑桂香, 其根榦爲棧香, 其根爲黃熟香, 其根節輕而大者爲馬蹄香.

檀香단향. 檀香出崑崙盤盤國. 樹葉似荔枝而皮澤. 白檀, 皮潔而色白者也. 黃檀, 皮實而色黃. 紫檀, 皮腐而色紫, 其木竝堅中淸香而白檀尤良. 旃檀 · 眞檀. 紫檀白檀俱非東國所産, 而以蔓松當紫檀者, 誤矣. 東國別有一種駁檀, 轉云박달, 又名六駁, 皮色靑白, 多癬. 駁葉如槐皮, 靑而澤肥, 細而膩, 體重而堅, 卽國風所稱代檀樹檀者也. 甚堅靭可爲車輻及杵槌鎚.

降眞香강진향. 出大秦國. 其香似蘇方木, 燒之初不甚香, 諸香和之, 特美. 紫藤香 · 鷄骨香.

楠남. 木高大, 葉如桑, 出南方, 字從南. 其木枝上柯葉不相妨, 故又名交讓木. 枏.

樟장. 其木理多文【4:18a】章, 故謂之章.

楓풍, 俗言丹楓단풍나무. 樹高大似白楊, 葉而作歧有三角而香. 二月有花, 白乃連着, 實大如鴨卵. 嵇咸草木狀云. 楓實惟九, 眞有之, 其脂曰白膠香, 霜後葉丹可愛. 丁茶山以東方楓樹之低小無實, 疑其非眞. 而嵇含既云楓實惟九眞有之, 則他楓之不實可知矣. 臨川記云: 楓木歲久生瘤, 而今楓木亦有瘤. 俗訓풍혹, 似或近之.

安息香안식향, 俗言북나무진, 卽千金木之津. 本草云: 樹如苦楝, 大而直, 葉似羊桃, 木心有脂出, 波斯國呼爲辟邪, 而産我國濟州者未知信, 然故, 丁茶山駁之.

蘗木벽목, 俗言黃栢황벽. 樹高數丈, 葉似吳茱萸. 赤如紫〔椿〕, 經冬不凋. 皮外白

裡深黃色, 其根結塊如松下茯苓. 黃蘗. 根名檀桓.

厚朴후박. 樹膚白肉紫, 葉如槲葉, 開細花, 實如冬青子, 生青熟赤. 烈朴・赤朴・厚皮・重皮・樹名榛・根名逐折. 丁茶山曰: "貿之燕市, 其味微辣峻烈, 通中下氣, 而濟州來者, 味惷, 嚼之有沫如牛涎."

杜仲두즁. 樹高數丈, 葉似辛夷, 皮中有白絲, 相連如綿. 昔有杜仲服, 此得道因以得名. 東人誤作杜冲, 無義. 思仲・思仙・木綿・櫋.

〔椿〕츈, 樗之香者. 大〔椿〕. 【4:18b】靈〔椿〕.

樗뎌. 樹及皮皆似漆染. 青色與〔椿〕相似而但〔椿〕木實而香樗木踈而臭乃是假〔椿〕而俗誤訓假僧가즁나무. 山樗曰栲. 虎目樹・大眼桐.

漆칠. 樹高二三丈, 皮白, 葉似〔椿〕花, 似槐子, 似牛李. 木心黃, 六七月刻取滋汁, 可以[髟$桼]物, 其色黑, 故俗言烏漆, 轉訓옷. 桼.

梓지, 俗云梓柞지작. 木似桐而葉小花紫, 材莫良于梓, 爲白木之長. 而書稱梓材, 禮曰梓人, 棺名梓宮, 皆取於此. 木王.

桐동. 樹有四種. 青桐, 葉皮青, 似梧而無子. 梧桐오동, 皮白, 葉似青桐而有子. 櫬. 椅桐의동, 卽白桐, 與崗桐無異, 但有花子. 二月開花, 黃紫色, 卽月令所云. 桐始華者, 是也. 曰黃桐曰泡桐曰榮桐, 可爲琴瑟. 崗梧有子, 可作油, 曰罌子桐曰虎子桐曰荏桐曰油桐.

苦楝고연. 木高丈餘, 葉密如槐, 開花紅紫色, 芬香滿庭, 實如彈丸, 子名金鈴子.

槐괴, 有數種. 葉大而黑者, 名櫰槐회화나무. 晝合夜開者, 名守宮槐. 葉細而青綠者, 但謂槐, 其花未開時, 狀如米粒, 炒過煎水, 染黃甚鮮.

梣심. 葉似檀, 細皮, 有白點而不粗, 取皮漬水, 便碧和墨色不脫, 故俗訓무푸레, 謂其水青也. 梼木・石檀・樊槻・盆桂・苦樹・【4:19a】苦櫪. 皮曰秦皮.

皀莢조협, 俗轉쥬렵나무. 樹高大, 葉如槐, 瘦長而尖, 枝間多刺, 開黃花. 結角, 采時以篾箍其樹一夜自落. 皁角・鷄栖子・烏犀・懸刀. 肥皀莢開白花, 結莢, 長三四寸, 肥厚多肉.

無患子무환ᄌᆞ, 俗轉무감쥬나무. 葉似欅柳, 核堅正, 黑如毉. 今釋子取爲念珠. 桓・木患子・噤婁・肥珠子・油珠子・菩提子・鬼見愁.

楊柳양류. 楊枝葉短, 揚起之謂也. 柳枝葉□垂流之謂也. 通謂之楊柳, 俗言布達, 轉云버들. 其類非一. 蒲柳, 卽水楊, 枝勁韌, 可爲箭笴. 青楊・蒲移・移棉・藋苻.

杞柳生水旁, 俗訓기버들, 葉粗而白, 木理微赤, 可爲車轂, 今人取其細條, 火逼令柔作箱篋.

檉柳, 俗言渭城柳위셩류, 葉細如絲, 婀娜可愛. 天將雨則先起氣應之, 故名雨師. 一年三秀, 能負雪霜有異餘柳. 赤檉・赤楊・河柳・雨師・垂絲柳・人柳・三眠柳・觀音柳.

白楊株, 甚高大, 葉圓如梨葉, 肥大有尖, 面青而光, 背甚白色有鋸齒, 木肌細白. 今

自外國始來, 俗言唐柳당버들, 前人誤訓사시나무. 以其名獨搖而渾也. 黃柳葉似初生槐芽而靑厚不花不實, 遇閏則退, 俗轉회양목.

楡유. 有【4:19b】數十種, 今人不能盡知. 白楡, 一曰荚楡, 又曰大楡曰靑楡曰零楡曰白枌. 其木甚高大, 枝條間先生荚, 形似錢, 故俗呼楡錢. 後方生葉, 俗訓느릅나무.

刺楡, 俗言龜木귀목, 又曰蘇楡, 轉云느틔나무. 樹如柘, 葉如楡, 東俗四月八日取葉作餠. 樞. 李員嶠以黃楡爲느틔, 刺楡爲스믜나무.

榔楡, 狀如楡, 其皮有滑汁, 秋生荚如大楡, 八月生荚.

山楡, 一曰無姑曰梗曰蕨蘠實曰蕪荑曰莁荑. 本草云: "今惟出高麗."

蘇方木소방목, 俗言丹木, 轉云다목, 出蘇方國, 用染絳色.

烏木오목, 出南番, 葉似椶櫚. 其木漆黑體重堅緻, 可爲筯及器物. 烏□木 · 烏文木.

樺木화목. 木似山桃, 俗訓벗나무. 其皮可堪裹鞍弓[革+登]. [木+畵].

椶櫚종려, 一曰栟櫚. 樹高一二丈, 無枝條, 葉大而圓, 有如車輪. 其下有皮重疊裹之, 每皮一匝爲一節, 莖中出數黃苞, 苞中有細子成列, 狀如魚腹孕子, 謂之椶魚, 亦曰椶笋.

烏臼木오구목. 樹高數仞, 葉似梨香, 五月開細花黃白色, 子黑, 葉可染皂, 子可壓油. [亞+鳥]臼.

桑상, 俗言苞桑, 轉云뽕. 見上布帛部. 子曰椹.

柘자, 俗訓꾸지. 其葉亦可飼蚕, 喜叢生幹, 踈而直, 葉豊而厚, 圓而有尖

【4:20a】

楮저, 俗訓닥. 葉似葡萄, 多澀毛, 剝皮擣煮造紙. 穀子 · 穀桑. 楮穀曰楮桃.

山茱萸산슈유. 葉如梅, 有刺, 花如杏, 實如酸棗.

郁李욱리, 俗言山梩實兒, 轉訓산리스랏. 車下李 · 千金藤.

五加오가, 俗轉오갈피. 莖葉俱靑, 作叢, 亦莖又似藤葛. 上有黑刺, 每一葉下生一刺. 五佳 · 五花 · 文章草 · 白刺 · 追風使 · 木骨 · 金塩 · 犲漆 · 犲節.

枸杞子구긔즈나무. 莖幹高三五尺, 作叢, 葉如石榴葉而軟薄, 開小紅紫花, 隨便結紋, 實形微長如棗核. 枸□ · 枸棘 · 苦杞 · 甛菜 · 天精 · 地骨 · 地節 · 地仙 · 却老 · 羊乳 · 仙人杖 · 西王母杖.

無灰木무회목. 産濟州海中. 柔脆燒之無灰, 隨波上下出水乃堅.

牡荊모형. 山野多有, 樵采爲薪, 年久不樵者. 樹大如盌, 其木心方, 其枝對生, 一枝五葉或七葉, 如楡葉, 長而尖, 有鋸齒, 開花成穗, 紅紫色, 其子大如胡妥子, 有靑赤二種. 靑者爲荊, 赤者爲楛. 嫩條皆可爲莒[竹$囤], 俗訓쓰리. 黃荊 · 小荊 · 楚. 李芝峯以當杻檍, 而丁茶山以杻檍之多曲少直駁之. 詩傳諺解以杻爲地膚子, 轉云대반리.

靈壽木령슈목. 木似竹, 有節, 長不【4:20b】過八九尺, 圍三四寸, 自然有合

杖竹쥭, 不剛不柔非材, 不須削理. 扶老杖・梱. 檟草非木, 土中苞笋, 各以時出, 旬日落籜而成竹. 莖有節, 節有枝, 枝有節, 節有葉, 葉必三之, 枝必兩之. 根下之枝, 一爲雄二爲雌. 雌者生笋, 六十年一花結實, 則竹枯, 俗言薹디. 枯竹曰箹, 竹實曰[竹$復], 小曰篠, 大曰簜.

模모, 周公墓木. 其葉春青夏赤秋白冬黑, 以色得其正.

檵檀참단, 孔子墓木.

【4:21a】

<飛禽部>

鳥조. 常時曰鳥, 故俗言常時轉云새. 胎卵而二足有羽曰禽. 脚短者多伏, 脚長者多立, 脚近翠者好步, 脚近臆者好躑.

雌雄즈웅. 鳥母曰雌, 俗言阿陰암, 鳥父曰雄, 俗言帥슈. 盖羊每成羣以一雄爲主帥, 故也. 按詩傳曰: "飛曰雌雄, 走曰牝牡." 正字通曰物各有雌雄鱗介, 至蟣虱皆然. 詩傳分屬禽獸, 非也. 二說俱未必盡是盡非也. 禽獸雖有互言牝牡雌雄大率禽多言雌雄獸多言牝牡.

味쥬, 鳥觜也. 天文家以觜星之附麗于參星, 如鳥之有觜, 云故俗以鳥觜謂之附麗부리. 喙.

胖반, 脅側薄肉, 俗言肩脂견지.

奥오, 鳥胃也, 俗訓멀덕운니. 膍胵.

嚨롱, 鳥亢也.

嗉소, 畜食也.

翁옹, 頸毛.

翮격, 鳥翅也. 一曰翎.

髀츄, 鳥尾也. 俗言屈罌굴잉, 轉訓꼬앙이

[召+毛]毹쵸소, 鳥尾翅毛.

爪조, 鳥距也.

啼뎨, 鳥鳴也. 唳.

嘲조, 朝鳴, 又林鳥朝鳴.

啄야, 夜鳴, 又水鳥夜鳴.

啁哳됴졀, 鳥啾也.

雊【4:21b】구, 雉鳴也.

喌喌쥬쥬, 母鷄呼雛聲.

鵈鵈얼얼, 鵝聲.

呷呷압압, 鴨聲.

鳦鳦을을, 燕聲.

呢喃이남, 燕語.

楂楂사사, 鵲聲.

剌랄. 李白詩云: "跋剌銀盤欲飛去." 俗以跋刺當飛, 訓云랄다.

毰毸부시, 鳥張羽聲, 俗訓부시더다.

翬翬휘휘, 飛疾羽聲.

差池치[차]디, 飛貌.

[孚+毛]부, 鳥解也.

淋滲림숨, 毛羽始生.

毨션, 鳥獸新羽換舊之名.

搶去창거, 飛掠也. 俗訓차가다.

啄탁, 鳥食, 俗言雕, 轉訓됴다. 盖如雕玉之形也.

涅날, 轉云알, 卵也. 詳下鷄註.

伏부, 鳥抱卵也.

□숙, 卵殼中出聲.

臢독, 卵內敗, 俗言滾곤, 轉云골다. [卵+叚].

鷇츄, 一作雛, 鳥子也. 俗言朔計삭계, 計

華音기, 故曰삭기. 言鳥皺生成以朔而計也.

楎휘, 杙在墻也. 本懸衣具而鷄塒之狀, 亦如此, 故借名焉. 轉云홰. 桀.

□板션반, 一作㮣, 鷹犬紲所繫.

栖셔, 鳥棲, 陸鳥曰棲, 水鳥曰宿, 獨鳥曰上, 衆鳥曰集.

巢쇼, 鳥在木.

窠과, 鳥在穴.

馴슌, 凡以漸而至曰馴, 俗言짓드리다. 詳衣服部[亻+致]抵樞註.

繙참, 以索罥物, 俗訓올무.

【4:22a】

鶴학. 大於鵠, 長二尺高三尺餘, 喙長四寸, 丹頂赤目赤頬青脚, 修頸有白玄黃蒼之色. 其鳴知夜聲亮聞八九里, 陽鳥而遊陰, 故俗言遊陰유음, 轉云두름이. 一千六百年乃胎産, 凡鶴卵生. 仙禽·胎禽·鶖鵚·震爲鶴.

鸛雀관작. 集韻一音환, 俗轉황새. 狀類鶴而無朱頂, 巢於高木絶頂, 不善唳善飛, 搏接影而懷卵. 皂君·負釜·背竈·黑尻·皂裙·旱羣, 並爲鸛.

鶬鷄챵계. 狀如鶴, 大而頂無丹, 兩頬紅, 其色青蒼, 亦有灰色. 食于田澤洲渚之間. 俗言鴰鴰예괄, 轉訓왜걸이. 鶬鴰·麋鴰·鴰鹿·麥鷄·錯落. 古人有以鶬鴰爲鬼車者, 誤也. 詳下鬼車註.

鵚鶖독츄, 轉云독슐이. 狀如鶴而大, 青蒼色, 張翼廣五六尺, 擧頭高六七尺, 長頸赤目頭頂皆無毛. 其嗉下亦有胡袋, 如鵜鶘狀, 其足爪如鷄, 黑色, 性極貪惡, 能與人鬪, 好啖魚蛇及鳥雛.

鵜鶘뎨호. 大如蒼鵝, 喙長尺餘, 直而且廣, 頷下胡大如數升囊, 好羣飛沉水食魚, 亦能竭小水取魚, 多在沙水, 故俗言沙多사다새. 犁鶘·鵹[澤+鳥]·逃河·淘鵞.

鵞아, 一名[可+鳥]鵞, 華音거오. 江淮以南人畜之, 有蒼白二色, 大而垂胡, 綠眼黃喙紅掌長脚峩【4:22b】首, 善鬪善鳴. 其狀似傲夜鳴應, 更伏卵則向月取氣. 舒鴈·家鴈.

鴈안. 狀似鵞, 小曰鴈, 大曰鴻. 蒼者爲野鵞, 亦曰駉鵞, 又曰鴚鵝. 有四德, 寒則自北而南, 熱則自南而北, 信也. 飛則有序, 前鳴後和, 禮也. 失偶不再配, 節也. 夜則羣宿而一奴巡警, 晝則啣蘆以避繒繳, 智也. 俗言駉翁, 華音거웅기, 轉云기러기. 鳱, 小鴈. 隨陽鳥. 鷹.

鵠곡, 俗轉곤이. 大于鴈, 羽毛白澤, 其翔極高而善步. 天鵝.

鴇보, 似鴈而斑文, 故曰花鴇, 俗訓너화, 如花之轉云也. 無后趾. 其飛也肅肅, 其食也齡, 盖無舌故也. 純雌無雄與他鳥合. 獨豹.

鴨압, 俗言家汚泥, 訓云집오리. 喜處汚泥, 故也. 雄者綠頭文翅, 雌者黃斑色, 但有純黑純白. 淸明后生卵, 則內陷不滿, 聞礱磨聲則□而不成. 家鶩·舒鳧·家鳧[末+鳥]鴄. 啒啒굴굴, 鳧雛鳴聲.

鳧부, 俗言水汚泥, 轉云물오리. 狀似鴨而小, 雜青白色, 背上有文, 短喙長尾卑脚紅掌. 野鴨·野鶩·鸍·沉鳧.

鷿鷉벽뎨, 俗言鷿汚泥, 轉云비오리. 鷿,

華音비, 大如鳩鴨, 脚連尾不能陸行. 須贏・水[扎$鳥]・[零+鳥]頂・刁鴨・油鴨・梳鴨子.

鴛鴦원앙, 俗言鎭驚, 轉云증경이, 以其食之去驚邪也. 鳧【4:23a】類, 大如小鴨, 其質杏黃色有文采, 紅頭翠鬣黑翅黑尾紅掌, 頭有白長毛, 垂之至尾. 交頸而臥, 其交不再, 人得其一, 則其一相思而死. 黃鴨・匹鳥・婆羅迦隣提.

鸂鶒계칙, 俗訓곳돍, 又訓듬부기. 紫鴛鴦也. 狀小如鴨, 毛有五采, 首有纓尾有毛, 如船舵. 溪鴨.

鵁鶄교청. 交睛而孕, 故因名. 鳥似鴨而綠衣, 高脚似鷄, 長喙好啄, 其頂有紅毛如冠, 翠鬣碧斑丹嘴靑脛養之可玩. 交轤・茭鷄・鳽. 旋目, 一曰鷃, 大如鷺而短, 尾紅白色, 深目, 目旁毛皆長而旋. 方目, 一作魴, 狀似鷗鷺, 蒼黑色, 頭有白肉冠赤足, 見人輒鳴. 姑鷄.

鷺鷥노ᄉᆞ, 俗言白鷺빅로. 以其潔白, 又曰解露來飛히로릐비. 鷺飛則露故云. 頸細而長, 脚靑而善, 翹高尺餘. 解指短尾喙長三寸. 頂有長毛十數, 莖毿毿然如絲, 欲取魚則弭之目眄而受胎. 絲禽・雪客. 春鋤・白鳥・屬玉・碧繼翁・帶絲.

鷗구, 俗訓갈마기, 如白鴿及小白鷄, 長喙長脚, 羣飛耀日. 鷖・水鴞・海猫兒・江鵞・信鳧.

鸀瑦촉옥. 狀如白鷺, 長喙高脚, 但頭無絲, 俗呼白鶴子.

紅鶴子홍학ᄌᆞ, 俗訓다와기.

鸕鷀노ᄌᆞ, 俗訓가마오디, 又訓덥헐【4:23b】새, 似鶂而小, 色黑如鴉, 長喙而微曲, 善沒水取魚. 日集洲渚, 夜巢林木. [壹+鳥]・水老鴉・烏鬼・水鸛.

翠碧鳥취벽죠, 轉訓쇠새. 大者曰翠鳥, 小者曰魚狗. 靑色似翠, 其尾可爲飾, 大如燕喙尖而長, 足紅而短, 背毛翠色帶碧. 鴗・天狗・水狗・魚虎・魚師.

翡翠비취. 似魚狗而大, 雄爲翡, 其色多赤, 雌爲翠, 其色多靑. 鷸.

蚊母鳥문모죠, 俗訓ㅂ람갑이. 其飛直上, 迎風而舞, 大如鷄, 黑色, 每吐出蚊一二升. 吐蚊鳥. 鷏. **以上水禽.**

鷄계, 俗言鳴乙, 轉云돍. 越鷄, 小蜀鷄, 大魯鷄. 又其大者. 翰音・燭夜・□鴟・割鷄・秋侯子・戴郎・鳩七咤. 大曰蜀, 小曰荊. 雛曰㲉, 晚生曰䳡鷄, 桂林之中謂鷄曰䳢. 嘎鳴, 俗訓알겻다, 嘎, 華音갸, 轉云겻. 涅날, 鷄伏卵□□□, 俗以卵爲涅, 轉云알. 膠膠・喈喈, 皆鷄鳴. 高貴位鷄鳴聲.

雉치. 狀大如鷄而斑色繡翼. 雄者文采而尾長, 飛若矢而崇, 不過文修, 不過三丈, 故俗言丈計장끼, 計華音기. 雌者, 文暗尾短, 其性好鬪, 故俗言好鬪호투, 好, 華音한, 轉云갓투이. 雉之健而長尾, 走且鳴者曰【4:24a】鷮靑교청, 轉云꿩. 素質五采備曰翬雉, 靑質五采備曰鷂雉, 朱黃曰鷩雉, 白曰□, 玄曰海雉, 黃色鳴自呼者曰鳪雉. 野鷄・介鳥・華蟲・錦翮・疏趾・迦頻闍羅. 鷂, 東方雉; 鷷, 西方雉; □, 南方雉; 鵗, 北方雉. 鷚, 雉子. □□□[缶+鳥], 雉鳴. 嗃嗃, 雉鳴, 一作[口+

草].

鷩雉별치, 見上. 盖鸐大而鷩小. 且首有采毛曰山鷄, 腹有采色曰錦鷄, 項有囊曰避, 株梢有分別而同是一類. 山鷄・錦鷄・金鷄・采鷄・鵕鸃. 又有一種. 吐綬鳥似雉而有時吐物, 長數寸, 食必蓄嗉臆前如斗. 鷊・眞珠鷄.

鶡鷄갈계. 其羽色黑而黃, 首有毛, 角如冠. 性愛其黨, 有被侵者, 直往赴鬪, 雖死不置, 故古者虎戴鶡冠.

白鷴빅한, 卽白雉也. 白色而背有黑文. 白鵫・閑客.

鷓鴣자고. 生江南, 形似母鷄, 飛必南向, 性畏霜露, 早晩稀出, 夜栖以木葉蔽身, 鳴云鉤輈格磔者, 是也. 有鳥相似而不作此鳴者, 非矣. 越雉.

鶉숌. 大如鷄雛, 頭細而無尾, 毛有班點. 雄者足高, 雌者足卑, 竄伏淺草無常居而有常匹, 俗訓뫼ᄎ라기. 鶕鶉・鵪母. 鴽, 鶉雛也.

鶺鴒척령. 鶺, 一作[即+鳥], 大如鷃雀, 頸下黑如連錢, 一曰雪姑兒, 俗【4:24b】訓할미새. 水不剌・連錢・雝渠・十姊妹. 羅甸子, 俗訓뎌뒤새, 水札子, 俗言桃□□.

鷃, 小鳥, 鶉類也. 形狀相似俱黑色, 但無斑者爲鷃, 且鶉則四時常有, 鷃則夏有冬無, 是其異也. 飛不過尺, 故曰斥鷃. 三月田鼠化[如$鳥], 八月[如$鳥]化爲田鼠, [如$鳥]卽鷃也. 其飛從地理, 故俗轉종다리. 陰陽之極, 神交爲變化, 故又曰變化. 候鳥・鶕・鷚・[如$鳥]. 鷹有九種, 此其一也. 雄曰銅觜, 雌曰蠟觜.

鷸휼. 田鷄所化, 如鶉而色蒼, 觜長, 在泥塗間, 與翠鳥名同實異.

鴿합. 毛色於禽中品第最多, 大要不過青白皀綠. 鵲斑, 眼目有大小黃赤綠色. 凡鳥皆雄乘雌, 此獨雌亦乘雄. 鳩屬而家養者, 故曰飛奴鳩, 轉云비둘기. 鵓鴿・勃姑・步姑・迦布德迦.

雀작. 羽毛斑褐, 頷觜皆黑, 頭如顆蒜, 目如擘椒, 尾長二寸許, 爪距黃白色, 躍而不步. 其目夜盲, 其卵有斑文, 其性最淫, 栖宿簷瓦之間, 馴近階除之際, 人所易見易知, 故俗言眞雀, 馴[訓]云ᄎᆞᆷ새. 瓦雀・賓雀・嘉賓・家雀. 老而斑者曰麻雀, 小而黃口者曰黃雀. 茶鳥, 俗訓콩새.

蒿雀호작. 似雀而青黑色, 在蒿間, 俗言促雀촉새. 促, 小也.

鷦鷯초요. 似黃雀而小灰【4:25a】色有斑, 聲如吹噓, 喙如利錐, 取茅葦, 毛毳爲窠. 大如鷄卵, 懸於樹上, 或一房二房. 一名襪雀, 俗訓볍새. 巧婦鳥・桃蟲・蒙鳩・女匠・黃脰雀. 雌曰鴱.

燕연. 有兩種. 越燕, 大如雀而身長, 籋口豐頷, 布翅歧尾, 背飛向宿, 紫胭輕小. 春社來秋社去. 俗言低飛져비. 鄭谷詩曰: “低飛綠岸和梅雨.” 乙鳥・玄鳥・鷙鳥・鷾鴯・游波・天女・拙燕. 胡燕有斑, 黑而聲大, 俗言明亡, 轉云명막이, 言明亡時, 始來也. 巧燕.

伏翼복익. 形似鼠灰, 黑色, 有薄肉, 翅連合四足及尾如一, 夏出冬蟄, 日伏夜飛, 俗言蝠鼠, 轉訓박쥐. 蝙蝠. 天鼠・仙鼠・飛

鼠・夜燕・肉芝・秏子. 屎名夜明砂.

寒號蟲한호츙. 狀如小鷄, 四足有肉, 翅夏月毛盛, 冬月裸體, 晝夜鳴叫, 故一曰寒火蟲・鶡鴠・獨春・盍〔旦〕・渴〔旦〕・城〔旦〕. 屎名五靈脂.

以上原禽.

斑鳩반구, 卽山鳩, 俗訓뫼비돌기. 春分化爲黃褐, 候秋分化爲斑雛. 錦鳩・鵓鳩・祝鳩. 鳩子曰鵴鳩. 役鳩・糠鳩・卽臯・辟臯・鳺鴀.

靑雛쳥츄. 狀如鳩而綠褐色, 聲如小兒吹竿. 黃褐【4:25b】候.

鳲鳩시구, 卽伐谷, 俗轉벅곡. 大如鳩而帶黃色, 啼鳴相呼而不相集, 不能爲巢, 多居樹穴及空鵲巢中. 其名各因其聲似. 阿公阿婆・割麥・揷禾・脫却破袴・布穀・鴶鵴・獲穀・郭公・鳴鳩・撥穀.

桑鳸상호. 大如鴝鵒, 蒼褐色, 有黃斑點, 好食粟, 卽斥鷃之類也. 竊脂・靑雀・蠟觜雀.

伯勞빅노, 一曰惡鳩, 轉云왜걸이. 狀似鴝鵒而喙黑. 夏至而來, 冬至而去, 與燕之春來秋去相反. 又聲惡與燕之語喜反. 單飛獨栖, 又與燕之匹栖雙飛相反. 伯鷯・博勞・伯趙・鶪・鴂・靑[鳥+春].

鸜鵒구욕. 似鶪而有幘, 身首俱黑, 兩翼下各有白點. 其舌如人剪剔, 能作人言. 嫩則口黃, 老則口白. 鴝鵒・哵哵鳥・八哥・寒臯.

白舌빅셜. 狀如鴝鵒而小, 身畧長, 灰黑色, 微有斑點, 喙尖黑, 能反覆其舌, 以隨百鳥之音. 二三月鳴, 至五月無聲. 反舌・鶷[葛+鳥].

鵲쟉, 卽乾鵲, 轉云가치. 大如鴉, 長尾尖觜黑爪綠背白腹, 善爲巢. 其聲唶唶, 上下飛鳴. 以音感而孕, 以視而抱. 喜鵲・靈鵲・乾鵲・飛駁・神女・芻尼.

練鵲련쟉. 似鴝鵒而小, 黑褐色. 其尾鵒長白, 毛如練帶, 故俗訓뎟가치. 拖白【4:26a】練.

山鵲산쟉. 狀如鵲而有文采, 赤嘴赤足, 尾長不能遠飛. 其類相値則搏. 鷽・鵫・山鷓・赤嘴烏・戴鵀・戴鵧.

鸎잉. 大於鴝鵒, 雌雄雙飛, 體毛黃色, 羽及尾有黑色相間. 黑尾尖觜靑脚. 立春後卽鳴, 其音圓滑如織機聲. 冬月入田塘以泥自裹, 至春始出, 故俗言□裹泥, 轉云꾀고리. 又鶯鳥잉죠, 轉訓알이새. 黃鳥・黃鸝・鵹黃. 倉庚或加鳥身. 靑鳥・商倉・楚雀・黃袍・博黍・金衣公子・黃伯勞・黃栗留・黃鸝鶹.

啄木鳥탁목죠. 有大有小, 有褐有斑. 小者如雀, 大者如鴉, 褐者雌, 斑者雄. 面如桃花, 喙足皆靑色, 剛爪利觜如錐, 大數寸, 舌長於咮其端. 有針刺啄得蠹以舌鉤出食之, 善爲禁法, 能曲爪畫地爲印, 則穴之塞自開. 飛則以翼墁之. 一種山啄木, 大如鴉, 靑黑色, 頭上有赤毛, 野人呼爲火老鴉, 故俗言啄赤鳥, 轉訓쫏져오리. 斲木・鴷鳥.

慈烏ᄌᆞ오. 有四種, 似烏鴉, 作鴉鴉聲. 純黑, 小觜反哺, 能逐鴉見避之, 姑俗言紺鴉舅, 轉云감아귀. 慈鴉・孝鳥. 寒鴉, 似慈烏而大, 觜腹下白, 多羣飛, 不反哺者, 烏

鴉也. 一名鶮[葛+鳥], 故俗訓갈감아귀. 白脰・鬼雀・老鴉・鷽・□鶋・【4:26b】楚烏. 大觜烏, 似鴉烏而小, 赤觜穴居者, 山烏也. 似鴉烏而大, 白項羣飛者, 燕烏也.

鶻嘲골조, 卽戴勝, 似山鵲而小, 短尾有青毛冠, 飛翔不遠. 春來秋去, 好食桑椹. 易醉而性淫. 鶻鵃・鶻鳩・屈鳩・鷽鳩・阿鵴・[藍+鳥]鷜.

杜鵑두견, 一曰鶗鴂, 俗轉졉동새. 狀如雀鷂而色慘黑赤, 口有小冠, 春暮則鳴啼達〔旦〕, 鳴必向北, 至夏尤甚, 晝夜不止. 其聲哀甚, 聞其初聲則有離別之苦, 人惡聞之, 惟田家俟其鳴興農. 杜宇・子雋・子規・秭歸・鶗鴂・鷤搗・催歸・怨鳥・周燕・陽雀・巂周・謝豹・蜀魄・不如歸・鷤[危+鳥]・夏鷄.

鸚䳇잉무. 䳇, 一作鵡. 大如烏鵲, 數百羣飛. 紅鸚䳇, 紫赤色, 白鸚䳇, 出西洋, 如母鷄, 五色鸚䳇, 出海外諸國, 俱丹咮鉤吻. 長尾赤足金睛深目, 上下目瞼皆動如人目. 舌如嬰兒, 其趾前後各二, 異於衆鳥. 性畏寒發顫飼以餘甘子, 可解摩其背則瘖. 鸚哥・乾皐・雪衣娘・綠衣使者. 又有一種, 秦吉了及鳥鳳, 能作人語. **[以上林檎]**

鳳凰봉황. 雄曰鳳, 雌曰凰. 鴻前麟後, 燕頷鷄喙, 蛇頸魚尾, 鸛顙鴛[思+鳥], 龍文龜背. 羽備五采, 高四五尺【4:27a】天下有道卽見. 瑞鶠. 羽蟲三百六十之長.

和鸞화란. 鳳凰之佐. 鷄身赤毛, 色備五采. 雌曰和, 雄曰鸞.

孔雀공작. 大如鴈, 高三四尺, 細頸隆背, 頭裁三毛, 長寸許, 數十輩羣飛, 鳴聲相和. 雌者尾短無金翠, 雄者三年尾尚小, 五年乃長二三尺. 夏則脫毛, 至春復生. 自背至尾有圓, 文五色金翠相繞如錢. 南人往□之, 或暗伺其過生, 斷其尾, 若回顧則金翠頓咸不可入目令人昏翳. 越鳥・庥由邏.

鷹응, 子規, 一名鸝, 而狀如雀鷂, 云鷂亦如子規, 故借名曰鸝미. 而鷂乃鷹屬也. 是以通謂之미. 鶆鳩生一歲爲黃鷹, 二歲爲鶺鷹, 三歲爲鶬鷹. 其頂有毛角, 大爲鷹小爲鷂. 角鷹・鷞鳩.

隼쥰, 卽鷂也. 俗言雀鷹, 訓云새매. 鷂化爲鸇, 鸇化爲布穀, 布穀復爲鷂. 時珍本草鴟與鳶同謂之隼而俗以鴟與鳶, 訓云소로기, 譯語以鷂鷹及鵝老翅爲소로기. 題肩・鸇・晨風. 鷐.

鵰죠, 似鷹而大, 尾長翅短, 土黃色, 俗訓슈리. 鷲・鷻・黑鷹・皀鷹. 靑雕卽海東青. 鷹以膺之, 鶻以猾之, 隼以尹之, 雕以周之, 鷲以就之.

[松$鳥]슈, 鷂屬, 俗訓됴롱틔. 蓋一名弄鬪兒也.

鶚악. 似鷹吏土黃色, 深目好峙. 雌雄相得鷙而有別. 魚鷹【4:27b】・鵰鷄・雎鳩・王雎・沸波・下窟鳥・尾上白者曰白鷢. «詩傳諺解»以雎鳩爲증경者, 非也.

鴟鵂치휴, 俗訓부헝이. 似鴟而黃斑色, 頭目如猫, 有毛角兩耳. 晝伏夜出, 雌雄相喚, 其聲如老人, 初若呼後若笑. 所至多不祥. 角鴟・怪鴟・萑・老免・鉤鵅・鵋䳢・轂轆鷹・夜食鷹. 又有一種鵂鶹, 大

如鵂鶹, 毛色如鷂, 頭目亦如猫. 唱則後竅應之, 其聲連囀如云休留, 故名其鳴. 主有人死卽鵋鵂之小者. ・車載板・快扛鳥・春哥兒.

鴞호, 俗訓옷밤이. 盖一云鵩. 其色如服, 又云夜猫, 夜則飛行, 人家捕鼠也. 大如鳩, 綠色, 性惡, 子長食母, 故又云不孝鳥. 梟鴟・土梟・山鴞・鷄鴞・鵩・訓狐・流離・鶹鷅・[鬼+重]魂. 鵩與梟, 古人多分爲異鳥, 而時珍本草合言之明有證據, 可從.

鴆짐, 似鷹而大, 狀如鴞, 紫黑色, 目赤喙頸頭長七八寸. 雄名運日, 雌名陰諧, 運日鳴則晴, 陰諧鳴則雨. 又有種䲱日, 狀如黑, 偣鷄作聲似云同力, 故云同力鳥, 並啖蛇, 人誤食其肉立死. 昔人用鴆毛爲毒酒, 故名鴆酒.

姑獲鳥고획조. 玄中記云: 姑獲, 鬼神類也. 衣毛爲飛鳥, 脫衣爲女人, 云是産婦死後化作, 故【4:28a】胸前有兩乳, 喜取人子養爲己子. 乳母鳥・夜行遊女・天帝少女・無辜鳥・隱飛・鬼鳥・譩譆・鉤星.

鬼車鳥귀거죠. 狀如鵂鶹, 而大者翼廣丈許, 晝盲夜瞭, 見火光輒墮入人家, 鑠入魂氣血滴之家, 必凶. 昔有十首犬嚙其一, 猶餘九首, 其一常滴血. 人聞其鳴, 但滅燈打門捩狗以厭之. 鬼鳥・九頭鳥・蒼鸆・奇鶬. **[以上山禽]**

【4:29a】

<走獸部>

獸슈, 四足而毛, 俗言牷牲, 轉云짐싱. 盖牷者純白色也, 牲者牛羊豕也. 此爲時祀之用, 故因爲獸之總名.

五類오류, 曰畜曰獸曰鼠曰寓曰怪.

六畜륙츅, 馬牛羊豕犬鷄也. 六牲・六擾.

六獸륙슈, 麋鹿狼麕兎野豕.

角각. 戴角者無上齒, 俗言附凡, 轉云쁠.

鬣렵, 一作[髟$葛], 馬領毛也. 俗言[髟$葛]鬐갈기. 盖俗以[髟$葛]從葛音故也.

騣종, 一作[髟$悤], 馬鬣也. 俗並尾通謂之騣, 轉云춍.

皮피, 俗言甲胝, 轉云껍질.

鹿比록비, 鹿皮也. 以虎皮謂之皐比, 故亦云鹿比, 而皮之柔韌莫如鹿皮, 故俗以諸獸之皮, 皆加鹿字.

革혁, 去毛生皮.

鞹곽, 皮去毛.

肉육, 俗言膏肌고기, 華音기.

胡호, 項垂肉.

蹄뎨, 獸足, 貍狐貒貈熊足皆曰蹯.

内유, 貍狐貒貈之屬, 故足指著地處, 一作内.

臚로, 腹前, 驢力在腹.

膊박, 後脛骨, 馬力在膊.

鮓荅작답. 走獸及牛馬諸畜肝膽之間有肉囊裹之, 多至升許, 大者如鷄子, 小【4:29b】者如果如榛, 其狀白色, 似石非石似骨非骨, 水浸玩弄, 可以致雨.

牛乳우유, 俗言駝酪타락. 以駝之酪爲上, 故通言之. 酥.

兒穉아치, 俗轉아지, 人物幼小也. 獸子亦曰兒穉, 如牛子曰숑아지, 馬子曰망아지.

犝도, 牛羊無子者, 俗以凡畜之無子, 皆曰犝, 轉云둘, 故犬亦曰둘암ᄭᅵ.
[自+鼻]비, 犬之初生子, 俗言[自+鼻]頭비두.
牝牡빈모. 走獸雌雄. 餘詳禽部雌雄註.
東京동경, 慶州也. 産短尾狗, 故俗以禽獸之短尾, 通謂之東京.
走仰주앙, 獸交也. 俗訓흘레. 牛馬曰風.
虓호, 虎欲嚙人聲.
[虤$日][虤$日]은은, 兩虎爭聲.
哶哶미미. 羊鳴. 芊芊.
牟모, 牛鳴. 吼.
犨쥬, 牛息聲.
犕영, 牛鳴喚子聲.
□□탑탑, 狗食貌.
欸欸희아, 驢聲.
欧欸인아, 呵驢聲, 轉云이라.
嘶시, 馬鳴也.
尨尨방방, 犬吠聲.
[犬+欠][犬+欠]유유, 呼犬子聲.
呦呦유유, 鹿鳴.
[豸+使][豸+使]사사, 呼貉聲.
甡甡신신, 衆多貌.
豖豖축축. 豕絆足行, 俗借用於行有所礙툭툭.
玃확. 爪玃, 俗訓할퀴다.
豨跑희포, 俗轉허뷔, 豨, 豕掘土也; 跑, 虎跑地也. 俗以凡獸之掘土, 摠謂之허뷔【4:30a】다.
[歹+角]殐곡속, 一作觳觫, 臨死畏怯貌.
殰기, 殺羊出其胎.
殰치, 獸死.

齚齸[齒+失]사익질, 獸食吐而復嚼, 俗轉삭임질.
聖虀셩제, 獸腹中未化草.
烏鬼오귀, 呼豕聲, 俗轉오리.
籞籬어리, 養魚禽獸處.
櫪력, 俗言馬廄마구, 馬棧也.
牿곡, 牛馬牢. 阹.
欄란, 牛圈, 俗言喂養間외양간. 牢.
溵豆, 養牲室.
馬柱마쥬, 繫馬柱, 一曰柳.
馬椿마당, 繫馬棧.
秣말, 芻養牛馬.
[歹+目]잔, 禽獸所食餘.
槽조, 畜獸食器.
掩篼엄두, 飮馬器.
箌도, 飯牛器, 一曰牛[竹$豦].
樎숙, 養馬器.
楅衡복형, 以防牛觸木.
梐枑폐호, 用以行馬遮陣者.
棬底具권져구, 牛鼻上屈木環, 一名搊牛鼻繫繩具.
极급마, 俗轉길마, 爲板架馬負物者. 枺.
挾子협ᄌᆞ, 俗言杈兒챠아, 轉云창에, 所以捕鳥獸者.
陷阱함정, 穿地取獸.
蒭茭츄교, 所以飼牛馬者刈取而用曰芻, 乾之曰茭.
莝좌, 細斫藁, 俗訓여물.
馬糊塗마호도, 俗言馬粥, 轉云말쥭.
【4:30b】
豕시, 水畜, 俗言豚, 轉云돗, 又曰豚兒稚, 轉云도야지. 兒稺見上. 牡曰豭曰牙曰豬,

牝曰豨曰豝曰豭. 牡去勢曰豶, 四蹄白曰豥豬, 高五尺曰䝈, 豕之子曰猪曰豚曰豰. 一子曰特, 二子曰師, 三子曰豵, 末子曰么. 三月曰豯, 六月曰䝋, 大猪曰豝, 小猪曰豵. 猪·□·豨·剛鬣·參軍, 孕四月而生, 屬坎卦, 應室星.

狗구, 木畜, 俗言家豨, 轉云개. 多毛曰□, 一作懸, 蹄曰猇, 俗言絡絲狗, 轉云삽살개. 長喙曰獫, 一作多毛曰獫. 長喙曰[犭+歇]曰猲, 短喙曰[犭+歇], 一作狎, 短脰曰獨, 短尾曰獐, 子狗俗言東京동경이, 見上. 短下曰哈八狗, 華音허바구, 轉云호박개. 去勢曰猗, 高四尺曰獒, 黃色曰狂, 黃身黑頭曰獐, 猛犬曰猘, 狂犬曰猘, 又曰猘, 又曰風狗. 狗曰守門使. 一子曰[犭+豪]曰獼, 二子曰獅, 三子曰[犭+從]. 吠犬吗. 孕三月而生. 屬艮卦, 應婁星.

羊양, 火畜. 牡羊曰羖曰羝. 一說牡一歲曰㺅, 三歲曰羝. 牝羊曰[羊+孚]曰牂. 一說牝一歲曰牸, 三歲曰牂. 白曰羒, 黑曰羭, 多毛曰羖□. 胡羊曰羱羺, 無角曰[羊+章]曰羘. 去勢曰羯曰[羊+專]. 羊子曰羔曰羜. 五月【4:31a】曰羜, 六月曰[務$羊], 七月曰䍩. 未卒歲曰䍯. 柔毛·少牢·長髯主簿. 孕四月而生, 屬兌卦, 應鬼星. 其目無神.

牛우, 土畜, 俗言數, 轉云소, 盖天地之數起於牽牛也. 牡曰牯曰特曰犅曰犒, 牝曰牸曰牸曰. 南牛曰[牛+吳], 北牛曰[牛+秦]. 純色曰犧, 黑曰□, 赤曰騂□駁□犁. 去勢曰犍曰犗. 無角曰牛, 牛子曰犢曰犊. 二歲曰犋曰㸬, 三歲曰犙曰特, 四歲曰牭, 五歲曰[牛+介], 六歲曰[牛+冓]. 牛絕力曰欣犌. 七尺曰□□. 梵書謂瞿瞿帝帝. 胡語犢曰不花불화, 而牛能順痘, 故俗弄小兒稱以不花불화, 불화者欲其稀痘也. 牛齒有下無上, 察其齒而知其年, 三歲二齒, 四歲四齒, 五歲六齒, 六歲以後每年接脊骨一節也. 牛耳聾其聽以鼻牛瞳竪而不橫, 聽以鼻. 項垂肉曰胡, 蹄肉曰[衛$牛], 百葉曰膍, 角胎曰鰓. 屬坤卦, 應牛星. 乾陽爲馬, 坤陰爲牛, 故馬蹄圓牛蹄坼. 馬病則臥, 牛病則立. 馬起先前足, 臥先後足, 牛起先後足, 臥先前足. 宗廟之禮牛曰一元大武, 又曰大牢. 禘郊之牛角繭栗. 宗廟之牛角握, 社稷之牛角尺. 牛夜鳴曰痼, 痼臭以其反常, 故其肉必臭.

馬마, 俗轉말, 火畜. 【4:31b】其力在膊. 牡曰隲曰兒, 牝曰騇曰課曰草. 去勢曰騸. 一歲曰馵曰馱, 二歲曰駒, 三歲曰駣, 一作駣, 四歲曰駣, 八歲曰팔[馬+八], 馬八歲一變, 故從八. 梵書謂阿濕婆. 孕十二月而生其年以齒別之, 四歲兩齒至二十歲齒盡平. 夜眼在足膝上能夜行. 屬乾卦, 應星星. 八駿馬팔쥰마曰絕地曰翻羽曰奔霄曰超景曰踰輝曰[走+呂]光曰騰霧曰挂翼, 一云驊騮[馬+彔]騄赤驥白兎驍渠黃騟盜驪山子. 騏驥긔긔, 良馬也. 有龍媒五花追風紫燕叱撥梢等名. 下乘駑馬也. 果下馬扶餘馬高三尺可於果樹下行. 的盧白額馬. 駽돗총, 雒표구령, 又월라. 騢류부로, 又뎍부로, 驔ᄉ족빅, 騅츄마, 駓공골, 又부로, 又잠불, 騂절다, 驒련젼총, 騏뎔쳥총이, 驪쳥가라, 騂월다, 一曰騙曰驕, 駽공골,

駱가리온, 一曰皇駁잡식, 黃고라. 驛馬역마, 置馬代馳取疾速. 擺撥馬파발마, 驛馬急走振開. [馬+樊]駐번치, 馬不進. 駗驙진젼, 馬載重難行. 俗轉□□.

驢려. 似馬長耳, 其力在臚. 牡曰叫驢, 牝曰騲驢. 俗言那父, 轉云나귀. «山海經»云: "灌題山有獸, 名曰那父. 其音如人大呼." 俗以驢聲之【4:32a】大而借名焉. 又曰騾父, 其鳴應更晝以午夜以五更, 性善馱負, 有褐黑白三色. 長耳 · 衛子.

騾라, 俗言騾子, 轉云로새. 盖以騾之華音로, 故也. 大于驢而健于馬, 其力在腰, 其後有鎖骨不能開, 故不孳乳. 其類有五, 牡驢交馬而生曰騾, 牡馬交驢而生曰駃騠, 牡驢交牛而生曰[馬+匕][馬+百], 牡牛交驢而生曰𩣡[馬+蒙], 牡牛交馬而生曰駏驉. 牡騾曰叫騾, 牝騾曰騍騾.

駝타. 狀如馬, 頭似羊, 長項垂耳, 脚有三節, 背有兩肉峯如鞍. 形有蒼褐黃紫數色, 其聲□[17], 其食鮐, 頷下有水囊若帒, 故俗稱若帒약대. 其力能負重可千斤, 日行二三百里, 過水脉處以足踏之. 槖駝 · 駱駝. 又有一峯隆起若封土者曰犎. [牛+庸].

[以上畜類]

麒麟긔린. 牡曰麒, 牝曰麟. 麕身牛尾, 狼額馬蹄. 仁獸王者至仁則出. 毛蟲三百六十麟爲長.

獅ᄉᆞ, 俗言獅子, 轉云ᄉᆞ지. 狀以虎而小, 黃色如金, 頭大尾長赤, 有青色銅頭鐵額鉤爪鋸齒弭耳昂鼻, 目光如雷, 聲吼如雷, 有耏髯, 食虎豹. 牡者尾上茸毛, 大如斗, 日走五百里, 怒則威在齒, 喜則威在尾. 【4:32b】狻猊 · 虓 · 扶援 · 白澤.

虎호, 俗言虎狼호랑이, 又曰斑반, 轉云범. 風俗通曰: 虎本南郡李氏翁所化, 故人呼爲李耳則喜, 呼斑便怒; 斑文者, 陰痒之雜也. 凡食物値耳卽止以觸其諱故也. 時珍曰: 李耳當作狸兒, 猶南人呼虎爲貓之意. 狀如猫吏大如牛, 黃質黑章鋸牙鉤爪鬚健, 而尖舌大如掌, 生倒刺項短鼻齆, 夜視一目, 放光一目看物. 聲吼如雷, 百獸震恐, 食狗則醉, 故狗乃虎酒也. 俗以小虎, 謂之狗虎酒개호쥬者, 本此而失本義. 獵人候而射之光墜于地成白石死, 必靠木及岩石, 未嘗仆地兩脅間及尾端, 皆有骨如乙字, 長一二寸是其威也. 孕七月而生. 烏䖘 · 大蟲 · 李耳 · 李父 · 伯都 · 山君. 淺毛曰虦猫, 白虎曰甝, 黑虎曰虪. 似虎而五指曰貙, 似虎而非眞曰彪, 似虎而有角曰虒.

豹표, 俗言豹虎, 轉訓표범. 小于虎, 毛赤黃, 其文黑如劣錢而中空, 比比相次. 赤毛黑文曰赤豹, 白毛黑文曰白豹. 程. 失刺孫, 俗轉실랄손爲스라손, 謂虎生三子豹爲末子, 豹盖小于虎, 故云. 文如錢者曰金錢豹, 文如艾葉者曰艾葉豹, 俗言葛豹, 轉訓갈범.

貘막. 似熊而頭小脚卑, 黑白駁文, 毛淺【4:33a】有光澤, 能舐食銅鐵及竹骨蛇虺.

象상. 長丈餘高稱之大六尺餘, 牙耳鼻俱下垂. 牙亦長丈許, 鼻大如臂, 俗訓굣길이, 鼻長之謂也. 象端甚深不可以開合, 下

17) □: 字外爲'囗', 內爲'曷'.

有小肉爪, 能拾針芥食物飲水, 皆以鼻卷入口. 一身之力皆在於鼻, 故傷之則死. 伽耶. 象牙상아, 可以爲笏, 一名白暗. 雌者纔尺餘, 交牝則在水中以胸相貼, 與諸獸不同.

犀셔. 似水牛, 俗因訓무소. 大腹卑脚, 脚有三蹄, 黑色, 三角一在頂上, 一在額上, 一在鼻上, 鼻上者卽食角. 三角者水犀, 二角者山犀. 在頂曰頂犀, 在鼻曰鼻犀. 惡影常飮濁水. 兕. 梵書謂[去+曷]伽. 犀角名黑暗.

犛牛리우. 狀如犀而角小尾長, 善知吉凶卽易所謂也. 髦可爲旃旄. 毛犀・猫牛・犘牛・犏牛・竹牛・犨牛・猫豬・豬神.

牦[18]牛모우. 狀如水牛, 體長多力能載重迅行, 如飛毛可爲旄. 犪牛・犏牛.

野馬야마. 似馬而小. 騊駼.

野猪야제. 形如家猪, 但腹大脚長尾, 色褐作羣行, 獵人惟敢射最後者, 若射中前者則傷人. 又有一種, 嬾婦似山猪, 面小善害田禾, 惟以機軸紡織之器置田則不復近.

豪猪호제. 狀如猪而項脊有棘鬣, 長近尺【4:33b】許, 粗如筋, 狀似笄, 白本黑端, 怒則激去射人, 成羣多害田稼. 應壁星. 山猪・蒿猪・貆貐・[豕+亘]猪・鸞猪.

熊웅. 熊在水曰能, 卽鯀所化, 故俗言鯀熊곤웅, 轉云고음. 類大豕而性輕捷好攀緣上高木, 見人則顚倒自投于地, 居樹孔中, 土人擊樹呼爲子路則起, 不呼則不動. 脂曰熊白, 足掌曰蹯味甚美. 凡三種如豕, 色黑者熊. 大而色黃白者羆, 一名黃熊, 頭長脚高, 猛憨多力能拔樹木, 遇人則人立而攫之, 故名人熊. 小而色黃赤者魋名赤熊.

麢羊영양. 似羊而大, 青色, 其角長一二尺, 有節如人手指, 握痕又最堅勁, 夜宿防患以角掛樹不着地. 羚羊・麙羊・九尾羊.

山羊산양. 大如牛或名野羊, 善鬪至死. 野羊・羱羊.

鹿록, 俗言山獸산슈, 轉云사슴. 盖鹿與麋似而異, 故鹿曰山水, 麋曰澤獸, 以別之. 詳禮記疏. 馬身羊尾, 頭側而長, 高脚而行速. 牡者有角, 夏至則解, 大如小馬. 黃質白斑曰馬鹿曰麚. 牡者無角, 小而無斑, 毛雜黃白曰麀鹿. 孕六月而生子. 性淫, 一牡常交數牝, 謂之聚麀. 絶有力曰麉, 鹿子曰麛. 斑龍. 軟角曰茸.

麋미, 澤獸也. 似鹿而色靑黑, 大如小牛, 肉蹄, 目下有二【4:34a】竅爲夜目, 故淮南子云, 孕女見麋而子四目者是也. 千百爲羣踐草成泥曰鹿場. 牡曰麔, 牝曰麎, 子曰麇. 古云, 鹿屬陽, 故夏至解角, 麋屬陰, 故冬至解角. 朴燕菴日記云, 今淸人多捕麋鹿之類, 觀其解角則惟塵角解於冬至麋鹿則同於夏至解角, 故月令麋角解改以塵角解訓麋爲鹿之大者.

麂긔, 麞類而小者也. 旄尾狗足, 其口兩邊有長牙, 好鬪, 牡者有短角, 黧色, 豹脚, 脚矮而力勁, 善跳越. [鹿+旨].

麞장. 似鹿而小, 無角, 黃黑色. 大者不過二三十斤, 雄者有牙, 出口外, 名牙麞. 喜文章善驚走. 其類甚多, 麕□乃總名. «抱朴子»曰: 山中未日稱赤吏者, 麞也. 俗言鹿吏록리, 轉云롤이, 又曰鹿奴록노, 轉云

18) 牦: 本字左爲'牛', 右爲旄(除方)'.

노로. 牡曰麌, 牝曰麜. 子曰麆, 大者曰麃.
麝샤, 俗言香麞, 轉訓샹향노로. 似麞而小, 黑色, 其香在陰莖前, 皮肉別有膜袋裹之. 射父・莫訶婆伽.

靈猫영묘. 狀如貍, 自爲牝牡, 其陰如麝, 雜入麝香, 罕能分別. 靈貍・香貍・神貍. 類.

猫묘. 捕鼠小獸, 貍身而虎面, 柔毛而利齒. 孕兩月而生目睛, 隨時而變. 子午卯酉如一線, 寅申巳亥如□, 辰戌丑未如棗核, 俗言[犭+貴]괴, 盖一名蒙[犭+貴]而但云[犭+貴]괴者省言也. 又䝤【4:34b】與高伊聲相近, 故麗季有猫部曲人, 仕朝國亡之讖, 而柳淸臣本以高伊部曲人有機變入元背王而附瀋王暠, 俗以爲猫讖之應而謂猫爲高伊고이者本此. 家貍・鼠將・烏圓・啣蟬・貍奴.

貍리, 俗言里貍리리, 盖言獸之在里者, 又曰山貍, 轉云삵. 有數種, 大小如狐, 毛雜黃黑, 有斑如猫而圓頭. 大尾者曰貓貍, 善竊鷄鴨, 其氣臭肉不可食. 斑如貙虎而尖頭. 方口者曰虎貍, 善食虫鼠果實, 其肉不臭可食. 似虎貍而尾有黑白錢文上間者曰九節貍, 皮可供裘領. 有文如豹而作麝香氣者曰香貍, 卽靈貓, 見上. 白面而尾似牛者曰牛尾貍, 亦曰玉面貍. 專上樹木, 食白果. 夜貓. 子曰[豸+隶].

風貍풍리. 大如貍如獺, 其狀如猿猴而小, 其目赤, 其尾短如無, 其色靑黃而黑, 其文如豹, 其尿如乳汁, 其性食蜘蛛, 亦啖薰陸香. 晝則踡伏, 夜則因風騰躍, 甚捷. 見人則如羞而叩頭, 人撾擊之, 倏然死矣. 以口向風須臾復活. 風母・風生獸・平猴・狤[犭+屈].

狐호, 俗言野狐, 轉云여호. 似小黃狗, 鼻尖尾大, 多疑獸魅, 故曰妖獸曰鬼所乘. 而華語謂之狐貍, 俗以誘人迷惑曰狐貍호리다. 皮俗言赤皮적피.

貉확, 俗音락【4:35a】, 一作貈. 狀如狐貍, 故俗言如狐貍, 轉云너구리. 頭銳鼻尖, 毛黃褐深厚溫滑可爲裘. 與貛同穴而異處, 日伏夜出, 捕食虫物, 出則貛隨之. 其性好睡, 故人之好睡者, 謂之貉睡而誤作渴睡. 雌貉曰貓노, 貈子曰貆. 時珍本草作貊以貆爲訛. 屬氐星.

猯단. 似犬而矮, 尖喙黑足, 褐色. 與貛貉, 三種大抵相似, 而頭足小, 別俗言烏小貍오쇼리. 貛豘・豬貛・貛子・土豬. 子曰貗.

貛한. 如家狗而脚短, 喙尖尾短, 深毛可爲裘領. 食果實. 有數種相似. 狗貛・天狗.

獍경. 似貙而虎眼, 長則食其父而後走, 故俗言啖父담부, 有翻覃甫者誤. 破鏡・掃雪. 一種蜜狗似狐而小, 善尋空木中蜂蜜, 鑿木孔以尾濡取食.

木狗목구, 形如黑狗, 能登木, 皮可作裘.

豺싀, 俗言豺狼싀랑, 轉云승양이. 狼屬. 其聲如犬故也. 似狗而頗白, 前矮後高而長尾, 其體瘦而健猛, 其毛黃褐色, 其牙如錐, 群行, 虎亦畏之. 豺狗.

狼랑, 俗言人喜인희, 轉云일희. 盖狼將遠逐, 食必先倒立以卜所向, 故獵人遇狼則喜以其狼之所向獸所在也. 穴居而大如狗. 銳頭尖喙, 白頰騈脅, 高前廣後, 脚不甚

高, 能食溪鴨鼠物. 其色雜黃黑, 亦【4:35b】有蒼灰, 其聲能大能小, 作兒啼以魅人, 其腸直故, 鳴則後竅皆沸. 狽足前短, 能知食所在, 狼足後短, 負之而行, 失狼則不能動, 故世言事乖, 稱狼狽. 牡曰貛, 牝曰狼. 毛狗. 大曰獨狙, 子曰獥. 應奎星.

兎토, 俗言吐計, 轉云톳기, 吐子之謂也. 子曰朔計, 詳禽部. 大如貍而毛褐, 形如鼠而尾短耳大而銳. 上唇缺而無脾, 長鬚而前足短, 尻有九孔, 趺居, 趫捷善走, 舐雄豪而孕五月而吐子. 其大者曰㲋, 似兎而大, 青色, 首與兎同, 足與鹿同, 或謂兎. 無雄望月而孕者, 非. 明眎. 梵書謂舍伽. 兎子曰娩, 狡兎曰㕙曰[兎$兎]. 玉兎, 月中兎.

水獺슈달, 一作獭, 似青狐而小, 毛青黑, 有四足俱短, 頭與身尾皆褊. 食魚, 居水中亦休木上. 無雌, 以猨爲雌. 正月十月兩祭獺, 知報本. 水狗·海龍. 大曰獱. 又有一種山獺, 其性陰毒, 山中有此, 凡牝獸皆避去, 無偶則抱木而枯. 海獺頭如馬, 自腰以下似蝙蝠, 其毛似獺.

海狗헤구, 一曰膃肭, 又曰骨䶎, 其狀非狗非獸, 亦非魚也. 但毛似鹿, 足似狗, 尾似魚, 其外腎入藥, 連臍取之, 故曰膃肭臍.

[以上獸類]

【4:36a】

鼠셔, 俗言鼪齐, 轉云쥐. 言其尖喙, 善穴如錐也. 似兎而小, 青黑色, 有四齒而無牙, 長鬚露眼, 前爪四後爪五, 尾文如織而無毛, 長與身等. 孕一月而生. 屬艮卦. 老鼠·首鼠·家鹿. 時珍«本草»曰: "鼠類頗繁, 爾雅說文所載後世未能悉知, 後世所知二十書, 猶未盡載, 加見格物無窮也."

鼴鼠언셔, 俗言竇土鼴, 轉云두더쥐. 狀類鼠而肥, 多膏脚絶短, 僅能行. 尾長寸許, 鼻尖甚强, 陰穿地中而行, 見日月光則死. 月令田鼠化鴽者卽此也. 與飮河鼴鼠名同實異, 詳下. 鼢鼠·隱鼠.

隱鼠은셔. 大如牛, 形似鼠, 毛灰赤色時出游, 毛落田間, 悉成小鼠害稼, 卽飮河者也. 鼴鼠·偃鼠·鼠母·鼰.

鼫鼠셕셔, 俗言靑鼠毛, 轉云청셜모. 言其尾靑黃. 取而爲筆, 故以毛名. 形大於鼠, 頭似兎, 善鳴能人立交兩足而舞, 居土穴及樹孔中. 碩鼠·鼩鼠·雀鼠·[鼠+変]鼠.

貂鼠됴셔, 俗言獤皮돈피, 而字書不見焉. 意其取毛深而作字也. 大如獺而尾粗, 其毛深, 寸許, 紫黑色, 用皮爲裘, 得風更暖, 着水不濡, 得雪卽消. 栗鼠·松狗. 毛帶黃色者曰黃貂, 俗訓ᄌᆞ알. 白色曰銀貂.

黃鼠황셔, 俗訓【4:36b】다름쥐, 謂其善走也. 狀類大鼠, 黃色而足短, 善走極肥. 穴居有土窖如牀榻之狀者則牝牡所居之處. 秋時畜豆栗草木之實以禦冬, 各爲小窖別而貯之. 晴暖則出坐穴口, 見人則交其前足拱而如揖乃竄入穴. 禮鼠·拱鼠·䶄鼠·山鼠·松鼠·花鼠·貔貍.

鼬鼠유셔, 俗言足抵飛족져비, 言其走甚速如飛, 故亦曰飛鼪. 似鼠而身長, 尾大, 黃色帶赤, 其氣極臊臭, 健於捕鼠及禽畜, 又制蛇虺. 其毫與尾可作筆. 黃鼠狼·鼪

鼠·□鼠·地猴.

猬위, 俗言曲身豚, 轉云고솜도치. 以其頭觜似鼠, 刺毛似豪豬, 而踡縮則形如芡房及栗房, 攢毛外刺尿之卽開. 彙·毛刺·蝟鼠.

[以上鼠類]

獼猴미후, 俗言猿猩, 轉云원숭이. 盖其類有數種而獼猴爲其總名故也. 狀似人眼如愁胡, 而頰陷有嗛藏食, 腹無脾以行消食, 尻無毛而尾短, 手足如人, 亦能竪行, 聲嗝嗝若欬. 孕五月而生子. 沐猴·爲猴·胡孫·王孫·馬留·狙. 小而尾短者曰猴, 似猴而多髥者曰豦, 似猴而大者曰玃, 大而尾長赤目者曰禺, 小而仰鼻者曰狖, 似狖而大者曰果然, 似狖而小者曰蒙頌, 似狖而善躍【4:37a】越者曰獑□, 似猴而長臂者曰猨, 似猨而金尾者曰狨, 似猨而大能食猨猴者曰獨, 似黃狗人面而能言者曰猩猩, 其血可以染毛罽. 如人被髮迅走有毛反踵, 見人則笑者曰狒狒, 一曰山都曰梟羊.

[以上寓類]

【4:38a】

<鱗介類>

魚어. 鱗介總名, 俗言鯤鮞, 轉云고기. 盖鯤魚, 魚子也; 鮞, 魚子未成者也. 總之爲魚名, 又曰生鮮싱션. 波臣·娶偶·水梭花. 魚子曰魚秧. 鱦.

呀呷아갑, 魚口也, 俗轉아감이.

鱗린, 魚甲也, 俗言比剌비랄.

丁뎡, 魚枕也.

乙을, 魚腹也, 俗訓비올, 又曰비릐기, 言在腹內也.

丙병, 魚尾也.

鰓시, 魚頰中骨也, 一曰魚媚, 俗以頰下鬣當之爲鰓, 魚媚, 轉云진어미.

鰭기, 魚背上鬣也.

鯘鮧축이, 魚胞也. 色白而中空如泡, 故曰鰾, 俗言脬鮧부이, 轉云부레.

槮삼. 積柴養魚.

漁어, 捕魚也. 漁具. 詳器用部.

潑剌발ᄌᆞ, 魚之以沫相濡. 俗以人肅슉乾之菫保, 謂之潑剌발작여산다, 魚魚也. 鮝·□·蕭折魚.

龍룡, 俗言眉螭미리. 螭無角而眉兼之者, 龍也. 形有九似, 頭似駝, 角似鹿, 眼似鬼, 耳似牛, 項似蛇, 腹似蜃, 鱗似鯉, 爪似鷹, 掌似虎. 背有八十一鱗以應九九數. 聲如戞銅盤, 口旁有鬚髥, 頷下有明月珠, 喉【4:38b】下有逆鱗, 頭上有博山, 名曰尺木. 龍無尺木不升天, 能函能明能細能巨能短能長. 其卵生思抱也. 雄鳴上風, 雌鳴下風. 鱗虫三百六十龍之爲長, 耳虧聽以角聽. 梵書謂那伽. 有鱗曰蛟, 有翼曰應龍, 有角曰虯龍, 無角曰螭龍.

蛟교, 俗言毒龍, 轉云되룡룡. 長丈餘, 似蛇而四足形廣如楯, 小頭細頸, 頸有白嬰, 其眉交生. 胃前赭色, 背上青斑, 脇邊若錦, 尾有肉環, 大者數圍, 卵亦大能率魚, 故曰池魚, 三千六百蛟爲之長.

蜃신, 蛟屬. 形亦似蛇而大, 有角如龍, 紅

鬣, 腰以下鱗盡逆吁氣成樓臺, 將雨卽見名蜃樓, 亦曰海市. 月令雉化爲蜃者, 此也. 以大蛤之蜃爲雉化者, 非. [虫+梟]老蛟也.

鼉타. 似守宮鯪鯉而長一二丈, 背尾俱有鱗甲, 夜則鳴吼, 舟人畏之, 皮可冒鼓. 鮀魚・土龍. 詩解訓之爲鰐악而鰐是別種, 不可渾也.

鯪鯉능리. 似鼉而短小, 又似鯉而四足黑色, 能陸能水. 日中出岸, 張開鱗甲如死, 誘蟻入甲卽閉而入水, 開甲蟻皆浮出, 因接而食之. 龍鯉・穿山甲・石鯪魚.

鯨鯢경예, 轉云고래, 海魚也. 大者長數千里, 小者數千尺, 鼓浪成雷噴沫成雨. 雄曰鯨, 一作鱷, 雌曰鯢. 眼睛爲明月珠.

【4:39a】

鱷魚악어. 龍吻虎爪蟹目鼉鱗, 尾長數尺, 大如箕, 芒刺成鉤扔, 有膠黏. 多于水中潛伏候人畜, 相近以尾鉤取.

石龍子석룡ᄌᆞ, 一名豬婆蛇, 俗言豚婆蛇, 轉訓도마비얌. 生山石間者似蛇而有四足, 頭扁尾長, 形細, 長七八寸, 大者一二尺, 有細鱗, 金碧色, 五色全者爲雄. 生草澤間似石龍而頭大尾短, 形粗, 色青黃, 亦有白, 斑者曰蛇醫曰蛇師曰蛇舅曰母水曰蜥蜴曰蠑螈. 生屋壁間者似蛇醫而短小, 灰褐色曰蝘蜓曰守宮曰壁宮曰壁虎曰蝎虎曰馬蛇子.

蛤蚧합기. 首如蟹螟, 背有細鱗如蚕子, 土黃色, 身短尾長. 多居木穴, 亦守宮之類也. 最惜其尾, 見人取之, 多自嚙斷其尾. 雄曰蛤, 皮粗口大, 身小尾粗; 雌爲蚧, 皮細口尖, 身大尾小. 蛤蟹・僊蟾.

蛇샤, 俗言配陰, 轉云비얌. 在神爲玄武, 故其蟠亦向壬. 蛇, 長虫也. 其類最多, 有兩頭者, 有人面者, 有頭毒尾良者, 有形似鯉魚者, 有毛如猪鬣者, 有鼻上有針者. 有蝮有蟒. 而俗言苟印, 轉云구녕이. 盖苟印蛇之有四足者, 有水草木土四種. 無足而腹下有橫鱗可行, 名曰蚹. 以眼聽. 冬輒含土入蟄, 至春乃出吐之. 屬巽卦. 應翼星. 海外西南人呼蛇【4:39b】爲魚.

遮歸차귀. 濟州人見灰色蛇以爲遮歸. 禁不殺祭其神, 卽蛇鬼字之誤.

鯉魚리어, 俗轉링어. 其脇鱗一道從頭至尾無大小, 皆三十六鱗, 應六六數. 有十字文, 每鱗有小黑點. 諸魚惟此最佳. 赤鯉曰元駒, 白鯉曰黃驥, 黃鯉曰黃騅.

鰱魚련어. 狀如鱒而頭小, 形扁細鱗肥腹, 其色最白, 失水易死. 鱮魚.

鱅魚용어, 卽青鰱, 似鰱而色黑, 其頭最大. 口旁有名乙味亞于鰱, 鰱之美在腹, 鱅之美在頭. 鱃魚.

鱒魚쥰어. 似鯶而小, 赤脉貫目瞳, 身圓而長. 鱗細于鯶青, 質赤章好獨行. 鮅魚・赤眼魚.

草魚쵸어. 似鱒而大, 形長身圓, 肉厚而鬆, 畜者以草飼之. 有青白二種. 白者味勝卽鯶子也. 鯇魚・鰀魚.

青魚쳥어. 似鯇而背青. 其頭中枕骨蒸, 令氣通曝乾. 狀如琥珀. 古人所謂五侯鯖. 大者曰鱁, 俗以碧魚, 通稱青魚者, 非也. 碧魚, 華音비우, 轉云비웃, 誤翻, 蜚腴. 我正廟朝令五部頒碧魚於窮居讀書之士, 曰

此魚價賤易購, 正合寒士可食, 賜名肥儒魚.

竹魚쥭어. 狀如青魚, 大而少骨刺, 色如竹青翠, 可愛. 鱗下間以朱點.

鯔魚뇌어, 俗言秀魚, 轉云숭어. 似鯉, 身圓頭扁, 【4:40a】 骨軟性喜泥, 其滿腹. 子魚・鰦魚・[魚+資]魚・梭魚.

白魚빅어. 形窄腹扁, 鱗細, 頭尾俱向上. 肉中有細刺, 故俗言刺魚랄어, 轉訓랄치, 俗以魚爲治者, 陶朱公治生之法, 以水畜爲第一故也, 卽入武王舟者也. 鱎魚. 又有一種白魚, 轉云빙어. 身圓如筋, 潔白無鱗. 目兩點黑卽銀魚. 鱠殘魚・王餘魚・白小・麵條魚.

鰶魚죵어. 體圓厚而長, 似鱤魚而腹稍起扁, 額長喙口在頷下. 細鱗腹白, 背微黃, 大者二三十斤. 鯮魚.

鱤魚감어. 似鯮而腹平, 頭似鯇而口大, 頰似鮎而色黃, 鱗似鱒而稍細. 啖魚最毒好獨行, 故曰鰥. [魚+舀]魚・黃頰魚.

石首魚셕슈어, 俗言助氣죠긔. 時珍曰: "能養人故乾者曰鯗, 字從養, 能開胃益氣." 似鱎魚, 扁身弱骨, 細鱗, 黃色如金, 首有白石二枚, 瑩潔如玉. 至秋化爲冠鳧, 卽野鴨之有冠者. 石頭魚・鮸魚・江魚・黃花魚. 乾者曰鯗魚, 俗言乾助氣, 轉云가죠긔. 小者曰踏水, 一曰梅魚, 俗言黃石황셕이. 次曰春來.

家鷄魚가계어, 譯語訓도미.

民魚민어, 譯語旣有民魚之名, 則非, 特俗名然也. 而東醫寶鑑以鮰魚當之, 而鮰是鮠也. 頭尾身鬐似鱘則與民魚大不【4:40b】 類矣. «雅言覺非»以鮸魚當之, 而«字書»及«本草»皆以鮸爲石首魚之大者, 又豈可渾耶? 然而«杜寶拾遺錄»云: 隋大業六年, 吳郡獻海鮸乾膾, 其法五六月取大鮸四五尺者, 鱗細而紫, 無細骨不腥, 取肉切晒, 極乾以新甁盛之, 泥封固用時以布裹, 水浸少頃, 去水則皎白如新. 以是攷之, 石首魚長非四五尺, 時非五六月, 且其鰾未必作膠而同得鮸魚之名者, 殊可疑也. 今民魚出以五六月, 長幾四五尺, 其鰾可作膠, 鮸之爲民魚似, 或可怪, 更俟明辨.

勒魚느어, 俗轉늣치. 如鰣魚而小首, 細鱗, 腹下有硬刺. 肋魚, 譯語誤訓쥰치. [金+節]力魚・重脣魚・狗嘴魚.

鱭魚졔어, 俗言葦魚, 轉云웅어. 因其狀如葦故云. 狀狹而長, 薄如削木片, 亦如長薄尖刀, 細鱗, 白色, 吻上有二硬鬚, 腮下有長鬣如麥芒, 腹下有硬角刺, 肉中細刺. 鮆魚・鮤魚・鱴刀・魛魚・鱄魚・望魚・刀梢魚.

鰣魚시어, 俗言俊治쥰치. 俊, 俊秀也. 治, 詳白魚註. 形秀而扁, 微似魴魚而長, 色白如銀. 肉中多細刺如毛. 其子甚細膩. 眞魚. 箭魚腹下細骨如箭鏃.

嘉魚가어. 似鯉而鱗細如鱒, 肉肥而美, 大者五六斤, 食乳泉出丙穴. 鮇魚・拙魚・丙【4:41a】 穴魚.

鯧魚창어. 狀如鯽, 身正圓無硬骨, 腦上突起. 鱠魚・鯧鯸魚・昌鼠・狗瞌睡魚.

鮒魚부어, 俗轉붕어. 形似小鯉, 色黑而體促, 壯大而脊隆, 大喜偎泥, 不食雜物, 故能補胃. 鯽魚. 一種鰤魚, 卽旁皮魚與鯽頗

同, 但小而且薄黑而揚赤. 妾魚・婢魚・青衣魚・鰟魮鯽.

魴魚방어. 小頭縮項, 穹脊濶腹, 扁身細鱗, 其色青白, 腹內有肪. 鯿魚.

鱸魚노어. 長堇數寸, 狀微似鱖而色白, 有黑點. 巨口細鱗, 有四鰓. 俗以農魚농어當之矣. 丁茶山辨之爲啹億貞伊꺽정이者, 甚有理, 可從. 四鰓魚.

鱖魚궐어, 俗言小鱖, 轉云쇼갈이. 以鰧魚爲大鱖, 故也. 扁形濶腹, 大口細鱗, 有黑斑采斑, 色明者爲雄, 稍晦者爲雌, 皆有鬐鬣十二刺人. 厚皮緊肉, 肉中無細刺, 有肚. □魚・石桂魚・水豚・錦鱗魚.

鯊魚사어, 俗言吹沙, 轉云모래므디, 卽모래부리之轉也. 長四五寸, 其頭尾一般, 大頭狀如鱒, 體圓似鱓, 厚肉重唇, 細鱗, 黃白色, 有黑斑點文, 背有鬐刺甚硬. 其尾不歧, 小時卽有子. 鮀魚・沙溝魚・沙鰮・河浪魚・沙骨魚. 犁頭鯊頭似犁鑱. 香鯊有香氣. 熨頭鯊頭如熨斗, 丫髻鯊頭如【4:41b】丫髻. 釖鯊.

杜父魚두부어, 俗言船矴魚, 轉云쳔딩어. 長一二寸, 狀如吹沙而短, 其尾歧, 大頭濶口. 其色黃黑, 有斑脊, 背上有鬐刺人. 主簿魚・吐哺魚.

袈裟魚가사어. 出智異山猪淵.

稻畦魚도규어, 稻田小魚.

吾魚오어. 新羅僧元曉與惠空捕魚而食, 遺矢水中, 魚輒活, 指之曰吾魚.

餘項魚여항어, 一曰飴項魚, 似鰷魚.

大口魚대구어, 俗言大口대구. 似鱖而口大. 吴魚.

無泰魚무태어, 俗言北魚북어. 産北道之謂也. 又曰明太명태, 言明川太姓人所得.

芒魚망어, 一曰麻魚마어, 俗訓삼치. 拔魚.

松魚송어. 肉肥, 色赤而鮮明如松節, 生東北江海中.

古道魚고도어, 俗作古刀魚.

蘇魚소어, 俗言蕃蹹魚, 轉云반당어.

石斑魚셕반어. 長數寸, 白鱗, 黑斑, 浮游水面, 聞人聲則劃然深入. 有雌無雄. 一二月與蜥蜴合, 其胎毒人. 石礬魚・高魚.

石鮅魚셕필어, 轉云상필이. 長一寸, 背裡腹下赤.

黃鯝魚황고어. 狀似鱎魚而頭尾不昂. 扁身細鱗, 白色, 濶不踰寸, 長不近尺. 黃骨魚・黃姑魚.

鰷魚됴어. 長堇寸, 形狹【4:42a】而扁, 狀如柳葉, 故俗訓버들ㄱ지. 鱗細而整, 潔白可愛. 性好羣游. 白儵・鮆魚・鮂魚.

鱵魚침어. 大小形狀並同鱠殘魚. 頭有紅點, 腹兩旁自頭至尾有白路如銀, 但喙尖, 有一細黑骨如鍼爲異, 一名姜公魚, 俗轉公治공치. 銅涗.

鱊魚휼어. 小魚, 大如針, 春月自山石穴中隨水流出, 土人取收, 曝乾爲脡, 名鵝毛脡, 俗言白魚脯, 轉訓빙어포. 春魚.

鱧魚례어, 俗言烏魚, 轉訓감을치, 卽감은치之轉也. 狀長體圓, 頭尾相等. 細鱗, 玄色, 有斑點花文, 有舌有齒有肚有腹, 有鬐連尾, 尾無歧. 諸魚中惟此膽甘可食. 首有七星夜朝北斗有自然之禮. 色黑北方之魚, 故有玄黑烏諸名也. 蠡魚・黑鱧・玄鱧・

烏鱧·黑魚·大柴頭魚. 小者曰鮦魚. 文魚·水厭·鰹魚.

鰻鱺魚만리어, 俗言長魚장어. 背有肉, 鬣連尾, 無鱗有舌, 腹白, 大者數尺. 有雄無雌, 以影漫於鱧魚則其子皆附于鱧鬣而生. 白鱓·蛇魚. 有黃脉者曰金絲, 鰻鱺善穿深穴. 黃鱔. 乾者曰風鰻. 一種海鰻鱺, 相似而大. 慈鰻鱺·狗魚.

鱓魚션어, 俗言膝蝗穴泥, 轉云드렁허리. 善處水岸泥窟中, 似鰻鱺而細, 長亦似蛇【4:42b】而無鱗. 黃質黑章, 體多涎沫. 大者二三尺, 夏出冬蟄. 黃䱇, 黃疸之名, 取乎此. 粽䅟將軍·油蒸校尉·臛州刺史. 一種蛇變者曰蛇鱓, 有毒害人.

鰌魚츄어, 俗訓믯글이. 盖此魚以涎自染滑疾難握故云. 海鰌生海中極大江, 鰌生江中, 長七八寸; 泥鰌生湖池, 最小長三四寸, 沉於泥中, 狀微似鱓而小, 銳首, 肉身青黑色, 無鱗. 泥鰍·鰼魚.

鱣魚젼어. 狀如鱘, 其色灰白, 其背有骨甲三行, 其鼻長有鬚, 其口近頷下, 其尾歧, 其出以三月逆水. 而其居也, 在磯石湍流之間; 其食也, 張口接物, 聽其自入. 小者近百斤, 大者一二千斤. 黃魚·蠟魚·王版魚. 今俗訓젼어者, 錢魚也非, 鱣魚也非, 但形之不同而時亦有異, 小大尤別. 因音失實無異鼠璞博攷者, 必有辨焉.

鱘魚심어. 亦鱣屬. 長者丈餘, 狀如鱣而背上無甲. 其色青碧, 腹下色白, 其鼻長與身等, 口在頷下, 頰下有青斑紋如梅花, 尾歧如丙, 肉色純白, 鬐骨不脆. 鱏魚·鮪魚·王鮪·碧魚·乞里麻魚.

牛魚우어. 大者長丈餘, 中三百斤, 無鱗, 骨肉脂上間.

鮠魚차어, 亦鱘屬. 頭尾身鬐俱似鱘, 惟鼻短, 骨不柔脆, 腹似鮎魚, 背有肉鬐. 鮰魚·鱯【4:43a】魚·[魚+果]魚. 鱯魚.

鮧魚이어. 大首偃, 額大口大, 腹鮠身鱧, 尾有齒有胃有鬚. 生流水者, 色青白; 生止水者, 色青黃. 鯷魚·□魚. 鮎魚, 俗訓머유기.

鯑魚뎨어, 俗言人魚인어. 似獺, 四足, 其頰顋軋軋音似兒啼. 腹重墜如囊, 身微紫, 無鱗, 與鮎鮠相類. 孩兒魚.

鯢魚예어. 似鮎而有四足, 長尾能上樹, 聲如小兒. 人魚·魶魚·鰨魚. 大者曰鰕.

黃顙魚황상어, 俗言刺昂鱨, 轉云ᄌ가살이. 背及兩頰間皆有刺, 故也. 身尾俱似小鮎, 腹下黃, 背上青黃, 腮下有二横骨, 兩鬚有胃, 群游作聲軋軋, 牲最難, 死有力能飛躍. 黃鱨魚·黃頰魚·鉠魟·黃魟·黃楊.

河豚하돈, 俗言腹복. 觸物則嗔怒, 腹脹, 故云. 狀如蝌斗. 大者尺餘, 背青白色, 有黃縷, 又無鱗無腮無膽. 腹下白而不光, 有大毒, 海中者尤甚, 江中者次之. 鯸鮧·鯢魚·嗔魚·吹肚魚·氣包魚. 腹腴曰西施乳.

海豚魚히돈어, 俗訓물아지, 又曰슈욱지. 水猪之謂也. 形大如數百斤, 猪色青黑如鮎有兩乳. 有雌雄, 其膏最多, 點燈照樗蒲則明, 照讀書工作則暗, 俗言懶婦所化也. 海豨. 生江中者曰江豚. 江猪·水猪·鱀【4:43b】魚·饞魚·鯆魳.

比目魚비목어, 俗言廣魚광어, 又訓넙치, 以其形廣也. 狀如牛脾有細鱗, 紫白色, 兩片相合, 乃得行, 其合處半邊平而無鱗, 口近腹. 鰈. 鞋底魚, 轉訓혀대. 鰜魚・魪魚・鰈魚・鰨魚・婢簁魚・奴屬魚・版魚・箬葉魚.

鏡子魚경즈어. 狀如比目魚而小, 俗言假鰈, 轉訓가자미.

鮫魚교어, 俗言沙魚, 轉云샹어. 似鼈而無足, 圓廣尺餘, 青目赤頰, 背上有鬣, 腹下有翅, 腹有兩洞貯水養子, 一腹容二子, 朝從口出暮還入. 腹背文粗錯有沙. 又有二種, 皆不類鼈, 大而長喙如鋸者曰胡沙, 性善而肉美; 小而皮粗者曰白沙, 肉彊而有小毒. 如眞珠斑, 其背有珠文如鹿而堅彊者曰鹿沙, 亦曰白沙. 背有斑文如虎而堅彊者曰虎沙, 亦曰胡沙. 鼻前有骨如斧斤, 能擊物壞舟者曰鋸沙, 亦曰挺額魚曰鱕鯌. [魚+納]魚・鯌魚・鰒魚・溜魚・河伯健兒.

烏賊魚오적어, 轉云오증어. 形若革囊, 口在腹下, 八足, 聚生于口旁. 其背上只有一骨, 厚三四分, 無鱗而黑, 皮白. 又有兩鬚如帶甚長, 遇風波則以鬚下矴粘石. 腹中血及膽正如墨, 能吸波噀, 黑合水溷黑以之書字, 但逾年迹滅, 惟存空【4:44a】紙. 烏鰂・墨魚・纜魚. 白事小吏又曰河北吏. 塩乾者曰明鮝, 淡乾者曰脯鮝. 骨名海螵蛸.

章魚쟝어, 俗言文魚문어. 形如筭袋, 八足無骨. 大者長二三尺, 足上有釘, 每釘有竅, 每仰臥途上見烏喙, 以八足黏捲之. 章擧・[佶$鳥]魚・八梢魚・八帶魚. 小八梢, 俗言絡締, 轉云락지.

望潮魚망됴어, 俗言骨獨, 轉云꼴독이. 似絡締而有一細骨, 故云.

海鷂魚히요어, 俗言魺魚, 轉云가오리. 狀如盤及荷葉. 大者圍七八尺, 無足無鱗. 背青腹白. 口在腹下, 目在額上. 尾長有節, 螫人甚毒. 皮色肉味俱同鮎魚. 肉內皆骨節, 節聯比脆軟可食. 邵陽魚, 一作少陽. 荷魚・魺魚・鱝魚・鯆魮魚・蕃鰨魚・石蠣・湘洋魚・犁子魚・洪魚.

文鷂魚문요어. 大者長尺許, 有翅與尾齊羣飛海上. 飛魚.

海蛇히사, 俗言水母, 轉訓물엄. 狀如[血+舀]. 大者如牀, 小者如斗, 無眼目, 腹胃以蝦爲目, 蝦動蛇沉・樗蒲魚・石鏡.

鰕하, 俗言細鰲, 轉云새오. 出江湖者, 大而色白, 出溪池者, 小而色青, 皆磔鬚鉞鼻, 背有斷節, 尾有硬鱗, 多足而好躍. 其腸屬腦, 其子在腹. 外凡有數種, 米鰕糠鰕以精粗名也, 青蝦白蝦以【4:44b】色名也, 梅蝦以梅雨時有也. 如今麥蝦보리새오, 及麥時也. 蝦之大者蒸曝去殼, 謂之鰕米.

海鰕히하, 海中紅蝦也. 乾之者兩兩相對, 故謂之對蝦대하.

紫蝦즈하, 俗訓곤장이, 又曰甘冬.

海馬히마. 狀如馬, 長五六寸, 蝦類也. 大小如守宮, 其色黃褐, 其背傴僂, 有竹節紋. 雌者黃色, 雄者青色. 水馬.

海蔘히삼, 俗言泥이, 華音미, 純肉無骨, 在水中則活, 失水則醉如泥. 沙噀.

龜귀, 俗言居北거북, 玄武北方之神, 故云. 小者曰南向, 轉云남샹이, 言居北向南

也. 狀象離而神在坎, 上隆而文以法天, 下平而理以法地. 背陰向陽蛇頭龍頸, 外骨內肉, 腸屬於首, 能運任脉, 廣肩大腰, 卵生思抱, 其息以耳. 雌雄尾交, 與蛇匹. 甲虫三百六十之長. 龜類甚多, 不能悉分. 玄水督郵. 烏龜.

鼈별, 俗言長魚잘어. 魚滿三千六百則蛟龍引之, 而飛納鼈守之則免. 盖鼈能長於魚也. 水居陸生, 穹脊連脇與龜同類. 四緣, 有肉裙以肉裹甲, 無耳而以目聽, 純雌無雄以蛇及黿爲匹. 團魚・神守・河伯從事・王八.

黿완. 如鼈而大, 背有□[月+鬼]. 青黃色, 大頭黃頸, 腸屬於首, 以鼈爲雌.

蟹히, 俗言跪긔, 轉云게. 【4:45a】 蟹足二螯八跪, 故云. 橫行甲虫. 骨眼蜩腹, 蛭腦足, 利鉗尖爪, 殼脆而堅. 有十二星點. 雄者臍長, 雌者臍圓, 腹中黃, 應月盈虧. 其性多躁, 引聲噀沫至死乃已. 生於流水者色黃而醒, 生於止水者色紺而馨. 其類甚多. 六足者曰䖳, 四足者曰牝, 並不可食. 殼濶而多黃者曰蠘, 其螯最銳, 斷物如芟刈. 扁而最大後足濶者曰蝤蛑曰撥掉子曰蟳. 隨潮退, 殼大者如升, 小者如盞楪, 兩螯如手. 一螯大一螯小者曰擁釖曰桀步. 常以大螯鬪小螯食. 又曰執火, 以其螯赤也. 最小無毛者曰蟛蝟, 訛云彭越, 俗訓螃跪방게. 似蟛蝟而大, 似蟹而小者曰蟛蜞; 似蟛蜞而生於沙穴中, 見人便走曰沙狗; 似蟛蜞而生海中, 潮至出穴而望者曰望潮; 兩鰲極小如石者曰蚌江; 小而殼堅赤者曰石蟹; 大而色紅者曰紅蟹, 能飛; 大如錢而腹下又有小蟹如楡莢者曰蟹奴; 居蚌腹者曰蠣奴曰寄居蟹. 螃蟹・郭索・橫行介士・無腸公子. 雄曰蜋螘, 雌曰朴帶. 藏蟹曰蝑蟹. 屬離卦.

鱟魚후어. 狀如熨斗, 廣尺餘, 其甲瑩滑, 青黑鏊. 背骨眼, 眼在背上, 口在腹下, 頭如蜣蜋. 十二足似蟹在腹兩旁. 長五六尺, 【4:45b】 尾長一二尺, 有三稜. 背上有骨如角, 高七八寸如石珊瑚. 雌常負雄, 失其雌則雄卽不動, 漁人取之必得其雙.

牡蠣모려, 俗言朏굴. 取牡蠣粉者, 除其甲, 口止取朏朏甲旁也. 附石而生磈礌相連如房曰蠣房, 初生止如拳石, 四面漸長一二丈, 嶃巖如山曰蠔山. 牡蛤・蠣蛤・古賁・蠔・石花・蠣房. 灰俗言叉灰, 轉云사회, 煮塩者以之泥釜耐水火不破, 又可粉壁砌墻. 藥名牡蠣紛. 又有一種[虫+雲]蠣, 形短.

蚌蛤방합, 俗言鳥介됴개. 言鳥化爲介也. 長曰蚌, 圓曰蛤, 後世渾稱之. 馬刀, 俗訓말씹됴기, 似蚌而小, 形狹而長, 兩頭尖. 馬蛤・齊蛤・蜌・□・蜯[虫+並]・單母・[火+臿]岸. 大蛤曰車螯曰蜃, 背上有斑文曰花蛤曰文蛤, 殼似瓦屋之壟者曰魁蛤曰魁陸曰蚶曰瓦屋子曰瓦壟子曰伏老, 似瓦壟而大者曰車渠曰海扇.

鰒魚복어, 俗言全鰒젼복, 産全羅道者良. 又有蔚鰒울복, 産蔚山. 生曰生鰒싱복, 生者不恒上京故以生別之. 附石而生, 狀如蛤, 惟一片外內甚粗, 內則光耀, 背側一行有孔如穿, 或七至十, 海人泅水乘其, 不意卽易得之, 否則緊粘難脫.

九孔螺・硏螺. 殼名千里光. 石【4:46a】決明.

蜆현, 俗訓가막됴개. 以其小如蚌而黑色, 能候風雨以殼飛也. 其類亦多, 大小厚薄不一. 殼內光耀如初出日. 扁螺.

蟶셩, 俗言蛤蜊, 華音거리, 故轉云가리맛. 與馬刀及蜆相似而其類甚多. 閩粵人候潮泥壅沃, 謂之蟶田, 呼其肉爲蟶腸.

石[口+劫]셕겁, 亦蚌蛤之屬, 生海中石上, 形如龜, 脚殼如蟹螯, 其色紫. 紫[虫+去]・紫蘤・龜脚.

淡菜담치, 俗言紅蛤홍합. 似珠母而一頭小中啣少毛. 殼菜・海蜌・東海夫人.

海蠃히라, 俗言小螺쇼라. 螺類亦多而以小爲佳故云. 流螺・假猪螺. 光彩可餙鏡背者曰老鈿螺, 色微紅者曰紅螺, 色如翡翠者曰靑螺, 味辛如蓼者曰蓼螺, 紫貝曰紫貝螺, 質白而紫頭如烏形者曰鸚鵡螺, 可作酒杯.

田蠃젼라, 俗言牛螺, 轉云우렁이. 類蝸牛之螺, 故云. 生水田及湖瀆岸側, 其殼旋文, 其肉視月盈虧, 大者如梨橘, 小者如桃李. 屬離卦. 以其外剛而內柔也.

蝸蠃와라, 俗言鍋蒸, 華音고징, 轉云고둥. 生溪水中, 采置鍋中蒸之, 其肉自出, 故也. 生溪水中大如指頭殼厚於田螺, 上有稜, 惟食泥水, 誤入泥壁中, 數年猶活. 螺螄. 殼名鬼眼【4:46b】睛.

海月히월, 俗言江珧柱강요쥬. 言甲美如珧玉, 殼中有柱也. 蛤類而大如鏡, 白色正圓, 長二三寸廣五寸, 上大下小. 玉珧・馬頰・馬甲.

【4:47a】

<蟲豸部>

蟲豸츙지. 有足曰蟲, 無足曰豸, 俗言凡於知, 轉云버러지. 盖有知覺運動者皆曰蟲, 故雖有胎卵風濕化生之異, 而倮蟲三百六十聖人爲之長, 羽虫三百六十鳳凰爲之長, 毛虫三百六十麒麟爲之長, 甲虫三百六十神龜爲之長, 鱗虫三百六十龍爲之長. 二九八八主蟲故八月化.

蜂봉, 俗言[范$虫]범, 轉云벌. 蜜蜂三種皆一日兩衙, 一在林木作房, 一在人家作房, 其蜂甚小, 微黃, 蜜皆濃美; 一在巖崖高峻處作房, 其色似虻, 其蜜曰石蜜曰崖蜜, 而色皆靑白, 故俗以蜜謂淸청. 蜜蹠曰蜜蠟而俗但言蜜밀, 三者皆羣居有王, 王大於衆蜂而色靑蒼. 雄者尾銳, 雌者尾歧, 相交則黃退嗅花則以鬚代鼻采花則以股抱之.

土蜂토봉, 俗言馬蜂, 訓云말벌, 穴居作房, 赤黑色, 最大螫人至死亦能釀蜜. 蜚零・蟺蜂. 大黃蜂, 俗言[侯+瓜][婁+瓜]蜂구루봉, 轉訓뒤웅벌. 在人家屋上及大木間作房者. 壺蜂・玄瓠蜂. 黑者曰胡蜂, 樹上大黃蜂曰露蜂房. 蜂腸・蜂勦. 百穿紫金沙.

[虫+翳]螉예옹, 俗言【4:47b】螺螺나나니. 以其祝聲螺螺故也. 一種黑色細腰蜂, 啣泥於人屋及器物邊作房, 不拘土石竹木生子, 如栗米置中, 乃捕取草上, 靑蜘蛛十餘枚滿中, 仍塞口以待, 其子大爲粮, 卽詩所云, '螟蛉有子, 果蠃負之'者, 而祝虫而成

子者欠攷, 故本草辨之詳矣. 土蜂・細腰蜂・蜾蠃・蒲蘆.

白蠟蟲빅랍츙. 大如蟣虱, 芒種後延緣樹枝食汁, 吐涎粘於嫩莖, 化爲白蠟, 和油澆燭大勝蜜蠟.

螳螂당랑, 一名拒斧, 俗加[范$虫]螳字, 轉云범쌍거비, 又訓독긔별네. 以其兩臂如斧也. 又曰如䋞여쵸, 轉云여치. 言其形輕飄如䋞也. 驤首奮臂, 修頸大腹, 二手四足善緣而捷, 以鬚代鼻喜食人髮, 能翳葉捕蟬, 奮臂當轍不避. 刀螂・拒斧・不過・蝕肬. 其子曰名螵蛸・蜱蛸・[虫+專]蟭. 致神・野狐・鼻涕.

蚝蟲즈츙. 蚝一作蛓, 俗訓쐬아기. 言有毛能刺螫人也. 大小如蠶身面, 背上有五色斑毛螫人, 欲老者口中吐白汁, 凝聚漸硬, 正如雀卵, 以甕爲繭, 在內成蛹, 夏月羽化而出作蛾, 放子於葉間如蠶子. 蛅蟴・躁舍・天漿子・棘剛子・紅姑娘・雀兒飯甕・癢瘌子.

蠶줌, 俗言螻蟻, 轉云루에. 言始生如蟻也. 餘詳布【4:48a】帛部.

青蚨쳥부. 狀如蟬而子着草葉如蠶, 亦人間難得之物也. 淮南子等書多有以其母子之血途錢留母用子留子用母皆自還云, 故今以錢謂之青蚨者本此. 蚨蟬・蟱蝸・[虫+敦][虫+禺]・蒲虻・魚父・魚伯.

蛺蝶협졉, 俗訓나비. 大曰蝶, 小曰蛾. 其種甚繁, 皆四翅有粉, 好嗅花香以鬚代鼻. 其交以鼻交則粉退. [虫+奄]蝶・蝴蝶・風蝶・撻末・鬼車. 蛾아, 似蝶而小, 眉曲如畵. 燈蛾曰火花. 慕光.

蜻蛉쳥령, 俗言蘸少잠졀이. 多飛水上以尾蘸水, 故云. 大頭露目, 短頸長腰, 軃尾六足, 四翼翅薄如紗, 食蚊虻飮露水. 蜻虰・蜻蝏・虰蛵・負勞・蟌・諸乘・紗羊. 大而色青者曰蜻蜓, 俗言青頭, 轉云쳔두. 小而黃者曰胡黎. 蝀蛢・江鷄. 小而赤者曰赤卒, 轉訓볼가숑이. 絳騶・赤衣使者・赤弁丈人. 大而玄紺者曰紺[樊$虫]. 天鷄.

樗鷄져계, 俗訓쓸쓸아비. 以其飛聲索索之轉音也. 此物初生頭方而扁尖喙向下, 六足重翼, 黑色, 及長則能飛, 外翼灰黃有斑點, 內翅五色上間. 紅娘子・灰花蛾.

蜘蛛지쥬, 一作[知$黽][朱$黽], 俗言去母, 轉云검의. 以其長而還食其母也. 大腹深灰色, 多于空【4:48b】中作圓網. 又有赤斑者, 有五色者, 有大身上有刺毛者, 有薄小者, 惟在屋四面布網. 次蟗・蠾蝓・蚍蟱. 在地布網曰土蜘蛛曰蛭蟷曰蛈蝪曰顚當虫曰蛈母. 幕草上曰草蜘蛛, 長踦者曰蠨蛸, 小而長脚者曰嬉子, 生林落間赤斑者曰花蜘蛛曰絡新婦, 似蜘蛛而形扁色斑, 八足而長作白幕如錢貼壁間曰壁錢曰壁鏡, 俗言絡去母락거의. 蠅虎.

全蠍젼갈, 俗言主簿虫쥬부츙. 今黃州有之. 形如水黽, 八足而長, 尾有節, 色青. 蛜[虫+祁]・杜白・蠆尾蟲.

水蛭슈질, 俗言蚑馬, 轉云거멀이. 頭尖腰粗, 色赤, 在水中好嗡人咂血, 有草蛭石蛭數種. 至掌. 大者曰馬蜞, 俗訓말거멀이. 馬蛭・馬蟥・馬鼈・馬蝗.

孑孓혈혈, 俗言釘倒虫, 轉云쟝구버레. 水

中赤虫, 頭大腰細, 遇人則沉, 化爲蚊者.

蟻의, 俗言螘蟻개의, 轉云갬의. 大曰螘, 小曰蟻. 穴居卵生, 其居有等, 其行有隊, 能知雨春生冬蟄. 玄駒·馬駒·蟻蛘·蚍蜉. 蟻卵曰蚳, 壅土成封曰蟻封曰及曰蟻垤曰蟻塿. 大者曰馬蟻, 赤者曰蠪, 飛者曰螱.

蛆져, 俗言溝蛆구뎌, 轉云구덕이. 蠅子也. 凡物敗臭則生. 蛆蠐.

【4:49a】

蠅승, 俗言八팔이. 前足喜交, 故取狀于八. 夏出冬蟄, 喜煖惡寒. 蒼者聲雄壯, 負金者聲淸括, 靑者糞能敗物, 巨者首如火麻者, 茅根所化. 蠅聲在鼻營營. 蠅胎曰白蜡빅사, 轉云쉬, 又曰白蛆. 景跡·扇醜.

狗蠅구승, 俗訓개팔이. 生狗身上, 狀如蠅, 黃色, 能飛堅皮利喙, 噉咂狗血. 冬月則藏狗耳中.

草蜱초비, 俗訓진되.

蜚蠦비로. 臭蟲害人物, 俗以牛馬毛落曰비로먹다.

壁蝨벽슬, 俗言壁陀蟲, 轉云빈디, 卽臭虫也. 狀如酸棗仁, 咂人血食. 交蚤·扁蝨·鼈蝨.

人蝨인슬, 轉云이. 蝨齧虫, 在人曰人蝨, 以別於在獸之蝨. 生於汗垢. 琵琶蟲·蝨行蝨蝨. 子曰素蟣쇼긔, 轉云셔캐.

蚤조, 或曰布穀鳥所吐, 故俗訓벼록. 亦嚙虫, 黑色善跳, 亦有雌雄, 雄小雌大, 生於積灰.

八脚子팔각ᄌᆞ, 俗訓ᄉᆞ면볼이, 陰蝨也. 四面有足.

蠐螬졔조, 俗言滾背, 轉云굼벵이. 以背滾行, 乃[馬+皮]於脚, 故也. 生樹根及糞土中者外黃內黑. 生舊茅屋上者外白內黯, 皆濕熱氣熏蒸而化. 蟦蠐·蜰蠐·乳齊·地蠶·應條. 赤虫曰桑蝎.

蟬션, 俗言霾飮매음이. 蟬, 諸蜩總名也. 皆自蠐螬腹【4:49b】蛸變而爲蟬, 亦有蜣蜋轉丸化成者, 皆三十日而死, 俱方首廣額, 兩翼六足以脇而鳴吸風飮露溺而不糞. 蜩·齊女. 夏月始鳴. 大而黑者曰蚱蟬曰蝒曰馬蜩, 頭上有花冠者曰螗蜩曰蝘曰胡蟬, 具五色者曰蜋蜩, 小而有文者曰螓曰麥蚻, 小而色靑綠者曰茅蜩曰茅蠘, 色靑紫者曰蟪蛄曰蛁蟟曰蜓蚞曰蟧蠬曰蛥蚗, 小而色靑赤者曰寒蟬曰寒蜩曰寒螿曰蜺, 不能鳴謂之啞蟬亦曰瘖蟬, 二三月鳴而小於寒螿者曰蜺母. 蟬殼曰蟬蛻曰枯蟬曰腹蛸曰蟬退曰金牛兒.

蜣蜋강랑, 俗訓말똥구리. 喜在糞土中, 取馬屎推爲丸, 故云. 其類有數種, 大者名胡蜣蜋, 身黑而光腹, 翼下有小黃子附母而飛, 晝伏夜出, 見燈光則來. 小者身黑而暗, 晝飛夜伏, 狐並喜食. 蛣蜣·蚚·推丸·推車客·黑牛兒·鐵甲將軍·夜遊將軍.

蜉蝣부유, 俗訓ᄒᆞ로살이. 言朝生暮死也. 似蛣蜣而小, 大如指頭, 身狹而長, 有角黃色, 下有翅, 能飛. 夏月雨後叢生糞土中. 渠畧. 或有以水虫之狀, 似蠶蛾者當之. 今人又以蠛蠓멸몽當之. 盖因爾雅疏以蚍[虫+孚]爲蚼蠓故也. 蠛蠓小虫之似蚋者, 喜亂飛, 天【4:50a】將風則旋飛如磨, 天將雨

則一上一下如舂以其因雨而生，見陽而死者也.

天牛텬우，俗訓한을소. 大如蟬，黑甲，光如漆，足短節慢無毛，甲上有黃白點，甲下有翅能飛，目前有二黑角，甚長，向前如水牛，角能動其喙，黑而扁，如鉗甚利，六足在腹乃諸樹蠹虫所化也. 夏月有之，出則主雨. 天水牛・八角兒・蠰・嚙桑・嚙髮.

螻蛄루고，俗訓도로랑이. 生糞壤中，短翅四足，雄者善飛，雌者腹大，羽小不善飛翔，吸風食土，喜就燈光. 螻[虫+室]・天螻・□・仙姑・杜狗. 此外螻蛄石鼠梧鼠土狗等名有與他物相似者.

螢火형화，俗訓반듸블. 盖박[반]듸，点光之俗訓也. 其飛如点火然故云. 有三種：小而宵飛，腹下光明者卽月令腐草所化. 長女蛆蠋，尾後有光，無翼不飛者，竹根所化也. 一名蠲，又曰螢蛆曰宵行. 水螢居水中. 夜光・熠燿・卽炤・夜炤・景天・救火・據火・挾火・宵燭・丹鳥・明火.

衣魚의어，俗言蛀蟫쥬음，轉云좀. 生久藏衣帛中及書紙中，其形稍似魚，其尾又分二，始則青色，老則有白粉，碎之如銀，可打紙箋. 白魚・蟫魚・蛃魚・壁魚・書魚. 蠹魚，木中蟲.

鼠婦【4:50b】셔부，俗訓쥐며나리. 多在甕器底及土坎中，常惹着. 鼠背形如衣魚稍大，灰色，長三四分，背有橫紋蹙起. 鼠負・負蟠・鼠姑・鼠粘・蝼[虫+黍]・蛜蝛・濕生蟲・地鷄・地蝨.

蟅蟲쟈츙. 生川澤及沙中，人家墻壁下，狀似鼈，大者寸餘，無甲有鱗，小兒多捕以負物爲戲，逢申日過街與燈蛾相牝牡. 地鼈・土鼈・地蜱蟲・簸箕蟲・蚵蚾蟲・過街.

蜚蠊비렴，俗言薑盧강노，轉云가뢰. 形似麻虫而能飛，腹背俱赤，喜燈火光，其氣甚臭，其屎尤甚. 好以清早食稻花，日出則散，水中一種酷相似. 石薑・盧蜰・負盤・滑蟲・茶婆蟲・香娘子.

行夜힝야，俗訓방귀쟝이. 以一名[尸$氣]盤蟲也. [尸$氣]，放氣之謂也. 與蜚蠊相類，有短翅飛不遠，好夜中行，人有觸之卽氣出. 負盤・氣[樊$虫].

竈馬쥬마，俗言竈突陰，轉云귓돌암이. 狀如促織而稍大，脚長身軟，長鬚兩股能跳. 其聲亦曰織織. 竈鷄・虷[虫+孫].

蜣蜋장랑，俗訓박회. 金包蟲.

促織촉직，俗訓벼짱이. 其聲如織麻聲，故云. 似蝗而小正，黑有光澤如漆，有翅及角，善跳好鬪，立秋後夜鳴. 蟋蟀・蜻蛚・蛬.

蟲螽부죵，俗言메뚝이. 盖有數種而【4:51a】皆瘦長，善跳，故以諸跳之訓名之曰메者모도之轉訓也. 數種皆類蝗而大小不一，有青黑斑數色. 螞蚱. 在草上者曰草螽曰負[樊$虫]，在土中者曰土螽曰蠰螇，似草螽而大者曰螽斯曰蚣蝑，以股作□舂，一曰舂箕曰舂黍，俗訓방아기. 似螽斯而細長者曰[般$虫]螽曰螇蚸.

蜚虻비밍，俗言等蚋，轉云등에. 大如蜜蜂，腹四褊微黃綠色.

蚊문，俗言暮起모긔. 以其晝伏夜飛也. 化生于木葉及爛灰中于水中爲孑孑蟲，仍變

爲蚊. 細身利喙, 咂人膚血, 大爲人害. 白鳥 · 暑[民$蚰] · 蚉民.

蜹예, 小蚊. 又小而黑者曰蠓, 子微不可見, 與塵相浮上下, 能透衣入人肌膚嚙成瘡毒. 浮塵子.

蟾蜍셤여, 俗言毒蚵蚾, 轉云둑거비. 蟾虫亦曰蚵蚾, 而蟾蜍皮汁有毒故曰毒蚵蚾. 鋭頭皤腹促眉, 背上多痱磊, 行極遲不能跳, 不解鳴, 腹下有丹書八字. 鼀[酋+黽] · [酋+黽][爾$黽] · 蚼鼀 · 苦蠪 · 癩蝦蟆 · 蟐.

蝦蟆하마, 俗言開高麗, 轉云기고리, 俗以東明王金蛙之子, 故名. 蛙爲開高麗而互與蝦蟆同也. 在陂澤中, 背有黑点, 身小能跳, 接百蟲, 作呷呷聲擧動極急. 鼈蟆.

青蛙쳥와, 古作䵷, 俗言黽【4:51b】蛩밍공이. 似蝦蟆而背青綠色, 尖嘴細腹, 其聲甚猛. 土鴨 · 石鴨 · 蛤子. 背有黃路者曰金線鼀, 陸居青脊, 善鳴者曰蛙, 俗言青蟆高麗쳥머구리. 長股 · 田鷄 · 青鷄 · 坐魚 · 蛤魚.

蝌斗과두, 一名活師활ᄉᆞ, 轉云올창이. 卽蝦蟆兒, 生水中者, 二三月蛙蟆曳腸於水際草上纏繳如索, 日見黑點漸至春水時鳴以聒之, 則蝌斗皆出, 謂之聒子, 所謂蝦蟆聲抱是也. 狀如河豚, 頭圓, 身上青黑色始出有尾無足, 稍大則足生尾脫而大盡則先生前足, 月小盡則先生後足. 活東 · 玄魚 · 懸針 · 水仙子 · 蝦蟆臺.

蜈蚣오공, 俗言眞蜒진연, 轉云진에. 盖此虫卽似蚰蜒而大, 且毒故曰眞蜒. 形似馬陸, 身扁而長, 背光黑綠色, 足赤腹黃, 節節有足, 雙鬚歧尾. 蝍蛆.

馬陸마륙, 一名蜈蠂, 俗訓놀어기. 身如槎節, 節有細蹙文起, 紫黑色光潤. 百足中斷成兩各行而去, 觸之則側臥如環. 百足 · 百節 · 千足 · 馬蚿 · 馬蠸 · 馬蠲. 馬軸一作馬[虫+逐]. 馬蠖 · 飛蚿蟲 · 刀環蟲 · 蛩.

蚰蜒유연, 一曰蛷[虫+叟]구유, 轉云그리마. 今攷本草則蛷[虫+叟]尾有叉歧, 能夾人物則其爲執擧. 虫無疑而【4:52a】譯語亦訓그리마, 渾於蚰蜒者, 因陳藏所訓色青黑, 長足能溺人影而訛也. 狀如小蜈蚣而身圓不扁, 尾後禿而無歧, 多足, 死亦踏踏人影爲害, 又入人耳. 入耳 · 蚨虷 · 蚰蜒 · 蛸蚳 · 踏影蟲 · 吐口 · 蜄[虫+麗] · 貍蟲.

蠼[虫+叟]구유, 一作蛷螋, 俗言執擧蟲, 轉云집게벌네. 盖其尾有叉歧, 能夾人物, 故又曰搜夾子. 狀如小蜈蚣, 長不及寸, 青黑色, 二鬚六足在腹前, 其溺射人, 影令人生瘡, 好隱居墻壁及器物下. [虫+務]蛷. 蠼[虫+叟]溺射人影之說, 恐渾於蚰蜒而今未見搜夾子之能射人也. 蚯蚓구인, 一名地龍디룡, 轉云디렁이. 土精無心之蟲, 宛轉蛇行. 螼螾 · 朐腮 · 堅蚕 · 蛩蟺 · 曲蟺 · 土蟺 · 土龍 · 寒蟪 · 寒蚓 · 附蚓 · 歌女.

蝸牛와우, 俗訓달핑이. 形似小螺, 白色, 頭有四黑角, □則頭出, 驚則首尾俱縮入殼中. 蠡牛 · 海羊 · 瓜牛 · 蚹蠃 · 螔蝓 · 山蝸 · 蝸蠃 · 蜒蚰蠃 · 土牛兒 · 草螺子. 背無殼者曰蛞蝓.

豉蟲시츙, 俗言旋豆션두리. 以其如豆而

旋於水上也. 狀如大豆, 色正黑, 浮游水上. 豉母蟲.

蚘蟲회츙. 人腹中長. 蛸·人龍.

寸白蟲촌빅츙, 亦生腹【4:52b】中, 長一寸, 色白, □生育轉多.

强蚸강력, 一曰[加$虫]米, 中蟲好自摩.

蝗蟲황츙. 首腹背皆有王字, 食苗爲害. 簛鍾·橫蟲·□蝗子.

[虫+沓]蠓답합, 轉云짝쟝이. 小黑甲蟲. 焦苗蟲兒.

尺蠖쳑확, 俗訓자버레. 屈伸蟲, 其行如尺物然.

皆瘦長善跳故以諸跳之訓名之曰메者모도之轉
訓也뚜者뛰之轉訓也○數種皆類蝗而大小不一
有青黑斑數色○螞蚱○在草上者曰草螽曰負蠜
○在土中者曰土螽曰蠰○蟓○似草螽而大者曰螽
斯曰蜙蝑以股作聲一曰舂箕曰舂黍俗訓
방아기○似螽斯而細長者曰蟿螽曰蟆蚸 蚉蝱
비밍俗言蝱蚋轉云등에 大蚊 문俗言暮起모기以
如蜜蜂腹四扁微黃綠色 其晝伏夜飛也○化
生于木葉及爛灰中孑水中爲孑孑蟲變爲蚊細
身利喙咂人膚血大爲人害○白鳥○暑蟲○黍民
蚋 예小蚊○又小而黑者曰蠛子微不可見與塵相
浮上下能透衣入人肌膚嗜成瘡毒○浮塵子
蟾蜍 두텁俗言毒蚵蚾轉云둑거비○蟼虫亦曰蚵蚾
而蟾蜍皮汁有毒故曰毒蚵蚾○銳頭皤腹促
眉背上多痱磊行極遲不能跳不解鳴腹下有丹書
八字○鼁鱦○鼀鱦○蝍鼁○苦蠪○癩蝦蟆○黑
蝦蟆 하마俗言開高麗轉云개고리俗以東明王
金蛙之子故名蛙爲開高麗而蛙與蝦蟆同
也○在陂澤中背有黑点身小能跳 青蛙 청와古作
接百蟲作呷呷聲擧動極急○蟼蟆 俗言鼃

蟲豸部 五十一

蛩 명공이○似蝦蟆而背青綠色尖觜細腹其聲甚
猛○土鴨○石鴨○蛤子○背有黃路者曰金線鼁
○陸居青脊善鳴者曰蛙俗言青蟇高麗청머구
子라○長股○田鷄○青鷄○坐魚○蛤魚 蝌斗
마두一名活師올챙이轉云올창이○卽蝦蟇兒生水
中者二三月蛙蟇曳腸於水際草上纏纓如索日見
黑點漸至春水時鳴以聒之則蝌斗皆出謂之聒子
所謂蝦蟇聲抱是也狀如河豚頭圓身上青黑色始
出有尾無足稍大則足生尾脫而月大盡則先生前
足月小盡則先生後足○活東○玄魚○懸針○水
仙子○ 蜈蚣 오공俗言眞蜒진연轉云진에蓋此虫
蝦蟇臺 卽似蚰蜒而大且毒故曰眞蜒○形似
馬陸身扁而長背光黑綠色足赤腹黃節 마륙
節有足雙鬚岐尾○蝶蠊○蝍蛆○天龍 馬陸 一名
蝍蛆俗訓놀어기○身如槎節節有細蹙文起紫黑
色光潤百足中斷成兩各行而去觸之則側臥如環
○百足○百節○千足○馬蚿○馬蠸○馬蠲○
馬軸一作馬蚰○馬蝬○飛蚿蟲○刀環蟲○蛩 蚰
蜒 유연一曰蚰蜒子유轉云그리마○今攷本草則
蚰蜒尾有叉岐能夾人物則其爲就擧虫無疑而

譯語亦訓그리마渾於蚰蜒者因陳藏所訓色青黑
長足能溺人影而訛也○狀如小蜈蚣而身圓不扁
尾後禿而無岐多足死亦踡屈如環踏人影爲害○又
入人耳○入耳○蚨虷○蚰蜒○蛒蚳○踏影蟲○
叺ㅁ○蝬 蠼螋 구유一作蛷螋俗言就擧蟲轉云집
蠖○狸蟲 게벌네蓋其尾有叉岐能夾人物故
又曰搜夾子○狀如小蜈蚣長不及寸青黑色二鬚
六足足在腹前其溺射人影令人生瘡好隱居牆壁
及器物下○蠷螋○蠼螋溺射人影之說恐 蚯蚓 구인
渾於蚰蜒而今未見搜夾子之能射人也
一名地龍디룡轉云디렁이○土精無心之蟲究轉
蛇行○蟺蠙○胸腮○堅蠶○螼蟺○曲蟺○土蟺
○土龍○寒蠅○寒 蝸牛 와우俗訓달팽이形似小
蚓○附蚓○歌女 螺白色頭有四黑角驚則
頭出驚則首尾俱縮入殼中○蠡牛○海羊○瓜牛
○蚹蠃○蝸蠃○山蝸○蝸蠃○蜒蚰蠃○土牛兒
○草螺子○背 豉虫 시충俗言旋豆션두리以其如
無殼者曰蛞蝓 豆而旋於水上也○狀如大豆
色正黑浮游水 蚘蟲 회충人腹中長蟲○蛕○人龍 寸白蟲 촌빅충亦生腹
上○豉母蟲

蟲豸部 五十二

中長一寸色白 強 강력一曰蛩米 蝗 황충首腹
蟯小生育轉多 蚱 中蟲好自摩 蟲 背皆有王
字食苗爲害○簸鍾 蜡 당잡轉云당강이小
○橫蟲○蝻蝗子 蠦 黑甲蟲○焦苗蟲兒 尺蠖
척확俗訓자버레屈
伸蟲其行如尺物然

名物紀畧卷之四

蠅승俗言八팔이前足喜交故取狀于八。夏出冬
蟄喜煖惡寒。蒼者聲雄壯。負金者聲淸括。靑
者糞能敗物。巨者首如火。麻者茅根所化。蠅聲
在鼻營營。蠅胎曰白蜡빅사轉云쉬又曰白蛆。景
跡。狗蠅子승俗訓개팔이生狗身上狀如蠅黃色
扇蠅狗蠅能飛堅硬利喙噉咂狗血冬月則藏狗耳
中草蜫주비俗訓진되蠶蠦비로臭蟲害人物俗以壁蝨빈
俗言壁陀蟲轉云빈더即臭虫也狀如酸人蝨인승
棗仁。咂人血食。交蚤。扁蝨。鼈蝨轉云
이。蝨蠹虫在人曰人蝨以別於在獸之蝨。生於
汗垢。琵琶蟲。蝨行蝨蝨。子曰素蟣。긔轉云
서조武曰布穀鳥所吐故俗轉버룩。赤齒虫
개蚤黑色善跳亦有雌雄雄小雌大生於積灰八
脚子팔각天俗訓ᄉ면봇 蠐螬제조俗言蠐背轉云
이陰蝨也四面有足 군벙이以背滚行乃
駛於脚故也。生對根及糞土中蠐螬黃鬲黑。生
舊茅屋上者外白內黯皆濕熱氣熏蒸而化。蟦蠐
。蠐螬。乳齊。地蠶 蟬 俗言霾飲매음이。蟬
。應條。赤虫曰桑蝎 諸蜩總名也皆自蠐螬腹

蟲豸部 四十九

蛸變而為蟬亦有蜣蜋轉丸化成者皆三十日而死
俱方首廣額兩翼六足以脇而鳴吸風飲露溺而不
糞。蜩。齊女。夏冊始鳴大而黑者曰蚱蟬。蝒
曰馬蜩。頭上有花冠者曰螗蜩曰蝘曰胡蟬。具
五色者曰蜋蜩。小而有文者曰螓曰麥蚻。小而
色靑綠者曰茅蜩曰茅截。色靑紫者曰蟪蛄曰蛁
蟟曰蜓蚞曰螇螰曰蛥蚗。小而色靑赤者曰寒蟬
曰寒蜩曰寒螿曰蜺。不能鳴謂之瘂蟬亦曰瘖蟬
。二三月鳴而小於寒螿者曰螗母。蟬殼
曰蟬蛻曰枯蟬曰腹蛸曰蟬退曰金牛兒 蜣蜋강랑
俗訓말똥구리喜在糞土中取馬屎推為丸故云。
其類有數種大者名胡蜣蜋身黑而光腹翼下有小
黃子附母而飛晝伏夜出見燈光則来。小者身黑
而暗晝飛夜伏狐並喜食。蛣蜣。蛞。推丸。推
車客。黑牛兒。鐵甲將軍。夜遊將軍 蜉蝣부유俗訓ᄒᆞ로살이言朝
生暮死也。似蛣蜣而小
大如指頭身狹而長有角黃黑色下有翅能飛夏月
雨後叢生糞土中。渠略。或有以水虫之狀似蠶
蛾者當之。今人又以蠛蠓멸몽當之蓋因爾雅疏
以蚍蜉為蚼蠓故也蠛蠓小虫之似蚋者喜亂飛天

將風則旋飛如磨天將雨則一上一下
如舂以其因雨而生見陽而死者也 天牛텬우俗訓한울
소大如蟬黑甲光如漆足短節慢無毛甲上有黃白
點甲下有翅能飛目前有二黑角甚長向前如水牛
角能動其喙黑而扁如鉗甚利六足在腹乃諸樹蠹
所化也夏月有之出則主雨。天水牛。八角兒
。蠰。齧髮 螻蛄루고俗訓도로랑이。生糞壤中短
翅四足雄者善飛雌者腹大羽小不
善飛翔吸風食土喜就燈光。螻蟈。天螻。螜。
仙姑。杜狗。此外螻蛄石鼠梧鼠土狗等名有與
他物相似者 螢火영화俗訓반듸불蓋박듸点光之俗訓
也其飛如点火騰故云。有三種小而
宵飛腹下光明者即月令腐草所化也。長如蛆蠋尾後
有光無翼不飛者竹根所化也一名蠲又曰螢蛆曰
。宵行。水螢居水中。夜光。熠耀。即炤。夜炤
。景天。救火。據火。挾火。宵燭。丹鳥。明
大 衣魚의어俗言蛀蟫주음轉云좀。生久藏衣帛
中及書紙中其形稍似魚其尾又分二始則
靑色老則有白粉碎之如銀可打紙箋。白魚
。蟫魚。蛃魚。壁魚。書魚。蠹魚木中蠹 鼠婦

蟲豸部 五十

서부俗訓쥐며나리。多在甕器底及土坎中常惹
着鼠背形如衣魚稍大灰色長三四分背有橫紋蹙
起。鼠負。負蟠。鼠姑。鼠粘。
蛜。蛜蝛。濕生蟲。地鷄。地蝨 蟅蟲자충生川澤及沙中
人家牆壁下狀似鼈大者寸餘無甲有鱗小兒多捕
以負物為戲逢申日過街與澄蚤相牝牡。地鼈。
土鼈。地蟬蟲。簸箕蟲。蚵蚾蟲。過街 蜚蠊비렴俗言蟑盧강ᄂᆞ轉云가리。形似蟅虫而
能飛腹背俱赤喜燈火光其氣甚臭其屎尤甚好以
淸早食稻花日出則散。水中一種酷相似。石薑
。蠦蜰。負盤。滑蟲 行夜힝야俗訓방귀벌이以
。茶婆蟲。香娘子 一名屁盤蟲也屁放氣
之謂也。與蜚蠊相類有短翅飛不遠好
夜中行觸之即氣出。負盤。氣蟞 竈馬주마俗言
竈突陰轉云꼽둥암이狀如促織而稍大脚長身
軟長鬚兩股能跳其聲亦曰織織。竈鷄。蚟螻 蟐蜋장랑俗訓박
회。金包蟲 促織ᄎᆞ직俗訓뵈짱이其聲如織麻
聲故云。似蝗而小正黑有光
澤如漆有翅及角善跳好鬪立 蛗螽부종俗言메뚜기
秋後夜鳴。蟋蟀。蜻蛚。蛬 이蓋螽斯種而

生川澤

蟲豸部

蟲豸 츙지 有足曰蟲無足曰豸俗言凡於知轉云버러지盖有知覺運動者皆曰蟲故雖有胎卵風濕化生之異而倮蟲三百六十聖人爲之長羽虫三百六十鳳凰爲之長毛虫三百六十麒麟爲之長甲虫三百六十神龜爲之長鱗虫三百六十龍爲之長○二九八八主蟲故八月化

蜂 봉 俗言蜜벌轉云벌○蜜蜂三種皆一日兩衙一在林木作房一在人家作房其蜂甚小微黃蜜皆濃美一在巖崖高峻處作房其色似蝱其蜜曰石蜜曰崖蜜而色皆青白故俗以蜜謂淸쳥蜜蹠曰蜜蠟而俗但言蜜밀三者皆群居有王王大於衆蜂而色青蒼○雄者尾銳○雌者尾岐○相交則黃退嗅花則以鬚代鼻采花則以股抱之○土蜂토봉俗言馬蜂訓云말벌穴居作房赤黑色最大螫人至死亦能釀蜜○蜚零○蠮螉○大黃蜂俗言[illegible]蜂[illegible]轉訓뒤웅벌在人家屋上及大木間作房者○壺蜂○玄瓠蜂○黑者曰胡蜂○附上大黃蜂曰露蜂房○蜂腸○蜂勦○百穿紫金沙 蠮螉 에옹 俗言

蟲豸部 四十七

螺螺나나以其祝聲螺螺故也○一種黑色細腰蜂啣泥於人屋及器物邊作房不拘土石竹木生子如粟米置中乃捕取草上青蜘蛛十餘枚滿中仍塞口以待其子大爲粮即詩所云螟蛉有子果蠃負之者而祝虫而成子者欠攷故本草辨之詳矣○土蜂○細腰蜂○蜾蠃○蒲蘆

白蠟虫 빅랍츙 大如蟣虱芒種後延緣樹枝食汁吐涎粘於嫩莖化爲白蠟和油澆燭大勝蜜蠟

螳螂 당랑 一名拒斧俗加螢蝗字轉云범샹거비又訓독어벌네以其兩臂如斧也又曰如絹여초轉云여치言其形輕飄如絹也○蠰首奮臂修頸大腹二手四足善緣而捷以鬚代鼻喜食人髮能翳葉捕蟬奮臂當轍不避○刀蜋○拒斧○不過○蝕肬○其子曰名螵蛸○螂蛸○蟳蟭○致神○野狐○鼻涕

毛蟲 蚝一 작 蛓俗訓쐐야기言有毛能刺螫人也○大小如蠶身面背上有五色斑毛螫人數老者口中吐白汁凝聚漸硬正如雀卵以甕爲繭在內成蛹夏月羽化而出作蛾放子於葉間如蠶子曰[illegible]蛅蟖○躁舍○天漿子○棘剛子○紅姑娘○雀兒飯甕○癢痢子

蠶 잠 俗言蟃蟻轉云누에言始生如蟻也餘詳布

帛部

青蚨 청부○狀如蟬而子着草葉如蠶赤人間難得之物也○淮南子等書多有以其母子之血塗錢留母用子留子用母皆自還云故今以錢謂之青蚨者本此○蚨蟬○蟱蝸○蟔蝸○蒲蚕○錢魚父○魚伯

蛺蝶 협뎝 俗訓나비大曰蝶小曰蛾其種甚繁皆四翅有粉好嗅花香以鬚代鼻其交以鼻交則粉退○蛇蝶○蝴蝶○鳳蝶○撻末○兕車○蛾아似蝶而小眉曲如畫○燈蛾曰火花○慕光

蜻蛉 쳥령 俗言蘸史잠잘이多飛水上以尾蘸水故云○大頭露目短頸長腰軃尾六足四翼翅薄如紗食蚊虻飲露水○蜻虰○蜻蝏○虰蛵○負勞○蟌○諸乘○紗羊○大而色青者曰蜻蜓俗言青頭轉云쳔두○小而黃者曰胡黎○[illegible]○江鷄○小而赤者曰赤卒轉訓불가송이○絳纓○赤衣使者○赤弁丈人○大而玄紺者曰紺蠜○天鷄

樗鷄 저계 俗訓뵐아비以其飛聲索索之轉音也此物初生頭方而扁尖喙向下六足重翼黑色及長則能飛外翼灰黃有斑點內翅五色相間○紅娘子○灰花蛾

蜘蛛 지쥬 一作鼅鼄俗言去母轉云거믜以其長而還食其母也○大腹深灰色多于空

蟲豸部 四十八

中作圓網○又有赤斑者有五色者有大身上有刺毛者有薄小者惟在屋四面布網○次蟗○蝳蝓○蛛蝥○在地布網曰土蜘蛛曰螲蟷曰蛈蝪曰顛當○虫曰蛈母○地幕○幕上曰草蜘蛛○長蹄者曰蠨蛸○小而長脚者曰蟢子○生林莽間赤斑者曰花蜘蛛曰絡新婦○似蜘蛛而形扁色斑八足而長作白幕如錢貼壁間曰壁錢曰壁鏡俗言絡去母락거믜○曰蠅虎

全蠍 전갈 俗言主簿虫쥬부츙今黃州有之○形如水黽八足而長尾有節色青○螂蛆○杜白○蠆尾蟲

水蛭 슈질 俗言蛟馬轉云거멀이○頭尖腰粗色赤在水中好齧人咂血有草蛭石蛭數種○至掌○大者曰馬蜞俗訓말거멀이○馬蛭○馬鼈○馬蟥○馬蝗

孑孓 혈궐 俗言釘倒虫轉云쟝구버레水中赤虫頭大腰細遇人則沉化爲蚊者

蟻 의 俗言螘蟻개의轉云개암이○大曰蠪小曰蟻○穴居卵生其居有等其行有隊能知雨春生冬蟄○玄駒○馬駒○蟻蝆○蚍蜉○蟻卵曰蚳○壅土成封曰蟻封曰及曰蟻蛭曰蟻壤○大者曰馬蟻○赤者曰蠪○飛者曰螱

蛆 져 俗言溝蛆子轉云구더이蠅子也凡物敗臭則生○蛆蠐

蟹足二螯八跪故云○横行甲虫○骨眼蜩腹蛭腦螯足利鉗尖入殼脆而堅有十二星點雄者臍長雌者臍圓腹中黃應月盈虧其性多躁引聲噀沫至死乃己生於流水者色黃而腥生於止水者色紺而馨其類甚多○六足者曰蛫○四足者曰北並不可食○殼濶而多黃者曰蠘其螯最銳斷物如芟刈○扁而最大後足濶者曰蝤蛑曰撥棹子曰蟳隨潮退殼大者如升小者如盞楪兩螯如手○一螯大一螯小者曰擁劍曰桀步常以大螯鬪小螯食又曰執火以其螯赤也○最小無毛者曰蟛螖訛云彭越俗訓蟛蛻방게○似蟛螖而大鬣而毛者曰蟛蜞○似蟛蜞而生於沙穴中見人便走者曰沙狗○似蟛蜞而生海中潮至出穴而望者曰望潮○兩螯極小如石者曰蚌江○小而殼堅赤者曰石蟹○大而色紅者曰紅蟹能飛○大如錢而腹下又有小蟹如榆莢者曰蟹奴○居蚌腹者曰蠣奴曰寄居蟹○螃蟹○郭索○横行介士○無腸公子○雄曰蜋螘○雌曰博帶○藏蟹曰蝑蟹○屬離卦

鱟魚 후어状如熨斗廣尺餘其甲瑩滑青黑鏉背骨眼眼在背上口在腹下頭如蜣蜋十二足似蟹在腹兩旁長五六尺

鱗介部 四十五

尾長一二尺有三稜背上有骨如角高七八寸如石珊瑚雌常負雄失其雌則雄即不動漁人取之必得其雙

牡蠣 모려俗言胐굴取牡蠣粉者除其甲口止取胐胐甲旁也○附石而生磈礧相連如房曰蠣房初生止如拳石四面漸長一二丈嶄巖如山曰曰蠔山○牡蛤○蠣蛤○古賁○蠔○石花○蠣房灰俗言乂灰轉云사회煮鹽者以之泥釜耐水火不破又可粉壁砌墻○藥名牡蠣粉○又有一種蠔蠣形短

蚌蛤 방합俗言鳥介조개言鳥化為介也○長曰蚌圓曰蛤後世渾稱之○馬頰俗訓말씹조개지似蚌而小形狹而長兩頭尖○馬蛤○齊蛤○蟶○蠣○蟳蛀○單毋○塒尾○大蛤曰車螯曰蜃○背上有斑文曰花蛤曰文蛤○殼似瓦屋之壟者曰蚶蛤曰魁陸曰蚶曰瓦屋子曰瓦壟子曰伏老○似瓦壟而大者曰車渠曰海扇

鰒魚 복어俗言全鰒전복産全羅道者良又有蔚鰒울복産蔚山生曰生鰒생복生者不恒上京故以生別之○附石而生狀如蛤惟一片外甚粗內則光耀背側一行有孔如穿或七至十海人泅水乘其不意即易得之否則緊粘難脫○至九孔螺○研螺○殼名千里光○石

決明

蜆 현俗訓가막조개以其小如蚌而黑色能候風雨以殼飛也○其類亦多大小厚薄不一殼內光耀如初出日○扁螺

蟶 셩俗言蛤蜊華音거리故轉云가리맛與馬刀及蜆相似而其類甚多閩粤人候潮泥壅沃謂之蟶田呼其肉為蟶腸

石蜐 부겁亦蚌蛤之屬生海中石上形如龜脚殼如蟹螯其色紫○紫蛣○紫囓○龜脚

淡菜 담치俗言紅蛤홍합○似珠母而一頭小中御少毛○殼菜○海蜌○東海夫人

海蠃 히라俗言小螺소라螺類亦多而以小為佳故云○流螺○假豬螺○光彩可餙鏡背者曰老鈿螺○色微紅者曰紅螺○色如翡翠者曰青螺○味辛如蔘者曰蔘螺○紅紫貝曰紫貝螺○質白而紫頭如烏形者曰鸚鵡螺可作酒杯

田蠃 전라俗言牛螺轉云우렁이類蝸牛之螺故云○生水田及湖瀆岸側其殼旋文其肉視月盈虧大者如梨橘小者如桃李○屬離卦以其外剛而內柔也

蝸蠃 와라俗言鍋蒸華音고징轉云고둥生溪水中采置鍋中蒸之其肉自出故也○生溪水中大如指頭殼厚於田螺上有稜惟食泥水誤入泥壁中數年猶活○螺螄○殼名鬼眼

鱗介部 四十六

睛

海月 히월俗言江珧柱강요쥬言其美如珧玉殼中有柱也○蛤類而大如鏡白色正圓長二三寸廣五寸上大下小[illegible]珧○馬頰○馬甲

魚○鰈魚 鯇魚 이어 大首偃額大口大腹鯇身鱧尾
○鯆魚 有齒有胃有鬣生乳水者色青白生
鰋止水者色青黃○鯢魚○鮎魚俗訓메유기 鯑魚 訓어俗言人魚 似獺四足其類顯軋
軋音如兒啼腹重墜如囊身微 紫魚鯑與鮎鮠相類○孩兒魚 鯢魚 예어 似鮎而有四足長尾能上
樹聲如小兒○人魚○鰨魚○大者曰鰕 黃顙魚 황상어俗言剌昂 鰭轉云자가사리
背及兩頰間皆有刺故也○身尾俱似小鮎腹下黃 背上青黃腮下有二橫骨兩鬚有胃群游作聲軋軋
性最難死有力能飛躍○黃鱨魚 ○黃頰魚○鯸鮐○黃魟○黃楊 河豚 하돈俗言腹 복鯛物則嗔
怒腹脹故云○狀如蝌斗大者尺餘背青白色有黃 縷又無鱗無腮無膽腹下白而不光有大毒海中者
尤甚江中者次之○鯸鮧○鯸鮐○鯢魚○ 嗔魚○吹肚魚○氣包魚○○腹腴曰西施乳 海豚魚
히돈어俗訓물아지又曰介옥지水猪之謂也形大 如數百斤猪色青黑如鮎有兩乳有雌雄其膏最多
黑爆照樗蒲則明照讀書工作則暗俗言懶婦所化 也○海狶○生江中者曰江豚○江猪○水猪○鱀

鱗介部 四十三

-383

魚○鰈魚鰈鯿 比目魚 비목어俗言廣魚광어又訓넙치以 其形廣也狀如牛脾有細鱗紫白色
兩片相合乃得行其合處半邊平而無鱗口近腹○
鰈○鞋底魚轉訓서대○鰜魚○鰨魚○魼魚○鰨
魚○婢簁魚○奴屬 鏡子魚 경자어狀如比目魚而 小俗言假鰈轉訓가자미
魚○版魚○箬葉魚 鮫魚 사어俗言沙魚轉云상어○似鼈而無足圓
廣尺餘青目赤頰背上有鬣腹下有翅腹有
兩洞貯水養子一腹容二子朝從口出暮還入腹背
文粗鎈有沙又有二種皆不類鼈大而長喙如鋸者
曰胡沙性善而肉美○小而皮粗者曰白沙肉彊而
有小毒○如真珠斑其背有珠文如鹿而堅彊者曰
鹿沙亦曰白沙○背有斑文如虎而堅彊者曰虎沙
亦曰胡沙○鼻前有骨如斧斤能擊物壞舟者曰鋸
沙亦曰挺額魚曰鰭鰭○鯔魚○ 烏賊魚 오적어轉云오증어
鰭魚○鰒魚○溜魚○河伯健兒
形若革囊口在腹下八足聚生于口旁其背上只有
一骨厚三四分無鱗而黑皮白肉又有兩鬚如帶甚
長遇風波則以鬚下碇粘石腹中血及膽正如墨能
吸波噀黑合水溷黑以之書字但逾年迹滅惟存空

-384-

紙○烏鰂○墨魚○纜魚○白事小吏又曰河北吏
○蓋乾者曰明鮝○淡乾者曰脯鮝○骨名海螵蛸
章魚 장어俗言文魚문어形如笑袋八足無骨大者
長二三尺足上有釘每釘有竅每仰卧遂上見
烏啄以八足黏搽之○章擧○傷魚○八梢 望潮魚
魚○八帶魚○小八梢俗言絡締轉云락지
망丘어俗言骨獨轉云꼴뚜기
이似絡締而有一細骨故云 海鷂魚 히요어俗言鱝轉云가오리
○狀如盤及荷葉大者圍七八尺無足無鱗背青腹
白口在腹下目在額上尾長有節螫人甚毒皮色肉
味俱同鮎魚肉內皆骨節節聯比脆軟可食○邵陽
魚一作火陽○荷魚○鯆魚○鱝魚○鯆魮魚○蕃
蹹魚○石蠣○湘洋 文鰩魚 문요어大者長尺許有
魚○䱐子魚○洪魚 翅與尾齊羣飛海上○有
飛魚 海蛇 히타俗言水母轉訓물알 狀如血衉大者如
魚 蚱小者如斗無眼目腹胃以蝦為目蝦動蛇
沉○樗蒲○石鏡 鰕 하俗言細蝦轉云새오 出江湖者大而
魚○○ 色白出溪池者小而色青皆磔鬚鉞鼻
背有斷節尾有硬鱗多足而好躍其腸屬腦其子在
腹外凡有數種米鰕糠鰕以精粗名也青鰕白鰕以

鱗介部 四十四

-385-

色名也梅鰕以梅雨時有也如今麥鰕보리새
오及麥時也○鰕之大者蒸曝去殼謂之鰕米 海鰕
히하海中紅蝦也乾之者兩 紫鰕 이즈하俗訓곤쟁이又曰甘冬
兩相對故謂之對鰕대하
馬 히마狀如馬長五六寸鰕類也大小如守宮其色
黃褐其背傴僂有竹節紋雌者黃色雄者青色○
水 海蔘 히삼俗言泥이莘音미純肉無骨在
馬 水中則活失水則醉如泥○沙噀 龜 귀俗言居
北거북玄武北方之神故云小者曰南向轉云남생
이言居北向南也○狀象離而神在坎上隆而文以
法天下平而理以法地背陰向陽蛇頭龍頸外骨內
肉腸屬於首能運任脉廣肩大腰卵生思抱其息以
耳雌雄尾狹與蛇匹○甲虫三百六十之長 鼈 별俗言
○龜類甚多不能悉分○玄水督郵○烏龜
魚轉云자라○魚滿三千六百則蛟龍引之而飛納鼈
守之則免蓋鼈能長於魚也○水居陸生穹脊連脇
與龜同類四緣有肉裙以肉裹甲無耳而以目聽純
雌無雄以蛇及黿為匹○團魚○神守○河伯從事
八○王八 黿 완如鼈而大背有[illegible]腮青黃色 大頭黃頸腸屬於首以鼈為雌 蟹 히俗言跪 긔轉云게

-386-

穴魚鯧魚○창어狀如鯽身正圓無硬骨腦上突起○鯧魚○鯧鯸魚○昌鼠○狗瞌鰢魚鮒魚부어俗轉붕어形似小鯉色黑而體促肚大而脊隆大喜偎泥不食雜物故能補胃○鯽魚○一種鯽魚即旁皮魚與鯽頗同但小而且薄黑而揚赤○妾魚○婢魚○青衣魚○鰟鮍鯽魴魚방어小頭縮項穹脊闊腹扁身細鱗其色青白腹內有肪○鯿魚鱸魚노어長僅數寸狀微似鱖而色白有黑點巨口細鱗有四鰓○俗以農魚농어當之矣丁茶山辨之為唔億貞伊셕졍이者甚有理可從○四鰓魚鱖魚궐어俗言小鱖轉云쇼갈이以鱸魚為大鱖故也○扁形闊腹大口細鱗有黑斑采斑色明者為雄稍晦者為雌背有鬐鬣十二刺人厚皮緊肉肉中無細刺有肚○罽魚○石桂魚○水豚○錦鱗魚鯊魚사어俗言吹沙轉云모래므디即모래부리之轉也○長四五寸其頭尾一般大頭狀如鱒體圓似鱓厚肉重唇細鱗黃白色有黑斑點文背有鬐刺甚硬其尾不岐小時即有子○鮀魚○沙溝魚○沙鰮○洞浪魚○沙骨魚○犁頭鯊頭似犁鑱○香鯊有香氣○鬉頭鯊頭如鬉丰○丫髻鯊頭如

鱗介部 四十一

丫髻○鉤鯊杜父魚두부어俗言船矴魚轉云텬덩어長二三寸狀如吹沙而短其尾岐大頭闊口其色黃黑有斑脊背上有鬐刺人○主簿魚○吐哺魚袈裟魚가사어出智異山猪淵稻畦魚도긔어田小魚稻吾魚오어新羅僧元曉與惠空捕魚而食遺矢水中魚輒活指之曰吾魚餘項魚여항어一曰項魚似鰷魚餡大口魚대구어俗言大대구似鱖而口大○吳魚無泰魚무태어俗言北魚북어產北道之謂也又曰明太명태言明川太姓人所得芒魚망어一曰麻魚마어俗訓삼치○拔魚松魚송어肉肥色赤而鮮明如松節生東北江海中古道魚고도어俗作古刀魚蘇魚소어俗言蕃蹻魚轉云반당이石斑魚석반어長數寸白鱗黑斑浮游水面聞人聲則劃然深入有雌無雄二三月與蜥蜴合其胎毒人○石磐魚○高魚石鮅魚셕필어轉云상필이○長一寸背裡腹下赤黃鯝魚황고어狀似鱎魚而頭尾不昂扁身細鱗白色潤不踰寸長不近尺○黃骨魚○黃姑魚鰷魚됴어長僅數寸形狹

而扁狀如柳葉故俗訓버들리지鱗細而整潔白可愛性好羣游○白鰷○鰲魚○鯈魚鱵魚침어大小形狀並同鱠殘魚頭有紅點腹兩旁自頭至尾有白路如銀但喙尖有一細黑骨如鍼為異一名姜公魚俗轉公治공치○銅吮鱊魚휼어小魚大如針春月自山石穴中隨水流出土人取以曝乾為脡名鵝毛脡俗言白魚脯轉訓빙어○春魚鱧魚례어俗言烏魚轉訓감을치即감은치之轉也狀長體圓頭尾相等細鱗玄色有斑點花文有舌有齒有肚有腹有鬣連尾尾無岐諸魚中惟此膽甘可食○首有七星夜朝北斗有自然之禮色黑北方之魚故有玄黑烏諸名也○蠡魚○黑鱧○玄鱧○烏鱧○黑魚○大紫頭魚○小者曰銅魚○文魚○水厭○鱧魚鰻鱺魚만리어俗言長魚장어○背有肉鬣連尾無鱗有舌腹白大者數尺○有雄無雌以影漫於鱧魚則其子皆附於鱧鬣而生○白鱓○蛇魚○有黃脈者曰金絲鰻鱺善穿深穴○黃鱔○乾者曰風鰻○一種海鰻鱺相似而大○慈鰻鱺○狗魚鱓魚션어俗言騰寵穴泥轉云드렁허리善處水岸泥窟中似鰻鱺而細長亦似蛇

鱗介部 四十二

而無鱗黃質黑章體多涎沫大者二三尺夏出冬蟄○黃鮔黃疸之名取乎此○粽糉將軍○油蒸校尉○臛州刺史○一種蛇變者曰蛇鱓有毒害人鰌魚츄어俗訓믯구리盖此魚以涎自染滑疾難握故云○海鰌生海中極大江鰌生江中長七八寸泥鰌生湖池最小長三四寸沉於泥中狀微似鱓而小銳首肉身青黑色無鱗○泥鰍○鰼魚鱣魚젼어狀如鱘其色灰白其背有骨甲三行其鼻長有鬚其口近頷下其尾岐其出以三月逆水而其居也在磯石湍流之間其食也張口接物聽其自入小者近百斤大者一二千斤○黃魚○蠟魚○王鮪魚○今俗訓젼어者鱘魚非鱣魚也非但形之不同而時亦有異小大尤別因音失實無異鼠璞博攷者必有辨焉鱘魚심어亦鱣屬長者丈餘狀如鱣而背上無甲其色青碧腹下色白其鼻長與身等口在頷下頰下有青斑紋如梅花尾岐如丙肉色純白鬐骨不脆○鱏魚○鮪魚○王鮪○碧魚○乞里麻魚牛魚우어大者長丈餘重三百斤無鱗骨肉脂相間鮠魚외어亦鱘屬頭尾身鬐俱似鱘惟鼻短骨不柔脆腹似鮎魚背有肉鬐○鮰魚○鱯

鱷魚 악어 龍吻虎爪蟹目鼉鱗尾長數尺大如箕芒刺成鉤仍有膠黏多于水中潛伏候人畜相近以尾鉤取 石龍子 셕룡ᄌᆞ 一名豬婆蛇俗言豚婆蛇轉訓도마비얌 生山石間者似蛇而有四足頭扁尾長形細長七八寸大者一二尺有細鱗金碧色五色全者為雄○生草澤間似石龍而頭大尾短形粗色青黃亦有白斑者曰蛇醫曰蛇師曰蛇舅母曰蜥蜴曰蠑螈○生屋壁間者似蛇醫而短小灰褐色曰蝘蜓曰守宮曰壁宮曰壁虎曰蝎虎曰馬蛇子 蛤蚧 합기 首如蟾蜍背有細鱗如蠶子土黃色身短尾長多居木穴亦守宮之類也最惜其尾見人取之多自囓斷其尾○雄曰蛤皮粗口大身小尾粗○雌為蚧皮細口尖身大尾小○蛤蠏○偃蜷 蛇 사 俗言配陰轉云비얌 在神為玄武故其鱗亦向壬○蛇長虫也其類最多有兩頭者有人面者有頭毒尾良者有形似鯉魚者有毛如豬鬣者有鼻上有針者有蝮有蟒而俗言苟卯轉云구렁이蓋苟卯蛇之有四足者有水草木土四種○無足而腹下有橫鱗可行名曰蚺○以眼聽○冬輒含土入蟄至春乃出吐之○屬巽卦○應翼星○海外西南人呼蛇

鱗介部 三十九

為魚 遮歸 차귀 濟州人見灰色蛇以為遮歸禁不殺祭其神即蛇鬼字之誤 鯉魚 리어 俗轉링어 其脇鱗一道從頭至尾無大小皆三十六鱗應六六數有十字文每鱗有小黑點諸魚惟此最佳○赤鯉曰元駒○白鯉曰黃驥○黃鯉曰黃騅 鰱魚 련어 狀如鱅而頭小形扁細鱗肥腹其色最白失水易死 鱅魚 용어 即青鰱似鰱而色黑其頭最大○鱮魚 口旁有骨名乙味丞于鰱鰱之美在腹鱅之美在頭○鱃魚 鱒魚 준어 似鯶而小赤脈貫目瞳身圓而長鱗細于鯶青質赤章好獨行○鮅魚○赤眼魚 草魚 초어 似鱒而大形長身圓肉厚而鬆畜者以草飼之有青白二種白者味勝即鯶子也○鯇魚○鰀魚 青魚 쳥어 似鯇而背青其頭中枕骨蒸令氣通曝乾狀如琥珀古人所謂五侯鯖○大者曰鰺○俗以碧魚通稱青魚者非也碧魚華音비우轉云비웃誤翻張腴我 正廟朝令五部頒碧魚於窮居讀書之士曰此魚價賤易購正合寒士可食賜名肥儒魚 竹魚 쥭어 狀如青魚大而少骨刺色如竹青翠可愛鱗下間以朱點 鯔魚 승어 俗言秀魚轉云 似鯉身圓頭扁

骨軟性喜泥其滿腹○子魚○鯔魚○鯖魚○梭魚 白魚 뵈어 形窄腹扁鱗細頭尾俱向上肉中有細刺故俗言刺魚랄어轉訓랄치俗以魚為治者陶朱公治生之法以水畜為第一故也即入武王舟者也○鱎魚○又有一種白魚轉云빙어身圓如筋潔白無鱗目兩點黑即銀魚○鱠殘魚○王餘魚○白小○麪條魚 鯼魚 종어 體圓厚而長似鱤魚而腹稍起扁額長喙口在頷下細鱗腹白背微黃大者二三十斤○鯮魚 鱤魚 감어 似鯮而腹平頭似鯇而口大頰似鮎而色黃鱗似鱒而稍細喉魚最毒好獨行故曰鰥○鮎魚○黃頰魚 石首魚 셕슈어 俗言助氣조기 時珍曰能養人故乾者曰鯗字從養能開胃益氣○似鱅魚扁身弱骨細鱗黃色如金首有白石二枚瑩潔如玉至秋化為冠鳧即野鴨之有冠者○石頭魚○鮸魚○江魚○黃花魚○乾者曰鯗魚俗言乾即氣轉云가조기○小者曰䲵水一曰梅魚俗言黃石황셕이○次曰春來 家雞魚 가계어 語訓도미 民魚 민어 譯語既有民魚之名則非特俗名然也而東醫寶鑑以鮰魚當之而鮰是鮠也頭尾身鬐似鱘則與民魚大不

鱗介部 四十

類矣雅言覺非以鮸魚當之而字書及本草皆以鮸為石首魚之大者又豈可渾即然而杜寶拾遺錄云隋大業六年吳郡獻海鮸乾膾其法五六月取大鮸四五尺者鱗細而紫無細骨不腥取肉切晒極乾以新瓶盛之泥封固用時以布裹水浸少頃去水則皎白如新以是致之石首魚長非四五尺時非五六月且其鰾未必作膠而同得鮸魚之名者殊可疑也今民魚出以五六月長幾四五尺其鰾可作膠鮸之為民魚似或可辨 勒魚 늑어 俗轉득치 如鰣魚而小首細性更便明辨鱗腹下有硬刺○肋魚譯語誤訓준치○鰣魚○鰳魚 鱭魚 제어 俗言葦魚轉云웅어 因其狀如葦故云○狀狹而長重脣魚○狗嘴魚薄如削木片亦如長薄尖刀細鱗白色吻上有二硬鬚腮下有長鬣如麥芒腹下有硬角刺肉中細刺○硬鯊魚○鮆魚○鱴刀○鯯魚 鰣魚 시어 俗言俊治준치俊俊秀也治鱭魚○鮤魚○望魚○刀梢魚 詳白魚註○形秀而扁微似魴魚而長色白如銀肉中多細刺如毛其子甚細膩○真魚○箭魚腹下細骨如箭 嘉魚 가어 似鯉而鱗細如鱒肉肥而美大者五六斤食乳泉出丙穴○鯠魚○拙魚○丙錄

越者曰獑猢○似猴而長臂者曰猨○似猨而金尾者曰狨○似猨而大能食猨猴者曰獨○似黃狗人面而能言者曰猩猩其血可以染毛罽○如人被髮迅走有毛反踵見人則笑者曰狒狒一曰山都曰梟羊

以上寓類

走獸部 三十七

鱗介部

魚어鱗介總名俗言鯤鰯轉云고기蓋鯤魚子也鮞魚子未成者也總之為魚名又曰生鮮싱션○波臣○撒踊○水梭花○魚子曰魚秧亦魚䱘○鱦 呀呷아감魚口也俗轉아감이 鱗린魚甲也俗言比剌비갈 丁녕魚枕也 乙을魚腹也俗訓비을又曰비러기言在腹內也 丙병魚尾也 鰓시魚頰中骨也一曰魚鬐俗以類下鬣當之為鰓魚鬐轉云진어미 鰭기魚背上鬣也 鱁鮧축이魚肶也色白而中空如浴鼓曰鰾俗言脬鰾부이轉云부레 穇삼積柴養魚 漁어捕魚也○漁具詳罛用部 潑剌발不魚之以沫相濡○俗以人䰍奔乾之董保謂之潑剌발작여산다負魚也 ○鮝○鯗○菁折魚

龍룡俗言眉螭미리螭無角而蛟有眉兼之者龍也形有九似頭似駝角似鹿眼似鬼耳似牛項似蛇腹似蜃鱗似鯉爪似鷹掌似虎背有八十一鱗以應九九數聲如戛銅盤口旁有鬚髯頷下有明月珠喉下有逆鱗頭上有博山名曰尺木龍無尺木不升天能幽能明能細能巨能短能長其卵生思抱也雄鳴上風雌鳴下風○鱗虫三百六十龍之為長○耳虧聰以角聽○梵書謂那伽○有鱗曰蛟○有翼曰應龍○有角曰虯龍○無角曰螭龍 蛟교俗言毒龍轉云되룡長丈餘似蛇而四足形廣如楯小頭細頸頸有白嬰其眉交生胃前諸色背上青斑脇邊若錦尾有肉環大者數圍卵亦大能率魚故曰池魚三千六百蛟為之長 蜃신蛟屬形亦似蛇而大有角如龍紅鬣腰以下鱗盡逆吁氣成樓臺將雨即見名蜃樓亦曰海市月令雉化為蜃者此也以大蛤之蜃為雉化者非○蠔老蛟也 鼉타似守宮鯪鯉而長一二丈背尾俱有鱗甲夜則鳴吼舟人畏之皮可冒鼓○鮀魚○土龍○蔄鮮訓之為鰐악而鰐是別種不可渾也 鯪鯉능리似鼉而短小又似鯉而四足黑色能陸能水日中出岸張開鱗甲如死誘蟻入甲即閉而入水開甲蟻皆浮出因接而食之○龍鯉○穿山甲○石鯪魚 鯨鯢경예轉云고래海魚也大者長數千里小者數千尺鼓浪成雷噴沫成雨○雄曰鯨一作鱷○雌曰鯢○眼睛為明月珠

鱗介部 三十八

一作獅狀如狐貍故俗言如狐貍轉云녀구리頭銳鼻尖毛黃褐深厚溫滑可爲裘與獾同穴而異處日伏夜出捕食虫物出則獾隨之其性好睡故人之好睡者謂之貉睡而誤作渴睡○雌貉曰貊上○貒子曰貆時珍本草作貊貒단似犬而矮尖喙黑足褐色以貊爲訛○蜀氏星貒與獾貉三種大抵相似而頭足小別俗言烏小貍오소리○獾犺狗貉獾猪獾○主猪獾曰貛

獾 한如家狗而脚短喙尖尾短深毛可爲裘須食果實有數種相似○狗獾○天狗

獍 경似貙而虎眼長則食其父而後走故俗言獍父呂부有翻覃甫者誤○破鏡○掃雲一種蜜狗似狐而小善尋空木中蜂蜜齧木孔以尾濡取食

木狗 목구形如黑狗能登木皮可作裘

豺 싀俗言豺狼싀랑轉云승냥이狼屬其聲如犬故也○似狗而頰白前矮後高而長尾其體瘦而健猛其毛黃褐色其牙如錐群行虎亦畏之○豺狗

狼 랑俗言人喜인희轉云일희蓋狼將遠逐食必先倒立以卜所向故獵人遇狼則喜以其狼之所向獸所在也○穴居而大如狗○銳頭尖喙白頰騈脇高前廣後脚不甚高能食鷄鴨鼠物其色雜黃黑赤

走獸部　三十五

有蒼灰其聲能大能小作兒啼以魅人其腸直故鳴則後竅皆沸○狽足前短能知食所在狼足後短負之而行失狼則不能動故世言事乖稱狼狽○牡曰獾○牝曰狼○毛狗○大曰獨狙○子曰獥○應奎曰星

兎 토俗言吐計轉云토기吐子之謂也子曰翔計詳禽部○大如貍而毛褐形如鼠而尾短耳大而銳上唇缺而無脾長鬚而前足短尻有九孔趺居趫捷善走舐雄豪而孕五月而吐子其大者曰㚟似兎而大青色首與兎同足與鹿同或謂兎無雄望月而孕者非○明眎○梵書謂舍迦○兎子曰娩○狡兎曰䨲曰毚○玉兎月中兎

水獺 달一作𧫞似青狐而小毛青黑有四足俱短頭與身尾皆褊食魚居水中亦休木上○無雌以猨爲雌○正月十月祭魚知報本○水狗○海龍○大曰獱○又有一種山獺其性陰毒山中有此凡牝獸皆避去無偶則抱木而枯○海獺頭如馬自腰以下似蝙蝠其毛似獺

海狗 해구一日膃肭又曰骨豽其狀非狗非獸亦非魚也但毛似鹿足似狗尾似魚其外腎入藥連臍取之故曰膃肭臍

以上獸類

鼠 쥐俗言䶉奇轉云쥐言其尖喙善穴如錐也○似兎而小青黑色有四齒而無牙長鬚露眼前爪四後爪五尾文如織而無毛長與身等孕一月而生○屬艮卦○老鼠○首鼠○家鹿○時珍本草曰鼠類頗繁爾雅說文所載後世未能悉知後世所知二十書猶未盡載可見格物無窮也

鼷鼠 언쥐俗言寶土䶉轉云두더쥐○狀類鼠而肥多膏脚絶短僅能行尾長寸許鼻尖甚強陰穿地中而行見日月光則死○月令田鼠化爲鴽者即此也與飲河鼠名同實異詳下○田鼠○鼢鼠○隱鼠

隱鼠 은쥐大如牛形似鼠毛灰赤色時出游毛落田間悉成小鼠害稼即飲河者也○鼴鼠○偃鼠○鼠母○鼹

鼲鼠 쥐俗言青鼠毛轉云청설모其尾毛青黃取而爲筆故以毛名○形大於鼠頭似兎善鳴能人立交兩足而舞居土穴及樹孔中○碩鼠○鼫鼠○雀鼠○䶂鼠

貂鼠 됴俗言貂皮돈피而宇書不見焉意其取毛深而作字也○大如獺而尾粗其毛深寸許紫黑色用皮爲裘得風更暖着水不濡得雪即消○栗鼠○松狗○毛帶黃色者曰黃貂俗訓잘○白色曰銀貂

走獸部　三十六

黃鼠 황俗訓족름쥐謂其善走也○狀類大鼠黃色而足短善走極肥穴居有土窖如牀榻之狀者則牝牡所居之處秋時畜豆粟草木之實以禦冬各爲小窖別而貯之晴暖則出坐穴口見人則交其前足拱而如揖乃竄入穴○禮鼠○拱鼠○䶂鼠○山鼠○松鼠○花鼠○貔貍

鼬鼠 유俗言足抵족져비言其走甚速如飛故亦曰飛鼬○似鼠而身長尾大黃色帶赤其氣極臊臭健於捕鼠及禽畜又制蛇虺其毫與尾可作筆○黃鼠狼○鼪鼠○䶉鼠○地猴

猬 위俗言曲身豚轉云고슴도치以其頭觜似鼠刺毛似豪豬而踡縮則形如芡房及栗房攢毛外刺尿之即開○彙○毛刺○蝟鼠

以上鼠類

獮猴 미후俗言猿猩轉云원숭이蓋其類有數種而獮猴爲其總名數也狀似人眼如愁胡而頰有䐡有嗛藏食腹無脾以行消食尻無毛而尾短手足如人亦能竪行聲嗝嗝若欬孕五月而生子○沐猴○爲猴○胡孫○王孫○馬留○狙○小而尾短者曰猴○似猴而多髯者曰豦○似猴而大者曰玃○大而尾長赤目者曰禺○小而仰鼻者曰狖○似狖而大者曰果然○似狖而小者曰蒙頌○似狖而善躍

有光澤能舐食銅 **象** 상長丈餘高稱之大六尺餘牙
鐵及竹骨蛇虺 身鼻俱下垂牙赤長尖許鼻大
如臂俗訓앗길이鼻長之謂也鼻端甚深不可以開
合下有小肉爪能拾針芥食物飲水皆以鼻卷入口
一身之力皆在於鼻故傷之則死○伽耶○象牙상
아可以爲笏一名白暗○雌者纔尺餘交牝則在水
中以胷相貼 **犀** 서似水牛俗因訓무소大腹卑脚
與諸獸不同 有三蹄黑色三角一在頂上一在額
上一在鼻上鼻上者即食角○三角者水犀○二角
者山犀○在頂曰頂犀○在鼻曰鼻犀惡影常飲濁
水○兕○梵書謂竭 **犛牛** 리우狀如犀而角小尾長
伽○犀角名黑暗 善知吉凶即易所謂也氂
可爲旄旄○毛犀○猫牛○摩牛○ **牦牛** 모우狀如
牦牛○竹牛○犛牛○猫猪○猪神 水牛體長
多力能載重迅行如飛毛 **野馬** 야마似馬而 **野猪** 야
可爲旄○獵牛○犏牛 小○駒駼 뎌
形如家猪但腹大脚長毛色褐作羣行獵人惟敢射
最後者若射中前者則傷人○又有一種嬾婦似山
猪面小善害田禾惟以機軖 **豪猪** 호뎌狀如猪而項
紡織之具置田則不復近 脊有棘鬣長近尺

走獸部 三十三

許粗如筋狀似笄白本黑端怒則激去射人成羣多
害田稼○應壁星○山猪○蒿猪○貛㺄○貆豬○
[illegible] **熊** 웅熊在水曰能即鯀所化故俗言鯀熊곰웅轉
豬 云고음○類大豕而竪輕捷好攀緣上高木見
人則顚倒自投于地居樹孔中土人擊樹呼爲子路
則起不呼則不動○脂曰熊白○足掌曰蹯味甚美
○凡三種如豕色黑者熊○大而色黃白者羆一名
黃熊頭長脚高猛憨多力能拔樹木遇人則人立而
攫之故名人熊○小而 **麢羊** 령양似羊而大青色其
色黃赤者羆名赤熊 角長一二尺有節如人
手指握[illegible]文最堅勁夜宿防患以角掛 **山羊** 산양大
樹不着地○羚羊○麢羊○九尾羊 如牛或
名野羊善鬪至死 **鹿** 록俗言山獸산슈轉云사슴蓋
○野羊○羱羊 鹿與麋似而異故鹿曰山獸麋
曰澤獸以別之詳禮記疏○馬身羊尾頭側而長高
脚而行速牡者有角夏至則解大如小馬黃質白斑
曰馬鹿曰麚牡者麃角小而無斑毛雜黃白曰麀鹿
孕六月而生子性淫一牡常交數牝謂之聚麀○絶
有力曰麖○鹿子曰麛 **麋** 미澤獸也似鹿而色青黑
○斑龍○軟角曰茸 大如小牛肉蹄目下有二

竅爲夜目故淮南子云孕女見麋而子四目者是也
千百爲羣踐草成泥曰鹿場○牡曰麐○牝曰麎○
子曰麇○古云鹿屬陽故夏至解角麋屬陰故冬至
解角朴燕菴日記云今清人多捕麋鹿之類觀其解
角則惟麐角解於冬至麋鹿則同於夏至解角 **麂** 긔
故月令麋角解改以麐角解訓麋爲鹿之大者 麞
類而小者也旄尾狗足其口兩邊有長牙好鬪牡 **麞**
者有短角黧色豹脚脚矮而力勁善跳越○麐
장似鹿而小無角黃黑色大者不過二三十斤雄者
有牙出口外名牙麞喜文章善驚走○其類甚多麕
乃總名抱朴子曰山中和日稱赤吏者麞也俗言鹿
吏노리轉云놀이又曰麞奴노로轉云노로○牡曰
麌○牝曰麋○子 **麝** 샤俗言香麞轉訓샹향노로○
曰麞大者曰麃 似麞而小黑色其香在陰莖前
皮內別有膜袋裹之 **靈猫** 령묘狀如狸自爲牝牡其
○射父○莫訶婆伽 陰如麝雜入麝香罕能分
別○靈狸○香狸 **猫** 묘捕鼠小獸狸身而虎面柔毛而
狸○神狸○類 利齒孕兩月而生目睛隨時而變
子午卯酉如一線寅申巳亥如滿月辰戌丑未如棗核
俗言猫괴蓋一名蒙猫而但云猫괴者省言也又猫

走獸部 三十四

㬰高伊聲相近故麗季有猫部曲人仕朝國亡之識
而柳清臣本以高伊部曲人有機變入元背王而附
瀋王暠俗以爲猫識之應而謂猫爲高伊고이 **狸** 리
者本此○家狸○鼠狸○鳥圓○御蟬○狸奴 俗
言里狸리리蓋言獸之在里者又曰山狸轉云삵有
數種大小如狐毛雜黃黑有斑如猫而圓頭大尾者
曰猫狸善竊鷄鴨其氣臭肉不可食○斑如貙虎而
尖頭方口者曰虎狸善食虫鼠果實其肉不臭可食
○似虎狸而尾有黑白錢文相間者曰九節狸皮可
供裘領○有文如豹而作麝香氣者曰香狸即靈猫
見上○白面而尾似牛者曰牛尾狸亦曰玉 **風狸** 풍
面狸專上樹木食百果○野猫○子曰貄 리
大如狸如獺其狀如猿猴而小其目赤其尾短如無
其色青黃而黑其文如豹其尿如乳汁其性食蜘蛛
亦啖薰陸香晝則蹬伏夜則因風騰躍甚捷見人則
如羞而叩頭人撾擊之倏然死矣以口向風須臾復
活○風母○風生 **狐** 호俗言野狐야호轉云여호似
獸○平猴○狤猫 小黃狗鼻尖尾大多疑善魅故
日妖獸曰鬼所乘而華語謂之狐狸俗以誘 **貉** 학俗
人迷惑曰狐狸호리牛○皮俗言赤皮뎍피 音락

曰羜○六月曰𦍩○七月曰羍○未卒歲曰䍮○柔毛○火畜○長髯主簿○孕四月而生○屬兌卦○應鬼星○其目無神

牛 우土畜俗言數轉云仝蓋天地之數起於牽牛也○牡曰牯曰特曰犅曰犡○牝曰犘曰牸○南牛曰犑○北牛曰㹀○純色曰犧[illegible]無角曰牛○牛子曰犢曰犢○二歲曰犋曰㹃○三歲曰犙曰特○四歲曰牭○五歲曰㸳○六歲曰犕○牛絶有力曰欣犌○七尺曰犉○梵書謂瞿摩帝[illegible]胡語犢曰不花불화而牛[illegible]順痘俗弄小黑犢以不花불화불화者欲其稀痘也○牛齒有下無上察其齒而知其年三歲二齒四歲四齒五歲六齒六歲以後每年接脊骨一節也○牛耳聾其聽以鼻牛瞳豎而不橫○聽以鼻○項垂肉曰胡○蹄肉曰衛○百葉曰膍○角胎曰䚡○屬坤卦○應牛星○乾陽爲馬坤陰爲牛故馬蹄圓牛蹄坼馬病則臥牛病則立馬起先前足臥先後足牛起先後足臥先前足○宗廟之禮牛曰一元大武又曰大牢○郊之牛角繭栗○宗廟之牛角握○社稷之牛角尺○牛夜鳴曰庮庮臭以其反常故其肉必臭

馬 마俗轉말火畜其力在膂○牡曰騭曰兒○牝曰騇曰騍曰草○去勢曰騸○一歲曰馵○曰馲○二歲曰駒○三歲曰騑一作駣○四歲曰駣○八歲曰馴馬八歲一變故從八○梵書謂阿濕婆○孕十二月而生其年以齒別之四歲兩齒至二十歲齒盡平○夜眼在足膝上能夜行○屬乾卦○應星星○八駿馬말죤마曰絶地曰翻羽曰奔霄曰超景曰踰輝曰超光曰騰霧曰挾翼一云驊騮騄駬赤驥白兔騠渠黃騟盜驪山子○騏驥긔긔良馬也○有龍媒五花延風紫燕叱撥梢等名○下乘駑馬也○果下馬扶餘馬高三尺可於果樹下行○的盧白額馬○驄청총○騅오추又월라○騮류부로又뎌부로○驈ㅅ족빅○騅츄마○駓공골又부로又잠불○騂뎔다○驛련쳔총○騏뎔쳥총이○驄쳥가라○騟월다一曰騙曰驕○騧공골○騂가리온一曰皇騣잡식○黃고라○驛馬역마置馬代馳取疾速○擺撥馬파발마驛馬急走振開○騠騠번치馬不進○

驢 려似馬長耳其力在臚○牡曰叫驢○牝曰騲驢○俗言邪父轉云나귀山海經云灌題山有獸名曰邪父其音如人大呼俗以驢聲之[illegible]大而借名馬又曰騾父其鳴應更晝以午夜以五更性善馱負有騲黑白三色○長耳○猶子

騾 라俗言騾子轉云로州蓋以騾之華音로故也○大于驢而健于馬其力在腰其後有鎖骨不能開故不孳乳○其類有五牡驢交馬而生曰騾○牡馬交驢而生曰駃騠○牡驢交牛而生曰馲䮫○牡牛交驢而生曰䮫騠○牡牛交馬而生曰駏驉○牡騾曰吽騾○牝騾曰騍騾

駝 약대狀如馬頭似羊長項垂耳脚有三節背有兩肉峯如鞍形有蒼褐黃紫數色其聲圖其食齡領下有水囊若帒故俗稱若帒약대其力能負重可千斤日行二三百里過水脉處以足踏之○橐駝○駱駝○又有一峯隆起若封土者曰封牛○犏牛

以上畜類

麒麟 긔린牡曰麒牝曰麟○麕身牛尾狼額馬蹄○仁獸王者至仁則出○毛蟲三百六十麟爲長

獅 ㅅ俗言獅子轉云ㅅ지狀以虎而小黃色如金頭大尾長赤有青色銅頭鐵額鉤爪鋸齒弭耳昂鼻目光如電聲吼如雷有髯鬚食虎豹○牡者尾上茸毛大如斗日走五百里怒則威在齒喜則威在尾○狻猊○虓○狀猴○白澤○

虎 호俗言虎狼호랑이又曰斑반轉云범○風俗通曰虎本南郡李氏翁所化故人呼爲李耳則喜呼斑便怒斑文者陰陽之雜也凡食物值耳即止以觸其諱故也○時珍曰李耳當作狸兒猶南人呼虎爲猫之意○狀如猫而大如牛黃質黑章鋸牙鉤爪鬚健而尖舌大如掌生倒刺項短鼻齆夜視一目放光一目看物聲吼如雷百獸震恐食狗則醉故狗乃虎酒也俗以小虎謂之狗虎酒州主斧者本此而失本義○獵人候而射之光墜于地成白石死必靠木及岩石未嘗什地兩脅間及尾端皆有骨如乙字長一二寸是其威也○孕七月而生○烏䖘○大蟲○李耳○李父○伯都○山君○淺毛曰虦猫○白虎曰䶃○黑虎曰虪○似虎而五指曰貙○似虎而非真曰彪○似虎而有角曰虒

豹 표俗言豹虎轉訓표범小于虎毛赤黃其文黑如錢而中空比比相次○赤毛黑文曰赤豹○白毛黑文曰白豹○程○失刺孫俗轉실갈손○爲스라손謂虎生三子一子爲豹蓋小于虎故云○文如錢者曰金錢豹○文如艾葉者曰艾葉豹俗言葛豹轉訓갈범

貘 맥似熊而頭小脚卑黑白駁文毛淺

走獸部 三十一

走獸部 三十二

走獸部

獸 슈 四足而毛俗言牲狌轉云짐승盖牲者純色也 狌者牛羊豕也此爲時祀之用故因爲獸之總名
五類 오류 曰畜曰獸曰鼠曰寓曰牲 六畜 륙츅 馬牛羊豕犬鷄也 ○ 大牲 ○ 六擾 六獸
륙슈 麋鹿狼 麕兎野豕
角 각 戴角者無上齒 俗言附凡轉云뿔 鬣 렵 一作鬛馬領毛也俗言鬣 鬐갈기盖俗以鬐從鬣音故
也 騣 종 一作鬉馬鬣也俗 尾通謂之騣轉云총 竝 皮 피 俗言甲胝 轉云갑질 鹿比 비록
鹿皮也以虎皮謂之皐比故亦云鹿比而皮之 柔靭莫如鹿皮故俗以諸獸之皮皆加鹿字 革 혁 去
毛 皮生 鞹 곽 去毛皮 韋 위 柔皮 肉 육 俗言膏肌고기 肌華音기 胡 호 項垂肉 蹄 뎨 獸
足狸狐貔貅 熊足皆曰蹯 厹 유 貍狐貔貅之屬 足指著地處一作内 臚 려 腹前 力在腹 驢 膊
박 後脛骨 馬力在膊 鮓答 자답 走獸及牛馬諸畜肝膽之間有 肉囊裹之多至升許大者如鷄子小

者如鼠如橡其狀白色似石非石 似骨非骨水浸玩弄可以致雨 牛乳 우유 俗言駝酪타락以駝
之酪爲上故 通言之 ○ 酥 兒穉 아치 俗轉아지 人物幼小也 獸子亦曰兒穉如牛子曰송아지 馬子
曰망아지 犢 도 牛羊無子者俗以凡畜之無子者 皆曰犢轉云 둘故犬亦曰둘암셔 [鼻+犬] 비 犬之初生子
俗言[鼻+犬]頭비두 牝牡 빈모 走獸雌雄 詳禽部雌雄註 餘 東京 동경 慶州也 産短尾狗故俗以
禽獸之短尾 通謂之東京 走仰 주앙 獸交也 俗訓흘레 ○ 牛馬曰風
猇 호 虎欲齧人聲 虤虤 은은 兩虎爭聲 嘪嘪 미미 羊鳴 ○ 芊芊 牟 모 牛鳴 ○ 吼 犨
쥬 牛息聲 𤛾 영영 牛鳴 嚶子聲 啞啞 음음 狗食貌 欭欭 아 驢聲 歇歇 인아 驢聲轉呵
云이 라 嘶 시 馬鳴也 尨尨 방방 犬吠聲 犾犾 유유 犬子聲 呦呦 유유 鹿鳴 猣
사사 呼貉聲 甡甡 신신 衆多貌 豖豖 축축 豕絆足行 俗借用於行有所礙 록록 玃
확 爪攫 俗轉허위 豩跑 히포 豕掘土也跑虎跑地也 俗訓할퀴다 謂之허뷔

殗殜 엽뎝 一作殜殺 臨死畏惡貌 殰 독 出其胎殺羊 死 獸 齸齸 익사
齝 질 獸食吐而復嚼 俗轉삭임질 聖甕 셥졔 獸腹中未化草 烏兒 오키 呼豕聲 俗轉오리
藁籬 어리 養禽獸處 養魚 櫪 력 俗言馬廐 마구 馬棧也 牿 곡 牛馬牢 ○ 阹 欄 란 牛圈 俗言喂
養間 외양 간 ○ 牢 滌 牲室 丘養 馬柱 마쥬 繫馬柱 一曰柳 馬棧 마판 秣 말 餵
養牛 殂 잔 禽獸所食餘 槽 조 畜獸食器 馬兒 掩篼 엄두 飲馬兒 篅 도 飼牛兒 一曰牛蠹
楅 복 養牛馬兒 楅衡 복형 牛觸木以防 楛柸 며호 用以遮馬障者 以行 泰底具 천뎌
子 牛鼻上屬木環 一名枸 牛鼻繫繩具 柭 마 俗轉길마 爲架馬負物者 ○ 抾 板挾子 협즈
俗言 轉云 창 所以捕鳥獸者 陷阱 함정 穿地取獸
蒭茭 츄교 所以飼牛馬者 乾之曰茭 曰芻 莝 좌 細斫藁 俗訓여물 馬糊塗 마호
도 俗言馬 轉云말죽

豕 시 水畜 俗言豚 轉云돗 又曰豚兒 稚轉云도야지 兒 猏 見上 ○ 牡曰猳 曰牙 曰豬 曰牝 曰彘 曰豝 曰
豯 ○ 牡去勢曰豶 ○ 四蹄白曰豥 ○ 豬 ○ 高五尺曰䝞 ○ 豕之子曰豬 曰豚 曰豰 ○ 一子曰特 ○ 二子曰師
○ 三子曰豵 ○ 末子曰么 ○ 三月曰豯 ○ 六月曰豵 ○ 大豬曰豝 ○ 小豬曰豯 ○ 豬 ○ 豧 ○ 豨 ○ 剛鬣 ○
豕軍 ○ 豕四月而生 ○ 屬坎卦 ○ 應室星 狗 구 木畜 俗言家豨 轉云개 ○ 長毛曰尨 一作 懸蹄曰 俗
言絡縫狗 轉云 살개 ○ 長喙曰獫 曰猲 ○ 短喙曰獢 一作獥 ○ 短脰曰猲 ○ 多毛曰尨
短尾曰獋子狗 俗言東京 동경 이見上 ○ 短下曰哈 八狗 華音 바구 轉云 호박개 ○ 去勢曰猗 ○ 高四
尺曰獒 ○ 黃色曰狂 ○ 黃身黑頭曰猶 ○ 猛犬曰獨 ○ 狂犬曰猘 又曰獨 又曰風狗 ○ 狗曰守門使 ○ 一
子曰㺜 ○ 二子曰獅 ○ 三子曰獵 ○ 吠犬 견 ○ 孕三月而生 ○ 屬艮卦 ○ 應婁星 羊 양 火畜
羊曰羖 曰羝 ○ 一說牡 一歲曰羜 三歲曰羝 ○ 牝羊
曰羚 曰牂 ○ 一說牝 一歲曰羜 三歲曰牂 ○ 白曰羒
○ 黑曰羭 ○ 多毛曰羖 ○ 胡羊曰羦羺 ○ 無角曰
羶 曰羜 ○ 去勢曰羯 曰羠 ○ 羊子曰羔 曰羜 ○ 五月

走獸部 二十九
走獸部 三十

天下有道則見○瑞鸝
○羽蟲三百六十之長 和鸞 화란 毛色備五采雌曰和雄曰鸞 孔雀 공작 大如鴈高三四尺細頸隆背頭栽三毛長寸許數十輩羣飛鳴聲相和雌者尾短無金翠雄者三年尾尚小五年乃長二三尺夏則脫毛至春復生自背至尾有圓文五色金翠相繞如錢南人往往㨿之或暗伺其過生斷其尾若回顧則金翠頓減不可入目令人昏翳○越鳥○摩由邏 鷹 응

子規一名鶗而狀如雀鷂云鷂亦如子規故借名曰鶗 매 而鷂乃鷹屬也是以通謂之매鷂鳩生一歲為黃鷹二歲為鶬鷹三歲為鶻鷹其項有毛角大為鷹小為鷂○角鷹○鷂鳩 隼 쥰 即鷂也俗言雀鷹訓云새매鷂化為鸇鸇化為布穀布穀復為鷂○時珍本草鴟與鳶同謂之隼而俗以鴟與鳶訓云소로기譯語以鷂鷹及鵝老翅為소로기○題肩○鸇○晨風○鷨 鵰 됴 似鷹而大尾長翅短土黃色俗訓介리

鷲○鷻○黑鷹○皂鷹○青鵰即海東青○鷙以膺之鶻以猾之隼以尹之鵰以周之鷲以就之 鷲 介鷂屬俗訓丘롱 이 益一名美鬮兒也 鶚 악 似鷹而土黃色深目好峙雎雄相得鷙而有別○魚鷹

飛禽部

二十七

-351-

○鶂鷄○雎鳩○王雎○沸波○下窟鳥○尾上白者曰白鷺○詩傳諺解以雎鳩為증경者非也 鴟鵂 치휴 俗訓부헝이 似鴟而黃斑色頭目如猫有毛角兩耳晝伏夜出雌雄相喚其聲如老人初若呼後若笑所至多不祥○角鴟○怪鴟○雚○老兎○鉤鵅○鵋鶀○轂轆鷹○呼咵鷹○夜食鷹○又有一種鵂鶹大如鴝鵒毛色如鷄頭目赤如猫鳴則後竅應之其聲連轉如云休留故名其鳴主有人死即鶡鵅之小者○車載板 鴞 호 俗訓옷밤이 蓋一云鵩○鵂扛鳥○春哥兒 其色如服又云夜猫夜則飛行人家捕鼠也○大如鳩綠色性惡子長食母故又云不孝鳥○梟鴟○土梟○山鴞○鵩鴞○鵩○訓狐○流離○鸐鸐○鵩魂○鵩與梟古今多以為分為異鳥而時珍本草合言之明有證據可從 鴆 짐 似鷹而大狀如鴞紫黑色黑目赤喙頸長七八寸雄名運日雌名陰諧運日鳴則晴陰諧鳴則雨○又有一種鴆日狀如黑傖鷄作聲似云同力故云同力鳥並啖蛇人誤食其肉必死昔人以鴆毛為毒酒故名鴆酒 姑獲鳥 고확 玄中記云姑獲鬼神類也衣毛為飛鳥脫衣為女人云是產婦死後化作故

-352-

胷前有兩乳喜取人子養為己子○乳毋鳥○夜行遊女○天帝少女○無辜鳥○隱飛○鬼鳥○譩譆星 ○鉤 鬼車鳥 귀거 亞狀如鵂鶹而大者翼廣丈許晝盲夜瞭見火光輒墮入人家鑠入魂氣血滴之家必凶昔有十首犬嚙其一猶餘九首其一常滴血人聞其鳴但滅燈打門捩狗以厭之○鬼鳥○九頭鳥○蒼鸆○奇鶬 以上山禽

飛禽部

二十八

-353-

-354-

色有斑聲如吹噓喙如利錐取茅葦毛毳爲窠大如鷄卵懸於樹上或一房二房一名襪雀俗訓뱁새○巧婦鳥○桃蟲○蒙鳩○女匠○黃脰雀○雌曰鳩

燕연有兩種越燕大如雀而身長籥口豐頷布翅吱尾背飛向宿紫胸輕小春社來秋社去俗言低飛저비鄭谷詩曰低飛綠完和梅雨○乙鳥○玄鳥○鷙鳥○鷾鴯○游波○天女○拙燕○胡燕有斑黑而聲大俗言明匕轉云명막이言明匕時始來也○巧燕

伏翼복익形似鼠灰黑色有薄肉翅連合四足及尾如一夏出冬蟄日伏夜飛俗言蝠鼠轉訓박쥐○蝙蝠○天鼠○仙鼠○飛鼠○夜燕○肉芝○耗子○屎名夜明砂

寒號蟲한호충狀如小鷄四足有肉翅夏月毛盛冬月裸體晝夜鳴叫故一曰寒火蟲○鶡鴠○獨舂○盍旦○渴旦○城旦○屎名五靈脂 以上原禽

斑鳩반구卽山鳩俗訓뫼비둘기春分化爲黃褐候鳩秋分化爲斑鵃○錦鳩○鵓鳩○祝鳩○鳩子○鶻鳩○役鳩○糠鳩○郎皐○辟皐○鶌鳩

青鶻청齊狀如鳩而綠褐色聲如小兒吹竽○黃褐

二十五 飛禽部

候

鳲鳩시구卽伐谷俗轉벅국大如鳩而帶黃色啼鳴相呼而不相集不能爲巢多居樹穴及空鵲巢中其名各因其聲似○阿公阿婆○割麥○插禾○脫却破袴○布穀○鴶鵴○獲穀○郭公○鳴鳩○撥穀○

桑扈상호大如鴝鵒蒼褐色有黃斑點好食粟卽斥鷃之類也○竊脂○青雀○蠟嘴雀

伯勞빅노一曰惡鳩轉云왜발이夏至而來冬至而去與燕之春來秋去相反又聲惡與燕之語喜反單飛獨栖又與燕之匹栖雙飛相反○伯鷯○博勞○伯趙○鶪○鴂○青鶪

鸜鵒구욕似鵙而有幘身首俱黑兩翼下各有白點其舌如人剪剔能作人言嫩則口黃老則口白○鴝鵒○哵哵鳥○八哥○寒皐○

百舌백설狀如鴝鵒而小身畧長灰黑色微有斑點喙尖黑能反覆其舌以隨百鳥之音二三月鳴至五月無聲○反舌○鶷鶡

鵲작卽乾鵲轉云가치大如鴉長尾尖觜黑爪綠背白腹善爲巢其聲喳喳上下飛鳴以音感而孕以視而抱○喜鵲○靈鵲○乾鵲○鴉鵲○飛駮○神女○駕尾

練鵲련작似鴝鵒而小黑褐色其尾鴝長白毛如練帶故俗訓깃가치○拖白

練

山鵲산작狀如鵲而有文采赤觜赤足尾長不能遠飛其類相值則搏○鷽○鵯○山鷓○赤觜烏○戴鵟○戴鵀

鸎앵大於鴝鵒雌雄變飛體毛黃色羽及尾有黑色相間黑眉尖觜青脚立春後卽鳴其音圓滑如織機聲冬月入田塘以泥自裹至春始出故[illegible]泥轉云꾀고리又鶯鳥앵조轉訓생이새○黃鳥○黃鸝○鵹黃○倉庚或加鳥身○青鳥○商倉○楚雀○黃袍○博黍○金衣公子○黃伯勞○黃栗留○黃鸝鶹

啄木鳥탁목조有大有小有褐有斑小者如雀大者如鴉褐者雌斑者雄面如桃花喙足皆青色剛爪利觜觜如錐大數寸舌長於味其端有針刺喙得蠹以舌鉤出食之善爲禁法能曲爪畫地爲印則穴之塞自開飛則以翼墁之一種山啄木大如鴉青黑色頭上有赤毛野人呼爲火老鴉故俗言啄赤鳥轉訓뎟뎌오리○劉木○劉鷟鳥

慈烏자오有四種似烏鴉作鴉鴉聲純黑小觜反哺能逐鴉鴉見避之故俗言紺鴉舅轉云감아귀○慈鴉○孝烏○寒鴉○似慈烏而大觜腹下白多羣飛不反哺者烏鴉也○一名鸒鶋故俗訓갈감아귀○白脰○鬼雀○老鴉○鸒○鵯鶋○

二十六 飛禽部

楚烏○大觜烏○似鴉烏而小赤觜穴居者山烏也○似鴉烏而大白項羣飛者燕烏也

鶻嘲골조卽戴勝似山鵲而小短尾有青毛冠飛翔不遠春來秋去好食桑椹易醉而性淫○鶻鵃○鶻鳩○屈鳩○鷽鳩○阿鶌○鶻鵃

杜鵑두견一曰鶗鴂俗轉졉동새狀如雀鷂而色慘黑赤口有小冠春暮則鳴夜啼達旦鳴必向北至夏尤甚晝夜不止其聲哀甚聞其初聲則有離別之苦人惡聞之惟田家候其鳴興農○杜宇○子嶲○子規○秭歸○䳏鴂○鶗鴂○催歸○怨鳥○周燕○陽雀○嶲周○謝豹○蜀魄○不如歸○鷤鴂○夏鷄

鸚鵡앵무一作鵡大如烏鵲數百羣飛紅鸚鵡紫赤色白鸚鵡出西洋如母鷄五色鸚鵡出海外諸國俱丹咮鉤吻長尾赤足金睛深目上下目瞼皆動如人目舌如嬰兒其趾前後各二異於衆鳥性畏寒羨鸜鵒以餘甘子可解摩其背則瘖○鸚哥○乾皐○雪衣娘○綠衣使者○又有一種秦吉了及鳥鳳能作人語 以上林禽

鳳凰봉황雄曰鳳雌曰凰鴻前麟後燕頷鷄喙蛇頸魚尾鸛顙鴛顋龍文龜背羽備五采高四五尺

類大如小鴨其質杏黃色有文采紅頭翠鬣黑翅黑尾紅掌頭有白長毛垂之至尾交頸而卧其交不再
入得其一則其一相思而死○黃鴨○匹鳥○婆羅迦隣提 **鸂鶒** 계칙俗訓꼿ㅅ리又訓듬부기紫
鴛鴦也狀小如鴨毛有五采首有纓尾有毛如船柁○溪鴨 **鵁鶄** 교쳥交睛而孕故因名焉似鴨
而綠衣高脚似鷄長喙好啄其頂有紅毛如冠翠鬣碧斑丹觜青脛養之可玩○交矑○茭鷄○鳽○旋
目又曰鶂大如鷺而短尾紅白色深目目旁毛皆長而旋○方目○一作鳽狀似鶂鷺蒼黑色頭有白肉冠
赤足見人輒鳴○姑鷄 **鷺鷥** 로ᄉ俗言白鷺빅로以其潔白又曰鮮露來飛하로리비鷺飛則露
故云頸細而長脚青而善翹高尺餘解指短尾喙長三寸頂有長毛十數莖毿毿然如絲欲取魚則弭之
目盼而受胎○絲禽○雪客○舂鋤○白鳥○屬玉○碧繡翁○帶絲 **鷗** 구俗訓갈마기如白鴿及
小白鷄長喙長脚羣飛耀日○鷖○水鴞○海猫兒○江鷘○信鳧 **鸀鳿** 촉옥狀如鴨鷺長喙高脚
但頭無絲俗呼白鶴子 **紅鶴**子 홍학ᄌ俗訓다와기 **鸕鷀** 노ᄌ俗訓가마오디又訓덥철

飛禽部 二十三

새似鶘而小色黑如鴉長喙而微曲善沒水取魚日集洲渚夜巢林木○鷧○水老鴉○烏鬼○水鶚
翠碧鳥 취벽됴轉訓쇠새大者曰翠鳥小者曰魚狗青色似翠其尾可為觿大如燕喙尖而長足
紅而短背毛翠色帶碧○鴗○天狗○水狗○魚虎○魚師 **翡翠** 비취似魚狗而大雄為翡其色
多赤雌為翠其色多青○鷸 **蚊母鳥** 문모됴俗訓ᄇ람갑이其飛直上迎風而舞大如鷄黑色
每吐出蚊一二升○吐蚊鳥○鷏 **以上水禽**
鷄 계俗言鳴乙轉云닭越鷄小蜀鷄大魯鷄又其大者○翰音○燭夜○鷄鵠○鷤鷄○秋候子○戴
帥○䳄七咤○大曰蜀小曰荊○雛曰鷇○晩生曰鷯鷄○桂林之中謂鷄曰鸑○嘎鳴俗訓알냐야
嘎華音作轉云갈○涅生鷄伏卵俗以卵為涅轉云알○膠膠喈喈皆鷄鳴○高貴位鷄鳴聲
雉 치狀大如鷄而斑色繡翼雄者文采而尾長飛若矢而崇不過丈修不過三丈故俗言丈計장ᄭ計
華音기雌者文暗尾短其性好鬪故俗言好鬪호두好華音찬轉云깟드이雉之健而長尾走且鳴者曰

鷸 青丘칭轉云꿩○素質五采備曰翬雉○青質五采備曰鷂雉○朱黃曰鷩雉○白曰鶾○玄曰海雉
○黃色鳴自呼者曰鳴雉○野鷄○介鳥○華蟲○錦翾○疏趾○迎類閣羅○鶅東方雉○鷷西方雉
○鶅南方雉○鵗北方雉○一作嘷子○鷕鷕雌雉鳴○嘷嘷雄雉鳴 **鷩雉** 별치見上盖鶡大而
鷩小且首有采毛曰山鷄一腹有采色曰 **錦鷄** 項有囊曰避株梢有分別而同是一類○山鷄○錦鷄○金
鷄○采鷄○鵔鸃○又有一種吐綬鳥似雉而有時吐物長數寸食必蓄嗉臆前如斗○綬鷊○似真珠鷄
鶡鷄 갈계其羽色黑而黃首有毛角如冠性愛其黨有被侵者直往赴鬪雖死不置故古者武戴其鶡
冠 **白鷴** 빅한即白雉也○白色而背有黑文○白鶾○閑客 **鷓鴣** 쟈고生江南形似母鷄飛
必南向性畏霜露早晩稀出夜栖以木葉蔽身鳴云鉤輈格磔者是也有鳥相似而不作此鳴者非矣○
越雉 **鶉** 순大如鷄雛頭細而無尾毛有斑點雄者足高雌者足卑竄伏淺草無常居而有常匹俗訓뫼
추라기○鵪鶉○鴾母○鴽鶉雛也 **鶺鴒** 쳑령一作䳭大如鷄雀頸下黑如連錢一曰雪姑兒俗

飛禽部 二十四

訓할미새○水不刺○連錢○錢母○雎渠○十姊妹○羅甸子俗訓더뫼새○水札子俗言[illegible]
鷃 小鳥鶉類也形狀相似俱黑色但無斑者為鷃且鷃則四時常有鶉則夏有冬無是其異也飛不過
尺故曰斥鷃三月田鼠化為鴽八月鴽化為田鼠鴽即鷃也其飛從地理故俗轉종다리陰陽之極神交為變
化故又曰變化○候鳥○鶉○鷃○駕○有九種此其一也○雄曰銅觜○雌曰螺觜 **鷸** 휼田鷄所
化如鷃而色蒼觜長在泥塗間與翠鳥名同實異 **鴿** 합毛色於禽中品第最多大要不過青白皂綠
鵲斑眼目有大小黃赤綠色凡鳥皆雄乘雌此獨雌亦乘雄鴿而家養者故曰飛奴鳩轉云비돌기○
鵓鴿○勃姑○姑○迎布德迎 步 **雀** 작翎毛斑褐領觜皆黑頭如顆蒜目如擘椒尾長二寸許爪距
黃白色躍而不步其目夜盲其卵有斑文其性最淫栖宿簷瓦之間馴近階除之際人所易見易知故俗
言真雀馴云참새○瓦雀○賓雀○嘉賓○家雀○老而斑者曰麻雀○小而黃口者曰黃雀○茶鳥俗
訓콩새 **蒿雀** 호작似雀而青黑色在蒿間俗言促雀좀새促小也 **鷦鷯** 쵸료似黃雀而小灰

飛禽部

鳥 조常時曰鳥故俗言常時轉云새○胎卵而二足有羽曰禽○脚短者多伏○脚長者多立○脚近翠者好步○脚近臆者好躑

雌雄 ᄌᆞ웅鳥毋曰雌俗言阿陰암鳥父曰雄俗言帥介盖羊舞成群以一雄爲主帥故也按詩傳曰飛曰雌雄走曰牝牡正字通曰物各有雌雄鱗介至蟣虱皆然詩傳分屬禽獸非也二說俱未必盡是盡非也禽獸雖有互言牝牡雌雄大率禽多言雌雄獸多言牝牡

咮 주鳥觜也天文家以觜星之附麗于參星如鳥之有觜云故俗以鳥觜謂之附麗부리○喙

胖 반脅側薄肉俗言 脂지 肩

奧 오鳥胃也俗訓멀더운니○膍胵

嚨 롱鳥亢也 嗉 소畜食也 翁 옹頸毛

翮 ᄒᆡㄱ鳥翅也一曰翎

臎 취鳥尾也俗言굳잉轉訓샹이

毰毸 尾翅毛

爪 조鳥距也

啼 뎨鳥鳴也○喉

嘲 조朝鳴又林鳥朝鳴

啵 야夜鳴又水鳥夜鳴

啁哳 丘털鳥啾也

飛禽部 二十一

雊 구雉鳴也

吚吚 쥬쥬毋鷄呼雛聲

鶂鶂 얼얼鵝聲 呷呷 압압鴨聲 鳦鳦 을을燕聲

呢喃 이남燕語 楂楂 사사鵲聲

剌 랄李白詩云跋剌銀盤欲飛去俗以跋剌當飛訓云랄다

[illegible] 부시鳥張羽聲俗訓부시다

翬翬 휘휘飛疾羽聲 差池 치디飛貌 [illegible] 부鳥解毛

淋滲 림삼毛羽始生 毨 션鳥毛敷新

翮搜[illegible]之名

搶去 창거飛掠也俗訓자가다

啄 ᄐᆞㄱ鳥食俗言離轉訓 ᄃᆞ盖如離玉之形也

涅 날云알卵也詳下鷄註 伏 부鳥抱卵也

殼 각卵殼中出聲 [illegible] 독卵內敗俗云곤轉云

○뮬中亦一作鷇鳥子也俗言 雛 기故曰삭기言鳥雛生成以別而計也 華音

楎 휘杙在墻也本懸衣具而鷄棲之状亦如此故借名焉轉云홰○桀

椸板 션반一作[illegible]鷹犬繩

栖 서鳥棲陸鳥曰栖水鳥曰宿獨鳥曰上衆鳥曰集

巢 소鳥在木 窠 과鳥在穴 馴 순凡以漸而至曰馴俗言잇드리다詳衣服部儆抵樞註

繳 작以索冒物俗訓올무

鶴 학大於鸛長三尺高三尺餘喙長四寸丹頂赤目赤頰青脚修頸有白玄黃蒼之色其鳴知夜聲亮聞八九里陽鳥而遊陰故俗言遊陰유음轉云두름이一千六百年乃胎產凡鶴卵生○仙禽○胎禽○鶖鶬○震爲鶴

鸛雀 관작集韻一音환俗轉황새狀類鶴而無朱頂巢於高木絕頂不善唳善飛搏接影而懷卵○皂君○負釜○背竈○黑尻○皂裙○旱羣○芙爲鸛

鶬鷄 창계狀如鶴大而頂無丹兩頰紅其色青蒼亦有灰色○食于田澤洲渚之間俗言鴰鴰에발에○轉訓왜가리

鹿爲○鴰錯落○轉訓古人有以麋鴰誤爲鶴者○鴰

鷺 하大如鶴高七尺長頸赤目頭項皆蒼無毛其頂下亦有囊廣五六尺能食蛇及魚其性惡鳥好鬪如人

鵚鶖 大如鶴而頭高七尺長頸赤喙好鬪黑色極惡鵚鶖能㚑咲如人

鵜鶘 데호大如數升囊好羣飛沉水食魚亦能竭小水取魚多在沙水故俗言사다새○鵜鶘○逃

淘河○

鵞 아蒼白二色大而華音거오一名鴨鵞垂胡綠眼黃喙紅掌長脚江淮以南人畜之有戟

飛禽部 二十二

鴈 안狀似鵞小曰鴈大曰鴻蒼者首善鬪善鳴其狀似傲夜鳴應更伏卵則向月取其氣○舒鴈○家鴈寒則自北而南野鵞亦曰鴐鵞又曰鴚鵞有四德寒則自南而北信也飛則有序前鳴後和禮也失偶熱則自南而北信也夜則羣宿而一奴巡警晝則啣蘆以避不再配節也夜則羣宿而一奴巡警晝則啣蘆以避繒繳智也俗言기러기轉云기러기○鴈鴈

鶻 鷹俗隨鷹

鵠 곡大于鴈羽毛白澤其翔極高而善步○天鵞

鸛 보似鴈而斑文故曰花鴇俗訓너화如花之轉云也無後趾其飛也肅肅其食也齡盖無古故也純雌無雄與他鳥合

鴨 압俗言집오리家鴨○雄者綠頭文翅雌者黃斑色但有純黑純白

舒鳧 ○家鳧 鴰 后生卵則內啓不滿○聞聲則雞鳴聲不成

鳧 부俗言水汚泥轉云뭇오리狀似鴨而小雜青白色背上有文短喙長尾卑脚紅掌○野鴨○野鶩

鸊鷉 벽톄俗言汚泥轉云비오리○鸕鷀大如鳩鴨脚連尾不能陸行○須華音

沉鳧○鷿鷈○水鷟○油鴨○鸂鶒○流項鴨○子鴨

鴛鴦 원앙其俗言之去聲轉云증경이以其食之鎮鷲邪也鳧

苦櫪○皮 皂莢 조협俗轉주엽나무樹高大葉如槐
曰秦皮 瘦長而尖枝間多刺開黃花結角采
○時以鬉箍其對一夜自落○皂角○鷄栖子○烏犀
○懸刀○肥皂莢開白花結莢長三四寸肥厚多肉
無患子 무환ᄌ俗轉무관쥬나무葉似欅柳枝堅正
黑如豎今釋子取為念珠○桓○木患子○
嘿婁○肥珠子○油珠 楊柳 양류楊枝葉短揚起
子○菩提子○鬼見愁 譜也柳枝葉長而垂
謂也通謂之楊柳俗言布達轉云버들其類非一蒲
柳即水楊枝勁韌可為箭笴○青楊○蒲楊○移棉
○雚苻○杞柳生水旁俗訓긔버들葉粗而白木理
微赤可為車轂今人取其細條火逼令柔作箱篋○
檉柳俗言渭城柳위셩류葉細如絲婀娜可愛天將
雨則先起氣應之故名雨師一年三秀態負雪霜有
異餘柳○赤檉○赤楊○河柳○雨師○垂絲柳○
人柳○三眠柳○觀音柳○白楊株高大葉圓如
梨葉肥大有尖面青而光背甚白色有鋸齒木肌細
白今自外國始来俗言唐柳당버들前人誤訓사시
나무以其名獨搖而彈也○蘋楊葉似初生 榆
芽而青厚不花不實遇閏則退俗轉희양무 有유

十九 樹木部

數十種今榆不能盡知○白榆一曰荚榆又曰大榆
曰青榆曰零榆曰白枌其木甚高大枝條間先生荚
形似錢故俗呼榆錢後方生葉俗訓느릅나무○刺
榆俗言龜木귀목又曰蕪荑榆轉云느릅나무對如柘刺
葉如榆東俗四月八日取葉作餅○榔榆狀如榆其皮
黃榆為上릅刺榆為上릅나무○梔○李負嚼以
有滑汁秋生莢如大榆○山榆一曰蕪姑
曰梗曰蕨蘸實曰蕪荑曰莖荑本草云今惟出高麗
蘇方木 소방목俗言丹木轉云다 烏木 오목出南番
목出蘇方國用染緋色 葉似椶櫚其
木漆黑體重堅緻可為節及 樺木 화목木似山桑俗
兕物○烏楠木○烏文木 訓벗나무其皮可
堪○裹鞍弓 椶櫚 종려一曰栟櫚對高一二丈無枝條
鐙○檣 葉大而圓有如車輪其下有皮重疊
裹之每皮一匝為一節莖中出數黃苞苞中有
細子成列狀如魚腹孕子謂之椶魚亦曰椶笋 烏臼
木 오구목樹高數仞葉似梨香五月開細花 桑 상俗
黃白色子黑葉可染皂子可壓油○鴉臼 言뽕
桑轉云뽕見上 柘 자俗訓ᄭ지其葉亦可飼蠶喜叢
布帛部子曰椹 生幹疎而直葉豐而厚團而有尖

楮 저俗訓닥葉似葡萄○多澁毛剝皮擣煮 山茱萸 산
造紙○穀子○穀桑○楮穀曰楮皮桒 슈
유葉如梅有刺花 郁李 욱리俗言山裡實○見轉訓산
如杏實如酸棗 리스랏○車下李○千金藤
五加 오가俗轉오갈피莖葉俱青作叢亦莖又似藤
葛上有黑刺每一葉下生一刺○五佳○五花
○文章草○白刺○追風使○ 枸杞子 구기ᄌ나무
木骨○金鹽○豺漆○豺節 莖蘇高三五
尺作叢葉如石榴葉而軟薄開小紅紫花隨便結紋
實形微長如棗核○枸檵○枸棘○苦杞○甜菜○
天精○地骨○地節○地仙○却 無灰木 무회목
老○羊乳○仙人杖○西王母杖 濟州海中產
柔脆燒之無灰隨 牡荊 모형山野多有樵采為薪年
波上下出水乃堅 久不樵者樹大如盆其木心
方其枝對生一枝五葉或七葉如榆葉長而尖有鋸
齒開花成穗紅紫色其子大如胡妥子有青赤二種
青者為荊赤者為楛嫩條皆可為筥篋俗訓싸리○
黃荊○小荊○楚○李芝峯以當柤檖而丁茶山以
柤檖之多曲火直敗之詩傳諺 靈壽木 령슈목木似
解以柤為地膚子轉云대싸리 竹有節長不

二十 樹木部

過八九尺圍○三四寸自然有合杖制 竹 쥭不剛不柔非
材不須削理○扶老杖○椐○樻 草非木土中苞
笋各以時出旬日落籜而成竹莖有節節有枝枝有
節節有葉葉必三之枝必兩之根下之枝一為雄二
為雌雌者生笋六十年一花結實則竹枯俗言臺
竹○枯竹曰箹○竹實曰䈚○小曰篠○大曰簜 模
모周公墓木其葉春青夏
赤秋白冬黑以色得其正 楷 개孔子墓木

必因中間傳訛而謂之檜也。汳木。櫬木

桂 李時珍曰牡桂葉長如枇杷葉堅硬有毛及鋸齒其花白色其皮多脂菌桂葉如柿葉而尖狹光淨有三縱文而無鋸齒其花有黃有白其皮薄而卷丁茶山曰桂於中國惟江南有之吾東之所無而詩人所用皆非實事又以月季四季為桂者亦冒稱也金漢陰引放翁詩曰小山桂枝今所無一生到處問樵夫細思不獨人間貴月中何曾有兩株又曰丹葩綠葉鬱團團消得姮娥種廣寒行盡天涯八十年至今未遇一枝肖題曰楚辭所謂桂數見於唐人詩句及圖畫間今不復見矣使今所謂桂者果是真品則以放翁之老於江南者宣有八十年未遇之理然則真桂似已絕種而藥材之桂乃近似而冒名者以數說攷之桂固罕有而種則甚多稱雖分明總攝之為桂餘見木蘭註。梫。菌桂即筒桂曰小桂。牡桂即官桂

木蘭 목란 對 高數仞葉似菌桂葉有三道縱文其辛香不及桂而皮如板桂有縱橫文蘇頌曰外皮為木蘭肉為桂心時珍曰木蘭枝葉俱疎其花內白外紫亦有四季開者狀如蓮花香艷[illegible]皆同獨房蕊有異者乃真木蘭蘇頌所言是牡桂非木蘭以

樹木部 十七

是觀之今所謂桂者其必木蘭之冒稱桂者多○杜蘭○林蘭○木蓮○黃心

沉香 침향 枝葉並似椿經冬不凋夏生花白而圓秋結實似檳榔交趾人斲其積年老木根沉水經年皮幹俱朽爛木心與枝節不壞堅黑沉水者即沉香也半浮半沉與水面平者為鷄舌香細枝緊實未爛者為青桂香其根幹為棧香其根為黃熟香其根節輕而大者為馬蹄香

丁香 뎡향 對 葉及皮並似栗花如梅花子似棗枝○丁子香○鷄舌香

檀香 단향 檀香出崑崙盤盤國 對 葉似荔枝而皮澤而滑檀皮潔而色白者也○黃檀皮實而色黃○紫檀皮腐而色紫其木並堅重清香而白檀尤良○栴檀○真檀○紫檀白檀俱非東國所產而以蔓松當紫檀者誤矣○東國別有一種駁檀轉云박달又名六駁皮色青白多癬駁葉如槐皮青而澤肌細而膩體重而堅即國風所稱伐檀樹檀者也甚堅韌可為車輞及杵槌鎚

降真香 강진향 出大秦國其香似蘇方木燒之初不甚香得諸香和之特美○紫藤香○鷄骨香

柟 남 木高大葉如桑出南方字從南○其木枝上柯葉不相妨故又名交讓木○柟

樟 장 其木理多文

章故謂之章

楓 풍 俗言丹楓 단풍나무 樹高大似白楊葉圓而作岐有三角而香二月有花白乃連着實大如鴨卵秋成草木狀云楓實惟九真有之其脂曰白膠香霜後葉丹可愛○丁茶山以東方楓樹之低小無實疑其非真而秋含既云楓實惟九真有之則他楓之不實可知矣臨川記云楓木歲久生瘤而今楓木亦有瘤俗訓풍혹似或近之

安息香 안식향 俗言북나무진 即千金木之津本草云樹如苦楝大而直葉似羊桃木心有脂出波斯國呼為辟邪而產我國濟州者未知信然段丁茶山駁之

蘗木 벽목 俗言黃栢 황벽 對 高數丈葉似吳茱萸亦如紫椿經冬不凋皮外白裡深黃色其根結塊如松下茯苓○黃蘗○根名檀桓

厚朴 후박 對 膚白肉紫葉如槲葉開細花實如冬青子生青熟赤○烈朴○赤朴○厚皮○重皮○樹名榛○根名逐折○丁茶山曰貿之燕市其味微辣峻烈道中下氣而濟州來者味惷藥之有沫如牛涎

杜仲 두듕 對 高數丈葉似辛夷皮中有白綿相連如綿昔有杜仲服此得道因以得名東人誤作杜冲無義○思仲○思仙○木綿○檰

椿 춘 樗之香者○大椿

樹木部 十八

○椿

樗 뎌 對及皮皆似漆染青色與椿相似而但椿木實而香樗木疎而臭乃是假椿而俗誤訓假僧가듕나무○山樗曰栲○虎目樹○大眼桐

漆 칠 樹高二三丈皮白葉似椿花似槐子似牛李木心黃六七月刻取滋汁可以髹物其色黑故俗言烏漆轉訓옻○桼

梓 지 俗云梓棌 지작木似桐而葉小花紫[illegible]為木之長而書稱梓材禮曰梓人棺名梓宮皆取於此○木王

桐 동 有四種青桐葉皮青似梧而無子○梧桐오동皮白葉似青桐而有子○櫬○椅桐의동即白桐與崗桐無異但有花子二月開花黃紫色即月令所云桐始華者是也曰黃桐曰泡桐曰滎桐○可為琴瑟○崗桐有子可作油曰罌子桐曰虎子桐曰荏桐曰油桐

苦楝 고련 木高丈餘葉密如槐開花紅紫色芬香蒴庭實如彈丸子名金鈴子

槐 괴 有數種葉大而黑者名櫰槐회괴나무○晝合夜開者名守宮槐○葉細而青綠者但謂槐其花未開時狀如米粒炒過煎水染黃甚鮮

梣 심 葉似檀細皮有白點而不粗取皮漬水便碧和墨色不脫故俗訓무푸레謂其水青也○樳木○石檀○樊槻○盆桂○苦樹○

圓如毬色如靑玉其皺或白或紅紅者尤勝其子或黃或紅或黑或白白者味劣其味有甘有淡有酸酸爲下而皆水多故俗言水毬介바○寒瓜 **葡萄** 포도 苗作藤蔓而極長花極細而黃白色其實有紫白靑三色有圓如珠長似馬乳有無核者○蒲桃○草龍珠○白者曰水晶葡萄○黑者名紫葡萄 **蘡薁** 영욱 卽山薁也俗訓멀우者뫼욱之轉訓也蔓生苗葉與葡萄相似而小其實又小而圓色不堪紫○燕薁○嬰舌○山葡萄○野葡萄○藤名木龍○臭李子○ **獼猴桃** 미후도 藤着樹生葉圓有毛其實淡綠色生極酸熟甘俗言多羅다라轉云다래蓋華語以一架多顆皆云多羅如葡萄及蘡薁皆連呼多羅而東俗但於獼猴桃謂之多羅○獼猴梨○藤梨○陽梨○木子○軟棗 **懸鉤子** 현子 [illegible]懸俗訓뎌故訓云뎌于者又轉爲뎌기卽樹苺也莖上有刺其實如覆盆子采之攀莠而中實○沿鉤子○葥○山苺○木苺○樹苺 **覆盆子** 복분ᄌ 俗訓멍덕뎌기蓋멍덕蘽行之訓也以其藤蔓蘽衍也莖有倒刺一枝五葉面背皆靑開白花結實如覆盆采之蒂脫而中虛與懸鉤有異耳○茥○缺盆

果部 十五

○西國草○畢楞伽○大麥苺○蒔田藨○烏藨子○蔓曰蓬蘽○一種蛇苺俗訓비암의딸기不可食○蛇藨○地苺○蠶苺 **林下夫人** 림하부인 卽忍冬實也其藤附樹延蔓莖微紫對節生葉葉似薜荔其花長瓣垂鬚一蒂兩花一大一小初開者色白經二三日色變黃新舊相參黃白相映故曰金銀花其實如瓜熟則自開肉紅俗言孽應轉云어름蓋言如末應而孽者也 **末應** 말응 產濟州實如木瓜皮丹赤剖如林下夫人而子差大味盡濃 **杜棣** 두리 蔓生其實似五味子食之甘酸俗言杜乙粥들쭉○大東韻玉云本草所載沙棠木如棠黃花赤實其味如李而無核疑今白頭山들쭉

柏 빅 萬木皆向陽

樹木部

樹 植之總名 **木** 목 俗言拉戌轉云나무戌土也蓋取木克土之義也 **株格** 쥬격 俗轉줄거리劃 枝高長 **株硬** 쥬경 莖也轉云줄기 **榦枝** 간지 轉云가지旁生曰枝本根曰榦○又曰柯枝 **牁牂** 가쟝이 一作戕戕枝也○ **根** 근 見草部 **根蔸** 근울[illegible]끌우根柢也管子曰[illegible]者萬物之根蔸 **根柢** 근뎌 華葉之根曰蒂木之根曰柢 **葉** 엽 見草部 **右株** 우쥬 俗轉우쥬木之上體 **根株** 근쥬 在土曰根在土上曰株木之全體也 **莿** ᄌ시 俗言柯夫가시草木之針也 **槎蘖** 사얼 轉云싹斬而復生也蘖一作栟 **菴** 암 俗轉움ᄉ다蘗也 **芽** □ 아[illegible]草木子甲拆也俗訓아기트다 **筍** 순 竹芽也草木芽亦曰筍一作笋 **杪** 쵸 木細枝俗轉후츄리 **杌禿** 올독 俗轉[illegible]독木無枝特立 **窒** 질 草木折芽也俗訓질으다 **椑櫯** 피셔 木下枝 **離樓** 리루 衆木交如 **槙** 나아 木盛貌 **欔** 子木根盤錯貌 **暴爍** 폭삭 木枝葉稀疎 **零落** 령락 草木萎黃 **柛** 신 自斃木 **梀** [illegible] 木立死 **榐** 뎐 總束新也俗訓뎐치다 **接** 텁 以他枝接此木

樹木部 十六

而柏獨西指蓋陰木而有貞德者故字從白其樹聳直其皮薄其葉扁而側生其肌膩其花細瑣其實成叢狀如小鈴霜後四裂中有數子如麥粒芬香可愛○椈○側柏○汁柏○俗誤以果松通謂之柏者無義已有丁茶山所辨 **圓柏** 원빅 柏葉松身其葉尖硬三針古所謂檜而一曰栝丁茶山辨之爲古老松로송必是檜松之轉音也一曰蔓松○紫檀卽白檀一種而俗以蔓松當之者誤 **松** 송 俗訓소나무對㮍柯修聳多節其皮粗厚有鱗形葉有二針結實狀如猪心疊成鱗砌秋老則子長鱗裂○十八公樹 **松脂** 송지 俗言松津○송진千年化爲琥珀○松膏○松脂○松膠○松香○瀝靑○俗以凡木之脂凝必曰某樹松津如杏脂曰살구나무송진海松脂曰잣나무송진者凡脂以松脂爲上故也 **松花** 송화○松黃 **杉** 삼 樹幹端直大抵如松冬不凋但葉硬微扁附枝而生若刺針結實如楓實作柱理之不腐丁茶山辨之爲뎐나무者是矣蓋杉一作點而船又音텀故俗轉爲뎐나무者非古不分而

樹不甚高葉圓有尖及細齒開白花結實如櫻珠生青熟紅先百果成故薦于宗廟○鸎桃○含桃○荆桃○大而甘者曰崖蜜○黃明者曰蠟櫻○小而紅者曰櫻珠○白者曰白櫻桃○又有一種묏桃實大如麥多毛○朱桃○麥桃○英豆○李桃○一種山桃子黑如龍葵先櫻桃熟○俗訓벗○烏櫻桃

銀杏 은ᄒᆡᆼ 對 高二三丈葉薄縱理[illegible]如鴨掌面綠背淡花開成簇青白色二更開隨即落故人罕見一枝結子百十枝如楝子經霜乃熟爛去肉取核爲果其核兩頭尖三稜爲雄二稜爲雌須雌雄同種其對相望乃實或雌臨水照影亦可或鑿一孔納雄本一塊泥之亦結○白果○鴨腳子○黃杏

胡桃 호도 對 高丈許葉長四五寸微似大青兩兩相對頻作惡氣開花如栗花穗蒼黃色結果如青桃熟時漚爛皮肉取核爲果○羌桃○核桃○播羅師○楸子[illegible]木與梓本同末異而早脫故字從秋其子似胡桃而皮黑且堅末尖俗言價桃가래○山核桃

榛子 진ᄌᆞ 樹低小如荆叢開花如櫟花成條下垂長二三寸葉如櫻桃多皺文而有細齒其實作苞三五相粘一苞一實下壯上銳生青熟褐其殼厚而堅其

果品部 十三

仁白而圓大如杏仁俗訓개암○亲本又文有一種胡榛子名阿月渾子又稱無名子

櫧子 [illegible] 木大者高二三丈葉長大如栗稍尖而厚堅光澤鋸齒峭利俗訓가랑나무以櫟爲真木櫧爲假櫟之轉訓也開白花成穗如栗花結實大如槲子外有小苞霜後苞裂子墜子圓褐而有尖內仁如杏仁俗訓도토리有甜苦二種甜櫧子粒小木文細白苦櫧子粗大木文粗赤

鉤栗 子즐轉俗글 밤卽甜櫧子○巢鉤子

橡實 상실 轉訓상수리卽櫟木子也木高二三丈葉如栗開黃花結實如櫧子槲櫟皆有斗而以櫟爲勝故俗稱真木訓云참나무木堅而不堪充材可爲薪炭○櫟斗○皂斗○櫟梂○杼子○芧○栩○又有一種不結實者曰棫樸[illegible][illegible]樸者[illegible]樸[illegible][illegible]類也

槲實 떡실 木高丈餘與櫟相類○葉大於櫟故俗訓떡갈나무蓋떡廣之轉訓갈假櫟之轉訓也亦有斗但小不中用○槲樕○樸樕也○大葉櫟○櫟橿子○又有一種叢生小者曰枹早○槲若卽槲葉

荔枝 려지 木高二三丈自經尺至于合抱類桂木冬青之屬綠葉四時榮茂其花青白若冠之蕤其子喜雙狀如初生松毬殼有皺紋如

羅紋青漸紅肉白如肪玉味甘多汁○離枝○丹荔

龍眼 룡안 對 似荔枝葉若林檎花白子如檳榔有鱗甲大如雀卵○龍目○圓眼○益智○亞荔枝○荔枝奴○驪珠○燕卵○蜜脾○鮫淚○川彈子

龍荔 룡례 如小荔枝而肉味如龍眼木之身葉亦似二果

橄欖 감람 樹似木槵子樹而高端直大數圍實長寸許先生者向下後生者漸高味酢蜜漬極甜○青果○忠果○諫果

榧子 비ᄌᆞ 對 大連抱高數仞其葉似杉其子如栢有牝牡牡者華而牝者實其理似松膩細軟開黃花子大如橄欖殼色紫褐而脆其中有一重黑粗衣其仁黃白嚼久漸美○柀子○赤果○玉榧○[illegible]○玉山果

海松子 ᄒᆡ송ᄌᆞ 俗直云子韓云叉楢洛人以數丹直云花吳人直謂柰曰葉蓋海松子本東國所産故也封同松惟五葉一叢者球內結子大如巴豆而有三稜一頭尖爾○新羅松子○五鬣子○果松○油松

檳榔 빈랑 樹大如桄榔而高五七丈正直無枝皮似青桐節似桂枝葉生木顛大如楯頭又似芭蕉葉其實作房從葉中出旁有刺若針重疊其下一房數百實如鷄子狀皆有皮殼其實肉滿殼中色白有四功

果品部 十四

醒能使之醉醉能使之醒饑能使之飽飽能使之饑○賓門○仁頻○洗瘴丹○又有一種大腹子與檳檳相似莖葉根幹小異而今入不分別○大腹檳榔○豬檳榔

波羅蜜 파라밀 對 高五六丈類冬青而黑潤倍之葉極光澤不花而實出於枝間多者十數枚少者五六枚大如冬瓜外有厚皮裹之若栗毬上有軟刺熟時顆重五六斤殼內肉層疊如橘囊味至甜美香氣滿室果中之大者也○曩伽結○婆那婆○阿薩嚲

無花果 무화과 對 如枇杷枝葉茂盛有子如蓖麻無花而實狀如木饅頭其內虛軟采以鹽漬壓實令扁日乾充果甘美如柿○映日果○優曇鉢○阿異

枳椇 기 子樹經尺木名白石葉如桑柘葉其子作房似珊瑚在其端味甘美如餳能敗酒味以其木爲柱屋中之酒皆薄

甜瓜 참외 對 蔓生葉大數寸開黃花結實其類最繁有圓有長有尖有扁大或徑尺小或一捻其稜或有或無其色或青或綠或黃斑糝斑或白路黃路其瓤或白或紅其子或黃或赤或白或黑而其味不出乎甘香故俗以瓜中最真訓云真苽참외○甘瓜○果瓜

西瓜 슈과 蔓生花葉皆如甜瓜而實大如斗而

日桴衣 棗 조 四月生小葉尖觥光澤五月開小花白
볼의 色微青大曰棗小曰棘故俗言大棗轉云
대초 ○有狗牙鷄心牛頭羊角猸猴細腰赤心三星
駢白等名○乾棗○美棗○良棗○樲即酸棗似棗
木而實酸○酸棗而小○遵羊矢棗 梨 리 樹高二三丈
實小紫黑○櫅即白棗子白乃熟 葉尖光膩有細
齒花白如雪六出上巳無風則結實必佳俗以百果
宗轉訓비梨品甚多上棠梨及桑樹上接過者結早而
佳有青黃紅紫四色○乳梨即雪梨○鵞梨即綿梨
○消梨即香水梨○禦兒梨即玉乳梨一作語兒以
上皆好品○青皮梨○早穀梨○半斤梨沙 山梨 산리俗
糜梨皆粗澁○快果○玉乳○蜜父 訓문비
摘之使濃後食○拔梨○鹿梨 棠梨 당리俗訓아가
○鼠梨○陽檖○赤羅○檖 비即野梨也澀
者杜甘 木瓜 모과俗轉모과狀如柰春末開花深紅
者棠也 實大如瓜黃似着粉○楙○酢澀而多
渣曰木瓜○ 樝 榠樝 명사 酢類木瓜而但木瓜蒂間
子○和圓子○ 別有重蒂如乳榠樝則無也○
柹初生堅如石者百十以一樝置其中則紅熟如泥
人謂烘柹○蠻樝○癡樝○木李○木梨○似樝子

果品部 十一

而小曰 山樝 산사 葉有五尖椏間有刺花白實赤如
榅桲 小林檎俗言査机瓜轉訓아가위○赤
瓜子○鼠樝○猴樝○茅樝○机子 柰 내與林檎一
○槃梅○羊梂○棠梂子○山裏紅 類二種樹實
皆似林檎佛書所謂頻婆果華言相思也味雖平淡
夜置枕邊微有香氣俗言蘋果沙果者誤也○[illegible]白
赤青三色白為素柰赤為丹柰 林檎 금俗轉능금
亦曰朱柰青為綠柰○白檎 樹似柰開粉紅
花子赤如柰而差圓小○ 柹 시 俗作柿非○封大葉
來禽○文林郎果○輕翠 圓而光澤開小花黃白
色實成生青熟紅○有七絶一多壽二多陰三無鳥
巢四無虫蠹五霜葉可玩六嘉實七落葉肥滑可以
臨書故俗言嘉陰轉云감○著蓋柹蒂下別有一重
○牛心柹狀如牛心○蒸餅柹狀如蒸餅○朱柹小
而深紅○塔柹大于諸柹○鹽柹大如楪○溫水養
去澀味者曰沉柹침시○糯熟者曰水柹슈시又曰
臙柹연시○罨中自紅者曰烘柹○日乾者曰白柹
即俗言串柹生霜者곶감시설ᄂᆞᆫ것蓋乾柹者貫之
於折木十柹為一串百柹為一貼東之甚簡故俗以
物之簡要者如柹一貼감접ᄉ푼又以霜為柹雪故凡

物之生白衣者總謂之柹雪시셜○大乾 椑柹 핀시
者烏柹○不作串而散乾者曰蹲柹준시 乃柹
之小而早者至熟則黃赤雖熟亦青黑色俗訓피음
浸汁可以漆罟扇及諸物○漆柹○綠柹○青椑○
烏椑○花椑○赤棠椑○椁椑○有以羊棗當之者
誤也羊棗乃是棗類豈可渾與○別有君遷子與椑
柹相 安石榴 안셕류本生西域安石國枝柎附幹自
似 地便生作叢種極易息花有黃赤二種
實有甘酢二種○直幹上抽枝如張蓋曰柱石榴數
株叢生枝幹錯落者曰藝石榴○若榴○丹若○金
罌○ 橘 귤 樹高丈許枝多生刺其葉頭尖綠色光面
珠房○ 大寸餘長二寸許開小白花甚香結實至冬
黃熟小瓣而味微酸其皮薄而紅味辛而苦○黃橘
扁小多香○朱橘小而色赤如火○綠橘紺碧可愛
○乳橘狀似乳柑皮堅瓤多○塌橘狀大而扁外綠
心紅瓣巨多液○包橘外薄內盈○綿橘微小極軟
美○沙橘細小甘美○油橘皮似油飾中堅外黑
早黃橘秋半已丹○凍橘八月開花冬結春采○穿
心橘實大皮光而心虛○荔枝橘 柚子 유ᄌᆞ樹
理皺密如荔子○踰淮則變為枳 皆似橙其葉

果品部 十二

實有大小二種而其瓣味酢其皮最厚而黃味甘不
甚辛蓋柑屬而早黃難留○櫞○[illegible]○壺柑○臭橙
○朱 柑子 감ᄌᆞ大于橘其瓣味甘其皮稍厚而黃味
欒 辛而甘○乳柑其味似乳酪是為真柑他
柑皆為假也○其木婆娑其葉纖長其花香韻○其實
圓○沙柑青柑體柑相類又有朱柑黃柑石柑○木
奴 橙 등 樹似橘而葉大于橘而香實似柚而香乃橘
屬之大者皮厚而皺晚熟耐久○金毬○鵠殼
枸櫞 子연俗言佛手불수柑橘之屬○其葉大 金橘 금귤
其實大如蓋狀如人手味辛酸○香櫞
樹似橘不甚高大五月開白花結實秋冬黃熟大者
經寸小者如指頭皮堅肌理細瑩生則深綠熟乃黃
如金其味酸甘而芳香○金柑○盧橘○夏 枇杷 비파
橘○山橘○給客橙○洞庭橘小如彈丸
對高丈餘枝長葉大如驢耳背有黃毛似琵琶四
時不凋盛冬開白花至三四月成實作梂生大如彈
丸熟則如黃杏微有毛皮肉甚薄 楊梅 양ᄆᆡ樹如荔
核大如茅栗○無核者曰焦子 枝繁陰青冬
月不凋二月開花實如楮實生青熟紅肉在 櫻桃 앵도
核上無皮殼味似梅○杌子○白者曰聖僧

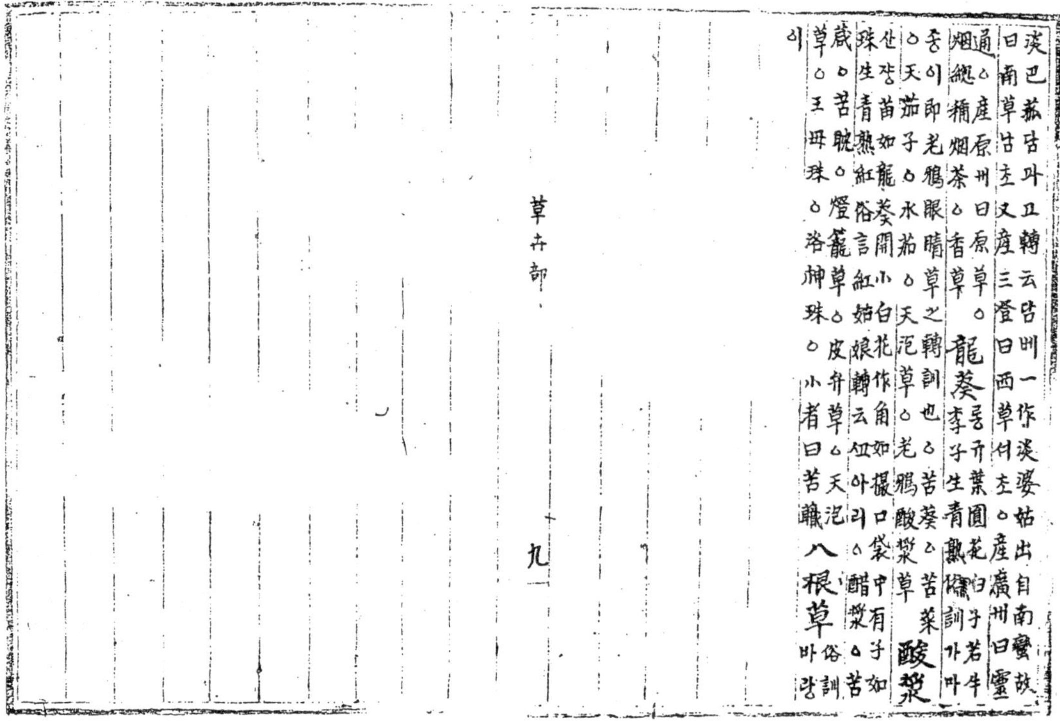

淡巴菰담바고轉云담배一作淡婆姑出自南蠻故曰南草남초又產三叠曰西草서초○產廣州曰靈通○產原州曰原草○烟熝稱烟茶○香草○龍葵룡규葉圓花白子若牛李子生青熟黑俗訓가마즁이即老鴉眼睛草之轉訓也○苦葵○苦菜 酸漿○天茄子○水茄○天泡草○老鴉酸漿草산장苗如龍葵開小白花作角如撮口袋中有子如珠生青熟紅俗言紅姑娘轉云꽈아리○醋漿○苦蔵○苦耽○燈籠草○皮弁草○天泡草○王母珠○洛神珠○小者曰苦蘵 八根草俗訓바랑이

草卉部 九

-316- -315-

果品部

果蓏과라木實曰果草實曰蓏俗言果實과실又曰實果실과一說有核曰果無核曰蓏 㬈비花脫處在蓏曰環 𦸗양肉也蓏 蒂제草木綴實也俗言高蒂轉云꼭지西京賦註果㬈曰蒂俗以㬈爲꼭高敲云高蒂○臍蒂也臍亦曰腹㬈비씨○蔕蔕曰壹 核핵種子果中實俗言氏씨즉之意蓋取人即氏也種曰姓 仁인核中生氣者有 殼子각지物皮也俗轉云각지又曰甲的轉云졉질○棣子盛實之房又曰手두○椁衣부의栗之房肉皮俗轉봄의 噬果音華音커被開 剝去박果皮俗轉云樹上俗言 摘打떠取果 沉침沉醃果水中 日漤벡기다섞다 果盐漬 稅不광果蓏熟也 五果主오과李主小豆杏主大麥桃主小麥栗主黍棗主禾 占書云欲知五穀之收否但看五果盛衰

李리綠葉白花封能耐久其種近百其子有青綠紫朱黃赤縹綺胭脂青皮紫灰之殊大者曰虎剌賓

果品部 十

호랄빈故俗轉외얏○嘉慶子○居陵迦○紫者紫桃 杏힝葉圓而有尖花紅亦有千葉者其子有數種○沙杏甘而有沙者俗言沙果轉云살고誤謂○梅杏黃而帶酢○柰杏青而帶黃○金杏大如梨黃如橘俗言丹杏轉云단흥○甜梅 桃도其花有紅紫白千葉二色其子有紅桃緋桃碧桃緗桃白桃烏桃金桃銀桃胭脂桃綿桃油桃御桃方桃匾桃偏核桃六月桃冬桃霜桃俗言狀崇果轉云복숭아以其五木之精能狀邪崇也○仙木○毛桃俗訓복숭아○無毛桃俗言僧桃승도○匾桃俗訓감복숭아又曰金桃○冬熟者 栗률木高二三丈葉類櫟四月開花青黃色長條似胡桃花實有房彙大者若拳中子三四小者若桃李中子一二將熟則罅拆子出俗言房果轉云밤○篤迦生栗생률○乾曰黃栗황률○熟曰熟栗숙률○大者曰板栗○中心扁子曰栗楔○稍小曰山栗○圓而末尖曰錐栗俗言回護理회지리○栗三顆一毬居中者曰栗楔률설○圓小如橡子曰莘栗○小如指項曰茅栗卽爾雅栭栗○栗房俗訓밤송이○內皮似松耳頭也○栗蝟殼○栗皮曰殼子轉云깍지○言

名迷實者亦多有之況乎下此而自以爲知者亦足
爲不知量也○葉曰蕙○根曰薰○零陵香○香草
○燕草○澤蘭퇵란見上○水香○都梁香○虎蘭
黃零草○虎蒲○龍棗○孩兒菊○風藥○
根曰馬蘭마란馬大也其葉似蘭而大蘭花란화葉
地筍其花似菊赤莖白根○紫菊如𧄍茅
而嫩無枝莖但花香馥郁故得蘭之名蘼蕪미무川
○而根名土續斷○即今世所云蘭草芎苗也
葉似蛇床而香○薇艾애初春布地生苗莖類蒿葉
蕪○蘄茝○江蘺面青背白分爲五尖椏有茸
而柔厚𥘅艾類甚多春時各有種名至秋老則曰蕭
曰蘋曰蒿曰荻象秋氣肅賴而高之意也俗統謂蕭
쑥轉云쑥○氷臺○千年艾쳔년애根如蓬蒿葉長
醫草○黃草○艾蒿寸餘無尖椏秋開黃花
小結實茵蔯蒿인진호蒿類而經冬不死故俗
如青珠言四節蒿轉云人진쑥○因塵
청호葉似茵蔯而面背皆青與蒿有異故俗言齊
蒿轉云제비쑥嫩時醋淹爲菹自然香○草蒿○
濱○菣○[illegible]益母草익모초莖方如麻黃葉如艾而
蒿○香蒿背青一梗三葉有尖歧節節生

草卉部 七

穗花莖○益明○貞蔚○蓷○野天麻○豬麻○大
杴○鬱臭草○苦低草○土質汗○茺蔚○花白曰
鼈茅모春生芽布地如針謂之茅針其根牽連如
菜故俗訓뛰帶之轉訓也○白茅短小開白花
穗結細實其根甚長如筋而有節俗言綠茅轉云서
可以苦益藥名茅根○茹根○蘭根○地筋○菅茅
生山上似白茅而長入秋抽莖開花成穗結實尖黑
粘衣刺人俗訓서믈言綠茅之黃花也○黃茅似菅
茅而莖上開葉莖下有白粉根頭有黃毛○香茅葉
有三脊其氣香芬○菁茅○瓊茅○芭茅叢生葉大
如蒲甚快利傷人俗言惡綠轉云菅간似茅而滑無
억시○蒸○芒○杜榮○芭芒毛根下有白粉
者柔韌可爲蕢訓茅始生俗訓새茷俗言紫假茷
索俗訓희영을기言苗兀起也俗訓갈가서
香蒲향포生水際似莞而褊有脊而柔二月采嫩根
可燻食古人亦有蒲菹八九月收葉以爲席亦
可作扇俗訓柔爲數達故以蒲之柔亦曰부들菖蒲
爲臭蒲故以甘蒲謂之香蒲○蘸石○花上黃粉曰
蒲石龍芻석룡추生濕地莖如綖夏月莖端開小穗
黃花結細實並無枝葉人多栽蒔以織席一

白○西王母簪又曰懸莞故俗言王莞轉云왕골○龍
鬚○龍修○龍華○龍珠○草續斷○縉雲草○方
賓龍常草룡샹초生河水旁狀如龍芻可爲席五月
采緊角黍之心故呼爲粽心草종심초轉
云莎사俗轉새苗葉如薤可以爲笠及雨衣亦作蓑
줄○香附子○草附子○水香稜○水巴戟○水
薃○侯莎○莎結○夫須○續根草○地莎草사초
藾根○雀頭香○地毛○根曰香附子小茅
也俗訓箬약根與莖皆似小竹節籜與葉皆似蘆荻
잔되而葉之面青背淡柔而韌新舊相代四時
常青葉可作笠俗言新柔蘆로莖葉似竹而葉抱莖
臺신유대○篛○蓊葉生無枝花白作穗俗言
葭가轉云갈蘆有數種其長丈許中空皮薄色白者
葭也蘆也葦也○短小於葦而中空皮厚色青蒼者
菼담俗轉달也亂也荻也蒹也○其最短小而中實
者蒹也薕也皆以初生已成得名○花曰蓬蕽○笋
曰萍평有二種葉經四五寸如小荷葉而黃色結實
蘿如小角黍者萍蓬草也楚王所得萍實乃此
之實○水粟○水粟子○池澤中一葉經宿即生數
葉葉下有微鬚者即浮萍俗訓개구리밥其面青背

草卉部 八

紫者可蘋빈葉浮水面根連水底其莖細於蓴莕四
入藥葉相合中坼十字如田字狀○芣菜○四
葉菜○荇힝生水中葉圓在莖端似蓴而稍尖長
田字草水深淺花有黃白二色一作莕○鳧葵○
水葵○水鏡草○靨子菜○蔆릉葉浮水上一莖一
金蓮子○接余○攣○屛風葉兩兩相差如蝶翅
嫩時爲菜俗訓릉이即屈到嗜之芰也五六月開
小白花花落實生漸向水中乃熟有三角四角或兩
角無角彎卷如弓故曰蔆角又俗言彎芡감苗生水
蔆轉云마름○芰實○水栗○沙角中葉大如
荷皺而有刺花子若拳形如雞頭故俗轉기싀련밤
實若石榴○雞頭○雁喙○雁頭○鴻頭○雞雍○
卯蔆○烏子莠요俗言阿羅漢草轉訓하가풀○狗
○水流黃尾草○光明草○莠○毛草모초俗
訓기음稂莠랑유草似稷而莓苔믜긔苔衣之類有
의뎐無實俗訓기음五在水曰陟釐俗
言蠶衣轉云잇기○在石曰石濡○在屋曰屋遊○
在墻曰垣衣○在地曰地衣○其叢毳而長數寸者
亦有五在石曰烏韭○在屋曰瓦松○在烟草연초
墻曰土馬騣○在山曰卷柏○在水曰藫俗稱

之名又曰墨記草○菥草○鴻鶴○遊
龍○石龍○天蓼○紅花曰紅米花 凌霄花 능쇼화
生蔓纏數尺得木而上卽高數丈年久者藤大一枝
數葉尖長有齒深青色自夏至秋開花一枝十餘朶
大如牽牛花黃色有細點秋深更赤○陵苕○陵
時○女葳○茇華○武威○紫葳○瞿陵○鬼目 一
切果花部 別有果部不錄

花卉部 五

草卉部

草 초 百卉總名俗言豊乙 풀을 轉云풀 乙草也茂盛
者曰豊故韭豊本蒲曰豊草亦曰豊乙○地毛○
樓直水中浮草 萌動 맹동 始生也 草芽 葉 엽 草木之葉俗言離披리피轉云립○林衣○吳人
直謂桑曰葉 莖 경 草木幹也俗言株格轉云줄거리 草曰莖竹曰箇木曰枝 茇 히 草根也俗言
뿌리轉云뿌리 薹 대 草心生莖俗訓대오ㄹ다 蔥之抽薹曰薹종 叢 총 灌木也俗言苞起모지 草叢
曰薄 林 楨樸 진복 物叢生也茂盛 狼轉云짐북ㅎ다 苗 묘 凡種稻者先苗後移故草之移植
者亦曰苗種묘종轉云모종 又曰蒔苗시묘轉云시무다 蔓 만 蔓延也俗言藤葛둥갈轉云덩굴俗以
事之糾結曰葛藤갈둥나다

芭蕉 파초 兩三莖成一簇重皮相裹葉如扇中心抽
幹作花○紅如火炬曰紅蕉○白如蠟色曰[illegible]
蕉○色如芙蓉甜美可蜜藏曰甘蕉○又
有羊角蕉牛乳蕉○天苴○芭苴○芭苴 菖蒲 창포 凡五

草卉部 六

種生於地澤葉肥根高二三尺者泥菖蒲白菖也
生於溪澗葉瘦者水菖蒲溪蓀也○生於水石之間
葉有劍脊瘦根密節高尺餘者石菖蒲也○人家
砂栽之一年至春剪洗愈剪愈細高四五寸葉如
柄粗者亦石菖蒲也○又有根長二三分葉
長寸許者錢蒲也○昌陽○堯韭○水劍草 蘭草 란초
與蕙及澤蘭一類異種也俱生水旁下濕處宿根生
苗成叢紫莖素枝赤節綠葉其葉似菊對節生有
細齒但以莖圓節長而葉光有歧者爲蘭草○莖微
方節短而葉有毛者爲澤蘭麻[illegible]葉莖赤華黑實
者爲蕙皆香草而能辟不祥故爲古人所貴○蘭○
水香○香水蘭○女蘭○香草○燕尾香○大澤蘭
○蘭澤草○煎澤草○省頭草○都梁香○孩兒菊
○千金草○時珍曰近世所謂蘭花非古之蘭草也
葉如麥門冬而闊且韌長及一二尺四時常青花黃
綠色中間瓣上有細紫點者春蘭色深秋芳者爲秋
蘭而又與今世所稱有異
蘭之發誕久矣不可強解 蕙草 혜초 生下濕地葉如麻兩兩相對莖方常
以七月中旬開花至香黃山谷不識蘭蕙強以蘭花
分別以一幹一花爲蘭一幹數花爲蕙以古人而尚

壯○傳延年○治蘠○金蓮○陰成○周盈 野菊 야국即苦薏 山菊 산국似甘菊而瓣小
唐菊 당국即撥兒菊有各色 笑靈烏 소령오忠肅王尚公主時元帝所賜 茉莉 말리
葉面微皺無刻缺初夏開小白花重瓣無蕊秋盡乃止本出波斯植之南海以本胡語無正字隨人會意
或作沒利又作抹利末麗○素花○遠客 海棠 해당本自海外來花開初則極紅如臙脂後則漸成
纈暈比落則若宿粧淡粉惜有色無香○東人所謂海棠有香故丁茶山云玫瑰之誤蓋玫瑰花一名裴
回花其木多刺類薔薇其花紫色香膩馥郁愈乾愈烈可作扇墜 杜鵑 두견樹高四五尺或丈許
春生苗葉淺綠色枝小而花繁一枝數萼如羊躑躅而蒂似石榴有紅有紫五出或千葉小兒食之味酸
無毒以其亦名山躑躅紅躑躅而與羊躑躅性味大不同焉故俗以眞杜鵑云진달네別之耳○山石榴
○又稱暎山紅而別有暎山紅不可渾也 羊躑躅 양텩쵹轉云텰쭉樹高三四尺開似凌霄花正
黃色羊食則死古人所稱與今躑躅有異蓋今所云倭躑躅왜철쭉瓣甚大色類石榴重跗疊萼○黃躑

花卉部 三

躅○黃杜鵑○羊不食草○鬧羊花○驚羊花○老虎花○玉枝 荷花 하화芙蕖也苗高五六尺
葉圓青大如扇花紅亦有白粉紅者子黑如羊矢○其莖茄○其葉蕸○其本蔤○其華菡萏○其根藕
亦日蓮○石蓮子○水芝○澤芝○薂○菂○菂中薏○草芙蓉 木芙蓉 목부용其幹叢生如
荊高者丈許其葉大如桐有五尖及七尖者冬凋夏茂秋半始着花類牡丹芍藥有紅白黃千葉者最耐
寒○地芙蓉○木蓮○華木○桃木○拒霜 旱蓮 한련一種草花蔓生葉如荷錢花朱黃色與鱧
腸草及連翹名同而實重 水仙花 슈션화薤葉葱根其花金盞銀臺亦有千葉者 玉簪花
옥잠화苗生成叢高尺許柔莖如白菘其葉大如掌團而有尖葉上紋如車前葉如青白色六七月抽莖
莖上有細葉中出花朶十數枝長二三寸本小末大未開時正如玉搔頭開時微綻四出中吐黃蕊頗香
○白鶴仙 鳳仙花 봉션화俗轉봉숭아二月下子易生苗高二三尺莖有紅白二色葉長而尖似
桃柳而有鋸齒椏間開花紅白紫碧黃或雜色亦自變易自夏至秋開謝相續結實如櫻桃而微長生青

熟黃○小桃紅○夾竹桃○海蒳○染指甲草○菊婢○金鳳花○好女兒花○羽客○旱珍珠○急性
子 青葙子 청샹ᄌ苗高尺餘葉濶似柳而軟莖似蒿青紅色花上紅下白子黑光而扁俗訓만
도라미○草蒿○萋蒿○崑崙草○野鷄冠○鷄冠莧○子名草決明○桃朱術黃花者○鴈來紅안리
홍莖葉穗子並同鷄冠而其葉九月鮮紅望之如花故又日老少年○鷄冠花계관화莖葉與青葙相似
其花穠如雄鷄冠即蘿花等由所云玉對後蘼花 金錢花 금젼화葉似水蘊黃花如菊○金沸草○
滴滴金○盜庚○夏菊○戴椹○旋覆花 麗春花 려츈화即罌粟殼俗言楊貴妃양귀비叢生柔
幹多葉有刺花有紅白四葉千葉之別抽薹結青苞花開則苞脫大如仰盞罌在花中鬚蘂裏之花開三
日即謝罌在莖頭○米囊子○御米○象穀 合歡 합환木似梧桐枝甚柔弱葉似皂角極細而繁
密互相交結每一風來輒自相解了不相牽綴其葉至暮即合其花上半白下半肉紅散垂如絲○合昏
○夜合○青裳○萌葛○烏賴樹 款冬花 관동화葉似葵而大叢生花出根下不顧氷雪先春

花卉部 四

而生○欵東○顆東○氐冬○鑽凍○菟奚○橐吾○虎鬚 蜀葵花 쵹규화春初種子冬月宿
根亦生葉似葵菜花如木槿有深紅淺紅紫黑白色單葉千葉之異○吳葵○戎葵○荍 蒺藜 질리
轉云찔레細葉細蔓綿布沙上七月開花黃紫色○子有三角刺人○茨○旁通○屈人○止行○休羽
○升推 刺桐 ᄌ동即海桐葉如梧桐其花付幹而生側敫如掌形若金鳳枝幹有刺花色深紅
瞿麥 구맥俗言石竹花셕쥭화葉似地膚而尖小又似初小竹葉而細窄其莖纖細有節高尺餘稍
間開花有細白粉紅紫赤斑爛數色○蘧麥○巨句麥○大菊○大蘭○南天竺草○洛陽花 剪春
羅 轉云젼츈라苗高尺餘柔莖綠葉葉對生抱莖入夏開花深紅色大如錢四圍如剪結穗如石竹花
○剪紅羅 金盞花 금잔화葉似初生萵苣而厚狹抱莖而生莖頭開花如指頭金黃色狀如盞子
結實在萼內宛如尺蠖俗誤稱金錢花○杏葉草○長春花 白米花 빅미화即馬蔘俗言龍古
轉云뫼리蔘類甚多有青蔘香蔘水蔘馬蔘紫蔘赤蔘木蔘數種而皆一類○馬蔘一曰大蔘馬是物大

名物紀畧卷之四

花卉部

花 솨俗以鮮謂之古雅고아花曰鮮衣故轉訓꼿○洛陽人眞謂牡丹曰花 蓓蕾 비뢰始華也俗言封蔓봉아리又訓꼿송이言未發之狀如松耳也○花朶 蘂 예花鬚也俗訓꼿술 蕚 악花跗也俗訓다판言辮也○花蔕 蔕 英 영花之無實者 葩 파花舍也 之 披 피開也俗訓花開曰꼿피다○綻탄俗訓터지다○花謝則離於披故曰離披이퍼라俗言離萎이위다

牡丹 一作牧丹목단又轉모란苗似羊桃花似芍藥有黃紫紅白數色亦有世人欲其詭異秋冬移接其狀百變○丁茶山曰谷山有花牧丹藥牧丹花牧丹即似芍藥者藥牧丹即蔓生小草至秋發黃花細如薺花其根酷肖牧丹而尤肥厚潔白故京城所用皆西路藥牧丹然則藥肆牧丹皆是贋者且故本草則羊桃是詩所云萇楚而葉似桃莖弱過一尺引蔓于草上子細如棗核根似牡丹以是推之茶山所言藥牧丹似是羊桃而不敢質言○鼠姑○鹿韭○百兩金○木芍藥○花王

芍藥 작약俗言亟剝

花함박꼿謂其花即萎落亟即打剝則明年花潤故也春生紅芽作叢莖上三枝五葉似牡丹而狹長高一二尺夏初開花有紅白紫數種○將離○梨食○餘容○鋋○白花曰金芍藥○赤花曰木芍藥○花相○解倉

梅花 매화對葉皆畧似杏葉有長尖先衆木而花有千葉單葉紅白之色實可蜜煎充果○烏梅白梅俱可入藥

蠟梅 랍매小樹叢枝尖葉開小花色似蜜蠟而香木味辛如薑俗言生薑樹싱양나무又曰黃梅황매○狗蠅梅○磬口梅○檀香梅○皮封浸水磨墨有光

迎春 영츈叢生高者二三尺方莖葉厚葉如初生小椒葉無齒面青背淡節節生枝一枝三葉開小花狀如瑞香黃色不結實俗言假辣夷기랄이蓋辛夷一名亦迎春而俱是花落葉生辛亦辣意故謂之假辣夷者此也而或即以辛夷當之誤矣

辛夷 신이封大合花高數仞葉似柿葉而狹長正二月開花似有毛小桃色白而帶紫花落無子夏秋復着花如小筆○辛雉○候桃○房木○木筆○迎春○辣夷○

梔子 치ᄌ高七八尺葉似李而厚硬二三月生白花花皆六出甚芬香實如訶子生靑熟黃中赤丹○越桃○鮮皮

薝蔔 ○花名

山茶 산다樹高丈許枝幹交加葉頗似茶中潤頭尖面綠背淡深冬開紅花黃蕊亦有黃色粉紅單葉千葉等數種俗以冬華曰冬栢동빅春華曰春柏或稱翠柏叢柏岡柏○寶珠茶○海榴茶○石榴茶○躑躅茶○宮粉茶○串珠茶○一捻紅○千葉紅○千葉白○照殿紅○子油可沐髮

紫荊 ᄌ형木似黃荊春開紫花甚細共作朶生出無常處或生于木身之上或附根上枝下至秋子熟正紫圓如小珠○紫珠○皮名肉紅○肉消

瑞香 셔향枝幹婆娑柔條厚葉四時不凋冬春之交開花成簇有黃白紫三色一比丘畫寢盤石上夢中聞花香酷烈及覺求得之因名睡香四方聞之謂為花中祥瑞遂名瑞香東國本無此花忠肅王尚公主東還時元帝所賜

山礬 산반樹之大者株高丈許其葉似卮子葉生不對節光澤堅強畧有齒凌冬不凋花白如雪六出黃蕊甚芬香採葉燒灰染紫不借礬藏書辟蠹○芸香○椗花○柘花○瑒花○春桂○七里香

木槿 목근木如李其葉末尖而無齒其花小而豔或白或粉紅有單葉千葉朝開暮落俗言無窮무궁又曰無官一則以此花開落無窮

一則以昔君王愛此花六宮無色故云○椴○櫬○蕣○日及○朝開暮落花○藩籬草○花奴玉蒸

月季 월계薔薇類也青莖長蔓硬刺葉小於薔薇而花深紅千葉厚瓣逐月開放俗有謬翻月桂者而月桂乃月中桂子自有本草各部豈可渾那○月月紅○勝春○瘦客○鬪雪紅

四季 ᄉ계如月季而葉差小每辰戌丑未月播芳

紫薇 ᄌ미幹身光潤高丈餘花瓣紫皺蔕小為大成朶如拳附萼赤莖葉對生六月始華接續可至九月俗言百日紅빅일홍○性不耐癢對閒處以指爪搔之則枝葉皆動○怕癢花○猴刺脫

薔薇 쟝미叢生似蔓莖硬多刺小葉尖薄其花百葉八出六出白黃紅紫數色香豔可人結子成簇生青熟紅○牆蘼○山棘○牛棘○牛勒○刺花○刺紅○野客○玉雞苗○又名營實

菊花 국화俗言甘菊轉云강국菊有兩種莖紫氣香而味甘葉可作羹食者為真菊青莖而大作蒿艾氣味苦不堪食者名苦薏非真菊又以瞿麥為大菊馬蘭為紫菊烏啄苗為鴛鴦菊旋覆花為艾菊而各自成名非可強合惟黃花甘菊為正○節華○女節○女華○女莖○日精○更

者經尺皮上有毛和生青綠霜後如瓮瓠○白瓜○水芝○地芝○枕頭瓜

南瓜 남과俗言胡瓟 호박種出南番蔓生葉如蜀葵而大結瓜正圓大如西瓜其色或綠或黃○倭瓜

黃瓜 황과瓜有一音外故俗轉외蔓生葉如冬瓜結瓜嫩青老黃本名胡瓜避石勒諱改爲黃瓜又名王瓜而與月令王瓜不同蓋月令王瓜即土瓜也俗訓쥐참외

絲瓜 사과俗訓슈세외嫩時去皮可烹可曝老則筋絡如織可滌釜罨故曰洗鍋羅瓜而俗以洗鍋羅謂之슈세외故也○天絲瓜○天羅○布瓜○蠻瓜○魚鱗

苦瓜 고과俗言荔枝예지即錦荔枝也葉如野葡萄而結果如鷄子皮上痱瘟如癩熟則黃色自裂內有紅瓤味甘可食

鹿角菜 녹각치生南海中石厓間大如鐵綫分丫如鹿角起今青角치○猴菜

蘑菰蕈 마고심俗言蔈菰포고訛翻蕈古埋桑楮諸木於土中澆以米泔待菰生采之○肉蕈

木耳 목이俗言蔈纖轉云버섯生于朽木上無枝葉久而纖開也○木檽○木菌○木㙺○樹鷄○木蛾

蓴菜 슌치本作蒓葉徑一二寸有一缺而形如馬蹄水上采莖可瀹三月至八月細

蔬菜部 四十八

如釵股名絲蓴九月至十月漸粗名瑰蓴○蔕○水葵○露葵○馬蹄草○錦帶

海藻 히조俗言昆布곤포生東海葉如綸組○薚○落首海蘿

海帶 히뒤俗言圖似麻轉云다스마本草曰出高麗繩把圍之如卷麻蓋生東海水中石上似海藻而粗柔靭者

海蘊 히온一曰水蘊俗轉메욱蓋물온之轉訓也○

海衣 히의俗訓김甘藿○紫菜

甘苔 감뒤一曰乾苔

青苔 청뒤水苔也一曰重錢

牛毛 우모生海中如牛毛煮之如膠俗轉우무

加士里 가ᄉ리亦如牛毛者

波衣 파의水苔可食者俗轉파래

豆芽菜 두아치俗言叔舟菜슉쥬나물以申叔舟嗜故云

大豆芽 대두아俗訓콩나물

紫了 시료俗訓쇠다

煠菜 잡치湯煠也俗訓데티다

名物紀畧卷之三

此並如馬齒大葉者爲純耳莧小葉者爲鼠齒莧以
其葉青梗赤花黃根白子黑謂之五行草亦曰五方
草其性耐久難燥故曰長命草以其生卑濕汚穢之
地故俗言卑陋轉云비름○芢苻○五色莧今稀有
苦菜 고치俗言苦荼轉訓고독바기又訓쇠귀ㄴ물
與苦苣俗言細花轉云쇠좌者一物而有赤莖
白莖二種莖中空而脆折之有白汁如乳又俗訓
쓴나물開黃花花罷則斂子上有白毛茸茸隨風
飄揚落處即生○蚕蛾出時不可折食令蛾子青爛
蚕婦亦忌食之○苦蕒○游冬○褊苣○苣○荼老
鶴菜○ 와거葉如苦苣而米有白苣紫苣苦苣
天香菜○萵苣三種以色以味而皆可生食獨於白苣
俗言生菜轉云상치者白苣稍美故云○石苣○俗
又稜冬葵之名有云破稜菜轉云부루○萵菜○千
金葉○莛子 궐芽生拳曲如小兒拳長則展開如
即萵苣莖也 蕨 鼈尾俗訓고사리蓋月有乃紫蕨一
名而味苦形似蕨故蕨則曰藍蕨미陳藏器以蕨
似蕨者是也○試萵고사리○藍蕨為夷齊所食又
以薇為夷齊所食則薇與蕨似是一物而本草各載
焉且形性大異蕨則久食令人目昏消陽薇則蔓生

蔬菜部 四十六

而似翹搖又以薇為大巢菜以翹搖為小巢菜而薇
又久食不飢云則其與蕨懸殊也明矣且俗以薇訓
為高飛고비而고비乃貫衆之苗也又謂之죄초미
與薇無関則以薇之為夷齊所食而為士者其可不
詳辨之乎嘗見燕巖日記有言使臣行至夷齊廟例
獻薇羹而其薇與今所云고비不同云今考本草所
圖及時珍集解則薇之不可為고비者若是顯著其
說翹搖曰蔓生細葉翹[illegible]有飄搖之狀而三月開小
花紫白色結角子似豌豆而小東坡云菜之美者蜀
鄉之巢故人巢元脩嗜之故謂之元脩菜放翁云蜀
蔬有兩巢大巢生麥田中小巢生稻田中大巢薇之
謂也小巢翹搖之謂也因此觀之薇必為今田中俗
訓丈刊而更埃博洽之士有所及 翹搖 교료詳上○
證○齊水○野豌豆○大巢菜 搖車○翹車
○野蚕豆 貫衆 관즁又俗訓죄초미即고비○貫
○小巢菜 苗 節○貫渠○百頭○濼○草鴟頭
○黑狗脊 吉 길경葉如薺苨莖如筆管根結實小
○鳳尾草 更 梗修治可搗爛故俗言搗爛轉云도
랏○白藥○梗草○利如○ 사삼俗訓더덕根
苻扈○房圖○花名僧帽 沙參 似薺苨苗作蔓折

之有汁○羊乳○文 薺苨 제니俗訓겨루기根莖似
希○識美○志取 人參而葉小異○香參○
甜吉更○白麪 當歸 당귀俗言辛甘草신감초葉似
根○苗名隱忍 芎藭根黃黑冬月窖中生芽似
蔬菜美○乾歸○山 蘘荷 양하葉似甘蕉根如薑
蘄○白蘄○文無 [illegible]為葅蘘即
芡翟俗訓명아지之紅心者莖葉稍大嫩時可食老
則莖可為杖俗言青藜杖청려장○菜○臙脂菜○
鶴頂 芋 우俗言土蓮토련莖高尺餘葉大如扇似荷
草 葉而長當出苗者為芋魁四邊附者為芋子
凡芋有十四種而又分水旱二種旱芋山地可種水
芋水田蒔之葉皆相似但水芋味勝俗又言土卵토
란而土卵本蔓生莖葉不同 산약俗訓마赤莖
不可相混○土芝○蹲鴟 山藥 細蔓其根內白外
黃○薯蕷○土藷○山藷○ 감져根似芋赤者
山芋○五延○脩脆○兒草 甘藷 俗言赤藷轉云뎌
지赤有大如瓜 百合 빅합根以衆瓣合成如大蒜味
者曰南甘감자如山藷花白○䪥○強瞿○蒜
腦藷○摩羅○重箱○中逢花○重邁○中庭○一
種花紅黃有黑斑點細葉葉間有黑子者名山丹花

蔬菜部 四十七

○跗未開花時乾而食之名紅花菜흰화치○紅百合
○玉珠○又有卷丹四月結子秋時開花為異耳
萱 훤초俗轉원츄리葉如蒲蒜柔弱四時青翠本
草 以廣中来又訓넘나물又花跗未開時乾而食
之名黃花菜황화치○忘憂○療愁○ 紫 즈소俗
丹棘○鹿葱○鹿劍○妓女宜男 蘇 轉즈조
기背面皆紫 白蘇 빅소俗訓들씨 水蘇 슈소俗言薄
者佳○桂荏 荏也又曰野蘇 荷轉云방아
即本草龍腦薄荷其葉辛香可以 滴 뎍로三月下
煑鷄○鷄蘇○香蘇○芥葙○苴 露 種九月採根
葉如蔦荷少狹而尖○地蠶○土 竹 쥭슌竹芽也
蛹○甘露子○地瓜兒○草石蠶 筍 嫩時為菜甚
美○筍俗作笋有失本意蓋竹為筍母草而筍
生旬有六日而齊毋也○竹萌○竹胎○竹子 木頭
菜 목두 茄子 가ス轉云가지有黃白青紫數種
訓두릅 而黃可入藥○白者甘脆不澁一
名水茄亦가지生熟可食○紫者蒂長味 匏 포俗言
甘更勝青者○落蘇○崑崙瓜○草鼈甲 박蔓
生結實如越瓜○葫蘆 冬瓜 俗轉동아蔓生如匏六
○葫蘆旋俗訓박고지 七月開黃花實成則大

蔬菜部

菜蔬 채소 草之可食者。俗言羅物라믈 謂其羅之食物。蔌。五菜 葵甘 韭酸 藿醎 薤苦 葱辛。五葷 小蒜 大蒜 韭 芸薹 胡荽。道家云 韭薤蒜芸薹胡荽。佛家云 大蒜 小蒜 興渠 慈葱 茖葱。興渠即阿魏。五辛菜 葱蒜韭蓼蒿艾

葵 규 滑菜也。俗言亞葵 아욱 因詩言六月食葵七月食葵而言。古人采葵必待露解 故曰露葵 又秋種經冬至春作子者曰冬葵子。破樓菜

韭 구 葷菜也。俗言豐菜 轉云 부치 蓋以其本豐生 故禮記曰豐本。草鍾乳。陽起草。莖曰韭白。根曰韭黃。花曰韭菁。懶人菜

藿 곽 豆葉 可作羹

薤 해 韭類而根如小蒜 一本數顆 多白無實。俗言 盐交 염교 皿盖 俗以薤謂之藥盐 而薤所以備齏者 故云。葉如金燈草而差狹 更光 光故古人言薤露者 以其光滑難佇也。藠子 교ᄌ。菝 수 子下。火葱。菜芝。鴻薈

葱 총 外直中空之菜也。衣曰葱袍 故俗言祀 轉云 파。初生曰葱針。葉曰葱青。莖曰葱白。葉中涕曰葱苒。芤。菜伯。和事草。鹿胎。葱有二種 凍葱經冬不死 分莖栽蒔而無子 俗訓 ᄯᅩᆨ파。漢葱冬即葉枯 食用入藥

紫葱 ᄌᆞ총 一日胡葱。蒜葱。回回葱

小蒜 소션 俗訓 ᄯᆞᆯ지 小子之謂也 小曰蒚而轉 ᄯᆞ子 轉 지。亂。蒚。小葱。茆蒜

野蒜 야션 生田野中 似蒜而極細小 多卵 俗言多囊堀 돌랑괴

大蒜 대션 張騫得之西域 故曰葫 味極辣 故俗言猛辣 轉云 마랄 苗如葱針 根大如拳 六七瓣 春食苗 夏初食薹 五月食根

蕓薹 운ᄃᆡ 此菜易起薹 採食其薹則分枝必多 俗言平枝 평지。寒菜。胡菜。薹菜。薹芥。油菜

菘 숑 葉如蕪菁 綠色差淡 俗言白菜 轉云 비ᄎᆡ

芥 기 轉云 ... 似菘而有毛 味辣 子黃。芥子 轉云 계ᄌᆞ

蒿芥 ᄌᆞ지 似蒿之芥 俗訓 ᄯᆞᆨ 又 蓋俗以艾蒿總謂之蓬 而蓬有蒿意 故轉云 ᄯᆞᆨ

白芥子 ᄇᆡᆨ지ᄌᆞ 自胡中來 故曰胡芥 葉如芥而子白

蘿蔔 라복 一日蕪菁 俗以根爲蕪 무 葉爲菁 一曰武侯菜 故轉云 무우 蕪菁 무亇 即蔓菁也 而鄉人或有誤稱者。蕪菁 열무 即蘿蔔之細者。蘆菔。雹突。菜菔。紫花菘。溫菘。土酥。破地錐。此是俗所謂무 而本草以蕪菁與諸葛菜爲蔓菁之名 以其一類而

有相蘞

蔓菁 만쳥 俗言蕦蕪 슌무 轉云 쉰무 根細於蘿菔而葉似菘。九英菘。諸葛菜。蕦。

生薑 싱강 俗轉 시양 苗高二三尺 葉似箭竹葉而長 兩兩相對 苗青根黃

胡荽 호介 俗轉 고시 莖柔葉細 根多鬚。香荽。胡菜。蒝荽

芹 근 生水中 葉似芎藭 莖有節稜而中空 其氣芬芬 而因列子言鄉豪嘗芹蜇口之語 俗言味辣 미갈이。苦斳。水英。楚葵

堇 근 旱芹 葉似蕺菜 花紫色

馬斳 마근 俗訓 돌미갈이。生水旁 與芹同類異種。牛斳。胡芹。野茴香

菠薐 파ᄂᆞᆼ 其莖柔脆中空 其葉綠膩柔厚 直出一尖 旁出兩尖 似鼓子花葉 其根大如吉更 色赤而味甘 俗言赤根菜 而赤華音 치 轉云 시근치。菠菜。波斯草

莙薘菜 군달치 葉似升麻苗 俗言 莙薘 音 군다 轉云 근대

苦草 고초 結子如錐 火青老紅 味甚辣。番椒

羊蹄菜 양뎨치 葉如牛舌 入夏起薹 開花結子 夏至即枯 秋深即生 俗訓 소로장이。蓄。禿菜。敗毒菜。牛舌菜。鬼目。東方宿。連蟲陸。水黃芹。羊蹄大黃。子名金蕎麥

酸模 산모 俗言 僧義 승아 形似羊蹄葉而小 黃莖葉俱細 味酸

可食 節間生子。酸蔣。山羊蹄。山大黃。酸母。蓚。當葉

馬蹄菜 마뎨치 俗訓 곰돌릐。熊蔬

狗脚蹤菜 구각종치 俗訓 꼿다지

蔞蒿 루호 俗言 水艾 訓 물쑥 艾之訓見草部艾註 葉似艾 正月根芽生 莖正白 生食脆美。蘩。田胡。白蒿。蔏

冬蔬 동소 俗訓 동취

薺 졔 有大小數種 小薺葉花莖扁 味甘。護生草 子名蒫。大薺似薺 葉有毛而細。子名菥蓂。葶藶與菥蓂同類 而但菥蓂味甘花白 葶藶味苦花黃 蘼領曰 人多不能細分 乃爾致誤 俗因並稱 乃爾轉云 냥이。大蕺。馬辛。析目。榮目。馬駒

蘩蔞 번루 葉似荇菜 其莖作蔓 斷之有絲 中空似鷄腸 俗訓 鷄杖 돌긔십가비。蔞縷。薅。蔜縷。滋草。鵝掌菜。花名綠梅花

苜蓿 목슉 張騫得之西域 用飼牛馬 嫩時人兼食之 形似灰藋 一枝三葉 故古謂之鶴項 而俗言鵝項 訓云 거위목。木粟。光風。懷風草

莧 현 有六種 赤莧 一曰蕢 一曰莫實。白莧 人莧 又謂之胡莧 或謂之細莧 同是一種 而白莧大 人莧小。紫莧 莖葉通紫 吳人用之染爪。赤莧 亦謂之花莧 莖葉深赤。馬齒莧 其葉

裡入水俗訓룡오ᄅ이다 料理료리 圖治飲食外
味미 五味金辛木酸水鹹火苦土甘 梵書云麼醯마두俗轉맛 臭취 惡腐氣 飮餘 糞회 회대俗轉
서시 참 辛신 俗言쓴 辛委 煞故曰 煞살 俗轉쓰다 斉첩 轉云스 又五味 得 酸산 齒傷 酢 曰 酸俗 서俗
轉시 다 鹹함 鹽味俗言 鹹짜 轉云짜다 苦고 炎上味 俗言 猛 火밍 라 轉云 밉다 甘감 甜 也 俗
言 嘾담 轉云 달다 草氣초긔 俗訓 풋내 나다 腥셩 生肉 俗言 非 腼비 린 轉訓 비리다 羶젼 臊조
犬豕膏臭 俗訓 노린내 나다 焦黃味也 澀삽 俗言 磑 낼 礬石也 味苦鹹 故轉云 떫다 餲알 食 饐 臭
俗 謂 알이다 餲 子 食物爛 ○ 腤 알 肉 敗 餿 臭 쉬 리다 餿 수 飯傷濕熱 俗轉 쉬다 葵 상 也 俗 羹 敗 訓
상 ᄒᆞ다 澈饕 감 감 無味 澈饙 감 확 味薄 嘌 파 食辛口辛 俗轉 환 ᄒᆞ다
嗜 기 慾 喜 也 俗言 敢 嗜 시 기 轉云 즐 기 謂 敢 能 認 和 五 味 可 甘 嗜 也 偏 嗜 편 一物 俗訓 기 特 好
면 기 ᄒᆞ다 飽 포 本 飮 餘 俗 以 字 旁 字 因 謂 之 부 以 腹 飽 謂 之 비 부 르 다 膯 膯 등 등 飽 也 俗 轉 든 든

飮食部 四十二

ᄒᆞ다 待接 대 접 俗 訓 接 賓 設 饌 대 접 ᄒᆞ다 餕 食 준 시 俗 華 轉 자 시 오 相 勸 食 食 量 식 량
食品 식 품 食性 식 셩 食念 식 념 酒量 쥬 량 酒 户 ○ 酒 亡 쥬 망 酒 兒 쥬 ᄋᆞ 키
酗 酒 후 쥬 ○ 使 酒 酒 情 愛 酒 애 쥬 而 好 之 對 酒 醵 復 噴 쟉 부 쟉 酒 相 殆 飮 機
飮 酒 거 沐 而 軟 飽 연 포 飮 酒 而 吃 羹 之 謂 俗 以 豆 腐 之 串 煎 子 鷄 臛 親 友 聚 食 名 曰 軟 泡 者 非
巡 杯 슌 배 纔 行 酒 酬 酢 슈 작 主 酌 客 曰 酬 客 報 主 人 曰 酢 俗 以 言 語 往 来 亦 曰 酬 酢 斟
酌 짐 작 斟 酌 而 得 中 俗 以 臆 料 而 中 亦 曰 斟 酌 轉 云 짐 작 ᄒᆞ다 ○ 衆 酌 참 작 量 宜 而 酌 俗 以 容 恕 亦 曰 참 작
残 杯 잔 배 食 餘 也 枵 腹 효 복 空 腹 也 虛 餧 허 쥬 飢 也 稠 餧 쥬 위 甚 飢 俗 轉
쥬 리 다 饑 坎 긔 감 飢 者 䬾 食 俗 轉 게 감 스 럽 다 顑 頷 함 함 飯 不 飽 面 黃 飢 渴 自
甚 거 갈 득 심 得 飮 食 之 甚 饕 餮 도 텰 ○ 厭 飫 염 어 飮 也 俗 轉 시 리 ᄒᆞ다 餡 餡 맘 맘 嗜 兒 聲 俗 轉 마
中 喫 敢 견 치 見 食 貌 人 㱐 㱐 철 철 食 不 連 又 不 迎 自 来 飮 飮 쑬 쑬 飮 聲 俗 轉 훌 훌

唖 압 入 口 也 俗 訓 ᄲᅡ 다 餂 텸 鉤 取 也 俗 訓 핥 다 犒 軍 호 군 犒 饋 軍 士 也 分 給 多 入 俗 訓 호 군 ᄒᆞ
다
八 珍 팔 진 味 八 物 牛 羊 麋 鹿 麕 豕 狗 狼 ○ 又 曰 一 淳 熬 二 淳 毋 三 炮 豚 四 炮 牂 牂 即 牡 羊 五 擣
珍 大 漬 肉 七 乾 熬 八 肝 膋 ○ 又 曰 龍 肝 鳳 髓 兔 胎 鯉 尾 鶚 炙 猩 唇 熊 掌 禾 酪 蟬 即 羊 脂 珍 羞 盛
饌 진 찬 美 食 也 不 時 之 需 불 시 지 슈 俗 稱 意 外 饋 食 兼 床 겸 상 兩 人 對 食 大
卓 대 탁 盛 饌 也 俗 轉 대 탁 又 曰 탁 ᄒᆞ다
火 화 鑽 木 所 取 春 宜 榆 柳 夏 宜 棗 杏 季 夏 宜 桑 柘 秋 宜 柞 楢 冬 宜 槐 檀 故 俗 言 附 乙 合 言 불 盖 乙 為 木
而 火 必 附 木 而 發 熾 烘 홍 火 乾 ○ 焙 비 ○ 㷄 산 ○ 熇 악 熇 烙 낙 火 燒 之 鐵 燒
단 燠 也 俗 訓 단 다 爐 炭 불 이 火 不 絶 爇 셜 燒 也 俗 轉 살 으 다 熗 암 使 藏 火 復 燃 爚 약 火
不 明 燒 立 野 燎 료 山 草 火 焚 熂 餘 木 熾 치 火 盛 熇 熇 합 합 吹 火 烟 氣
연 거 火 氣 臭 聞 者 俗 熏 燻 烟 貌 焌 焌 훌 훌 火 氣 盛 貌 煙 斯 火 臭 猛 烈
盛 貌 열 火 灺 灰 사 회 火 熄 燋 轉 회 ○ 炬 炬 也 俗 燎 료 古 無 燭 炬 之 類 在 地 曰 燎 執 之 曰
燭 樹 之 門 外 曰 大 燭 於 内 曰 庭 燎 皆 所 以 照 衆 為 明 灰 死 火 餘 燼 俗 言 재 田 𤍠 화 목 火 神
做 ○ 爝
薪 신 大 木 俗 言 火 木 柴 시 小 木 合 束 者 榾 柮 골 돌 木 頭 복 又 曰 長 斫 장 작 俗 訓 단 나 무
也 俗 轉 炭 탄 屑 以 燒 木 餘 也 晋 羊 琇 以 洛 下 炭 貴 擣 炭 為 言 루 以 泑 和 之 作 獸 形 諸 豪 效 之 因 名 獸 炭
俗 訓 숯 ○ 烏 薪 ○ 白 炭 ○ 烏 銀 ○ 蔑 치 束 炭 ○ 笑 탄 炭 籠 ○ 石 炭 석 탄 出 西 北 地 石 可 代 薪

飮食部 四十三

食

煎果전과果泥也煎之以蜜煮誤翻正果정과 煎藥전약以桂薑胡椒丁香末入白淸阿膠棗肉搜勻候凝爲冬至時食

醋초轉云쵸以倉米蒸飯奄黃別以倉粟蒸飯和勻入水淹過密封暖處以成者○酢○醯○苦酒○白醭醋生白衣

醬쟝麥麪米豆皆罨黃加鹽曝之成醬○甘醬감장轉云간장○艮醬무장速成醬○豆豉淸淸醬쳥장俗轉쳥쟝○鹽醬俗言頓醬된장又曰土醬도장○爛造훈조醬豉轉云며주○古以鹽亦謂之醬以其梁麴及鹽漬以美酒制如作醬故也今止以鹽無麴則不可渾謂之醬也

醢히俗言菹져轉云젓生釀之逆使阻于寒溫之間不醱爛也○醯혜醓담並醢之多汁者 食醢식혜以食爲醢多汁之意 沈菜짐치醃菜俗轉김치 塩염煑海爲鹹俗言鹺鹺소금轉云소곰說郛云東人以鹽謂醎甘者非○醎水강쥬鹽澤俗轉간쥬○滷덕以甘水和醎水爲鹽兜 石鹼셕험以竈灰淋汁以去衣垢兼以和麪起酵○灰鹼○花鹼 蜜밀蜂所化甘如飴而生於土木及石窟中故俗

飮食部 四十一

言蜜飴合言꿀○ 沙糖사탕糖華音탕沙小而甘美也糖餹也雪蔗爲糖者其甘崖蜜曰石淸석청

俗飴 飴이以米糵煎秋爲之俗言餕糖合言엿○消曰餳又曰黑糖흑탕又曰造淸조청○餇曰餳○蜀曰餔謂之粻餭色紫類琥珀曰膠飴 油유俗言旨飲轉云기름胡麻油俗言眞油訓云참기름○香油○野蘇油俗言들깨油俗訓들기름○重油○蘇油 麻枯餅마고병俗言荏麩訓云써깻묵

油滓○麻籾○油骨○油粏 膏麪고면俗轉고명以薑桂等屬爲粉以糁食物者而雅言覺非作糕餡以爲糕上餡作文字者甚鑿難信 醬쟤凡醢醬所和細切薑蒜之類俗言藥鹽약염

魚肉어육魚俗言鼓鬐고기又曰生鮮싱鮮○鱻肉俗言骨肌고기華音기 膾회細切腥肉亦有魚膾어회○打生○鮓 串炙산적以肉貫串而炙也○炙又音자膾炙人所同嗜故凡所有名者亦言膾炙회자 炙肺구이炙灼也不是炙意而習俗己다○霎夜覓找詭以炙當炙藥與肉之炙者並曰炙俗訓굽다肺熟也炙肺炙熟之名 脯肉포육俗轉퍼육乾肉○脩脯加薑桂者俗言藥脯

약포○腊석乾雉○兎魚鮓曰魚脯어포○薨 膰肉번육祭餘肉生曰脤熟曰膰 煎油魚전유어俗轉젼유어又曰煎南轉云간납謂其在煎燔之南○羞胾 膏飲고음腥肉濃煑佐飯 좌반轉云자반鹽魚

滫瀡소소米瀋 撑抒전져一抯米漉水也一曰撈 饅饅만만飯澤 饋분一蒸米俗訓뜸이 餾류飯氣蒸流也俗訓뜸드다 糈블립米也俗轉브다 麩말립米也俗轉마다 粃장賓米於甑一作炊俗訓쏘다蒸也 付泥부이糝之也俗轉섞리다 起酵긔효發麪也俗言浮酏부무다○起酒○餡 餾부두 餡함凡米麪食物坎其中實以雜味俗訓소너다盖言納其裡之意

烰방烹物過火脹起也 煨외훈다火中熟物○爊오 熇熬볶오俗轉복熟乾 炠퇴一

作㷶以湯除毛俗轉뒤훈다 燖심火熟物又沉肉於湯俗轉삼다 退燖퇴염弃於湯中熟也

炙炙子見上 胹이熟也俗轉익다孫穆方言云高麗人謂熟水曰泥根沒者誤也不知轉云익

飮食部 四十一

及이근皆胹之語訓觕 熄식다滅火也凡物火滅則寒故以冷爲熄而孫穆又以時根시근爲訓甚無義 濃爛농란大熟也○濃熟 飮身음신本微曲也而借用於烹飪大熟轉云음씬 潽出

보출俗轉넘다 甜魚肉감烹和 饙뻑飯中有腥米也俚俗謬作醉字看遂音덜謂之덜다是猶歸田錄所云京師賣餕餡人轉餕作餕轉餡作餡也 煎전有汁而乾之俗言燔肺단이轉云답이다 熬오火汁則以火乾之俗言燥肺조이轉云졸이다 燸糦단치燸火熾也糦氣熟也轉云달치 瀹약納肉及菜湯中薄熟出之俗訓데치다○炸菜 生生성성不熟俗轉싱싱ᄒᆞ다

杈瀌차뎍沉物水中使冷俗轉치호다 甑去잠거以物投水俗轉잠그다 細繹쥬역綴集也凡物兩手集合曰쥬역이잣다 攢薰문중俗轉뜨우다 菹茹저여見上鹽註 膜

齋切肉也俗轉첨니다 滑滑활활調和五味俗訓활활녁다 釀又醋酒去糟又壓油俗轉짯다 ○菌○泲 擦挐거녀本以把平田之名言酒之漏如土之漏杷也俗以漉酒轉云거러 龍酒룽

醴예飮酒將盡餘滴○毋酒모쥬酒滓一曰燒酒쇼쥬
滓糠지강○酒餘米俗轉지게미一曰糟
古無其法自元時創其法用濃酒和糟入甑蒸令氣
上用器承取滴露凡酸壞之酒皆可蒸燒○火酒○
紅友○阿剌吉 麴櫱국얼酒母也以麥屑醸之使生
酒○甘紅露 黃衣俗言粿麴轉云누룩麩麴
之謂也俗以乾粿轉云갈누以當屑麴故也○女麴
녀국以完麥飯罨黃者一曰黃子又曰麪子○黃蒸
황증米麥粉和者一曰麥黃又曰黃衣 穀枝者豆긔非穀而可食者俗言按酒안쥬
餅병粉餈也俗轉편凡以麪爲食具皆曰餅又曰飥탁轉云떡 餈ᄌᆞ炊米爛蒸擣之爲餅以豆粉
之如今引截米인절미 餌이粉米蒸屑壓爛若玉珥 印子餅인ᄌᆞ者如今白餅俗訓힌떡
병俗訓살바ᄅᆞ떡 水糰介단一作餻粉屑爲餅小如榧子浸之蜜水而食本端午時食而吾東用
之流頭盖梶葉叅澗之意 撒餻산고屑米甑蒸米고○粉團○白團○粉餌者俗訓시루떡
屑蒸之以棗豆之味 餃교屑米麪和餡裹餡如彈丸如今蒸餅증편○餛湯中牢丸謂之粉角如今壓

飮食部 三十八

團경단○俗加艾葉爲之名艾餃餌轉訓쑥구리 餛飩혼돈餃餌別名屑米麪爲末空中裹餡類
彈丸大小不一籠蒸啖之 寒具환구環餅也環繞如蛇盤而油煎者如今煎餅전병○捻頭○薄餅
○有以饊子粔籹餦餭並爲寒具者而非是故條辨在下 花糕화고花煎화전俗言 青艾餅
청익병三月上巳採新艾作糕以食 松餅轉云송편粉米裹餡而格松葉蒸成者○葉餑 松肌
餻송기떡松樹去粗皮取其白軟者和秔米擣之爲糕 山僧餅○산승병 角黍각서○粽蒸
糉也本以麪作餅爲大葉餡以肉屑菜饅卷葉裹之者而俗以煎餅裹餡者非矣其小如松葉餑子而有
兩角者名曰造角轉云죠악盖俗以似而非真者曰造又曰造䔲餅 白雪餻빅셜기白米屑蒸成
者 鷄鴫糕기단잔華人 餅餡병뎌以菉豆粉煎成者餅從華音○饋餅쥬병○䭔餅알
병訛訓蝎餅 饅頭만두屑麪蕟酵有餡宜於三春盖訓云빈ᄃᆡ떡諸葛亮南征時瀘俗殺人祭神亮
以羊豕代取麪畫人頭祭之饅頭 餾食뎐식華音시之名始此○繭餅○包子○籠餅轉云편介

麪如薄紙切爲四方裹餡四合如饅頭者 霜花餅상화병轉云상의떡起酵爲者之饅頭之屬而
無餡 湯餅탕병濕麪也凡以麪煮皆曰湯餅則餅飥俗訓플떡及條麪絲麪之俗言졔믈국슈者皆
可當之俗以元朝所食白餅之湯熟者訓曰떡국則非矣 豆腐두부始於漢淮南王劉安豆瀘滓
煎成入盐鹵凝結者菽乳○以綠豆粉煮成者曰索
식俗以經亦索故因謂之經묵經附會之意也今人
以豆腐謂之泡又以綠豆索黃者曰黃泡青者曰青
泡而泡水之滓滬也無當於食其不可爲訓也明矣
又以雜菜和者謂之蕩平菜탕평치盖我正廟時將欲蕩平四色人故於物多加蕩平之名 腐滓
부자俗轉비지豆腐滓也 粥쥭一曰糜미煮米爲粥使糜爛也○厚曰饘젼○屑米爲飮曰粃粥블쥭
○薄曰䤵이又曰稀粥又 米飮미음一作糜飮煮米曰粖粥말쥭轉云말쥭取精稀曰穀精水
薏苡의이草珠也其粉甚粘可作飮故葛粉絲末蕎麥等作飮者並云의이 酡酪타락牛乳
○酥油○湩 茶차檟茗總名 酪○乳醬 麪麵[illegible]면[illegible]식食華音시○[illegible]糧○粃糧

飮食部 三十九

乾糗간후熬米麥使熟而又擣爲粉也俗以屑米麥者轉云갈누誤翻加妻 麩麪耳부헐
이轉云무럴이麩麥屑皮麩麥糠中不破者 麳麪막야俗轉미야
油蜜果유밀과一曰造果조과猶言假果以蜜麪爲果子之形或如棗栗梨柿者後據其圓轉不
能果高坆作方形而果名猶存 油果子유과ᄌᆞ俗只稱果子而子華音즈因云과ᄌᆞ又曰藥果약
과俗以蜜爲藥故也 粔籹거녀蜜麪作餅油煎而乾者如今中朴桂중박기○扁條 糤子산ᄌᆞ
粻程也粳稻並穀熬之則其米炸散故曰糤也有三
種一曰扁糤俗言糤子산ᄌᆞ兩箇相合油煎而沃餳
以糤爲衣者二曰蔓糤作餅如釵既煎而沃餳衣之
以糤形如蓼花者俗訓료화떡三曰朴糤박산不別
作餅純以糤子沃餳相着 粉䴹분뎌以烈酒和糯米待其凝固煎作方狀者粉擩搏作餅細切待
乾用油浴煎即浮起圓大者俗言 印團인단俗言茶羌飣강뎡又曰乾正○元陽餻食다식或用
栗黃芝麻松花作粉和蜜爲餅納于模級中印出花
葉魚蝶之形取制於茶家龍團鳳團之茶餅故云茶

옹去皮거피 豆之去皮 俗轉게피 又去皮取實曰실
졍흐다 如實栢子 ○ 又舂米去糠曰實 轉云쓸
라 去粰 거부 麩之也 俗轉ㅆ부다 糊 츄 麩而取精曰 츄다 糳 졀 糠 不破 糠糠 미 碎 穭
피 糠也 俗轉겨
米 미 禾粒總名 稻曰大米 머미 粟曰小米 소미 俗言粲 찬 轉云쌀 粟之精鑿者 ○ 粳米 ○ 香秔 ○ 玉粒
○ 雲子 ○ 長腰 ○ 粱 쿵 精米 ○ 稠 등 粗米 又曰磨糙
米 轉云미조미 ○ 粥 미 碎米 粉 분 米屑 ○ 紅 홍 陳倉
米 ○ 精 셔 祀神米 ○ 粹 션 米瘁 ○ 粃 비 不成粟 ○ 落
庭米 락뎡미 倉庭入穀時所遺 俗以凡物餘利統謂
之落庭米 ○ 說郛曰 高麗人
以白米謂之漢菩薩者誤也 淅 셕 米 汰 沃沐 사뒤 淘米 澀 시
米 泔 감 潘 번 米汁 滫 슈 瀡 슈 米泔 瀨 좌 豆汁所以沐髮 ○ 釋氏浴豆瀨 浴身 故俗於四月八
日 薰豆以食者
蓋緣浴佛之意

飮食部

飮食 음식 飮 咽水也 北方以酥謂之馬思哥 俗以凡所飮者轉云마시다 ○ 食 茹也 俗言䬵茹만여
轉云먹어 饞 貪食也 又 咂嘴 잡츼 轉云잡츄 咂入口
也 不敢斥言大人之食 但云以嘴入口之意 ○ 又可
謂 進食之物 通 엄식 玉食 옥식 白粲 俗訓흰쏠 飯也 進支御
供曰水剌 슈라 剌刀也 華音라
飯 반 古時茹毛飮血 燧人鑽火而人始裹肉而燔之 曰炰 及神農時人方食穀 而加米于燒石之上以
食 至黃帝始以釜甑炊穀爲飯 俗轉밥 ○ 進於所敬
曰進支 진지 ○ 饎飯 광반 盛饌 ○ 飱 손 水和飯 俗訓
물말이 ○ 饛 럼 正飯後小飯 如茶點之類 俗言點心
졈심 又曰中火 즁화 ○ 糊 饘 잘반 粗飯 一作糲飯 ○
○ 粈 유 雜飯 ○ 胡飯 호반 糕飯也 俗訓누른밥 ○ 骨
董飯 골동반 取飮食雜和飯 俗言拌排飯 부빔밥 又
曰谷董 ○ 蒸饍飯 증희반 俗轉지
에밥 饎通酒食而名 所以釀酒飯 秏 [illegible] 以米音毛字 [illegible] 轉云
뫼 稻屬也 伊尹曰 飯之美者 南海之秬 [illegible] 米 뫼쏠 藥食 약식 俗訓약밥

糯飯和油蜜雜果爲之 饌 찬 具食也 俗言飯饌 반찬
餘詳歲時部正月註 ○ 饍 ○ 伊蒲塞桑門之饌
羹 징 肉之所作臛 俗言菊 국 日華子云 菊有兩種 以
甘苦別之 甘菊名曰精 其葉可作羹 俗因以菊爲
羹之一稱 ○ 淸 감 羹汁 或曰 轉云국 一作脏 ○ 節劑
긴제 轉云건지 羹料也 麥之麩與麪 水中揉洗者亦
名麪筋 ○ 湯 탕 熱水 ○ 絮 져 器中和羹
俗轉치다 ○ 打 타 調和鹽醬 俗訓타다 ○ 糄 편 研米熬 粆羹
口子 열구자 雜以多品烹之于 饌者也 見器皿部饌字註
酒 쥬 肇自上皇 成之帝女 又曰杜康造 儀狄作 少康作秫酒 俗言遂盡全 說郛云 東人以酒爲酥孛者
誤也 ○ 美酒 俗言藥酒 약쥬 ○ 聖人 ○ 竹葉 ○ 桑落 ○ 流霞 ○ 烏程 ○ 屠蘇 ○ 蘭生 ○ 麴秀才 ○ 歡伯 ○
黃流 ○ 淸曰標 又曰靑州從事 ○ 淸而甜曰醴 ○ 濁曰醯 亦曰醓 又曰魯水 又曰茅柴 又曰平原督郵 俗
言濁白 막걸리 ○ 濁而微淸曰醆 ○ 厚曰醇 亦曰醲 ○ 重釀曰酮 ○ 三釀曰酎 ○ 薄曰醨 ○ 甜而一宿曰
醴 俗言甘酒 감쥬 ○ 美曰醑 ○ 苦曰醅 ○ 紅曰醍 ○ 綠曰醽 ○ 白曰醝 ○ 酶 미 酒本 俗訓술밋 一作梅 ○

非○色鮮者為官綠皮薄而粉多一曰明綠○粒小
而色深者為油綠皮厚而粉小一曰𪎭綠○早種曰
摘綠可頻摘也○晩種曰
拔綠言一拔而已 東背 俗轉동뷔甲長微白 每甲十實微白眼赤 藊
豆 번두有黑白二種白者入藥○ 豆○賊眉豆○鷃豆○黑曰鵲豆 㕮蘿 大麥 맥보리 麰皆大
於來故曰牟來모리轉云보리牟大也春種曰春麰
봄보리莫知麥막지보리○秋種曰秋麰가을보리
眞麥춤보리以上並芒長米麰皆보리
無芒無穗而御麰앙설보리春秋二種 小麥 소맥只云麥而
華音머轉云밀秋種冬長春秀夏實具四時中和之
氣故為五穀之貴○來○迦師錯○浮小麥부소맥
即水淘浮起者俗言泔浮起轉云감부기○麥皮曰
麩○麥麪俗言眞末진말但米屑皆不及小麥麪故
云 蕎麥 메밀莖弱而翹然實有三稜而磨麪如麥故 俗訓모밀謂其有稜之麥也○花蕎○荍麥
○烏麥 雀麥 작맥苗與麥同但穗細長而踈一曰鈴
○木麥 鑰麥以鈴鑰有耳俗翻耳年又以日華
子瞿麥之說又翻瞿于里귀우리○燕 稻 도有芒穀
麥○蕎○杜姥草○牛星草○雀大麥 杭糯總名

百穀部 三十四

俗言杷稏파아轉云벼○又曰嘉蔬○大米○黏曰
糯俗訓찰又曰稌○不黏而早曰秈晩曰粳曰杭俗
稑山○早稻曰救荒秋所里구황되오리又曰氷折
稻어름잇기無芒色黃性太早耳甚聰○自蔡치
有芒穗初發色白熟則黃○著光져광有短芒穗初
發色微白熟則黃耳鈍○鷄鳴稻계오려無芒色微
黃耳聰○柳稻버들오려有芒色微黃耳聰○次早
曰米伊仳智에우리有短芒穗初發色微白熟則芒
黃赤甲深黃○倭子왜쟈芒甚短無穗初發色青熟
則芒甲微白○黃金子황금쟈芒長細穗初發色白
○熟則深黃○青秋所里두랑되오리無芒色黃耳聰
○中實稻중실벼有芒色微黃耳聰○栢達伊잣달
이無芒色黃赤耳甚聰○晩稻曰次老里사로리芒
長穗初發色赤熟微赤○牛狄所里소되오리無芒
穗初發色青熟則白○黑次老里검은사로리有短
芒穗初發芒甲皆黑熟則甲微白○高次槐次老里
고새노사리芒長穗初發色白熟則微黃○所伊老里
쇠노리芒長穗初發色微黑熟則芒甲微黃○晩倭子
만왜쟈芒短穗初發色微白熟則芒黃甲白○東謁
老里동알노리芒短穗初發色青熟則黃○牛得山

稻우득산벼一名牛得伊라芒長穗赤○白黙夫只흰검
부기芒長赤穗初發微白熟則眼微黑甲微白○黑
黙夫只검은부기芒長穗甲皆微黑○東鼎艮里동
솟마리芒長穗初發微白熟則甲白眼微赤○靈山
狄所里녕산되오리無芒穗初發色青熟則眼微黑
甲微白○高次伊眼撿里고새눈검이芒長穗初發
色白熟則黃莖節黑○多多只다다기一名御飯米
어반미芒長而稍曲穗白○仇音粘쇠노츨芒短穗
初發色青熟則黃○多多只粘다다기츨與多多只
同○粘山稻졈산도無芒穗甲皆微白○麰山稻보
리산도無芒穗初發色青熟則微白○倭水里예슈
쉬리有芒色赤耳鈍○秋所里되오리無芒色微赤
耳聰○密多里밀다리無芒色深赤耳
聰○大棗稻대조벼無芒色深赤耳鈍
稗 패似禾而實細有水旱二種俗轉피○稗之不可 為稷下之於上又有以稷當稗則太極無義○何
海次里稗아희시리피無芒熟則微白○五十日稗
쉬나리피上同○長佐稗장재피芒長熟則微白○
中旱稗듕올피無芒熟則微 禾 화凡穀之垂穗者
白○姜稗강피無芒熟則黑 而以嘉穀當之 租

百穀部 三十五

조田賦也古者田賦出兵故曰單實조실轉云조실
故以後之使役官府者亦曰조실者此也○羅朝微
租以稻以為頒祿之用故連皮稻曰正租뎡조又曰
羅祿轉云나락又以仕宦謂之벼실者亦以食入稅
之稻 種 ○종묵先種後熟曰種 藁稭 고지藁禾莖稭
也 穋 後種先熟曰穋 藁穎 俗以穀穗
向稔曰고리○去皮稭 擷殳 俗本打穀具○
轉曰고링아○粃○稻稈 俗以穀穗亦曰
쥬 田穉 뎐치幼禾 苗 俗轉모又種稻先苗之後移之 穠
草木之稼植者亦曰苗種모종
蘖 동동禾 䅉䅉 秀貌 油油 光悅貌 禾黍 棚棚 成列 相 實
稔 실염穀熟也俗言稔 염 秋收稻也 穫 打作 타작打穀
롤轉云염을나○秸곡
也 有年 유년俗言豐年 凶荒 흉황俗言凶年흉년又
풍년五穀皆登 曰穀年살년歉年穀不
登也○歉四穀不升○
大侵대침五穀不登
礱 롱磨穀俗言礪갈다 䆉 용(等)土 䅚 만小畚 除穀芒 䉛 착米一斛 舂為九斗俗言畚精

百穀部

百穀 빅곡 梁者黍稷總名稻者秔種總名菽者衆豆總名三穀各二十種蔬果之助穀者各二十種總之爲百穀 九穀 구곡 黍稷秫稻麻大小豆大小麥○一說無秫大麥而有梁苽○又黍稷稻梁三豆二麥 八穀 팔곡 黍稷稻梁麻菽麥烏麻 六穀 륙곡 黍稷梁麥苽稌 五穀 오곡 麻黍稷麥豆

黍 셔 稷之黏者俗言赤梁華音치장轉云기장苗似粟而低小有毛結子不同粟穗叢聚攢簇黍稷之粒疎散成枝卽大黃米也○赤曰虋曰糜○白苗芑○黑曰秬○一稃二米曰秠○黍穄○薌合●宿乙 黑黍찰으리기쟝莖稍黑甲灰色實白○走非黍슈비기쟝莖青甲灰色實黃○達乙伊黍믿을이기쟝 莖赤甲灰色實黃○黍黍옷기쟝林吾기쟝莖青甲灰色實黑 蜀黍 쵹셔華音슈슈誤翻蜀黍穗又因穗稭謂之唐米穗黑實圓而苗似蘆高丈餘故名高梁又曰荻梁○蘆穄○蘆粟○其黏者曰蜀

秫○無應厓唐黍믕의슈슈兌芒熟則赤○米唐黍벋슈슈兌芒熟則微白○盲于唐黍밍간슈슈芒長熟則赤○今人祭祀所以代稷者時珍本草已卞其誤矣 玉蜀黍 옥슈슈玉以東音蜀黍以華音○種出西土苗葉俱似蜀黍而肥矮苗心別出一苞如椶魚形上出白鬚久則苞拆子出如椶子 稷 직 五穀之長卽不黏之黍而所謂明粢者也因黏領云今人不甚珍惟祠事用之農家以備他穀不熟之語俗謂之稗則轉云피而稗不在五穀之良者列且雅言覺非卞之爲粟者亦誤也 梁 량 穀之良者亦粟類也穗而毛長者爲梁有青黃赤白之色俗以色之青者曰青梁米轉云청량미○薌萁 粟 속 古以粟爲黍稷梁秫之總名矣後世以梁之細而毛短者專名爲粟俗言小米조미轉云조其類凡數十有青紅赤黃白黑諸名或因姓氏地名或因形似時令隨義賦名故早則有趕麥黃百日糧之類中則有八月黃老軍頭之類晚則有雁頭青寒露粟之類○三葉粟세닙조芒短莖赤實微黃○瓜花粟외고지조芒短莖白實黃○猪蹄粟돗우리조芒長莖赤實微白○鄰籠眞粟도롱고리조兌芒莖與實微白○沙森把勿羅

粟사슴벼므레조芒長穗長實稍青○卧餘頂只粟와서목이조無芒莖白項長實黃○茂件羅粟무므레조芒短莖青穗長熟則灰色○漸勿日伊粟져므시리조芒長莖青熟則黃○烏曼衢粟서고달이조芒長莖微白實黃○擊子馬赤粟경ᄌᆞ마치조無芒莖青穗短實黃○漸勿日伊粘粟져므시리ᄎᆞ조芒短莖赤熟則微白○生動粘粟싱동ᄎᆞ조芒短莖赤灰色○要赤粘粟슈역ᄎᆞ조兌芒穗多岐莖青熟則黃○黑偲只粟거믄머기ᄎᆞ조芒短莖赤熟則黑○開羅叱粟ᄀᆞ랏조芒長莖青熟則黃○說郛云高麗人以粟爲田菩蔭者誤也 油麻 유마卽胡麻也有黑白二種○古中國止有大麻張騫得之大宛故曰胡麻且野蘇들깨一名荏可壓油而品旁胡麻油更佳故俗言眞荏訓云참깨○巨勝○方莖○狗蝨○脂麻○油曰香油○葉曰青蘘○莖曰麻藍○黑者曰黑荏子흑임ᄌᆞ○藊 白蘇 빅소卽野蘇也俗訓들깨又曰水荏○油曰法油○雅言覺非作蕎䔍者非 大豆 대두菽也時珍本草以豇豆爲豆之上品而又當胃穀故俗以豇豆當大豆總名而因字旁工공轉云콩又曰太리盖因公文當書

大豆而嫌其字遂於大字下加一點以當大豆之名此因一時處變而便爲成名○豇子豆卽俗轉광저이誤翻光將豆一曰長豆莞豆一曰豍豆강양○黑太검은콩甲赤實黑○者乙外太잘외콩甲黃實黑○卧叱多太와대콩甲黑青色實黑○火太불콩甲微白實深赤○黃太누른콩甲或微白或黃實微黃○百升太온되콩甲與毛灰色實黃○六月太유월콩甲白實白○吾海波知太오히파디콩甲白實赤白○鼠目太쥐눈이콩一曰穭豆卽黑豆中最小者○豌豆원두百穀中最先登者故俗以治圃種豆曰원두者以此也又名蹕豆戎菽回鶻豆青斑麻累色青似綠豆而大○蔓曰角子轉云약지 小豆 ᄑᆞᆺ 立두荅也本草白豆一名飯豆謂其粥飯皆可拌食故也今以赤豆拌食亦曰飯豆轉云풋○春小豆봄가래풋甲白實赤眼白○根小豆근立두甲白實深赤眼白○早小豆올풋甲黑實赤眼微黑○山達伊小豆산달이소두甲白實白眼赤白○猪排夫祭小豆저비부제풋與山達伊同○伊應同小豆잉동풋甲白實半白半黑眼白莖微赤黑 綠豆 록두綠以色名俗作菉者○黑小豆흑소두甲白實黑眼白

之意故謂之蓋意凉臺량딕織竹爲蓬以造笠者俗轉량딕上有帽子俗訓텨우言居凉臺之上
也草笠초립新郎所著與古云野夫黃冠황관少異絲帶ᄉ딕俗訓실띄ㅇ總子俗訓수
울總因華音쉬之轉也鉤落帶구락딕俗言革帶혁딕履리飾足以爲禮故俗言飾轉云
신黃帝臣於則草作扉曰麻曰屨曰屩皮曰履曰屐屧셥履中著也轂百小兒履鞹鞋
웅혜俗言雲鞋운혜太師鞋태ᄉ혜紂頭봉두俗轉분두頭掩上之履草履초리
俗言集우집덕集薹之俗訓也言以薹爲履也우本以木置履下不畏泥濕之名又曰不借繩鞋
승혜麻屨也俗言免土履머토리木屐목극俗轉나무신仰角앙각屐上施屐梡극本
山行所乘而以鐵錐施之屐下故俗以木加之屐齒亦曰梡轉云극鞁하履後鞜也鞴當반당
轉云바당履底也俗以手掌曰須運鞴當바당足掌曰발鞴當발바당凡在下平鋪者皆曰바당舡
장鞋底皮也俗轉장釘뎡履下尖鐵華音뎡

服飾部　三十

-261-

寢具침구衾被也俗言寢이부轉云이불薦衣천의小被ᄆ頭蘿褡褥욕轉云요又曰
籍裀轉云조리枕침卧薦首者俗言平版介轉云벼기有蓍蘆枕角枕木枕
雜服잡복ㅇ裘구皮衣俗訓갓옷ㅇ毛衣ㅇ毛物錦衣금의俗言斐緞襖비단옷紬衣쥬의
俗言明紬襖명쥬옷襌衣단의俗訓홋옷蓋忽者變無著也俗以單爲忽轉云홋以獨爲忽直云홀
褶衣첩의俗轉뎝옷有表裡而無著者一曰袷ㅇ複衣綿衣면의俗訓솜옷積蘊聲之精曰
綿粗曰絮纊曰細綿俗合言솜衲衣눕의俗訓누비옷新衣신의俗訓지옷又曰貞褘신술
옷獘衣폐의俗訓헌옷一曰褻破壞之餘也褻衣셜의褻服私雨衣우의俗言油衫
유삼油帽유모俗言笠帽訓去갈모ㅇ雨籠ㅇ油單帨巾세건俗言手巾介건襁褓강보
小兒被俗言褓絡보락轉云포닥이ㅇ棚ㅇ襁織縷爲之廣八寸長丈二尺以約小兒於背者繳抵
樞지킈會物曰繳抵小兒涎衣曰樞蓋承小兒不潔者也是以凡所會物皆曰繳轉云직ᄯ紙曰부

-262-

시짓鳥馴曰짓드리다言馴而後自營其巢也袱복俗言包子轉云보자所以裹物者金錢紙
금젼지用以飾襁等者而俗作金錢者非囊橐랑탁有底曰囊曰帒ㅇ無底曰橐並所以貯物故俗
以貧有曰囊橐랑탁ᄒ다ㅇ小囊曰周䩞轉云쥬먼이ㅇ大曰褚類轉云ᄌ루一曰口帒ㅇ梢馬子曰巨
囊轉云걸랑ㅇ袷ᄒ小橐曰纏帒젼ᄃ一曰纏帶ㅇ搭包搭連탑련馬上衣衾之包也以華音다련
誤翻爲大練
衣樣의양ㅇ衣制一襲일습上下衣皆具ㅇ襌複具曰稱襟금俗轉깃支領也ㅇ衱겁
ㅇ衿前褶젼습轉𣏼압셥交衽衽임俗訓깃바뎌貼襯長衣帆뎝俗轉뎝領端衩落차락
衽也俗轉ᄌ락褸누俗轉무衣傍襠당俗바지翻鞔듸補也俗以他布補衣曰듸닛다耑
단衣緣繙邊번변俗訓단뎝다ㅇ滾邊袖袂슈메俗轉소미ㅇ袖口紟금俗깃又曰繒紐공轉
扣縷구루轉云고름衣系也ㅇ襘紐子뉴ᄌ俗言團樞단쥬結而可解者袜搭말탑俗轉

服飾部　三十一

-263-

미듭綢繆쥬무俗轉쥬룸裙褶也
執袵집임俗轉집엄집엄攲衣上袵ㅇ袺결綻縫탄지俗轉터지다縫解也紆屈縐
屈우굴쥬굴積襞縐也襞衦간摩展衣也摫규裂帛爲衣直緒직셔布帛不裁開處
俗轉식셔又訓고든셔解緒히셔裁開處俗訓푸셔
粲粲衣服찬찬의복ㅇ鮮明輝煌燦爛휘황찬란ㅇ光明也敝袍破笠
폐포파립懸鶉百結현슌백결衣敝如懸鶉ㅇ襤褸람루ㅇ繿縷남루俅俯구戴弁
貌俗轉구부음ᄒ다𧙕𧝋록속衣聲

-264-

頭若束帶也又曰帶版子 水靴子 轉云介어ᄌ

軍服 군복軍中之服 毛笠 모립俗訓벙거지者兵笠벙갓之訛一曰氈笠전립 頂子 정ᄌ

華音당謏徽子ᄒᆡᄌ 翻 雲月 운월以色條纏之毛笠之頂者一曰雲頂兒 戰服 전복又曰

掛子ᄭᅫᄌ華音과誤翻夬子괘ᄌ一曰襜褕 狹袖 협슈如夬子而有袖者

禮服 례복禮貌之服 緇布冠 치포관其制小僅可撮其髻太古冠也○緇撮 幅巾 복건

一曰帢 儒巾 유건明朝士子冠或稱軟巾 [illegible]頭 小帽也華音감투誤翻甘吐一曰氈帽或

作匼頭者非 弁 변如今𩓥頭而或𩓥金冠猶可也至以僧徒所著一揩巾俗名曲葛곡갈當之者大

謬矣且因弁韓之弁以夫幘俗稱鐵加羅쇠가라爲弁者不識弁制而但爲幘訓故也餘詳器用部鍬下

幞頭 복두畧似紗帽國朝新恩所着 華冠 화관 簇頭里 족두리並女冠 深衣 심의

衣裳相連被體深邃故謂之深 襴衫 란삼制如團領而傍耳一葉本上士之服而爲國朝新恩所

着 道袍 도포明時道士所製而後爲儒者上服 直領 직령 褡護 답호 襝衣 염의

婦人嫁時上服俗言大衣轉訓활옷 帔 피無袖背子也類○霞帔 圓衫 원삼如俗唐衣而寬大長

至膝但袖長袂圓 衫子 삼ᄌ俗言唐衣당의以承上衣者 臉罩 검조俗言面紗면사 大

帶 대ᄃᆡ用於深衣 絛帶 됴ᄃᆡ次於大帶用於襴衫一名鈴帶영ᄃᆡ其制織絲爲之再圍腰其[illegible]綰

處有二穗鈴垂其餘於後而末相合處一大鈴

喪服 상복俗言祭服졔복 免布 문포用以免髽者 布巾 포건用以承括髮者 四脚

ᄉᆞ각건用於奔喪者 喪冠 상관俗言屈巾古制其廣恰覆人首今太狹是以有巾之名 孝

巾 효건俗言頭巾두건用以承冠者 方笠 방립編竹爲之今喪人所着文獻通攷謂之蒻骨多

者似是小栲栳속고리之轉音而方笠似小栲栳故起百是名 平涼子 평양ᄌ俗言蔽陽子轉云

펴랑이一曰襏襫○敗天公俗訓천퍼랑이 斬衰 참최五服之第一 齊衰 ᄌᆡ최通用於大

小功緦麻而特以負版辟領與衰別之 中衣 즁의俗言中單즁단 首絰 슈질用以加於冠上

者 腰絰 요질用以申束絞帶上者 絞帶 교ᄃᆡ用以束於腰絰下者

燕服 연복居常之服俗言平服평복 小襖子 소오ᄌ俗言諸子져우轉云져우리一曰襦又

曰腰襦誤翻赤古里 冬襖 동오俗轉동옷一曰綿襖俗訓솜져고리 單衫 단삼俗言的衫뎍삼

汗衫 한삼俗訓땀밧기又以綴於袖口覆手者之名 紬 背子 비ᄌ長與裙齊對衿闕旁 半

臂 반비制同背子而無袖 褂子 華音과ᄌ俗訓긴져고리 腰帶 요ᄃᆡ俗訓허리ᄯᅴ一曰裹

肚又曰褌帶 廁牏 측두俗言中즁의小汗衫 衣 胯衣 고의脛衣一作衣大者曰倒頓小褌

者曰衣 柯半 가반南史曰新羅人以袴謂柯半而今無此語 裋褐 두갈童豎所着 犢鼻

褌 독비곤袴無踏者俗訓쇠코잠방이 窮袴 궁고有前當者始漢昭帝 褌襠袴 곤당고俗

轉고장바지婦人下衣 襪子 말ᄌ足衣俗言補跳轉云버선一曰縹又曰鴉頭襪又曰䘵 行

縢 힝등俗言行纏힝젼一曰綦又曰縛袴又曰腿裹 腿帶 퇴ᄃᆡ俗言脚袒단임 褌帶子

고ᄃᆡᄌ俗言腰帶訓云허리ᄯᅴ且帶子例多組紃爲之故凡於組紃適謂之帶子ᄯᅴᄌ 套手 투슈

俗作吐手토슈 掌甲 장갑手衣 護膝 호슬俗言膝甲슬갑 護項 호항縫項毛幘而因護字

華音韓誤揮項휘항 翻 額掩 의엄俗轉익엄又以額字華音이而復沿爲耳掩이엄以二其制然

額掩環繞而掩額及耳耳掩類爲高大而反不能掩耳一曰煖帽又曰披肩○風遮풍치差小護項 腦

包 뇌포俗言額係轉云볼기一曰繃子 周留幕 쥬루막俗轉두루막이大褶至膝言穿絡在衣

表一曰周遮衣 小氅襖 소챵옷以承上衣者 四揆衫 ᄉᆞ규삼如今中赤幕俗轉즁치막

長襖子 쟝오ᄌ俗轉쟝옷袖狹衣婦女蒙首以遮面者 長 羅兀 轉云너울以黑繒爲之官

女蒙首遮面者 冠 관俗以馬尾織成有方冠방관蓮葉冠련엽관○程子冠졍ᄌ관網冠망관側注及

按羅 笠 립俗言蓋意合言ᄀᆞᆺ左傳笠轂注曰兵車無蓋遂人執笠依轂以禦寒暑人之戴笠其亦張蓋

治蠱毒故云又以染茜紅○蒨○茅蒐○茹藘○地血○染緋草○血見愁○風車草○四補草○西天王草○過山龍○牛蔓○四岳起陽草○鐵塔草

紫草 ᄌᆞ초轉云지치花紫根紫可以染紫故云○紫丹○紫芙○茈䓞○藐○地血○鴉含草

槐花 괴화俗言櫰花회화花未開時狀如米粒炒過煎水入白礬반染黃甚鮮

梔子 치ᄌᆞ二三月生白花花皆六出甚芬香夏秋結實如訶子生青熟黃可以染黃○木丹○越桃○鮮支○花名薝蔔

鬱金 울금苗似薑黃花白質紅其根黃赤將染婦人衣黃色鮮明微有香氣○馬蒁

礬石 반셕初生也而采得燒碎其色名異白礬빅반用以調紅黃二色皂礬조반俗言黲金검금可以染黑且能烏鬚鬢○涅石○羽涅○羽澤

打染 다ᄃᆞᆷ俗訓물드리다打華音다而轉云드리다

後染 후렴加染也

娟娟 연연物色鮮明

渝色 투ᄉᆡᆨ色退也

無色 무ᄉᆡᆨ色不好也

眞 진ᄒᆞ다○짓다色深之名

嫩 ○연ᄒᆞ다○열ᄒᆞ다色淺之名

服飾部

衣 의俗言襖오轉云옷黃帝時胡曹作上服之通稱所以依形軀庇寒暑者○上衣俗訓웃옷

裳 샹俗言軟兒칙마轉云치마連接襵幅者下服之通稱○帬裙군俗訓도랑치마又曰힝주치마○圍裙俗言揮巾휘건치마

袞衣 곤의繪龍山華蟲火宗彝五章天子之龍一升一降上公但有降龍龍首卷然故謂之袞龍袍곤룡포

黼裳 보샹五色備謂之黼前三幅後四幅黼以藻粉米黼黻四章

冕旒冠 면류관黃帝作天子十二旒諸侯九旒上大夫七旒下大夫五旒旒以繩貫五采玉冕前後之名

褘衣 위의王后上服

圭 규瑞玉也上圜下方王執鎮圭公執桓圭侯執信圭伯執躬圭子執穀璧男執蒲璧是謂五瑞而俗訓爲笏者誤也

笏 흘所以備忽忘者天子以球玉諸侯以象大夫以魚須文竹士以竹○明制四品以上用象牙五品以下用木以粉飾之○手版

章服 쟝복公服

冠服 관복

冠帶 관ᄃᆡ俗訓관듸

團領 단령

氅衣 챵의

紗帽 사모一曰烏紗

忠文冠 튱문관一曰獬豸諫官所著

唐巾 華音탕건誤翻宕巾

犀帶 셔ᄃᆡ俗訓셔ᄯᅴ蓋輿圖文相近因以帶訓ᄯᅴ也

鶴頂金帶 학뎡금ᄃᆡ

品帶 픔ᄃᆡ

角帶 각ᄃᆡ

胸背 흉ᄇᆡ文用鶴武用虎以五采刺紋而貼之胸背故因名焉又以雙鶴雙虎爲堂上階

木靴 목화一曰補子

朝服 됴복

金冠 금관

珮玉 패옥

後垂 후슈

蔽膝 폐슬

戎服 융복從戎之服

朱笠 쥬립俗訓븕은갓

貝纓 패영

玉鷺 옥로

虎鬚 호슈

笠飾 립식

帖裡 텰릭貼裡華音텨리故轉云텰릭上衣下裳戎事衣服誤翻天翼텬릭又或云綴翼텰릭

廣帶 광ᄃᆡ一曰匾條

胥紕 셔비帶鉤也俗訓ᄯᅴ돈以其形如錢也又曰師比又曰鮮卑又曰鮮卑小腰秀

為緞緞本履踐之帖也音하而以為紬緞之緞則仍音단○大緞대단○斐緞비단○閃緞셤단以上緞稱緞屬故緞肆亦曰閃[?]션젼而設訓為立屋者失義○貢緞공단○冒緞모단○綃緞션단○禾緞화단○羽緞우단○庫緞고단○彭緞핑단○賞賜緞샹ᄉᆞ단○雲紋緞운문단

綾羅錦繡 릉라금슈 綵緞統稱 紋 문 錦繡之文有紋曰錦無紋曰帛○縵 만 繒之無文也俗轉민又素○轉云민밥 幯幯 회회 帛聲 裂

纊 광 俗言綿轉云솜漬繭擘之精曰綿粗曰絮○雪綿子셜면ᄌᆞ 棉花 면화 出高昌國二三月下種至秋生黃花結實及熟其皮四裂中出如綿可以代纊故亦言細綿轉云솜以纊訓云풀솜而別之풀糊之謂也言其黏也○去核거ᄒᆡ○纊 모 惡絮

絲縷 ᄉᆞ루 俗言細纑轉云실○絨 융 俗言繹理細纑轉云익닌실○唐絲 당ᄉᆞ 俗訓당실 忽 一홀 蠶所吐俗以未成絲機絲俗可織者謂忽轉云올 紝 임 訓실혼임 八濫 팔람 俗以一丈轉云바

為八발以餘為濫故絲之丈餘曰흔바람 紽 타 絲數俗訓실혼례 紽 華音ユ轉音 縷 笑絲下也

團子 ᄉᆞ단ᄌᆞ 俗言緐理 풀리轉云ᄉᆞ리 緐縈也

蠶 ᄌᆞᆷ 吐絲虫俗言蠖蟻루의轉云누에初生如蟻故云○三眠三起二十七日而老自卵出而為蛜自蛜蛻而為蠶蠶而繭繭而蛹蛹而蛾蛾而卵卵而復蛜○洸냐 蠶屎○蛻 셰 蠶皮○繭 텬 俗言固織고치又曰蠶離蠶籠○蛹 키 蠶蛹俗訓본뎌이○羅 라 蠶蛾○蚢且蠶初出○連 련 蠶紙○原蠶 원ᄌᆞᆷ 再養者曰晩蠶曰蜺蠶○夏蠶曰熟蠶○[illegible]蠶神 繅 엄 繅絲以手振出緖○蹈 도 繅絲湯

木棉 목면 棉布註見上 苧麻 져마 七八尺 蒙屬剝其皮可績布苗高葉如楮餘見上紵布註

蕾麻 광마 一作蒴又作蔡俗言於作외어져의蕾麻如白桐葉團而有尖取皮作布及索○白麻마俗言織덤轉云告皮可織布而細布曰纖故以纖為麻之名○綿麻○火麻○黃麻○漢麻○雄者名枲麻牡麻○雌者名苴麻苧麻

葛 갈 一名絺綌草俗言絺綌轉云ᄎᆞ 春生苗引蔓長一二丈紫色紫頳

似攤○青葱敎덩올치蔓上白皮○葛根楊㰖入水採出粉可作食○鶏脊○鹿藿○黃斤

物色 물ᄉᆡᆨ 物亦色也俗轉무ᄉᆡᆨ文類料曰물감 五色 오ᄉᆡᆨ 青黃赤白黑曰正色 間色 간ᄉᆡᆨ 數色相雜者 純色 슌ᄉᆡᆨ 一色 青 쳥 東方色俗言豐意轉云푸ᄅᆞ 盖青者草始生之色而俗以草爲豐乙故曰豐意○深青 鴉青 아쳥 華音야○天青 텬쳥○半物 반물 黃 황 中央色 爾雅曰黃花一名麴塵取其麴生黃衣也俗以麴謂之糗麴糗屑之謂也轉云누룩故黃色又轉曰누르○糗之轉云누見飲食部乾糗註○鵝黃 아황○緗 샹 皆淺黃色 赤 젹 南方色俗言氣블기附乙附乙火之俗言也見火部○絳 강 大赤○纁 훈 淺絳○朱 쥬 深纁○丹 단 赤色 白 ᄇᆡᆨ 西方色俗言啓轉云희다言如冰啓之色也 黑 흑 北方色俗言검다 黯 赤黑也 點 綠 록 青黃色即草綠主○明綠 명록 鸚哥綠 잉가록 豆綠 두록 並淺綠○鴨頭綠 압두록 油綠 유록 並淺綠 碧 벽 深青色 綪 쳔 淺碧色 綟 담青 縹 표 青白色 紺 감 赤青色 驪色 려ᄉᆡᆨ 黑色 黃嫩豆色 연두ᄉᆡᆨ 淺黃色

綠 深紅 홍 赤白色 小紅 立홍 桃紅 도홍 水紅 슈홍 粉紅 분홍 皆淺紅○大紅 대홍 大因華音ᄃᆞ也而誤翻多紅○肉紅 뉵홍 木紅 목홍 茜紅 쳔홍 真紅 진홍 皆深紅 緹 뎨 丹黃色 紫 ᄌᆞ 青赤色俗言紫的 ᄌᆞ지 的華音지訓翻紫芝 甫羅 보라 嫩紫 玄 현 俗言紺감ᄃᆞ 緇 치 黑色 赤 褐色 갈 毛

布 沉香色 침향 黑色 黃 灰色 회ᄉᆡᆨ 黑色 白 玉色 옥ᄉᆡᆨ 淡青色○葱白 素 凡立

物飾 無

藍 람 染青草有三種槐藍染青○小藍如蓼染綠俗言促轉云ᄶᅩᆨ促小也○大藍如芥染碧俗言靛뎐又曰青黛轉云쳥듸其實一類而皆可作澱則靛亦藍也○月白 월ᄇᆡᆨ 淺藍也 月藍 월람 翠月 취월 深藍 ○靛花 俗轉쳥화 藍質浮水面者 紅藍花 홍람화 俗訓以以其花采已援出有連續之意故云其花染紅故曰紅花○黃藍○臙脂 연지 轉云영지花汁凝成者○撻赦○燕肢 蘇方木 방목 立 俗言丹木轉云다목出蘇方國其木可以染木紅 茜根 쳔근 俗言蠱毒旁轉云곡두션이以其主

梖法琅華音방랑轉云파랑之塗青者誤翻巴琅銀寶母魏人嘗得一美石後有胡人見
之曰此寶母也每月望設壇海邊可以集珠寶礦광金玉未成卝一作丱
錢전禹以歷山之金鑄幣以救人此錢之始也周太公立九府泉法體圓含方周流四方有泉之衆故曰
泉전後轉爲錢我東鑄錢始於高麗肅宗本朝和當鑄朝鮮通寶旋罷之紬用銀子而至肅廟朝始
行常平通寶錢以銅代銀故俗謂之銅銀合言돈○貨泉○孔方兄○上清童子○青蚨○子母錢○鵝
眼○阿睹○英國金錢曰色佛倫銀錢大者曰西令小者曰便尼每西令抵便尼十二○法國金錢曰拿
波倫銀錢曰夫郎錢糧華音쳔량錢穀也倉赤창젹家産財力직력財産財帛
지빅貨財緡민錢貫也帔幓비톄本裂帛不直錢者俗轉피치以當貫錢者
調度죠도日用也盤費반비俗言路資로즈○川費○盤纏○資斧客費긱비客中
之費又以充費亦曰客費又曰虛費賣買매미互市○貿易무역交易財貨收斂슈렴收錢

二十二

於衆出斂츌렴衆人出錢浩호用有餘也因云浩繁浩汗

布帛部

匹幣필폐古者上幣以珠玉中幣以黃金下幣以刀布以之行貨故布帛曰匹幣蓋布帛之廣二尺
二寸爲幅長四丈爲匹幣貴也養也謂其用匹而爲養也絺綌치격葛之精者曰絺麁者曰綌○葛
布○白越○卯花布麻布마포俗轉뵈○夏布門布中圍布○北布吉布土産布苧布저포
一作紵俗言毋枲모시蔴屬細曰絟粗曰紵○揚子方言曰高麗人謂紵曰毛苧布曰毛施背見者只取
音之近似而失方言本旨大抵所傳方言多此類○絁布○末緜布碁子布긔ᄌᆞ포俗言斑布반
뵈毾㲪탑등天竺國毛布○罽계後漢時西南國出㲪作○氍毹구유○毲毼병갈○毲廷션지
○毾毿두분○氀毲루갈出烏桓○氆氌보로出만蕃稯布종포八十縷布棉布면포俗言
木棉以華音무면轉云무명誤翻武名又以文益漸
得木棉種以來織布謂之文營又以木綿之布直云
木故棉布之韓布曰白木屢빅목전生曰生木漂白
曰白木升數多者曰細木火者曰麁木○木綿一名

布帛部 二十三

古貝或轉云吉貝綿其花爲布麁曰貝精曰氎三稯삼사緵布也俗言三升삼승洋大布
양대포洋木類繒증帛之總名○倭繒왜증紗사紡絲織之輕者爲紗縐者爲縠○縐紗俗轉쥐사
誤翻走紗○甲紗갑사○花紬紗화션사○大紗대사○吉祥紗길상사○如意紗여의사○桃李紗도
리사羅라俗言綃轉云깁○杭羅항라産杭州絹견其絲挺厚而疎○屯絹俗轉둥견誤翻佟絹
○廣絹광견○縑겸卽今之絹而其絲細緻數兼于布絹綃生絲白繒曰生綃싱쵸亦有熟者曰熟
綃슉쵸○練綃련쵸○通綃통쵸○雙紋綃쌍문쵸綾능細澤有光其文望之氷凌○大綾대능○小
綾소능○中綾즁능○貢綾공능○聖綾셩능○紬쥬大絲繒○綿紬면쥬誤翻明紬○吐紬토쥬○水
紬쥬쥬○鼎紬뎡쥬○花絲紬화ᄉᆞ쥬○改只紬가기쥬○禾花紬화화쥬○花方紬화방쥬○潞州紬
로쥬쥬○貴州紬귀쥬쥬○紡絲紬방ᄉᆞ쥬○合絲紬합ᄉᆞ쥬○十緉紬십량쥬又有八緉六緉等名○
卽于紬ᄌᆞ우쥬○輕光紬경광쥬○繭紬견쥬野繭絲織成者緞단紬緞之緞字本作段而後人加絲

貨寶部

寶貨보화 寶主璋璧琮之類俗寶貝轉云보비貝 因華音○貨通利有無者俗言財物지믈

三寶삼보 越之劒검 江之珠쥬 崑山之玉옥 四寶ᄉ보 周之砥砨지을 宋之結綠결록 梁之懸黎현려 楚之和璞화박

七策칠척 陰山之礝碈연민 紫山之白金 빅금 朝鮮之文皮문피 汝漢之黃金 江陽之明珠명쥬 泰山之曾青증청 邊山之美玉미옥

七寶칠보 硨磲차거 石次玉出天竺國一作硨磲大貝也 璊瑚만호赤玉即珊瑚也 琥珀호박見下 瑪瑙마노見下 火齊珠名似雲母黃赤色 良玉양옥見下 眞珠진쥬見下

貝패 海介古人取其甲以爲貨而紫貝爲上故俗言紫介자개又曰硨磲之轉音○貝조개婦見之腦消

玳瑁대모 一作瑇瑁南海大龜背上有鱗大如扇將作器煮之其柔如皮

珠쥬 蚌之陰精又龍珠在頷蛇珠在口魚珠在眼鮫珠在皮鼈珠在足蚌珠在腹皆不及蚌珠其品有九一寸五分以上至寸八九分者爲大品有光彩一邊小平似覆釜者名璫珠次曰

貨寶部 二十一

滑珠次曰磊砢珠次曰官珠次曰兩珠次曰稅珠次曰蔥珠且琵琶珠類故俗謂之九瑟子슬○珍珠진쥬一作真珠無孔珠무공쥬蠙珠○夜光珠야광쥬蛇珠○玫瑰미괴火齊珠

五玉오옥 桓圭환규公所執信圭신규侯所執躬圭궁규伯所執穀璧곡벽子所執蒲璧포벽男所執

玉옥 寶石俗言九瑟子슬蒙珠之訓也蓋玉有二字而玉爲珠玉之訓玊爲玉工之訓故稱玉爲九瑟之類以別於玉工之玉不直云珠也覽者宜辨之○璠玉번옥造玉

瑪瑙마노 寶石出北地南番而番非石非玉堅而且脆色如馬腦故云○珂가潔白者

琅玕랑간 石似珠者琉璃之類○石珠○青珠有光一曰放光石

珊瑚산호 生於海底石上居水中直而軟見風則曲而堅變紅色者有黑色碧色而碧者赤良야火樹

琥珀호박 出罽賓國千年茯苓所化拭熱能吸芥南蠻土人亦有燒冶者○色黃明瑩曰蠟珀俗言蜜蠟華音미라○紅而且黃曰明珀○淺黃多皺文曰水珀○如石重色黃曰石珀○黃赤二文曰花珀○淺曰金珀俗轉곰珀珀華音○黑曰璧珀

水晶슈정 一作

木精玻璃之類○石英○藥燒成者謂之硝子又曰海水精

玻瓈파려 一作頗黎生頗黎國故因名焉其瑩如水其堅如玉華音보리誤翻甫里

琉璃류리 一作流離出大秦有赤白黑黃青綠縹紺十種者[illegible]石汁以衆藥爲之始於元魏月氏人

雲母운모 石 俗言石鱗訓云돌비늘采之雲所出處

青金石 俗言青鋼石청강셕可作女飾

花班石 화반셕可刻印

文

五金오금 黃金曰金白金曰銀赤金曰銅青金曰鉛黑金曰鐵

金금 五金總名而黃爲長故俗以黃金爲金금○一曰璗○黃芽○太眞○美曰鏐○餅金曰鈑○絶澤曰銑○瓜子金○葉子金○麩金○[illegible]七青八黃九紫十赤○生金出水沙中有毒與黃金全別○砂金사금金之鎔化者○泥金니금全屑泥采者○說文云朝鮮謂金曰鍊而此是自成物形之金非金總名也金鉑금박薄金也藥紙隔金屑鎚之金已薄紙不損和如榻色久則色似烏金○鍍金도금飾物以金

銀은 白金○鍙○朱提○阿

貨寶部 二十一

路巴○元寶원보馬蹄銀○生銀曰老翁鬢得之甚難○銀鉑은박薄銀也

水銀슈은 俗轉시운其狀如水如銀燒丹砂所得者○汞○澒○靈液○姹女

銅동 華音퉁銅與金同一根故字從同金○同赤銅一曰紅銅又曰赤金俗訓구리○白銅轉云빅동○青銅出南番○烏銅오동合金煉成○黃銅俗言手錫轉云쥬셕手錫不假鍊成瑰之名而誤翻豆錫又曰白鑞又曰鍮又曰賀○自然銅色青黃如銅不從礦鍊者俗言山骨산골○石髓鉛

鍮투 俗以金字從俞轉音투又本是自然銅之精而今以爐甘石煉成假鍮故俗言爐鍮轉云矢

鉛연 青金俗言鑞皆

錫鑞 셕皆音俗言鍮鑞유皆蓋錫與鉛異類而蘊藉以錫爲鉛鉛爲白鑞故俗以鉛爲鑞皆者此也○黑鉛俗言含錫함석

鐵텰 梵書以金爲蘊伐羅故俗以鐵謂之蘊轉云쇠○熟鐵俗言鍣鑐시유쇠以生鐵再三銷拍可作鍱者○生鐵俗言水鐵訓云무쇠是不破鍋者○鋼鐵강철一曰跳鐵有三種一生熟鐵夾煉成者一精鐵百鍊者一西南海山中生成如紫石英者是也○鋑텰枝末鐵其細如鋑故俗訓銅綠曰鋑텰

針

鋌子 뎡金銀天

車 거輿輪總名黃帝見轉蓬而作引重致遠少昊時加牛奚仲加馬作人車夏桀作輿輦之始也大輅古用木至商而有金玉之飾也[illegible]車曰차 輪 륜車所以轉者 輻 [illegible]在其中故俗言輻 圍轉云박휘說輞朴回 輞 망輪外周也俗訓박휘례 轂 곡輪中貫軸以轉處俗訓굴통 軝 기轂之旁出者俗訓굴통쇠 釭 공車轂中鐵俗訓굴통쇠 軸 츅入轂持輪者俗訓굴대 軹 지軸端見于轂頭者俗訓굴대쇠 鐗 간車軸鐵俗訓굴대쇠 轅 원車前橫木俗訓멍의지ㅇ 轐 복車行軸圍故加轐使平以安俗言伏兔복토ㅇ轐 輨轄 관할轂端鐵曰輨軸端鍵曰轄脂轄利轉凡有所管謂之管轄取此義 軏 월馬輈俗轉멍의端橫木所以駕馬者 輗軏 예월轅端橫木大車曰輗小車曰軏俗訓멍에막이 輅 락軨車當胷橫木以牽者俗訓ᄉ을지 軾 식車前橫木俗訓압더나무 軫 진輿後橫木俗訓뒤더나무 楇 과車中盛膏以塗輪者 輠 과車上盛膏器 輦 련人步挽車今之至尊所御乘輿 籃輿 람여小車ㅇ筍輿ㅇ肩輿

舟車部 十八

軺軒 초헌遠望車大夫所乘一曰流軒 星軒 셩헌婦女之車 魚軒 어헌夫人之車 轎 교肩輿平如橋也至尊所御曰玉轎옥교駕馬曰假轎ㅇ上大夫八人轎팔인교下大夫四人轎ᄉ인교ㅇ士庶人帳轎장독교一日有屋轎유옥교乘轎승교一日兜子ㅇ步轎보교 雙轎 쌍교俗訓쌍가마一日駢轎駕二馬者ㅇ獨轎독교駕一馬者 假馬 가마如轎而差大四人肩任者 靠背 고비俗訓교ᄌ등레 轎子 轎華音쟈俗轉가ᄌ一日食輿 雲馬 운마雲中儀者所乘俗轉털미一日木楯

附鞍韂

鞍子 안ᄌ俗言鞍粧안장馬鞍具 鞍甲 안갑鞍衣ㅇ鞍褡兒 极馬 짐마俗轉길마爲木板跨馬背以負物者ㅇ駄鞍 馬鞅 마양鞅本在馬腹以負荷物則須鞅持之而俗以負荷物者轉云밍이 鞍屜 안뎨俗轉언릐屜華音릐馬被具ㅇ韉ㅇ汗屜한뎨轉云뎜타而뎜又俗之轉訓ㅇ

鞊鞢 口勒 구륵俗轉굴네馬頭絡銜ㅇ羈ㅇ金𠥓匝馬絡頭ㅇ當盧馬首飾 銜 함俗言嚼鐵작얼轉云지갈ㅇㅇ水環ㅇ闌口ㅇ鑣ㅇ排沫 靮 작羈之餘也下馬所執者俗言曲轡곡비卽短轡也ㅇ轡비車上控馬索也俗言長牽馬轉訓긴경마又曰坐牽좌견 革靶 혁파靶華音바轡首之革俗云혁바ㅇ扯手ㅇ繮 繁纓 번영卽攀胸俗訓가슴거리ㅇ鞦 牽鞚 견강俗言珠絡쥬락 鞅 앙肚帶俗訓빗더 韂 쳠俗言大韂다래大華音中韂優皮也所以垂鞍左右者ㅇ障泥一作韂 靽 반馬韁也俗轉밀치ㅇ在前曰前纓在後曰坐纓又曰包藁皆使牛馬不得自縱者ㅇ鞦ㅇ鞦 鐙子 등ᄌ馬鞍兩旁足所踏者ㅇ鐙鞘皮俗訓등ᄌ샤 鞭 편馬箠也俗言策竹칙쥬轉云칙쥬 鞍䪊 안롱馬被具䪊一作籠國俗有品職人以之備馬故挾鞍䪊前排兒因名鞍䪊

馬樁子 마쟝ᄌ繫馬杙也俗言馬樴마듕轉云말둑ㅇ楬橥갈뎌表識杙也

附鞍韂 十九

曰衆飾皃蠻上及於犬馬者 **軍樂** 군악 見上樂器 **刀劍** 도검 見上器用

舟車部

舟 奇黃帝作一曰伯益作刳木以行水者俗言 離船後也而統稱焉○水鞁鞋○盍鷁○青翰○비

刀小舟○凡日本人舟名 **大同船** 대동션 漕運大船 **撓艇** 뇨뎡 이小船 轉云면뎡 **賃船**

임션俗言[illegible]船 **輪船** 륜션宋時楊太作 **火輪船** 화륜션洋人作汽曰[illegible]船

[illegible]水運輸之名 **軍艦** 군함 敵船 **艨艟** 몽동 禦敵船 狹而長 俗以木椎亦曰艨艟

몽동取狹長之義 **艄船** 쇼션 兵卒偵探者一曰金翅言迅疾也○又船尾曰艄俗訓고물 **艡**

突俗당돌 艓이漁舟 **舳** 奇船後持舵處俗訓고물 **艫** 노 船頭刺櫂處俗訓이물 **錨** 모 以鐵索貫錨

投水中使船不動揣者一曰碇 딩 俗訓닷 木碇以木為之 **䌰** 소 帆維也以長木為之所以掛帆 **舷**

현 船邊俗訓비젼 **櫓** 노 一作艣進船竿也俗言梢刻而梢華 音산轉云상아비誤翻沙牙大○長大

曰櫂櫓短小曰楫統謂櫂為 **桅** 위 船上帆竿俗訓돗대蓋俗誤以檣桅也且以席為帆故席亦曰

돗 帆 颿通風張 中颿俗訓돗 **篷** 봉 織竹夾箬以覆舟俗言篷 딩轉云돗又曰篷 달覆舟篷俗以

蔑為之蔑亦曰달○ 烟子ㅎ자 又俗訓 **纜** 람 維舟索俗訓비줄 又曰綍 **舵** 타 以正船木 張平作柂

於船尾俗言鴟 치 轉云키一作柂 **艕** 以承撬者俗言轉云노兵 **櫂** 탁 繫舟杙俗訓

빨 **落** 除 中布薄木而載物謂之 本船行誤入水低者今船 **艍板** 판 轉云 俗

舟伯置長板船首接岸以通往來者一作跳 **浮橋** 부교 舟構俗言船槍 창○桁 형○跳 양 **桴**

부 一作桁編木渡水俗訓 筏 벌 一作椑 ○灌 횡○簰 패 **裝載** 장지 俗訓빈짐실다 **漕運**

조운 水轉而運 **刻匠** 火故俗又謂火匠 手而 **梢工** 梢華音산 轉云사공

俗訛云沙工○篙師 **閣船** 閣着沙不行俗訓빋 艭 거 **淦** 감 水入船中 **淪** 水륜

中 船也 **潛** 余 여 **魘** 치 다 泅也 **暗礁** 船行所暇俗訓물○暗夾 **欸** [illegible] 리이

艪 歌

軋箏以片竹潤其端而軋之 箜篌 공후漢師延作二十五絃○坎侯○擘○鼙侯 筑 축似箏而

十三絃以竹擊之鼓曰筑 笛 뎍黃帝臣伶倫作周時已有之或曰漢時李延年作又曰丘仲作張騫入

西域傳其法皆非也俗轉뎌七孔箫○羌笛起有羌人 簅 산大籥似笛三孔而短 觱篥 필률

俗轉피리篳樂以竹爲管以蘆爲首狀類胡笳○一作悲篥 胡笳 호가伯陽作似觱篥而無孔又

卷蘆葉吹之俗言胡笳호젹者非 角 각本出羌胡以驚中國馬一曰黃帝與蚩尤戰吹角以禦而角

聲悲切則俗書參者非是○又以金爲鉊者曰號角호각 洞簫 통쇼俗轉통쇼大簫

曰簫小簫曰笛無底曰洞簫帝舜作○參差 篪 지藕成公作尺四寸八孔而一孔上出横吹者 梆

방截竹留兩頭旁穿小孔擊之有聲邦邦然俗訓방방子 笙簧 싱황女媧作以匏爲之列十三管大

笙曰巢十九簧小笙曰和十三簧簧笙管中金薄鐷 竽 우三十六簧 壎 훈燒土爲之銳上平底形

似稱錘八音之土樂一作塤○鉊ㅍ大塤音大如吽呼聲 缶 부土器秦人鼓之以節樂今俗四月八日

器用部 十四

-229-

設盆水泚鏡其上叩之名曰擊缶而俗訓杖鼓장고者非 革鼓 혁고俗言桴擊合音북伊耆氏作民

爲椌革爲面以擊爲聲音之長○大曰鼖小曰鼗一作鞉如鼓而持柄搖之旁耳還自擊鼗之大曰麻小

曰料又曰小鼓고○鼙椌俗訓북대○宮宮轉云둥둥閶閶궁궁皆鼓音○鼛鼛轉云쟁쟁鼓聲震地

○鼕鼕동동鼓聲○鼕잡打鼓邊聲 腰鼓 요고俗言杖鼓장고 鞞 비軍樂帝嚳作 柷敔 축어

形如伏虎背上有二十七鉏鋙以木長尺櫟之柷以起樂敔以止樂 音律 음률統稱風樂풍악 闋

결樂一終一曰成셩

軍器 군긔兵器統名 兵仗器 병장긔戎器 五兵 오병戈殳戟酋矛夷矛 弓 궁俗

言活활黃帝臣揮作一曰少皞子般作一曰倕作以六材和之曰幹角筋膠絲漆○角弓○繁弱○龍淵

○烏號○柘桑○弧○木弓○櫜고弓衣○韜○弢○韃○彄弩端絃所居俗言彄子고不○彀率子를

彎弓限也俗以凡有覘模通謂之彀率 弩 노俗言箭弩並노弓末曰簫中央曰弣簫弣之間曰淵弩

-230-

有柄臂故曰箭弩○連弩○拳 矢 시俗言살周禮八矢有枉矢絜矢殺矢鍭矢恒矢痺矢之名而殺

矢傅毒藥鏃最重中之必殺故取意於殺黃帝臣夷則作一曰牟夷作○中箭答전살箭受弦處俗訓오늬

○弦현弓絃俗訓시위○龍頭俗訓고도리○羽箭白羽○金僕姑○星鏃○鏃족矢金俗轉족○繳矢

弓시以繩繫矢而射也俗訓주살○弗即繳之謂也矰弋○筒箇동긔盛矢器○箭鞍○交韔○魚腹○

○箭筒○冰○箙 決 결俗言角指각지轉云깍지扱矢時著右手巨指以持弦者○韘

拾 습射韝也著於左臂以遂弦俗訓팔지○遂슈以韋爲之其非射時則謂之拾拾斂也 帿 후射

帿也俗言射布사포轉云관포又合射帿云솔○樓革於中曰貫革관혁○射垛曰堋븅○的젹 槍

창俗作鎗非是○本刻木傷盜者俗以戈戟之屬統謂之槍창○矛모鉤兵長二丈○槊삭矛長丈八○

戈과如戟而横安刃但頭不向上用以鉤害人者○戟극有枝兵雙枝三鋒爲戟單枝爲戈○殳슈長一

丈二尺無刃有所撞俗訓홍몽동이外加紅采鉞云○酋矛슈모二丈○夷矛이모三尋○棨계戟之有

器用部 十五

-231-

扮指 반지

衣者○鋼叉강차三枝槍 干 간俗言彭排방패轉云방패言在旁排禦敵攻一作防牌○盾 礮 포

石本范蠡兵法飛石重十二斤機發行二百步一名單砲단포○後世易以藥鐵謂之放砲방포一曰

彈砲 銃 총本訓穿也而俗假借爲鳥銃之銃音총 大碗口 대완구轉云대완구其西洋砲 鐵

丸 환俗以裝銃射人者○鉛子○彈丸 火藥 화약所以裝銃起火者○裝藥 火箭 화전

俗言勝起箭승거젼用以爲號者○火燎箭 鹿角鐵 록각텰俗言拒馬槍거마창 鐵蒺

藜 질려俗訓말음쇠 號旗 호기標旗○旗脚俗訓기발○旒旗之屬非一而俗言統謂之旗○旌

纛 독俗轉둑皂纛軍中大旗以犛牛尾爲之如斗 兜鍪 두무俗言頭盔투구○首鎧 甲

兒 갑옷俗訓갑옷○明甲○鐵甲○鐵衣○鎧甲統謂之甲胄갑쥬火康子輿作古用皮秦漢以來用

鐵鐎 쵸俗言刁斗됴두軍中晝炊夜擊之器 軍幕 군막帷在上曰幕軍旅無常居以幕爲府

曰幕府막부○卡잡地方設兵立塘謂之守卡 象毦 상모結毛爲之雖以雜毛爲之渠帥以象毛

-232-

股動고동機之動者背挾子비협ᄌ俗言機지게負物機支模板子모판ᄌ如俗茶
食板다식판飥板떡판盛子회ᄌ俗言骨끌統桶物中亘範楦훤履範俗訓철끌一作楦鞴
비韋囊可以吹火俗言風扇轉云허풍손이○排𩋟檃括은괄正邪曲檃以揉曲括以正方俗訓
도지개○比○檃杷剪板젼판所板備鍊繚者檈션俗言摺理機가리틀以
編轉軸為器者剞劂긔궐俗言刻刀각도礪石슈뎍俗訓숫돌所用之礪礪石磨玉工
碌刻工轉云렴석○粗曰礪細曰砥
針침俗言綮縷轉云바늘以針刺衺而為綮縷故仍以針謂之綮縷以別於砭人鍼故紩衣者曰縫鍼
鈹鍼피침天鈹可以紩帶故俗訓돗바늘針札침찰簇針具俗訓반늘계뵈頂鍼뎡침
俗言骨帽골모以骨冒指而拒針者尺척俗言자尺所以度長短烙鐵낙텰俗言轉云인두

器用部 十二

細展也烙화두俗言熨熨耳轉云달울이持剪
鐵展衣也火斗火展繒者○熨斗○運斗○鍸鉆
刀젼도俗言鈹華音잔捧搥방츄擣搠棒요방俗言
轉云가외縫人裁刀衣杵橫擣亇轉
云홍두긔○赶麵砑石○아뎍俗言棒搥石방츄돌皮
棍俗訓덕홍두긔鍛擣石轉云다도미돌
鍬子피츄ᄌ俗言鑿刀轉云무듸剝去皮裡薄肉者
其刃如鑿唇而且鈍故俗以鈍刀通謂之鑿刀
○輕달俗以柔輪圖륜도俗言指南鐵지남텰○羅
皮謂之달으나經나경俗言紙輪圖지륜도
篋子무ᄌ用調采色者俗以篋
旁莫字因音막ᄌ○籠搥
器品긔픔○瓠落확락俗轉쾡ᄒ다淺而大也○漭
薄랑박俗轉랄팍ᄒ다至薄也○浮부俗轉푸
ᄒ다虛鬆허숑俗轉허순ᄒ다輭연ᄒ다不堅也○
質朴질박俗轉질팍ᄒ다質鈍질둔ᄒ다鈍朴둔박
俗轉둔팍ᄒ다粗實也○敦厚돈후俗轉둔흡ᄒ다
敦篤돈독俗轉두둑ᄒ다固ᄌ俗轉굿다堅實也○
蔑葦如가부여蔑葦至輕薄故俗為輕訓○輕捷경
捷不鈍也○精정ᄒ다精潔정결ᄒ다介潔也○絶

品절픔希罕희한ᄒ다希貴희귀ᄒ다皆好也○離
豆ᄃ凡物以離為好故好曰離○苦惡고악俗轉고
약ᄒ다陋麁루츄ᄒ다不好也○同矩동ᄌ다四方
上下同矩者圓也○侔모지다平拊也俗以方為侔
○楕圓타원狹長而圓○盬盬華音편편平衷也○
鱔得巴드俗轉번ᄯᄒ다本草之平方而借用於凡
物平方○菫菫ᄌᄌ俗轉ᄯᄯᄒ다相黏也○望氣
ᄌ거俗轉ᄯ거有黏意○炟炟츠츠ᄒ다半軋也○
成셩ᄒ다成器也○開裂ᄭ결俗轉ᄭᄭ려지다裂破
也○碳챵以瓦石沉物去垢甚而開孔者俗訓챵나
다○璺문器破未離也俗訓금가다一日皴피
○壓瓶려협瓦擴破聲○碉碉皆破物聲
樂器악긔俗言금죵俗訓쇠북炎帝臣伯陵作
風流풍류金鐘一日鍾作金樂大日鏞中日剽
小日棧○懸鐘者鎖喇쇄라華音소鎖吶쇄납一日鎖哮
橫日筍從日簴라軍樂笛호뎍軍樂
囉블라軍樂吹要衆喇叭라팔轉云라블鉦경俗轉증所
兵起身執器站立軍中吹器以止軍者以
金為鈴鐺령당以金為圜形半裂鋼銅珠於內錞于
之以鳴之為警備故俗言防莧방울

器用部 十三

錞우形如鐘有舌鼓磬경石樂有特磬編磬居句為
今鐃鈴요령○舌鼓磬之○編磬股廣三寸長尺三
寸半十六枚同一筍簴○亦有以金為之故方響방향
俗訓경쇠○形非俗句小鈸亦云風磬者非
以玉石為之○太和九年琴금神農氏削桐為琴繩
宮人沈阿翹進白玉方響絲為絃本五絃文武增
二絃又曰伏羲作俗言黙隱和어은고蔡邕用爨人
焦桐為之其尾尚焦故曰玄琴又曰焦尾○絲桐○
遊鐘○絲綸○流徽○徽者表節具玉之名而誤訓
為絃者非矣又俗云쾌則者古無其名則起撥變例
奚琴혜금本奚胡樂唐時始傳伽倻琴가야금俗轉
中國或謂嵆康遺者訛가야고駕洛
國吹希王製吹希即首露王洋琴양금出自洋人
大代孫或謂崔致遠造者非以鐵絲為絃瑟
슬庖羲作五十絃黃帝分為二十五琵琶비파本胡
絃即琴類而或訓為琵琶則誤甚中馬上樂
興於秦末長三尺五寸而四絃推手前曰琵引手却
日琶又自下逆鼓日琵自上順鼓日琶一作批把○
鉚琵○龍箏정秦人父子爭瑟中分之因名焉一日
唇○忽雷箏蒙恬所作本十二絃後加一絃○唐有

國因伽倻加羅之聲相通且以弁爲加羅而鍬末屬
柄形亦似弁故鍬亦俗言加羅가라訛翻爲加来
鍤삽揷地起土者鍋耳과이俗轉광이大鋤也○钁頭○尖鏺쳡쳡俗訓곳광이訛翻廣與鐵
杷子철파ᄌᆞ俗訓쇼시랑耮로摩田器俗言翻地번ᄃᆡ旣耕以板撈覆者○所謂羅소헐라以縱
橫摩平田土者一名木斫曳介轉云끙기所以覆者編多枝木爲之鋤鑊서작俗言薅苗轉云
호미所以去穢助苗者桔槔길고井上轆轤及水灌田者○庫櫨호로庫字下從手俗因謂두리
本船中漉水器而今當人家抒水具○斛○水手○木角○招纆緵전취井索兩股繩曰緵三股編
曰纆○綆경○縲繘소올銍질穫禾短鐮鎌刀렴도제草鉤俗訓낫簿栅박치轉云발재
簿簾也編木如簾架機負物者去連耞돌련가轉云돌이引打穀具○梜앙攝殳셥슈打穀
架俗訓리상又曰連架因以穀穗俗稱攝殳셥슈畚번俗言從土管人토거轉云삼태기○招人
○土簣○糞手虆梩누리從土轝俗言轝車轉訓들것○擧與曬薦쇄쳔晒穀席俗言網席轉

器用部 十一

명덕
漁梁어량俗言漁箭訓爲어살列竹海灘以取魚者○簿子○簖○大曰滬호小曰罶류○籪○笱
瀆○罨罨호捕魚具其洞可入不可出俗言洞籠통반轉云통발○籗網罟망고俗言罝罞
그울轉云그믈結繩以漁者○網俗言別理벌리自俗言罟고轉云罛扮罾반증轉云반두미撈
魚網栫존以柴木壅水取魚者○筌釣鉤丘子俗言落時락시落時本門之逵壯樣以樞牢固
者即俗云되젓쇠以其曲如漁鉤俗以漁網亦云落時○荃籤옥찌○浮子부ㅈ釣緣所繫荻梗○落
子釣鐵거시漁鉤逆鱗俗言落時叱刺락시비랄俗轉비올○鉤子倒鬚笭箵령셩漁具小籠
簎착以杈刺泥取魚
紡車방거紡絲具俗言文纑문로轉云물레麗朝文益漸入元得木綿種以来又作軠絲具故俗加
其姓謂之文纑而有轉云文来문릐者○棞와○小者曰紡具文纑방ᄌᆞ물레○文樟皃絡絲具俗言籰纑

원로轉云얼레○一作篗即籆絲纑車○籆확壓車압거去棱具俗訓씨아壓華音야砣落
타락俗訓랄ᄃᆡ所以紉繩者杼柚뎌튝織具杼受緯者俗訓排緯비위轉云북의一日筬又曰滕
○柚축受緯者俗言笭부轉云북一日梭○經俗訓바디○緯俗訓늘○筬筐셩광俗訓북의집杓凡진
織先以糊刷縦經使不亂出俗訓사춤절枸杖진장俗訓사춤대綜線종션俗言枸兒而枸
○華音인轉云잉아○綿縎子잉아대滕梭승사即杼柚也布帛精麁以滕梭別之故謂之승새定
桿뎡한維著絲於莩車也俗訓가락○鐵筳○紡絲鋌樓부機持縎者十字車십ㅈ거凡
織先排經絲者俗言摠摔訓爲돌꼇排
杍ㅈ木匠曲尺곡척俗訓자ㅈ篗심工人漬筆俗訓먹[illegible]墨線묵션俗訓먹줄鎊子
분ᄌᆞ俗言斫器轉云자귀斤也鐁鏟산俗言枸鉼轉云각ㅈ獨頭斧斧子부ㅈ俗言獨斤轉云
독거推鉋되포華音뒤반轉云되퀴斤有高下之跡彌而平者○彌미俗言미타遑鐋번랑

器用部 十一

平木者先磨其遑使之直者開鐋리량鑿開木道以発蓋板者鋸兒거아鐵葉爲齟齬一
左一右片解木石者俗言吐吸돌言徙来切木也○大鋸俗言巨鋸轉云근거鑿子착ㅈ俗訓끌所
以鑿木者鏨鑿大鑿鑿잠小活鑽활찬俗訓활비비用以穿物者○穿鑽○鐵鑽錐
子긔ㅈ穿物銳器俗訓송곳欓잔木鉀巴鍋파ᄀᆞ轉云바곳訛翻朴串鐵鋌텰졍轉云
마치○釘鐵鎚○老鶴鉛俗訓장도리鑄鑵노관煎膠器俗言陶鑵轉訓부에도관이鋸末
거말俗訓됩밥鉋花포화俗訓대패밥柹폐削木札俗訓나무지저기
杇鏝오만俗訓흙손塗泥具○泥鏝○鐵鏝泥托이탁俗訓흙받기承泥具
釘뎡俗轉云治石具○鏍手斤子천근ㅈ俗言地刂以運動大石者
火鑵子화관ㅈ俗言陶鑵도관이用而鎔金者○坩鍋鐵鉗텰겸俗言執擧집게所以持冶
器鑿○鎔者○鐲鉄○錙○鐵錐子텰쵀ㅈ俗訓줄○최ㅈ鑢子鐋당俗言鏟찬所以摩平金木者

大匜대이俗匜字從也因音아洗手器也。說郛東人以盂爲大耶云者取音無義
甕器옹긔俗以統稱陶器又曰壘器옹기轉訓질그릇壘燒土也又曰烏埴오지埴華音지烏黑也
言以黑土燔造也 陶器도긔俗以甕當之轉云독。甓。甈 栝落비락轉云버리이 軍
持군지轉云분지。俗謂汲水罌曰長軍장군 甂중有底曰甗無底曰甑黃帝作俗言水漏轉云
시루。鎦우。甑箄兒중비아所以蔽甑底者俗言甑밑轉云밋訓爲시루밋。甑簾兒중렴아 湯
罐탕관炊器 缸兒 缾항아리小罌 盤缸반항밧항이轉云 缸이俗言中陶缸중도
리言中甕也 盆분俗訓동의又種花草者曰盆분 䍃筩항통如甁長頸小孔受書器 撲
滿박만盛錢器言滿則撲之也俗言吧吧哩轉云벙어리言如人之啞也 磁器ᄌ긔俗言砂器
사긔 磁盌ᄌ완俗言盌子轉云문쥬 竹器쥭긔以竹爲者 簏록男以藏書女以盛粉脂俗言
筐子광쥬리 栲栳고로俗轉고리誤飜爲栲栳一作筹笔。方者曰方栲栳바고니。小者曰小

栲栳쇽고리。圓者曰團栲栳동고리一曰簞 笭箵령셩竹筥直文而龜者俗言行擔헝담 箱
子샹ᄌ小筐 篅器둔긔受米穀器俗訓둥굼이 籠롱杻櫃俗訓재롱蓋杻之俗名싸리戕之
爲兜材直云材而華音재故凡杻器皆云재그릇。鳥籠丘롱以杻爲之形如二層甁塗以茵蓧置生鳥
於下層掛之樹上以誘鳥入而不出故俗以甆之二層葫蘆曰丘롱박小兒刻木爲佩者亦曰丘롱凡物
之大小格子者皆曰丘롱故人事之不全者又曰鳥籠福丘롱복 篘츄俗言漉水용슈籠酒具。籆
쌍。箏강 竹籃쥭남古落種具俗訓다락기蓋竹訓디而轉云다落器락거轉云랏기 寠籔구슈
以盆盛物戴于首則以寠籔薦之形如環蓋今所謂頭安轉云또아리 竹夫人쥭부인凉寢竹
兕。青奴 杻盤츄반轉云재반
梳洗具소셰구 櫛즐理髮具梳篦總名俗言篦비轉云빗疏曰梳細曰篦一作枇俗以梳曰
擘巨篦얼거빗篦曰眞鑷摘物拔髮具俗言促鑷篦訓云참빗。鬢師鉗拏轉云족집게。象梳샹

소以象骨爲之搔首亦以摘髮者 網巾망건以馬尾結網爲巾者明加道士之服太祖命頒天
下無貴賤皆裹。編諸편저一曰縈織絲爲條俗以網巾邊編謂之偏諸편ᄌ 風簪풍잠所以繫網
巾縈風整冠者 圈子권ᄌ俗言貫子관ᄌ有金玉骨角以別貴賤而貫條以整網巾者 步搖
보요釵也女人首飾有金銀寶玉角木之別而俗言比余비녀比余本櫛髮具而借名焉。鈿。簪。笄
耳環이환俗訓귀에고리。耳珠。璫 指環지환俗言柯落持가락지柯落指之謂也。條
脫。戒指兒。拚指 鏡臺경딕鏡奩所以藏粧奩者。諸具曰成亦所入셩적소입 耳匙이사
所以取耳垢者俗言耳空介訓云귀우비所空華音와而轉云우비 楊枝양지漱口刷以楊木爲之
齒。說郛剔齒支誤[illegible]云養齒 胰壺이호俗言飛陋箱비누통胰一作膩以之去垢者
牙叉兒아차아剔齒具俗訓니쑤시게 孝椿子효츈ᄌ搔背具俗訓등글기
祭器졔긔祭神之器 交椅교의奉安神主之椅 祭床졔상進饌之床 座面紙좌면

지俗轉자면지用以鋪卓上者 香床향상上香之床 簠簋보궤盛黍稷器內方外圓曰簠內圓外
方曰簋 籩豆변두竹曰籩木曰豆 匙楪시뎝承匙箸器 餅托병탁俗轉뎍틀承餅器
炙托젹탁俗轉젹틀進炙器 果器과긔祭以果品爲上故祭器多以果器稱之 香爐
향노上香爐 香盒향합貯香器 茅沙器모사긔一曰降神兕 欹器의긔周公廟器
滿則覆中則正虛則欹
農器농긔 蓑笠사립俗訓삿갓蒻一曰夫須一曰臺所以爲蓑笠故亦曰臺笠所以禦暑禦雨
者。斗篷두봉 蓑衣사의雨衣周身者俗訓누역覆背者俗訓도롱이蔽膝者俗訓이슬치。襏襫
犁이耕具本后稷之孫叔均作魏皇甫隆改作耬犁故曰甫鏵보삽轉云보습 鏵子화ᄌ俗言
別볏轉云볏劃地以分別者 耒뢰手耕曲木上曰耒下曰庇俗訓따뵈 耙파如犁橫潤多齒以
破塊者俗言齒兒轉云셜레。欋四齒杷 鐵鍬철츄臿類。弁韓因伽倻山一曰加倻國又曰加羅

자루○信刀受柄處俗轉合베○菖蒲劍 寶劍보
창포검兩刃刀○刺兒갈이刃也俗訓갈랄 검
鐔劍口○是劍鼻○鞘刀室○韜劍衣○巨闕○太
阿○龍泉○蔥○闕中秋泉○干將○莫邪○靈寶
○盂 磟石 碩刀작도剉草器○鍘살華音자 夾刀협도所
磨石○碩 鍘床俗訓작도밧탕 以剉藥
者 酒槽酒具주조 壓榨 榨俗訓부지뒤○撥叉
文房문방俗以房中之器總稱 册架책가俗訓 册匣
文房○四友見文學部 책거리
册床책상 書几 典 文匣문갑 藏文書者 木器목긔 木物목○
칙갑 藏書櫝 小於櫃者
물 橨장俗字不載韻書○俗以二三層櫃謂之橨○
所書曰册橨책장○藏衣曰衣橨의장○藏飮
食者曰饌橨찬장○撓邊小櫃궤 藏器 積독 凡緘 千
橨訓曰머리장以其近頭也○櫃之大者 積 藏物
眼廚천안 유俗訓각기소리言各格小裡也○ 函함
抽替 俗言舌盒설합櫃之橫抽者 櫃
之下覆者俗 朱栢盧家訓有
以用之納幣 鎖鑰쇠약俗訓자물쇠 閑鎖門户必親自點檢之文俗以

閑鎖謂之點檢而轉云否게故以鑰為點檢之全也
○鑰是俗訓열쇠開金之謂○鎖穿俗訓청即社之
也轉音 時計시계時表蓋古漏水之變制也○自鳴鐘
之則報時而鳴 鏡경俗言掛月轉云거울 本鑄銅為之形圓而明故
時而鳴 舜臣尹壽作 施肩吾詩有龍盤
掛月之句後世易之以玻璃有石鏡 鏡면경大曰體鏡체경○銅鏡○菱花○火齊○小
日面鏡 之名○
眼鏡안경一名靉靆出自西洋明時中國人始學造
焉○與眼平等者俗訓맛보기○老人鏡俗訓
돗보기○玻璃造成者 火爐화로蓄火器○火牀○
因華音보리誤翻甫里者 香爐향로○博山○寶
鴨○風爐풍로 烟臺연대一曰烟盃所以吸烟具○
迎風自爇者 俗訓담배뎌 蓋以烟茶一名淡
巴菰故也○水烟筒 夫遂부슈如今火鏡화경以艾
슈연통 置水吸烟者 承影於日者俗以鐵叩石
得火者曰부시謂之 滓板지판俗以灰為滓 夜壺요
火鐵之訓者非是 蓋謂承灰之板也 강
俗言溺缸요강外國人畫 唾沫盆子타말합 俗
不設外故曰夜壺○械위 言唾具 라子 燈

檠등경 燈檠具○光明 持有燈
以紗為衣者一曰紗籠 俗 ○石燈盞 등잔有
紅白 燭臺촉대轉云죠 燭具○燭籠 燭具
二種 有衣者○燭串之五 지 所以持燭具外
國人以燈為盞乞無義○心炷심쥬俗轉심지 火爐
所著者○玉蟲○燈花등화 火燼結花者○紅羅炷
臺轉云라죠 뒤○臥龍燭 蠟燭以其色黃也又訓밀
臺 외룡촉 竝用之 蠟夕 蠟燭 밀
초 蠟為蜜滓故 黃燭 俗言黃燭 초
以蠟直云蜜밀 肉燭 脂燭也 羊脂燭 產外國 油 유
可燃燈俗言脂飮지름 簾렴俗言箔발 一作簿轉云
○石油 유 出石炭 ○篷 ○門簾 子 문
帳 帷幕 유막 幔之在旁曰帷在上曰幕小幕曰帟上
帳 下 四旁周悉曰幄 俗言帳幕장막○空中仰
帳曰遮 屏風병풍八疊十疊相連以障風者○二疊
日차일 相連曰曲屏곡병○小屏曰枕屏침병
揮椸휘이 俗轉홰 懸衣 衣桁 의힝 俗訓옷
具直曰揮橫曰椸 거리○ 衣架 床상所以安身者
俗言平牀평상○交椅교의○藤床○繩床○ 榻 탑
胡床○梯橙 제등 俗言橙床등상 所以挑足者 床

之長狹而卑者 簟席 덤셕 竹席俗言簟籍 轉云삿자리○
又曰棹도 轉云矢俗以席為棹 帆故云
○席次셕차 席間○茵席인셕 臺薦○蒲團포
단俗轉포단이○藤輪○坐褥俗言方席방석 席子
셕 俗言籍 轉云 자리○ 繡紋○龍 地衣 디의 俗
鬚○桃笙○蕥簟○方席방석 坐席 言行步
席 滿花席 만화셕 草性柔韌折屈不損華人甚
보셕 珠之○龍鬚席○登每俗轉 등미 隱
囊 은낭 俗言按席 안셕○案息 안식 杖 장 所以扶持
又曰按式안식 人所凭者○几궤 而行者 俗言
持欄 지팡 轉云지팡이○ 扇 선 女媧始以草結為之
枴杖○柱杖○扶老○笻 ○篷 笪 周武王始作扇
之別名今摺扇初出倭俗以其簡易天下同尚○俗
言拂材 불지 華音부채轉云부채 拂吹也以扇為吹
具故也○ 扇墜 선쥬 以貝物 傘 산 繖 雨蓋日可以卷
便面 편면 或名香為之 舒者○雨傘 우산○
日傘 일산○陽傘 양산 說郛云東 書机 서궤 俗言
人方言謂傘為聚笠者今無此語 考備 고비
鍮器 유긔 鍮本音 투 因字旁俞俗轉 유 鍮 卽 鑄 與 爐
甘石相半煉成者 故俗言爐器 轉云 矢 그릇

器用部

器皿 긔명盤盂之屬○俗言其能轉云그릇謂其各隨其能也又曰什物집물謂其常用之物其數非一也又曰世間셰간謂其世間所需也 岀 긔轉云게다盛物於器 昆吾 곤오圜器 盖 개俗言頭盖轉云뚝지所以覆器者 鐩 상俗訓뚝지盖俗以最上曰高大起而轉云뚝대기故凡在上曰뚝如頭曰뚝두器鈕之為뚝지是也

食器 식긔俗言盤床반상飮食之器 周鉢 듀발飯器 盌 완俗言沙鉢사발小盂也 湯器 탕긔俗以羹為湯 鍾子 종ᄌᆞ酒卮也俗以小器如酒杯者當之 甫兒 보아俗言沉菜甫김쳐보小器也○甌子 楪子 뎝ᄌᆞ轉云뎝시 錚盤 징반以銅為盤其形如錚錚鉦也 榼 합貯水器○一作盒○盒찬합○酒榼쥬합 ○鍑 缾 병長頸口器○壺 銚子 됴俗言酒煎子쥬젼ᄌᆞ 盞 잔酒杯○○樽○觴 ○罍 沙鑼 사라轉云소라鑄銅為之形如盆單旅以為槃亦為盥兒俗云밥소

라一作鐥鐺소노銅兒也 匕 시俗言留匙合音숟一作匙取飯具○匕柄曰柶숟총 箸 뎌一作筯以枝拾物者挾提○快子 桃 됴長枋可以持物手器中者 茶鑵 차관煎茶器 樏盤 션반俗訓두리반○小者曰小盤소반承食盤 卓子 卓華音조俗言卓子床조ᄌᆞ상高足床也○八仙卓子팔션조ᄌᆞ多人會食之盤○之盤交子床

釜鼎器 부뎡긔釜黃帝作化生成熟器○有足曰錡긔無足曰釜부○鼎뎡熟食器俗言小鍋合音솟以別於大鍋 鬵 쟘鬵大下小俗言鐺鍋감과鐺甑也言如甑之鍋訛翻가마 鑊 확鼎大而無足俗訓두멍 鑼鍋 라과華音로고○鏊子即鏊煎鉄俗訓지짐ᄯᅥ에 荷葉鍋 하엽과華音허여고俗以鍪散者謂之허여지者本此蓋形如荷葉○南飛古비 鍑 복形如二甂俯仰合甗邊稍著上有小口口上載扁以熟物俗訓고오리蓋俗以爐火而煎曰膏熬고오則고오리云者言其為膏熬兒也○稍著俗轉ᄶᅡ자리 鋌 뎡置熟物兒中環以通氣之管中置蒸飯之具下致水火之齊

俗言湯鍋子탕고ᄌᆞ○神仙爐신션로○熱口子열구ᄌᆞ 杓 쟉所以抒挹者俗轉쟈一曰斟杓子쟈轉云국쟈○泄杓셜쟉俗轉엳쟈所以撈油蜜果者一曰漏杓 斟鐵 ᄌᆞ희俗轉ᄌᆞ긔本以蠡為鐵而斟物者俗以銅鐵為之 笊籬 조리撈飯具一作笊篚○或作照漏鈎來者非 榪杓 마쟉俗言注箕轉云쥬ᄀᆡ○橑○飯甬○箱 俎 조載牲器俗以小者曰刀榪도마所以切肉者一曰切板○大者曰按板華音안반所以按搓粉餅者 榔頭 랑두打餅具俗訓떡丕本메謂其高荷而打떡曼生

結實剖而為器者後世以木為之亦仍其名○小者曰瓢子표ᄌᆞ可為飮器大者曰匏포一作瓟瓟又有박音故俗以匏為박者本此而新羅史云方音以瓢為朴朴字遂沿為瓢訓無義甚矣○齒瓢俗訓니고박謂其齒生瓟니쎤박也○小瓢曰促瓟轉云쪽박促小也○大瓢曰함지박大的之謂以大為夏之轉音也 磨兒 마아旋轉碎物者公輸班作俗轉매又云망○碾子華音년ᄌᆞ 磨盤 安磨之盤俗轉매판 杵臼 뎌구舂具俗轉뎔구本伏羲作一曰黃帝臣雍父作後世借身踐碓而利十倍 碓窩

디와俗以碓字之似確字因音확謂之방아확○水碓碓上流設水車轉輪與碓身交激使自舂○轆車○踏碓답設ᄃᆡ以脚踏舂 杵 러俗言杵臼棋뎔ᄌᆞ공이擣光杵○桿제 梃機 천碓 簸箕 피긔揚米去糠具華音키○簸籮바라 篩 ᄉᆞ竹器有孔下物去麁取細必更遞其物故曰遞레又篩之曰쳐ᄐᆡ○簁籮通○桃杭米도도미細篩○羅兒○羅米얼게미俗以似而非真者曰擧即麁篩之謂

筅帚 솔俗言刷솰轉云솔○荔根作刷去器垢者○鍋刷솟솔俗訓솟솔○帽刷모솰以豬毛為之有柄曰刷子華音솨즈轉云사ᄌᆞ無柄曰掃首소셩 篲 쥬彗也俗言草비以草草可為篲也 桶 통受水與穀者 鑿木桶 鑿木為之形方片木桶簍籮或鐵箍而形圓籮俗言摀마轉云메다 無齒把 무지파俗言曲彌來곡미리轉云고미리彌平之也引物使平○扒팔 柴把子 지파ᄌᆞ所以創柴者俗言摀箕갈키키華音也○搜扒수팔俗訓그다 刀 도所以割者黃帝作俗言關劉갈○佩刀曰창칼佩之轉訓又曰粧刀장도○食刀俗訓시칼○環刀환도有隔手者其形似環ᄋᆞ貧鷲ᄌᆞ리柄也俗轉

謂之務後謂之集俗以凡人所居家當之宗樑종양俗言宗廇밍류轉云마류大樑也棟桴
동부俗轉들보屋脊也梲절梲上短柱棳訓발리바참言其狀如鉢盂也又曰童子柱동자기동○
排山柱○芝栭○侏儒柱檁렴屋上橫木俗言棟동轉云도리一曰札檁림華音토린訛云徒里
枅계柱上橫木承棟枓斗栱두공華音두공訛云大栱者○楷ㅣ○欂박枓栱매공柱上方木○栭이○
窠ㅈ○櫨로柮桐돌월頭术柱棖楣梠쇠각려俗轉棟종短椽역가레椽也俗言
短梠부연一曰榮영屋梠兩起者俗言연레附椽梠○簷椽榮梠轉云츄레○翹椽垂楣덕
支上榿비木在椽端連檐者俗言平支帶평皿더○檐면櫋만俗轉막이中綿連櫋頭使ㅎ
平欂風박풍一作薄縫俗作欂拱방풍誤翻朴官檐첨俗言檐兒첨아屋四垂望板망판
俗言散摹잔ㅈ在尾下勢上仰壁앙벽一曰仰土앙토柱기동쥬俗言支棟轉云楹也所以承
棟礎쵸俗言柱礎쥬쵸柱下者石一曰磉상○礩질礓石강덕小石所以支礎山梔산다

宮室部 三

俗言中房즁방槷梱얼곤門旁木轉云얼楔柱설쥬門旁竪柱閫곤俗言門持枍문지
방門限也○閾열○楠린門斗문두지도리俗訓房闥방달門內戾旁壯俗訓이戶
빗쟝謂其橫關之杖也○門轉一作欕○楗건扂뎜門持樞者俗訓本名落時라시而今俗
以鈞鉤○謂락시樺卯쟝부○一曰筍子棗관剡木入竅俗言丈仰板앙판俗言板子華音
반ㅈ○天檝○頂欄션쟝壁檝벽쟝因壁為檝遮陽차양設架補檐而却陽凉室량실
納凉之室綽邉框작변광門限也山원산以其狀如遠山俗言遠月臺월디階也層乘
石一숭덕俗言路頭石노두덕一曰碥변所以登車履石浮階부계架板為梯제木
階俗訓사다리謂其斜쇼如橋複道복도上下有道院落원락庭也俗訓뜰娃熒규역
竈也俗訓부억轉부억竈嗓죠상俗訓기言火之喻也竈門조문俗言火口아궁지竈
臺죠덕俗訓부두막一曰鍋臺山墻火防화방俗言炕洞華音캉둥訛轉窟秃굴독

○烟洞연통暗樓암루俗言懸板현반板華音반槅扇격션俗言障子쟝지板壁판벽
俗言板墻판장牌杈子피차ㅈ俗言遮面차면
材木재목樓柱루쥬大木謂可為樓之柱也又曰宮材궁지謂可為宮之材又曰大不動대부
동言大而不可動也撑子木탕ㅈ목斜支木踔踶작심長枝叉竪차슈轉云兩枝
木外목本門樞而俗以當壁中木窓箭창살一曰櫺轉창俗言檑轉云
○흠以竹通水窟皮굴피柹떼削木札俗訓나무지저귀楔子설ㅈ俗訓쐬아기
鐵物철물以鐵為物鈀釘포뎡俗訓합박쇠釘錔오됴俗訓걸쇠鑷뎔俗訓箱篋탑
前鎖굴쇠俗言排目扁鐍鍼비목○鸛嘴鋌鉤뎡구俗訓들쇠鎬국俗訓거멀못鉤
搭구합俗訓감잡이合葉쳡업俗言輕捷경첩以其便於他樞去持樞돌지우俗轉돌
쩌우所以制動者絲縢ㅅ슬所以屈曲連環者鐶환圜郭有孔可貫系者俗言捲挷고리蓋

宮室部 四

捲挷屈竹為之取其形曲也
尾와俗言地蓋와시夏時昆吾作燔土蓋屋以代茅蓋之謂瓪尾접以尾相掩轉云덥다○蓋尾리와
瓪尾동와夫尾俗訓수기와瓪와판俗○仰尾俗訓암기와○女尾尾溝와구俗訓기와
以石灰封閉尾口磚전土甓○甓作俗言甎尾역적○石벽돌窒
曰尾口土와ㅋ토鳥甍○瓴甋영젹○甄
要陶師窯요燒尾竈鴟尾치미天上魚象也設於殿宇上以却火災龍具용ㅈ本作
燒尾
衣編麻為之俗以蓋屋脊者亦曰龍具鏝灰만회俗轉면회ㅎ다叉灰차회俗轉사회今蛤
灰所以塗墻壁撐拭부ㅊ等墻者聚盛畚登登등등相應聲打役諸版中俗轉붓ㅊ築墻
地一打華音다다다다日打固달구役事역ㅅ興土修理슈리重修也修葺슈집落
成宴락셩연落宮室始成祭名閭閻려염閭戶俗轉여ㅊ璩環屬거ㅊ所以封閉閫砢
아가歒傾貌俗轉아거러지다敲敧비포屋欹俗轉비두룸ㅎ다

名物紀畧卷之三

居處部

居處 거쳐所住處 居址○居住○ 處地 쳐디所處之地○定處○ 居接處○外處○他處○ 地境 隣比 린비近隣五家爲比五比爲隣 閭里 려리閭里門也 同里謂之閭里 閭閻 염여 里中門俗以民家謂之여염집 蘧廬 거려草屋○傳舍也 村落 촌락人所聚居 籬落 리락 俗言圍也籬轉云울타리以籬相連邏落之○ 虎落○笆子華音바자○繃落俗訓울어미다 思次 ᄉ차市亭 行次 힝차所止處 元居人 원거인久居也 投托 投華音두두 탁依居人家 橋 교水梁也俗言達泥달이蓋以板置泥上通行路者曰鼇而橋亦通路故並云達泥○棧잔小橋○ 杠이橋也○約작獨木橋一曰榷○椅거 聚石渡水俗訓증검달이○矼跳過橋 蹲鴟 쥰치橋柱 下○橫木入沙中者 連棟 련동屋相連 搬移 반이俗言이ᄉ徙宅也 搬徙 連墻接

居處部 一

屋 련장졉 옥比隣 櫛比 질비言人家如櫛篦之比連也 宏壯 굉장壯麗也 通袒 통 廣闊無礙 皇堂 황당堂之無壁者 俗轉횡뎅ᄒ다

宮室部

宮 궁屋見垣上黃帝作以避寒氣古者貴賤所居皆稱宮至秦始定爲至尊之居 殿 뎐高大堂天子所居 室 실城郭之宅○ 夫以婦爲室 家 가一門之內○婦謂夫曰家 宅 튁居處也俗尊人居曰뎍 廳 청聽事之處俗言大廳대청○公廳공청公廨 ○賓廳빈청大臣聽事之所○官廳관청邑宰 庖廚 堂 당正寢○向陽之宇 臺 대積土爲之四方而高者 榭 샤臺上有木 樓 루重屋俗言多樂다락謂其登臨之樂也 楼亭云多落者有音無義 朴 亭 뎡本停集行旅之所皆爲游觀之名曰亭 子뎡天 衙 아古者軍行有衙尊者所在後人因以所治爲衙 斜廊 샤랑堂側之橫廊俗以外 舍之 當 月廊 월랑俗轉위랑堂下周屋 行廊 힝랑行閣 公廨 공히官舍 書院 셔원 儒者所居 精舍 졍샤本佛宇之名而儒家道家後皆倣焉取其精潔之意 軒 헌俗言抹樓마루廣 窓短檐之室俗以棧板所舖當之 舍館 ᄉ관行旅止宿處 客舍 긱ᄉ候館 旅閣 려각

宮室部 二

行旅貿易處 店 뎜俗言炭幕訓爲주막本置貨鬻物處俗以多人興利處並謂之店如金銀店甕店木器店是也 倉 창藏穀之處 庫 고貯物之所 虛間 허간轉云헛간屋無壁一曰廠 廂 間 두간圊廁○通水干통介간 牖 유穿壁向明以木爲交窓 窓 창在戶以助明者○二扇曰雙窓쌍창○推開曰推窓퇴창又訓밀창訛云刀伊 窓○擧開訓曰들창○以其推閉又訓미다지 門 문兩扉而人所出入者外門曰大門대문內門曰中門중문 扉 비門扇也有金扉綺扉而但訓柴扉者誤也且俗以柴扉謂之사립作ᄉ립작即笆籬門之訛也 房 방室在旁俗以溫埃當之曰居埃轉云구들猶言曲埃也 戶 호俗言支閣지게一扉而在室者○居曰編戶 壁 벽禦風寒者俗訓垣以風壁바람벽 墻垣 장원以土蔽外俗言담轉云담土突起也 檻 함俗言闌干란간軒卣下 爲檽 欄子 란ᄌ俗言假家가가 窨 음俗轉움地室 高樓巨閣 고루거각大家 厖家 외가 草家 쵸가 斗屋 두옥小屋 埰 쳐家一區 間 간家四柱 集物 집本商賈貨物輻輳處古

百戱部

雜技잡기百戱統稱 投壺투호古之雅戱宋司馬温公釐正格例 圍碁위긔俗言博奕

轉云바독堯造敎丹朱。手談 博박俗言將戱轉云장긔周武造或曰信陵君造。象戱。棋牌。局

戱 雙陸쌍륙轉云쌍륙槃中彼此各有六梁故云雙六始於西竺流於曹魏至温公新定格局。

碁槊긔삭碁爲子槊爲局 牙牌아패俗言骨牌골패宋宣和二年設高宗時詔頒天下共三十二扇

蹴鞠츅국一音쳑鞠一作毬轉云져구又轉云져기本以草爲圓囊實以毛髮蹴蹋爲戱曰蹴鞠又

有以木爲毬騎而以杖擊之謂之打毬則此如今之핑이不似져기其必借名也蹴劉向曰黃帝作。蹴

華音재俗訓[illegible] 樗蒲저포俗言骰子兒투ᄌᆞ아轉云쥬ᄉᆞ외老子入胡作。博塞박석。

獿[illegible]경츅。来戱칙희 滾毬곤구俗轉공긔蹴鞠之類所以翻動爲戱。今洋人擊毬亦曰공。

踢毬。要指見연지아 柶 四ᄉᆞ以四木爲之投擲如雙陸之釆故借名曰陸釆轉云뷧 闘牋투젼

百戱部 四十二

俗言骰牋투젼本中國品第人物之戱元時譯官張炫傚造而火變。馬弟마녀。紙牌지픽 鼇棚

오봉結綵棚以象山故俗訓산듸始於周時。傀儡나례木偶戱又曰傀儡외뢰又曰郭禿곽독俗轉곡

독각시以其象郭姓病禿者起於漢高時如今所云萬石중만석중俗訓망석중蓋萬石僧入山修道後

爲妖女所惑盡棄前行故諷戱家傚爲其象 迷藏미장俗訓숨박질 險竿컴간戴竿舞。

如今所云失대。緣橦纂。倒棋도매俗秋韆츄텬轉발등거리。格五격오轉云우물곤우鞦韆北方

山戎之戱寒食懸長繩於高木士女立其上推引爲戱俗以繩爲繩轉云근듸高句麗以端午日爲之

。遊仙。毬駒戱 角觝각지俗言技能轉云씨름始於漢武角力抵技藝。脚觝。鶩濯 幕

摳막ᄌᆞ轉云먹국以手藏物探取蓋亦藏鉤장구俗轉고노무지遺意。猜枚시미轉云먹국 手

捭答슈벽치다兩手擊戱 紙鳶지연梁武帝在臺城以紙鳶繫詔來外援候景射之化鳶入雲

中國曰韓信敎穿未央官地道以鳶繩推測步數。風禽。風箏 風環兒俗訓도로비 陞

政圖俗轉승경도以来更投局上躐多少爲進身職官之差 攬勝圖람승도文人雅戱

詩牌시패集字成句之戱

百戱部 四十三

名物紀畧卷之二

典禮部

五禮오례吉凶軍賓嘉 四禮ㅅ례冠婚喪祭 禮儀례의○禮法貌 冠禮관례
加冠於首 三加삼가始冠者加以三次 婚禮혼례合二姓之禮○大禮○成禮 嫁가俗
言時集시집가中時字義見 舅姑註集字義見宮室註 見 娶취俗言壯家장가가中古者三十曰壯而
有室故男子成娶曰壯家 上頭상투詳髮註 簇쪽지다詳髮註 消吉연길俗言擇日婚
書紙혼서지結婚書 納采납채古以儷皮今以兩緞 奠鴈전안以鴈爲贄 醮禮초례
冠娶祭名 同牢宴동뢰연俗轉동서안夫婦交拜宴 親迎친영迎婚婿 贄幣지폐
俗言幣帛폐백新婦贄見舅姑 新房신방婚家迎婚止宿處壽志謂之新房處也 杠강妻
婦聘媵齎媵奴僕枕牀 鮮見禮현구례俗訓풀보기婚禮三日婚往婦家婦來婿家 後于
歸우귀俗言新婦禮신부례女歸夫家 喪禮상례初終之禮 葬禮장례葬埋之禮一曰襄禮

典禮部 四十

상례○餘詳形貌部 緬禮면례改葬之禮○緬奉 祭禮제례以人事鬼之禮 禴禘嘗
蒸약톄상증四時祭名 五祀오ㅅ春戶夏竈秋門冬行中央中霤 禜영禳除去凶災之祭有水旱
疫癘則禜之山川有雲霜雨之不時禜之日月星辰 柴시燒柴祭天神 旅려山川祭 禡마祭
先世創造軍法者 封禪봉선筭土曰封祭曰禪 祈禱긔도俗言告祀ㄱㅅ告事求福 釋
釆셕치二八月上丁祀先聖○釋奠 醆享철향祭也 連 祖조祭道神 修誓戒셔계
재계祭而齊百官 奠젼始死祭名 上食상식朝夕食時上食如生時 致祭치졔親戚
知舊辰死之祭 三虞우虞者安也葬日行初虞초우遇柔日行再虞지우遇剛日而行三虞삼우
卒哭졸곡死之三月而遇剛日之祭自此而止哀至之哭故曰卒哭 祔부卒哭明日以亡者合食
于祖 小祥소샹喪中加忌之祭○朞之喪十一月而練十三月而祥十五月而禫當朞年而不計閏
大祥대샹喪中再朞祭 禫담祥後間一月祭 吉祭길제禫之踰月而祭禫若在中月則

即於是月行之 忌祭긔제亡日祭 時祭시제四時仲月祭 墓祭묘제歲一祭 薦
新천신以時食而無牲之祭 祭儀졔의○參神참신主人以下序再拜○焚香분향主人自焚火
退再拜○降神강신主人灌酒茅上再拜○進饌진찬○初獻초헌以酒三祭茅上而進之啓飯正匕獻
炙讀祝畢哭再拜○亞獻아헌如初獻無讀祝○終獻종헌如亞獻○侑食유식俗云添酌첨작扱匕○再
拜○闔門합문火頃○啓門계문進茶俗代以水謂之并華水轉云텽안수火頃合飯蓋下匕筯告利成
○辭神사신再拜而納主故處 朔望參삭망참俗因爲祭名朔亦曰朔望하로삭망望亦曰朔望보름
삭망 破散後唐莊宗以寒食祭謂之破散故祭破俗言파ㅅ

典禮部 四十一

耶穌敎傳敎師不嫌嫁娶 審判 심판耶穌復生死人之視分別罪福之名 末日 말일謂上帝所
造世界必有末日信耶穌者升天堂不信耶穌者墮地獄 耶華華 야화와二敎稱上帝之稱 基
督 洋言그리쓰도尊耶穌之稱又曰救世主子예수 雜術 잡술總稱方技 術客 술직方技
人 天文 텬문推測天象○推步○象緯 地術 디술相地而定陰陽宅○風水○堪輿 觀
相 관상相人骨格預言禍福 談命 담명評論八字○術數 醫術 의술用藥治病○軒岐術
卜筮 복셔龜曰卜蓍曰筮 占 졈相候決卜 珓 부뢰用兩蚌殼或竹根爲之以占吉凶如
今擲錢 數 슈卜問吉凶也 貶 齎問卜俗以究問日數貶슈쇼뒤묻느다 問卦 理 卟
轉云못구리介賣卜聲 抽籤 츄쳠所以爲卜 妖術 요술紂術○左道 遁甲 둔갑推六
甲藏身法
鬼神 귀신陰陽二氣之良能○說郛云高麗人以鬼爲幾沁其訛傳甚矣 神靈 신령鬼神之有

道術部 三十八

靈 靈驗 령험俗轉령검ᄒᆞ다靈之有迹也 靈 령ᄒᆞ다以術前知之稱 城隍堂 셩황
당轉云셔낭ᄒᆞ叢祠也 城主 셩쥬俗於廳上祀神曰城主者蓋以祭一城神之意 墟主 허쥬
又訓云터쥬俗於下廳祀神曰墟主祭一墟之神 張禪 쟝션字子郭一名壤子竈神 點媂
뎜뎨圊神○一名鼈著赤衣如美女俗云廁夫人칙부인 帝釋 뎨셕佛家所云三神 彊梁
강량食鬼神 鬱壘神荼 울누신도兄弟並在度索山閱百鬼 神 天剛卯 텬강以金
玉及桃木刻而爲之所以逐精魅一名射(魃)又曰欵改正月卯日作之長三寸廣一寸四分旁穿孔以絲
絲用繫臂刻文曰正月剛卯旣央靈殳四方赤青白黃四色是當帝令祝融以敎夔龍庶疫剛癉莫我
敢當 馬步 마보맛害馬神 泆陽 질양神名豹顔馬尾 倀鬼 챵귀虎嚙人人魂之隸虎者
俏儺 츄란이小兒刻爲形以逐鬼 山魅 산미山鬼人之不恒者多爲山魅所感산미들이다
魑魅 이미山林異氣爲人害者 魍魎 망량木石(精)狀如三歲小兒赤黑色赤目長耳美髮 魈

소山精形如小兒獨足向後夜喜犯人俗謂之獨脚독갑이又曰夜叉야ᄎᆞ其名不能犯 祭俑 졔용
卽芻靈而加祭字以別於從葬 踩踩 두두鬼見 燹 발鬼火一曰燐인一作燐 詛祝 저쥬俗言
謗詛방저請神加殃 瘨 뎐陰府鬼名可以消瘧癘俗于門上書貼 [illegible] 所以壓妖邪出
道藏經音未詳 作俑 작용倡爲不善

道術部 三十九

道術部

仙道 션도俗言神仙工夫신션공부又曰丹學단학 仙風道骨 션풍도골美風姿 觀心 관심閑氣內觀 運氣 운긔吐故納新 攝生 섭싱俗言養生양싱증導引法 證 道士 도ᄉᆞ一日羽客 道觀 도관道士所居

象教 샹교俗言佛道불도天竺國淨飯王子釋迦佛生於周昭王時以形象教人至漢明帝時始入中國高句麗小獸林王時東來 佛 불俗言輪處轉云數處부쳐蓋金身主壁者爲佛坐於左右者爲彌勒輔處而俗以三箇並謂之輔處則誤矣 僧 승俗言衆승佛弟子本僧伽耶三合音取一字爲僧而俗以女尼爲僧승男僧爲衆중者蓋如男僧曰優婆塞女僧曰優婆夷以別男女也○尊宿○山人○和尚 沙門解無爲法門○桑門○空門○沙彌사미兒僧俗言上齋상좌○白足빅족○行者힝ᄌᆞ○大師대ᄉᆞ俗人尊僧之稱○法師○內應軍轉云벙ᄌᆞ一日來往軍蓋先是不許僧徒入都城故必以俗人通路

故有內應來往之名 菩薩 보살華言覺有情也俗以尼姑當之 般若 반야梵語智慧 三寶 삼보謂道寶經寶師寶俗以寺中知事僧謂之삼보 寺 ᄉᆞ漢時攝摩騰自西域白馬馱經來初止鴻臚寺遂取寺名創立白馬寺因以浮屠所居皆曰寺俗謂之刹찰轉音뎔官賜額曰寺私造曰招提○蘭若○伽藍○精舍○梵宮○寶地○紺園○化城○淨土○上方○方丈○鷲峯○祗園 菴子 암ᄌᆞ草舍僧居之小者 佛殿 불뎐俗言法堂법당 佛堂 불당俗以精處亦曰佛堂 窣堵坡 졸도파塔也一曰浮圖或七級九級至十二級 袈裟 가사僧衣兩袖曰褊衫○方袍○衲衣○忍辱鎧 鉢盂 발우僧食器俗訓바리더 念珠 념쥬以無患子모감쥬爲之僧所以念經籌其數百八 竹篦 쥭비所以節念經 木鐸 목탁所以節念佛 衣鉢 의발本佛家相傳授者後人借用於凡所相傳 法鼓 법고僧徒擂鼓之名轉云법구 松絡 송낙僧徒所編以覆首者以松絡爲之 曲葛 곡갈僧徒所着一種之巾自西山休靜始着此巾 蒻笠 약립俗言蒻笠訓爲

삿갓 合掌 합장僧拜○和南 法席 법셕僧徒設法曰法席人說俗以紛拏謂之法席 水陸 슈륙佛家大齋伊時僧俗多會故俗以入多喧譁轉云슈륙 念佛 념불僧徒呼南無阿彌陀佛나무아미타불及觀世音菩薩관세음보살謂之念佛 八陽經 팔양경僧徒念之而多不識其義故俗以無義口誦轉云바랑경 參禪 참션佛家修道 懺悔 참회佛家悔過之名 勸善文 권션문示人求施文 施主 시쥬施人布 涅槃 열반僧死○圓寂 茶毗 다비俗言火葬화장僧死而焚之也 舍利 사리釋迦既死弟子阿難等焚其身有骨子如五色珠光瑩堅固圖造塔以藏之

西學 셔학西方之教大者三佛教불교漢時入中國回教회교即景教경교唐時入中國又有天主教텬쥬교明時入中國○舊約全書西國最古之書在中國夏商之間有拜火拜日及拜蛇獸之習商太戊時猶太人摩西闢之而專拜上帝有十誡是爲猶太教유태교漢哀帝建平三年耶穌生於猶太別立

旨教是爲新約全書盛行於羅馬至晉宋間羅馬國分而教亦分東曰希臘教희랍교西曰羅馬教라마교即天主教至唐時羅馬亡其地悉屬意大利羅馬都城爲教王所有至明正德時日耳曼人路得別定教規至清同治時意大利王取羅馬建都教王僅擁虛名 克力斯頓教 극력사돈교耶穌所立教統名後分爲二曰希臘教희랍교額力教의력교羅馬舊教曰加特力教가특력교亦曰公教공교即今所云天主教텬쥬교 波羅士特教 파라ᄉᆞ특교路得所立教亦曰修教유교即今耶穌教예수교 馬利亞 마리아耶穌之母天主教設像耶穌教則不然 十字架 십ᄌᆞ가耶穌釘死之架天主教堅之堂中佩之身上而耶穌教不然 禮拜 례비華曆房虛昴星日二教皆聚徒堂中行號拜天主謂之主日주일又曰安息日안식일 祈禱 긔도每日三時號拜祈禱二教並同 洗禮 셰례入其學者以水加頂謂之洗罪二教皆然 傳道 뎐도蓋佛教自中國流之回教但行其獎類而天主耶穌二教強聒人以必從謂之傳道 神父 신부天主教傳教士不嫁娶 牧師 목ᄉᆞ

曰橫畫俗言褰㳂去轉云건너거이褰褰裳涉水之義㳂川之方言一橫如渡水之橋故云丨曰竪畫俗言來臨去轉云리리거이來臨下臨之義自上引下之謂亅曰句挑俗言剔𣦵轉云치쳐向上之謂フ曰折筆俗轉텹이丿曰撇별又曰橫挑俗言斜䟶轉云비치기乀曰波𢣣捺파임서다字體ᄌᆞ쳬有五曰一古文二大篆三小篆四八分五隸書篆뎐有八體一曰大篆二曰小篆三曰篆書施於刻符傳四曰摹印施於印璽五曰蟲書施於幡信六曰署書門題所用七曰殳書銘于戈戟八曰隸書○龍書룡셔包羲作○穗書슈셔炎帝作○鳥迹篆됴젹뎐黃帝史蒼頡作○蝌斗篆과두뎐顓頊作○倒薤도히殷時務光作○大篆대뎐周宣王史籀作○小篆쇼뎐秦李斯作○鳥蟲篆됴튱뎐漢揚雄作○飛白書비빅셔蔡邕作○玉筯篆옥져뎐唐李陽氷作○柳葉篆류엽뎐衛瓘作○垂露篆슈로뎐曹喜作○垂鍼篆슈침뎐曹喜作○纓絡篆영락뎐劉德昇觀星宿作 隸書예셔秦以篆字難成令隸人程邈佐書漢因行之卽篆之捷也 八分팔분酌于篆隸之間取八分 楷字해ᄌᆞ王次仲作 行書

文學部 三十四

힝셔卽草書○一曰章草쟝쵸自漢章帝始故云 晉體진톄晉人書法 唐體당톄華人場屋體華人謂之宋字 扁額편익俗言懸板현판○額字 摹모ᄒᆞ다倣寫也 冊板칙판刊書于板○蔡已上書竹簡漢後縑帛傳寫五代馮道始鋟梓○活字板俗言鑄字板쥬ᄌᆞ판一曰撥字발ᄌᆞ 烏絲闌오ᄉᆞ란卽印札紙 印出인츌俗訓박아내다 編次편차俗言簡理가리다 刀鍊도련치다以刀剪整○冊後曰北북 裝潢장황褙紙裝冊○冊衣칙의以紂紙加冊 摹搨모탑以紙墨磨摸古碑 褙起비기俗言褙貼비텹糊紙使厚 粧帖장텹糊紙爲冊 玉池옥지裝潢家以卷縫鑄處爲玉池又引首後以綾黏者曰贉唐人謂之玉池 書冊셔칙統稱書籍 法貼법텹俗言體法톄법筆貼也○書貼셔텹 簇子족ᄌᆞ以書畫楷起加軸○周聯주련 紙지俗言從意所欲書長短隨意截之○古者以縑帛漢蔡倫用楮皮及敝布魚網作紙○紙地

○楮君○雲孫○王版○剡藤○桃花○金粟 絲闌紙ᄉᆞ란지印札紙 赫蹄혁뎨片紙 華箋화뎐俗言詩箋紙시뎐지 簡紙간지折幅爲簡者 周紙쥬지聯紙以卷者 油紙유지加油而膩俗訓져른죵의○油芚유둔 筆필俗言不律合言붓述事而書者○古者不論竹木但能染墨者所謂蒼毫筆○蒙恬以枯木爲管鹿毛爲柱羊皮爲被○毛錐子○管城子○中書君○彩毫○彤管 筆頭匣붓두겁筆家○筆帽 筆架필가所以偃筆者○筆山 筆筒필통所以竪筆者 硯연俗言筆濡石轉云벼루所以磨墨濡筆者○子路始置○馬肝○陶泓○石虛中○說文云皮傳音之誤 盧淬妃 硯滴연뎍所以盛水供墨汁者○一曰水滴슈뎍 墨묵俗言煤黑合言먹所以磨硯爲黑者○刑䕺作印香子○松花墨○玄墨○陳玄○玄玉○蜮綵○○隃麋 墨床묵상所以安墨者○墨架 書鎭셔진俗轉付즁以玉石爲之壓書鎭紙使不飛 揚

文學部 三十五

繪畫회화以五色掛物象也俗言近陰轉云그림蓋俗以影謂之近陰子而畫亦寫影故云○渲刷션살畫家擦以水墨再三淋之之謂○丹青○三昧 寫真사진俗言畫像화샹○傳神 影영外國人有照鏡摸影之法 畫帖화텹以畫作貼者○畫軸○畫譜○畫意○名畫 采色치ᄉᆡᆨ五色文章○西南夷哀牢知染采文繡 朱紅쥬홍 黃丹황단 壯丹장단訛傳樟丹 石澗朱셕간쥬 磻朱번쥬 朱土쥬토 臙脂연지 真粉진분○丁粉뎡분土粉○佛頭青불두청二青이청○三青삼청 青花청화 荷葉青하엽청 銅綠동록 磊碌뢰록施之木朱 石綠셕록 藤黃등황訛鍮銅黃轉云도황 石雄黃셕웅황 石雌黃셕ᄌᆞ황 泥金니금土金○ 釜箔 百草霜빅쵸상卽釜底墨

文學部 三十二

之流 **表** 표下言於上之用四六○儷文 **策** 책明理之言 **唐音** 당음唐詩 **古風** 고풍本之

李白五十九首而俗以蒙稚習句末叶韻者五言曰小古風七言曰大古風 **風月** 풍월俗以詩詞

當之謂其吟風美月也○絶句절귀本中國四句詩俗謂二句蓋中國詩律七言以七字為句五言以五

字為句而俗則以一聯為一句一句則云旻짝故也○四律사률四韻八句詩也排律비률及長篇장편

不計句數 **文籍** 문적一曰載籍古記也 **訓詁** 훈고注解 **註** 쥬解說明其義 **文集** 문집搜輯一人之文 **文簿** 문부俗言官文書만문서○謄錄등록簿籍부젹 **族譜** 족보一姓

之合譜○譜牒보텹○各姓合譜曰萬姓譜만셩보○一家之譜曰家乘가승 **讖緯** 참위俗言秘記

비거前知之書 **秘訣** 비결要法神術 **章程** 장뎡法律 **上疏** 상소條陳告君 **簡牘** 간독

俗言片紙편지書信也○簡牘○書牘○慶削○良書○芳訊○寶札○瓊言○瑤緘○蘭訊皆稱人書

簡○書札○魚鴈○赫蹏혁뎨小紙俗以為小札○往復왕복○書辭往來셔ᄉ왕릭 **上書** 샹셔

上尊敬書 **告目** 고목下隸上官長書 **題目** 뎨목凡冊始面所書冊名 **貼文** 텹문官文跡○

貼紙○票紙○憑票빙표所以相考於異國者 **榜** 방選官次第又告示矣방문 **牌子** 패ᄌ本軍

令傳書而俗以尊者下書于賤者當之又謂之牌旨패지旨字尤非廢人可當

文章 문쟝文而成章蓋青與赤為文赤與白為章能文者斐然如紋之謂○文翰문한以翰翰為筆

而書 **漢文** 한문中國文字俗言真書진셔 **木書** 목셔新羅憲康王十二年北鎮奏狄人所置木

書十五字費露國與黑水國人共向新羅通和 **諺文** 언문本訓民正音훈민졍음我世宗使成三

問質于明朝學士黃瓚親製字母二十三字又有九字配合成文以窮天下之變此蓋反切반절之法

而今俗不用下九字故音有所闕反切亦曰반절又謂之國文국문 **梵書** 범셔佛書即天竺國字

英書 영셔凡二十六字母即西洋諸國字 **以呂波** 이러파凡四十七音即日本肥人書 **押**

字 압ᄌ俗言手訣 **句讀** 구두凡書成文語絶處 **吏讀** 이두官文以俚解句新羅薛聰製

文學部 三十三

句絶 구졀點於字旁為絶者 **讀** 두俗轉ᄃ로以方言續文義者一作吐非 **語助字** 어조

ᄌ如之於而等字 **文理** 문리又曰文瀾曰文脉曰文義曰文勢

學 학俗言排優비우ᄒ中學者優也排優善教人為教俗以排優為學ᄒ고名 **教** 교俗言竭我致갈아

치詳人事部 **工夫** 공부又安工 [illegible]安工 **工程** 공뎡잇다猶言功效 **余那** 여나俗轉열거

讀書也新羅時書生讀書於余那山擢第聯婚世族後嘗試官設宴婚家因以余那為讀之名 **熟讀**

슉독俗言外務외溫書誦이숨다背誦也 **吟諷** 음풍俗轉을푸다永言也 **肄技** 이기俗轉

니히다習也 **抽** 츄俗以連誦曰츄다 **窮究** 궁구理會文理 **日課** 일과逐日為課 **著作**

저작俗訓글짓다以製轉云짓也○製述제술○著述저술○編輯편집○纂輯찬집○編次편차○類

聚류취○記述긔술○謄出등츌○謄書등셔○抄出쵸츌○翻譯번역一作繙繹○記錄긔록○ **欵**

識 관지刻記也陰字曰款陽字曰識 **奚囊** 혜낭李賀令奚負囊收詩 **穿鑿** 쳔착强解附會

攤書 나셔開列書冊 **塗抹** 도말文草點者亂曰塗長曰抹○塗乙도을○點竄뎜찬 **校**

書 교셔俗考準ᄒ고校誤○讎書介셔如讎家之相ᄒ○校讎교슈○校訂교뎡○證訂증뎡○查對

사뎌○刊誤간오 **評書** 평셔論文可否 **批點** 비뎜批評加點 **貫珠** 관쥬文義通暢處

累加圈如貫珠也 **强韻** 강운詩之韻險難賦者 **韻致** 운치風致

宬 셩藏書室 **書房** 셔방書室俗訓글방○凡稱丈夫必曰書房者以士待之也 **帙** 질同類之

書 **卷** 권卷束冊一套 **籤** 쳠書標○牙籤○竹籤用以卜者俗謂之抽籤츄쳠 **鉛槧** 연참所以

記事之具揚雄懷鉛提槧以著方言 **格度** 격자凡書架內格子 **丌** 상거俗言冊床책所以奠書者

書契 셔계伏羲始造謂刻木書字古未有文字結繩以記事 **字法** ᄌ법史皇氏凡弟三人一

造竺國字一造天宮字李為蒼頡造華字 **書法** 셔법俗訓글시쓰다以寫字為掃李白詩曰須史掃

盡數千張○書有六曰象形會意轉注處事假借諧聲○筆法필법永字八畫영ᄌ팔획丶曰點뎜一

時在시재又曰餘在여저○零條령됴○較計교계
剩條잉됴○餘文여문○加下가하 較多
火○滿만다盈也俗訓多○濫람다盈溢也俗訓餘
○僂적다少也不足부족ᄒᆞ다○折半졀반分半也
○相半샹반○贏縮영축贏有餘也縮不足也○零
落영락本草木黃落之名俗乃借用於事無差措차
작日역락업다○內減내감ᄒᆞ다計除也○備報보비
計邊계변ᄒᆞ다計其月息○計朔계삭ᄒᆞ다
俗言合잡다合荅也○當捧之物당봉지물○難捧
난봉○賠償빈샹備償○合捧갑봉合前而捧也갑
졀밧다○括[illegible]건거過限也○愆納건납ᄒᆞ다○
[illegible]길거ᄒᆞ다 愆期 違期위거ᄒᆞ다○退限퇴한○寬
限관한ᄒᆞ다○納白 換錢환젼以標文換○退換퇴
납박俗轉잡박ᄒᆞ다○移劃이획○來移리
이ᄒᆞ다○[illegible] 督促독촉俗言投促지촉○催促
쑤翻화ᄒᆞ다 최촉ᄒᆞ다○督捧독봉ᄒᆞ다 殘減
량감蕩滌不受○濶狹활[illegible] 勘簿감부俗言磨勘마감
혐ᄒᆞ다○排納비납ᄒᆞ다○了勘료감ᄒᆞ다○감
畢捧필봉ᄒᆞ다○損數몰슈ᄒᆞ다○劃下획하ᄒᆞ다
○上下俗轉자하ᄒᆞ다○清賬청쟝ᄒᆞ다○妥帖타

人事部 三十一

텹ᄒᆞ다○歸
屬귀속ᄒᆞ다

文學部

經史子集경ᄉᆞᄌᆞ집經聖人之書史歷代實記子諸子百家集文章家 三經삼경周易
一曰義經書經一曰尚書 四書ᄉᆞ서大學中庸論語
詩經一曰葩詩又曰毛詩 一曰魯論孟子一曰
鄒書 五經오경三經禮記一曰戴經春秋一曰麟經 六經륙경五經加周禮 七書칠서
三經四書○孫子孫武著吳子吳起著六韜太公著
三畧黃石公著司馬法司馬穰子著尉繚子梁惠王
時人李衛公李靖著右武經七書 九經구경六經加儀禮孝經論語 十三經십삼경九
經加爾雅孟子左傳公羊傳穀梁傳 二十一史이십일ᄉᆞ史記司馬遷著漢書班固著後漢書
范曄著三國志陳壽著晉書王隱著宋書沈約著南齊書蕭子顯著梁書陳書並姚思廉著魏書魏收著
北齊書李百藥著周書令狐德棻著隋書魏徵著南史北史並李延壽著新唐書歐陽修宋祁著五代史
歐陽修著宋史遼史金史並脫脫著元史宋濂著○加明史舊唐書則爲二十三史 十四流십ᄉᆞ

文學部 三十一

류儒家[illegible]家法家名家墨家縱橫家雜家道家
小說家[illegible]法家天文家曆數家五行家醫家 八大
家팔대가韓愈字退之號昌黎柳宗元字子厚號柳州以上唐歐陽修字永叔號六一居士蘇洵字明
允號老泉人稱老蘇蘇軾字子瞻號東坡洵子人稱
長蘇蘇轍字子由號潁濱軾弟人稱少蘇曾鞏字子
固號南豐王介甫字安石號臨川以上宋○ 三大家
後加唐葉適李翺謂之十大家右文章家
삼대가李白杜
甫韓愈右詩家 古文고문俗言行文힝문又訓文글又曰作者文작자문 詔書
조서秦漢以下天子之
子獨稱命令之事 制書제서言制度之命 露布로포戰勝紀功而露
板不封布諸視聽 檄書격서所以徵下以迎其士之書戰陣數其速傳加羽其上羽檄○科
文과문有六體一曰詩賦表策義疑或一曰論一曰功令文공령문 序셔一作敘序陳本書之旨
記긔紀錄其事也 跋발足後也書其文後故曰跋 箴잠所以攻疾之文 銘명或以稱述功美或
以自警 頌송美盛德之文 詩시俗訓귀글緣情而發言以叶聲律 賦부鋪陳其事亦古詩
為[illegible]

練연煮繰熟之也 繹理역리練繰也○俗轉익이다 濆飲분음濆水也俗轉붐다一作噴
鍛搗단도俗轉다듬다搗衣也 ○椰近堂어근당砧聲
洗세華音시俗轉씨다洗滌也 投拭문식俗轉문지르다拭飾兕用車服 潑去말거拭滅
也俗轉말거계흐다 漠槪之손긔지滌也俗以洗器曰설거지 甈미眉尾滌器也俗訓가루
마다
糊役호역俗言付物부물轉云풀煮米麪爲粥以黏物者○麵강生糊也俗言糊泥물이 塗褙
도비以紙糊壁 褙貼비텹糊紙相疊○褙起
治木치목흔다木有斧跡摩之使平 鏢貼포텹俗訓부례로부치다 空樞알子
轉云우비다鏟也 鏟了산료所也俗訓싹다 抑鋭이위以捩鋸齒 鉞鉞鋸聲 伐
별俗轉베이다斷也 楸木부흔다以小木附大木 檽마轉메다以木片閑定兕物俗○箍以篦束物

二十八 人事部

○又以繩繫物曰搗轉云머다 戥敁츨를不滑利俗轉쫄리다 劄칩刺物使萬俗轉칩이다 樓
恁단임望縄取正
磨光마광磨器光澤曰鑒 鍌옥염鎢金灌沃俗言鑞又曰入砂납삭 鑞染 彫理조이
彫琢文飾俗訓쥐이다 淬쉬방燒鋼入水俗工다○同焠 烱강흐데淬之一曰燒煙
鍇텀함以金冒物俗以凡羂覆蓋皆曰鍇텀다 粧飾장식以鉆빔凡器而頭拘定俗
訓얼검
筭數산수筭籌筭也黃帝時隷首作用竹經十分長六寸二百七十一枚而成六觚爲一握其術有
九一曰方田二曰粟米三曰差分四曰少廣五曰商
功六曰均輸七曰盈朒八曰方程九曰句股○數俗
言始一시일轉云쉐이다以其自一而始也能轉細
音乘음○乘除승제合數曰乘減數曰除○絫루十
黍○銖슈十絫一曰十二分○錙치六銖一曰八銖
○圭규六十四黍○兩량二十四銖又曰倍端○捷

텹兩半○擧거倍捷○錢뎐錢환並六兩○從人五
倍○箴좀一羽○當삼十羽○搏박百羽○搏뎐十
搏○程뎡十髮一曰度量總名○分분十程一曰十
粟又曰十二秋○寸촌十分俗以寸爲錙치○咫지八
寸○尺쳑十寸俗以尺爲杍尺○墨묵五尺○尋심
八尺○丈장十尺俗以丈爲傾거轉云길○常상倍
尋○八팔俗轉발八伸臂之形當字書度략字之義
而冒云把則無義矣○乂뼘掛指與食指引長曰執
擧乂지뼘與長指引長曰長乂장뼘當字書擧절
字之義而華人謂之一虎口○端단倍丈一曰丈八
尺○把파一握一曰溢○拱兩手持一曰掬○撮촬
四圭三指取○東뭇一把一曰才簌○東속十把負
부十束○結결百負○龠약容千二百黍○官文代以
夕셕轉云ㅅ○合합俗轉音十龠○升승十合官文
代以刀도轉云되○斗두十升俗訓말○斛곡十斗
華音후轉云휘一曰石俗言苫셤○筥계四東○稷
종十筥○秉자十稷○區子四斗○釜부四區○庾
유二釜半○籔슈一作簍籌十六斗○鐺당二石○
鍾죵六斛四斗○耿요十羔○塵진十耿○微미一
作沙十塵○忽홀一蠶所吐曰纖섬十纖○系계五忽

二十九 人事部

○絲사十忽○編섬五絲○毫호十絲一曰升又曰
綸○絨역倍升一曰絡○釐리十毫○紀기倍絨○曰
疋필倍兩○斤근十六兩即三百八十四銖以應三
百八十四爻○衡형十斤○桶통十五斤○勻균三
十斤○槍포四十斤○石석一斛重一百二十斤○
一일作壹○二이作貳○三삼作參○四ㅅ作肆○
五오作伍○六륙作陸○七칠作柒○八팔作捌○
九구作玖○十십作什○百빅十十作佰○千쳔十
百作仟○萬만十千○億억小數十萬大數萬萬本
無定名○兆됴十億○經경一作京十兆○秭不小
數十京大數億億○垓히十秭一說十京○壤양十
垓一作補○溝구十壤○澗간十溝○正정十澗○
載지十澗載者地不能載也
會計회계日計曰成月計曰會計 下記하기下之記用 文書문서俗言置簿
치부又手記슈기○文券문권○賬記장기○傳掌
記뎐장기○謄錄등녹○手標슈표○標紙표지○
券권本以木牘剖之兩如 符叔合부합一曰叔拾
牙爲約卽俗[illegible]云於音어음 較其出入

的진뎍ᄒᆞ다 ○真率진솔 不事雕飾 ○雕됴다 物之
雕刻者爲好故俗訓爲好 ○的實뎍실ᄒᆞ다 ○丁寧
뎡녕ᄒᆞ다 ○分明분명ᄒᆞ다 ○假的가뎍 俗轉거딧
又僞也 ○造조 又造成而非真者 ○孽얼 凡物之似
而非真者 ○彷僞방위ᄒᆞ다 多人會議及文書之表
跡者 ○精졍ᄒᆞ다 ○麁추ᄒᆞ다 ○脂脂뎍뎍 俗轉偵
偵ᄒᆞ다 ○積爲脂粘者 ○墮落타락 俗轉떠러뎌
低山旁堆欲墮落者 ○紆屈綢屈우굴추굴 俗轉우
굴추굴ᄒᆞ다 ○滲漓숨리 俗轉숨의다 ○凝結응결
俗轉엉개다 ○平平평평ᄒᆞ다 ○炟炟츄츄ᄒᆞ다 賤
귀ᄒᆞ다 ○至賤지쳔ᄒᆞ다 ○涵敲은고 涵滓也 以字
旁岳 俗音악 敲棄物也 菜餘曰蒟涵敲시라귀 掃滓
曰씁어기 ○麩麪부셔 麥皮曰麩 米
碎曰麪 凡物之碎餘曰부스러이
設辭셜ᄉᆞ 非真有此事而設爲之辭 ○假令가령 又
轉云가량 又假使가ᄉᆞ ○萬若만약 ○萬一만일 ○
大抵대뎌 ○大體대톄 ○應當응당 ○必然필연 ○
或時혹시 ○㵎湖감호 俗轉암아 或如此 ○嚘啞우
아 俗轉우와 辭未定 ○(偕)요만치 又요짓 大小不同
彼此之惑 ○焉知언지 俗轉엇지 何也 ○囮殆ᄀᆞ뒤

人事部 二十六

敢也
近似근ᄉᆞ 相似也 ○不甚相遠불심상원 ○於之間
어지간 ○於相半어상반 ○依然彷彿의연방불ᄒᆞ
다 ○天然텬연ᄒᆞ다 ○依俙의희ᄒᆞ다 近似而不分
明 ○肩注견쥬 中比校也 ○假他가타 如也 ○比
擬비의 俗轉비이다
○譬喩비유ᄒᆞ다
頓然돈연히 ○空然공연히 ○空中공
즁ᄒᆞ다 ○突然돌연히 ○無端무단히
平安평안ᄒᆞ다 ○便便편편ᄒᆞ다 ○扶
持부지ᄒᆞ다 ○支撑지탱ᄒᆞ다
危殆위태ᄒᆞ다 ○險험
ᄒᆞ다 ○不安불안ᄒᆞ다
精潔졍결ᄒᆞ다 ○豈弟긔샹ᄒᆞ다
○雅淡아담ᄒᆞ다 ○淨淨쳥쳥ᄒᆞ다
麁雜추잡ᄒᆞ다 ○麁率추솔ᄒᆞ다 ○陋麁루추ᄒᆞ다
齷齪악착ᄒᆞ다 ○等閑등한 俗轉덜위 泥塵著物
陋也 ○偪僅랍셥 俗
轉랍셕이 不潔之物

賣買매매 出曰賣 入曰買 ○販판 賤買貴賣 俗轉팟
다 ○散賣발매ᄒᆞ다 ○行賣ᄒᆡᆼ매ᄒᆞ다 ○放賣
ᄒᆞ다 ○都辜도고ᄒᆞ다 障餘人賣買而自取其利 ○
賖샤 本貰買之名 俗直以買當之샤다 ○抑買억매
ᄒᆞ다 ○抑奪억탈ᄒᆞ다 威力而奪之 一曰圍奪 ○價
가 俗轉갑 數訟售直 一曰金 ○決價결가ᄒᆞ다 ○
定價뎡가ᄒᆞ다 ○値치 一作值 物價相當 俗言갑
서치 ○典當뎐당 出物質錢 ○質債 俗給貸借用 ○
取利취리 子母生殖 ○邊利변리 息錢 ○口文
子문 牙錢 ○市廛詳地理部 ○商賈詳人品部
農事농ᄉᆞ 關土植穀 ○墾간 耕也 俗轉갈다 ○據
거러 以犁平田 ○苗種묘종 苗草初生 移種苗
俗轉모종ᄒᆞ다 ○蒔시 更種也 俗言시무다 ○捊挑
부도 培也 俗轉북도도다 ○役糧역량 治田之糧 ○
農糧농량 耕種之糧 ○打作타작 秋收也 ○並作병
작ᄒᆞ다 ○賟畓 主分半 ○賭地도디ᄒᆞ다 貰田輸租 ○
田畓 詳地理部 ○農夫詳
人品部 ○農器詳器用部
織紝직셩 俗轉길삼 織即一蠶所吐 一曰忽 轉云
올 未成線以織 故曰織 ○紋자 俗轉쌔다 績

人事部 二十七

縉縷紩
繫縷紩也 바누질 以鍼刺衣而爲繫縷 故云繫縷 衣縫 ○細鍼난침 俗訓바늘ᄒᆞ다 ○紬縷굴누
即縫之麤者 ○綴치 ○裰褶 繫縷紩 표당 바누질 紹繄여약 ○刺繂ᄌᆞ치 表裡合縫
金長鍼導縫 俗言水鍼 轉云金鍼 칠ᄒᆞᆯ당 ○草縫 緘緻감치다 縫補破衣 一曰緝 ○對縫되봉 俗
轉솔기 붓치다 縕紋 布帛既擣而半褶 紉넌는다 結 執袒 俗言집
입 轉云질으다 繑邉끄변 俗訓단접다 衲 縫 紉縷 俗轉누비 誤衲爲 細衲曰分行 俗
訓잔누비 ○寸行 俗訓드믄누비 繡쉬 五采刺文 俗轉쉬 製졔 俗轉짓다 裁造也
絡絮부며 絡治敝絮也 俗轉솜ᄯᅡ다 樹綿花면화 俗轉솜두다 ○鍾京花포양
漂白표빅 水中擊絮也 俗轉포빅ᄒᆞ다 洗踏셰답 洗衣也 用手用足 一曰壓澳마젼 湅
쥬 以手濯 足一曰澣濯 滌澣찬 以足 涹 俗轉빨니 漚綠也 洴澼병벽 漂絮聲

리다○擎텬ᄂᆞ다擎衣也○擎致반치俗轉밧치다
責獻也○攎拏와나俗轉와락摩撓也○閣각葬音
거다掛也○緇縮슉슉俗轉쑥쑥볌ᄂᆞ다抽取物聲
○䐹䐹타타俗轉탁탁黏物聲○攫확俗訓확ᄒᆞ고
덤븨다撲取物○筑축拾也俗轉즙다○搶去창거
俗轉차가다○封裹봉마ᄒᆞ다封物也○緘封감봉
俗轉함봉封而不開○打地타디打華音다지다打
地使固又曰打固달고질ᄒᆞ다○制졔俗轉짓다作
爲也○撩理료리俗轉롤리다挑弄也○列열다開
也○濶作활작大開也○附致부치다寄也○阬墻
구거다本曲岸之名俗以屈之使曲當之○拂블다
俗當吹訓○彈란鼓亦也俗訓타다○罷파ᄒᆞ다休
息也○看守간수ᄒᆞ다○守直슈직ᄒᆞ다○看檢간
검ᄒᆞ다並俗訓직희다○拘忌구긔ᄒᆞ다○禁忌금
긔ᄒᆞ다○忌諱긔휘ᄒᆞ다並俗訓썰리다○斷定단
뎡ᄒᆞ다○決定결졍ᄒᆞ다○決斷결단ᄒᆞ다○磨勘
마감ᄒᆞ다○了勘요감ᄒᆞ다○酌定작뎡ᄒᆞ다並俗
訓마치다○仍便잉편ᄒᆞ다○取便취편ᄒᆞ다並占便
也○扶護두호ᄒᆞ다○扶頓두돈ᄒᆞ다○右待우되
ᄒᆞ다○右尊우존俗轉위쥰ᄒᆞ다○護衛호위ᄒᆞ다

人事部 二十四

○擁衛옹위ᄒᆞ다○冒侍모시다○御車어거ᄒᆞ다
御本爲車之御故侍御通謂之御車○發洩발셜ᄒᆞ
다○漏洩루셜○騷動소동ᄒᆞ다○發動발동
ᄒᆞ다○運動운동ᄒᆞ다○搖動요동ᄒᆞ다○順從슌
종ᄒᆞ다○背馳비치ᄒᆞ다拒逆排[illegible]ᄒᆞ奔撐
거졍ᄒᆞ다○拒事理거ᄉᆞ리다逆也○撥撒발산ᄒᆞ
다○抹摋말살ᄒᆞ다○僭繕령션으로ᄒᆞ다赴國役
者不盡其力故俗爲有名無實之稱○耗損모손ᄒᆞ
다○極盡극진ᄒᆞ다○窮盡궁진ᄒᆞ다○防塞방식
ᄒᆞ다○防遮방차ᄒᆞ다○防限방한ᄒᆞ다○團束단
속ᄒᆞ다○約束약속ᄒᆞ다○檢束검속ᄒᆞ다○東濕
속습ᄒᆞ다東下之謂○柴原시원ᄒᆞ다高句麗東川
王性寬仁及薨國人懷德莫不哀慟及葬自死殉者
多嗣王以爲非禮禁之至墓自死者亦多國人伐柴
以覆其屍遂名其地曰柴原俗以事之從欲者曰柴
原○順理슌리ᄒᆞ다○鵠聚구취ᄒᆞ다一作丘聚○
蹉過의과ᄒᆞ다

事目

ᄉᆞ목凡事條目○條件됴건○
俗訓건더다 條條됴됴○事例ᄉᆞ례○前例
뎐례○次例ᄎᆞ례○次第ᄎᆞ뎨○等級등급○階梯
계뎨○品數픔슈○條理됴리○涇渭경위○經界

경계○事勢ᄉᆞ셰○事情ᄉᆞ졍○理勢리셰○理致
리치○根本근본○張本쟝본○來歷릭력○種類
종류○物
件물건
都大體도대톄○大綱領대강녕○大頭腦대두뢰
○大槩대개○大畧대략○大體대톄○大綱대강
○如干여간○若干약간○穩通온통俗轉왼통○
疏通소통達底而通俗轉괴통舉全體而言○純全
슌젼히○穩全온젼히○專一젼일히○邁尤미우
○大段대단히○畧畧약약히○層等층등나다○
餘韻여운○主着쥬착○着落착락○曲折곡절○
歷歷력력ᄒᆞ다○井井졍졍俗訓또렷또렷ᄒᆞ다○
隱暎은영ᄒᆞ다○穩當온당ᄒᆞ다○當然당연ᄒᆞ다
○切當졀당ᄒᆞ다○彬彬빈빈ᄒᆞ다○粹然슈연俗
轉숟연ᄒᆞ다○天然텬연ᄒᆞ다○
淳坦슌탄ᄒᆞ다○平平평평ᄒᆞ다
那奇나분說郛謂高之名而無義○及欣音흔說郛
謂深而無義○頎거俗轉기다長也○偎더다小也
○仳ᄌᆞ다小貌○促촉或轉云쪽如小貝穖曰쪽지
게或轉云족如鑷曰小執擧족죡리或轉云조如么

人事部 二十五

○麼曰조곰或轉云좀如昴爲小星曰좀셩이皆小也
○稀少희쇼ᄒᆞ다○稀罕희한ᄒᆞ다○稀貴희귀ᄒᆞ
다○零星령셩ᄒᆞ다○絶種졀죵되다○纖셤俗轉
뎌르다短也○么麼요마小也○偏仳편ᄌᆞ俗訓단
즉ᄉᆞᆯ쳡다極小也○䌷挾됴협俗轉둡다窘也窘則
不能相容故俗訓爲窄也○姦絖간흘다奸即姦細
之姦詭絲下也俗訓細○欠쳠되다不足也○闕궐
ᄒᆞ다欠縮也○考滿고만考成也言成己滿無以復
加之謂○考分고분俗轉고쎤言止此也○偌多야
다ᄒᆞ다事多難堪○犖락俗轉짧다廣也○巨거俗
轉커大也○夏하大也或轉爲찬或轉爲할○滿만
다盈溢也俗以爲多訓○十上십샹本金品之第一
俗以事之好品謂之십샹○詵詵션션衆多貌○足
足죡죡ᄒᆞ다豐盛豐盛풍셩풍셩ᄒᆞ다瀰滿미만ᄒᆞ
다顯頤파이並多也○峻준ᄒᆞ다太高也○浩汗호
한ᄒᆞ다浩繁호번ᄒᆞ다並用有餘○濫람다溢也俗
以爲餘訓○假得가득ᄒᆞ다書曰不自滿假俗以爲
滿訓○有餘유여華音위俗轉잇다○過과ᄒᆞ다有餘也
○褒拜포비擇也俗以事之連疊謂之포비이○象
잠麁朝御貢令人象晉而後入用故以眞爲잠○眞

망급俗言忩遽급피ᄒᆞ다○悤悤一作匆匆총총ᄒᆞ
다○倥偬공총ᄒᆞ다○悤忙총망ᄒᆞ다○汨沒골몰
ᄒᆞ다○紛拏분나ᄒᆞ다○紛沓一作紛遝분답ᄒᆞ다
○促迫촉박ᄒᆞ다○蒼皇창황ᄒᆞ다○劻勷광양ᄒᆞ
다急迫貌○忩遽급거ᄒᆞ다○猝然間졸연간○造
次間조차간○汲汲급급不休息貌○孜促ᄌᆞ촉轉
云지撁攉也○奔走不暇분주불가ᄒᆞ다○眼鼻
莫開안비막기ᄒᆞ다○汩汩無暇골골무가ᄒᆞ다 武
斷무단以威主斷俗言土豪토호○豪悍호한ᄒᆞ다
○億勒억늑ᄒᆞ다○億奪억탈ᄒᆞ다○威脅위협
ᄒᆞ다○侵漁침어ᄒᆞ다○億持억지세다○威力위
력세다○威風凜凜위풍이럼럼ᄒᆞ다○權力권력
잇다○風力풍력잇다○侵虐침학ᄒᆞ다○洸洸광
광ᄒᆞ다武貌○劫迫겁박ᄒᆞ다○侵擄침노ᄒᆞ다○
侵責침척ᄒᆞ다 閒隙 한극俗言閒暇한가ᄒᆞ다○闖틈잇다
○閴訖결흘○乘隙승극ᄒᆞ다俗訓틈
카다○從容종용ᄒᆞ다○間歇 等閒 등한不要緊俗
한헐ᄒᆞ다○無事무ᄉᆞᄒᆞ다 言汗漫한만ᄒᆞ
다渺茫貌○尋常심상ᄒᆞ다○容易용이ᄒᆞ다○偶
然우연ᄒᆞ다○自然ᄌᆞ연ᄒᆞ다○推過이과ᄒᆞ다○

人事部 二十二

如反掌여 勞苦 노고俗言愁苦ᄒᆞ다又苦勞고숩다
방장ᄒᆞ다 用力而勤也○困곤ᄒᆞ다○惱困노
곤ᄒᆞ다○苶然날연ᄒᆞ다疲困貌○瞀亂뫼란
란ᄒᆞ다勤苦用力○能傂丘丘不耐勞苦貌 營爲 영위
俗言經營경영ᄒᆞ다○經綸경윤ᄒᆞ다○商量샹량
ᄒᆞ다○億度억탁ᄒᆞ다○料量료량ᄒᆞ다○稱量칭
량ᄒᆞ다○周旋쥬션ᄒᆞ다○計較계교ᄒᆞ다○妄度
망탁ᄒᆞ니○孼態얼입ᄒᆞ다意其如此也俗以似而
非真者皆稱孼○牽連견련ᄒᆞ다○同事동ᄉᆞᄒᆞ다
○例事예ᄉᆞ○籠絡롱락ᄒᆞ다○操縱조종ᄒᆞ다○
揔察총찰ᄒᆞ다○分辨분변ᄒᆞ다○磨鍊마련ᄒᆞ다
○磨當마당轉云맛당○適當뎍당ᄒᆞ다○磨可마
가轉云맛갓다○磨勘마감ᄒᆞ다○合當합당ᄒᆞ다
○穩當온당ᄒᆞ다○砰隱평은轉云핑ᄒᆞ다○漸漸
졈졉ᄒᆞ다○差差차차ᄒᆞ다○種種종종ᄒᆞ다○爽
快샹쾌ᄒᆞ다○快快쾌쾌ᄒᆞ다○[illegible]ᄒᆞ다○
達달華音 不如意 불여의○歃望불망不滿所望○
다咨也 歉歉납감不滿意○齷齪악착ᄒᆞ
다○沓沓답답ᄒᆞ다○聾聾답답ᄒᆞ다失氣而言 鎲
鎲당당ᄒᆞ다爲物牽連○窘洞완동ᄒᆞ다○沓拖답

치不循理也俗轉답치기○鞅鞅앙앙不足 事爲 ᄉᆞ위
意○魔마作戲兒名俗以事不成曰마ᄃᆞ다
動作○運爲○摩之마지轉云만지다摩挲也○拔
轉云쥬이다○捏也○搭직俗轉딱치다手把着○拔
祛음거轉云웅셔다兩手把也○撤摘쳘뎍以手高
擧○損擧흔거轉云흔ᄃᆞ手擧也○抽摋츄수로다
以手平物○搶연鉤挾出臂○括搭괄거手口並作
○按안싸抱也○撮촬三指取也○梁과轉云왁手
把○物○栗례轉云추다以手息持人○振物以手觸
物○故○探덤다以手稱物○手尉掌와以手布物○以
찬산以手揀擇物○以手抹撥말살掃滅也○捫之
物俗轉위수루다○抹撥간以手伸物也○捫之
다撫持也○任임戴負之總名俗言戴曰입
馬馱者取音於占ᄒᆞ而占為卜故因謂之卜蓋負曰짐
傳訛也○擔擔以身肩物○禁지擔
也말메다○擔당肩任○負부背任
蹊박다以足蹋物○
杈차다以足加物
抽抽츄다引出也 擊人又負兒曰高抽고츄다衣服曰
抽擧츄거다○抽撻츄던다以肩擧物○抖擻두져

人事部 二十三

俗轉뒤지다搜也○揮揚휘뎌俗轉휘뎟다揮散
○毀之단지다俗轉던지다投也○俗抽理추리다擇其
善者衆中又簡理간리俗轉가리다擇也○揀擇
料俗轉감츄다藏也○掠理끈리俗轉굴리다轉之也○
○紋皿俗轉바다○索綴也事不如意者曰紋理
다○執집다拾也○扱잡다收取也○纏업俗轉억
다以繩繫縛○列結결불俗轉역거以繩次物而束
之○繹理역리意之也俗言그러이역리다又抽繹
曰繹理轉云의이다○撦理골리다推也○剔비俗
轉베이다割也○紉인느다續也○破瓠파게
새거다破裂也○剖劈부리지俗轉부러지
也○搗갈俗轉갈다刲也○斫開작기俗轉작
所也○剝박俗轉벗기다如剝栗曰밤벗기다削
리다離也○刻去각거俗轉작거剝也○擺패
手擊也析薪及亂打並謂之擺○嗑華音거轉
破開果核쎄다○撤掉헌도俗轉흔드다搖也○
碎부쇄俗轉부수다擊破也○揮搡휘유다搡
捫按눌안俗轉눌은다按物水中○拖拖비ᄎᆞ俗轉
비틀다捻戾也○骳骳위피屈曲也俗以骳
音子轉云ᄌᆞ피다○擄理나리다連題卻霞俗轉ᄂᆞ

ᄌᆞ다。訟事송ᄉᆞ 爭曲直于官。俗言呈狀졍쟝ᄒᆞ다。告
ᄒᆞ다。發狀발쟝ᄒᆞ다。鬩訟ᄉᆞ송ᄒᆞ다。
官고관ᄒᆞ다。元告원고 狀者。史리 被告人。正
犯罪범죄人。干連간련 干涉人。援引다 相訐告
。呼愬호소 告訴也。誣訴무고ᄒᆞ다。誣告무고
ᄒᆞ다 竝變亂是非以告。朦朧의미 爲人誣陷。寃
痛원통ᄒᆞ다。對質되질ᄒᆞ다。對辨되변ᄒᆞ다。
對訟되송ᄒᆞ다。頭頭質두질ᄒᆞ다。查實사실ᄒᆞ다。
。覈實힉실ᄒᆞ다。發明발명ᄒᆞ다 明其所以然。
公決공결ᄒᆞ다。誤決오결ᄒᆞ다。處決쳐결ᄒᆞ다
。判斷판단ᄒᆞ다。決斷결단ᄒᆞ다。審理심리ᄒᆞ
다。歸正귀졍ᄒᆞ다。退訟퇴송ᄒᆞ다。得訟득송
ᄒᆞ다。雪寃셜원ᄒᆞ다。雪恥셜치ᄒᆞ다。妥貼타
쳡ᄒᆞ다。己殺이외 本賭碁而勝俗以凡所勝者皆
轉云의외다。提례 碁死結局之
名俗以見負折人皆轉云ᄒᆞ다。看證간증 證其明 徵俗言證人
증인。保證보증。證驗증험ᄒᆞ다。證據증거ᄒᆞ
다。依據의거잇다。保보ᄒᆞ다。保人보인。證
人증인。證參증참。看守간슈ᄒᆞ다。守直슈직
ᄒᆞ다。顯然현연ᄒᆞ다。顯著현저ᄒᆞ다。表著표

人事部 二十

뎌ᄒᆞ다。保守보슈ᄒᆞ다。參涉참셥ᄒᆞ다。看守
간슈ᄒᆞ다。文蹟昭然문뎍이소연ᄒᆞ다。表迹표
뎍잇다。丁寧뎡녕ᄒᆞ다 猶言分
明。鑿鑿符合착착부합ᄒᆞ다 綜核 종ᄒᆡᆨ 覈實也。點檢졈고
轉云졈ᄌᆞᄒᆞ다 打點於上以考其數。試驗시험ᄒᆞ
다。取才취지ᄒᆞ다。發覺발각ᄒᆞ다。的實뎍실
ᄒᆞ다。歷歷력력ᄒᆞ다 譏察 기찰 伺察也。譏詗긔형
다。查實사실ᄒᆞ다。廉問렴문ᄒᆞ다。
訪問방문ᄒᆞ다。偵探뎡탐ᄒᆞ다。采探
적탐ᄒᆞ다。擿姦摘伏발간뎍복ᄒᆞ다 自服 ᄌᆞ복ᄒᆞ다
。自現ᄌᆞ현ᄒᆞ다 自首也。降服항복ᄒᆞ다。
誣服무복ᄒᆞ다。遲晩 俗音 俗云지만ᄒᆞ다 짐 過誤
파오 誤也。過失과실。錯誤착오。差
錯차착。失手실슈。无妄之過무망지과 推諉 츄위
托言。俗言避計피계 轉云핑계 諉避之計也。稱
托칭탁。托호ᄒᆞ다。所以然소이연。然故연고。緣由
연유。曲折곡졀。委折위졀。事端ᄉᆞ단 隱密 은밀
단。事狀ᄉᆞ장。事實ᄉᆞ실。黑白흑ᄇᆡᆨ 秘密
비밀ᄒᆞ다。隱諱은휘ᄒᆞ다。度隱수은 轉云숨는
다。度匿슈익 轉云숨긴다。慇懃은근이ᄒᆞ다。

從容조용이ᄒᆞ다。忌諱긔휘ᄒᆞ다 遺失 유실 俗言逸실다
휘ᄒᆞ다。坎陷감안ᄒᆞ다 失也以台謂失揚
。子方言之訛也。遺落유락ᄒᆞ다。闕失궐실ᄒᆞ다
。潑哩발리다。潑本棄水也而俗以潑通謂之棄。
拌棄 棄也而俗言訛誘피유 轉云꾀이
作拌棄訟誤也。誘引유인ᄒᆞ다。開誘개유ᄒᆞ다。勸誘권
유ᄒᆞ다。引導인도ᄒᆞ다。搯引 俗訓ᄭᅳ어ᄂᆡ다。
夔이 引也。侄侘질헐 引之不前。詿丘相呼誘。
諷動풍동 眩亂 현란 目視動搖也。繼亂착란
撥誘人爲惡。ᄒᆞ다。撓亂요란ᄒᆞ다。憒亂
천란ᄒᆞ다。騷動소동ᄒᆞ다。騷擾소요ᄒᆞ다。搶
攘창양ᄒᆞ다。憚悸염여 禍福未定而懷憂也。起
感의혹ᄒᆞ다。哀矜 애궁 憫憐也。愛惜ᄋᆡ셕ᄒᆞ다
訶惑야혹ᄒᆞ다。不祥불상 俗訓爲憐。慰恤
위휼ᄒᆞ다。存恤존휼ᄒᆞ다。可憐가련ᄒᆞ다。惻
隱측은ᄒᆞ다。慘酷참혹ᄒᆞ다。哭怛의돌다。安
綏산유ᄒᆞ다。慰勞위로 致謝 치사 上手稱謝。感
ᄒᆞ다。可矜가궁ᄒᆞ다。謝謝감사ᄒᆞ다。感祝
감격ᄒᆞ다。感激감격ᄒᆞ다 俗轉感之激之爲감지
덕지。謝禮사례ᄒᆞ다。致賀치하ᄒᆞ다。告冒고

人事部 二十一

모冒華音맛 致謝語。恩德 은덕 俗言恩惠은혜 又
白骨難忘백골난망 日德澤덕퇴。蒙惠몽
혜ᄒᆞ다。德分덕분ᄒᆞ오。手護두호 轉云도아쥬
다。上德상덕。施恩시은ᄒᆞ다。難忘之恩난망
지은。德談덕담ᄒᆞ다 吉慶 길경 喜事也。慶事경ᄉᆞ
다。德色덕석ᄒᆞ다。榮華영화。榮光영광
。福祿복록。福祚복 奢侈 사치 華麗踰節也。繁
죠。稱慶칭경ᄒᆞ다。華奢번화ᄒᆞ다。華靡화
며ᄒᆞ다。燦爛찬란ᄒᆞ다 僭濫 참람 過分也。猥濫외
다。豪華호화롭다。람ᄒᆞ다。僭叨不法참
도。불법。氾濫범람ᄒᆞ 儉約 검약 俗言儉素검소。節
다。過濫과람ᄒᆞ다。用也。儉朴검박ᄒᆞ다
。節儉졀검ᄒᆞ다 吝嗇 린식 有餘不用。鄙吝비
。撙節존절ᄒᆞ다。린ᄒᆞ다。愛計이계 計算音
기 轉云이ᄭᅵ다。約約약약히ᄒᆞ다。遲緩 지완 不
徇儉子무鄙吝。約約약발이ᄒᆞ다。迫也。
遲滯지톄ᄒᆞ다。遷延쳔연ᄒᆞ다。延擱연각ᄒᆞ다
。遷就쳔취ᄒᆞ다。遷遷쳔쳔ᄒᆞ다 徐也。琵琶會
슬。猶徐徐也。歇后헐후ᄒᆞ다。逗留두류ᄒᆞ
다。愆期건긔ᄒᆞ다。差差차차ᄒᆞ다 有序也 忪愡

人事部

名譽 명예 令聞。聲名셩명。可勒가륵轉云가륵
ᄒᆞ다 可又以華音커復云커록ᄒᆞ다。所聞播
多소문이파다ᄒᆞ다。膾炙회자 膾與炙人所同嗜
故借為聲聞籍籍。有名유명ᄒᆞ다。表著표져ᄒᆞ
다。顯著현져ᄒᆞ다。表表표표ᄒᆞ다 偉也。出衆
츌즁ᄒᆞ다。掀動一世헌동일셰。不虞之譽불우
지예。聲 勸獎 권쟝 勸勉也。勸권ᄒᆞ다。 教導 교도
聞過情 推許츄허 轉云츄어ᄒᆞ다 以善
先人 俗言竭我致갈아치 孔子曰我叩其兩端而竭
焉 蓋教者竭己知而論人使從也 又曰 引導인도 提
醒之謂也。開諭ᄀᆡ유ᄒᆞ다。曉諭효유ᄒᆞ다。指
導지도ᄒᆞ다。警戒경계ᄒᆞ다。教訓교훈ᄒᆞ다。
譬喩비유 以此喩彼。曉解효ᄒᆡ식히 自任 ᄌᆞ임 以
다。警動경동ᄒᆞ다。懲戒증계ᄒᆞ다 爲己任
俗言磨他맛다。擔當담당ᄒᆞ다。自當ᄌᆞ당ᄒᆞ다
。獨斷독단ᄒᆞ다。主管쥬관ᄒᆞ다。專當젼당ᄒᆞ
다。主張
쥬쟝ᄒᆞ다

人事部 十八

薦擧 쳔거 拔揚也。汲引급인ᄒᆞ다。褒獎포쟝ᄒᆞ
다。抽츄다。稱讚층찬ᄒᆞ다。紹介쇼기ᄒᆞ
다。夸獎 干囑 간쵹 干求之囑也。請쳥ᄒᆞ다。請
과쟝ᄒᆞ다 托쳥탁ᄒᆞ다。賄賂회뢰 與人以財
陰扤其助 一日 問問문문ᄒᆞ다 又 依托 의탁 猶依
饍物션물ᄒᆞ다。干謁간알ᄒᆞ다 也 一日投托
俗轉두탁。付托부탁 任 假貸 가대 借物於人更還
人以事。依支의지 倚也 其主 俗言扤他 轉云
뀌다。稱貸층대 推移於人。取貸취대ᄒᆞ다。뀌
ᄋᆞ기불ᄒᆞ다。求請구쳥ᄒᆞ다。貧者小人빈ᄌᆞ쇼
인 賙恤 쥬휼 俗言賙急쥬급ᄒᆞ다。賑恤진휼ᄒᆞ다
開倉以濟貧民。賙쥬다 給也。救濟구졔
ᄒᆞ다。救急구급ᄒᆞ다 儲峙 져치 積儲也。儲蓄져츅
다。救援구완ᄒᆞ다 ᄒᆞ다。攢儹져치 會物也
。豫備예비 先時為備。留置 分排 분비 俗言擺擄
유치ᄒᆞ다。任置임치ᄒᆞ다 나노다。排備
비비 變改 변기 改易也。變通변통 機會 긔회 猶言
ᄒᆞ다。變動변동ᄒᆞ다 際會졔회
。階梯 接物 졉물 與人相接。俗言接對ᄒᆞ다。相
계졔 閱상만ᄒᆞ다。締結톄결ᄒᆞ다。相從

샹죵ᄒᆞ다。迎接영졉ᄒᆞ다。聯 朋黨 붕당 作黨也
信련신ᄒᆞ다。慇懃은근ᄒᆞ다 。屯聚둔취
ᄒᆞ다。威力成黨위력셩 倩人 쳔인 假借使人。更
당ᄒᆞ다。愛黨의당ᄒᆞ다 僕경복 累次送人。
代身대신 代己為之。專人젼인ᄒᆞ 等候 등후 俗言
다。人便인편。指麾지휘ᄒᆞ다 企待 기다
리다。等待등대ᄒᆞ 相對 샹대 面對也。當面당면
다。待令대령ᄒᆞ다 ᄒᆞ다。對面대면ᄒᆞ다。
邂逅相逢ᄒᆡ후샹봉 離別 리별 相離也。作別작별
[illegible]而會也 ᄒᆞ다。餞送젼송ᄒᆞ다。
餞別젼별 離間 리간 使之有間也。反間반
별ᄒᆞ다 간ᄒᆞ다。間轉云갈부치다 不相合 블샹
합。鉏鋙一作齟齬本鋙齒之名以不相當俗於不
合曰서어ᄒᆞ다。矛盾모슌 楚人譽其盾曰物莫能
陷又譽其矛曰無物不陷 或曰以子 詬詈 후리 俗言
之矛陷子之盾何如其人不能應 詬叱轉云
꾸짓다 呵責也。辱욕ᄒᆞ다。責望칙망ᄒᆞ다。恐
喝공갈ᄒᆞ다 虛喝也。魏盈魏盈위영위영 轉云웨
영웨영 呵叱也。畚畚 쎈쎈 南人罵 誣陷 무함 以無
北人。[illegible] 爲有。譖

人事部 十九

讒참소ᄒᆞ다。搆虛揑誣구허 陰害 음ᄒᆡ 以術陷人
날무ᄒᆞ다。毁謗훼방ᄒᆞ다 。謀害모ᄒᆡᄒᆞ
다。作戲작희ᄒᆞ다。沮戲 冤讐 원슈 怨敵。仇讐
져희ᄒᆞ다。謀陷모함ᄒᆞ다 구슈。業冤업원
。敵手 怨望 원망 恚恨也。發惡발악 報怨 보원。
젹슈 ᄒᆞ다。稱冤층원ᄒᆞ다 復報報讐
복보슈ᄒᆞ다。 侮人 모인 蔑視也 俗訓업시보다。
雪冤셜원ᄒᆞ다 嘲謔됴노다 以言相侮。嘲笑
됴롱ᄒᆞ다。嘲笑됴쇼ᄒᆞ다。非笑 俗訓비웃다。
凶[illegible]흉하적ᄒᆞ다 欺人欠御。眠蜓면뎡 轉云빈
뎡거리다 以言相強弄。冷笑닝쇼ᄒᆞ다。凌蔑능
멸ᄒᆞ다。下視하시ᄒᆞ다。恝視괄시ᄒᆞ다。無顏
무안뵈다。亡 戲弄 희롱 言笑戲謔也。詼諧 회
身망신ᄒᆞ다 희ᄒᆞ다。譏弄기롱ᄒᆞ다 爭
鬪 징투 俗言多鬪다투다 又曰肆詬싸후다。拒詰
거힐ᄒᆞ다 抵敵也。格禦격어 俗轉겨론다 相拒
也。是非시비ᄒᆞ다。口舌구셜ᄒᆞ다 為人是非。
圭角규각나다 不相合。言詰언힐ᄒᆞ다 言語相爭
。笞치다。打哩 轉云ᄯᅡ리다。頭髮扶曳두발부
예。衣冠裂破의관열파。發惡발악ᄒᆞ다。毆打

례 皐復 고복 俗言招魂 초혼 襲 습 沐浴之也 壽衣 슈의 預備送死之衣 斂 렴 以衣斂
尸○死之明日而小斂三日而大斂入棺 靈座 령좌 俗言几筵 궤연 魂帛 혼백 用白綃或苧布
為之○襲而置靈座設魂帛 銘旌 명졍 以絳帛為之楷書官封係於靈座之右發引時用而前導
神主 신쥬 用栗木為之葬前造成葬後題主○趺 부 用以承主身○韜 도 考紫妣緋用以庇主○藉
자 用以藉櫝內○櫝 독 用以納主○龕 감 室 감실 藏主之室 俗[illegible] 장 影幀 영졍 俗言畫像
簇子 좌 쟝족자

柩 구 有尸棺 棺 관 所以藏尸 槨 곽 外棺○槨始于黃帝 櫬 친 空棺 杯頭 화 棺
小 례 素錦褚 소금져 俗轉云 [illegible] 以覆尸 黃腸 황쟝 俗言板材 판재 以木黃心為棺
柳翣 류삽 俗言 [illegible] 所以藏兒尸者 輴攢 슌찬 盛柩車似屋形而四面塗泥故曰畢
塗泥 發引 발인 俗言行喪 힝상 延燔 연번 轉云 연반 火具 方相氏 방샹시 俗轉 四品以

上用四目方相氏 以下用兩目魌頭 腰轝 요여 即靈車 功布 공포 俗轉 用以拂去柩塵
者 輓詞 만사 俗言輓章 만쟝 親戚知舊作詞哀之者即古之薤露歌類 雲亞翣 운불삽 俗
以亞字做亞字轉云 운아삽 雲翣大夫士通用 大轝 대여 即喪轝之大者 大夫
以上用之有小方狀 俗 小轝 쇼여 俗言喪轝 상도 上通用但無小方狀○
轉云 방상 以載柩者
喪轝 상여 ○靈輀 영이
葬事 장사 俗言永葬 영장 ○完葬 완장 ○永窆 영폄 ○權窆曰權厝 권조 ○中窆 중폄 ○中葬 중장
○草殯 초빈 ○渴葬 갈장 一作渴葬 葬不待時也○殯 빈 俗言初殯 초빈 即不葬而掩一曰攢 찬 ○殯 이
假葬於道○緬禮 면례 會葬 회장 助葬 親舊也 改葬○合窆 합폄 合葬 返虞 반우 葬後奉神
主歸家
因山 인산 俗言國葬 국장 漢文帝作壽陵因山為之故後世以國陵謂之因山 山陵 산능 帝王

之冢○陵 능침 墓 묘 俗言撫掩 무엄 轉云 무덤 冢地○山所 산소○墳山 분산○塒○塿○坍○
垠○塋○壟 皆冢之別名○首墓曰首 窀穸 둔셕 墓穴 幽堂○壙中 광중○宅兆 퇴조○黃泉 황쳔
神 羨門 연문 墓門 一曰松門 碑 비 古者豊碑遺制以記平日行跡豎之墓側○丹 단 碑陰 誌
誌銘 지명 書其生卒履歷以之納壙者
告訃 고부 俗言通訃 통부 告喪之聞 弔喪 됴상 傷終○弔生曰唁 언 弔狀 됴상 以書替弔
慰狀 위장 以書慰服人 賻儀 부의 以財助喪
成服 셩복 俗言居喪 轉云 거상 天子七日諸侯五日大夫以下四日而各以其服受服○一日斬衰
참최 三年 二日齊衰 자최 三年杖朞 장기 不杖朞 부장기 五月 오월 三月 삼월 三日大功 대공 九月 功以
女功布升而言 四日小功 소공 五月 五日緦麻 시마 三月 緦十五升布服之窮也○服制詳於禮說 并不
盡錄 闋服 결복 喪除服

瘡대풍창一曰癩나顱肉爛病俗訓문둥이○楊梅瘡양매창皮剝病俗言瘡당又曰唐瘡당창 疥

瘡개창乾曰疥濕曰癬一曰疥俗訓옴從處自廣之謂 疕비頭上瘡 疔뎡毒瘡 疣사瘡不合

疤파瘡痕一曰瘢 疣瘤우유二病似同實異與肉生曰疣而漸生曰瘤俗言胡疣호우轉云혹

胡馬獸頷下垂肉頤垂肉之義曰頷子其小者曰鼠瘻俗訓쥐졋 黶子암ᄌ黑子俗言似麻疣사

마괴○黃子俗訓무사마괴 雀瘢쟉반俗訓죽은깨 落傷락샹蹉落而傷샹ᄒᆞ다○傷處

샹처俗轉샹착나다○稍䏶뎝질이中骨差也○瘀血어혈지다積血也○攣攣련녀一曰攣引견인俗

轉결인다攣痛也 浮瘻부루俗以踵曰부룻다瘡曰부룸 浮𦙶부조다皮生氣如泡 癒

癡계종小兒驚癇驚氣경거○有急驚급경慢驚만경之別 疳疾감질小兒食甘生病 痘

疹두진小兒胎毒生瘡俗言疫疾역질○媽媽마마○發熱발열三朝○出痘一曰見苗싹뵈다曰發

斑발반三朝○起脹긔창俗訓붓다三朝○貫膿관농俗訓농드다三朝○收靨슈암三朝○落痂락가

附誕育 十四

一日落胝轉云락지○送神송신俗言拜送비송又曰餞送전송○黑脂흑참 麻疹마진俗言紅疫

홍역 水痘슈두俗訓ᄌᆞ근마마 解顱ᄒᆡ로頭縫開解 鳩胸구흉胸骨高起 龜背귀비

背突如龜 痼疾고질久固之病 殗殜엄엽病未甚而半臥半起 譫語셤어病中言 委

頓위돈病甚又曰危重위즁 澌盡시진水索物之無力

胗脉진ᄆᆡᆨᄒᆞ다察脉也 藥治약치用藥 湯劑탕졔湯藥○刀圭도규方寸匕之一○貼

쳡一服之劑○壯장艾灸一灼 救療구료治也 調 通氣통긔使氣有通 和解화ᄒᆡ發散

外補보ᄒᆞ다外邪補助氣也 瀉샤ᄒᆞ다泄氣也 平復평복俗言擎去나거進之謂也凡物之差勝皆

謂之進轉云낫다○瘥채病差也俗言채낫다○快

差쾌차ᄒᆞ다○快쾌ᄒᆞ다○間간○痊젼○減감

調理됴리ᄒᆞ다○調病也俗轉됴려○調變됴셥ᄒᆞ다 蘇復소복病差而復常○蘇醒소셩

喪事상ᄉᆞ俗言初喪초상○喪故상고○初終초죵○喪變상변○喪家상가○喪中상즁○好喪

附誕育 十四

호상有器具者○窮喪궁상無器具 大故대고父母喪○當故당고在喪재상○丁憂뎡우○遭

艱간 易簀역ᄎᆡᆨ師喪 城崩之痛셩붕지통夫喪 叩盆之痛고분지통妻喪

○腹悲之痛복비지통○喪室상실○喪耦상우○喪配상비 孔懷之痛공회지통兄弟喪○

鴒原之痛割半之痛○ 掩袂之慟엄메지통姊妹之喪 慘慽참쳑手下喪一曰慘境

變喪변상逆理之喪 西河之痛셔하지통○喪明之痛子喪 祝予之嘆츅여지탄

지란弟子之喪 喪主상쥬主喪之子俗言喪制상제○喪人앙인稱罪人○父喪曰孤子○

母喪曰哀子○梅梅미미居喪之容 護喪호상干事人○襲斂者曰斂匠염장이又曰理葬軍명장

군 行者哭婢ᄒᆡᆼᄌᆞ곡비男曰行者女曰哭婢所以代哭者

崩붕天子之喪 薨훙公侯之喪 卒졸大夫之死○卒逝졸서○捐館연관 終죵君子及

老人之死 不祿불록士死 死ᄉᆞ小人之盡也凡氣散通謂之死○俗言走氣轉云죽어○庶人及

附誕育 十五

別世별셰○棄世기셰○下世하셰○殞命운명 物故물고賤者之死 殰독未及生而胎死

殙혼未立名而死 凶흉未亂而死○一曰傷於人而死 一短단未冠而死○一曰傷於禽獸而死一

○又兄弟之喪 折졀未婚而死○又父喪子草木而死○一曰 殤샹未成人而死○十六至

十九爲長殤十二至十五爲中殤八歲至十一爲下殤七歲以下爲無服殤生未三月不爲殤 殀요短

折○夭요早死也○短命단명夭札요찰 殭屍강시死不撿 自處자쳐自殺也一曰自

決자결又曰自裁자지 自盡자진無氣力而死 磕硌악락卒死 欸不死而復生一曰甦

성諱휘死者之名 遺言유언臨死而言 [illegible]믈란俗轉믈라死迷亂不知之貌 永

訣영결死生之別 西洋셔양去西洋俗轉시양麗俗好佛謂人死魂令巫導之謂之시양갈으다

ᄒᆞ니無據甚矣

屬纊쇽광含之絶新綿置口鼻上以爲候 屍體시톄屍身시신○身體신 俗言送葬又曰

疸湯候탕후ㅇ妻病曰判憂판우ㅇ人之妻病曰閣
患랍환內患내환ㅇ子病曰惟憂유우ㅇ姪病曰十
起之憂긔지지우ㅇ眼昔曰河賭之憂하도지우眼
疾안질ㅇ腹痛曰河魚之疾하어지질ㅇ傷足曰下
堂之憂하ㅎ지우 證候증후病狀ㅅ證 證情증졍 痾아痛也俗
轉알는다 阿暑
아포痛也 燠休오휴念聲 痛 呻吟신음痛聲俗以小痛能
俗轉아파 動作者曰 신음신음알
는다 頭痛두통偏正疼有 變際발졔生腫俗轉발지 眩氣현긔風疾 潰亂
뎐ᄒ다ㅇ瘀씌行不 眼疾안질ㅇ瞖膜예막ㅇ努肉
正비령비령ᄒ다 노륙ㅇ努熱노열ㅇ囂迷
히미 皶사鼻上皰俗訓쥬 鼻血뉵혈 鼻瘜식鼻肬也
ᄒ다鼽부 爲酒皻 出血 一曰鼻痔
脣腫슌죵脣上生瘡 齒痛치통牙齦腫痛 齒衄치뉵牙縫出血 耳聾이롱耳不聰
耳鳴이명耳有聲 咽喉인후俗以咽痛但言咽喉 瘰癧라력俗言連珠瘡련쥬챵筋結
病 胸腹痛흉복통俗言가合알이 毗顫비빈ᄒ다中㿉也ㅇ痄ㅍ腹中急痛 腰痛

附誕育疾病死亡葬埋 十二

요통ᄒ曰臀 乳巖유암乳腫 癮疹은진一曰疿子汗出風
과ᄌ然痛 見濕乃生俗訓ᄯᄯ
丹毒단독丹毒 疥癩개려搔癢病俗訓가렴다 麻木마목一曰不仁불인 手顫슈젼手掉
也俗訓손뎐다 肩臂痛견비통臂病 脚氣각긔脚痛 鶴膝風학슬풍膝痛 水
腫슈죵脚腫俗訓슈죵ᄒ다 瘃쟉手足凍裂俗轉터지다 疝氣산긔男子三陰病一曰㽷症산
중 淋疾림질小便難病 遺精유졍夢泄 脫陰탈음婦人陰脫 帶下더하婦人漏血
痔疾치질陰病 後腸風후쟝풍下血 脫肛탈항肛門突出 泄瀉셜샤水穀不化 痢
疾리질瀉疾因濕熱積滯暑毒虛滑而致 ㅇ滑脫활탈目利ㅇ後重후즁便難 中風즁풍風病
口眼喎斜구안와샤口眼急不正 痿痺위비風寒濕三氣病筋弛不收 癱瘓탄환筋脈
拘急 痓질風病有五證 脊強之總名 癜風뎐풍俗訓어루러이癜風班有紫白二種 傷寒상한俗言
運氣운긔又染病轉云염병 暍알傷暑 肥濕비습ᄒ다肥者例多濕 燥조ᄒ다乾燥也

火氣화긔ㅇ陰虛火動음허화동ㅇ潮熱됴열 外感외감感氣俗言감긔 內傷내샹俗言
滯症톄증ㅇ痃癖현벽積痞彈急ㅇ痞結비결氣膈而不痛者爲痞痛者結胸 虛勞허로氣不足
霍亂곽란濕熱寒氣七情內傷六氣外感所致或轉筋腹痛或煩悶脹滿或中惡吐逆各證不一
關格관격上不通曰關下不通曰格 輪症륜즁天行急霍一曰怯疾外國人謂之虎列剌
호렬 吐토ᄒ다歐出俗言嘔逆華音겨ᄒ다ㅇ歐欬子오吐聲ㅇ哯현俗轉게우다不嘔而吐又小
兒吐乳ㅇ喀喀각각兩手據地而嘔之 翻胃번위食下咽不出ㅇ䭇䭇외외食而吐也俗轉왹왹
嗽 一作 咳嗽해수逆ㅇ華音커싀俗轉기츰ㅇ痰嗽不已坐寢有音者 痰病 氣喘
喘痰 텬거疾息ㅇ 喘 천만 呵欠하흠氣乏張口轉云하픠옴 打嚏 鼻塞噴嚏轉云조채기ᄒ다
다 打嗝타격氣逆作聲打華音다轉云딸국질 打嗄華音다轉云트림ᄒ다 浮腫
복흥俗但言浮붓다又浮氣부긔 脹滿챵만腹滿ㅇ單腹鼓脹고챵ㅇ膨脝팽팽脹貌 消

附誕育 十二

渴 消一作痟 쇼갈有上中下三消 黃疸황단黃病有五種 瘧疾학질寒熱病間
一日曰瘧二日曰痎多日曰痁老瘧曰痞 寒戰한젼ㅇ碩碩우우俗言顫전轉云떤다俗轉울울顫
發熱발열俗訓열거나다ㅇ煩燥번조ᄒ다ㅇ煩懣번만ᄒ다 邪祟샤슈中惡ㅇ懆懆쳠쳠
猶 心惑心惑也俗以惑字之似繼字因音계凡遇見祟令巫除去謂之계 心惑 上氣샹긔
氣逆 怔忡졍츙心中躁動不安 健忘건망事善忘 癲癇뎐간俗言癇疾간질又志
亂지란轉云지랄 吐血토혈從口血出ㅇ咯血각혈咳中出血 失音실음俗言嘶시轉云
쉬다 自汗ᄌ한俗言津汗진땀ㅇ盜汗도한睡中汗出 痰飮담음津液不行則聚而爲痰蓄
胃爲飮 蛔회人腹中長蟲 或嘔吐 蟯요腹中短蟲俗言寸白蟲촌빅츙 癰疽옹져陽滯
於陰曰癰陰滯於陽曰疽俗言腫起죵긔氣壅大瘇之總名 膿根농근俗但言根근박이다 內
腫니죵五臟之癰 膏膿고농膿汁俗轉고롬 破腫파죵ᄒ다潰癰 瘡瘡창ㅇ大風傷成

부숨起기平擧體也俗言立립華音
ᄒᆞ다리다○起居거거動作也
動동俗言運坐起움동지진다搖動요동行動힝동循言動作發動발동猶言撓亂欻欻
휠휠動貌趯趯부시本島之張羽聲借用於人之蔟動曰부시대다湯湯탕탕失據而倒貌
靜졍俗言寂寥고요閑寂○安靖안졍○清淨쳥졍○不煩不撓불번불요○寂寞젹막○從容죵용
俗轉됴용休逸휴일俗訓쉬인다休息也○歇脚헐각逃亡도망逃避也○隱身은신ᄒᆞ다
○廋隱수은俗轉숨는다○廋匿수닉轉云숨긴다藏之也轉云숙넌다竊財也又曰隱匿은닉ᄒᆞ다轉
云숙넌다歇也闌入란입無符驗妄入突入돌입直入闖산相出爭前止지停也俗
言基址거지轉云그치다不妄動也
視시注目俗言睇보視貌○諦視톄시審視也○覽람周視○瞻쳠仰視○瞰감俯視○眷권顧視○
睥리旁視○眄면斜視○睨뎐竊視○瞪징直視○希覬희긔轉云희긔ᄒᆞᆫ다希望也覷然

멸연轉云멸뎐이目無精狀人勞則然閃괄邪視俗訓괄겨보다○眇망惡視俗訓망금이보다
閱閱묘묘低視也瞠睆당황直視蔑視멸시ᄒᆞ다以小視也下視하시ᄒᆞ다以賤
視之恝視괄시無愁視也俗當無情之貌睊睊열열輕視睌睌만만無異視又睌眹睌眹
만달만달瞭望요망遠視
聽텽耳有聞俗言得他듯다以其耳得之爲聲
嘆息탄식憤恚轉深而因蔟太息喟위太息聲歔欷허희悲泣氣咽而抽息長吁
短歎장우탄탄寒心之息
問문ᄂᆞᆫ다質疑也答답俗言對答ᄃᆡ답應彼之言譍예相言應聲喛환不歡應而强答
吉否웅앙應嗄語詰呺오應聲阿아慢應
杰出걸출俗言出衆赱증ᄒᆞ다○桀桀걸걸ᄒᆞ다不草草貌○畢傑픽걸ᄒᆞ다○英特영특ᄒᆞ다○

好男子호남ᄌᆞ○好風神호풍신○自樹立ᄌᆞ닙自手成家○崛起굴기ᄒᆞ다○撥皮발피豪俠之稱
麁率츄솔○麁츄ᄒᆞ다○雜잡되다○麁무츄ᄒᆞ다○繁雜번잡ᄒᆞ다○險험ᄒᆞ다○險常험샹
ᄆᆞᆺ다○貌侵모침ᄒᆞ다貌不揚○不落套불락투不受人籠絡○凶相흉샹○蓬頭突鬢봉두돌빈○麁
拳大踢츄권니젹肥비肉胖脂訓ᄉᆞᆯ지다○肥胖비○不精부졍ᄒᆞ다반ᄒᆞ다○肥鈍비둔ᄒᆞ다○豐
厚풍후ᄒᆞ다○瘦슈俗言敗羸픠리ᄒᆞ다○瘦脊슈充實츙실ᄒᆞ다쳑ᄒᆞ다○瘠骨쳑골되다○憔悴쵸
췌俗以字旁卒轉云죨壯大쟝대俗言健壯건憂瘦貌○羸痿轉云여위다ᄒᆞ다○碩大셕
대ᄒᆞ다○富大부대ᄒᆞ다○軒軒丈夫헌헌쟝부○軒出헌츌ᄒᆞ다○軒擧헌거롭다○健實건실ᄒᆞ다
○充實츙실ᄒᆞ다孱弱잔약纖弱也俗轉쳡약○弱○豐厚풍후ᄒᆞ다骨약골○氣短긔단ᄒᆞ다○
蔑京俗轉가랄프다言如蔑葶威儀위의有威而可之京薄○僬僥쵸쇼ᄒᆞ다火貌畏曰威有儀而
可象曰儀○風神풍신○風采풍치○體貌톄모○容儀용의○威風위풍○儼然엄연○嚴肅엄슉○

整齊졍졔○嚴威엄위蹤跡죵젹足跡一作蹤迹○○濟濟蹌蹌졔졔챵챵人迹인젹○形迹형젹
○痕迹흔젹○張本쟝본○根本근본○種類죵류○來歷릭력職業직업恒業○職分직분○
職責직칙○事業ᄉᆞ업

附 誕育 疾病 死亡 葬埋

腜미俗轉비ᄒᆞ다婦始孕瑞셔ᄃᆞ다婦孕子見王莽傳胎틱孕而未生○俗以胞衣亦曰胎去
돌臨産兒轉身向下見物之轉亦皆曰去解産ᄒᆡ산分娩也又曰解身몸푸다度도俗轉돌初度
期年也凡稱期年亦曰度돌히晬쉬子生一歲又周時俗以生日싱일謂之晬辰슈신生辰싱진
晬辰音신生辰言진俗習可異赤子젹ᄌᆞ始生子孾이老人所生幼子孿산雙産子一日
健子兒不八朔八華音바生於八朔者類多不慧故曰바삭이
憂患우환俗疾病之稱○己病曰采薪之憂○親病曰親患친환親癠친졔○病人之親病曰湯御탕

확ᄒᆞ다ㅇ酬酌슈작ᄒᆞ다ㅇ詰難힐난ᄒᆞ다ㅇ論難론난ᄒᆞ다ㅇ論列是非론열시비ᄒᆞ다ㅇ論駁론박
ᄒᆞ다ㅇ辨白변ᄇᆡᆨᄒᆞ다ㅇ高談峻論고담쥰론
聲音 셩음俗言率意음의情發為聲聲成為音故云ㅇ聲教셩교卽風教풍교因土地風俗而立教
ㅇ聲聞셩문名譽ㅇ響應향응氣類相感 諳 외呼人聲 嗥喊 고함大聲 詬 의不平聲 咄 돌驚
怯시大聲而嗄 聲嘶 俗轉쉬ᄒᆞ다 消息 쇼식消長又音信 諳 ᄌᆞ俗轉ᄶᆞᄒᆞ다大聲 嚶嚶
영잉聲也 諠諠 황황大聲俗轉왱왱 橐橐 탁탁柝聲又杵聲 䦨 쿵物墮俗轉쿵 砉
콱皮骨相離聲 膊膊 박박碟聲 邪許 야허俗轉ᄌᆞ허用力擧引重聲 輿謣 여우俗轉이어
擧重勸力歌前者呼後者應
笑 쇼喜而解顏啓齒俗言為笑위쇼笑華音샤轉云우셔易曰一握為笑ㅇ愆愆大笑간간ᄒᆞ쇼ㅇ拍
掌大笑박장ᄒᆞ쇼ㅇ絶倒졀도大笑貌 欱欱 길길喜笑聲俗轉낄낄 嚇嚇 하하笑聲一云

形貌部 八

欷歔 희희笑貌 嘁 胡蘆 호로大笑 呵呵 가가笑聲大 欸欿 해흐笑也 欿
歖 의의笑語 訳訳 혜혜笑不止 嘻 희 哂 신微笑 喔咿嚅唲 악이유아強笑ㅇ 䩄然
ㅇ천연 嫣然 언연大笑貌 啞啞 악악笑聲ㅇ 蚩蚩 질질戲笑貌ㅇ同蚩 莞爾 완이微笑貌
嘯 쇼蹙口出聲一曰吹氣俗言휘파람氣息之風 歌 가俗言勞來노릭人勞則歌而宣鬱ㅇ齊歌曰
謳吳歌曰歈楚歌曰艶奏樂曰弁歌登歌徒歌曰謠對文如此散則歌為總名
哭泣 곡읍俗言憂鬱우울哀極則哭故云ㅇ大聲曰哭細聲有涕曰泣 放聲大哭 방셩
딕곡 號咷 호도大哭俗轉갑슬례운다 嗟哴 차량啼極無聲 悢悢 량량哭餘
聲 咉咉 앙앙兒悲咽聲 哴哴 량량兒啼不止 泫然 현연流涕貌 洵涕 현뎨無聲
出涕
坐 좌行之對俗言안저以別於跪坐安坐 跽坐 긔좌坐俗轉云걸안저跽安 屈膝坐

굴슬좌俗轉쏠안저ㅇ跪坐ㅇ危坐 蹲坐 쥰좌蹲屈而坐俗轉쥰굴여안저ㅇ事之中止亦曰蹲坐
跏趺 가부平坐ㅇ久留亦曰가부좌치다 支坐 지좌俗轉지더안저一曰跪者坐 歪
坐 위좌俗訓기오로안다 尥掉 포도筋骨弱擧足不隨俗轉꾀더브리다
跬 규一擧足 步 보俗跬二擧足距ᄆ轉ᄒᆞ거름古者以步推測遠近故曰相距之ᄆ蓋六尺爲步三
百六十步為一里推歷家曰推步 行 힝人之步趨左步曰彳右步曰亍左右俱擧曰行힝俗言趲
길 趦 닥 盤桓 반환難進貌ㅇ ᄌᆞ져欲進不進 躑躅 텩쵹欲行不行ㅇ 躊躇 쥬져彷徨방황 趑趄 徘
徊貌ㅇ逡巡쥰쥰樂停반졍行不進轉云바자니다 蹀躞 뎝뎝俗轉덥덕放足而行 俜伶
俜伶 비령비령行不正一曰俜跌비렵비렵 趨蹌 츄챵疾行捷 趑趑 종종急行 征
伀 종行遷 蹤踏 와약俗轉와락小兒始行踏地用力 蛖蟲 小兒行貌俗訓
竹馬兒 騎竹 아기죽小兒騎竹作行貌 進退 진퇴進是向前退是卻後俗言去나가

形貌部 九

劜後蹌 물후창 去 거退後也俗揭걸以字旁曷轉音갈 來 릭直前也俗言올易曰突如其來突兀
之意也 往來 왕릭来往ㅇ盤貫亦曰往來 出入 츌입俗訓나드리 從馳 종치俗轉
좃치다追及也 尾逮 미톄俗轉미치다從后及之也 走 쥬速行俗言닷다音질轉云다름 踏趨趍 닫
지다貌也 跳蹈 됴도俗轉뛰여跳也 踊躍 용약跳也不離其所曰踊去其所曰躍 跨
躨 강쌍俗訓장쌍竪立而跳
立 립森然各住其所俗言成셩轉云셔蓋以樹立爲有所也 臥 와見上 眠䁾
拜 빅服順也俗言折腰躬也ㅇ周禮九拜稽首拜頭至地也頓首頭叩地也空手頭至手所謂拜手
吉拜拜而后稽顙凶拜稽顙后拜也奇拜一拜也襃拜答拜再拜也肅拜直身肅容而微下手如今婦人
拜 膜拜 막비長跪拜 蹀跔 족구俗轉쪽구리다足不伸 局縮 국츅伸局促俗體不
轉국츅구우여俗轉쭈그리다 傴僂 구루曲躬貌 佝俯 구부俗轉구푸리다不伸又구

오좀小水ㅇ小末쇼마ㅇ小便쇼변ㅇ小避쇼피ㅇ
輪迴酒ㅇ還元湯ㅇ溲쉬ㅇ殺小兒放尿聲ㅇ末如말
업다放屎一作矢菌시俗轉ᄊ糞也ㅇ大便대변ㅇ
屎意惡약ㅇ人糞인분ㅇ通통轉云똥見醫書
鴨屎註ㅇ撒華音사俗轉싸다ㅇ糞精水졍슈營氣
비屁下失氣ㅇ放氣방긔俗訓방귀水之粹男子
二八精滿一升大合充之可得三升喪月水월슈女
之不及一升而促其天年故謂精爲寶子月事
一月一行故俗訓몸엣謂其一身之有時ㅇ月
信월신ㅇ月經월경ㅇ天癸텬계ㅇ紅鉛홍연
皮피俗言表가족謂肌之表也ㅇ甲脈轉云껍질ㅇ
皮膚ㅇ皺皮生曰皮理之曰革柔之曰韋ㅇ皺皮
華音즤피轉云즘肉육五臟已具而後生肉五肉已
피다ㅇ骿胝皮厚具而後爲九竅ㅇ禽獸之肉
曰膏肌ㅍ己肉中之力脈믹血理邪俗言的
기기華音筋絡俗訓힘줄行身體者骨벽轉云뼈
指節也肉之稜ㅇ髑髏촉루死人頂骨俗言骸骨히
骨髓골슈骨中脂髑髏골ㅇ天靈蓋텬령긔ㅇ仙人
蓋셔魄빅俗言落넉魄是附
인긔形之神人死則降

形貌部 六

沐浴목욕俗轉메육濯髮曰沐洗身曰浴ㅇ洗漱세슈
靧面ㅇ梳洗소세梳頭洗面ㅇ澉감洗滌沐浴
之名俗轉감다ㅇ洗澡華音시잘俗轉씨治容야용
셔ㅇ澡담洗滌手足ㅇ溲퇴沐浴餘潘水俗言
丹粧단장汉曰成赤셩뎍ㅇ娉婷美好貌俗訓명명
거리다ㅇ阿嬌俗아나답俗轉아람답다美也ㅇ玄
的女人以丹塗
面俗轉곤지
眠睡면슈俗言潛否靜無聲寐也ㅇ僂化누ㅇ臥化俗轉
也其精神變化也ㅇ坐寐睡也俗訓조을음卽
坐於陰也陰氣盛則目瞑ㅇ瞌睡瞌睡眠俗轉게台
즈러ㅇ真夏반반張目不成眠ㅇ寢宿침슈俗問尊
者之寢ㅇ寤남夢몽寐中所見事形俗言媒陰엄言
不解衣而寐口曼耳目之覡與陰爲媒而成
夢ㅇ讞語엄어寐而言ㅇ覺각轉云씨다ㅇ夢寐間
몽미간忽然之事ㅇ夢兆몽죠夢中眹兆ㅇ夢壓몽
암俗轉가위눌이다
言語언어自言曰言應答曰語俗言發宣발션轉云
말삼言者所以宣發彼此之意ㅇ言辯언변ㅇ

口辯구변ㅇ談話담화酬諠譁훤화衆譊阿엄아俗
酢ㅇ成說셩셜出諸口多聲轉음을
거리다吉言망망俗轉벙벙絮叨셔도俗言中語吟
語不決悶而不肯答理즁얼거리다
吃읍흘語吃不分明諮諠담질語無倫脊訥吃둘둘
俗轉읍을거리다俗轉담치기말氣衝
諸不詎短두두不詎語두어不能言俗詶詃도도言
分明能言轉듯얼거리다不了
呫囁텹셥耳語俗訓귀에말讕哰란뢰語不解訩訩흉흉衆言譆譆희희語聲
籍籍ᄌᄌ語聲刺刺ᄌᄌ多言貌俗轉지지린다謁謂알위다白事也古話화고
俗訓이야기客說긱셜無用之言ㅇ客談긱담謊說황셜無實之言橫說竪說
횡셜슈셜胡辭亂說雜談잡담不當理之言讕辭렴ᄉ有而不居之辭措辭조ᄉ論理
咿嚘嗄이우아辭未定俗言우의嘐嗟ᄋ미隱語俗言유ᄉ개기轉云슈지ᄭ기瘦辭搭技
哩이語일어俗餘聲呢語訓謂也喝語갈어轉云갈아다俗爲曰字之訓也而사

形貌部 七

뢰卽ᄒᆞ사되之傳喝젼갈一曰回復회복回誐小
謂敬尊之語讀口傳信報회보兒言
不正無可準信唲嘔에구小兒語也險詖험피姦言喋喋利口쳡쳡리구喋一作捷
給口虛誕허탄口銳者多誕而少實數多슈다ᄒᆞ瑣言唧唧즉즉多言嘈嘈조잘
語聲俗以細語多言謂之조잘거다亹亹미미不倦之意張皇쟝황言語闊大拖湫타사
閑談의可惡之辭方言방언俗言四土俚ᄉ도리語謂其四方土話ᄋ俚諺
訛言와언俗言假真言가짓말ㅇ誤傳오젼ㅇ虛所聞소문ㅇ無根之言무근지언ㅇ譁傳와젼
毀言훼언俗言毀謗훼방ㅇ誹謗비방譏刺也ㅇ瑕疵하ᄌᆞ作人欠節ㅇ訛訛ᄌᆞᄌᆞ毀言言約
언약期約也ㅇ約束약속ᄒᆞ다ㅇ盟誓뮝셔轉云뮝셰質納相信ㅇ結約결약ᄒᆞ다ㅇ言定언졍ᄒᆞ다ㅇ
斷斷相約단단샹약ᄒᆞ다ㅇ斷定단졍ᄒᆞ評論평론
다ㅇ牢約뢰약ᄒᆞ다ㅇ許諾허낙ᄒᆞ다品題
之ㅇ議論의론ᄒᆞ다ㅇ討論토론ᄒᆞ다ㅇ言論언론
ᄒᆞ다ㅇ談論담론ᄒᆞ다ㅇ辨論변론ᄒᆞ다ㅇ商確샹론

血所化生于脾胃攝于衝任未受孕則下爲月水旣受孕則留而養胎已産則赤變爲白上爲乳汁○管子地水篇曰人水曰咀俗轉셔○嫁汁○仙人酒○生人血○白硃砂○姹腟俗轉져가숨 **心坎** 심감胸膛下肚腹上俗稱命岔명치岔本音차三分路也 **肚腹** 두복腸胃之屬而裏盛安排者俗言○排비○脇협下腹○肋륵即가리쎄○脇협肋下無骨處俗稱즌구레 **腰** 요身中俗言虛裡허리○腰眼요안腰左右四骼處○髂과腰骨 **臍** 졔當心腎之中子生所繫俗訓빗뎝謂腹之蔕也○臍曰齊○囟신從囟取氣通○脖胦 **膁** 겸脇後胯前虛肉俗言虛溝窩허구레 **肛門** 항문大腸端一曰後○尻구俗轉궁동이又曰穀門轉云쭝문이○胐斉俗訓응츄○糞門분문俗言尾㞘구멍이蓋在後者謂尾故尾當底訓 **臀** 둔俗言北肌볼기北轉爲볼肌華音기○股鴨뵤판 **胯** 과腿上胯下俗訓자지아미當環跳骨환도쎄上○外胯외파即궁둥이○內胯내파即두다리人이 **腿** 퇴到膝上俗言胛腨신다리 **膝** 슬脛骨可屈伸者俗訓무릅○腿脛股後肉股爲大腿髀爲小腿○膕국曲脚中俗

形貌部 四

訓오금다리○脛경膝下骨俗言腨哩단리轉云종이腨脚肚也○胛신二曰脅俗言腸腨跂장단지脚肚也○腓비俗言魚腹어복以其狀如魚腹○接膝蓋셜슬개俗訓장긔쎼○攬篩람즈俗訓죵아리○膝脷견인膝下足腕上俗訓발목우○脚腕각완踝下俗稱발목 **足** 족所以行者俗言쟈발狀兩足張有所攫除也鷄林類事以撥爲高麗謂足之方言蓋其取音無義耳○肢힌足大指一曰跂○跗부足背又曰脚面○蹠쳑脚掌一曰脚心俗訓발바닥○趾지足指俗訓발가락○跟근足踵俗訓발뒤굼치○踝과足兩側高骨俗言桃骨복숑아쎼○趾肚指耑肉厚處○趾甲縫即瓜甲耑交肉處○股발股上小毛○繭견俗言孿瘦부루터一曰趼○俗以人足曰跋足曰足而易之則以謂非殊可惟也 **前陰** 젼음男子外腎俗言坐藏之乃지又燥奕又王莖옥경髢髢華音기바○屎ㄱ○屌ㅈ○卵曰付卵불알囊낭卵根子俗訓불줄기卵毛俗訓불거웃○赤子陰曰㞗죄一作峻○婦人陰戶俗言歩藏之보지又濕씹又屄𦡐비亣又膣子 **三脘** 완上脘在臍上五寸中脘在臍上四寸下脘在臍下二寸

五臟 오장肝心脾肺腎 **肝** 간木藏生血左三葉右四葉○一曰淸冷宮○靑童肝神○乙庚合故生況 **心** 심俗言염통詳性情部火藏主神而熱浮心七竅三毛○中池○絳宮○丹元心神 **脾** 비俗言磨化轉云만하謂其在胃下助胃磨化水穀一曰胏肝○土藏主魂受五穀散五藏扁似馬蹄○一曰中黃宮○常在脾神○在牛曰百葉俗言千葉천엽○在鳥曰膍胵비치俗訓멀더기 **肺** 폐俗言허파以其懸於五臟之上以覆下故一曰華蓋似人肩六葉兩耳中有二十四空蘊藏魄○一曰玉堂宮○丙辛合故生浮而熟沉 **腎** 신○時珍本草曰豇豆結莢兩兩蛤有習坎之義豆子微曲象入腎形所謂豆爲腎穀者此也俗因謂穀腎曰콩팟水藏主志有兩枚左屬水而右屬火男以左爲主女以右爲主○一曰牧宮 **六腑** 륙부膽胃大小腸膀胱三焦 **膽** 담俗訓쓸개以膽病者口苦而吩吩然數嘆○膽形如懸瓠附肝之短葉無出入竅名紫極宮 **胃** 위一曰肚두紆曲屈伸長二尺六寸爲水穀所歸故曰市曰太

形貌部 五

倉○數胃曰䏶양俗作胖 **小腸** 쇼장俗訓장乃蓋云腸子而腸華音장故耳○心腑長三丈一尺廣二寸半積十六曲當臍左 **大腸** 대장一曰廻腸又曰廣腸○肺腑長二丈一尺廣八寸積十六曲當臍右 **膀胱** 방광一曰尿脬俗訓오줌통○腎腑有上口無下口當小腹內 **三焦** 삼쵸上焦如霧在胃中肓膜之上中焦如漚在肓膜之下胃之上下焦如瀆在臍之下通爲一氣衛身無形而有用 **氣** 俗氣韻氣象醫家所謂氣氣相次화仙家所謂元陽之陽真炁진긔天非此火不能生物人非此火不能有生○一曰衛○歎歎효氣出貌ㅎ歔歔호氣上出○呼吸호音氣息出入 **血** 혈俗言피비轉云피蓋水穀入于中焦泌別薰蒸上注于肺流溢于中布散于外以奉生身○一曰營 **汗** 한俗言땀陰蓋汗出于心而在內爲血在外爲汗故奪汗者無血血是陰也故曰奪陰又曰津液진익○濺汗俗訓진땀氣液也○泚ㅊ○瀎瀎수介俗轉숯숯皆汗出貌○濺염手足汗 **淚** 뉘俗訓눈물肝液悲則從目而出○潸然○泫然○漣洏○龍鍾皆涕流貌 **溺溲** 뇨亣一作尿溲華音생수轉云

눈두에○眼眶안광俗訓눈언졀이○目眦목ᄌᆞ俗
訓눈츄리○明명目明○眯미物入目中○眩泯현
민目不安○盱우張目○目擊목격目見也○子
眵치䁾두眠脂兒안지아皆目汁凝俗訓눈곱 口俗
訓입利吻轉云啣盡凡物有口者利吸故云○玉池옥
지○華池화지○丹朱단쥬口神○人中인즁唇上
鼻下○涎연一作㳄俗言涎침轉云침長涌不斂而
生故云天井水텬뎡亦䂤시沫말靈液영익金漿금
장神水신亦皆口津○漱亦以水盪口○噂吻존문
다含漱○呶하張口吐氣○脣순口端俗訓입시울
○吻문口邊 舌셜華音셔○喝偍華音허재即셔
입마어기 다○舐디俗訓할다以古取物○舔
담吐 齒치俗言齒예轉音이蓋小兒變蒸蛻齒如花
舌貌 易苗齠齔骨女子七月齒生七歲齒齔三七
腎氣平而顚牙生七七腎氣衰齒槁髮素男子八月
齒生八歲齒齔三八腎氣平而顚牙生五八腎氣衰
齒槁髮墮○牙아在兩旁齒치當中○牙齺아금이
壯齒○虎牙호아俗訓송곳이以其銳似錐○齵齱
츄우齒落更生○齺금鉤齒內曲俗轉옥이○重牙
즁아 齗齒俗訓덧이○牙床아상牙根아ᄅᆞᆫ齦也俗

訓이몸○齒垽俗轉이젹○養齒양치刷齒說郛作
養支非○○齶峰악봉羅千나천並齒神○齲主傷酸
鼻비俗言高知以鼻爲人中山故也一曰顴곽肺之
使○鼻梁비량俗訓곳므루○鼻準비준俗訓곳
夭○鼻柱비쥬俗訓곳대○鼻竅비罒俗訓곳구멍
○洟이鼻㾨也俗訓코끌다○擤흥手捻鼻膿聲○
眅眅갑俗言樓銀擿눈텁目上毛也元命包曰
갑鼻息 眉미天有攝提人有兩眉爲人表候陽立于二
故眉長二寸註曰攝提二星頹曲如人眉攝之爲言
蓋本於此而說郛曰東人以眉爲嫩渋此甚無義○
睫쳡目傍毛一作睫○眨잡眨睫長貌○寸田
촌뎐印堂인당眉叢미총皆兩眉間양미간一曰揚
眉間○目下曰淸청目上曰名명○揃뎐一作鬋拔
眉髮俗轉진는다○摵멸拔眉髮俗轉밉다○摵眉
아미婦 髮발俗言鬐落ᄯᅥ락首上毛又體餘氣더러
人眉 키毛也○毿毿피머多毛貌○毸毸성슈
毛䯸起貌也○鬔鬆등서毛亂貌○鬝鬘古슴亂髮
俗謂短髮曰남슴남슴ᄒᆞ다○鬋髮쳬발即鬐鬅俗
訓다예○髢髻머리언즌것○加髢산머리一曰雲
鬟又烏雲○髮髻담봉俗訓다방머리髮垂貌○種

種중종髮短俗編兒髮曰종종이○髧髟두슈俗訓
뒤승승髮亂貌○顛秃혼독俗訓흘뒤頭秃無髮○
皤皤파파老人髮白一曰華髮又頒髮반발即班白
俗轉세이다○頭上一點白曰射雉샤치古人有射
雉而遇蛇見困一日髮白故云或曰潘岳作射雉賦
而髮白者誤○膩적頭髮爲脂膏黏者俗訓뎌다○
抆치治髮俗剃髮亦曰抆치다又収髮而上亦曰抆
去치거다○編髮편발俗訓머리ᄯᅡ다○上頭상두
俗轉상투本女子笄男子借用漢書云馬韓人以髮
髼後成科曰上頭顚華音듣○鬉미優髮髻○簇쪽
湊也俗以婦人髻 鬚슈염在頤曰鬚在頰曰髯口
曰쪽지다一曰紒 髥 上曰髭俗訓나롯年長而故
也蓋髮屬心稟火而生故上眉屬肝稟木而生故橫
鬚屬腎稟水而生故下且男子腎氣外行故有鬚女
子宦人無鬚而眉髮則不異也○髮鬖부시多鬚又
小髮俗訓부시시ᄒᆞ다○鬖㲲천이鬚鬢好貌俗訓
子래나롯○頷변無髮○鬢俗訓 肩 견갑俗言臆
살젹言肉際毛也○鬜간鬢秃 胛蓋억기即背
上兩膊間○肩胛下臂비自肘至腕俗言八딸狀臂
臂上節曰胳膊흡박 臂張也○胛胅곡츄俗轉궁치

即臂膝間屈伸處○腕완手節俗訓손모 手슈所以
寸又손목○臑유肱骨自肩至肘폴므리 持物者
俗言須運손謂其事業所須而運也○掌쟝手足心
俗言齱當바당本履底之名而俗以平鋪者皆曰바
○당○掌心쟝심○手心슈심○手背슈비俗訓손등
○指지手足端俗言柯落가락非正體而別爲一肢
者皆曰柯落○第一指曰母指엄지巨指거지巨擘
거벽○二指曰食指○三指曰將指장가락○四指
曰無名指무명지○五指曰小指○握악掌握手握
俗言籌掩쥬엄籌法二百七十一枚爲一握故云○
手指肚即指端肉厚處○指甲縫即爪與肉會
處○爪조手足甲俗言退轉云톱蓋爪爲筋退故也
腋 肷엑지臂脇間俗訓겨드랑이身傍腋下之謂○
髃骭갈우缺盆橫骨故俗謂橫者兼稱갈우一
曰血盆骨在肩內乳上凹陷處○髑骭갈 胸膛흉당
리俗訓가리뼈骨○牛脇俗言脇非갈비 胸在
上膛在下一曰膺又曰臆俗訓가삼○牛胸曰陽頭
俗言陽地麻里양디머리即至骨○胸臆흉억一曰
臆肱억 脊척背心俗轉등셔리即手足所不 乳유乳
겁이 及處背비即神堂穴所在俗轉등 乃陰

形貌部

形狀형상擧全體而言○形容형용○形體형톄○
形局형국○容貌용모○貌樣모양○貌骨모
골俗轉몰골○貌襲모습○神守신슈○體大톄대
○體小톄쇼俗轉톄슈○體貌톄모○體格톄격○
體樣톄양○肌骨긔골○骨格골격○外樣외양○
外貌외모○外面외면○氣像긔상○氣骨긔골○
風神풍신○全身전신○全體전톄○肉身육신○
軀殼구각○仙風道骨션풍도골○玉骨옥골○姿
態ᄌᆞ틔○身體신톄俗言摸驗몸謂有實狀也○四
態度틔도 肢ᄉᆞ지又曰四末ᄉᆞ말兩手兩足○
九竅구규○陽竅七在頭 頭顱 두로首骨一曰大顱대
露見陰竅二在下不見 골又曰高獨고독俗轉
ᄭᅩᆨ두言高而獨也○頂心뎡심俗訓뎡슈리即百
穴俗轉빅호又曰뎡빅이○顖門신문即百會
息之口俗訓숫구멍蓋숫又숨之轉○額角익각
曰顙상俗言鬢鬚이마即顱下左右又稱日月角○
太陽穴대양혈即眉鬢之際○大頭顱대두로○
皃혈예延首貌○無頰슈침無頭貌俗轉스침子宜

다
腦後노후即顱後凹俗訓뎍뒤蓋以顱骨轉云
骨最也○髮際발졔即項與頭髮交接處
頸項경항頭莖俗言牧목養也在前曰頸在後曰項
○頷頦即頤下頷在上頦在下皆喉骨上○咽
喉인후俗訓목구멍在頸下喉在前
通氣咽在後嚥物統稱曰食氣嗓
面部俗訓ᄂᆞᆺ又曰얼굴即
尺宅○生面싱면○初面초면並新交○舊面구면
○面分면분○面目면목○顔面안면○顔情안졍
○顔私안ᄉᆞ並舊交○[illegible]面[illegible]覘臉[illegible]俗訓
뺨○腮頰即顴骨俗訓광대ᄲᅧ○輔보上頷俗訓볼
ᄋᆞ葵頭이胥之假俗言瞿子轉云키韓詩外傳云
俗訓ᄀᆡᆺ 耳 生於兩旁曰瞿○耳輪이륜俗訓귓바회
○聃古無輪郭○耳垂이슈俗訓키방올聽也
○耳竅이규俗訓귓구멍聤也○耵聹뎡녕耳中垢
○耳矢이시俗轉귓에지○聥우張耳有所聞俗訓
기우리다○聰총耳明○聧규聾롱皆耳不聽○聵
뎡耳出惡水○聤聹초초
耳鳴○聕聕굉굉耳中聲 目 목俗言樓銀눈蓋眉爲
玉樓目爲銀海也合眉
目而言眶之使主視○眼目안목○瞳子동ᄌᆞ眸子
모ᄌᆞ眼睛안졍目珠俗訓눈망울○眼胞안포俗訓

怒노 憤氣奮出不可遏俗言盛넝ᄒᆞ다本以䆝爲
怒避漢元帝諱改以盛字○忿憤분분忿恨也
○怒護노하ᄒᆞ다○悖懽불근怒變色○艴懽불근
暴怒○欸이暴見事之不然必出聲曰欸○憤毒분
독俗訓독버여다○挑忿도분俗訓분도두다○悖
悖힝힝很怒貌○奮衣설의치다○霍霍확확疾貌
俗책책 憂愁우슈俗言憧心근심悲慮也○心亂심
ᄒᆞ다 란ᄒᆞ다○失心실심ᄒᆞ다○凄凉쳐량
ᄒᆞ다○悲憐비참ᄒᆞ다○懸怪슬부韓云슬무悲也
○忽忽홀홀心不樂○岑岑잠잠意瘴悶○慇憫민
망憐之也○懆懆조조ᄒᆞ다憂心貌○鬱鬱불울ᄒᆞ
다志不伸○壘塊뢰괴胸中不平○塞塞식식不安
貌○鯢𨹔얼올一作杌隉又杌棿皆不安貌○殟
殉올눌心亂○不虞之患불우지환意外之患 詰
佞녕俗言阿諂아쳠又曰阿黨아당 欺罔긔망俗
○諂諛쳠유面從曰諛佞言曰諂 言度匿
슈역轉去속넌다○虛浪허랑ᄒᆞ다○不 隱忍은인
信불신ᄒᆞ다○欺人取物긔인취물ᄒᆞ다 ᄒᆞᆫ言
瞎참憂而不動俗訓 多心다심ᄒᆞ다俗言疑心의심
忍○抑制억졔ᄒᆞ다 만타○疑惑의혹ᄒᆞ다○

性情部 五十六

猶豫유예ᄒᆞ다猶豫二獸名性多疑心人臨事遲疑
借以爲喩○趦趄ᄌᆞ져ᄒᆞ다本欲進不進借爲遲疑
之名○狐疑호의ᄒᆞ다以狐多疑故喩人多疑 妬
○心鬆相鬆싱숭상숭鬆犖音숭言事無一定
질투俗言妬忌투기又猜忌시긔○猜睰무유俗轉
미여媄妬人○娼嫉모질害賢也○齮齕기흘不相
容○誣陷무함ᄒᆞ다 細碎세쇄俗言仳ᄌᆞ다○煩碎
○謀害모히ᄒᆞ다 번쇄ᄒᆞ다○精細졍셰ᄒᆞ
ᄒᆞ다○瑣瑣쇄쇄ᄒᆞ다○崽拙웅졸ᄒᆞ다崽塞也不
知變通之謂○多心다심ᄒᆞ다○精緊졍긴ᄒᆞ다
怠惰틔타俗言懈懶지란ᄒᆞ다不勤也○ 淫亂음란男
懶惰란타ᄒᆞ다○怠慢틔만ᄒᆞ다 女無別
○上淫日蒸下淫日報男女不以禮交曰淫○蒸報
日相避샹피○媟慢셜만○奸淫간음○强奸강간
勤奸○和奸화간相和而奸○才奸됴간猶和奸○
辟陽벽양閒夫因辟陽侯而名○龍陽룡陽嬖人因
龍陽君爲名○戀童련동男色○免車면거兩男相
愛○嫪毒노애秦人以淫坐誅故世罵淫者曰嫪毒
無行檢무힝검不循道理○無賴무뢰無愧恥者○
咄歔돌츌無愧○嗷歔奔ᄌᆞ無廉○懺懊멸

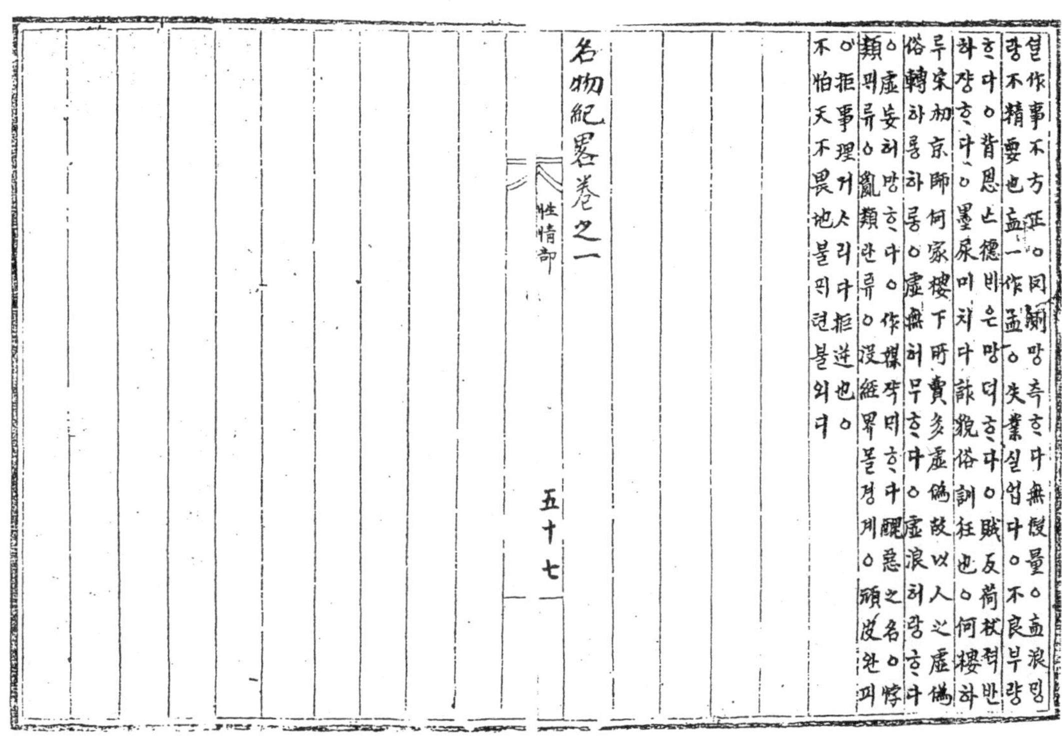
셜作事不方正○罔覺망측ᄒᆞ다無度量○孟浪밍
랑不精要也孟一作孟○失業실업다○不良부량
ᄒᆞ다○背恩亡德비은망덕ᄒᆞ다○賊反荷杖적반
하장ᄒᆞ다○墨尿미치다詠貌俗訓狂也○何樓하
루宋加京師何家樓下所賣多虛僞故以人之虛僞
俗轉하루하루○虛無허무ᄒᆞ다○虛浪허랑ᄒᆞ다
○虛妄허망ᄒᆞ다○作𢥞작미ᄒᆞ다醜惡之名○悖
類픽류○亂類란류○沒經界몰경계○頑皮완피
○拒事理거ᄉᆞ리다拒逆也○
不怕天不畏地불픽텬불외다

名物紀畧卷之一

性情部 五十七

磊뢰뢰ᄒᆞ다○酷毒혹독ᄒᆞ다○肆嚣惡ᄉ 勇敢용감
납다○搪揬당돌ᄒᆞ다○倂희ᄒᆞ다○自以爲直
俗言果斷과단잇다○固執ᄒᆞ세俗轉ᄉ세다○勇
猛용맹ᄒᆞ다○斷斷단단ᄒᆞ다固也○決斷性결단
셩잇다○固執고집ᄒᆞ다 柔懦유나軟弱也○懦弱나약ᄒᆞ다○
孱弱잔약ᄒᆞ다○懵妄혼망ᄒᆞ다
○氣短긔단ᄒᆞ다○順슌ᄒᆞ다○惛殘혼잔ᄒᆞ다○
孱劣잔열옵다○庸拙용졸ᄒᆞ다○純直슌직ᄒᆞ다
○赧后혈 羞恥슈치慙愧也○負愧卑陋僻訓붓그
후ᄒᆞ다 럽다○憮憮무참ᄒᆞ다○懷儸마라
ᄒᆞ다○靦然혈ᄒᆞ다○猖披창피ᄒᆞ다○赧然졈
연엽다○心有不足○憮然무연ᄒᆞ다失意貌○無顏
무안ᄒᆞ다○靈恥셜치ᄒᆞ다洗滌其羞辱○冒
沒廉恥모몰렴치猶言不顧廉恥불고렴치 悔悟
회오自訟其非○悔改회ᄀᆡᄒᆞ다○懊憹오뇌ᄒᆞ다
○懷懊뇌오俗轉뉘웃다○懺悔참회佛家悔過之
名 驕傲교오恃己凌物○倨慢거만ᄒᆞ다○驕傲교
만ᄒᆞ다○慢忽만홀ᄒᆞ다○偃蹇언건ᄒᆞ다
○跳踉도량ᄒᆞ다○放恣방ᄌᆞᄒᆞ다○可憎가증ᄒᆞ
다○麁悖추픽ᄒᆞ다○無忌憚무긔탄ᄒᆞ다○放蕩

性情部 五十四

방탕ᄒᆞ다○倨 褊急편급褊性○褊ㅅ편심○褊狹
傲거오ᄒᆞ다 편협ᄒᆞ다○懆懆죠죠ᄒᆞ다○
勁勦광양ᄒᆞ다躁急조급ᄒᆞ다 簡率간솔樂易ᄀᆡ○
○沒風몰풍슬렵다沒風采也 坦率탄솔ᄒᆞ다
○跌宕질탕ᄒᆞ다○放蕩방탕ᄒᆞ다○放逸방일ᄒᆞ
다○簡約간약ᄒᆞ다○迂闊오활ᄒᆞ다○麁率추솔
ᄒᆞ다○不落套불락투不受人籠絡○磊落뢰락ᄒᆞ
다○泛然범연ᄒᆞ다○眞率진솔○天然텬연ᄒᆞ다
○蠢直야저泥不熟俗以 輕薄경박不重○輕率경
放誕諸謂之跌라 솔ᄒᆞ다○輕躁경조
ᄒᆞ다○輕儇경됴放肆也○妖妄요망ᄒᆞ다○輕習
경홀ᄒᆞ다○輕妄경망ᄒᆞ다○偸薄투박ᄒᆞ다○薄
莽如가부엽다輕也○輕訬경초ᄒᆞ다○野薄야박
ᄒᆞ다○草率초솔ᄒᆞ다○忽略홀약ᄒᆞ다○浮薄부
박ᄒᆞ다○凉薄량 迂怪오괴闊于事情而行又詭異
박俗轉갈팍ᄒᆞ다 ○迂闊오활ᄒᆞ다○孟浪밍
랑ᄒᆞ다孟一作孟不精要也○虛浪허랑ᄒᆞ다○虛
無허무ᄒᆞ다○怪異괴이ᄒᆞ다○乖常괴샹ᄒᆞ다○
怪妄괴망ᄒᆞ다○悖戾픽려ᄒᆞ다○莫莫열결本腦
次不坦夷而俗以不循理轉云억결○險詖험피ᄒᆞ

다○佞人不正○虛妄허망ᄒᆞ다○ 正大
怪愎괴퍅ᄒᆞ다○駭怪히괴ᄒᆞ다 ○졍대循事理 瞭瞭션션
陰陽和平人○光明광명ᄒᆞ다○整齊졍졔ᄒᆞ다○
端正단졍ᄒᆞ다○端雅단아ᄒᆞ다○厚德후덕ᄒᆞ다○
○敦厚돈후ᄒᆞ다○寬厚관후ᄒᆞ다○粹然슈연ᄒᆞ
다○淳謹슌근ᄒᆞ다○淳厚슌후ᄒᆞ다○拙直졸직
ᄒᆞ다○淳朴슌박ᄒᆞ다○嚴肅엄슉ᄒᆞ다○正正졍
方뎡뎡방방ᄒᆞ다○持大體지대톄ᄒᆞ다○俘援모
ᄂᆞᆫ잇 凶惡흉악不循理○撤惡산악俗訓산압다○
다 娼嫉모질다○獰惡녕악ᄒᆞ다○窮凶궁흉
흉ᄒᆞ다○頑惡완악ᄒᆞ다○酷毒혹독ᄒᆞ다○頑悖
완ᄆᆡᄒᆞ다○險詖험피ᄒᆞ다○背恩忘德빈은망덕
ᄒᆞᆫ다○不近人情불근인졍○殘忍잔인ᄒᆞ다○雜
잡되다○麁悖추패ᄒᆞ다○駁雜박잡ᄒᆞ다○狂悖
광패ᄒᆞ다○妖惡요악ᄒᆞ다○ 奸詐간ᄉᆞ不實○陰
惡간악ᄒᆞ다○陰凶음흉ᄒᆞ다 譎詭음휼ᄒᆞ다○
○奸惡간악ᄒᆞ다○妖惡요악ᄒᆞ다○奸巧간교ᄒᆞ다
○陰險음험ᄒᆞ다○陰沈음침ᄒᆞ다○欺人取物ᄂᆞ니
인취물ᄒᆞ다○變詐변ᄉᆞ만타○詐力사력○霸픽
쥬다詐用權道○反覆小人반복쇼인○無足取信

性情部 五十五

무족취신俗諺 思慮ᄉᆞ려繹理也○想覺상각俗轉
취신치못ᄒᆞ다 싱각○意思의ᄉᆞ○思慕ᄉᆞ모
○念慮념려○記念기념ᄒᆞ다○顧念고념ᄒᆞᆫ○
彰念진념ᄒᆞᆫ다○欽欽흠흠思望○耿耿경경心不
能忘 愚蠢우준無知也俗言眉連민련蓋兩眉相連者
愚類多不智也又曰未鍊擶言未經事也又曰
疣얼轉云얼이석다癡也○關茸탑용駑頓貌○愚
愚혜혜癡而喜○也惑마혹ᄒᆞ다○糢糊모호ᄒᆞ다
不了了○突付작붓다量淺○衣架飯囊의 聰총
가반랑謂無用而但衣食○餘詳人品兒髮 明명
耳目便利也○餘 度量도량容物之量○力量력량
詳人品部兒髮 局量국량○才局지국○
幹局간국○手段슈단○風裁풍지○幹辦간판○
才幹지간○才調지됴○才能지능○老宿노슉ᄒᆞ
다○老鍊노련ᄒᆞ다○鍛鍊단련ᄒᆞ다○疎通소통
ᄒᆞ다○通透통투ᄒᆞ다○透徹투철ᄒᆞ다○透得투
득ᄒᆞ 節操절됴所守志行○志操지죠○風
다 操操풍죠○雅操아죠○志槩지기 喜희俗言歡
歡길이轉云깃거ᄒᆞ다○郞兒죠아ᄒᆞ다兒以郞歸
爲好故云○懽희하다肆歡爲○忾忾희희癡而喜

다○回心회심ᄒᆞ다○慾心욕심○逆心역심는다○背心비심먹다○愁心수심○苦心고심으로ᄒᆞᆫ다○心亂심란ᄒᆞ다○失心실심ᄒᆞ다○寒心한심ᄒᆞ다○褊心편심○平心叙氣평심셔기ᄒᆞ다○心惻심겁나다○同心合力동심합력ᄒᆞ다○心力심력잇다○公心공심잇다○私心ᄉᆞ심○人心인심됴타○生

仁義인의詳人品部 **禮法**례법又曰禮道례도五心셩심ᄒᆞ야禮莫重於祭故從示從豊豐祭器也○禮說례셜○禮貌례모○備禮비례○大禮小禮대례쇼례○防閑방한○廉隅렴방○紀綱긔강○抗禮ᄒᆞᆼ례ᄒᆞ다平等禮餘詳典禮部

知覺지각俗言琵琴슬금又轉云슬거蓋跡通者皆曰瑟琴人則曰瑟셥다大孔小柚曰슝셥다輕刀略截者曰슬근슬근味之淡者曰슝겁다等說語累變而意皆本於瑟琴○智慧지혜○說叫轉云쎄잇다謀也○意思의ᄉᆞ○念頭념두俗轉엄두ᅀᅳ韻致운치○所見소견○意見의견○意匠의장○局量국량○力量력량○才幹지간○才局지국○幹能간능○知識지식○度量도량○能爛능란○手段슈단○老宿노슉ᄒᆞ다○老鍊노련ᄒᆞ다○鍛鍊

性情部

五十二

단련ᄒᆞ다○條理됴리잇다○經界경계븕다○經綸경륜만다○涇渭경위잇다涇渭二水名清濁不同○分開분긔잇다○假量가량잇다以上有知之謂○哲철업다哲知也楊子方言齊宋之間謂之哲나다○孽恙얼업다俗以似而非真者皆曰孽○料量료량업다○分辨분변업다○曉解효히莫ᄒᆞᆫ다○決斷결단업다○廉隅염우訓云염의업다○愚惡우악ᄒᆞ다以上皆言無知○糢糊모호ᄒᆞ다不分明○變通변통업다

信誼신의守命共時俗言殉走以부盡信誼取易言有孚盈缶之義○信實신실○精篤뎡독○誠實셩실ᄒᆞ다○真實진실ᄒᆞ다○誠款셩관잇다○信便신편○信任신임ᄒᆞᆫ다

親睦친목親於九族俗言和睦화목○敦睦돈목○姻연親於外戚○友愛우의一曰任○親近친근ᄒᆞ다○情熟졍슉ᄒᆞ다○情近졍근ᄒᆞ다○情親졍친ᄒᆞ다

恭敬공경主一無適不觧於位○恭遜공손○恭順공슌○安詳안샹ᄒᆞ다○小心쇼심ᄒᆞ다○雍容옹용ᄒᆞ다

寬厚관후御衆不猛○偉如위여ᄒᆞ다○綽綽작작ᄒᆞ다○犖犖락락俗轉랴락ᄒᆞ다寬大也○包容포용ᄒᆞᆫ다○容恕용셔

ᄒᆞᆫ다○醞籍온ᄌᆞᄒᆞ다○包含포함ᄒᆞᆫ다○敦厚돈후ᄒᆞ다○朊俗랄슈ᄒᆞ다○正大졍대ᄒᆞ다○儼然엄연ᄒᆞ다○度量도량잇다○磊落뢰락ᄒᆞ다○鼎偉뎡위ᄒᆞ다○溫陽孟古佛온양밍고불孟思誠以相職覲省溫陽騎牛而不入官舍守令欲其來使者不知其為孟相而呵辟之乃曰我是溫陽孟古佛守令驚惶走出至有墮印于淵者故至今傳為美談

謹愼근신俗言三加삼가三思之謂○小心轉云됴심ᄒᆞ다○恪謹각근ᄒᆞ다一作慤○誠謹셩근잇다○純直슌직ᄒᆞ다○純謹슌근ᄒᆞ다○純實슌실ᄒᆞ다○難重난즁ᄒᆞ다○安詳안샹ᄒᆞ다○仔詳ᄌᆞ샹ᄒᆞ다○審愼심신ᄒᆞ다

戒懼계구驚惶畏怕之意○憮帽무렵다○窒塞질식ᄒᆞ다倜而氣不通○悚懼송구ᄒᆞ다○惶悚황송ᄒᆞ다○恂겁는다○志忑쳠ᄯᅳᆨᄒᆞ다心虛也○局縮국츅手奇恐懼不伸貌○退縮퇴츅不敢直前○警動경동ᄒᆞ다○警戒경계ᄒᆞ다○懲戒즁계ᄒᆞᆫ다

勤勞근로勞力不休○孜孜ᄌᆞᄌᆞ俗轉져죄ᄒᆞ다孜哩ᄌᆞ이俗지이다○汲汲급급不休貌○潛著줌착ᄒᆞᆫ다○勤苦근고ᄒᆞ다○磐亂젹란ᄒᆞ다○汨沒골몰ᄒᆞᆫ다○奔走不暇

性情部

五十三

분쥬불가ᄒᆞᆫ다○勤仕근ᄉᆞ잇다○發動발동ᄒᆞ다○搖動요동ᄒᆞ다○勸苦슈고ᄒᆞ다

廉介렴개廉而有介○廉恥렴치잇다○清廉청렴ᄒᆞ다○廉潔렴결ᄒᆞ다○廉隅렴우俗訓렴의업다○節介절개잇다○介潔개결ᄒᆞ다○拙直졸직ᄒᆞ다○清白청빅ᄒᆞ다

貪婪탐람愛財曰貪愛食曰婪婪一作惏又作婪○貪墨탐믁○貪黷탐독○貪贓탐장○飮頑광항貪貌○乾沒간몰得利為乾失利為沒又無潤澤而取他人○慾心욕심잇다○嘲歁쟉ᄌᆞ無廉○歆羨흠션ᄒᆞᆫ다○收高低히고져ᄒᆞᆫ다○覬覦지유欲得○濈濈유유欲利貌○慄퇴지다肆欲為

謙讓겸양有而不自滿○謙遜겸손○謙退겸퇴○謙恭겸공○巽順손순○殘拙잔졸○辭讓ᄉᆞ양ᄒᆞ다○謙辭겸ᄉᆞ自謙之辭又謙而辭之

剛狠강한暴戾也○木僵목강僵一作殭不和柔貌○豪狠호한ᄒᆞ다○聒聒괄괄ᄒᆞ다難告貌○執張쥬쟝ᄒᆞ다猶言強梁○固執고집세다○狂悖광핀ᄒᆞ다○頑悖완피ᄒᆞ다○頑惡완악ᄒᆞ다○悖慢피만ᄒᆞ다○險傷험샹ᄒᆞ다○獰惡녕악ᄒᆞ다○麁率츄솔ᄒᆞ다○愚惡우악ᄒᆞ다○愚直우직ᄒᆞ다○麤

迺 내 俗 너 汝也 ○ 殘餘 잔여 俗ᄌᆞ비 本辰韓人目樂
浪人爲殘餘者 賤小之也 俗以稱卑幼 ○ 漢 한 俗訓
謗吟音一日者 罷阿 안아呀 [illegible] 邑子 人 同邑 崽子 ᄉᆡᄌᆞ 来 仕人
詳上賤人註
自高侮人之辭 書房 서방 本書室之名而俗呼丈夫必曰書房以士待之也 阿某 아모 泛稱
他人 誰某 슈모 指多人必曰誰 某某 모모 汎言事物 冒稱 모충 汎言
某 誰某 슈모
假托
領袖 영슈 偏長 監督 감독 監官 規 渠帥 거슈 一曰頭目 又魁首 領位 영위 成羣
人座目上座 ○ 此外又有首席 슈셕 行首 ᄒᆡᆼ슈 五上 오상 次知 차지 上下公言 상하공언 次知 차지 色掌 식장 等名

性情部

性 俗言性稟 셩품 賦命自然 一曰降衷 又曰性靈 天性 稍血 性眞 性恒 性 ○ 性行 셩ᄒᆡᆼ 兼行而言 ○ 性情 셩졍 性識 셩식 兼情而言 ○ 性理 셩리 兼理而言 ○ 性善 셩션 本然之性 ○ 性惡 셩악 부리ᄂᆞ 氣質之性

有善 情 졍 性之動 心之用 ○ 大槪 即大情 륙졍 喜怒有惡 哀樂愛惡 ○ 七情 칠졍 喜怒哀懼愛惡欲 醫書作 喜怒憂思悲驚恐 ○ 眞情 진졍 ○ 實情 실졍 ○ 情理 졍리 ○ 情誼 졍의 ○ 情境 졍경 ○ 至情 지졍 骨肉之親 ○ 人情 인졍 ○ 多情 다졍ᄒᆞ다 ○ 情熟 졍슉ᄒᆞ다 ○ 情近 졍근ᄒᆞ다 ○ 邮曲 회곡ᄒᆞ다 ○ 曲盡 곡진ᄒᆞ다 ○ 致曲 치곡ᄒᆞ다 ○ 繾綣 견권ᄒᆞ다 ○ 靦縷 나루ᄒᆞ다 ○ 委曲 위곡ᄒᆞ다 ○ 慇懃 은근ᄒᆞ다 ○ 親近 친근ᄒᆞ다 ○ 親押 친압ᄒᆞ다 ○ 押押 압압 俗以字旁甲謂之 갑갑 近也 ○ 親熟 친슉ᄒᆞ다 ○ 便同一室 변동일실 以上皆有情念也 ○ 矜對 ᄅᆡᆼ대ᄒᆞ다 ○ 懇視 랄시ᄒᆞ다 ○ 懇對 랄ᄃᆡᄒᆞ다 ○ 逆情 역졍셔다 ○ 邁邁 미미ᄒᆞ다 ○ 落落 락락ᄒᆞ다 ○ 驅迫 구박ᄒᆞ다 ○ ○ [illegible]逆 박츅ᄒᆞ다 ○ 薄對 박ᄃᆡᄒᆞ다 ○ 齟齬 셔어ᄒᆞ다 ○ 生疎 ᄉᆡᆼ소ᄒᆞ다 ○ 頓淡無心 돈담무심ᄒᆞ다 ○ 冷落 링락ᄒᆞ다 ○ 全不顧見 젼불고견ᄒᆞ다 ○ 薄情 박졍ᄒᆞ다 ○ 迦 물 遠也 俗訓 멀다 以上皆無情

命 명 人所稟受於天者 順理則壽考 進理則夭折 俗言 牧當 목숨 牧養也 當結也 莊子曰 影之守人也 當物之守物也 當蓋言定而不移也 息之在人定而不移 故以當訓息 ○ 俗以生年月日時八字 팔ᄌᆞ 亦謂之命數 명슈 ○ 命道 명도 ○ 天命 텬명 倖而得生 ○ 非命 비명 外橫死

·意 心 심 俗言 萬函 만함 轉云 마암 謂其包函萬慮也 ○ 靈通 령통 ○ 意趣 의츄 ○ 意向 외향 ○ 懷抱 회포 ○ 心法 심법 ○ 心事 심ᄉᆞ ○ 心腸 심장 ○ 眞心 진심 ○ 實心 실심 ○ 忠心 츙심 ○ 試心 [illegible]심 ○ 良心 량심 ○ 善心 션심 ○ 一心 일심 ○ 專心 젼심 ○ 直心 직심 ○ 起心 의심 ○ 心慮 심려ᄒᆞ다 ○ 心意 심의 ○ 心情 심졍 ○ 心術 심슐 ○ 心界 심계 ○ 根心 근심ᄒᆞ다 憂也 ○ 不良之心 불량ᄒᆞᆫ 마암 ○ 賊心 젹심 俗訓 도젹마암 ○ 多心 다심ᄒᆞ다 ○ 小心 쇼심 俗轉 쇼심ᄒᆞ다 ○ 心地 심디 ○ 心通 심통 ○ 心神 심신 ○ 血心 혈심 ○ 無心 무심 ○ 有心 유심 ○ 落心 락심ᄒᆞ다 ○ 放心 방심ᄒᆞ다 ○ 安心 안심ᄒᆞ

介ᄌᆞ○峛崺山卑長貌法言曰觀東岳知衆山之峛
崺猶言兒視也俗以幼謂之어리다○英敏영민兒
之了了○夙成슉셩早慧○聰明총명ᄒᆞ다○昭明
쇼명ᄒᆞ다○伶俐영리ᄒᆞ다○聰慧총쳬ᄒᆞ다○平
平[?]ᄒᆞ다○奇異긔이ᄒᆞ다○稀罕희한ᄒᆞ다○奇特긔
特ᄒᆞ다○英特영특ᄒᆞ다以上兒之可尚○愚鈍우
둔俗言[?]迷미련蓋眉間不廣者類多不智○懵侗
용동ᄒᆞ다○庸劣용열ᄒᆞ다○魯鈍노둔ᄒᆞ다○愚蠢
우쥰ᄒᆞ다○蠢騃쥰의ᄒᆞ다○闒茸탑용ᄒᆞ다○跳
踉도량ᄒᆞ다○獰惡영악ᄒᆞ다○作亂작란ᄒᆞ다○
嘿尿무히小兒多詐而儈以上兒之不美○孱弱잔
약ᄒᆞ다○軟弱련약ᄒᆞ다○纖弱셤약ᄒᆞ다○懦弱
나약ᄒᆞ다○孱劣잔열ᄒᆞ다○氣短긔단ᄒᆞ다○順
슌ᄒᆞ다○惛殘혼잔ᄒᆞ다以上兒之不健○充實츙
실ᄒᆞ다○健實건실ᄒᆞ다○壯大장대ᄒᆞ다○長成
쟝셩ᄒᆞ다○當婚당혼ᄒᆞ다○過年과년ᄒᆞ다○成
就셩취ᄒᆞ다一曰成婚○齠齔초츤男八歲女七歲
毁齒

男 俗言似奈解ᄉᆞ나히新羅奈解王甚英明故後人慕之男欲似奈解故云ᄉᆞ大丈夫대쟝부男

人品部 四十八

子古ᄌᆞ○當婚
曰郎材랑지

女 俗言其室그집轉云계집蓋女以出嫁為室故云其室猶言某人之
室且以家為集詳宮室部又曰各氏각씨蓋女名不
出門以氏為名故云○女人俗諺言년賤對之也○
假似奈解가ᄉᆞ나히元時貢女故生女者諱之假稱
男子此為假似奈解又曰假奈解갓나히蓋因言之
促也○未嫁曰處女처녀又曰處子처ᄌᆞ閨秀규수
閨養규양○식시新阿只氏之謂○十六歲曰破瓜
年

媒妁 俗言中媒즁매合二姓以成婚者女媧佐太昊始為神媒○月姥○蹇修○保山○媒婆
매파

水姆 슈모自元公主下嫁善於宮樣鑷婦女者始為水姆

老嫗 노구凡女之老者皆稱母如漂母是也阿母어미夏母할미夏媽할마阿婆

鰥 俗言鰥又轉홀아비本老而無妻今統稱無妻者又曰鰥居환거

寡 俗言寡婦과부轉云홀어미本老而無夫今統稱無夫者○籀史立ᄉᆞ本秦穆
公時人娶妻玉為夫婦者而借用於寡婦今俗又易
以名字尤無義○自稱曰未亡人미망인○火而無
夫曰青孀청상早寡曰同穿寡寡婦訓云동
시안과부○統稱寡居과거○釐婦리부

孤 고幼而無

父○自稱曰孤子○
父母俱沒曰孤哀子○

獨 독老而無子○自鰥以下謂之四窮ᄉᆞ궁 **惸** 경無兄弟

病身 병신○人痾인아與男女二形者○侗의體不具者○僬僥쵸요長三尺○侏儒쥬유○難長
난쟝이又曰矮短와아矮矬와치矮矬와희矮矮[?]○
曲者옥쟝이蘧篨거ᄌᆡ外曲者戚施쳑시內曲者蘧
篨本竹器名借用○瞽고無目者俗言誦經소경一
曰杖任장임仕杖而行判事판ᄉᆞ例帶雲監判事故一
云又曰判祟판수謂其能決邪祟奉事봉ᄉᆞ亦以兼
職而言○擿埴텩식瞽者以杖擿地而後行○眼후
半盲俗轉반판슈○青盲청맹관이有瞳無見○
眇묘ᄉᆞ一目俗轉외ᄋᆞ눈이一曰睰찰○聾롱有耳
無聞俗訓귀먹어리○瘖啞암아口不能言一曰吧
吧哩華音바바리俗轉벙어리○齞齒언지俗轉언
청이唇不掩齒○豁齒두치俗轉엇니○病臂俗言
空背八끔비팔이○駢拇병모지지俗言六手
육손이○跛躄파벽俗言蹇跛졀독발이一足行
○跎跛쟈[?]三대발이足疾○睾子고ᄌᆞ去勢人一曰
內官내관內侍내시閹官엄한

年齒 俗言나ᄒᆡ羅曜日也經日之謂又曰生年夫之謂又以男八月生

人品部 四十九

齒女七月生齒齒生而體備能食故食多者為長俗謂語倫어른食少者為幼俗謂弱稚어리라見上
嬰○十年曰幼○二十曰弱○三十曰壯○四十曰
強○五十曰艾○六十曰耆○七十曰老○八十九
十曰耄七年曰
悼○百年曰期

附稱號

姓名 셩명姓同也名獨也故諱名不諱姓○一號일
호俗轉일홈名也○別號별호別為一號門弟
子尊師之號○字ᄌᆞ冠而字之所以表德○生曰名
死曰諱諱ᄌᆞ諱觸犯人之所諱○號牌호패自我
太祖朝立法而以民不便罷之至英廟
朝更有是議而上曰今若復之恐民怨咎

羅 나我也因新羅人自稱曰羅人以羅為我之稱

濟 졔彼也新羅人稱百濟人曰濟而後人因為稱彼之號又有以我為濟제가者此則因百濟人自稱而云

伊便 이편稱彼之謂○伊域이역○任子임ᄌᆞ本信
其父兄而用子弟者俗稱他人○當身당신以上皆
斯須敬語○當者당ᄌᆞ○厥者궐ᄌᆞ○這渠저거○

樂工아공 一曰伶人 又曰樂生악싱 新羅方言曰尺자이 ○ 邪黨샤당 女之下於妓生者 ○ 乞士華音거人 即邪黨之夫 ○ 馬夫마부 廝徒牽馬시도견마 俗訓경마든다 馬驅從말구죵 ○ 担軍단군 肩擔者 ○ 募軍모군 赴役者 ○ 雇傭고용 一曰𣵀軍삭군 給雇所得者𣵀之為言計𣵀給雇之謂而俗以雇價雖非一𣵀總謂𣵀삭 ○ 杠擡軍강대군 即喪轝軍상여군 喪轝一作喪兜상도 又曰休夫본부 ○ 楊水尺양슈척 如今屠牛漢 一曰白丁빅졍 俗轉빅장 又曰宰人저인 俗轉장인 ○ 丹軍단군 轉云쌍군 捕盗之賊人 小兒曰恪正악졍 轉云악장이 恪正古之善譏察捕捉借而為名

商賈 상고 行賣曰商 坐賣曰賈 ○ 俗統謂之蔵肆장ᄉ 言蔵之市肆이 富商大賈부상대고 ○ 牟利輩모리비 取利人 ○ 末民말민 商民 ○ 市井兒시졍아치 摘言市井子孫 ○ 駔儈뎌쾌 會合市人者 牙儈아쾌 牙是互字之訛 以其主互市事 ○ 中都外즁도외 訓云즁도위 凡商賈皆有都所 而不參都所者曰都外 又不參都外而隨買隨賣者曰中都外 ○ 居間軍거간군 一曰周覽쥬람 轉云쥬룸 取登壟左右望之意 ○ 闌入軍열닙군 引人售物者 ○ 貝物居間曰博物君子박물군ᄌ ○ 雜物商曰行貨蔵肆힝화장ᄉ 轉云황우장ᄉ ○ 粉脂女商曰方物蔵肆방물장ᄉ ○ 行商接主曰客主킥쥬 ○ 障餘人買賣而自取其利曰都享도고

匠色 쟝식 匠人쟝인 工匠공쟝 總稱百物之工 ○ 木手목슈 為宮室者 俗稱指麾지휘 轉云지위 一曰大木대목 又曰梓人지인 ○ 為器皿者曰小木匠소목쟝이 ○ 機成圓器者曰攜理匠갈리쟝이 ○ 皷鐵者曰冶匠야쟝이 又曰大匠대쟝 ○ 鐫刻書本者曰剞手匠각슈쟝 轉云각슈쟝이 ○ 雕鏤器用者曰雕刻匠됴각쟝이 ○ 印書者曰印出匠인츌쟝이 ○ 塗壁者曰泥匠미쟝 泥華音미 一曰墁人 ○ 治石者曰石手셕슈 ○ 蓋瓦匠기와쟝이 ○ 草家匠초가쟝이 ○ 塗精匠도비쟝이 ○ 笠匠입쟝 俗訓갓쟝이 笠之云갓 見服飾部 ○ 網巾匠망건쟝이 ○ 鞋匠혜쟝 轉云갓바치 蓋갓슨 皮之謂 밧치는 工也謂也 工能蔟積緻 故凡工必曰遠蔟緻치발치 俗轉치밧 ○ 匠人之首曰偏首편슈 俗作片手

農夫 농부 一曰佃人뎐인 ○ 耕人之田納稅其主 麗俗謂之卅 于如今作人작인之稱 ○ 舍音 俗轉마름 者撿作人卅者 ○ 打作官타작

人品部 四十六

판 鄉稱徐知셔지 我東本無貢田之法 壬辰倭亂時 倭人勒占人田而取其半 佃人因謂之徐知 蓋以倭為徐市之後 而為其次知云

漁父 어부 魚者

獵者 렵쟈 捕獸者 一曰山匠산쟝이 ○ 山養軍산양군 ○ 砲手포슈

無賴輩 무뢰비 游食之民유식지민 ○ 雜技軍잡기군 ○ 外道軍외도군 又曰外入匠외입쟝이 ○ 乾達牌건달피

盜賊 도적 俗言賊漢적한 轉云도둑놈 ○ 劫賊物者 ○ 強盜강도 ○ 付亂黨부란당 ○ 大賊 ○ 明火賊명화적 放火劫掠者 ○ 竊盜절도 ○ 竊發절발 小盜 ○ 土匪토비 本土之盜 ○ 匪類비류 亂黨 ○ 賊魁적괴 盜賊之渠首 ○ 窩窟와굴 賊窟 ○ 窩主와쥬 俗揖主人셥쥬인 ○ 買贓미장이 私買賊物者

窮措大 궁됴대 窮而妄想大事者 ○ 破落戶파락호 ○ 才行羣 俗轉정공이 登才行薦者類多寒介貧寒故云 ○ 飄泊표박ᄒᆞ다 ○ 流離류리ᄒᆞ다 ○ 落魄낙탁ᄒᆞ다 ○ 衰殘쇠잔ᄒᆞ다 ○ 寒微한미ᄒᆞ다 ○ 殘弊잔폐ᄒᆞ다 ○ 凋殘됴잔ᄒᆞ다 ○ 搰搰골골ᄒᆞ다 用力多而見功少 ○ 八字崎嶇팔ᄌᆞ긔구ᄒᆞ다 八字四柱也 崎嶇山路不平也 言四柱不吉也 ○ 阨塞익식ᄒᆞ다 難處也 ○ 蹇連건련ᄒᆞ다 猶言蹇屯 ○ 沉滞침톄ᄒᆞ다 ○ 嶅嶅오오ᄒᆞ다 ○ 康日用 麗朝學士家甚貧 王欲富之 下令都城 一日所入財物盡付之 適此日淫雨如繩 人物不通 有一人持鷄卵數顆來 亦皆有骨 故後人因呼無福者曰康日用

百姓 빅셩 小民쇼민 平民평민 齊民졔민 閑良한량 ○ 良民량민 ○ 愚氓우밍

老人 노인 俗言渤筋呪늘근이 渤石因其脈理而鮮散也 人之老也 其筋亦因脈理而解散也 ○ 亭亭뎡뎡 老健也 ○ 矍鑠확삭 輕健貌 ○ 顥顥호호 白首人 ○ 皤皤老人파파노인 ○ 惛耄혼모ᄒᆞ다 ○ 老妄노망ᄒᆞ다 ○ 惛妄혼망ᄒᆞ다 ○ 妄營망녕ᄒᆞ다 ○ 覬예 老人齒落更生 ○ 齒牙上下齒之名 問老人齒之堅固 俗云치하 ○ 春秋춘츄 年歲년셰 並問老人之年

少年 쇼년 俗言少們졀문이 ○ 青春청춘 ○ 血氣方強혈긔방강 ○ 壯丁장뎡 ○ 儇子환ᄌᆞ 輕薄少年 ○ 年富力强년부력강

兒嬰 아이 兒始生 ○ 兒孩아히 ○ 稚子 ○ 孩提아아 吳人赤子之稱 ○ 成童八歲以上 ○ 總角총각 男女未冠笄者結髮為髻 男曰角 女曰羈 ○ 敦寧 俗轉도령 蓋以兒入閫者 惟國家敦寧故渾稱凡兒 ○ 秀才變稱豎子

人品部 四十七

人品部

人○天地之性最靈者俗言四攬ㅅ람言總攬四方也
○左傳曰人有十等王臣公公臣大夫大夫臣士
士臣皂皂臣輿輿臣隷隷臣僚僚臣 一人 일인天子
僕僕臣臺○裸蟲三百六十人爲長 至高無上
二人 이인父母 聖人 셩인大而化之無所不通○五聖孔
子顔子曾子子思孟子○百世師
君子 군ᄌ有以德言者有以位言者皆君國子民之謂 賢人 현인有善行者 英雄 영웅
草木之精秀爲英鳥之將羣者雄出衆之
謂○英俊영쥰智出萬人爲英千人爲俊 豪傑 호걸智過
百人爲豪千人爲傑○擻皮豪俠之稱○魁傑괴걸
ᄒ다○磊落뢰락ᄒ다○倜儻텩당ᄒ다○卓犖탁
락ᄒ다 孝子 효ᄌ善事父母○孝道효도○孝誠효셩○色養○菽水供 忠臣 츙신盡節
事君○忠誠츙셩○一心不貳 義士 의ᄉ俗言올은션비謂其元黑
獨立之先輩也義乃裁制事宜
之名○人物之以義爲名 仁人 인인仁者義之本順
其別最多詳睿齋隨筆 之體人所以靈於萬

人品部 四十四

物者仁也俗言語遲어지盍以論語曰仁者其言訒
又曰剛毅本訥近仁訒訥皆是語遲之謂也○仁慈
인ᄌ 節士 졀ᄉ不以存亡易心○ 烈女 열녀不更二
ᄒ다 節槩○節義○志調 夫○猛烈ᄒ
貞烈뎡열○ 俠客 협긱以權力俠輔人○任挾相
貞節뎡졀 與信同是非○節俠以節爲俠 壯
士 장ᄉ彊壯之士一曰力士력ᄉ○力俗訓氣任힘
○氣韻긔운○氣岸긔안○健壯건장○固勢天
세다○夯壯士항장ᄉ○元力원력 大人 대인知大
세다○元氣원긔○梟勇효용ᄒ다○ 體者稱
태ᄒ다○負重望○物望믈망○正大뎡대ᄒ다○
尊重존즁ᄒ다○端正단졍ᄒ다○嚴肅엄슉ᄒ다○
○光明광명ᄒ다○陽明양명ᄒ다○眞實진실ᄒ
다○默重묵즁ᄒ다○鎭重진즁ᄒ다○忠厚츙후
ᄒ다○淳厚슌후ᄒ다○仁 小人 쇼인不誠實者宵
厚인후ᄒ다○不火텬잔타 人쇼인○壬人○
○妖惡요악ᄒ다○巧黠교힐ᄒ다○姦惡간악ᄒ다
○陰譎음휼ᄒ다○姦狡간교ᄒ다○陰沈음침ᄒ
다○奸慝간특ᄒ다○詐慝사특ᄒ다○巧詐교사
ᄒ다○詭譎괴휼ᄒ다○訞妄요망ᄒ다○陰害음

히ᄒ다○殘忍잔인ᄒ 將師 쟝슈○大將대쟝○先
다○碌碌록록ᄒ다 鋒션봉○主將쥬쟝
軍士 군ᄉ○兵丁병뎡 文章 문쟝多文成章人○膽富
뎡○兵隊병더 념부ᄒ다○博覽박람ᄒ
다○有識유식ᄒ다○有工夫공부잇다○附(不學
人)不學無識블학무식○蠢蠢쥰쥰ᄒ다○貿貿무
무ᄒ다○拙 名筆 명필善書者○以書入 名畫 명화
陋고루ᄒ다 仕者曰寫字官샤ᄌ관 善畫
者○以畫入仕者謂畫員화원 術客 슐긱方技之人○
○施朱采者曰畫匠화쟝 醫員의원治病者
治大人曰大方대방治小兒曰小兒醫쇼아의針治
者曰針醫침의又曰針匠침쟝○治瘇者曰瘇醫죵
의○相子샹ᄌ○觀相匠관샹쟝이○卜者복ᄌ又曰
占匠졈쟝이○地官디관又曰風水풍슈又曰地士
디ᄉ又曰風ᄒ풍一曰相地官샹 異端 이단非聖人
디관○日官일관遯擇吉日者 道而別爲一
端其類甚多 富者 부ᄌ多財産有基業者俗言庄者
各有其部 쟝ᄌ有田庄之謂又曰富民가며
다○富人之謂○饒富요부ᄒ다○豐足풍족ᄒ
다○有餘유여ᄒ다○著實작실ᄒ다○錢糧젼량

人品部 云왼쟝이 四十五

華音쳔랑○足足족족ᄒ다○ 貧人 俗言艱難가난
犖犖락락轉云넉넉寬足也 ᄒ다又曰艱窶
간구ᄒ다又曰苟且구차ᄒ다皆無財之狀○赤貧
젹빈ᄒ다○赤立之勢젹립더쇄○困窮곤궁ᄒ다
○窮궁ᄒ다○瑟瑟슬슬俗轉슬ᄒ다蕭條쇼됴ᄒ
다皆貧家之狀○潑剌발ᄌ거리다本魚之以沫相
濡借用於人 貴人 귀인位高者貴귀ᄒ다○達官달
之董董得生 관○顯達현달ᄒ다○尊貴존귀
ᄒ다○尊重존즁ᄒ다○望重 賤人 쳔인下賤之人
망즁ᄒ다○好地處디쳐丘타 쳔ᄒ다○賤執
事쳔집ᄉ身任不潔之事○賤丈夫쳔쟝부無志槩
人○公賤공쳔官奴○私賤ᄉ쳔私奴○使喚軍ᄉ
환군使役人○時種軍시죵군一時爲奴人ᄉ漢子
俗言撈吟告者字之訓也卽物之謂又曰常漢샹놈
○田㒒庸賤人○狂隊광대卽倡狂之隊一曰倡優
又曰俳優又曰才人지인又曰花郞화랑이鷄林舊
俗擇男子美風姿者飾以珠翠名曰花郞以俳優之
亦飾珠翠而借名焉○妓生기싱一曰妓女又曰女
樂○巫黨무당事無形以降神者自巫咸始女曰巫
男曰覡又曰業中업즁又曰撲崇박슈言除疾病○

미상遠甥 從孫甥 姊妹之孫 姨母 이모母之姊妹○說郛曰高麗人以母之兄爲訓讀弟爲
次鸞云而今無此語 姨侄 妻姊妹之子 外舅姑 妻之父母於己爲丈人장인丈母장모○
岳丈聘君聘丈聘父皆丈人之稱○泰水聘母並丈母之稱○丈人自稱曰婦翁○妻三寸曰列岳○稱
人之外舅曰氷清○靑城 婚 妻父 姻 婿父 查頓 사돈姻親相謂又曰親査○聯姻○聯班○
葛 女婿 女之夫俗言似韋ᄉ위蓋以唐韋皐見辱于其翁張延賞後韋爲四川持節代張後人擧
而慕之○已婿曰嬌婿○坦腹郎○半子○諸倩○館甥○佳婿○快婿○稱人之婿曰令婿○東床佳
客○令坦○玉郎○玉潤○婿曰阿耆○女婿自稱曰外甥 丘婿 匕女婿俗言謂絶婚의털흔ᄉ
위 贅婿 夫從婦家俗言더림ᄉ위 出 姊妹之夫○姊妹之子亦曰出甥 私 夫之姊妹之夫
俗言阿婢하례 姨 妻之姊妹 嬸 叔母 妹夫 미부妹曰姊婿 兄 妻甥 처남妻之男兄弟○
妻娚之妻曰妻嫂宅처남의덕 姨從 이종同外家兄弟 內外
○妻娚自稱曰婦弟○姻弟

昆弟 曰中表兄弟○兩姨子爲外兄弟○姑舅之子爲內兄弟○舅子稱姑子爲外兄弟又曰
表從○姑子稱舅子爲內兄弟又曰內從○外四寸 親庭 친뎡女子稱私親又曰本家 師傅
俗言蛇升ᄂ合漢楊震之爲師鶴銜三蛇鱣飛入講堂蓋蛇鱣者卿大夫服也數三者法三台也先生自
此而升故云○山長산쟝以韓愈倡學諸生仰如山斗也○先生션ᄉᆡᆼ○師父○函丈○丈席○西席○
鱣席○絳帳○蒙學師曰學究학구 門生 문ᄉᆡᆼ又曰弟子謂天言如弟如子也○門徒○徒弟○學
徒○學生○學子 朋友 俗言親舊친구又曰輔仁벗○石交 尊丈 존쟝年長者○父友曰父
執부집○祖友曰王尊丈왕존쟝 侍生 시ᄉᆡᆼ年少者○後生 老兄 노형十年以上友 少
弟 쇼뎨十年以下友 儕輩 졔비平交○同儕동무○儕類무리○爾汝之交너나들이친구○
通家之誼통가지의○忘年交망년교○把醜德齊디츄덕뎨ᄒᆞᆫ다 賓 俗言遻손因書遻于荒野之意
○上賓○尊客○客子○賓鴻○野莘 主人 쥬인以客而稱家主 上典 샹뎐奴婢尊主之稱

○男上典隨官爵加抹樓下主마님○女上典稱夫人抹樓下主부인마누라님○婢夫稱其妻之上典
日가사샹뎐取別妻之意 奴婢 俗言種○蓋種國賣其子女爲人奴婢故云○下人하인○男曰奴
俗言別監별감蓋借用官隷之名○臧○女曰婢俗言恒娥한님亦借官女之名○獲○童男曰僮俗言
守廳슈텽又曰床奴상노○小奚○童女曰鬟丫鬟○官奴曰攀子방ᄌ○官婢曰茶母차모又曰水
汲婢슈급이○總稱曰私賤○力役○僕役○己之奴曰送奴○蒼頭○僮夫○長鬚○盧兒○皂隷○足
○婢曰女奴○赤脚○婢子○女使○平民爲奴之妻曰奴妻ᄂ혀爲婢之夫曰婢夫비부○新婦
自本家率來婢曰助奧婢丞전비○稱人之奴曰貴星○貴息○貴奚○貴伻○奴之奴曰重儓 白庄
客 俗言斡家事者言次人차인 傔從 俗言廳直청직
五倫 오륜父子君臣夫婦兄弟朋友一曰五典○五教○五常○五品○綱常○倫紀○彝倫○倫
常○人倫 三綱 삼강君爲臣綱父爲子綱夫爲婦綱 九族 自高祖至玄孫又曰父族
○親屬

四母族三妻族二 三族 父子孫又曰父族母族妻族 六親 父母兄弟妻子又父子從父昆
弟從祖昆弟曾祖昆弟族昆弟 宗族 同姓之親俗言一家일가○宗黨○族親 姻戚 異姓之親
俗言結緣예○外戚 親戚 친쳑對言則親爲同姓戚爲異姓合言則戚亦族親也 桑梓
父子 掌珠 人子 箕裘 承襲 肯構 繼述 幹蠱 蓋父愆 定省 侍奉 倚門 望子
苗裔 後孫 天顯 兄弟之親 塤篪 兄弟之樂 鶺鴒 兄弟之誼 棠棣 兄弟之情 鴈
行 兄弟之序 玉昆金友 兄弟之美 房中內賓 姊妹 阿戎 從弟 玉樹 侄
糟糠 조강○象君並妻 箕箒 琴瑟 夫婦之樂 朱陳 查家間○秦晉 葭莩之親
가부지친至薄之親 膠漆 교칠○金蘭並朋友之情 傾蓋 경개○車笠○盍簪並朋友之誼
知己 지긔○忘年○舊雨○舊要並朋友之際 管鮑 管仲鮑叔 范張 范式張劭並朋友之
親

본ᄌ **養子** 양ᄌ宗族姪爲子者○過房○螟蛉○螟兒○他姓曰收養子俗言介영아들○後婦率來子曰義父子俗言의붓아들 **女** ○俗言ᄯᆞᆯ○又曰阿嬌○俗作아기○己女曰女息○河囝○天屬○弱息○賤息○出嫁從夫姓稱某室아모집○婿之緇室俗言養女음ᄯᆞᆯ蓋草木之肄生者俗謂之菴而稱音之轉也以他女繼己女者若草木之有菴故借言之○稱人之女曰令愛○令嬌○說郛云東人稱女子曰漢吟妻亦曰漢吟而以今考之全無音義又曰東人呼其子曰阿加者必是阿嬌之誤華人所記方言大類如此其不可信也審矣 **婦** 子之妻俗言孅嫩呢며ᄂᆞ리又曰賽阿嬌셔아기賽字義見上○新年註○又曰媳○成禮前率來者俗言素婦민며ᄂᆞ리○華言豚養媳婦 **具慶下** 父母俱存 **嚴侍下** 有父無母者喪中自稱孤子 **慈侍下** 無父有母者喪中自稱曰哀子 **永感下** 父母俱亡者喪中自稱曰孤哀子 **諸父母** 俗言同姓三寸동ᄉᆞᆼ숙○己叔以序稱伯父世父仲父叔父季父○稱人之叔曰阮丈완장○伯父妻曰伯母○嬸娘○諸父妻曰伯叔母仲叔母

親屬部 四十

從父母 俗言同姓五寸○己叔曰堂叔당슉○堂叔之妻曰堂叔母○稱人之叔曰令堂叔○四寸曰從兄弟從祖孫○五寸曰堂叔姪○六寸曰再從兄弟再從祖孫○七寸曰再從叔姪○八寸曰三從兄弟三從祖孫○九寸以外兄弟叔姪祖孫皆以族稱 **三父** 同居繼父俗言義父의붓아비○先同居後不同居繼父○元不同居繼父 **八母** 嫡母적모妾子謂父正妻○繼母계모父之後妻○養母收養己者양어미○慈母慶無母而父命也妾慈己者○嫁母即親母而因父死再嫁者○出母即親母而被父棄者○庶母父妾之有子者○乳母乳哺己者 **大姊姊** 嫡姊妾子生 **保母** 安其寢處者 **火母** 妾母 **姪** 俗言족하○己姪曰猶子○從子○迷姪○姪兒○稱人之姪曰賢咸○令咸○令姪○阿咸 **兄** 俗言兄主형님又曰鴉妮맛니○己兄曰舍伯○舍仲○家兄○稱人之兄曰令伯氏○令仲氏○白眉丈 **弟** 俗言阿友아우又曰阿兒아ᄋᆡ○己弟曰卯君○稱人之弟曰令季氏 **姊妹** 女兄曰姊女弟曰妹俗言嬔婿누위又曰嬔嫂누이嬔兒누아

猶言火女也○又曰嬃○出嫁曰某姓即室사형뎍형稱嬃之妹曰令妹氏 **娚** 女之男兄弟俗言五月字義見上今年註阿爸即男子之通稱阿嬭女子之通稱俗以男子謂之阿爸迺兒아비네아희女子謂之阿嬭迺兒어미네아희以娚謂옵아비猶云新郎也雅言謂之卮兒卑者無義○娚之妻俗言娚箕올키者謂娚之箕箒也又曰娚宅올아비ᄃᆡᆨ謂娚之室人而以室謂宅者俗之尊稱也 **舅姑** 夫之父母俗言時父母시부모○女子以夫家爲家故適人曰嫁謂嫁曰歸婚貴及時故年長未嫁曰過年處子라연처녀其成婚曰去時家시집가다此詳家語而雅言以媤字當之無義○舅生曰松○君舅○尊舅○死曰先舅○姑生曰嫜○君姑○尊姑○死曰先姑 **夫** 俗言持阿爸지아비世言夫婦相扶持也又曰書房셔방不敢斥言而指所居書齋○斜廊○夫子○君子○所天○卿卿○良人○郎君○漢子○夫婿 **妻** 俗言持阿嬭지어미又曰倚内아내○藁砧○己妻曰室人○内子○室妻○荊妻○拙荊○細君○室家○荊布○老妻○病妻○稱人之妻曰賢閤○内相○室内○貴眷○寶軍○寶眷

親屬部 四十一

○令正○正娘子○並稱夫婦曰配匹비필○兩主양쥐○再妻曰續絃속현 **妾** 쳡己妾曰賤率천솔○家直가직이○小家○稱人之妾曰副室○別室○別房○側室○小室○小娘子○如夫人○令寵○下人尊之曰媽嫽마마 **嫂** ○兄之妻曰兄嫂형슈○丘嫂○長嫂○巨嫂○俗以弟妻亦曰弟嫂則非也嫂有叟字意故不當弟妻此古人之稱爲弟婦也 **姒** 女稱夫之兄妻俗言孟同婚맛동세 **娣** 女稱夫之弟妻俗言手下同婚손아래동세 **妯娌** 兄弟妻相謂一曰筑娌 **叔** 俗言阿姐氏아저씨○女稱夫之兄弟阿姐爸呢아저버니 **小姑** 夫之姊妹俗言時妹시누의 **姑母** 고모父之姊妹 **王姑母** 왕고모祖父之姊妹又曰大姑母 **從姑母** 종고모父之從姊妹 **外祖父母** 외조부모母之父母○外祖母曰嫽嫽又曰婆○ **外孫** 외손女之子○己孫曰杵孫○卿孫○離孫○稱人之外孫曰宅相○令外孫 **內舅姑** 母兄弟之夫妻於己爲外三寸叔외삼촌아저씨內舅之妻曰妗○內舅自稱曰表叔○稱人之內舅曰渭城丈 **甥姪** 싱질姊妹之子 **彌甥**

警務官警務官補各一總巡三郡守六江界厚昌慈城楚山渭原長津**咸興府**觀察使參書官
各一主事十五警務官警務官補各一總巡三郡守
十一咸興定平永興高原文川德源安邊端川利原
北青洪原**甲山府**觀察使參書官各一主事十三警務官
警務官補各一總巡三郡守二甲山三
水**鏡城府**觀察使參書官各一主事十五警務官警
務官補總巡各一郡守十鏡城富寧吉州
明川慶源慶興穩城鍾城會寧茂
山○以上部府今上朝改定

親屬部

祖上 조상統稱先祖 **始祖** 시조一曰鼻祖 **祖父** 俗言同姓大父동상할아바니蓋姓轉云
상夏轉云할阿爸呢轉云아바니也○己祖父曰王
父○死曰祖考○稱人之祖父曰王大人○大老爺
○死曰尊王考○先王考○父之父曰祖祖之父曰
曾祖曾祖之父曰高祖高祖之父曰五代祖五代以
上皆以代稱 **祖母** 俗言同姓大母동상할見上머니阿媽婉之轉音也○己祖母
曰王母○大母○死曰祖妣○稱人之祖母
曰王大夫人○尊祖母○死曰尊祖妣 **孫** 손자子之子○
己孫曰鄙孫○世孫○窗房○稱人之孫
曰令仍○賢仍○貴孫○雲仍○令抱 **曾孫** 증손孫之
子 **玄孫** 현손曾孫之子 **來孫** 래손玄孫之子即五代孫又曰耳孫 **晜孫** 곤손來孫之子
即六代孫 **仍孫** 잉손晜孫之子即七代孫 **雲孫** 운손仍孫之子即八世孫 **重侍下** 祖父
母間生存者 **從祖父母** 종조할아바니종조할머니祖之兄弟○祖之從兄弟曰再從祖祖

之再從兄弟曰三從祖 **從孫** 종손兄弟之孫再從三從亦如上稱曾玄亦以代數 **父** 俗言阿爸
的呢一曰아바지니一曰董越賦謂之阿必者音之訛○
己父曰家嚴○家君○嚴親○父親○大人○死曰
先考○先人○先君子○入廟曰禰○稱人之父曰
春府○春堂○大庭○尊公○尊君○尊大爺○死
曰先大人○先府君○ **母** 俗言阿嬭어미又曰阿媽
真臘人呼父曰巴駞 呢어마니董越賦謂之嬭
嬭亦是誤音無義○己之母曰慈親○慈堂○死曰
先妣○先母○稱人之母曰慈闈○大夫人○萱闈
○萱堂○死曰先夫人○南楚謂母曰媓西家子曰
社蜀人曰姐齊人曰嬭吳人曰媒真臘人曰米方言
不同皆自母而變然我 **子** 俗言兒等아들○己子曰
東之言大率多類齊語 家兒○家豚○迷兒○豚
兒○長子曰家督○次子曰支子○最少子曰磨來
망긔蓋磨磨勘之謂來將來之謂言更無將來也以
磨爲망音之轉也磨石亦曰망○稱人之子曰令胤
○玉胤○允爽○賢郎○允兒○允君○允友○允
兒○庭玉○死後所生曰遺腹子유복자○子舍曰
鯉庭○勝於父曰跨竈○俗以子孫之養謂之累뉘

官四主事四十技師二技手四 外部 在北部陽德坊前交涉衙門大臣協辦各一局長二叅書官三
繙譯官二繙譯官補三主事十二 軍部 在光化門西前兵曹大臣協辦各一局長五主事二十六
又有監督軍司等官 法部 在光化門西前刑曹大臣協辦各一局長四叅書官七主事二十八又有
漢城裁判所高等裁判所特別法院判事檢事等官 度支部 在光化門東前戶曹大臣協辦各一
局長五叅書官三財務官十四主事六十四又有管稅局長署長等官 學部 在光化門東前禮曹
大臣協辦各一局長二叅書官三主事十一觀象所長技師各一技手書記各二又有學校長教官副教
官等官 農商工部 在光化門西前司憲府大臣協辦各一局長五叅書官四技師七主事十
八技手十二 警務廳 在光化門東前京兆府警務使一又有警務官主事總巡等官 漢城
府 前京畿監營觀察使叅書官各一主事十五郡守卄一漢城楊州廣州積城抱川永平加平漣川高
陽坡州交河 仁川府 觀察使叅書官各一主事十五警務官警務官補各一總巡三郡守十二

官司部

三十六

仁川金浦富平陽川始興安山果川水原南陽江華喬桐通津 忠州府 觀察使叅書官各一主事
十四警務官警務官補各二總巡三郡守二十忠州陰城延豐槐山堤川清風永春丹陽鎭川清安驪州
龍仁竹山陰竹利川陽智原州旌善平昌寧越 洪州府 觀察使叅書官各一主事十三警務官警
務官補各一總巡三郡守二十二洪州結城德山韓山舒川庇仁藍浦保寧林川鴻山瑞山海美唐津沔
川泰安大興青陽禮山新昌溫陽牙山定山 公州府 觀察使叅書官各一主事十五警務官警
務官補各一總巡三郡守二十七公州燕岐恩津連山石城扶餘魯城沃川文義懷德鎭岑平澤報恩懷
仁永同青山黃澗清州全義木川天安稷山安城振威陽城珠山錦山 全州府 觀察使叅書官
各一主事十五警務官警務官補各一總巡三郡守二十全州礪山高山臨陂咸悅沃溝龍安益山扶安
萬頃金堤古阜金溝興德井邑泰仁長城高敞茂長靈光 南原府 觀察使叅書官各一主事十三
警務官警務官補各一總巡三郡守十五南原求禮雲峯谷城順天光陽任實長水鎭安潭陽淳昌玉果

昌平龍潭茂朱 羅州府 觀察使叅書官各一主事十四警務官警務官補各一總巡三郡守十六
羅州海南珍島康津長興興陽寶城靈巖務安咸平綾州和順同福光州南平樂安 濟州府 觀察
使叅書官各一主事十三警務官警務官補各一總巡三郡守三濟州大靜旌義 晋州府 觀察
使叅書官各一主事十四警務官警務官補各一總巡三郡守二十一晋州固城鎭海泗川昆陽南海丹
城山清河東居昌安義咸陽陝川草溪三嘉宜寧漆原咸安昌原熊川金海 東萊府 觀察使叅
書官各一主事十五警務官警務官補各一總巡三郡守十一東萊梁山機張蔚山彦陽慶州延日長鬐
興陽巨濟 大邱府 觀察使叅書官各一主事十五警務官警務官補各一總巡三郡守二十三大
邱慶山漆谷仁同星州知禮高靈善山開寧金山義城義興軍威比安密陽清道永川慈仁新寧河陽昌
寧靈山玄風 安東府 觀察使叅書官各一主事十五警務官警務官補各一總巡三郡守十七
安東青松真寶英陽盈德寧海清河榮川禮安奉化順興豐基咸昌龍宮醴泉尚州聞慶 江陵府

官司部

三十七

觀察使叅書官各一主事十三警務官警務官補各一總巡三郡守九江陵蔚珍平海三陟高城杆城通
川歙谷襄陽 春川府 觀察使叅書官各一主事十三警務官警務官補各一總巡三郡守十三
春川楊口洪川麟蹄橫城鐵原平康金化狼川淮陽金城楊根砥平 開城府 觀察使一叅書官各一
主事十四警務官警務官補各一總巡三郡守十三開城豐德朔寧麻田長湍伊川安峽兎山平山金川
遂安谷山新溪 海州府 觀察使叅書官各一主事十五警務官警務官補各一總巡三郡守十六
海州延安白川甕津康翎長淵松禾豐川安岳長連殷栗載寧信川文化瑞興鳳山 平壤府 觀察
使叅書官各一主事十五警務官警務官補各一總巡三郡守二十七平壤安州肅川順安龍岡永柔甑
山咸從三和慈山江西德川寧遠熙川孟山寧邊雲山順川价川殷山成川陽德三登江東祥原中和黃
州 義州府 觀察使叅書官各一主事十五警務官警務官補各一總巡三郡守十三義州昌城
碧潼朔州龍川鐵山宣川郭山定州嘉山博川泰川龜城 江界府 觀察使叅書官各一主事十四

官平庶政理陰陽經邦國幷用文官 忠勳府 諸功名之所○雲臺 儀賓府 尚公翁主之府 敦寧府 王親外戚之府 中樞府 文蔭武堂上散班 都摠府 治五衛軍務 義禁府 金吾○王府○掌奉敎推鞫之事 漢城府 京兆○掌京都口戶詞訟事 司憲府 霜臺○栢府○掌論執時政糾察百官 吏曹 天官○掌文選勳封考課之政 戶曹 地部○度支○掌戶口貢賦田糧食貨之政 禮曹 春曹○掌禮樂祭祀宴享朝聘學校科擧之政事 兵曹 騎省○掌武選軍務儀衛 刑曹 秋曹○掌法律議讞詞訟之政 工曹 水部○掌山澤工匠營繕陶冶之政 奎章閣 摛文院○內閣掌列朝御製御筆及重大文字 承政院 銀臺○喉院掌出納王命 侍講院 春坊○侍講經史 講書院 侍講王世孫 司諫院 薇垣掌諫諍論駁 承文院 槐院○掌事大交隣文書 通禮院 鴻臚○掌禮儀 尚瑞院 掌璽寶符牌節鉞 尚衣院 尚方○掌供御衣襨財貨等事 司饔院 廚院

官司部 三十四

掌供御膳內供饋等事 內醫院 內局○藥房○掌和御藥 掌樂院 梨園○俗轉[illegible]○掌敎閱聲律 司譯院 舌院○譯諸方言語 訓鍊院 武士試才所 弘文館 玉署○瀛館○掌內府經籍治文翰 藝文館 翰苑○掌製撰辭命文官 春秋館 掌記時政 成均館 俗轉[illegible]○國子監○太學○掌儒學敎誨之任 校書館 秘書省○芸閣掌印頒經籍香祝印篆之任 備邊司 廟堂○籌司 翊衛司 桂坊○陪衛東宮 衛從司 陪衛王世孫 典設司 供帳幕 濬川司 兼掌舟橋司 奉常寺 太常○掌祭祀議諡 宗簿寺 璿源錄廳○掌璿源譜牒 司䆃寺 掌御廩米穀 司僕寺 太僕○掌輿馬廐敎 軍器寺 俗轉[illegible]○武庫○造軍物 內資寺 掌內供米麪酒醬油蜜蔬果內宴織造等事 內贍寺 各殿各宮供上 禮賓寺 俗轉南別宮[illegible]○掌賓客宴享 宗廟署 宿衛寢廟 社稷署 灑掃壇壝 典牲署 養犧牲 掌苑署 閬苑○掌苑囿花果

司圃署 掌苑囿蔬果 惠民署 掌醫藥救活民庶 活人署 東西救活都城病人 造紙署 造表箋咨文紙 圖畫署 掌繪畫事 平市署 勾檢市廛平斗斛 典獄署 掌獄囚 瓦署 俗轉[illegible]造瓦甓 耆老所 耆英所 整理所 校字 鑄字所 監印所 衛將所 義興龍驤虎賁忠佐忠武謂之五衛 觀象監 雲觀○掌天文地理曆數占筭測候刻漏 典醫監 內醫藥及供內用賜與 司宰監 掌魚物鹽燒木炬火 濟用監 進獻布物緞屬及人參賜與 軍資監 軍需儲積 繕工監 掌土木營繕 訓鍊都監 訓局 五營 壯勇營[illegible]龍虎營禁衛營御營廳摠戎廳 宣惠廳 俗轉[illegible] 糧餉廳 戶曹所屬 捕盜廳 左右 巡廳 左右 廣興倉 太倉○掌百官祿 養賢庫 供饋儒生 長興庫 掌席子油芚紙 義盈庫 供油蜜黃燭素物胡椒 氷庫 東西藏氷 四學 東學南學西學中學 東部 統十二坊曰崇信蓮花瑞雲德成崇敎燕喜觀德泉達興盛彰

官司部 三十五

善建德仁昌 南部 統十一坊曰廣通好賢明禮太平薰陶誠明樂善貞心明哲誠善禮成 西部 統八坊曰仁達積善餘慶皇華養生神化盤松盤石 北部 統十坊曰廣化陽德嘉會安國觀光鎭長明通俊秀順化義通 中部 統八坊曰澄淸瑞麟壽進堅平寬仁慶幸貞善長通○以上各司並於

大君主陛下甲午革罷○讀書堂俗轉[illegible]湖堂○掌隸院○典涓司○典艦司○保民司○[illegible]大司○昭格司○司醞署○司畜署○歸厚署○豊儲倉○宗學廳○守禦廳○北學○文昭殿○延恩殿已上各司廢已久

宗廟 在東部蓮花坊仍舊 社稷 在西部仁達坊仍舊 宮內府 在用武門內前內務府大臣協辦各一參書官參理官各二又有院長司長主事等官 內閣 在崇陽門內前修政殿總理大臣一總書局長各一參書官二秘書官一主事十八 中樞院 在光化門東前吏曹議長副議長各一議官五十參書官二主事四 內部 在光化門東前議政府大臣協辦各一局長五參書官八視察

공물貢人所獻之物 **上下** 俗訓자하自上劃下 **驅債** 俗訓驅價于가官人每月月俸ㅇ외邑曰

廩既 **祿俸** 녹봉每月料米 **朔下** 삭하官隷每朔雇錢 **行下** 힝하題給下人 **田稅** 뎐세

土賦 **大同** 대동戶役統謂之未子실以無濫捧之意 **實官紙錠** 관지뎡納用物價自官支

待 지대俗言役只하기 **支供** 공지 **下職** 하직赴外任者辭朝之稱俗以辭去統稱下職

現身 현신官隷見長官之稱俗以下見上統稱現身又曰有無유무드리다 **待令** 대령以下

待上之令又曰等待등딕 **分付** 분부申飭

臣職部　三十二

官司部

歷代官制 伏羲以龍紀官神農以火軒轅以雲少昊以鳥紀頊以来紀於近為民師唐虞稽古建官惟賢夏商官倍亦克用乂至周而曽為三百六十屬ㅇ周王畿官員二千六百四十二侯國官六萬一千三十二ㅇ西漢自丞相至佐史十三萬二百八十東漢七千五百六十七ㅇ晉官員六千八百二十六ㅇ隋官員一萬二千六十七ㅇ唐官員內二千六百一十外一萬六千二百八十五ㅇ宋景德時萬餘員皇祐二萬三千三百餘員天禧四千三百凞寧一萬一千六百九十宗室八百七十 **新羅官制** 二省曰執事省內省三部曰兵部倉部禮部十府調府乘司正府例作府船府領客府位和府修理府侍衛府工匠府五署賞賜署大道署音聲署典祀署典邑署又有伊伐飡伊尺飡等官 **高句麗官制** 三輔曰太輔左輔右輔大主簿主簿大使者使者沛者評者皂衣大兄小兄五部曰內部東部西部南部北部州縣六十僚佐曹事分掌制治 **百濟官制** 佐平有右輔左將及六佐平曰內臣佐平

官司部　三十三

內頭佐平朝廷佐平兵官佐平衛士佐平十部曰司軍部司徒部司空部司寇部點部客部外舍部綢部日官部市部又有五部曰上部前部中部下部後部文督武督長史等官 **高麗官制** 三公曰太師太傅太保二軍曰鷹揚軍龍虎軍六衛曰左右衛神虎衛興威衛金吾衛千牛衛監門衛五部曰吏部禮部戶部刑部兵部十道觀察使開城府關內道中原道河南道江南道嶺南道嶺東道山南道海陽道朔方道浿西道十二州節度使楊州左神策軍廣州奉國軍忠州昌化軍清州全節軍公州安節軍晉州定海軍尚州歸德軍全州順義軍羅州鎮海軍昇州充海軍海州右神策軍黃州天德軍忠烈王時罷三公及中書門下省為僉議府侍中曰中贊侍郞曰贊成樞密曰密直合吏部為典理司戶部為版圖刑部為典[illegible]兵部為軍簿尚書為判書司憲為監察司御史大夫為提憲藝文春秋兩館合為文翰署 **本朝官制** 三公曰領議政左議政右議政及贊成參贊六卿曰吏戶禮兵刑工判書參判參議又有五營四學五部五都九道三百六十餘州官見下 **宗親府** 王室諸君之所 **議政府** 總百

슈임如前啓下 判任 관임 即自辟 窠闕 과궐見 職有闕

正職 졍즉 蔭武 雜職 잡직 雜技入任 內職 닋직 外任 외임 外除 藩任 번임 道伯

闕任 ○ 궐임 登壇 將任 實職 실직 行職 軍職 군직 付職 要任 요임 樞機之臣 淸

宦閣 환각 翰閣之臣 兼職 겸직 以此職兼他任 例兼 례겸 寺例兼 有他 職銜 직함 職名

出仕 출ᄉ 一曰 行公 힝공 肅謝 슉ᄉ 謝恩肅拜 如今受勅 은 入直 직 直番次也 번드

中一日 ○ 被特除 直 赴任 부임 一日 到任 도임 賀人赴任日 美赴

科擧 과거 試 自高麗朝增廣殿試等名 始有庭試 監試 別 至今甲午而廢 大比 대비 俗言

監試 감시 必於子午卯酉設行 謂之式年 初場入格 日進士 終場入格 曰 生員 而其私言 咸稱進士 진ᄉ

又曰小成 以監試謂小科故也 乃以白徒年老者謂 之生員者 宜以顧炎武所謂凡擧人 通謂之生員之

義 封彌 봉미 高麗文宗時因黃抗考試甚濫 鄭惟産行糊名法謂之封彌 照訖帖 죠흘쳡

臣職部 三十

赴監試者必使先講小學而給帖 日照訖者 謂其具見始末訖了也 大科 대과 文武科也 入格

曰 及第 급제 尚未付職 曰 先達 션달 狀元 장원 進士居首者必以狀達

之天子 故曰狀元 而俗以凡事居首皆稱狀元 己極不當 而或作壯元者尤非 白牌 빅픽 生進所受 紅牌 홍픽 及第所受

御賜花 어ᄉ화 大科放榜日宣醞賜花 放榜 방방 俗言唱榜 창방 賓貢 高麗制貢士有三等 京

日土貢 州郡曰鄕貢 外國曰賓貢 崔孤雲以賓貢入唐登第 自後鄕試放籍 不許他道人赴擧 謂之擯攻者非

恩門 은문 高麗時掌試官謂之學士 其門生稱之曰恩門

老爺 노야 大人 대인 閤下 합하 閣下 각하 執事 집ᄉ 下執事 하집ᄉ

大監 대감 令監 령감 俗稱나리 以上 進賜 並隨階尊稱

使道 ᄉ도 幕下 將稱其主 案前 안젼 吏民稱其官長 城主 셩쥬 邑子稱其本倅 衙門

아문 軍行有牙 後人因以所治爲衙 貳衙 이아 下邑 鈴 棠軒 당헌 觀察使出治之所 一日宣

化堂 션화당 東軒 동헌 守宰出治之所 一曰政閣 ○ 鈴軒 ○ 黃堂 ○ 內堂 曰內衙 닉아 客舍

직ᄉ 外邑奉殿牌之所 鄕校 향교 外邑學宮

勳業 훈업 一曰功業 공업 ○ 事業 ᄉ업 ○ 功勞 공로 ○ 王功曰勳 國功曰功 民功曰庸 事功曰勞 治功曰力

顯達 현달 爲高官 ○ 功名 공명 ○ 榮華 영화 ○ 發達 발달 廟庭配享 묘졍비향

同德之臣 配食廟庭 不祧之典 부조지뎐 有勳業則國許不遷 使之世祀 曰不遷之位 不諡

시호 臣有勳勞則賜諡 贈職 증직 贈也 延

歸鄕 귀향 俗言歸鄕 高麗律名 如今放歸田里 定配 뎡비 而徒流竄置通稱歸鄕者 因口習而不知察焉

○又曰竄 찬비 安置 안치 曰圍籬加棘 投畀 투비 沿定配 量移 량이 末減

所配 빅소 棘人 극인 罪人 恩譴 은견 恩譴亦稱 居停主人 거졍쥬인

配所主人

臣職部 三十一

吏胥 리셔 小吏 一曰衙前 아젼 ○ 書吏 셔리 ○ 書員 셔원 ○ 營吏 영리 即監營下吏 ○ 鄕吏 향리 即

邑吏 ○ 庫直 고직 ○ 大廳直 대청직 ○ 守廳 書吏 슈청셔리 負役 부역 員役 원역 各司下隸

○ 使令 ᄉ령 使 令之尊者曰五上 오상 又曰別陪 별비 ○ 跟隨 근슈 ○ 驅從 구죵 一日色驅 식구 齊類稱之曰 番長 번쟝

○ 使喚軍 ᄉ환군 ○ 助幇軍 조방군 皆仰役官司者 房任 방임 外邑吏每年換房 曰播房 파방 各有

所掌 曰色吏 식리 宮屬 궁쇽 各宮員役 ○ 宮奴 궁노 ○ 馬直 마직 邸吏 各邑京主人 小

人 下人自謙之辭 內人 나인 宮女 一曰尙宮 샹궁 ○ 各氏 각시 內侍 너시 一日

中消 主潔清宮禁者 ○ 宦寺 ○ 火者 ○ 宰子 ᄌ ○ 空衿子 공ᄌ 司謁 알ᄉ 司鑰 약ᄉ 別

監 별감 皆稱隷 貢人 공인 防納外邑貢物之人 其人 기인 新羅時每歲以外州吏子弟爲

質於京 且備顧問其鄕事 今則主納炬紫炭

進上 진상 御物品 進排 진비 各司以其職監獻 上納 상납 各以其物納上 貢物

帝眷○天寵○宸渥○帝恩○神眷 邦慶 방경 陳賀 진하○稱慶 大赦 대사○國有大
慶盡宥罪人 誹謗木 비방목 宮墻及橋梁頭四柱是也 如今紅馬木 홍마목○午柱 申聞
鼓 신문고 置宮門樓上 有冤者擊之 得以上聞 綽楔 작셜 俗言旌門 정문○旌閭○褒揚 賞
賜 상사○大賚○頒賜 반사○頒給○ 九錫 구셕 車馬衣服樂器朱戶納陛虎賁弓矢鈇鉞
粗毫
亂離 란리○民擾 민요○土匪 토비○梗化 경화 罪人 죄인○正犯 뎡범○巨魁 거괴○干
連 간련○ 罪過 죄과 故犯曰罪 誤犯曰過
鞫問 국문 窮治罪人○查實○清問 治罪 치죄○笞 치 擊也 俗訓 치다 又打哩 싸리다○反接
반졉 俗訓 뒤혀 침ᄒᆞ다○枷 가두 俗為囚訓 蓋曰 者例枷其脰也○項鎖 足鎖 흥쇄 족쇄ᄒᆞ다○刑罰
형벌ᄒᆞ다○陵遲 능지ᄒᆞ다○代貳轉云 베히다○誅梟 쥬기다○罪 죄쥬다○贖 속ᄒᆞ다○黥 경 古之

君道部 二十八

墨刑 以別盜賊者 故今治盜牢刑 亦曰 경치다○胥靡 서미 古者罪人之名 而如今徵役者 兩兩連綴之
意 刑具 형구○枷 가 械項者 俗轉 칼○桎 질 足械 大術 俗言着梏 轉云 착고○梏 곡 在手 一曰在
脰○桊 공 在手
征伐 정벌 伐不服○出師○出戰○合戰○接戰○和親○受降○瞭望○斥候○塘報
交隣 교린○講好

臣職部

臣下 신하 事人之稱 仕於公曰臣 仕於家曰僕 宰相 지샹 重臣○大臣○名公鉅卿○國之元
老 士大夫 ᄉᆞ태부 堂上堂下官之稱 貴族子弟之白徒而亦云者 冒稱也 兩班 량반 東西
二班 即高麗所謂文班武班是也 至武宗避諱 改稱虎班 今尙沿其名 貴族子弟 統稱兩班 猶中國之稱
男子曰官人 文任 문임 主文 將帥 장슈 將臣 勳臣 훈신 有功之臣 戚臣 쳑신 外戚
之臣 宗班 종반 璿派子孫 世臣 셰신 世祿之臣 清白吏 청빅리 廉潔奉公之人 草
莽臣 초망신 在野之臣 草土臣 초토신 居憂臣 陪臣 비신 列國大夫 [illegible]稱
曰陪臣 外臣 외신 外國之臣 家臣 가신 大夫之臣 如今傔從
淵源 연원 俗言來歷 리력○門閥○根柢○地處○家 公卿世家 공경셰가○簪纓世
族 잠영셰족○縉紳大家 진신대가○三韓甲族 殘
삼한갑족○韓骨兩班 한골양반○望族 망족

臣職部 二十九

蔭冷武 진음링무 一曰殘班 南行 남힝 承蔭入仕者 若未小科 則曰白骨南行 빅골남힝
科目出身 과목츌신 科入仕者 隱逸 은일 有學問德行 為朝廷徵辟者 俗稱山林 산림
朝官 죠관 百官 同官 동관 同僚 官人 관인 居官者 總稱 官長 장관
筮仕 셔ᄉᆞ 入仕 加仕 陞擢 승탁 進資 還轉 환젼 移差 陞差 승차 進職 蒙點
몽뎜 自上落點 落仕 락ᄉᆞ 罷職○休職○免本官○罷免 削職 삭직 削奪 推考 츄고 本百
官有差失 臺官必以書牘問備之謂 而有名無實者久矣 今則並其名而廢之 越俸 월봉 百官有過
則不給月俸 交遞 교톄 交代 瓜滿 과만○古者居官者 及瓜而遞 故云 祿牌 록패 轉云
록비 自前入仕者 受祿以帖 甲午定以月銀 無頒祿之規 自 復職 복직 弃仕 叙陞 셔승 久勤
陞殿最 뎐최 上功曰最 下功曰殿 師褒貶 포폄 自辟 ᄌᆞ벽 自擧下官 擬望 의망 古之
入仕者 必有銓官 比三望而自上落点 勅任 敕任 [illegible] 奏任

君道部

宮闕 궁궐 俗稱大闕 대궐 ○大內 대내 ○宮禁 궁금 ○紫禁○禁闥○紫籞○楓宸○九重○丹墀
○內裡 ○月臺 中宮 중궁 內殿 東朝 동조 皇太后宮 東宮 동궁 太子宮 ○青宮○鶴禁○
罘罳 부시 簷網 即 寶座 보좌 龍床 용상 ○御榻 ○宮掖 궁액 ○掖庭 액정 ○宮闈 궁위
○椒房
宗廟 종묘 天子七廟 諸侯五廟 享列聖位版 左昭右穆 社稷 사직 社五土之神 句龍為后土
稷百穀之長 柱為稷 自夏以上祀之 棄亦為稷 自商以來祀之○高麗成宗以正月上辛行祈穀祭 圜
丘 원구 祭天壇 泰社 태사 宗社
登極 등극 即位也○踐祚○立極○握符○系統○御極 紀元 기원 俗言大年號 轉云 年號 연호
古者人君即位必數其體元 故以一年謂之元年 至漢文帝始改後元 至景帝有中元後元 至武帝累改年

號 後世因之 一王改紀皆有年號○檀君元年戊辰
唐堯二十五年 本朝開國前三千七百三十四年○
箕子元年己卯 周武王元年 本朝開國前二千五百
十三年○新羅始祖元年甲子 漢宣帝五鳳元年 本
朝開國前一千四百四十八年 西歷前五十七年○
高句麗東明王元年甲申 漢元帝建昭二年 新羅始
祖二十一年 本朝開國前一千四百二十八年 西歷
前三十七年○百濟溫祚元年癸卯 漢宣帝鴻嘉三
年 新羅始祖四十年 高句麗琉璃王二年 本朝開國
前一千四百九年 西歷前十八年○後百濟甄萱元
年壬子 唐昭宗景福元年 新羅真聖主五年 本朝開
國前五百年 西歷八百九十二年○高麗太祖元年
戊寅 後梁均王貞明四年 新羅景明王元年 後百濟
甄萱二十七年 本朝開國前四百七十四年 西歷九
百十八年○本朝太祖元年壬申 明太祖洪武二十
五年 西歷一千三百九十二年○大君主陛下元年
甲子 開國後四百七十三年 清穆宗
同治三年 西歷一千八百六十四年 在位 재위 享國久近
承統 승통 承襲 正統 정통 一統之君 變正統 변정통 漢之昭烈 閏位 윤위 如秦

始皇 傳位 전위 ○內禪○禪位○受禪○簒位 創業 창업 龍興 守成 수성 繼述 中
興 중흥 ○興復○恢復○克復 太平 태평 ○昇平○昌籙○泰運○神曆○曆數○聖世○明
時○昭代
潛邸 잠저 龍潛舊宅 草昧 真人 진인 龍顏 용안 ○天顏○御容 睟容 수용
御真 玉音 옥음 天語
誕辰 탄신 ○聖誕○誕降○唐明皇以八月五日生 始以是日為千秋節○高麗成宗以千春節為
千秋節 德宗以仁壽節 靖宗以應天節 毅宗以河清節 受
羣臣朝賀○天申節○天寧節○仁平節○成平節
○統稱聖壽萬歲○高麗睿宗以太子 嘉禮 가례 圖
生日為永貞節 令宮僚及朝官上賀箋 婚○冊
梁 動駕 동가 俗稱舉動 거동 ○陵行 능행 幸行 法駕 법가 大駕 대가 ○鑾和○黃屋○輿
衛○鹵簿○車駕○ 離宮 이궁 行在所○別宮 移御
皇后車曰金根車 ○駐蹕所○時御所

還宮 환궁 還御 환어
播遷 파천 ○播越○避亂 還都 환도 復位 복위
崩 붕 天子死如山自上墜下○大行 대행 ○賓天 薨 훙 公侯卒言奄然而亡也 昇遐 승하 猶言
殂落 諡號 시호 死後加號 上尊號 상존호 ○徽號○追上尊號 追尊加上尊號 가상
존호 國恤 국휼 國喪○ 山陵 산릉 自文帝作山陵 後世以國陵謂之 因山 인산 ○
○陵寢 仙寢
政治 정치 俗言斷事理 轉云 정사리다 ○政令 정령 教化 교화 德教 德澤 덕택 號令
호령 詔勅 조칙 ○綸音○勅旨○教諭○頒教 勅令 칙령 ○紫泥○黃麻○誕告○
令甲 령갑 令篇 甲乙之謂 申飭 신칙 頒布 반포 行會○宸章 신장 俗言御製 어제
奎章○綸言○聖翰 章草 장초 漢章帝善草故曰章草 俗言御筆 어필 ○宸襟 신금
○誥綍○

帝屬部

太上皇 태샹황 太上極尊之稱天子之父故稱曰太上皇○秦始皇追尊莊襄王漢高祖尊太公 **國太公** 국태공 今上尊私親○古稱大院君 대원군

天子 텬ᄌᆞ 天父天母地故曰天子○一人 **皇帝** 황뎨 庖犧氏神農氏稱皇堯舜稱帝夏殷周稱王秦稱皇帝漢因之不改 **大君主** 대군쥬 **大統領** 대통령 外國君稱間或有之 **人君** 인군 新羅儒理以齒理多爲王故稱王曰尼斯今蓋俗以齒理謂之닛금故也 **人主** 인쥬 文獻通攷云百濟人稱王爲於羅瑕又曰鞬吉支夏疑媽媽下之訛○國君○國王○侯王○親王○秦漢以下凡諸侯皆稱王天子伯叔凡弟分封于外者亦曰王

皇上 황샹 至尊之稱○聖上 **陛下** 폐하 天子必有近臣執兵立於陛側以戒不虞群臣與天子言不敢指斥故呼在陛下者而告之因卑達尊之意 **殿下** 뎐하 次於陛下之稱 **邸下** 뎌하

帝屬部　二十四

次於殿下之稱 **麻立干** 마립간 麻立干方言橛也新羅訥祇王時君臣聚會立橛爲君位因稱其君曰麻立干至炤智麻(?)皆稱 **居西干** 거서간 居西干辰韓人稱王曰居西干其時尊稱也 **上監** 샹감 **媽媽** 마마 **麻日德** 마일덕 外國尊君之辭與中國陛下相似

先帝 션뎨 先王○先朝○前王○ **今皇** 금황 ○今上○主上○當宁

太皇太后 태황태후 帝之祖母 **太后** 태후 皇帝之母○東朝 **皇后** 황후 帝之妃夏殷以前皆稱曰王后自秦以後稱皇后 **王后** 왕후 又曰王妃○中壼○中殿○坤殿○內殿 **六宮** 륙궁 前一謂之大寢後五謂之小寢○后宮○三夫人一宮○九嬪一宮○二十七世婦一宮○八十一御妻一宮○凡一百二十人 **宮嬪** 궁빈 尙宮 샹궁 ○內人 나인 ○姮娥 항아

皇太子 황태ᄌᆞ 自漢高始以太子曰皇太子明制(?)諸王以下不得稱皇 **王太子** 왕태ᄌᆞ 侯王太子○王世子○元良○儲君○儲貳○貳極○春邸○春宮○鶴禁○瑤山○火海 **王子**

왕ᄌᆞ **親王** 친왕 宗室諸王 **大君** 대군 **君** 군 新羅以宗室謂之真骨○又曰貴骨 귀골

太子妃 태ᄌᆞ비 ○畫堂 **世子嬪** 셰ᄌᆞ빈

大長公主 대쟝공쥬 帝之姑也○漢制天子以列侯尚公主諸王以國人承翁主尚承皆卑下之名公主別立舍第令列侯就第奉事曰尚諸王女則令國人來承事曰承天子尊令諸侯同姓者代主婚故曰公主諸王卑自主之故曰翁主 **長公主** 쟝공쥬 帝之姊妹 **公主** 공쥬 帝之女

翁主 옹쥬 王之女本朝以後宮所生謂之翁主○禁臠

宗室 종실 ○國族○璿(?)派○天潢○ **戚畹** 쳑완 ○外戚○國戚○戚里○ **國舅** 국구 后之父○府院君 **駙馬** 부마 漢武初置駙馬都尉掌御馬矣至魏何晏以主婿拜駙馬都尉晉杜預亦以主婿爲之矣後代凡尚公主者皆從魏晉之制○儀賓

帝屬部　二十五

曰隈 湄水草交 澨水邉土人所止 汭水曲 陽水北 陰水南 島俗言셤 綠水록슈
鴨綠江 薩水살슈淸川江 浿水패슈大同江 猪水져슈禮成江 帶水대슈
臨津江 洌水렬슈卽漢江 泗泚水ᄉᆞᄎᆞ슈白馬江 瀉水샤슈陽正川 㶟水
영슈榮山江 潺水잔슈豆潞江 瀘水로슈菁川江 潢水황슈洛東江 滿水
만슈豆滿江 地灘俗言陂路비로一作別吾無義○新羅方言石路水崖曰遷○水之洲曰發壞
빙양 洳砙여올俗言여올漸濕曰洳沙石隨流曰砙謂灘也 洳灘여탄俗言여러水流沙上
淺水也俗以淺者統謂之洳灘 瀺灂石出水出沒貌 瀨石上水○一曰湍○灘으○卽려을 湍流
急水 派水別流 波風吹水涌○又曰浪○俗訓水決믈결凡屬理者皆曰決木理曰나무결
人性曰셩질氣息曰숨결 淪小風拂水波紋如輪 瀾平波 涇直波 漣風行水成文 漪水波
如錦文 洧大水有小口別通○俗言솟지 津渡水處俗訓나루 泝洄逆流而上 泝

地理部 二十一

流順流而下又曰沿流 亂絶流而渡 泳潛行水中 涉水行膝以上又 厲以衣涉水 揭
繇膝以下 砅려以衣履石渡水
川穿水流通俗言내又曰闖川潛川 溪水注川俗言시내始涂시내 谷水注溪 澮溝
港지구렁又津溝港진구렁 㵎水出山石間 瀨水帶沙往來貌 潺湲
잔잔小 滲漉水滲入地云合의다 轉潤滑也俗訓석다 梁石絶水俗言石橋돌다리
水澨
澤衆水所鍾俗訓못又謂보ᄃᆞᆫ믈뫼라 衍澤廣澤 皐澤曲澤 陂澤障澤 滸山上有水
潭深水俗言소沼소 磬水通谷俗言雅言之屈亢者欠放 藪無水有草木俗訓슈펑이
塘築土過水俗言堤又曰堤○防○墳 池穿地通水
泉正直上出曰上檻시암見爾雅 下泉從上溜下 濆泉涌出 氿泉側出 肥泉同出
異歸 瀵泉異出同歸 湯泉亦曰溫井온졍 溫泉神온쳔신○丁○女主夫 瀑布

폭포一曰水簾又曰立泉 龍湫懸瀑 觱沸泉出貌 龍抓了俗言沈沫사ᄅᆡ日一
福泡ᄒᆞ포俗訓거품又曰涪
井黃帝始鑿○俗言四茂乙우믈○蘇穆方言謂之烏沒者取音無義其不可準多此類○井華水졍화
슈新汲水俗轉졍안슈 沖沖ᄎᆞᆼᄎᆞᆼᄒᆞ다深也 源水本俗言根源근원 逆水急流 隈溪水盤
渦處 濫觴小流可泛觴 淀如淵而淺 水溝슈구俗轉시궁 水洑슈궤一曰隧滲卽水
道俗訓 陰溝음구俗轉은구 涂渡도랑渠也 泡泡포포俗轉보글水濆涌聲
峽水湍峻激石忽發 淙淙종종水聲 小涔涔잠잠牛馬蹄中水貌 浤浤광광
俗轉콸콸水聲 澧澧풍풍水聲 瀇왕水臭 停堰언壅水爲壞 洑보俗轉보畜水漑田
迅流水聲 腦泡狀而瀉者 澙작세水門 水驛슈역高麗忠烈王時元帝見遼東水程圖欲置水驛陪臣
鄭可臣曰高麗山川澤藪居十之七耕織之勞僅支口體况其人不習海道臣之管見恐有未便帝然而

地理部 二十三

罷之 水神슈신○靈胥○無支祈○天吳○馮夷

幀直方曰幅周圍曰幀道路도로一達○岐旁二達○劇旁三達○衢四達○康五達○莊六達
○劇驂七達○崇期八達○逵九達郊外郭隧外郊鄉曲향곡○坊曲○鄉里村落촌락
○部落○衚衕○陌○仟陌○洞巷街里가리俗轉리街是四通道如九里街子라리지夜譋街야希
지是也晛是嶺上平故俗謂高街고지如紅晛불근고지泥晛진고지是也而以子리리지為銅晛야쥬지
為夜晛則非同里俗言동네故鄉고향本土又曰桑梓屛門병문洞口固處也王莽
盡有呂毋固俗謂之反代以麗字之訛站참驛也俗訓為止處遷鄉하향又曰遷方所高麗
時未堪為縣者稱所今濟州尚有十所
世界세계人世也○世上셰샹○人間인간○塵寰○塵世진셰風俗풍쇽○成風셩풍속
十○入鄉循俗입향슌쇽○世態셰틱○物態물틱
園囿俗云東山동산蓋以東方物所生故云上林苑又曰內苑即闕內後苑園植果

地理部 十九

圃植菜
田전俗言畈판轉云田疇也○一歲曰菑二歲曰新三歲曰畬水田俗合水田為一字似沓音
답又曰農隁논二字合音也田庄전장田舍也塍壠등롱俗轉드렁田中畦埒
市井시정市也因井為市所以貯貨行貨轉져지本遂皇始新羅炤智王始置○廛전市邸○假
家俗轉가게小市鋪貫肆華外方各處之言푸리集市一曰場貫匱가가軍市
山俗言牡泥뫼谷盧牝○山間水道俗云골阧垞俗言두덩垞卓俗言언덕卓峭卓也
門限亦曰문턱○輿地誌直云言德則無義矣以重大文字而不效其本音直取其音之訛遂令文物至
今蒙昧豈非士夫粗率之咎歟五岳見地部三神山瀛洲蓬萊方丈舊傳瀛洲為漢拏山
一曰頭無蓬萊為金剛山一曰皆骨方丈為智異山三山皆在東國云碕垞曲高垞襄垞垞
巖巖巉壁층암절벽峻急處冢山頂○亦曰巓曰椒岡山脊嵩山大而高岑小而

高嶠銳而高扈卑而大巋小而衆巘上大下小岵山有草木峐山無草木岨
石戴土崔嵬土戴石朝陽山東夕陽山西麓山足岫山穴崖山邊巖俗言
巖俗轉반외崖之高窟굴山巖有孔又曰土室峯봉俗言封蔓봉아리蓋花之未發者曰封
蔓而山峯如初發芙蓉故曰封蔓又曰附麗부리嚮星附麗于參星如鳥之喙故鳥喙謂之附麗而凡物
之高出如鳥喙者亦曰附麗而雅言直云不伊者無攷岊高陬隅峛崺山卑長坂坡山
陟山三襲坯山再成陘山絕翠微山未及上嶧山屬巒山而高嶞山狹
阜부土山○阿曲阜一曰堰○卯陵大阜○部婁小阜山神산신○梟陽○天愚○俞兒○
鮀姑
石셕俗言突兀돌一曰土精○地骨○山體○怪石괴셕○盤石반셕平大石
沙모리言石之水鮮也모是물之轉리是轉沙汀水中石○沙場

地理部 二十一

海히俗言旅大바다○玄海○瀛海○碧海○巨○大壑○朝夕池○溟海○東滄溟○南溟○壑
西西洋○北北溟阿明東海神廣淵王祝融一曰陰南海神廣利王巨乘西海神廣
德王禺強北海神廣澤王朝鮮四海新羅宣德王始修祀典東海曰阿等邊南海曰兄邊
西海曰未陵邊北海曰非禮山尾閭衆水所歸亦曰歸虛潮汐朝曰潮夕曰汐瀰미나水滿
也港口항구一曰灣安船溝埠頭부두船泊處立潛닙솨水深處立表波濤
파도水涌流浪滉瀁황양深廣無涯陰火海中鹽氣所生遇陰晦如燃有月即不復見海
神바다귀신○陽侯○海若
河隨下通流四瀆之一靈河黃河河神하신○巨靈○河伯
江강小水入海以通貢路洲水中可居渚小洲沚小渚江干강간水邊俗訓물가雅言
作叻可者非俗以邊訓干而音가轉云也一曰垂○涯○畔○磧○濱滸岸上地澳曲崖○又

法一作佛 우린스 葡萄牙 포츄갈 西班牙 시페인 伊太利 一作以大里 이
탈리 希臘 그리스 蒙底尼 만트늬그로 比利時 빌지엄 塞爾維 써비
아 羅馬尼 롬으 伯布里 벌가리아 土耳其 其一作古 터키
亞非利加洲諸國 亞一作阿 아쭈리카 埃及 이집트 三給波爾 상기
쌔 巴巴利 쌔쌔라 幾內亞 기내아 尼給里西亞 벤그로랜드 阿
比西尼亞 아비시늬아 痾𨇾珠自由邦 오린뒤으리떠불릭 利比里
亞 라이베리아 摩洛哥 모라코
北亞米利加洲諸國 노우스아메리카ㅇ一作阿墨아메리카 海地 헤티 三
土民各 도미늬온가나다 美利堅合衆國 美一作米유나이테드스테잇스
墨士哥 墨士一作麥西멕시코 閔都拉斯 혼두라스 瓜他馬拉 과터말라

地理部 十七

三薩尼多 쌘살비도아 尼加拉加 니카라과 古修都理加 고스트리
카
南亞米利加洲諸島 싸우스아메리카一作阿西亞尼亞오시아니카 古倫
比 콜롬비아 委內瑞拉 베네쉬일나 巴西 쁘레실 加拿他 카나다 玻
拉乖 바라궤이 亞然丁合衆國 아젠틴 智利 칠니 玻理非 볼리비아
秘魯 베루 厄瓜多 액퀘도아
東曰波里尼西亞 포리늬시아ㅇ而三大都會 西曰馬来西亞 마레
시아 南曰澳大利亞 어스츄렐늬아 布哇 大洋洲一國 藩國 번국 邦ㅇ侯
服ㅇ絶域ㅇ藩邦 外夷 東曰夷西曰戎南曰蠻北曰狄ㅇ隨處畜牧者曰行國附屬者曰影國ㅇ
俗言兀良哈 오랑캐 山戎 唐虞以上赤曰獯鬻 淳維 夏 鬼方 殷 玁狁 周 匈

奴 秦漢 突厥 唐 契丹 宋 古西域 고서역ㅇ虜丹ㅇ連雲ㅇ窮髮ㅇ蹋脑ㅇ交趾
ㅇ蜃光ㅇ長駿ㅇ真臈ㅇ占城
國都 俗言都邑又曰羅內나라新羅稱羅內猶言國內 京師 新羅始祖國號曰徐伐俗以京
謂之徐伐俗轉서울又曰西苑ㅇ京華ㅇ都城ㅇ漢陽ㅇ神京ㅇ閶闔ㅇ陸海ㅇ京洛周都洛後世因稱
ㅇ長安漢都長安亦因稱猶今之稱서울 西京 平壤 松都 松都 沁都 江華 東京 慶州
固麻 北史云百濟都城曰居拔亦曰固麻今不可攷熊津俗稱固麻者疑本於此
城郭 漢陽城石築周九千九百七十五步高四十尺二寸有八門東曰興仁之門俗云동대문南曰
崇禮門俗云남대문西曰敦義門俗云서대문北曰肅靖門俗云북창문東北曰惠化門俗云동소문東南
曰광희문今廢光熙門俗云시구문即水口門西南曰昭義門서소문西北曰彰義門俗云자문ㅇ羊城
漢元帝所築狀南北斗故云ㅇ裁지墻長版古者築城以版故因謂之裁 築 堞 城上垣又曰睥睨

地理部 十八

雉 秦孝公時雉止堞因名之又曰雉飛一丈故曰百雉 陴 女墻ㅇ卑小比之于城若女子之于
丈夫 譙樓 又曰麗譙俗言門樓문루 譙門 城門俗言虹霓홍예以其形之似虹霓 櫓 樓無
覆屋 隍 城下有水池ㅇ俗言垓子히자 陔子 히자下池 城 堡 隍之小又曰障又曰壘 壁
軍屯處 郛 外城又曰郭 城圍 俗言城周回성위 坑塹 깅참遠城水ㅇ失身曰入於坑
塹 健牟羅 南史云新羅人稱城曰健牟羅西今無此語
京畿 경기 畿服ㅇ畿甸ㅇ近畿
天下 텬하ㅇ海內ㅇ輿圖一曰版圖ㅇ國內ㅇ匝域ㅇ環土ㅇ疆場ㅇ境界경계本此境彼界之謂
而俗以謂有分開 州郡 又曰縣邑羅史甄萱攻新羅進襲高鬱府入國都弑王辱妃云故俗以外
邑謂之高鬱고을 擔魯 南史云百濟謂邑曰擔魯今無此語 邊塞 俗言邊方변방ㅇ紫塞長
城土色皆紫故以紫名塞ㅇ三垂即三邊ㅇ邊徼ㅇ邊鄙ㅇ關隘 要害 在我爲要在彼爲害 幅

地理部

地 디 俗言大泥쌰○大地○區寓○寰宇○輿地○ 方儀○八寓○涯角의각相距路左○遠路○近

處○咫尺 지척 近地 九地 一汝泥二澤兗三征崔四下田五中 田六上田七下山八中山九上山

四極 東泰遠西邠國南濮鉛北祝栗○俗言 동녁 東域 동녁 南域 남녁 西域 서녁 北域 북녁 東 八埏

東汝海東南沆澤南丹澤西南水澤西 澤西泉澤西北海澤北塞澤東北通澤 八紘 東北荒土東桑

野東南衆南反戶西南炎土西 沃野西北沙所北委羽○八荒 八極 東北方土山 蒼門東東極

山開明門東南波母山陽門南南極山暑門西南編 駒山白門西西極山閶闔門西北不周山幽都門北

北極山寒門 九州 ○冀兗青徐揚荊豫梁雍 ○亦曰九有又曰九垠 五岳 東泰山西華山南衡

山北恒山中嵩山 四瀆 江河淮濟 十三省 山西省古冀州地 河南省古豫州地 山東省古青兗 陝西省

浙江省古揚州越地 江西省古揚州地 湖廣省古荊州地 四川 古長安梁州地 福建省古越閩 廣東省古揚越南 廣西省古揚越 雲南

地理部 十五

貴州省古梁州 雲南省古西南夷 東國二十五縣 朝鮮 訥邯 浿水 含資 黏蟬 遂成 增地 帶方 駟望

海冥 列口 長岑 屯有 昭明南部都尉治 鏤方 提奚 渾彌 呑列 東暆 不而東部都尉治 蠶台 華麗 邪頭昧三字 前莫 夫租

新羅六部 梁部 沙梁部 牟梁部 本彼部 漢祇部 習比部 四瀆 新羅以東土只河南黃山河西熊川河爲

四瀆 洪武四年改以南熊津伽倻津中漢江 西德津平壤江鴨綠江北豆滿江爲四瀆 高麗十

道 關內道今京畿黃海 中原道今忠清 河南道今公洪 江南道今全羅 嶺南道今慶尙 嶺東道今江原全

山南道今全羅北道 海陽道今全羅南道 朔方道今江原 浿西道今黃海平安道 本朝八道 太祖朝分

爲八道 京畿 忠清道 古 全羅道 慶尙道 黃海道 平安道 咸鏡道 江原道

未分爲二十三府 仁川 京 忠州 洪州 公州 南 原 全州 羅州 濟州 晉州 東萊 大邱 安東 江

復 春川 開城 海州 平壤 四岳 洪武四年以南 義州 江界 咸興 甲山 鏡城

智異山中三角山西松岳山北鼻白山爲四岳 咸 日同 十里一舍 三十里 字內 二十五里

封 百里 陸地 者謂之似陸地 육디 平地 俗以事之堅固 륙디곳 坦坦大路 탄탄대로

寬平之路 平坦 평탄ᄒᆞ다 險路 험ᄒᆞᆫ길 驛 역 轍道也 俗上道曰 웃녁 下道曰 아릿녁 空

閒之地 공한지 地○一作空虛之地 又曰不食之地 后土 후토 地神○ 祇○富媼

土 俗言黑泥 흙 取重濁沉凝而爲土之意 黑泥 흙 三壤 上中下 五土 山林

川澤邱陵墳衍原隰 埋 俗言團 泥 덩이 淤泥 俗言 潛 흙 泥濘 이녕 漬 濘也○ 淖 雨後

衍路 潤濕 黏土 俗言津土 진흙 又曰埴地 치디 俗轉 차 九物之黏者 皆曰 차디 而 堇 근 堇 근

土之黏者 墡 선 俗言白 墡 빅토 土 堊 俗言朱 堇 주토 俗言黃 壚 황토

土 척토 薄土 潟 鹵 소로 鹹土 可煮鹽 起 原 원 地○廣平之 隰 下 耕者曰 堡 俗轉 쌜

濕 俗言津 진펄 又以 沮洳 衍沃 平美 墾 墾 반반 濕 爲 瀦地 질 ○ 除地爲場

墝埆 不平 곤닥 土 墩 埭 돈 디 有平堆 地 羚 羊 土 封 精土 莞 羊 壓

地理部 十六

塵 마진 俗轉 먼지 塵也

亞細亞洲諸國 細一作西 에시아 清國 ○청국○中州○中原○中州○皇州○華○華夏○大國 대국○中華○天下○華人○震旦○支那 지나 ○燕京○北京

朝鮮 三韓○高麗 丑 ○ 左海 ○ 鰈域 ○ 青邱 ○ 汕水 日本 周平王四十八年始

祖 秋野姓 狗每氏 始置州縣 有天皇 有國王 天皇不與國政 國王總治國事 王姓源氏 本倭 왜國 唐時改

今名○和州○ 橫濱 大 暹羅 셤라 波斯 아피식 印度 아인되 亞喇 伯 아라 새 아

歐羅巴洲諸國 유롭 俄羅斯 俄一作峩 又曰 露國 우러시아 墺地 利 오스

트리 아 日耳曼 쪄 리 너 丁抹 덴 막 瑞典 쉬 덴 那威 노르 웨 普魯士 보 루

시 아 英吉利 잉글 린 드 荷蘭 홀 란 드 瑞西 스위쓰 린 드 一曰瑞士 法蘭西

針○烏鵲○灑淚雨 中元 즁원 十五日○又曰百種俗轉빅즁 僧尼道俗皆營盂蘭盆供謂之地官

校籍太上老君同元始天尊會集福世界 月令 은월령○新涼俗言扇陰션○老炎○飂飂션션風

轉

八月 팔월○月建酉○月次壽星○日躔角○呂南呂○卦觀○壯月○朽月○淸秋○素秋○仲

秋○桂月○鴈月 中秋節 즁츄절 十五日俗言嘉俳가외 新羅儒理王自七月旣望集各部

內女子于大部之庭績麻至八月十五日考功多少負者置酒而謝勝者百戲皆作謂之嘉俳會 二

十一日 孔夫子誕辰 月令 월령 秋凉

九月 구월○月建戌○月次大火○日躔房○律無射○卦剝○玄月○秋秋○菊秋○季秋 重

九 즁구 初九日○陽○茱萸節 小重陽 重九後一日 十五日 朱夫子誕辰 月

令 월령○霜 寒○霜令

時令部 十三

冬 동俗言癸月네울○壬癸其日○水其德○玄英○玄冬○三冬 冬帝 동뎨○黑帝○顓頊

冬神 동신○玄冥

寒 한俗言秋意츄의又曰又 차○雪天○雪風○雪寒 剌叉 체차俗訓쌀쌀히 계차사다○陰冷

氷 빙俗言凝陰얼음○腹堅비어다 簷氷 쳠빙俗言直氷곳얼옴○氷筋○氷錐 縷氷

실어름俗 실轉呼살 澌 시俗言雪解 셩에○流凌

十月 시월俗言시월又曰上月상돌以奏歲首故也○月建亥○月次析木○日躔房○呂應鍾○

卦坤○陽月○良月○露月○暢月○上冬○小春○初冬○孟冬 民歲臘日 十二 下元

十五日○水帝谷神暘谷神水府靈同下人間校定生人罪福

十一月 십일월俗言冬至月동지돌○月建子○月次星紀○日躔箕○律黃鍾○卦復○辜月

○至月○復月○仲冬 小至 冬至前一日 至日 지일○亞歲○長至 豆粥 두쥭 共工

氏不才子以冬至日死爲癘鬼畏赤豆故作粥禳之 初四日 孟夫子生辰 月令 월령 至寒

○至 沍

十二月 십이월俗言歲訖月셧돌○月建丑○月次玄枵○日躔南斗○呂大呂○卦臨○除月

○臘月○餘月○嚴月○一終○季月○隆冬 臘平 랍평 一日人臘又曰王候臘○冬至後第三未

必在十二月故戌二未四未 初歲 초셰○小歲 獻歲臘之明日 臘八 납팔 初八日 守

歲 슈셰 晦夜○焚松柴謂之盆○歲除○除夕○除夜 粃 月令 월령 短景○促陰○急景○臘

沍○窮沍

時令部 十四

春景 춘경○媚景○淑景○韶景 春節 춘졀○嘉時○芳時○嘉辰○芳辰○華節○韶節
○淑節 春帝 춘뎨○靑帝○東君○木帝○太皞
正月 졍월○月建寅○月次娵訾○日躔虛○律太簇○卦泰○陬月○端月○元月○孟陬○孟
春○上春○首春○發春○獻春○獻歲○肇歲○芳歲○華歲○獻發○新年○新元○新正 三
元 歲時月之元 四始 歲時月日之始 天臘 텬랍初一日○元正○正朝 人日 인일
七日屬人故又曰靈辰○一日鷄二日狗三日豬四日羊五日牛六日馬七日人八日穀 愼日 新羅
炤智王免琴匣之禍國人念烏鼠龍馬豬之功以正月上子上午上辰上亥設祭祈禳忌百事不動作謂
之愼日 上辛 高麗每年孟春上辛祀圓邱祈穀 上亥 東草燒園日燻破豕 上元 샹원
十五日○元宵 藥食 약식俗訓약밥新羅炤智王時正月十五日有烏含書之異故國人以是日作
糯飯飼烏遺俗○互愼日詳 踏橋 답교自高麗朝上元夜士女騈闐達夜不止 耗磨日

時令部 十一

正月十六日 拜年 歲拜세뵈 月令 월령峭寒○春寒
二月 이월○月建卯○月次降婁○日躔營室○呂夾鐘○卦大壯○如月○令月○桃月○如陽
○仲春 天正節 텬뎡졀初一日○中和節 花朝 十二日一曰十五日又曰花期 長春
節 十六日 社 春分前後近戊 月令 월령春和 和暢 화챵ᄒᆞ다
三月 삼월○月建辰○月次大梁○日躔婁○律姑洗○卦夬○寎月○嘉月○蠶月○暮春○季
春○竹秋 上巳 샹ᄉᆞ初三日踏靑節 粄 반胥米餅三日取鼠耳葉汁和蜜爲 小寒食
寒食前一日 寒食 한식冬至後一百五日故又曰百五節○龍忌 二十八日 蒼頡生 餞
春節 晦日 月令 월령○和煦○花辰○花雨○春暄 溫和 온화ᄒᆞ다 日氣微溫
夏 하俗言張南여古太陽張南任養萬物於時爲夏○丙丁其日○火其德○朱明○長嬴○恢台○纏
夏○三夏○九夏 夏帝 하뎨○赤帝○炎帝 夏神 祝融

熱 열俗言大燠더위又曰大暑더울○炎天○炎風○溽暑○溽炎○溽熱○旱炎○旱熱○火雲○
伏熱○庚炎○霧熱무덥다○熅熱○焦熱 苦熱 고열○煦煖ᄒᆞ아熱○熏熏훈훈火烟上氣○
薰蒸훈증大熱○熅후子俗轉후끈후끈ᄒᆞ다熱甚○ 熇熇 학학俗확확熱氣盛貌○煦歊歊답답俗轉
덥덥熅熱○蟲蟲熱氣○暍더위먹다
四月 ᄉᆞ월○月建巳○月次實沈○日躔昴○呂仲呂卦乾○余月○陰月○純乾○肇夏○首
夏○孟夏○初夏○槐夏○梅天○梅月○梅雨○麥秋○麥天○麥候 鸎月 四月季重報云中土
則道鸎春而我邦以孟夏爲鸎月以地性殊異也 浴佛日 八日高麗恭愍王時崔怡勸王始於
禁中設火山觀之謂也曰觀燈 蒸豆 증두故事自元朝日聚大豆至四月八日煮水浴佛
五月 오월○月建午○月次鶉首○日躔參○律蕤賓○卦姤○皐月○午月○端陽○仲夏○榴
夏○蒲月○蜩月 小重午 四日 端午 단오初五日○重五○天中節○地臘○競渡○鬪

時令部 十二

草 十三日 閔公生○竹醉日
六月 륙월○月建未○月次鶉火○日躔東井○呂林鐘○卦遯○且月○流月○焦月○長夏○
季夏 天貺節 六日 流頭 유두十五日○新羅舊俗以是日浴東流水爲禊飮謂之流頭宴
三伏 삼복○金氣伏藏也○夏至後第三庚爲初伏四庚爲中伏立秋後第一庚爲末伏立秋值庚
其日爲末伏○三庚
秋 츄俗言稼穡가을語其成實故四月亦曰麥秋○庚辛其日○金其德○白藏○素商○清秋○凜
秋○三秋○九秋 扇凜 션흠俗轉션을寒也 颸然 시연寒也 秋帝 츄뎨○白帝○火皥
秋神 蓐收
七月 칠월○月建申○月次鶉尾○日躔張○律夷則○卦否○相月○初秋○孟秋○瓜月○蟬
月○桐月○蘭月 洗車雨 初六日雨 七夕 칠셕初七日○道德臘○結夏○綺節○乞巧

五月을蓋五月一陰始生之月故俄稱當年凡
物之先成者亦曰올。本年뫼년當年당년 **新年**
신년俗言賓亥시키蓋賓者報祭之名賓 **來年** 래년。明
祭祭物必以新成者爲之故以新爲賓
年명년。下年鋪謂ᄒ **比年** 猶言頻年 **一紀** 일긔二年 **十**
翌年후년[illegible] **荏苒**
임염歲 **大有年** 豐年 **殺年** 쉴년凶年흉년一曰
月限轉時年 饑荒年又曰大無年
月 釋名見天部。氏以三十日爲一月 **三微** 十一月周天正十二月
微者言微 殷地正正月夏人正。
而未者 **三忌** 正月五月九月不行 刑亦謂之斷屠月 **朔蘇生** 月死而 **死魄**
日朔 **旁死魄** 二日 **哉生明** 三日又曰魄一日朏 **成光** 八日 **上弦** 初七八日
月形一旁曲一旁直 **望** 十五日俗言半달보름 **哉生魄** 十六日又曰既望 **既**
生魄 十七日 **念** 二十日唐明皇以貴妃死日念之因謂之念日 **下弦** 二十二三日 **小**
晦 二十九日 **晦** 言月死爲灰俗言極陰그믐 **小盡** 月小二十九日 **大盡** 月大三十日 **潮**

時令部 九

減 五감 俗訓五合朔五十三二十三日 **滾** 滾言미 水進俗以月之十日爲一十一日爲二滾두미
至十九日爲十滾열미 一日閏又曰瀧 **前月** 전달 **此月** 이달 **來月** 서월 月。出月開
月建 甲己年丙寅頭 乙庚年戊寅頭 丙辛年庚寅頭 丁壬年壬寅頭 戊癸年甲寅頭 **閏月** 윤달
。積分。歸餘。二終。非常月
日 釋名見天道部 **半夜** 밤중子。 **鷄鳴** 울기丑。 **平旦** 俗言晞如 명 丘。寅。
서여 홀 **日出** 卯。해돗기言日到也 **食時** 밥셔辰。 **隅中** 巳 **日中** 午。俗言
白晝又曰大羅耀대낫又한낫 **昳** 未 **晡時** 申。俗言點心점심 **日入** 酉。俗言抵沒저물
다又曰抵若저 言抵若木 **黃昏** 戌 **人定** 亥 **晨明** 俗言開東동트기又曰曙闢새
벽。曉頭첫새벽。破曙後파루후。日出暘谷浴於咸池 **朏明** 月出 黎明。登於扶桑爰始將行
旦 **明** 俗言日晰일흔언。日至曲阿言阿站아츰以其至曲阿之站 俗 **蚕食** 臨於曾泉 **晏**

食 次於桑野 **禺中** 臻於衡陽 **正中** 對於昆吾。又日亭午又亭午 **小還** 次。又靡於鳥
日晩晌又午後 **晡** 至於悲谷 **大還** 。至於女紀又日旰 **高舂** 經於隅泉。又曰傍晩。 **下**
舂 頓於連石又曰薄暮 **懸車** 爰止義和 **黃昏** 薄於虞淵俗言暝 [illegible] 轉音交昳
又曰地黯 俗[illegible]이 **定昏** 淪於蒙谷 **陰霾** 音 不明 **剛日** 甲丙戊庚壬 **柔日**
乙丁己辛癸 **舍** 一宿 **信** 二宿 **次** 過信 **信信** 四宿 **挾日** 十日 **浹辰** 十二日
上旬 十日以內又曰上澣 **中旬** 二十日以內又曰中澣 **下旬** 三十日以內又曰下澣
大前日 그저께 大其前也 言 **前日** 그제 **昨日** 俗言於前期어제 謂之
於載者今日俗言오늘者亦本於猶올之甚無義 **當日** 義詳今年註。是日俗言이날 **翌日**
來日릭일。詰朝即詰朝之訛明朝之謂也 **竟日** 종일俗言終日鎭日 **後日** 후일俗言倍來
모리倍倍也言倍來日也再明日 **外後日** 글피 **幾日** 멋츨
之謂而訛鄕謂以母習者非是

時令部 十

多日 俗訓여러날
時 俗言代更代之意 **昔時** 俗訓옛적 先時 **曩者** 向日 **日者** 近日比時。 **移**
時 이시 俗言이今이때 **片時** 俗言其同時之內 **現今** 當場당장又曰
即今즉금 **來終** 장릐 俗轉후後時俗訓후제 將來 **暫時** 잠싼暫間 **此際** 이제
越時 진시 猶言即時。作진 猶言早爲 越 **時刻** 시각猶言即刻 **瞥眼間** 별안간 一
暫之間 瞬息間순식간 一息間。霎時間삽시간 片時 須臾유 俄頃。猝然졸연。猝地졸디
時頭 甲己夜甲子頭 乙庚夜丙子頭 丙辛夜戊子頭 丁壬夜庚子頭 戊癸夜壬子頭
夜 俗言밤 陰 放 **整夜** 왼밤 **竟夜** 밤도록 **一昔** 一夜 **立刻** 即刻즉각 **蔟夕**
발 付 加夜 即 行 言己往
春 俗言[illegible]春也。甲乙其日。木其德。靑春。芳春。陽春。三春。九春。少陽。靑陽

靁뢰 俗言雨晶우릐從破字又曰天動텬동 阿香 雷神○謝仙
霹벽靂력 俗言別惡별악以其分別惡又曰天罰텬벌 雷震 俗訓별악치다○雷霆
電전 俗言翻閃번지○打閃○赤電○列缺電貌○霆畢電光
休徵 휴징俗言祥瑞샹셔和氣所致○吉祥길샹○吉兆길됴○徵兆징됴○兆朕됴짐○慶事경
ᄉᆞ○神奇신긔ᄒᆞ다○神通신통ᄒᆞ다
災異 지이俗言災殃지앙國有失道天出災害○變怪변괴○災變지변○天災텬지○天變텬변
○時變시변○人妖物怪인요물괴○星變셩변○旱災한지○虫災츙지○水災슈지○風災풍지○
雹災박지○火災화지○山崩川竭산붕쳔갈○妖怪요괴○妖孽요얼○無妄之災무망지지○殃禍
앙화○災禍지화○禍根화근○怪異괴이ᄒᆞ다○奇怪긔괴ᄒᆞ다○乖常괴샹ᄒᆞ다○異常이샹ᄒᆞ다

天道部 七

時令部

歲셰 夏曰歲取歲星一周也俗以歲星生於亥故曰亥或曰古人一年四時改火瓊州人謂一年曰一
大西鄉人音徽東鄉人音喜或為化今之所謂히者似是火之轉音姑兩存之然字從步戌歲之自亥
至戌兩周天似為近之 祀 商曰祀取四時一終 年 周曰年取禾一熟 載 唐虞曰載取物終更
始 五運 甲己化土乙庚化金丙辛化水丁壬化木戊癸化火 四時 春夏秋冬 八節 四立
二分二至 二十四氣 立春雨水屬正月驚蟄春分屬二月清明穀雨屬三月立夏小滿屬四月
芒種夏至屬五月小暑大暑屬六月立秋處暑屬七月白露秋分屬八月寒露霜降屬九月立冬小雪屬
十月大雪冬至屬十一月小寒大寒屬十二月 七十二候 五日為一候三候為一氣 三百
六旬六日 五行各旺七十二日有奇○陽曆以冬至後十日或十一日為歲首一三五七八十
十二月並三十一日四六九十一月並三十日二月二十八日而遇閏則為二十九日平年則每年為三

時令部 八

百六十五日閏年則為三百六十六日 十干 甲閼逢在月為畢乙旃蒙在月為橘丙柔兆在月為
修丁強圉在月為圉戊著雍在月為厲己屠維在月為則庚上章在月為窒辛重光在月為塞壬玄黓在
月為終癸昭陽在月為極 十二支 子困敦丑赤奮若寅攝提格卯單閼辰執徐巳大荒落午敦牂
未協洽申涒灘酉作噩戌閹茂亥大淵獻○日本人以巳為米 十紀 自開闢至獲麟凡三百二十七
萬六千歲分為十紀一曰九頭二曰五龍三曰攝提四曰合雒五曰連通六曰敍命七曰循蜚八曰因提
九曰禪通十曰疏仡○自天皇攝提至唐堯元年甲辰四萬五千六百年○自唐堯元年甲辰至明崇
禎十六年癸未四千年○自清世祖順治元年甲申至今皇光緒二十一年乙未二百五十二年○自檀
君元年戊辰至高麗恭讓王三年辛未三千七百二十四年○自本朝太祖元年壬申至今上三十
二年乙未五百四年 大前年 再昨年俗訓그럭게○往年 去年 거년俗言上年샹년○前
年轉云재작년○昨年작년 過年 지난해俗訓 頭年 初年俗訓첫ᄒᆡ 今年 금년俗言

風俗言發陰발암謂其發於陰厓○和風○惠風○
賤風○闔風○餘風○緒風○奔風○扶風右風
不己旋窩風俗言回護裡風회리 ᄇᆞᄅᆞᆷ凡物之圓者純謂之回護裡故栗之圓者亦謂之回護裡
회리羊角風俗言哇風와풍哇氣不平暢也故老農騰者亦由此醒劉풍條風艮音匏立春
明庶風震音竹春分清明風巽音木立夏景風離音絲夏至凉風
坤音土立秋閶闔風兌音金秋分不周風乾音石立冬廣莫風坎音革冬至
至右八風○廣䫻風受寒風擾谿鯝迷斗鮮風○東風一日清風○谷風○滔風薰風東南風
風○凱泰風西風颼風西風凉風北風○厲風○石尤風送風
母風四面風常以六七月發有暈如虹花信風自春至夏凡有二十四番風融風東北
風○信風三月鳥信五月麥信七八月上信後風正月鬻時黃雀風六月南風東風
颸風○白露時風鯉魚風九月風頹焚輪從上而下飆扶搖從下而上庵風

火颲風迴風暴日出而風曀陰而風霾風而雨土颾颾올올風聲颼颼風轉
颮颮介异俗轉介올風淒清徹火女○風神○巽二○飛廉○封姨○風伯
風師기옥
雨俗言霏微비ᄉ霡霂목목細雨ㄱ朣雨취우俗言陳落滴소낙이○過路雨○凍雨○駛雨○零雨
徐雨비발○雨足俗雨脚濛鬆雨俗言鬆渚곰기蓋渚者風雨不止也又眾流故凡屬雨
言雨水俗言劉倒雨傾盆雨븟듯오는비○霖三日以上雨俗
皆謂之渚長霖장마○衣服為雨所汙亦謂之霖雨泡鈴迎
氣ㅁ기○霪雨○苦雨○愁雨○滞雨
梅三月送梅五月黃梅四五月間濯枝六月豆花八月液雨十月澍雨時
甘澍霾俗言土雨흙비太宗雨태종우我太宗壬寅夏四月大旱上時方不豫憫雨日甚
五月十日昇遐而雨每年此日必雨雨一日號曰太宗雨○涿涿滴滴下滴聲晉晝晴霽晴俗

言皆霽기히霓霞雷뢰俗言落水音히雨止貌介即落雷宋帶霽雨師우사○屛翳○玄冥○赤
松子
旱俗言乾水가물○旱魃旱神燥氣한긔○亢旱○
霜○상俗言雪花설이○結玉○肅霜○霜霜華○疊銀○霜早霜甜霜俗言水霜무설이
霜俗言敦霜된설이○霜雪上加霜설상가상○青女神霜
雪俗言漏銀눈言其如銀色也說郛云高麗人以雪下謂之嫩恥而凡下皆曰恥蓋嫩則音之訛也以
除去為推核치이者方言而以下為恥云者
不近義耳○玉馬○金羊○大出花○三白鵝毛
雪曰松俗言松耳雪송이눈蓋松耳上拳故凡團結者皆曰松耳至如花之蓓蕾曰吳송이海松子房曰잣
송이霰산俗言米兒눈霄리비
雪벽俗言津凍渚雨진뉵비 濕雪俗言以潤而不燥者總
謂之律轉云霽霽雪
진눈키비滕六雪神

雹俗言雨薄우박謂其雨為陰薄而說郛云雹者轉音失義冰雹俗言物物粉泥물이
粉白而性粘故俗以白米屑為餅餌者亦
日白物泥餅힌물이떡又曰白雪餅기三出雲陰之專
氣故大出而成花雹陽之專氣
散三出而成實總屬北方之氣
露俗言苑雪이슬○天酒○神漿
霧俗言亂渚안개地發天不應曰霧天發地不
應曰雺○濃霧안개지옥흐다○黃霧大霧霧凇
寒氣結木如珠見睍乃花霜俗言霰膏
消○霧淞花○樹稼산고의
雲우俗言窟陰구름從山穴出故也○彩雲五色雲○
靄御雲○火傘旱雲○浮雲○膚寸○衣狗○絮
帽雲豐隆雲師
霞하俗言織雲노을紅
靉靆○緹緗○朱輝
虹蜺俗言水確日虹雌曰蜺一作霓地氣무지개○螮蝀○天弓

名物紀畧卷之一

天道部

天 텬 一曰太乙 又曰大一 蓋太大相通 乙一相通 而俗言以大爲夏하 而轉云한 以一爲乙을 故曰한을 者語其大之第一也 說郛曰東人呼天曰漢捺 今之諺譯者必曰하ᄂᆞᆯ 不知한을之爲漢捺 非笑可謂坐井觀天矣。混沌 혼돈 天地未分。穹窿 궁륭 天形 俗言人之大度亦曰穹窿。皇天 황텬。青冥 쳥명。蒼穹 창궁。上清 샹쳥。清霄 쳥쇼。太空 태공。太虛 태허。碧空 벽공。白玉京 백옥경。蓋天專言則道。分言則形體曰天。主宰曰帝。功用曰鬼神。妙用曰神。性情曰乾。乾者健也。天道 텬도。天理 텬리。

蒼天 春天言色 昊天 夏天言氣 旻天 秋天言情 上天 冬天言位 以上四時異名 皥天 東方 陽天 東南方 赤天 南方 朱天 西南方 成天 西方 幽天 西北方 玄天 北方 變天 東北方 鈞天 中央。是爲九天。赤霄。碧霄。青霄。玄霄。絳霄。黅霄。紫霄。練霄。縉霄。以上道家九霄 玉宇 옥우 秋天。碧落

黔雷 검뢰 天上造化神名。黔嬴

銀河 은하 俗言銀河水 은하介。天河。明河。星河。絳河。天潢。天漢。雲漢。金漢。銀漢。銀潢。地紀。銀灣 斜漢 將曉而斜。傾河 繩河 王者有道則其直如繩 烏鵲橋 오쟉교 俗言七月七日織女직녀渡河會于牽牛견우 烏鵲塡河爲橋

日 일 一曰羅耀 俗言ᄒᆡ 又日有十二時而亥爲終以成一日 故又謂之亥히 而孫穆云高麗方言以日謂漢者 敗音無義 而音亦轉 繙繹之誤多類此。又曰太陽 而俗以光爲ᄫᆡ 變爲빗 且以陽之有光轉以爲빗。耀靈。朱明。東君。大明。陽烏。一曰金烏。又曰踆烏 日中三足烏。燭龍。銅鉦。金輪。烏輪。日車。羲和 日御。羲鞭 三光 並日月星 七耀 幷日月五星 熀 俗言햇빗 黎明 ᄒᆞ ᄂᆡ。昤曨 령롱。暑日光。晷日影。晛日氣 明朗 명랑 俗以白日連呼爲ᄇᆞᆰ키다 冥 俗 명

言蔱邑 어읍 轉云어둡 蔱邑本義無色而借用於日無色。沉沉 침침。黕黕 탐탐 轉云캄캄 杲杲 고고 日出貌。曈曨 曚曨 몽롱 日未明 又曰昒昕 물흔 俗從昕傍ᄂᆞ以雲霧不明謂之몰근몰근。熹微 희미 迷也 照耀 죠요 俗言ᄧᆡ 翠비최다 日蝕 식일 影 영 俗言近陰子 轉云그림자

餘詳時令部

月 俗謂之對日而連呼달 又曰太陰 俗言距日ᄂᆡ달 言陰閉日也。氷輪。圓魄。金波。氷鏡。蟾兔 羿妻姮娥竊藥奔月爲蟾諸。兎。又月精。銀盤。金盆。夜光。白玉盤 望舒 망셔 月御。纖阿 蛾眉 아미 新月。玉玦。銀鉤。兎爪。破環。磨鎌 朓 丘 晦而月見西方 側慝 측특 朔而月見東方。朒 눅 月未盛明 又承 朏 비 小月月生三日 魄 月始生魄 又承大月月生二日。曈曨 月欲明。昤朧。朦朧 月將入 月蝕 월식 餘詳時令部

星 셩 俗言별 借日生而 從曰 玉繩。連貝。貫珠。白榆 辰 日月合宿 宿 星舍 躔 星所行

躔次 星之躔舍。天有十二次 地有十二辰 角 木蛟 亢 金龍 氐 土貉 房 日兔 心 月狐 尾 火虎 箕 水豹 右東方七宿 斗 木獬 牛 金牛 女 土蝠 虛 日鼠 危 月鷰 室 火猪 壁 水㺄 右北方七宿 奎 木狼 婁 金狗 胃 土雉 昴 日鷄 俗云좀생 畢 月烏 觜 火猴 參 水猿 右西方七宿 井 木犴 鬼 金羊 柳 土獐 星 日馬 張 月鹿 翼 火蛇 軫 水蚓 右南方七宿 天樞 名陽 璇 名諸 璣 名金 權 名理 衡 名件 開陽 名開 寶 瑤光 名招搖 右北斗七宿 自一至四爲魁 自五至七爲杓 歲星 東方木 熒惑 南方火 太白 西方金 辰星 北方水 鎭星 中央土 右五星 一曰五緯 紫微垣 太微垣 天市垣 爲三垣 南極老人星 在弧南見則主壽昌 三台 下六星 兩兩各二 牽牛 一名河鼓。織女。周伯 一名德星。含譽。格澤 右吉星 孛星 慧星 一名長星。飛星 絶跡而去。奔星 流星光跡相連。自下復上爲奔 橫飛而過爲飛 右凶星 嘒 衆星貌

名物紀略序

一生二ᄒᆞ고二生萬物而天地之數을不可窮也오數不可以自數故로有物有則而名亦隨之ᄒᆞ니此又天地自然之理而名為萬物之母者也라是以로古之君子ㅣ學貴格致而格致之學이未有不自正名始ᄒᆞ니不然이면肅愼之砮와防風之骨이非所資於紀聞이오鳥獸草木이必無補於誦詩矣라遠猶可追어든况於近乎ㅣ며近猶可紀어든况於習焉不察而惡知其可也ㅣ리오顧今人士ㅣ貴耳而賤目ᄒᆞ야日用事為와動靜語默에皆有古久命名至理而出口則以為徒然

而不知所疑ᄒᆞ고記事則直謂方言而不復究檢者ㅣ已極其妄矣오乃反馳心於恍惚茫昧之境ᄒᆞ야怨其所見而多其所怪者ㅣ夫豈知神奇之生臭腐而臭腐之復化為神奇也耶아儒家格致之學이未有不自因其已知者而益窮之어든奈何今之人이有或反是ᄒᆞ야凡於日用에其所易知者ᄂᆞᆫ以為尋常而懲忽置之ᄒᆞ며如器皿之曰世間셰간과火具之曰油藥유경燭臺쵸ᄃᆡㅣ是也오稍有難解則臆若弟說而謂非可知ᄒᆞ며如空石之曰車籍지역과藏之為坎條감ᄎᆡ와葉之為離披리ᄑᆡㅣ是也오且如大紅之為다홍과鴉青之為야쳥과上頭之為상투와咳嗽之為기ᄎᆞᆷ이或雜以華音ᄒᆞ며軍器寺之為중子시와掌樂院之為지만皆因僕隷之謬傳이니然이나以補為步ᄒᆞ고憎伽邪之三合音而取一字曰僧라下馬陵之為蝦蟆陵은中國도且然而其始에非無定名則能博攷而辨證之者ᄂᆞᆫ特士夫之責耳라以若言語之切身而曾不知察焉ᄒᆞ고妄言窮理면誦

說이雖多ㅣ나不近事情ᄒᆞ며其於實用에得無如捕風而捉影乎아孔子ㅣ曰君子ㅣ名之면必可言也오言之면必可行也ㅣ니君子ㅣ於其言에無所苟而已矣시라ᄒᆞ니此惟我東方君子之國에其所名言之有出於他邦者耳라昔在平時에猶足可喜어든况當萬化更新之日ᄒᆞ야其可不暢言而宣著之ᄒᆞ야以啓夫格致之學이必自正名始乎아爰稽古典ᄒᆞ니如曰妊身之為瑞셔와兒在腹中轉身之為去돌과髮為油粘之為腫뎍과臨死神亂不知之為鬔鬆볼란이皆人所日用恒言而不知其當用何字則無怪乎指之為方言矣라玆故로類編其較著者ᄒᆞ고名之曰名物紀畧이라ᄒᆞ니蓋於不知에有所闕如也ㅣ라後之君子ㅣ因是以推演之ᄒᆞ야能物物而不物於物이면數或有時而窮이라도理有所終不可窮者矣리라

名物紀畧目錄

-1-

-2-

박재연(朴在淵)
鮮文大學校 中語中國學科 敎授

구사회(具仕會)
鮮文大學校 國語國文學科 敎授

이재홍(李在弘)
鮮文大學校 敎養學部 講師

한글생활사 자료총서
名物紀略

초판 인쇄 2015年 6月 1日
초판 발행 2015年 6月 10日

교 주 자 | 朴在淵 · 具仕會 · 李在弘
펴 낸 이 | 하운근
펴 낸 곳 | 學古房

주 소 | 서울시 은평구 대조동 213-5 우편번호 122-843
전 화 | (02)353-9908 편집부(02)356-9903
팩 스 | (02)6959-8234
전자우편 | hakgobang@naver.com, hakgobang@chol.com
홈페이지 | http://hakgobang.co.kr
등록번호 | 제311-1994-000001호

ISBN 978-89-6071-521-9 94710
978-89-6071-110-5 (세트)

값 : 30,000원

이 도서의 국립중앙도서관 출판예정도서목록(CIP)은 서지정보유통지원시스템 홈페이지(http://seoji.nl.go.kr)와 국가자료공동목록시스템(http://www.nl.go.kr/kolisnet)에서 이용하실 수 있습니다.(CIP제어번호: CIP2015014244)